Hubert Wolf

*Die Nonnen
von Sant'Ambrogio*

Hubert Wolf

*Die Nonnen
von Sant'Ambrogio*

Eine wahre Geschichte

Dieses Werk wurde gefördert durch einen einjährigen Forschungsaufenthalt am Historischen Kolleg in München. Das Historische Kolleg wird finanziert aus den Mitteln des Freistaates Bayern. Die Mittel für das Forschungsstipendium hat die Fritz Thyssen Stiftung zur Verfügung gestellt.

Lizenzausgabe
für die Wissenschaftliche Buchgesellschaft

ISBN 978-3-534-00001-2

Mit 10 Abbildungen und 3 Graphiken

© Verlag C. H. Beck oHG, München 2013
Gesetzt aus der Dante MT bei Janß GmbH, Pfungstadt
Druck und Bindung: Druckerei C. H. Beck, Nördlingen
Gedruckt auf säurefreiem, alterungsbeständigem Papier
(hergestellt aus chlorfrei gebleichtem Zellstoff)
Printed in Germany

www.wbg-wissenverbindet.de

Inhalt

Dramatis personae 9

PROLOG
«Rette, rette mich!» 13

ERSTES KAPITEL
«Solche Schändlichkeiten»
Katharina von Hohenzollern erstattet Anzeige
bei der Inquisition 17
| Rom als himmlisches Jerusalem 17 | Ein Damaskuserlebnis und seine Folgen 22 | Eine römische Klosteridylle 29 | Rettung aus der Klosterhölle 33 | Anzeige aus Gewissenspflicht 36 | Das Geheimnis von Sant'Ambrogio 38 | Ein besessener Nonnenverführer 41 | Eine falsche Heilige 43 | Giftanschläge 48 | Die Sicht des Retters 56 |

ZWEITES KAPITEL
«Die delicatezza der Angelegenheit als solcher»
Außergerichtliche Voruntersuchungen 63
| Informelle Sondierungen 63 | Die Aussage der Ausgestoßenen 68 | Zwei Nonnen in einem Bett 73 | Unkeuschheit und Sodomie 78 | Ein Dominikaner will es ganz genau wissen 81 | Zahlreiche überzeugende Beweise 85 | Nun doch ein Inquisitionsprozess 88 | Die Inquisition als Tribunal: Verfahren und Akteure 92 | Die Quellen aus dem Archiv der Glaubenskongregation 97 |

DRITTES KAPITEL
«Ich bin der kleine Löwe meiner reformierten Schwestern»
Der Informativprozess und die Verehrer
der Mutter Gründerin 105
| Das Kloster Sant'Ambrogio della Massima 105 | Franziskanerinnen vom
Dritten Orden 107 | Agnese Firrao wird als Heilige verehrt 113 | Agnese
Firrao wird der falschen Heiligkeit bezichtigt 117 | Das Urteil der Inquisition von 1816 120 | Die wunderbare Bekehrung Leos XII. 125 | Wahre und
falsche Heiligkeit 129 | Beweise für den fortdauernden Kult der Firrao 135 |
Die geheime Äbtissin 140 | Reliquien 142 | Inspirierte Texte 145 | Eine
Frau als Beichtmutter 147 | Beichtväter verkünden den falschen Kult 149 |

VIERTES KAPITEL
«Wasch mich gut, denn der Pater soll kommen»
Die angemaßte Heiligkeit der Madre Vicaria 153
| Visionen auf dem Weg zur Macht 153 | Mystik und Mystizismus 159 | Der
irdische Ursprung von Himmelsringen und Rosenduft 164 | Die Gottesmutter
schreibt Briefe 171 | Das marianische Jahrhundert 179 | Die Fälscherwerkstatt für Marienbriefe 183 | Seelsorgerlicher Beistand im Bett 191 | Lesbische
Intimitäten in der Klosterzelle 197 | Das System Sant'Ambrogio 202 |

FÜNFTES KAPITEL
«Eine Tat in göttlicher Herrlichkeit»
Mord auf Befehl der Gottesmutter 207
| Der Americano und sein obszöner Brief 207 | Der Strick um Katharinas
Hals 212 | Himmelsbriefe kündigen die Ermordung Katharinas an 215 |
Dramaturgie einer Vergiftung 219 | «Es war mit Sicherheit der Teufel» 239 |
Weitere Morde 244 | Geld, das vom Himmel fällt 250 | Die Beichtväter als
Mitwisser und Mittäter 252 | Das Ergebnis des Informativprozesses 254 |

SECHSTES KAPITEL
«Das ist ein himmlischer Liquor»
Der Akkusationsprozess und das Verhör
der Madre Vicaria 259
| «Ich wollte immer schon Nonne werden» 259 | Die Geschichte eines Unschuldslammes 262 | Beweise und erste Geständnisse 273 | Maria Luisa

und ihre Novizinnen 275 | Sexueller Missbrauch 278 | Jesuitische Beichtväter und ihr ganz besonderer Segen 286 | Die Affäre des Beichtvaters mit Alessandra N. 290 | Maria Luisa und Pater Peters zwischen Sex und Segen 294 | «Meine einzige Verteidigung ist Jesus Christus» 298 |

SIEBTES KAPITEL
«Jener gute Pater hat das Werk Gottes verdorben»
Die Verhöre von Beichtvater und Äbtissin 305
| Giuseppe Leziroli: ein Beichtvater vor Gericht 305 | Der Apostel der heiligen Agnese Firrao 307 | Der Beichtvater und die heilige Maria Luisa 312 | Leziroli und die Giftanschläge 316 | Maria Veronica Milza: eine Äbtissin vor Gericht 320 | Geständnisse 325 |

ACHTES KAPITEL
«Während dieser Taten das innere Gebet niemals eingestellt»
Das Verhör von Giuseppe Peters 329
| Die wahre Identität von Pater Peters 329 | Spontane Bekenntnisse des Angeklagten 337 | Ein Kardinal bricht das Geheimnis des Heiligen Offiziums 348 | Und der Kult der Firrao war doch erlaubt 352 | Theologie und Zungenküsse 358 | Neuscholastische Windungen 368 | Der Schlussantrag des Gerichts 373 | Ein Stellvertreterkrieg? 376 |

NEUNTES KAPITEL
«Betrübt und reuevoll»
Das Urteil und seine Folgen 385
| Konsultoren, Kardinäle, Papst: das Urteil 385 | Abschwörung im Internen und Geheimhaltung nach außen 392 | Klostergründerin statt Nonne 398 | Vergiftungstrauma eines Kardinals 405 | Die Großen lässt man laufen 411 | Eine Heilige im Irrenhaus 414 | Ein Häretiker schreibt Dogmen 421 |

EPILOG
Das Geheimnis von Sant'Ambrogio im Urteil der Geschichte 435

ANHANG
| Dank 446 | Anmerkungen 449 | Quellen und Literatur 519 | Bildnachweis 538 | Personenregister 539 |

Dramatis personae

KATHARINA FÜRSTIN VON HOHENZOLLERN-SIGMARINGEN
für fünfzehn Monate als Novizin Luisa Maria in Sant'Ambrogio, erfährt von Klostergeheimnissen und gerät in Lebensgefahr

GUSTAV ADOLF ZU HOHENLOHE-SCHILLINGSFÜRST
Titularerzbischof von Edessa und Vertrauter von Papst Pius IX., Cousin Katharinas und deren Retter

MARIA AGNESE FIRRAO
Gründerin des Klosters von Sant'Ambrogio, als Heilige verehrt, vom Heiligen Offizium jedoch als falsche Heilige verurteilt

MARIA LUISA
schöne junge Novizenmeisterin und Madre Vicaria des Klosters, hat Visionen und gilt als Heilige

MARIA VERONICA
Äbtissin von Sant'Ambrogio, jedoch von Maria Luisas Gnaden

LUIGI FRANCESCHETTI
Anwalt und zuständig für die Rechtsgeschäfte des Klosters

AGNESE ELETTA
Nichte der Agnese Firrao, Ordensschwester, teilt das Bett mit Maria Luisa

MARIA GIACINTA
leibliche Schwester Franceschettis, Ordensschwester,
die ebenfalls das Bett mit Maria Luisa teilt

AGNESE CELESTE
Novizin, kennt sich als Tochter eines Arztes mit Medikamenten
und Giften aus

MARIA FRANCESCA
Novizin mit einer himmlisch schönen Handschrift

MARIA GIUSEPPA
Krankenschwester mit dem Schlüssel zur Klosterapotheke

MARIA IGNAZIA
Novizin und Komplizin Maria Luisas

MARIA FELICE
Novizin und ebenfalls Komplizin Maria Luisas

PETER KREUZBURG
der «Americano», besessen vom Teufel und von Maria Luisa

GIUSEPPE LEZIROLI
Jesuitenpater, Geistlicher Direktor und erster
Beichtvater in Sant'Ambrogio, verehrt die beiden
heiligen Frauen des Klosters

GIUSEPPE PETERS
Jesuitenpater und zweiter Beichtvater in Sant'Ambrogio,
verehrt vor allem Maria Luisa und ist mehr, als es scheint

KARL AUGUST GRAF VON REISACH
Kardinal und eine Zeit lang Seelenführer Katharinas,
hat eine Schwäche für stigmatisierte Frauen

Dramatis personae

MAURUS WOLTER
Benediktiner, Katharinas neuer Seelenführer,
der ihr zur Anzeige bei der Inquisition rät

COSTANTINO PATRIZI
Kardinalprotektor des Klosters Sant'Ambrogio und gleichzeitig
Kardinalvikar der Römischen Kurie, kennt Geheimnisse

VINCENZO LEONE SALLUA
Dominikaner und Untersuchungsrichter der Römischen Inquisition

PIUS IX.
Papst von 1846 bis 1878, glaubt an das Eingreifen
der Gottesmutter in dieser Welt

MARIA
Mutter Jesu Christi, erscheint und schreibt Briefe

PROLOG

«*Rette, rette mich!*»

«Schließlich kam zu mir am Montag, dem 25. Juli, kurz nach acht Uhr – gesandt vom Herrn – der Erzbischof von Edessa. Es gab keine andere Hoffnung mehr; das war die letzte Möglichkeit, mich zu retten. Ihm konnte ich alles enthüllen und ihn anflehen, mir zu helfen, so rasch wie möglich aus dem Kloster zu entkommen. Alles ging gut aus – ich wurde erhört und gerettet.»[1] Mit diesen eindringlichen Formulierungen, niedergelegt in ihrer Klageschrift an den Papst vom Sommer 1859 knapp fünf Wochen nach der dramatischen Flucht aus dem römischen Kloster Sant'Ambrogio oder besser der Befreiung durch ihren Cousin Erzbischof Gustav Adolf zu Hohenlohe-Schillingsfürst, beschreibt Fürstin Katharina von Hohenzollern-Sigmaringen das Ende ihres Abenteuers hinter römischen Klostermauern, das sie um ein Haar mit dem Leben bezahlt hätte.

Man hatte sie gedemütigt, man hatte sie von ihren Mitschwestern isoliert und von der Außenwelt abgeschnitten, man hatte versucht, sie als gefährliche Mitwisserin von Klostergeheimnissen zum Schweigen zu bringen. Schließlich hatte man sogar mehrfach Giftanschläge auf sie verübt. Nach ziemlich genau fünfzehn Monaten, am 26. Juli 1859 nachmittags um halb vier, war ihre Zeit als Schwester Luisa Maria vom heiligen Joseph bei den Nonnen vom regulierten Dritten Orden des heiligen Franziskus in Sant'Ambrogio della Massima in Rom, die so verheißungsvoll begonnen hatte, endgültig abgelaufen. Es war wahrlich eine Rettung aus höchster Not, aus unmittelbarer Todesgefahr.

Dieses Scheitern als Ordensfrau und die dramatische Flucht aus dem Kloster interpretierte die Fürstin in ihrer Klageschrift zwar in klassisch frommer Weise als Erlösung durch Christus, den Herrn, und machte es dadurch zugleich für sich selbst irgendwie erträglich. Aber dieses dramatische Erlebnis, die mehrere Monate dauernde Todesangst, sollte zur entscheidenden Erfahrung ihres ganzen Lebens werden. Nach dem 26. Juli 1859 war nichts mehr so wie vorher. Wie existenziell ihre Notlage gewesen war, wie sehr sie ihr Leben in Sant'Ambrogio tatsächlich bedroht gesehen hatte, wie traumatisiert sie durch die Vergiftungsanschläge auch noch viele Jahre später war, führen ihre *Erlebnisse* plastisch vor Augen, die Christiane Gmeiner,[2] eine enge Mitarbeiterin der Fürstin, 1870, über ein Jahrzehnt nach den furchtbaren römischen Ereignissen, niederschrieb. Folgt man dieser autobiographischen Quelle, dann war es Katharina gelungen, in der Nacht vom 24. auf den 25. Juli 1859 «im Geheimen» einen Brief aus dem Kloster herauszuschmuggeln und Erzbischof Hohenlohe im Vatikan übergeben zu lassen. «Mit großer Angst wartete die Fürstin, bis sie morgens um halb acht ins Sprechzimmer gerufen wurde. In großer Angst, fast atemlos eilte die Fürstin hinunter und auf den Erzbischof zu, dem sie in größter Aufregung zurief: ‹Rette, rette mich!› – Erst konnte er sie gar nicht verstehen und fürchtete fast, seine Cousine redete irre, aber nach und nach gelang es ihr, ihn zu überzeugen, dass sie ihrer Sinne mächtig war und dass ihre Furcht nicht unbegründet war. Jetzt wurde ihm ihr Verlangen klar, aus dem Kloster zu scheiden, und er versprach, alles zu tun, damit alles so bald als möglich geschehen könne, konnte aber den kürzesten Termin erst für den anderen Tag anberaumen» – so schrieb Christiane Gmeiner in der dritten Person nieder, was die Fürstin ihr in der ersten Person geschildert hatte.[3]

Was Katharina von Hohenzollern-Sigmaringen hier berichtet, klingt nach finsterem Mittelalter und bedient zahlreiche Klischees und Vorurteile, die gemeinhin über das katholische Ordensleben kolportiert werden. Doch wir befinden uns nicht im Mittelalter, sondern in der Neuzeit, in der Mitte des 19. Jahrhunderts, nicht in einer einsam gelegenen Klosterburg auf einem hohen Berg am Rande der Welt, sondern mitten in der Hauptstadt der Christenheit, kaum zwei Kilometer Luftlinie vom Vatikan entfernt, dem Sitz des Stellvertreters Jesu Christi auf Erden.

Prolog

Was war wirklich in Sant'Ambrogio passiert? Handelte es sich um bloße Vergiftungsphantasien einer überspannten hochadeligen Dame, oder gab es die Anschläge auf das Leben Katharinas wirklich? Und überhaupt: Wie kam eine Fürstin aus dem Hause Hohenzollern, eine enge Verwandte des späteren preußischen Königs und deutschen Kaisers Wilhelm I., dazu, als Nonne in einen derart strengen Orden und gerade in Rom einzutreten?

ERSTES KAPITEL

«Solche Schändlichkeiten»
Katharina von Hohenzollern erstattet Anzeige bei der Inquisition

Rom als himmlisches Jerusalem

Die Italiensehnsucht eines Johann Wolfgang von Goethe oder Johann Joachim Winckelmann, die sich an Rom als dem Hort der klassischen Antike berauschten, war es nicht, die Katharina nach Rom trieb.[1] Es war auch nicht der imperiale Zug, der die großen deutschen Königsgeschlechter von den Karolingern bis zu den Staufern in die Stadt am Tiber geführt hatte, um dort die Kaiserkrone zu empfangen. Da Katharinas Ziel ein Ort frommer Frauen war, müssen es vor allem religiöse Motive gewesen sein, die sie in die Stadt des Papstes zogen. Dabei hatte Rom als religiöses Zentrum seit der Mitte des 18. Jahrhunderts einen dramatischen Niedergang erlebt.[2] Der Papst war als weltlicher Fürst des Kirchenstaates, der in der Mitte Italiens ein gutes Viertel der Fläche der Apenninenhalbinsel einnahm, immer stärker in politische und militärische Konflikte zur Sicherung seiner Herrschaft hineingezogen worden und hatte sich immer weniger um seine Aufgaben als geistliches Oberhaupt der katholischen Kirche kümmern können. Gegen Ende des Jahrhunderts sank das religiöse Ansehen des Papsttums auf einen absoluten Tiefpunkt. 1773 gelang es den europäischen Mächten sogar, Clemens XIV. zu zwingen, mit dem Jesuitenorden seine wichtigste kirchenpolitische Stütze aufzuheben. Napoleon Bonaparte annektierte den Staat des Papstes und zwang Pius VII. ins französische Exil. Der Wiener Kongress von 1815 stellte zwar nach der Rückkehr des Papstes aus Frankreich den Kirchenstaat als eigenständiges Gebilde wieder her, die Reformen auf den Feldern der Verwaltung, der Rechtsprechung, des Bildungswesens und nicht zuletzt der Wirtschaft, die Kardinalstaatssekretär Ercole Consalvi[3] in Wien versprach, wurden aber nie durchgeführt. Der Staat des Papstes galt deshalb als das rückständigste politische Gebilde Europas überhaupt.

Im Zuge der Restauration, die nach den Befreiungskriegen in Europa zur dominierenden Richtung wurde, konnte das Papsttum sein Ansehen als moralische und religiöse Instanz jedoch deutlich verbessern. Jetzt war der Papst plötzlich der einzige Monarch Europas, der der Bestie Napoleon getrotzt hatte und für seine Überzeugungen ins Exil gegangen war, während alle anderen Fürsten mit dem Kaiser der Franzosen gekungelt hatten. Deshalb galt in der Romantik das Papsttum als Garant ewiger Werte, insbesondere der Monarchie und des Gottesgnadentums, und als Schutz gegen das Chaos und die Unsicherheiten der Französischen Revolution mit ihrem liberalen Staats- und Menschenrechtsverständnis. Besonders geschickt nahm Leo XII. diese Sehnsucht nach Sicherheit auf. Das ewige Rom sollte wieder zum heiligsten Ort der Welt werden.

Gerade in Deutschland orientierten sich infolge der Säkularisation und der damit verbundenen Zerstörung der alten Reichskirche mit ihren Fürstbistümern nicht wenige Katholiken immer mehr nach Rom. Sie waren meist Untertanen protestantischer Fürsten geworden und suchten ihr Heil in einer engen Anbindung an die Päpste. Besonders nach der Julirevolution von 1830 begann eine Phase der zunehmenden Ultramontanisierung der katholischen Kirche. Immer stärker blickten Katholiken «ultra montes», über die Berge nach Rom, immer mehr wurden die römische Frömmigkeit, die römische Liturgie und die römische Theologie als die einzig wahren Verwirklichungen des Katholizismus angesehen, weil sie vom Papst als Vicarius Christi legitimiert waren.

Die katholische Publizistik stilisierte im Zuge dieser Bewegung Rom zur Braut Christi, zur Heiligen Stadt, zum himmlischen Jerusalem auf Erden. Diese religiöse Aufwertung des Papsttums ging bezeichnenderweise nicht von den Päpsten und der Römischen Kurie selbst aus, sondern wurde von außen an den Papst herangetragen. Das Papsttum wurde zur Projektionsfläche aller religiösen Sicherheitsbedürfnisse in einer Zeit voller Umbrüche, Unsicherheiten und revolutionärer Umwälzungen. Genau in dieser Phase entdeckte man die Wallfahrt nach Rom wieder neu: Die persönliche Begegnung mit dem Papst, das Gebet an den Gräbern der Apostelfürsten Petrus und Paulus und die damit verbundene religiöse Selbstvergewisserung wurden zu Kennzeichen echter Katholizität.

Diese Orientierung an Rom wurde an der Kurie ganz unterschiedlich aufgenommen. Das Kardinalskollegium spaltete sich in «Zelanti» und «Politicanti». Während die einen, die Eiferer, die neue Rombegeisterung dafür nutzen wollten, jede Reform in Kirche und Kirchenstaat zurückzudrängen und den Papst immer mehr zum unfehlbaren Gottkönig zu stilisieren, waren die anderen, die Pragmatiker, eher skeptisch, weil sie ihr Programm einer Versöhnung von Kirche und Welt gefährdet sahen. «Falken» und «Tauben» stießen vor allem bei Papstwahlen heftig aufeinander; abwechselnd setzten sich Hardliner und Gemäßigte beim Konklave durch.

In diesen Zug der Romwallfahrer, der vor allem höhere soziale Schichten erfasste, reihte sich auch Katharina von Hohenzollern mit ihrer Mutter ein, als sie im Pontifikat Gregors XVI., der ein Zelant war, 1834 zum ersten Mal nach Rom kam. Der Papst und seine Umgebung hegten ein prinzipielles Misstrauen gegenüber der modernen Welt mit all ihren fortschrittlichen politischen Ideen, wissenschaftlichen Erkenntnissen und wirtschaftlichen Entwicklungen.[4] Während seiner Regentschaft baute er die Heilige Stadt zu einer geistigen Trutzburg gegen die teuflischen Mächte des Liberalismus aus, nachdem die Julirevolution auch den theokratischen Staat des Papstes nicht verschont hatte. Dies führte bei Gregor XVI. zu einem ausgesprochenen Revolutionstrauma und einer Verfolgung aller Neuerer in der katholischen Kirche. Alles, was auch nur entfernt nach Freiheit, Reform oder moderner Bildung aussah, roch für den Papst nach Schwefel. Die katholische Kirche sollte auf Rom konzentriert und zu einem «Haus voll Glorie» aufgerüstet werden, das der Moderne erfolgreich Paroli bieten und sie letztlich durch den *Triumph des Heiligen Stuhles* – wie ein einschlägiger Buchtitel des Papstes lautete – besiegen würde.[5]

Nach diesem restaurativen Pontifikat wurde am 16. Juni 1846 Giovanni Maria Mastai-Ferretti zum Papst gewählt. Er galt als gemäßigter Politicant und nannte sich folgerichtig nach seinem Vorvorgänger Pius IX.[6] Tatsächlich führte der persönlich äußerst gewinnende Papst anfangs eine Reihe von Reformen durch. So erließ er eine Amnestie für politische Gefangene, setzte eine Zivilregierung ein und versprach seinen Untertanen die Mitwirkung am politischen Leben des Kirchenstaats durch eine Verfassung. Dieser liberale Impuls stieß bei der römischen Bevölkerung auf breite Zustimmung. Allerdings radikalisierte sich die Situation in Rom: Der Funke der Märzrevolution von 1848 sprang auch auf die Stadt des Papstes über. Pius IX. war gezwungen, ins neapolitanische Gaeta zu fliehen. Erst nachdem französische Truppen den Aufstand niedergeschlagen hatten, konnte der Papst 1850 in den Vatikan zurückkehren.

Das Trauma der Revolution von 1848 bestimmte fortan sein Pontifikat. Alle Reformen wurden zurückgenommen, die Politik im Kirchenstaat und das Lehramt in der Kirche trugen ab sofort strikt reaktionäre Züge. Ähnlich wie sein Vorgänger Gregor XVI. fühlte sich der Papst von allen Seiten verfolgt und bedroht. Daraus resultierte eine geradezu apokalyptische Angst vor der Besetzung des Kirchenstaats und Roms durch italienische Truppen. Nur durch ausländische Truppen konnte Pius' IX. weltliche Herrschaft im Kirchenstaat gegen das Risorgimento, die nationale Einigungsbewegung, gesichert werden, die Rom als natürliche Hauptstadt des neuen italienischen Nationalstaats ansah.

Dies führte auch auf religiösem Gebiet zu einer Art Belagerungsmentalität.[7] Während am Beginn des Pontifikates Pius' IX. liberale Kardinäle und Prälaten beim Papst genauso ein offenes Ohr gefunden hatten wie Hardliner und Intransigente, verschoben sich die Gewichte eindeutig zugunsten der Letzteren. So war Rom in der ersten Hälfte des 19. Jahrhunderts durchaus eine Stadt des religiösen Pluralismus gewesen. Die Parteiungen und theologischen Richtungen, die es etwa in Deutschland und Frankreich gab, spiegelten sich auch an der Römischen Kurie mit ihren Büros und Kongregationen wider. Den Kurialen, die eine Versöhnung von Kirche und Welt, von moderner Philosophie und katholischem Glauben anstrebten, standen Romantiker und Neuscholastiker gegenüber, die in der Philosophie des heiligen Thomas von Aquin die einzig denkbare Basis für den Katholizismus sahen. Vor allem der Jesuitenorden und das von ihm dominierte Collegio Romano wurden mehr und mehr zum Hort der Neuscholastik und der Hyperorthodoxie in Rom, während sich etwa die Benediktiner der Abtei Sankt Paul vor den Mauern einem offenen, pluraleren Modell von Frömmigkeit und Theologie verschrieben, das neuere philosophische Ansätze einbezog.

Der Papst stellte sich nach 1848 immer eindeutiger auf die Seite der Konservativen und ließ abweichende theologische Meinungen durch die Inquisition und die Indexkongregation verfolgen. Zahlreiche moderne Theologen landeten auf dem *Index der verbotenen Bücher*, der von einem Instrument zur Kontrolle des gesamten Buchmarktes in der Zeit Pius' IX. immer mehr zum Instrument der Disziplinierung innerkirchlicher Selbstdenker wurde.

Den unterschiedlichen theologischen und kirchenpolitischen Richtungen entsprachen ganz unterschiedliche Frömmigkeitspraktiken und religiöse Mentalitäten. Die restaurative und romantische Richtung setzte auf eine Wiederherstellung der überschwänglichen Andachtsformen des Barockkatholizismus, entdeckte die während der Aufklärung diskreditierte Mystik wieder und rechnete überall mit Wundern. Die liberalen Kreise an der Kurie bevorzugten eine nüchterne Frömmigkeit, die vor den Ansprüchen der neuzeitlichen Vernunft Bestand haben sollte. Auch hier waren die Vorlieben Pius' IX. sehr eindeutig: Der Papst glaubte an das Eingreifen himmlischer Mächte im Hier und Jetzt. So führte er seine Rettung aus einem reißenden Fluss, in den er als Kind gefallen war, unmittelbar auf die helfende Hand der Gottesmutter zurück.[8]

Auf dieses Milieu traf Katharina von Hohenzollern, als sie sich 1857 entschloss, endgültig nach Rom überzusiedeln. Das Rom dieser Tage war klein und überschaubar. Als der Geschichtsschreiber der Stadt, Ferdinand Gregorovius, 1852 zum ersten Mal an den Tiber kam, notierte er in seinem Tagebuch: «Rom ist so tief still, dass man hier in göttlicher Ruhe empfinden, denken und schaffen kann.»[9] Dieser Eindruck Gregorovius' verwundert nicht, denn die Stadt hatte damals gerade einmal 180 000 Einwohner.[10] Davon waren rund 7500

Geistliche und Nonnen. Eine allgemeine Schulpflicht existierte nicht; die Elementarschulen erreichten immerhin, dass ein Drittel der Bevölkerung lesen und schreiben konnte. Von den gut vierzehn Quadratkilometern Stadtfläche, die innerhalb der vierundzwanzig Kilometer langen antiken Stadtmauer lagen, war gerade ein gutes Drittel bebaut. Die übrige Fläche wurde landwirtschaftlich genutzt – so diente etwa das Forum Romanum als Viehweide. Es gab insgesamt 14 700 Gebäude, in denen 39 000 Familien lebten, die zu vierundfünfzig Pfarreien gehörten. Erst 1854 wurde eine Gasbeleuchtung in den Straßen installiert, ein Eisenbahnanschluss fehlte. Der wirtschaftliche Aufschwung und die Industrialisierung des 19. Jahrhunderts waren an der Stadt und dem Kirchenstaat, in dem damals auf 42 000 Quadratkilometern rund 3,2 Millionen Menschen lebten, vorbeigegangen.

Die Einkommensunterschiede waren immens. So verdiente ein hoher Prälat an der Kurie im Jahr knapp 2000 Scudi, eine bürgerliche Familie mit sechs Personen brauchte zum Leben in der Stadt jährlich etwa 650 Scudi, eine gleich große Bauernfamilie kam mit 250 Scudi aus. Ein Landarbeiter verdiente im Jahr 72 Scudi, ein Hirtenjunge kam auf 32 Scudi.

Ein Damaskuserlebnis und seine Folgen

Bereits die erste Begegnung mit Rom im Jahr 1834 wurde für Katharina zu einem tiefgreifenden Einschnitt.[11] Sie war am 19. Januar 1817 als Tochter des Fürsten Karl Albrecht III. zu Hohenlohe-Waldenburg-Schillingsfürst und seiner zweiten Ehefrau Leopoldine zu Fürstenberg in Stuttgart geboren und katholisch getauft worden.[12] Nachdem die Eltern sich bereits wenige Jahre nach ihrer Geburt auseinandergelebt hatten und der Vater sich auf seine hohenlohischen Besitztümer zurückgezogen hatte, wuchs die Prinzessin überwiegend in Donaueschingen bei ihrer Mutter und den fürstenbergischen Verwandten auf. Ihre streng kirchlich orientierten Biographen sprechen mit tiefem Bedauern von einer sehr liberalen Erziehung, die sie im äußerst freisinnigen Baden genossen habe, und beklagen, dass sie ihre ganze Kindheit und Jugend über «ohne eigentlich religiöse Führung» geblieben sei.[13]

Als 1848 dieses Gemälde entstand, heiratete Katharina im Alter von einunddreißig Jahren den Fürsten Carl von Hohenzollern-Sigmaringen.

Als die Siebzehnjährige 1834 mit ihrer Mutter nach Rom reiste, kam es zu einem Damaskuserlebnis. In der Stadt des Papstes bekehrte sich Katharina zum katholischen Glauben in seiner strengkirchlichen Spielart, aus der freisinnigen jungen Dame wurde eine fromme katholische Adelige. Entscheidenden Anteil an dieser Wende hatte Karl August Graf von Reisach.[14] Reisach, geboren am 6. Juli 1800, stammte wie Katharina von Hohenlohe-Waldenburg-Schillingsfürst aus dem schwäbisch-fränkischen Adel und hatte eine schwierige Kindheit und Jugend hinter sich. Sein Vater, von ständiger finanzieller Not bedrängt und wegen Veruntreuung von Geldern angeklagt, hatte sich 1820 durch Selbstmord der Verantwortung entzogen. Dies muss eine einschneidende Erfahrung im Leben des jungen Grafen gewesen sein. Als sich nach dem Studium der Rechte seine Hoffnungen auf eine Professur in Landshut zerschlugen und Heiratspläne im Sande verliefen, suchte Reisach nach Orientierung und Halt. Er geriet unter den Einfluss von Clemens Maria Hofbauer,[15] einem vom Protestantismus zum Katholizismus konvertierten Redemptoristenpater, und des Göttinger Staatsrechtsprofessors Adam Müller,[16] der ein romantisches ständisches Gesellschaftsmodell mit dem Papst an der Spitze vertrat. Rom wurde für Reisach zum Ziel und Haltepunkt in den Unsicherheiten seines Lebens. Er entschloss sich, Priester zu werden und Theologie an dem einzigen Ort zu studieren, an dem aus seiner Sicht rechtgläubig gelehrt wurde. Deshalb besuchte er im Oktober 1824 als erster Deutscher nach der Säkularisation das gerade von Leo XII. wiedereröffnete Collegio Romano, die spätere päpstliche Universität Gregoriana, und bezog das Collegium Germanicum, das Studienkonvikt für deutsche Priesteramtskandidaten in Rom.[17] Unter dem Einfluss der Jesuiten entwickelte sich Reisach zu einem Eiferer für Papst und Kirche. 1828 zum Priester geweiht und zum Doktor der Theologie promoviert, wurde er Rektor des Kollegs der Propaganda Fide, der Kongregation zur Verbreitung des Glaubens. Mit deren Präfekten, Kardinal Mauro Cappellari, verband ihn eine besonders enge und vertrauensvolle Beziehung. Beide waren sich in einer strikt restaurativen Ausrichtung der Kirche und einer Ablehnung aller Reformen einig, die Reisach als «fein gesponnenes Komplott der freizügigen Theologen mit den Philosophen zum Zweck der Abschaffung der katholischen Kirche» ansah.[18] Nachdem Cappellari als Gregor XVI. 1831 den Stuhl Petri bestiegen hatte, wurde Reisach sein engster Mitarbeiter bei der Bekämpfung aller Kirchenreformer, insbesondere im deutschen Südwesten, aus dem Katharina kam.

Katharina muss von dem jungen Geistlichen fasziniert gewesen sein. Jedenfalls wurde Reisach umgehend ihr Beichtvater und Seelenführer. Damit gewann er einen entscheidenden Einfluss auf ihr künftiges Leben. Denn die Prinzessin verpflichtete sich nicht nur, ihm im Sakrament der Beichte ihr Innerstes zu offenbaren, sondern sollte sich fürderhin in allen Lebensfragen mit der Bitte um Rat und Weisung an ihn wenden. Tatsächlich entwickelte sich zwischen dem Seelenführer und seinem Beichtkind ein intensiver Briefwechsel. In ihrem jugendlichen Überschwang wollte Katharina Reisach im Kampf für die Kirche nachfolgen und äußerte den Wunsch, in ein römisches Dominikanerinnenkloster einzutreten. Dem scheint sich Reisach jedoch entgegengestellt zu haben. Er sah darin wohl eher die jugendliche Schwärmerei einer Siebzehnjährigen denn eine reife religiöse Entscheidung. Sie sollte – wie es sich für eine junge Adelige ihres Standes gehörte – erst einmal ihre Pflicht als Ehefrau und Mutter tun.[19]

Und tatsächlich legte Katharina von Hohenlohe statt des Ordenskleides zunächst das Brautkleid an. Sie hatte sich, wie ihre Nichte Marie von Thurn und Taxis-Hohenlohe[20] schreibt, «leidenschaftlich in einen Grafen Ingelheim verliebt, von dem meine Großeltern nichts wissen wollten, denn man hielt den übrigens sehr liebenswürdigen jungen Mann für schwindsüchtig. Tante Katharine setzte sich darüber hinweg und heiratete ihn trotz aller Widerstände.»[21] Das war 1838. Graf Erwin von Ingelheim[22] verstarb dann wirklich bereits 1845. Die Ehe blieb kinderlos. Drei Jahre später trat Katharina noch einmal in den heiligen Stand der Ehe; diesmal war es vermutlich eine Vernunftehe. Sie heiratete nämlich 1848 den vierunddreißig Jahre älteren Fürsten Karl von Hohenzollern-Sigmaringen,[23] der in erster Ehe mit Antoinette Murat, einer Nichte des Schwagers von Napoleon Bonaparte, liiert gewesen war. Fürst Karl brachte mehrere Stiefkinder in die Ehe, die fast alle älter waren als seine zweite Frau. Doch auch diese Ehe währte nicht lange. Auf einer Reise durch Norditalien erkrankte der Fürst an Typhus und starb am 11. März 1853 in Bologna. Nach nur fünf Ehejahren war die inzwischen sechsunddreißigjährige Katharina zum zweiten Mal Witwe. Sie erhielt von der Familie ihres Mannes das Gut im böhmischen Bistritz als Witwensitz und eine jährliche Pension von zunächst 12 000 und dann 15 000 Rheinischen Gulden, ferner eine Einmalzahlung von 100 000 Gulden, die sie zum Aufbau eines Kapitalstockes für eine Stiftung verwendete, aus der sie später die Gründung eines Klosters finanzieren wollte.[24]

Zunächst erfüllte sie sich jedoch ihren bereits 1834 in Rom geäußerten Herzenswunsch und wurde Ordensfrau. Katharina trat am 18. Dezember 1853 im elsässischen Kintzheim in ein Haus der Gesellschaft der «Dames du Sacré-Cœur» ein. Die Frauen des Herzens Jesu erinnern in Vielem an die Englischen Fräulein. Auch bei ihnen handelte es sich um eine Kongregation, die sich vor allem der Mädchenbildung verschrieben hatte und dabei von einem jesuitischen Konzept der Pädagogik inspiriert war. Mitunter wurden sie deshalb sogar als «Jesuitinnen» bezeichnet.[25] Am 11. März des folgenden Jahres wurde Katharina dort als Novizin eingekleidet. Allerdings zeigte sich bald, dass die Fürstin den Strapazen des Schuldienstes weder körperlich noch psychisch gewachsen war. Auf diese Überforderung und das Scheitern ihres Traums vom Klosterleben reagierte sie mit Krankheit; medizinische Anwendungen und Kuraufenthalte brachten keine Linderung. War diese Reaktion ein für die Fürstin typisches Verhaltensmuster im Angesicht des Scheiterns? Spräche dann nicht Vieles dafür, dass sie wenige Jahre später die Giftanschläge in dem römischen Kloster ebenfalls vortäuschte, um sich nicht eingestehen zu müssen, dass sie als Ordensfrau erneut gescheitert und deswegen wieder schwer erkrankt war?

Jedenfalls legte ihr nach Rücksprache mit den behandelnden Ärzten ihr Seelenführer Reisach, der 1836 Bischof von Eichstätt und 1846 Erzbischof von München und Freising geworden war, nahe, umgehend aus dem Kloster im Elsass auszutreten. Viele Frauen waren im 19. Jahrhundert, im sogenannten weiblichen Ordensfrühling, Kongregationen und religiösen Orden beigetreten, um als Lehrerinnen oder Krankenschwestern Berufe zu ergreifen, die ihnen sonst verwehrt waren. Für Katharina war dies offenbar nicht der richtige Weg. Der Erzbischof hielt sie «nicht für das Erziehungsfach veranlagt und vorgebildet»; für eine «kränkliche und von schweren Lebensprüfungen doppelt gebeugte Witwe» war dieser Schulorden nach seiner Ansicht schlicht ungeeignet.[26] Worin die gesundheitlichen Beeinträchtigungen der Fürstin genau bestanden, wird aus den Quellen nicht ganz deutlich. Ihr Biograph Karl Theodor Zingeler spricht in seinem 1912 erschienenen Lebensbild von «Wassersucht», einer abnormen Ansammlung von Körperflüssigkeit, unter der die korpulente Katharina Zeit ihres Lebens zu leiden hatte.[27]

Katharina trat – den Ratschlägen Reisachs folgend – im November 1855 aus dem Kloster der Herz-Jesu-Damen in Kintzheim aus und verbrachte den Winter in Kupferzell und Baden-Baden. Danach kehrte sie nach Bistritz, ihrem Witwensitz, zurück. Im Sommer zwang sie ihr Leiden, das Kloster Lichtenthal bei Baden-Baden aufzusuchen. Nachdem sich nach gut einem Jahr ihr Gesundheitszustand halbwegs stabilisiert hatte, erinnerte sie sich an die Sätze, die Reisach ihr nach ihrem Austritt aus Kintzheim von Rom aus geschrieben hatte, wo er am 17. Dezember 1855 von Pius IX. zum Kurienkardinal ernannt worden war: «Kommen Sie in einigen Jahren nach Rom, wenn Ihre Gesundheit sich gekräftigt hat.»[28] Im Sommer 1857 siedelte die Fürstin daher in die Ewige Stadt über. Sie nahm Wohnung im Palazzo alle Quattro Fontane in unmittelbarer Nähe des Quirinalpalastes, der neben dem Vatikan eigentlichen Stadtresidenz des Papstes.[29]

Im Vergleich zu ihrem ersten Rombesuch 1834 hatte sich die Situation, was deutsche Ansprechpartner an der Kurie anging, grundsätzlich verändert. Zahlreiche Priesteramtskandidaten aus Deutschland zogen zum Studium der Theologie nach Rom ans Collegium Germanicum. In den Büros des Vatikans gab es immer mehr deutschsprachige Mitarbeiter. Und vor allem: Seit 1846 befand sich ein enger Verwandter Katharinas in der unmittelbaren Entourage Pius' IX.: Gustav Adolf zu Hohenlohe-Schillingsfürst.[30] Am 26. Februar 1823 geboren, stammte er aus einer gemischt-konfessionellen Ehe. Sein Vater Fürst Franz Joseph war katholisch, die Mutter Constanze Prinzessin zu Hohenlohe-Langenburg dagegen evangelisch. Wie im Preußischen Allgemeinen Landrecht von 1794 vorgeschrieben, erhielten die Töchter die Konfession der Mutter, während die vier Söhne – unter ihnen der spätere Reichskanzler Chlodwig zu Hohenlohe-Schillingsfürst[31] – der Konfession des Vaters folgten. Trotz einer liberalen Erziehung schlug Gustav Adolf unter dem Einfluss des Breslauer Fürstbischofs Melchior von Diepenbrock[32] die geistliche Laufbahn ein. Zunächst studierte er in Breslau und München katholische Theologie. Die Begegnung mit dem Münchener Kirchenhistoriker Ignaz von Döllinger[33] scheint ihn dabei entscheidend geprägt zu haben. Gustav beschloss, seine geistliche Laufbahn standesgemäß an der Römischen Kurie zu beginnen, was bei seiner evangelischen Mutter auf heftige Ablehnung stieß. Sie befürchtete, ihr Sohn könnte von den dort dominierenden Jesuiten verdorben werden. Offenbar konnte sein Bruder Chlodwig die Mutter beruhigen: Ein Aufenthalt in Rom müsse Gustav nicht automatisch zu einem Jesuiten machen. Und tatsächlich gelang es diesem, sich dem Werben der Gesellschaft Jesu zu entziehen. Die offenere, irenische Prägung, die er in Breslau und München erhalten hatte, setzte sich durch.

Hohenlohe machte an der Römischen Kurie rasch Karriere: 1847 trat er in die Accademia dei Nobili ein, die Ausbildungsstätte für kuriale Führungskräfte und angehende päpstliche Diplomaten, 1848 begleitete er Pius IX. auf seiner Flucht nach Gaeta. Dort erhielt er 1849 die Priesterweihe, und es gelang ihm, eine freundschaftliche Beziehung zu Pius IX. aufzubauen. Der Papst, der «ihn persönlich liebte und ihn zu seinem liebsten Begleiter hatte», gab damals viel auf seine Meinung.[34] Hohenlohe bekleidete die Funktion eines wirklichen Geheimkämmerers und hatte als Mitglied des päpstlichen Haushalts unmittelbaren Zugang zu Pius IX. Als Katharina 1857 nach Rom kam, konnte sie an der Bischofsweihe ihres Cousins in der Sixtinischen Kapelle teilnehmen. Hohenlohe stieg zum Titularerzbischof von Edessa auf. Er hatte als Großalmosenier den Almosenfonds des Papstes zu verwalten und dessen sozialkaritatives Engagement zu koordinieren.

Katharina blieb jedoch ihrem langjährigen Seelenführer und Beichtvater Kardinal Reisach treu und zog Hohenlohe als geistlichen Begleiter nicht in Erwägung. Damit entschied sie sich zugleich für eine bestimmte theologische und kirchenpolitische Richtung, ohne dass ihr die Feinheiten der Konzepte, für die Hohenlohe und Reisach standen, bewusst gewesen sein dürften.

Wer von den beiden geistlichen Herren für die deutsche Prinzessin den Kontakt zum Papst herstellte, lässt sich nicht mit letzter Sicherheit sagen. Jedenfalls war Katharina vom Charme und der Liebenswürdigkeit Pius' IX. fasziniert. Immer wieder lud sie der Papst ein und empfing sie privat. Pius IX. schmeichelte natürlich auch die Tatsache, dass Katharina eine enge Verwandte des evangelischen preußischen Königs war, und hoffte, über sie auf die Kirchenpolitik Berlins Einfluss nehmen zu können.

In einer Privataudienz soll der Papst angesichts ihres beachtlichen Körperumfangs über ihre äußerst stattliche Erscheinung gescherzt haben.[35] Nicht umsonst nannten die Italiener die Fürstin spöttisch eine «Matrone». Von ihrer «erschreckenden Fülle» berichtet auch ihre Nichte Marie von Thurn und Taxis. Sie beschrieb ihre Tante als eine «sonderbare, einnehmende und ehrfurchtgebietende Gestalt», die «groß und sehr dick» dahergekommen sei. Ihr rosiges

Gesicht sei «breit und aufgedunsen» gewesen, habe aber dennoch «Spuren von großer Schönheit» bewahrt und ihr einen «heiteren und hoheitsvollen» Ausdruck verliehen. «Hellblaue, weit geöffnete Augen schauten einen voll an; aus ihnen sprachen ein lebhafter, rascher Verstand, absolute Rechtlichkeit und ein gebieterischer, leidenschaftlicher Wille. ... Dichte blonde Augenbrauen, die Nase gerade und schön geformt, der kleine Mund, der so sanft lächeln konnte, zeigte kleine, regelmäßige und weiße Zähne, die Wangen freundliche Grübchen ... Sie sprach stark schwäbisch, in einem drolligen, singenden Tonfall. Zu diesem imponierenden Körper gehörte eine sehr hohe, sehr sanfte, geradezu kindliche Stimme.» Auf ihre Nichte wirkte die Tante als eine «souveräne Frau von glühender Frömmigkeit, die nicht davor zurückgeschreckt wäre, für ihr gutes Recht das Schwert zu ziehen».[36]

Eine römische Klosteridylle

Mit ihrem Seelenführer Kardinal Reisach nahm Katharina sofort nach ihrer Ankunft in Rom die Suche nach einem geeigneten Kloster auf. Den ersten Vorschlag scheint der Papst selbst gemacht zu haben. Er wies Katharina auf die Visitantinnen hin.[37] Im Zentrum von deren Frömmigkeit stand die Verehrung des Heiligsten Herzens Jesu – ein Kult, der im 19. Jahrhundert nach einem Rückgang während der Aufklärungszeit eine neue Blüte erlebte. Insbesondere Pius IX. förderte die Herz-Jesu-Verehrung und machte sie zum Fanal seines Kreuzzuges gegen die Moderne. Der Herz-Jesu-Kult wurde zum Zeichen des Rückzugs der Katholiken ins Innere, ins Ghetto, in die Gegengesellschaft des katholischen Milieus, und zum «Identifikationssymbol für die zeitgenössische Leidenserfahrung der Katholiken» als Verlierer in den Modernisierungsprozessen der Neuzeit.[38] Während die moderne Naturwissenschaft das Gehirn zum wichtigsten Organ des Menschen erklärte, hielten die Katholiken am Herzen «als Zentralorgan des leiblichen und als Träger des sittlichen Lebens» fest.[39]

Dringend notwendige Umbaumaßnahmen an den gerade erworbenen Klostergebäuden machten jedoch die Aufnahme der Fürstin in den Konvent der Visitantinnen unmöglich. Deshalb konnte nun

Reisach Katharinas Interesse auf das Kloster lenken, das er von Anfang an im Blick gehabt haben dürfte: Sant'Ambrogio della Massima. Hierbei handelte es sich um ein Klausurkloster des «strengsten Ordens» überhaupt, weshalb Marie von Thurn und Taxis-Hohenlohe die dortigen Nonnen als «sepolte vive», als lebendig begraben bezeichnete.[40] Reisachs Vorschlag überrascht, hatte er doch schon die wesentlich weniger strengen Rahmenbedingungen klösterlichen Lebens im elsässischen Kintzheim als zu belastend für die gesundheitlich angeschlagene und von schweren Schicksalsschlägen gebeutelte Fürstin angesehen. Man hätte eher erwartet, dass er ihr ein adeliges Damenstift als geistliches Refugium vorgeschlagen hätte.

Der Kardinal vermittelte Katharina aber den Eindruck, dass in dieser Gemeinschaft die Art von Frömmigkeit und strenger klösterlicher Disziplin herrschte, die er als ideal für sein Beichtkind ansah. Und tatsächlich zog sich Katharina zu Ostern 1858 zu einer «Retraite» in diesen Franziskanerinnen-Konvent zurück. Ihre ersten Eindrücke während dieses «Klosters auf Zeit» waren überaus positiv. Sie glaubte, «hier die Stätte klösterlichen Friedens und heiliger Ordnung» gefunden zu haben und war überzeugt, «am Ziel ihrer heißen Sehnsucht für das Ordensleben zu sein». Um sich noch gründlicher zu prüfen, ob hier wirklich der Ort der lang ersehnten «ungestörten Vereinigung mit dem Seelenbräutigam» Jesus Christus sein könnte, bat die Fürstin darum, noch länger zur Probe in Sant'Ambrogio bleiben zu dürfen, ohne schon formal den Aufnahmeprozess einleiten und klösterliche Tracht tragen zu müssen.[41] Trotz manch warnender Stimme, insbesondere aus dem Umfeld ihres Cousins Erzbischof Hohenlohe, der bezweifelte, dass die kränkliche Fürstin es in dem «strengen Kloster aushalten» werde, blieb die Fürstin mehrere weitere Monate in weltlicher Kleidung im Kloster.[42]

Während dieser Zeit vermittelte Reisach ihr auch einen neuen Beichtvater, da er selbst wegen seiner vielfältigen Aufgaben offenbar nicht die Zeit hatte, sich weiter intensiv um Katharina zu kümmern. Er blieb zwar ihr eigentlicher Seelenführer, überließ aber das Alltagsgeschäft und die regelmäßige Beichte einem ihm sehr gut bekannten Jesuiten: dem siebenundvierzigjährigen Pater Giuseppe Peters. Dieser war seit einigen Jahren ohnehin aushilfsweise als

Beichtvater in Sant'Ambrogio tätig, um den Geistlichen Direktor des Klosters, seinen Ordensbruder Giuseppe Leziroli zu entlasten, der mit seinen dreiundsechzig Jahren gesundheitlich angeschlagen war. Damit war die Kontinuität der jesuitischen Seelenführung der Fürstin gesichert.

Diese Probezeit lobte Katharina in ihren *Erlebnissen* rückblickend in den höchsten Tönen: «Das Klosterleben ... ließ nichts zu wünschen übrig und erschien musterhaft.» Die Regel wurde exakt eingehalten, Arbeit und Gebet hielten sich die Waage, die Gebetszeiten des Chorgebetes begannen schon um vier Uhr am Morgen, die Klausur war streng. Zudem war – wie die Fürstin schreibt – Sant'Ambrogio auch architektonisch bestens eingerichtet, sodass «kaum ein Geräusch von der Stadt, in deren Mitte es lag, in diese stille, für sich bestehende Welt hineinzudringen vermochte». Besonders überzeugte sie die franziskanische Armut und Einfachheit. Gartenarbeit und «kunstvolle Stickereien für den Kirchschmuck» bildeten die finanzielle Grundlage. Die Abschottung der Nonnen von der Welt war vollkommen, auch der Priester, der die Kommunion spendete oder die Beichte hörte, durfte die Klausur nicht betreten. Beide blieben – wie es sich für ein strenges Klausurkloster gehörte – durch ein Eisengitter voneinander getrennt.[43]

Auch mit den «Personen, welche diesem stillen, wohlgeordneten, der Welt unbekannten Gemeinwesen vorstanden und es leiteten», war die Fürstin mehr als zufrieden. Insbesondere die Äbtissin Schwester Maria Veronica flößte ihr als «schönes Vorbild in Beobachtung der Heiligen Regel und als Frau von sanftem stillen Charakter» von Anfang an großes Vertrauen ein. Es war leicht, «ihr kindlich zu gehorchen», und Katharina fühlte sich «herzlich zu ihr hingezogen». Noch stärker aber faszinierte sie die Novizenmeisterin und Stellvertreterin der Äbtissin, die Madre Vicaria Schwester Maria Luisa vom heiligen Franz Xaver. «Diese noch junge Nonne (sie war erst siebenundzwanzig Jahre alt) besaß bei auffallender körperlicher Schönheit und Anmut eine so gewinnende Liebenswürdigkeit, dass sich alle Herzen bald von ihr angezogen fühlten.» Auch die Fürstin ließ sich gerne überwältigen vom «Zauber der Lieblichkeit, die ihr Wesen zeigte»; sie war wahrlich «entzückt von der liebenswürdigen Nonne».[44]

Katharina stellte allerdings deutliche Mentalitäts- und Bildungsunterschiede zwischen ihr, der deutschen Hochadeligen, und ihren meist aus einfacheren Verhältnissen stammenden italienischen Mitschwestern fest.[45] Diese waren eben «Leute ohne Welt- und Menschenkenntnis», denen «jede feinere Bildung und auch das, was die einfachste Schulbildung an Kenntnissen gewährt», vollständig abgingen. So hatten sie – wie sich die Fürstin erinnert – nie zuvor in ihrem Leben eine Zahnbürste[46] gesehen. Nach einer damals weit verbreiteten Vorstellung versuchten der Teufel und böse Geister, durch alle Körperöffnungen in den Menschen einzudringen und ihn dadurch zu beherrschen. Die Nonnen waren ratlos, ob die Zahnbürste ein gefährliches Werkzeug des Teufels war und ob Katharina dieses Ding weiter benutzen dürfe. Nach Rücksprache mit der Äbtissin und den Beichtvätern wurde der Fürstin schließlich der Gebrauch der Zahnbürste als religiös ungefährlich erlaubt. Auch Baumwolle,[47] die Katharina für ihre Handarbeiten mitbrachte, war ihren römischen Mitschwestern völlig unbekannt. Sie glaubten ernsthaft, wie sie Katharina mehrfach versicherten, «auf den Köpfen der Deutschen wüchse solches Zeug».[48] Die Fürstin interpretierte diese kulturellen Defizite jedoch positiv als «sancta simplicitas». Und heilige Einfalt stand schließlich demütigen Nonnen im Allgemeinen und den Töchtern des Poverello, des heiligen Franziskus von Assisi, im Besonderen gut zu Gesicht.

Nach einem knappen halben Jahr der Prüfung und Probe stand der Entschluss Katharinas von Hohenzollern-Sigmaringen fest. Sie glaubte sich am Ziel «ihrer heißen Sehnsucht für das Ordensleben».[49] Am 29. September 1858 wurde sie, nachdem sie wie üblich eine Mitgift hinterlegt hatte, feierlich eingekleidet.[50] Kardinal Costantino Patrizi nahm den liturgischen Akt vor, und Kardinal Reisach «hielt auf den Anlass eine Ansprache über die Flucht aus der Welt».[51] Damit war die Fürstin Angehörige des Klosters der regulierten Franziskanerinnen vom Dritten Orden geworden, und ihr Noviziat begann offiziell.[52] Katharina war nun der Hoheit der Äbtissin und vor allem der Novizenmeisterin als ihrer unmittelbaren Vorgesetzten unterworfen und hatte deren Weisungen im absoluten Gehorsam zu folgen.

Als die Fürstin ins Kloster eintrat, gehörten zum Konvent gut drei Dutzend Nonnen.[53] Die meisten von ihnen stammten aus Rom selbst oder aus Latium. Einige wenige kamen auch aus anderen Teilen des Kirchenstaates. Katharina war die einzige Ausländerin in Sant'Ambrogio. Auch im Hinblick auf ihre soziale Herkunft bildete die Fürstin eine Ausnahme. Der deutschen Adeligen standen Frauen gegenüber, die überwiegend aus einer bürgerlichen Schicht stammten; die meisten Familien konnten die nicht unbeträchtliche Mitgift für ihre Töchter immerhin selbst aufbringen. Alle Schwestern konnten lesen und schreiben, eine war die Schwester eines Anwalts, eine andere die Tochter eines Chirurgen, wenigstens eine beherrschte mit Französisch eine Fremdsprache. Was das Alter ihrer Mitschwestern angeht, traf die damals einundvierzigjährige Katharina im Kloster auf drei Gruppen: Da war zunächst eine Handvoll Schwestern, die am Beginn ihres siebten Lebensjahrzehnts standen und bereits seit der Gründung zum Kloster gehörten. Dazu kam rund ein Dutzend Schwestern um die vierzig Jahre. Maßgeblich bestimmt wurde das Leben in Sant'Ambrogio jedoch durch die vielen jungen Schwestern. Etwa zwanzig Nonnen waren erst zwanzig Jahre alt oder sogar noch jünger; ihr Eintritt ging zumeist auf die erfolgreiche Anwerbung durch die Novizenmeisterin Maria Luisa zurück.

Rettung aus der Klosterhölle

Doch die Idylle von Sant'Ambrogio erwies sich als trügerisch. Für Katharina muss das Paradiesgärtlein hinter Klostermauern schnell zur Hölle auf Erden geworden sein. Anders lässt sich ihr flehentlicher Schrei um Hilfe, das «Rette, rette mich!», das sie am 25. Juli 1859 ihrem Cousin Hohenlohe entgegenrief, nicht verstehen. Um ihn in Sant'Ambrogio überhaupt treffen zu können, war die Fürstin ein hohes Risiko eingegangen: Sie hatte nämlich ohne Wissen ihrer klösterlichen Vorgesetzten und gegen alle Vorschrift einen Brief aus der Klausur herausschmuggeln und zum Vatikan bringen lassen. Von dem «kindlichen Gehorsam» der Äbtissin gegenüber scheint nach nur einem Jahr nichts übrig geblieben zu sein.

Was war in den zehn Monaten vom September 1858 bis Juli 1859 hinter den Mauern von Sant'Ambrogio passiert? Der Erzbischof wurde aus den Äußerungen seiner Cousine, als er sie am 25. Juli im Kloster persönlich traf, nicht recht klug. Er glaubte, sie sei geistig verwirrt und rede irre – jedenfalls gab Katharina in ihren *Erlebnissen* seine Reaktion so wieder.[54] Eine Gefahr für Leib und Leben der Fürstin konnte er zunächst nicht erkennen. Hohenlohe war offenbar davon überzeugt, dass Katharina sich mit ihrem Klosterprojekt wie schon in Kintzheim übernommen hatte und sie erneut nach einer Möglichkeit suchte, irgendwie aus dieser Sache herauszukommen. Nicht umsonst hatte er sie noch Anfang Juli 1859 in einem Schreiben eindringlich «zur Beharrlichkeit im erwählten Beruf» ermahnt.[55] Ein erneuter Austritt aus einem Kloster kam für ihn schlicht nicht infrage. Schließlich war er gegen ihren Eintritt in Sant'Ambrogio gewesen. Er kannte ihre angeschlagene Gesundheit, aber auf ihn hatte sie ja nicht gehört, sondern auf ihren Seelenführer Reisach.

Als Hohenlohe seine Cousine trotz guten Zuredens überhaupt nicht beruhigen konnte und sie weiter von Giftanschlägen und Todesängsten redete, entschloss er sich schließlich eher widerstrebend dazu, Katharina zu helfen. Er ging zum Papst und unterbreitete ihm die Bitte, der Fürstin zu erlauben, das Kloster aus gesundheitlichen Gründen am folgenden Tag zu verlassen. Pius IX. gewährte den Wunsch umgehend.[56] Eine derart rasche Lösung war nur möglich, weil Hohenlohe als Geheimer Kammerherr unmittelbaren Zugang zu Pius IX. hatte. Jeder andere hätte sich auf einen langwierigen Prozess einstellen müssen, um die kirchenrechtlichen Voraussetzungen für einen Klosteraustritt zu schaffen.[57]

Am 26. Juli 1859 holte Erzbischof Hohenlohe Katharina von Hohenzollern-Sigmaringen aus dem Kloster und ließ sie auf seinen Landsitz nach Tivoli bringen. In dieser ländlichen Umgebung sollte sie erst einmal zur Ruhe kommen, dann würde man weitersehen. Katharina glaubte, es sei ihr gelungen, ihren Cousin davon zu überzeugen, «dass ihre Furcht nicht unbegründet war» und es tatsächlich Anschläge auf ihr Leben gegeben hatte.[58] Es steht jedoch dahin, ob Hohenlohe schon damals das Ausmaß des Skandals erahnte, der sich in Sant'Ambrogio abgespielt hatte, oder ob er Katharina nur aus

Gnade und Barmherzigkeit ermöglichen wollte, einen Schlussstrich unter den Klosterversuch Sant'Ambrogio zu ziehen.

Die Gärten der Villa d'Este, der Sommerresidenz Hohenlohes im etwa dreißig Kilometer nordöstlich von Rom gelegenen Tivoli, boten sich mit ihren Wasserspielen und ausgedehnten Parkanlagen bestens dazu an, sich von den klösterlichen Strapazen zu erholen. Hier hätte Katharina das Kapitel Sant'Ambrogio endgültig abschließen können. Allerdings musste sie nicht nur physisch wieder auf die Beine kommen. Die Erlebnisse hinter den römischen Klostermauern verlangten auch nach einer seelsorgerlichen Aufarbeitung. Obwohl Kardinal Reisach Ende Juli ebenfalls bei Hohenlohe in Tivoli zu Besuch war, wandte sich Katharina nicht an ihn als ihren langjährigen Seelenführer.[59] Vielmehr kam sie mit einem Benediktinerpater aus der römischen Abtei Sankt Paul vor den Mauern ins Gespräch, der sich zu einem Kuraufenthalt in Tivoli aufhielt, um der Hitze des römischen Sommers zu entkommen. Es handelte sich um den 1825 in Bonn geborenen Rudolf Wolter, der 1849 an der dortigen Universität in Philosophie promoviert worden war und 1850 die Priesterweihe erhalten hatte.[60] 1856 war er seinem Bruder Ernst[61] in die Abtei Sankt Paul vor den Mauern gefolgt und hatte den Ordensnamen Maurus angenommen. Der damalige Abt dieser Abtei, Simplicio Pappalettere, war modernen Ideen gegenüber äußerst aufgeschlossen.[62] Er versuchte Sankt Paul vor den Mauern zu einem Ort der Synthese benediktinischer Spiritualität und neuzeitlicher Philosophie zu machen und so ein Gegengewicht zur jesuitisch dominierten Gregoriana aufzubauen. Dabei orientierte er sich vor allem an den Ideen des Wiener Priesters und Philosophen Anton Günther.[63]

Maurus Wolter muss auf die Fürstin einen ungeheuren Eindruck gemacht haben. Seine Spiritualität, sein überbordender Enthusiasmus für die Sache des heiligen Benedikt, die «Flamme, die ihn verzehrte», faszinierten Katharina so, wie sie 1834 der junge Reisach begeistert hatte.[64] Wolter wurde praktisch über Nacht zu ihrem neuen Beichtvater und Seelführer. Da Wolters Kuraufenthalt in Tivoli zu Ende ging, wandte sich die Fürstin am 14. August 1859 «mit der dringenden Bitte» an seine Vorgesetzten, «uns die Verlängerung des Urlaubs von Don Mauro Wolter unter uns zu gestatten». Es sei für sie ein großer

Trost, einen Landsmann gefunden zu haben, der von der Vorsehung zu «ihrer geistlichen Führung bestellt» worden sei. Inständig bat sie, «eines solchen Beichtvaters nicht beraubt zu werden».[65] Und einen Monat später dankte sie den «Söhnen des heiligen Benediktus» dafür, dass sie «der demütigen Bitte des armen Franziskanerkindes ein liebevolles Gehör geschenkt» hatten und es, «mit tiefem Verständnis seiner schmerzlichen Verwaisung, edelsinnig eine Heimat in den deutschen Priesterherzen finden» ließen.[66]

Bei diesen seelsorgerlichen Gesprächen, die zum Teil auch unter dem sakramentalen Charakter der Beichte stattfanden, reifte in Katharina – wie sie in ihren *Erlebnissen* berichtet – immer mehr die Einsicht, dass sie sich «mit der eigenen Rettung aus Sant'Ambrogio nicht begnügen durfte», sondern dass es ihre Pflicht sei, «die dort bestehenden Missstände dem Heiligen Stuhl zur Anzeige» zu bringen.[67] Und tatsächlich wandte sich Katharina von Hohenzollern-Sigmaringen bereits wenige Wochen nach ihrer Rettung auf Vermittlung ihres Cousins Erzbischof Hohenlohe an das Heilige Tribunal des Sanctum Officium und erhob schwere Vorwürfe gegen die Nonnen von Sant'Ambrogio.

Anzeige aus Gewissenspflicht

Die erste Akte im Fall Sant'Ambrogio datiert auf den 23. August 1859.[68] An diesem Tag erschien Katharina von Hohenzollern persönlich vor dem Untersuchungsrichter des Heiligen Offiziums, dem Ersten Socius Vincenzo Leone Sallua. Der äußerst erfahrene Inquisitor nahm die Anklage entgegen und führte die Befragung der «Denunziantin» durch.[69] Das Gespräch fand in der römischen Wohnung von Erzbischof Hohenlohe statt.

Nachdem die Fürstin – die Hand auf das Evangelienbuch legend – geschworen hatte, die Wahrheit zu sagen und nichts als die Wahrheit, gab sie zu Protokoll: «Aus Gewissenspflicht, auferlegt von meinem derzeitigen Beichtvater, wende ich mich an dieses Heilige Tribunal.» Mit ihrem neuen Seelenführer Pater Wolter habe sie sich der besseren Verständlichkeit wegen in ihrer deutschen Muttersprache über all die

«Zweifel und Ängste», die sie während ihrer Zeit in Sant'Ambrogio umgetrieben hatten, intensiv unterhalten. Mit seiner Hilfe habe sie schließlich auch eine gewisse Ordnung in die verwirrenden Vorgänge gebracht. Wie Katharina dem Inquisitor berichtete, hatten sich dabei vier Themen herauskristallisiert, die sie dem Obersten Tribunal zur Anzeige bringen wollte: Erstens der verbotene Kult um die Gründerin der Franziskanerinnen-Gemeinschaft von Sant'Ambrogio, Maria Agnese Firrao, die vom Heiligen Offizium Anfang des 19. Jahrhunderts wegen «falscher Heiligkeit» verurteilt worden war. Ihre Verehrung als Heilige sei von den Nonnen trotz dieses Urteils stets eifrig weiterbetrieben worden, sowohl zu Lebzeiten der Firrao als auch ganz besonders nach ihrem Tod. Zweitens die mehr als suspekten Beziehungen, die die schöne junge Novizenmeisterin und Madre Vicaria Maria Luisa vom heiligen Franz Xaver zu einem gewissen «Pietro N., genannt der Amerikaner», unterhielt – und das Ganze unter dem religiösen Vorwand, ihn von seiner Teufelsbesessenheit befreien zu wollen. Drittens die Anmaßung von Heiligkeit durch eben diese Maria Luisa, die den Anschein einer «außergewöhnlichen Seele» verbreite, die «übernatürliche Dinge» wirken könne und über besondere «himmlische Begabungen» verfüge. Viertens kamen all die Dinge zur Sprache, die ihr im Kloster «widerfahren» waren, bis zu den Anschlägen auf ihr Leben.

Nach «reiflicher Überlegung» und «gründlichem Nachdenken» habe ihr Beichtvater es als ihre unbedingte Gewissenspflicht bezeichnet, «alles diesem Supremo Tribunale zu denunzieren». Daraufhin habe sie sich hingesetzt und das Erlebte zuerst auf Deutsch «in modo narrativo» aufgeschrieben und dann ins Italienische übersetzt. Die Fürstin fügte hinzu, sie wolle damit ihre Anzeige auf schriftliche Art und Weise vervollständigen, weil es für sie «allzu bedrückend und kompliziert wäre, dies mündlich zu tun».

Die eigentliche Sprengkraft der *Denunzia* kam in der mündlichen Anzeige Katharinas noch nicht vollständig zum Ausdruck. Unstatthafte Beziehungen schöner junger Klosterfrauen, die nicht selten gegen ihren Willen von Eltern und Vormündern hinter Klostermauern gezwungen worden waren, zu attraktiven Männern gehörten schließlich zu den klassischen Vorwürfen, die immer wieder erhoben wurden, nicht zuletzt in literarisch bearbeiteter Form. Am bekanntesten dürften Alessandro Manzonis Erzählung *Die Nonne von Monza* und Denis Diderots Roman *Die Nonne* sein.[70] Und da die Denunziantin als stattliche Matrone gegen die attraktive junge Novizenmeisterin mit ihrer «Engelsgestalt» Vorwürfe erhob, konnte Sallua auch Eifersucht als mögliches Motiv nicht prinzipiell ausschließen.

Der Vorwurf der «angemaßten Heiligkeit» musste den Inquisitor jedoch aufhorchen lassen. Denn der Kampf gegen Frauen, die sich schon zu Lebzeiten anmaßten, Heilige zu sein, oder von ihren Anhängern als solche verehrt wurden, gehörte zu den «heiligen Pflichten» des «Heiligen Offiziums». Katharina erhob diesen Vorwurf sogar doppelt – gegen die verstorbene Gründerin und gegen die junge Madre Vicaria. Hier musste die Inquisition also unbedingt handeln. Dass Katharina den einschlägigen Begriff «affettata santità» für das Glaubensdelikt der angemaßten Heiligkeit verwendete, legt nahe, dass sie von Fachleuten beraten worden war. Infrage kamen hier nur Hohenlohe und Wolter. Hätte die Fürstin nämlich kein schwerwiegendes Verbrechen gegen den Glauben namhaft machen können, wäre sie nur auf der Ebene der Giftanschläge geblieben, dann wäre die Inquisition für ihre Anzeige schlicht nicht zuständig gewesen. Das hatten ihr Cousin und ihr neuer Seelenführer genauso bedacht wie das von Katharina mehrfach als Motiv für ihre Anzeige ins Spiel gebrachte Argument, ausschließlich ihrer in der Beichte auferlegten Gewissenspflicht zu folgen.

Das Geheimnis von Sant'Ambrogio

Mit der ganzen Wucht der Anzeige und dem ungeheuren Ausmaß der Vorwürfe, die Katharina gegen das Kloster erhob, wurde Sallua erst bei der gründlichen Lektüre der schriftlichen Denunziation konfrontiert. Es muss ihm die Sprache verschlagen haben.

Denn Sant'Ambrogio umgab ein Geheimnis. Allerdings hatte Katharina zunächst keine Ahnung, worum es sich dabei handelte. Drei Monate lang, seit ihrem Eintritt am 27. März 1858, wurde vor ihr stets «etwas geheim gehalten, was die Gemeinschaft vielfach beschäftigte».[71] In den Unterhaltungen mit der Madre Vicaria wurde sie sich «irgendeines Geheimnisses» bewusst, das vor ihr verborgen wurde. «Sie gab mir zu verstehen, der Beichtvater habe bestimmt, es sei noch nicht an der Zeit, es mir zu offenbaren.» Ihr schwante bald, dass es irgendetwas mit «Einflüssen übernatürlicher Art» zu tun haben könnte, tröstete sich jedoch mit der Überlegung, «solch einfältige Seelen» wie ihre neuen römischen Mitschwestern könnten sich an diesen wunderbaren Geschichten leichter geistlich erbauen als an abstrakten theologischen Traktaten.[72]

Dabei hätte sie gewarnt sein können, hätte sie die kryptischen Aussagen ihres Seelenführers Reisach richtig interpretiert, wie sich Katharina in ihren *Erlebnissen* selbstkritisch eingesteht. Der Kurienkardinal hatte der Fürstin vor ihrem Klostereintritt erläutert, im südlichen Italien sei stets mit außergewöhnlichen und übersinnlichen Dingen zu rechnen. Es könne geschehen, dass «Fremdartiges und Auffälliges sich um sie herum ereignen» werde. Der lebhafte Charakter der Italiener werde ihr manches ganz anders erscheinen lassen, als sie es aus dem eher kühlen und rationalistischen Deutschland gewohnt sei. Wo aber wie in Rom «ein so lebendiger Glaube alles mit einer Frische und Festigkeit erfasse und festhalte, von der wir Deutschen kaum einen Begriff» hätten, würden auch «Kämpfe und Anfechtungen hervorgerufen, die unseren Erfahrungen und Vorstellungen ganz fremd seien». Reisach hatte Katharina ermahnt, sie solle sich «von solchen Dingen weder beunruhigen noch stören lassen».[73]

Der Kardinal offenbarte durch solche Äußerungen seine eigene Begeisterung für gefühlsbetonte romanische Frömmigkeitsformen und seine Ablehnung einer aufgeklärten Religionspraxis, wie sie vor allem in Deutschland üblich war. Er zeigte sich besonders fasziniert von übersinnlichen religiösen Phänomenen und rechnete gerade in Rom fast stündlich mit Erscheinungen des Heiligen. Dass «Arme Seelen», also die Geister der Verstorbenen aus dem Jenseits, jederzeit Kontakt mit der diesseitigen Welt aufnehmen könnten, stand für ihn außer Frage.[74] Die Fürstin dachte sich daher nichts dabei, dass bei den geistlichen Tischlesungen in Sant'Ambrogio immer wieder von «Ekstasen, Wundern und Erscheinungen» die Rede war. Sie kritisierte zwar, dass dadurch die «Phantasie» ihrer Mitschwestern über Gebühr angeregt würde, und wünschte sich stattdessen eine solide «Christenlehre», in der den Nonnen von Sant'Ambrogio die notwendigen religiösen Grundkenntnisse vermittelt werden sollten, die ihnen – wie die Fürstin bald merkte – völlig abgingen.[75] Dem Rat Reisachs folgend ordnete sie deren Begeisterung für übersinnliche religiöse Phänomene und Wunder aber als typischen Ausfluss der südländischen Mentalität und des geringen Bildungsniveaus ihrer Mitschwestern ein. Eine gefährliche Häresie konnte sie darin zunächst nicht erkennen. Außerdem gelang es ihrem klösterlichen Beichtvater Pater Peters erfolgreich, die «ersten ernsteren Bedenken» der Fürstin zu beschwichtigen.[76]

Indes: Die Heimlichtuerei ging weiter, Gespräche von Mitschwestern endeten abrupt, wenn Katharina in die Nähe kam, man verfiel in einen für die Fürstin unverständlichen römischen Dialekt, dunkle Andeutungen wurden gemacht. Erst nach ihrer Einkleidung am 29. September waren Pater Peters und Kardinal Reisach schließlich bereit, ihr reinen Wein einzuschenken und das Geheimnis zu lüften. Man hatte ihr nämlich verschwiegen, dass die Gründerin der franziskanischen Frauengemeinschaft von Sant'Ambrogio, Mutter Agnese Firrao, von der Römischen Inquisition als falsche Heilige verurteilt und ins Exil geschickt worden war. Offenbar befürchteten die Verantwortlichen, die Kenntnis dieses Umstands hätte die Fürstin von einem Eintritt in das Kloster abgehalten.

Und genau mit diesem Geheimnis beschäftigt sich der erste Teil ihrer Anklageschrift. Die Fürstin erhob den Vorwurf, in Sant'Ambrogio sei die verurteilte falsche Heilige Agnese Firrao ununterbrochen weiter wie eine echte Heilige verehrt worden. Die Nonnen und insbesondere Pater Peters hätten dabei die Bedeutung der Verurteilung der Mutter Gründerin durch das Heilige Offizium heruntergespielt. Nachdem Katharina Novizin geworden war, wurde die Firrao auch in ihrer Anwesenheit offen «La Beata Madre» genannt und als Heilige verehrt, obwohl nach der Lehre der Kirche ein solcher Kult nur Personen zustand, die von der Kirche offiziell seliggesprochen worden waren. «Mir wurden ihre Geißeln und weitere Instrumente einer strengen Bußübung gezeigt, man erzählte mir von drei Pfund rohem Fleisch, das nach einer einzigen Bußübung der genannten Mutter aufgelesen wurde, ihre außerordentlichen Tugenden wurden immer gepriesen», notierte die Fürstin in ihrem Bericht. «Man schämte sich im ganzen Kloster nicht, die Heiligkeit von Schwester Maria Agnese feierlich zu verkünden, die als solche fast alle anderen Heiligen übertreffe.» Der Inquisition warf man in Sant'Ambrogio vor, sie habe ein eindeutiges Fehlurteil gefällt, als sie Agnese Firrao wegen falscher Heiligkeit schuldig sprach. Zahlreiche Gegenstände aus dem Besitz der vermeintlichen Heiligen wurden laut Katharina im Kloster als Berührungsreliquien verehrt: Kleider, Stickarbeiten und vor allem drei Ölporträts. Die Beichtväter arbeiteten an einem Heiligenleben, das nach Fertigstellung gemeinsam gelesen werden sollte. Gebete, Denksprüche, Briefe und Mitteilungen der Gründerin seien akribisch gesammelt worden. Bei Hochfesten wurden «Gedichte rezitiert, in denen es stets um die Verherrlichung der seligen Maria Agnese ging, die man in Begleitung von Engeln und verstorbener Töchter erscheinen ließ». Bei diesen Anlässen «wurden der ‹Beata Madre› Lobpreisungen zu Ehren der heutigen Madre Vicaria in den Mund gelegt, die man als ‹ihre Freude, ihren Schatz, den schönsten ihrer Sterne› feierte».

Ein besessener Nonnenverführer

Der zweite Anklagepunkt war mit dem geheimnisvollen Titel «Bericht über den Besessenen» überschrieben.[77] Aus den Erzählungen der Novizenmeisterin Maria Luisa hatte die Fürstin von einem offenbar attraktiven Mann erfahren, den diese Pietro oder einfach Americano nannte. Dieser – angeblich erzogen in einem Internat der Jesuiten in Freiburg in der Schweiz – stand seit früher Jugend in sehr enger Beziehung zum zweiten Beichtvater des Klosters Sant'Ambrogio, Pater Peters. Der geheimnisvolle Amerikaner war – wie Katharina in Erfahrung brachte – von Geburt offenbar Deutscher, wahrscheinlich Tiroler, angeblich Mitte dreißig und von Beruf Arzt. Er sei nach Rom gekommen, um sich von fünf Dämonen befreien zu lassen, die Peters «klar unterscheiden» könne, weil er ihnen Namen gegeben habe. Maria Luisa war überzeugt, dass der Americano nach seiner Heilung, für die er zahlreiche harte Bußübungen und strenges Fasten auf sich nehme, für die Jesuiten viel Gutes tun und «Tausende von Menschen bekehren» werde. «Am 11. Juli 1858 erzählte mir die Madre Vicaria, dass er elf Stunden am Grab des heiligen Ignatius gebetet habe, wo ihm der Heilige erschienen sei und ihm gegenüber die Madre Vicaria sehr gelobt habe und seiner Freude darüber Ausdruck gab, Pietro unter ihrer geistlichen Begleitung zu wissen.»

Diese letzte Formulierung machte die Fürstin hellhörig. Offenbar hatte nicht einer der Beichtväter, sondern Maria Luisa den Exorzismus, die Befreiung von den Dämonen, übernommen – eine für Katharina unerhörte Vorstellung, waren für Teufelsaustreibungen doch nach Kirchenrecht ausschließlich besonders erfahrene Kleriker zuständig, auf keinen Fall aber Frauen, die für das Böse seit dem Sündenfall Evas als besonders anfällig galten. Tatsächlich erzählte ihr die Novizenmeisterin mehrfach, wie sehr sie selbst wegen des Besessenen leiden müsse. In ihrer Anklageschrift berichtete Katharina von mehreren Treffen zwischen Maria Luisa und dem Amerikaner. «Eines Tages, als sie nach einem Treffen mit ihm zurückkam, tauchte sie, in meine Zelle hinkend, mit einem geschlossenen Auge, einer geschwollenen Zunge und den Kopf voller Beulen auf und erklärte, sie habe gegen ihn gekämpft und ihn endlich besiegt, indem sie ihn gezwungen habe, fünf Kreuzzeichen mit der Zunge auf dem Boden zu machen.»

Katharina war die Angelegenheit höchst suspekt. Sie setzte aber, wie sie dem Inquisitor klarzumachen versuchte, alles daran, dieses heikle Thema im Umgang mit der Novizenmeisterin zu meiden. Maria Luisa wollte ihre neue Novizin jedoch mit ihren Erfolgen bei der Teufelsaustreibung beeindrucken und zeigte ihr als Beweis mehrfach Briefe Pietros, die in schlechtem Italienisch verfasst waren. Ein Brief auf Deutsch von Ende Oktober war sowohl an Maria Luisa (die Novizenmeisterin) als auch Luisa Maria (die Fürstin Katharina von Hohenzollern) gerichtet. Hier wurde mit der Namensähnlichkeit beider Nonnen gespielt und in recht schlüpfrigen Formulierungen davon gesprochen, auch Luisa Maria könne wie Maria Luisa «Mutter ohne Gatte» werden. Dieses Schreiben gab Maria Luisa der Fürstin zum Übersetzen, da sie kein Deutsch verstand. Katharina war «höchst empört» über die zahlreichen erotischen Anspielungen und «äußerst obszönen Ausdrücke». Pietro forderte die beiden Nonnen mehr oder minder deutlich zu sexuellen Kontakten auf. Die Madre Vicaria würde – wie es am Ende des Briefes hieß – von einem der Dämonen des Amerikaners, und zwar «dem Dämon der Unreinheit sieben Monate lang gequält werden»; sie werde darunter «so sehr leiden, dass sie deswegen seine Hilfe als Arzt würde in Anspruch nehmen müssen, freilich ohne dass sie dabei ihre Jungfräulichkeit wirklich besiegt sehen müsste».

Katharina war schockiert, ihr Vertrauen zur Novizenmeisterin erschüttert. Sie erklärte ihrem Beichtvater Peters, «erstaunt zu sein, mit ansehen zu müssen, dass die sittsamen Augen einer jungen Frau gefährdet seien, weil sie solche Schändlichkeiten lesen mussten». Peters, so erinnerte sich Katharina in ihrer *Denunzia*, habe zwar zugegeben, von Maria Luisa auch einen Brief des Amerikaners gezeigt bekommen zu haben. «Er behauptete aber, dass er die Briefe Pietros entweder gar nicht las oder sie sofort vernichtete.» Die Fürstin beendete ihre Ausführungen über den «Besessenen» mit der kryptischen Feststellung, nach den «traurigen Ereignissen», zu denen es infolge ihrer «Mitteilung» an den Beichtvater gekommen sei, hätten Peters und Maria Luisa sich gehütet, Pietro in ihrer Anwesenheit weiter zu erwähnen. Dahinter verbarg sich, wie ihre weiteren Anklagepunkte verdeutlichen, der zumindest indirekte Vorwurf, der Jesuit habe der Novizenmeisterin alles berichtet, was Katharina ihm in seelsorgerlichen Gesprächen anvertraut hatte.

Eine falsche Heilige

Der dritte Anklagepunkt der Fürstin bezog sich direkt auf Schwester Maria Luisa, der sie nichts weniger als «falsche» und «angemaßte Heiligkeit» vorwarf.[78] Zunächst jedoch zeichnete sie ein äußerst interessantes Charakterbild dieser jungen Nonne:

«Maria Luisa ist siebenundzwanzig Jahre alt und befindet sich seit ihrem dreizehnten Lebensjahr im Kloster. Sie hat eine sehr angenehme Physiognomie und eine fast unwiderstehliche Liebenswürdigkeit, die jedoch eher etwas von einer weltlichen Person als von einer Gott geweihten Jungfrau hat. Zu dieser Eigenschaft gesellt sich außerdem noch eine beständige Geschäftigkeit, ein Denken an alles, eine erhabene Anmut und Leichtigkeit in der Konversation, feinstes Taktgefühl im Umgang mit anderen, Scharfsinn und Schlauheit – freilich ohne jedes salbungsvolle Getue –, Strafheit und Sammlung. Fast den ganzen Tag hört man die Madre Vicaria im Konvent plappern, auf eine Weise, die gänzlich unfähig ist, die Ruhe zu halten und ein Geheimnis zu bewahren. Die Konsequenz dessen ist Geschwätzigkeit, Unbeständigkeit, eine Neigung und Leichtigkeit zur Lüge, begleitet durch höchste Listigkeit, einen intriganten Geist, Eifersucht und Dreistigkeit. All dies scheint jedoch verdeckt zu sein durch einen mysteriösen Zauber, eine süße Liebenswürdigkeit und eine gewisse gekünstelte Ahnungslosigkeit und Munterkeit. Unter all den Ämtern, die sie innehat, sind ihr trotz ihres unzureichenden Alters die wichtigen Aufgaben der Speisemeisterin, der Vikarin und der Novizenmeisterin anvertraut. Die Regeln des Ordens beachtet sie fast überhaupt nicht. Sie erscheint selten im Chor, im Refektorium oder bei den gemeinsamen Andachtsübungen, kann überdies über alle Schlüssel verfügen, wie auch über alle Räume des Klosters während der Gebetszeiten und zu den Essenszeiten, an denen sie fast nie teilnimmt. Ihre Aufgaben machen ihr die wiederholten und langen Besuche im Parlatorium, die ausgedehnte und vertraute Kommunikation mit auswärtigen Personen, ihre bewundernswerte Kenntnis aller Ereignisse in der Politik und in der Stadt sehr leicht, ebenso ihre Unternehmungen, um ihre grenzenlose Leidenschaft zu befriedigen, alles zu beherrschen und zu befehlen. Dieser ambitiöse Stolz führt sie dazu, alles als Instrument für ihre Pläne zu benutzen, die Autorität der Mutter Äbtissin zu demütigen, ihr diese sogar zu entziehen, indem sie schlecht über sie redet und den Anweisungen der Äbtissin andere Anordnungen entgegenstellt.»

Dann fügte die Fürstin eine Beobachtung an, die genau an die «Schwärmereien, ‹Zusammenbrüche› und Überschwänglichkeiten» erinnert, die für Mädchenpensionate des 19. Jahrhunderts typisch waren und mit denen junge Mädchen ihre Begeisterung für eine erfolgreiche Lehrerin oder erfahrenere Mitschülerin zum Ausdruck brachten und so auch ihre «erotischen Wünsche» kanalisierten:[79] Die knapp zwanzigjährige Maria Crocifissa folgte der Novizenmeisterin überallhin «wie betrunken von Liebe; immer liebkost sie sie, küsst ihr die Hand, lacht und macht tausend Verrücktheiten, ohne dass die Madre Vicaria sich dem entgegensetzt. Die eifersüchtige und weiche Zuneigung der meisten Novizinnen für die Oberin ist auch tadelnswert, auf die Weise, dass diese bis in die späte Nacht hinein nicht selten ihr Bett umringen. Weder kann noch muss ich ein letztgültiges Urteil über ihre Erziehungsmethoden im Noviziat geben. Das, was ich weiß, ist, dass die Novizinnen größtenteils auf sich selbst gestellt sind.»

Danach brachte Katharina von Hohenzollern ihren eigentlichen Anklagepunkt vor, die angemaßte Heiligkeit der Madre Vicaria: Maria Luisa genieße «den Ruf eines außerordentlichen Geistes bei der Buße. Im Kloster ist sie bekannt als jemand, der fast keine Nahrung zu sich nimmt.» Der Beichtvater habe ihr gesagt, man könne «ihr weniges Essen auf natürliche Weise nicht erklären». Katharina ließ sich davon nicht überzeugen: «Ich habe dies außerhalb des Refektoriums anders gesehen.» Sie hatte Maria Luisa offenbar beim Essen zwischen den offiziellen Mahlzeiten beobachtet. «Außerdem lässt sie durchscheinen, dass sie die Nächte mit Anbetungen, Meditationen sowie in furchtbarer Strenge und Leiden verbringt und aus diesen mysteriösen nächtlichen Kämpfen mit einer geschwollenen und verschiedenfarbigen Zunge herauskommt. Und hier muss ich leider gestehen, dass ich sie im Zeitraum von sechzehn Monaten niemals vor dem Allerheiligsten oder andernorts bei der Anbetung gesehen habe.»

Maria Luisas Reden über kirchlich hochstehende Personen charakterisierte Katharina als rücksichtslos und der demütigen Haltung einer Ordensfrau nicht angemessen. Trotzdem genieße Maria Luisa «besonders beim Pater Beichtvater den Ruf, außergewöhnliche und wunderbare Gnaden zu besitzen, die sich in einer himmlischen Weisheit zeigten, in einer übermenschlichen Kenntnis der geheimen Dinge, sowohl im Kloster als auch außerhalb desselben ..., durch Wunder, namentlich durch die Fähigkeit, Kranke heilen zu können. Außerdem sagt die Madre Vicaria häufig mit gleichgültiger Miene voraus, dass zu einer gewissen Stunde ihr Schutzengel an der Rota[80] der Klosterpforte etwas für sie hinterlassen würde, seien es Süßigkeiten oder etwas anderes. Und wirklich kamen die erwähnten Dinge zur angegebenen Stunde zur großen Verwunderung der Novizinnen an und wurden mit großem Respekt und Andacht von den Novizinnen gegessen.»

Drei Wochen nach einer Tischlesung über das Leben einer Heiligen, die einen süßen und wohltuenden Geruch um sich verbreitete, habe die Madre Vicaria auf derart intensive Weise nach Rosenessenz gerochen, «dass es einem Kopfschmerzen bereitete, weil das ganze Kloster davon erfüllt war». Die im Kloster weit verbreitete Meinung, Maria Luisa könne die Schmerzen und Leiden anderer Nonnen beinahe magnetisch an sich ziehen und mit einem Ring mit «mysteriöser Kraft» sogar Krankenheilungen vornehmen, vermochte die Fürstin nicht zu teilen. Sie wisse nicht, wie die Vikarin an diesen Ring gekommen sei, eine der Nonnen, die angeblich mithilfe des Rings geheilt worden war, habe ihr aber später gesagt: «Es ist schon eine seltsame Sache, dass unsere Madre Vicaria einen Ring von einer so außerordentlichen Größe bekam, während die heilige Katharina vom Herrn einen so kleinen und kaum sichtbaren Ring erhielt.» Katharina fuhr fort: «Nachdem ich mich über all dies beim Pater Beichtvater beklagt hatte, wurde der Ring nicht mehr in meinem Beisein getragen. Dieser Ring ist ungefähr eineinhalb Zoll groß, und man sagt, er sei aus Diamanten und Rubinen! Und hier kann ich meinen Verdacht nicht zurückhalten, dass dieser mysteriöse Ring vom besessenen Pietro stammt.»

In Sant'Ambrogio war es unmöglich, Zweifel an der Heiligkeit Maria Luisas zu äußern. Sowohl die Äbtissin als auch der Geistliche Direktor Leziroli hatten immer wieder Erklärungen parat. «Der Duft der Heiligkeit, in dem die Madre im Kloster steht, bewirkt, dass man mit ihrer Autorität einen gewissen Hass gegen den Teufel verbindet, gleichsam, als wenn jede Skepsis an der Vollkommenheit der Mutter Oberin vom Satan eingegeben wäre.» Seit vielen Jahren bekämpften die Beichtväter Zweifel an den Tugenden Maria Luisas als «Teufelswerk». Insbesondere die Novizinnen fühlten sich von der Madre Vicaria «ziemlich stark bedrückt». Leziroli und die Äbtissin hätten ihnen jedoch erklärt, wenn sie Maria Luisa bei unrechten Taten zu beobachten glaubten, handle es sich in Wirklichkeit stets «um Erscheinungen des Teufels, der jeweils die Gestalt der Madre Vicaria angenommen» habe.

Eine falsche Heilige

Katharinas Zweifel an der «Wahrhaftigkeit» und am «Charakter» der Madre Vicaria wies auch ihr Beichtvater Peters mit Nachdruck zurück. Eine ‹Täuschung› durch Maria Luisa hielt er für völlig unmöglich. In einer von Peters angeregten Aussprache zwischen Novizin und Novizenmeisterin bestritt Maria Luisa, mit Katharina jemals über den Besessenen gesprochen zu haben, geschweige denn ihr jemals Briefe von ihm gezeigt zu haben, «schon gar nicht den bereits erwähnten deutschen Brief». Der von beiden Beichtvätern dekretierten Lösung, «dass man das Geschehene nicht erklären könne, es sei denn, dass der Dämon häufig in Gestalt der Madre Vicaria erschienen sei», konnte Katharina «keinen Glauben schenken». Alle Fakten passten ihrer Ansicht nach «wunderbar mit dem Charakter und der Absicht der Madre Vicaria zusammen», von denen sie sich fünfzehn lange Monate habe überzeugen können: «Ich kann mit höchster Sicherheit sagen, an ihr nicht *eine einzige tugendhafte Tat* gesehen zu haben.»

Die einzig plausible Erklärung lag für Katharina auf der Hand: Maria Luisa maßte sich eine Heiligkeit an, die ihr nicht zukam. Sie war eine falsche Heilige und damit eine Ketzerin. Wie aber hatte es ihr gelingen können, die Nonnen und die Beichtväter von ihrer Heiligkeit zu überzeugen? Auch hierfür hatte Katharina in ihrer Klageschrift eine Antwort zur Hand. Sie nahm dazu das diabolische Erklärungsmuster der Beichtväter auf, drehte es aber um: Maria Luisa war kein Opfer des Satans, sondern mit ihm im Bunde. «Betrachtet man alles zusammen, fühle ich mich genötigt, meine schmerzlichste Sorge auszusprechen, dass die besagte Madre Vicaria Maria Luisa nur mit der Hilfe des Teufels … den Ruf der außerordentlichen Heiligkeit im Kloster Sant'Ambrogio erlangen konnte und sie in der Zukunft endloses Unglück nicht nur auf das besagte Kloster, sondern auch auf entferntere Regionen herabrufen kann.» Auch das Attentat auf ihr «armes Leben» führte Katharina letztlich darauf zurück.

Giftanschläge

Die Fürstin fühlte sich im Kloster mehr und mehr isoliert. Sie galt als Ungläubige, weil sie nicht an die «Klosterheilige» glaubte. Diese Haltung war, wie sich bald zeigen sollte, nicht ungefährlich. In einem Schreiben, das sie Sallua übergab, schildert Katharina ausführlich, wie sich der «ganze Hass» der Madre Vicaria auf sie immer mehr auflud, wie ihr «leidenschaftlicher Ton» und ihre «kreischende Stimme» sie so sehr erschreckten, dass ihr «das Knochenmark gefror».

Am 8. Dezember 1858 kam es, wie Katharina berichtete, zur offenen Konfrontation zwischen Novizenmeisterin und Novizin. «Als ich mit ihr allein war, warf ich mich ihr zu Füßen und bat sie darum, sie möge dem Herrn die Ehre geben und widerrufen.» Dazu war Maria Luisa jedoch nicht bereit. Sie verlangte von Katharina vielmehr absoluten Glaubensgehorsam. Sie sollte die Echtheit ihrer übernatürlichen Gaben akzeptieren und vor allem glauben, dass der Teufel wiederholt ihre Gestalt angenommen habe und es deshalb auch der Satan und eben nicht sie gewesen sei, der ihr den obszönen Brief des Americano gezeigt habe. Dazu war wiederum Katharina nicht bereit. Der Graben schien unüberbrückbar. Die Madre Vicaria hielt Katharina vor: «Ihr ganzes Verhalten lässt durchscheinen, dass Sie nicht vom Geist Gottes geleitet sind. Sie werden unter uns immer eine sein, die zweifelt.»[81]

Nun ging es um Leben und Tod: Denn die Fürstin erkrankte unmittelbar nach der gescheiterten Aussprache vom 8. Dezember schwer und schien dem Tode nah. War das Zufall? Steckte mehr dahinter? Oder hatte sich die Fürstin einfach zu sehr echauffiert?

Katharina selbst führte ihre plötzliche Erkrankung auf mehrere Giftanschläge zurück, hinter denen ihrer Ansicht nach niemand anders als die Madre Vicaria selbst steckte. Diese Überzeugung legte sie in ihrem vierten und letzten Anklagepunkt umfassend dar. Sie beschuldigte Maria Luisa und ihre Komplizinnen des mehrfach versuchten Mordes.[82]

Die Fürstin berichtete dem Inquisitor, wie sehr ihr der Streit mit Maria Luisa auf den Magen geschlagen war. Deshalb nahm sie am

9. Dezember unmittelbar nach dem Mittagessen dankbar eine Tasse Schwarzen Tee entgegen, den man ihr angeblich im Auftrag der Äbtissin brachte. Sie trank ihn aus und wurde umgehend von heftigen «Magenschmerzen, Schwindel und Erbrechen» heimgesucht. Sie war zu schwach, sich auf den Beinen zu halten und musste sich sofort ins Bett legen. Am Abend brachten ihr zwei Novizinnen eine Tasse Kamillentee, von dem sie sich eine Linderung ihrer Beschwerden erhoffte. Ein beißender Geschmack und ein ekeliger Geruch ließen sie jedoch zurückschrecken. Sie ließ eine der beiden Novizinnen kosten; und diese fand ihn ebenfalls völlig ungenießbar. Darauf tauchte überraschend die Madre Vicaria auf und tadelte die Novizin heftig, weil ein derartiges Verhalten in der Krankenpflege nicht statthaft sei. Am 10. Dezember verabreichte man Katharina Rizinusöl, und sie erholte sich ein wenig.

Am Morgen des 11. Dezember brachte ihr die Madre Vicaria selbst eine Tasse mit Fleischbrühe, die «amarissimo e pizzicante», äußerst bitter und scharf, schmeckte. Sie habe sich nur mit großer Mühe überwunden und «als Probe ihres Gehorsams» die Tasse leer getrunken. Sofort bekam sie heftige Magenschmerzen, Kopfweh und Brechreiz; sie fühlte sich wie betäubt. Einer der beiden Klosterärzte verordnete daraufhin Mandelmilch mit Gummi arabicum. Sie erhielt diese Emulsion, die ihr aus vielen vorherigen Anwendungen bekannt war, nachmittags. Voller Schrecken musste die Fürstin feststellen, dass auch dieses Getränk «denselben scharfen Geschmack und unangenehmen Geruch» hatte wie die Fleischbrühe. Sie trank nur wenig, fühlte sich aber sofort wieder äußerst unwohl. Das Gefäß mit der Mandelmilch blieb in ihrer Zelle stehen. Als sich der Arzt zur Visite ankündigte, kam eine Novizin, die Maria Luisa treu ergeben war, und versteckte das Gefäß. Abends brachte ihr die Novizenmeisterin selbst einen Teller Reissuppe, die aber «denselben bitteren Geschmack» hatte. Wieder weigerte sich die Fürstin zu essen, worüber die Madre Vicaria sehr ungehalten war.

Am 12. Dezember brachten die Novizinnen erneut Fleischbrühe. Katharina gelang es, einen Teil davon ungesehen in eine Glasphiole umzufüllen. Sie bat ihren Beichtvater Peters, diese untersuchen zu lassen, was dieser auch versprach. Den Verdacht der Fürstin, die

Madre Vicaria wolle sie vergiften, konnte Peters jedoch nicht teilen. Im Gegenteil: Er war sehr ungehalten über ihre Anschuldigungen und versuchte, sie zu beruhigen. Damit hatte er – wie Katharina berichtete – zunächst auch Erfolg. Aber nachts fiel ihr siedend heiß ein, was ihr die Novizenmeisterin einmal über den Salmiakgeist erzählt hatte, den sie sich gegen Insektenstiche hatte geben lassen: «Wisse, dass dies ein starkes Gift ist, mit diesem Fläschchen kann man viele Menschen ermorden.» Die Fürstin hatte damals gelacht und gesagt, schon wegen des abstoßenden Geruchs könne niemand das Zeug hinunterschlucken. Doch jetzt erhielt die scheinbar beiläufige Bemerkung Maria Luisas eine neue Bedeutung für Katharina.

Der 13. Dezember verlief ruhig. Die Fürstin aß und trank so gut wie nichts. Am Abend kam der Beichtvater und berichtete, in der Fleischbrühe sei tatsächlich etwas gefunden worden, nämlich Alaun. Dieses sei aber offenbar aus Versehen anstelle von Salz in der Klosterküche verwendet worden. Da Alaun kein tödliches Gift sei, könne Katharina ganz beruhigt sein. Dieses Argument überzeugte sie jedoch nicht: Schwarzer Tee, Kamillentee, Fleischbrühe, Reissuppe – in allen Alaun statt Salz, das war ihr einfach zu viel an Versehen und Zufall.

Am folgenden Tag sollte sie Latwerge, ein Pflaumenmus, einnehmen. Die Madre Vicaria und vor allem ihre Mitnovizin Maria Ignazia hätten sich bei ihr erkundigt, ob sie den Geschmack kenne. «Sie warnten mich davor, dass diese Arznei schlecht schmecken würde, sodass ich wieder einen schrecklichen Verdacht bekam. Ich bat vorher um die Heilige Kommunion, welche mir auch gewährt wurde. In der Nacht von Montag auf Dienstag erlosch mein Nachtlicht; als ich es wieder entzündet hatte, bemerkte ich, dass die Ampulle mit Salmiakgeist nicht mehr an ihrem Platz stand. Ich suchte die ganze Nacht danach, konnte sie in meiner Kammer aber nicht finden. Mir zitterten die Knie und ich bekam Herzrasen. Um vier Uhr besuchte mich die Mutter Äbtissin, der ich versicherte, dass es mir wieder gut ging. Sie sagte mir, ich müsste auf die Heilige Kommunion verzichten, da ich bettlägerig sei und andere Kranke diese auch nicht ans Bett gebracht bekämen. Ich versuchte ruhig zu bleiben, soweit es eben möglich war, und meinen Glauben an Gott zu stärken, als mir von Maria Felice die Medizin gebracht wurde. Während ich die heiligsten Namen anrief, nahm ich sechs Löffel davon ein. Der Geschmack war abscheulich, ich konnte aber nicht bestimmen, um was es sich handelte. Ich kann nicht sagen, in welchem Zustand ich mich danach befand. Ich litt sehr stark, und nach einer Stunde ging im Kloster das Gerücht um, ich stünde nach einem Schlaganfall kurz vor dem Tod. Die Auswirkungen der Krankheit, nachdem ich diese Medizin eingenommen hatte, waren folgende: dauerhafte Übelkeit bis zum Erbrechen, sehr starkes Fieber, starke Kopfschmerzen, schneller werdendes Herzrasen, starkes Grummeln im Bauch mit starken, schwarzen Entleerungen des Stuhls. Die zwei Ärzte, die sich meiner annahmen, waren Doktor Riccardi und Doktor Marchi. Den Verlauf der Krankheit am Tag darauf kann ich nicht genau beschreiben, da meine Erinnerungen nicht mehr ganz klar sind und ich zwischen den Tagen des 14. und 15. nicht mehr unterscheiden kann.»

Katharina erhielt die Sterbesakramente, Lossprechung, Wegzehrung und die Letzte Ölung. Ihr wurde außerdem angeboten, auf dem Sterbebett vorzeitig die Gelübde abzulegen, was sie auch dankbar annahm. «Ich hatte um mein Kruzifix, ein Buch und eine brennende Kerze gebeten und verhielt mich ruhig und sammelte mich. In meiner Seele wuchsen jedoch der Verdacht und die Angst vor dem Tod. Die Agonie wurde stärker. Sie ließen mich vier Mal zur Ader. Ich wehrte mich nicht, obwohl in mir die Angst zunahm, man entnehme mir zu viel Blut, sodass sie auf diesem Weg mein Ende beschleunigen oder mir wenigstens die Sinne rauben würden.» Als sich Katharina nachts im Bett aufrichtete, öffnete sich die Vene wieder, und sie befürchtete, man hätte sie absichtlich nicht richtig verbunden, um ihren Tod zu beschleunigen. «Ich rief nach dem Beichtvater, der sich im angrenzenden Zimmer befand. Er trat ein und ließ mich neu verbinden. Als ich mit der Hand meinen verbundenen Arm berühren wollte, hielt mich der Beichtvater zurück, was mich nicht wenig beleidigte. Anscheinend glaubte er, dass ich die Wunde absichtlich öffnen wollte, um diese zu begutachten. Ich befürchtete, mir sei ein Gift verabreicht worden, das ich selbst in meiner Kammer verwahrte. Der Gedanke, man könne nach meinem Tod sagen, ich hätte mich selbst vergiftet mit meinem Gift, bedrückte mich; er trieb mich zum Wahnsinn. Ich überlegte vergebens, wie ich mich befreien konnte.»

Katharina überlebte die schreckliche Nacht, aber die Agonie hatte kein Ende. Als Hohenlohe sie am 15. Dezember besuchte, erwog sie, ihn darum zu bitten, sie aus der Gefahr zu befreien. «Mir kam aber der Gedanke, dass meine Äußerungen auf starkes Fieber geschoben werden könnten. Käme dieser Verdacht ans Licht, wäre ich verloren gewesen. Die Angst veranlasste mich zu schweigen ... Ich glaubte mir selbst nicht mehr und fürchtete, vor meinem Tod zu sündigen.» Damit ließ die Fürstin die einmalige Gelegenheit verstreichen, jemandem außerhalb der Klausur von ihrem furchtbaren Verdacht zu berichten.

In der Nacht vom 15. auf den 16. Dezember blieb Katharina mit ihren Ängsten allein. Ihr Beichtvater war nach Hause geschickt worden. Sie interpretierte diese schlimme Nacht als einen Angriff des Teufels auf ihren Glauben: «Das war der Zeitpunkt, an dem der Feind auch meinen Glauben bekämpfte. Dass solche Sachen in Rom, in einem der besten Klöster unter den Augen der Kirche passieren ... Die Klausur dient nur dazu, solche Delikte zu verschleiern. Wo ist Gott, in den ich all meine Hoffnung legte, wo ist mein Retter, dem ich nur dienen wollte? Gegen Morgen, als ich mich auf dem Höhepunkt meines Elends befand, fand ich an meinem Bett den Rosenkranz, den mir Gustav geschickt hatte. Ich legte ihn mir an, in der Hoffnung, Beistand der barmherzigen Mutter zu erlangen. Auch wenn ich nicht beten konnte, wollte ich wenigstens etwas berühren und ein Ave Maria aufsagen können. Ich probierte es aus und war gerettet. Ich erfreute mich und verspürte Hoffnung.»

Als die Madre Vicaria am Morgen des 16. Dezember in Katharinas Zelle kam, bat Katharina sie um eine Unterredung unter vier Augen. Die Fürstin fasste Maria Luisa an beiden Händen und offenbarte ihr Wissen, dass seit fünf Tagen ihrem Essen und Trinken verschiedene Zutaten beigemischt worden seien, und warnte die Madre Vicaria nachdrücklich. Eine Vergiftung könne man auch nach dem Tod durch eine Autopsie noch feststellen, und in ihrem Fall würde der Heilige Vater eine solche Untersuchung auf jeden Fall anordnen. «Was wäre das für ein Schaden für das Kloster, besonders für die

Beichtväter und für ihren Orden?» Sie habe bislang ihre Liebe für Sant'Ambrogio bewiesen, indem sie geschwiegen habe, obwohl es nur eines Wortes bedurft hätte, dem Erzbischof oder den Ärzten ihre Situation zu offenbaren. Katharina bat Maria Luisa, ihren Verdacht zu entkräften. Ihr Cousin solle sie frei aufsuchen und sie offen mit ihm über ihren Verdacht sprechen können. An diesem Gespräch könne die Novizenmeisterin durchaus teilnehmen. Katharina erklärte weiterhin, sie würde künftig nichts mehr von dem einnehmen, was ihr verdächtig vorkomme. «Die Madre Vicaria war vollkommen verändert, kniete vor meinem Bett und bat mich, mich zu beruhigen. Man würde alles veranlassen, damit ich wieder zu Kräften komme, der Erzbischof würde mich besuchen, und ich müsse keine Medizin mehr einnehmen. Das Ergebnis dieser Erklärung stimmte mich zuversichtlich. An jenem Tag schöpfte ich Hoffnung, dass die Hinterhältigkeit endlich zu Ende sein sollte.»

Besonderes Vertrauen fasste Katharina zu der für die Klosterapotheke und die Krankenpflege zuständigen Schwester Maria Giuseppa, die ihr, als sie die Medizin brachte, unbemerkt von den Übrigen ein Zeichen gab, dass dieser nichts beigemischt worden war. «Also trank ich sie mit größtem Vertrauen. Kurze Zeit später erschien Maria Ignazia in aller Eile und war fassungslos: Sie meinte, ich sollte die Medizin nicht nehmen. Mich verwunderte dieser Akt.» Tatsächlich erholte sich in den folgenden Tagen Katharina körperlich beachtlich schnell. Ihr Gemütszustand blieb allerdings angegriffen. «So spürte ich noch immer die mehr oder weniger heftige Angst vor dem Tod. Ich bemühte mich, gegen den Verdacht in meinem Innern und die Erinnerungen an die erlittenen Dinge anzukämpfen. Ich ließ mir sämtliche Medizin bringen, die ich mit ins Kloster gebracht hatte, und siehe da: Es war auch das Fläschchen mit dem Salmiakgeist dabei.»

Unmittelbar vor Weihnachten hatte sich die Szene halbwegs beruhigt. Katharina war weiterhin sehr vorsichtig, bemühte sich um einen äußerst demütigen Umgang mit ihren Vorgesetzten und hatte sich entschlossen, mit niemandem von außerhalb über ihren schlimmen Verdacht zu sprechen. Dazu ergab sich in dem strengen Klausurkloster ohnehin keine Gelegenheit. Bis Ende Februar 1859 besuchten sie weder ihr Cousin Hohenlohe noch ihr Seelenführer Reisach. Katharinas Strategie ging aber nicht auf: Im Kloster selbst begegnete man ihr weiterhin mit großer Skepsis. Besonders die beiden Beichtväter hatten Angst, dass sie etwas verraten könnte.

Das Frühjahr 1859 brachte neue Verunsicherungen und Ängste. Pater Peters und die Madre Vicaria berichteten Katharina schlimme Dinge über die kriegerischen Auseinandersetzungen auf italienischem Boden, vor allem über die Spannungen zwischen Frankreich und Österreich wegen der Lombardei und dem Veneto.[83] Beide sahen die «Sekte der Freimaurer» bei der angestrebten Einigung Italiens am Werk und malten eine Eroberung Roms durch deren Truppen an die Wand. Furchtbare Gräuel und die Verfolgung von Priestern und Ordensleuten würden die Folge sein. Katharina war, wie sie in ihrem Bericht schrieb, davon überzeugt, dass Peters und Maria Luisa sie zu überreden versuchten, in ihre Heimat zurückzukehren.[84] Auf diese Weise hätten sie sich einer gefährlichen Mitwisserin von Klosterskandalen elegant entledigen können. Die Fürstin hätte vom fernen Deutschland aus kaum mehr eine Gelegenheit gehabt, über die Vorkommnisse in Sant'Ambrogio mit interessierten und in Rom einflussreichen Persönlichkeiten ins Gespräch zu kommen. Eine direkte Anzeige bei einem römischen Tribunal wäre dann genauso wenig möglich gewesen wie ihre Vernehmung als Zeugin. Und Katharina war dieser Lösung durchaus nicht abgeneigt: «Tatsächlich zog ich diese Option durchaus in Betracht, da ich hoffte, auf diese Weise meiner problematischen Situation im Kloster entkommen zu können.»

Im Frühsommer 1859 war Katharina in heller Aufregung, weil sich die politische Lage in Italien weiter zuspitzte. Als am 17. Juli ihre Stiefenkelin, die Königin von Portugal, Stephanie von Hohenzollern-Sigmaringen,[85] an Diphterie starb, waren bei Katharina körperliches Unwohlsein und Depressionen die Folge. Die Madre Vicaria verfolgte nun eine neue Strategie: Sie erzählte im Kloster ständig, man müsse Katharina mit größter Vorsicht behandeln und könne nicht normal mit ihr umgehen. In der Fürstin kam die Angst auf, die Madre Vicaria könne sie «aufgrund solcher Ängste und Aufregungen für schwachsinnig erklären lassen». Eine Unterbringung in einer geschlossenen psychiatrischen Einrichtung hätte Katharina endgültig mundtot gemacht.

Nachdem dieser Plan der Madre Vicaria nicht aufgegangen war und Katharina sich «bereits die Hoffnung gemacht hatte, in Ruhe gelassen zu werden», änderte sich im Sommer 1859 das Verhalten der Novizenmeisterin der Fürstin gegenüber wiederum drastisch. «Sie brachte mir ihre Antipathie nun offen zum Ausdruck.» Erneut kam bei Katharina der Verdacht auf, man wolle sie ermorden. Einmal, als sie länger als üblich auf ihr Frühstück warten musste, ging sie in den Vorraum ihrer Zelle und traf dort Schwester Maria Felice mit einer Tasse Schokolade in der Hand. Die Fürstin glaubte, diese wolle etwas unter die Schokolade mischen. Jedoch: «Ich trank die Schokolade, die mir später gebracht wurde, ohne etwas Schädliches zu spüren.» Aber ihre Angst blieb. «Mein Verdacht in diesem Fall wuchs weiter an, sodass ich, sobald ich unbeobachtet war, regelmäßig mein Frühstück und abends die Suppe weggeschüttet habe.»

Die Madre Vicaria wollte mit allen Mitteln verhindern, dass Katharina mit der Außenwelt Kontakt aufnahm. Im Juni und Juli 1859 versuchte Katharina verzweifelt, den Kardinalprotektor des Klosters Costantino Patrizi oder ihren Cousin Erzbischof Hohenlohe zu erreichen. Als beide am 24. Juli in Sant'Ambrogio waren, wurde ihnen jedoch mitgeteilt, Katharina liege krank im Bett und könne nicht besucht werden, da ein Eintritt in die Klausur nicht erlaubt war. Auch das Gespräch mit ihrem Beichtvater verweigerte die Madre Vicaria der Prinzessin. Ihrem Seelenführer Kardinal Reisach durfte sie ebenfalls nicht schreiben. «Ich bezweifelte nicht mehr, dass ich von jedem ferngehalten wurde. Daher befürchtete ich einen erneuten Anschlag auf mein Leben. Bereits seit zwei Tagen fühlte ich mich übel. Ich hatte Bauch- und Unterleibsschmerzen und Durchfall, die aber nicht so stark waren wie bei der ersten Erkrankung. ... Die darauffolgende Nacht war schrecklich für mich. Am nächsten Morgen wollte man mir Kassia verabreichen, ich wies sie zurück und bat um Zitronenlimonade mit Weinstein.» Die Suppe, die man ihr mehrfach anstelle des Frühstücks brachte, schüttete sie heimlich weg. Einmal nahm Katharina im Beisein der Novizenmeisterin etwas von der Suppe. Obwohl sie keinen Geschmacksunterschied feststellen konnte, verspürte sie hinterher starke Bauchschmerzen.

Dann endlich kam am 25. Juli die Rettung in Gestalt des Erzbischofs von Edessa. Hohenlohe war der «Schutzengel», der seine Cousine rettete. «Es ging alles gut. Ich wurde erhört und verstanden» – so erklärte Katharina dem Inquisitor Sallua. «Mit Tränen in den Augen habe ich die heilige Klostertracht abgestreift und das Kloster Sant'Ambrogio am 26. Juli 1859 nachmittags um halb vier Uhr verlassen.»

Die schriftliche Anzeige Katharinas war äußerst differenziert. Daher hatte Sallua nach dem gründlichen Studium der Texte nur wenige Nachfragen, die er der Fürstin schriftlich vorlegte. Katharina konnte sie ebenfalls schriftlich beantworten und musste sich dafür nicht erneut nach Rom bemühen. Auch zu den Aufbewahrungsorten einschlägiger Schriften der Mutter Gründerin konnte Katharina sachdienliche Hinweise geben.[86]

Die Sicht des Retters

Der Erste außerhalb der Mauern von Sant'Ambrogio, mit dem Katharina sich nach ihrem Austritt über ihre Erlebnisse im Kloster unterhielt, war ihr Retter Erzbischof Gustav Adolf zu Hohenlohe-Schillingsfürst. Hohenlohe konnte sich schon auf dem Weg nach Tivoli und insbesondere während der gemeinsamen Wochen in seiner Sommerresidenz Villa d'Este ein genaueres Bild vom Zustand seiner Cousine machen und zu einer Einschätzung der von ihr berichteten Vorkommnisse gelangen.[87]

Bei seiner Vernehmung vor der Inquisition rief er sich zunächst noch einmal die zentrale Rolle ins Gedächtnis, die Kardinal Reisach für den Eintritt Katharinas in Sant'Ambrogio gespielt hatte. Sein Fingerzeig schien sich als richtig zu erweisen. Alles entwickelte sich prächtig. Katharina war «zufrieden und heiter». Sant'Ambrogio war für seine Cousine offensichtlich der perfekte Ort für ein klösterliches Leben, die Beziehungen zu ihren Mitschwestern gestalteten sich geradezu ideal. Dann kam es Ende 1858 zu einer überraschenden Wende. «Im Dezember wurde mir zu später Nachtstunde von einem gewissen Garzia, einem Bediensteten des Klosters, die Nachricht

Gustav Adolf zu Hohenlohe-Schillingsfürst rettete seine Cousine Katharina aus dem Kloster von Sant'Ambrogio.

überbracht, dass sich die Prinzessin in einem sehr schlechten Gesundheitszustand befinde. Die genauen Umstände teilte er mir freilich nicht mit; er redete überhaupt nur sehr wenig.» Da Hohenlohe wegen unaufschiebbarer Verpflichtungen im Haushalt des Papstes den Vatikan nicht verlassen konnte, verbrachte er «eine sehr beklemmende Nacht».

Als Hohenlohe am nächsten Morgen in aller Frühe im Kloster eintraf, zeigten sich die Äbtissin und die Novizenmeisterin sehr betroffen über den Zustand der Prinzessin. «Sie erklärten mir aber rundweg, ich könne nicht zu ihr, da sie außer sich vor Schmerzen sei.» Der Erzbischof wollte sich jedoch nicht einfach abspeisen lassen und beharrte darauf, Näheres über die Erkrankung seiner Cousine zu erfahren. Schließlich erhielt er die Auskunft, es handle sich um «eine Synkope». Damit war ein Kreislaufkollaps gemeint, der ganz unterschiedliche Ursachen haben konnte. Sie reichten von einer Durchblutungsstörung im Gehirn über Herzrhythmusstörungen bis hin zu Stoffwechselstörungen. Hohenlohe solle in ein bis zwei Stunden mit dem päpstlichen Segen wiederkommen. Er ging zu Pius IX., erhielt den Segen und traf bei seiner Rückkehr in der Sakristei auf Leziroli, von dem er verlangte, nun endlich seine Verwandte sehen zu können. «Darauf antwortete dieser schroff, dass ich Luisa Maria einen großen Gefallen tun würde, wenn ich sie nicht besuchen würde. Dies sei ihre ausdrückliche Bitte. Sie wolle in diesem schrecklichen Augenblick allein bleiben und nicht gestört werden.»

Ihm sei, wie sich Hohenlohe erinnerte, in diesem Moment klar geworden, dass die Verantwortlichen von Sant'Ambrogio mit allen Mitteln vermeiden wollten, dass er seiner kranken Cousine persönlich begegnete. Er war verärgert, tief gekränkt und kehrte seine Autorität als Bischof und enger Vertrauter des Papstes heraus. Leziroli stehe es frei – so fuhr er ihn an –, auch in diesem ernsten Fall in seiner «typisch mädchenhaften Art und Weise» zu verfahren. «Ich hatte das dringende Bedürfnis, Katharina zu sehen und wollte dieses unbedingt erreichen.» Deshalb ordnete er an, die Tür zu ihrer Zelle zu öffnen. Nach einer «bemerkenswert langen Zeit» wurde er endlich in die Kammer seiner Cousine geführt. «Ich fand sie mit glühendem Gesicht und starrem Blick vor; sie war so benommen, dass ich erschrak.» Ein vertrauliches Gespräch war unmöglich, da die Novizenmeisterin und zwei weitere Nonnen stets in Katharinas Zelle blieben. Er spürte deutlich, dass Katharina ihm unbedingt etwas mitteilen wollte, dies aber wegen der Anwesenheit der Aufpasserinnen nicht tun konnte. Auf seine Frage nach der Ursache ihrer Krankheit zeigte sie nur auf die Madre Vicaria Maria Luisa und antwortete: «Sagen ruhig Sie, woran ich leide.»

Als der Erzbischof nicht weiter darauf einging und sich stattdessen bei ihr erkundigte, ob sie irgendetwas von ihm oder der Verwandtschaft brauche, war Katharina sehr «gekränkt» und brach das Gespräch mit dem Hinweis ab, es sei besser, wenn er den Regeln des Klosters entspreche und sie fürderhin nicht mehr besuche – eine Vorschrift der Statuten von Sant'Ambrogio als strengem Klausurkloster, auf die die Madre Vicaria ihn beim Hinausgehen auch noch einmal nachdrücklich hinwies. «Das Ganze vermittelte mir ein sehr trauriges Gefühl, und mit tiefem Schmerz ging ich fort.»

Man fragt sich, warum Hohenlohe und seine Cousine sich in Katharinas Zelle nicht einfach in ihrer deutschen Muttersprache unterhalten haben. Da die anwesenden Nonnen der deutschen Sprache nicht mächtig waren, hätten beide die entscheidenden Informationen ohne lästige Zuhörerinnen austauschen können. Katharina führte dafür in ihrer Klageschrift als Grund an, sie habe während ihrer Krankheit bewusst Italienisch gesprochen, damit jedes ihrer Worte von Maria Luisa verstanden werden konnte und sie bei ihr keinen Argwohn erregte.[88]

Hohenlohe suchte sofort nach diesem Besuch in dem der Kirche Il Gesù nahe gelegenen Jesuitenkolleg[89] den Beichtvater Katharinas, Pater Peters, auf. Er erhoffte sich von diesem näheren Aufschluss über die Krankheit seiner Cousine. Doch er wurde enttäuscht. Der Jesuit sagte ihm nur, er sei absolut sicher, «dass sie in der kommenden Nacht sterben werde, da ihre Herzkrankheit ihr nur noch wenige Stunden zu leben lasse». Diese Aussagen irritierten den Erzbischof sehr. Woher nahm der Jesuit die Sicherheit, den Tod Katharinas präzise vorhersagen zu können?

Nachdem ihm mehrere Angehörige des Klosters und die behandelnden Ärzte wiederholt davon abgeraten hatten, besuchte er seine Verwandte ein halbes Jahr nicht mehr. Auch Kardinal Patrizi sagte ihm, die Prinzessin wolle ihre Ruhe haben und wünsche keinen Besuch seinerseits. Was brachte Kardinal Patrizi dazu, Hohenlohe übereinstimmend mit der Äbtissin, der Novizenmeisterin, den Beichtvätern und den behandelnden Ärzten von einer persönlichen Begegnung und einem vertraulichen Gespräch mit Katharina abzuhalten? Hatten sie etwas zu verbergen, oder sollte Katharina einfach nur geschützt werden?

Hohenlohe hielt sich an die Weisung des hochrangigen Kardinals. Erst im Sommer 1859 ging er wieder nach Sant'Ambrogio, um seine Cousine persönlich zu treffen, was ihm jedoch verweigert wurde. «Am Tag darauf sandte sie mir einen Brief, in dem sie mich um der Barmherzigkeit Christi willen[90] bat, zu ihr zu kommen und sie ins Parlatorium rufen zu lassen. Ich begab mich umgehend zum Kloster.» Sofort seien zahlreiche Nonnen auf ihn zugekommen und hätten ihn gebeten, der Prinzessin das Verlassen des Klosters auszureden, weil sie Katharina so sehr liebten. Endlich war Hohenlohe mit der Fürstin allein und konnte unter vier Augen mit ihr sprechen. Sie bedankte sich zunächst für seinen Brief, in dem er sie an ihre geistliche Berufung erinnert und zum Festhalten am klösterlichen Stand aufgefordert hatte. Dann aber sagte sie: «Im Augenblick handelt es sich nicht mehr um eine Frage der Berufung; vielmehr geht es schlicht darum, mein Leben und meine Seele zu retten, da ich befürchte, ohne den Beistand des Beichtvaters sterben zu müssen.» Sie erzählte ihm voller Entsetzen von jener Nacht im Dezember, in der sie fast gestorben wäre, ohne dass Pater Peters auch nur ein einziges Mal nach ihr schaute, obwohl er sich die ganze Nacht im Kloster aufhielt.

Schließlich wurde Katharina konkret und äußerte den Verdacht, «dass ihr diese Krankheit durch unerlaubte und giftige Mittel zugefügt wurde, die man ihren Medikamenten sowie dem Essen und Trinken beigemischt hatte». Nur Hohenlohes Auftauchen, davon habe sich Katharina überzeugt gezeigt, habe damals im Dezember ihr Leben gerettet und weitere Anschläge auf ihre Person verhindert. «Sie fürchtete, dass so etwas wieder passieren würde, und bat mich um der Liebe Gottes willen, sie von dort wegzubringen.» Sie habe bereits dem Kardinalvikar und dem Heiligen Vater geschrieben und sie gebeten, ihr aus «gesundheitlichen Gründen» den Weggang aus dem Kloster zu erlauben. Den eigentlichen Grund für ihren Wunsch, so schnell wie möglich von Sant'Ambrogio wegzukommen, die Anschläge auf ihr Leben, habe sie beiden gegenüber aber verschwiegen.

Hohenlohe suchte auch das Gespräch mit Katharinas Seelenführer Reisach. Die Unterredung mit dem Kardinal muss einen äußerst zwiespältigen Eindruck bei ihm hinterlassen haben. Hohenlohe glaubte, Reisach mit den Vergiftungsängsten seiner Cousine etwas Neues zu erzählen, der Kardinal war aber schon längst im Bilde – offenbar informiert von Peters, und das schon vor Monaten. Und: Reisach hatte es nicht für nötig befunden, ihn als nächsten Verwandten Katharinas in Rom darüber zu informieren. Der Kardinal habe das Kloster insgesamt, so Hohenlohe weiter, vor allem jedoch die schöne junge Madre Vicaria und den Beichtvater Peters gegen alle Vorwürfe vehement in Schutz genommen. Er nannte Katharina überspannt und sah in der ganzen Vergiftungsaffäre nichts als eine bloße Einbildung. Die adelige Dame habe einfach «zu viel Phantasie». Sie solle sich umgehend wieder der Leitung ihres Beichtvaters «in blindem Gehorsam» unterwerfen, wie es sich für eine Nonne gehöre.

Nach heftigem Insistieren Hohenlohes musste Reisach schließlich doch einräumen, dass sich in Katharinas Suppe Gift befunden hatte. Der Kardinal führte dies auf ein «Versehen in der Küche», eine zufällige «Verunreinigung» der Schöpfkelle zurück. Der Geschichte mit dem Brief «voller Obszönitäten und unmoralischer Dinge», den die Novizenmeisterin angeblich Katharina zu lesen gegeben habe, sprach Reisach Hohenlohe gegenüber alle Glaubwürdigkeit ab. Immerhin waren sich beide darin einig, die Begebenheit nicht auf den Einfluss des Teufels zurückzuführen.

Hohenlohe blieb misstrauisch. Ab welchem Zeitpunkt war Reisach über die Vorkommnisse in Sant'Ambrogio informiert? Warum schritt er nicht ein, wie es als Katharinas Seelenführer seine Aufgabe gewesen wäre? Schützte der Jesuitenfreund den jesuitischen Beichtvater Peters und war dafür sogar bereit, den Tod der Fürstin von Hohenzollern in Kauf zu nehmen?

In Tivoli berichtete Katharina ihrem Cousin auch, dass sie während ihrer Krankheit ein Testament gemacht hatte, mit dem sie den größten Teil ihres Vermögens dem Kloster vermachte – mit der Auflage, einen neuen Frauenkonvent als Tochterkloster von Sant'Ambrogio zu gründen und die Novizenmeisterin Maria Luisa zur ersten Äbtissin zu machen. Ein Herz aus massivem Gold sollte an die Jesuitenkirche Il Gesù gehen. Katharina machte ihrem Cousin klar, dass die Madre Vicaria bei seinem Besuch im Dezember «sehr besorgt» gewesen war, das Testament könne in seine Hände fallen und er würde die Fürstin umgehend dazu bewegen, ihren letzten Willen zu ändern. Genau das tat Hohenlohe dann in Tivoli: Auf sein Anraten setzte Katharina das Testament außer Kraft, verlangte jedoch ihre Mitgift vom Kloster nicht zurück.[91]

Die Gespräche in Tivoli überzeugten Hohenlohe endgültig davon, dass seine Cousine nicht irre redete. Im Großen und Ganzen deckte sich seine Sicht auf die Vorgänge in Sant'Ambrogio weitgehend mit Katharinas Anzeige. Auch er hielt die Madre Vicaria für die Hauptschuldige. Der Erzbischof war sich sicher, dass Maria Luisa die Prinzessin von dem Moment an hasste, als sie hinter ihre Affäre mit dem Americano gekommen war. Viel stärker als für seine Cousine trat für ihn aber ihr jesuitischer Beichtvater Pater Peters in den Kreis der Verdächtigen. Seine Prophezeiung des unmittelbar bevorstehenden Ablebens Katharinas machte ihn in den Augen Hohenlohes zumindest zum Mitwisser der Vergiftung. Aber damit nicht genug: Für Hohenlohe waren auch die Kardinäle Patrizi und Reisach und damit hochrangige Freunde des Papstes in die Angelegenheit verwickelt, ohne dass ihm schon ganz klar war, in welchem Umfang und auf welche Weise.

ZWEITES KAPITEL

«Die delicatezza der Angelegenheit als solcher»

Außergerichtliche Voruntersuchungen

Informelle Sondierungen

Nach der Anzeige, die Katharina von Hohenzollern der Inquisition vorgelegt hatte, waren Vincenzo Leone Sallua und seine Behörde am Zug. Sie mussten entscheiden, wie mit der *Denunzia* der Fürstin umzugehen war. Sallua, geboren 1815, hatte 1833 seine Ordensgelübde bei den Dominikanern in Santa Sabina in Rom abgelegt und war 1838 zum Priester geweiht worden.[1] Bereits seit dem Mittelalter spielten die Dominikaner in der Inquisition und dem damit verbundenen Aufspüren von Ketzern eine entscheidende Rolle, was den «Dominicanes» den Spottnamen «canes Domini» – «Hunde Gottes» – eingebracht hatte. Von dieser Mittelalterlichen Inquisition ist die 1542 gegründete Heilige Römische und Universale Inquisition zu unterscheiden, die neben der römischen Zentrale in zahlreichen Bischofsstädten Italiens Lokalinquisitionen unterhielt. Wer sich dort erfolgreich seine Sporen verdient hatte, wurde nicht selten zur Belohnung nach Rom befördert. So erging es auch Sallua, der in Lugo als Vikar des dortigen Inquisitors erste Erfahrungen sammelte, 1850 zum Untersuchungsrichter der Römischen Inquisition und 1870 Kommissar des Heiligen Offiziums wurde. Ihm zur Seite stand als zweiter Untersuchungsrichter der 1816 geborene Enrico Ferrari, der im Fall Sant'Ambrogio mit der Aktenführung betraut wurde. Ferrari war ebenfalls ein Dominikaner und seit Anfang 1851 im Amt.[2]

Kommissar und damit Vorsitzender Richter der Inquisition war seit 1851 Giacinto Maria Giuseppe De Ferrari, geboren 1804. Nach seinem Ordenseintritt 1821 – ebenfalls bei den Dominikanern – und der Priesterweihe 1827 wurde er 1839 Bibliothekar der berühmten Biblioteca Casanatense, der Büchersammlung der Römischen Inquisition. Seit 1843 als Konsultor der Indexkongregation tätig, war er der fleißigste Gutachter auf dem Feld der römischen Buchzensur im 19. Jahrhundert überhaupt. Über einhundertfünfzig Werke wurden von ihm begutachtet.[3] Während die übrigen Ämter der Inquisition mit Mitgliedern unterschiedlicher Orden und Weltgeistlichen besetzt wurden, war das Amt des Kommissars und seiner beiden Stellvertreter, die die Aufgabe eines Untersuchungsrichters wahrnahmen, grundsätzlich in der Hand der Dominikaner.[4]

Assessor und damit eigentlicher Geschäftsführer der Inquisition war der Weltgeistliche Raffaele Monaco La Valletta. Der 1827 geborene La Valletta war Kanoniker an Sankt Peter und seit Januar 1859 Pro-Assessor, bevor er im Dezember 1860 zum Assessor befördert wurde.[5]

Sallua informierte Papst Pius IX. am 17. September 1859 vertraulich über die Anzeige Katharinas von Hohenzollern.[6] Der Dominikaner hielt die *Denunzia* für äußerst schwerwiegend – «nicht nur wegen der *delicatezza* der Angelegenheit als solcher», sondern auch wegen der weiten Kreise, die der Fall ziehen würde, spräche er sich in Rom herum. Er legte daher Wert auf größtmögliche Geheimhaltung.[7]

Eine Formulierung in den Inquisitionsakten, der Pater Socius habe geglaubt, «diese Anzeige demütigst zu Füßen Seiner Heiligkeit legen zu sollen», scheint auf den ersten Blick dafür zu sprechen, dass Sallua als Untersuchungsrichter diesen Schritt aus eigenem Antrieb unternommen hat. Aber dass ein Inquisitor aus der zweiten Reihe ohne Rückversicherung bei seinen Oberen direkt zum Papst ging, ist doch eher unwahrscheinlich. Er wird sich vor seinem Gang zum Pontifex zumindest mit seinem unmittelbaren Vorgesetzten, dem Kommissar De Ferrari, abgestimmt haben. Wahrscheinlich besprach er die Sache, den eingespielten Arbeitsabläufen entsprechend, auch in der sogenannten Congregazione Particolare. Diese Dienstbesprechung fand immer samstags statt. Ihre Hauptaufgabe war, alle anfallenden Arbeiten zu organisieren und die anhängigen Fälle auf einzelne Mitarbeiter zu verteilen. An ihr nahmen in der Regel der Assessor, der Kommissar, die Untersuchungsrichter, der Fiskal als «Staatsanwalt» und ein Mitarbeiter aus der Kanzlei teil. Überdies beschloss man in dieser Sitzung, «wem man die jeweilige Sache vortragen sollte, entweder den Konsultoren, oder den Kardinälen oder gar dem Papst».[8] In der Congregazione Particolare dürfte in diesem Fall der Beschluss gefallen sein, sofort den Papst einzuschalten. Sallua fiel die Aufgabe zu, den Papst zu informieren, weil er bislang als Einziger mit dem Fall vertraut war. Er wurde in Privataudienz empfangen und übergab dem Papst seine schriftliche Zusammenfassung der Anzeige.

Pius IX. studierte die Denunziation der Fürstin und den Bericht des Dominikaners gründlich, blieb aber, was den Wahrheitsgehalt der Beschuldigungen anging, skeptisch. Zum einen wurden Persönlichkeiten angeklagt, die bei ihm in solch hohem Ansehen standen, dass er nicht glauben konnte, dass sie in derartige Vorgänge verwickelt waren: die beiden Kardinäle August Graf Reisach als Seelenführer der Fürstin und Costantino Patrizi als Kardinalprotektor von Sant'Ambrogio. Oder sollten auch die beiden jesuitischen Beichtväter, die Äbtissin oder gar die schöne Madre Vicaria ein solches Prestige beim Papst genossen haben? Zum anderen ließ die «Natur der Delikte» den Papst zweifeln. Für ihn war es kaum vorstellbar, dass all diese Verbrechen an einem Ort frommer Frauen und auch noch in so kurzer Zeit verübt worden sein sollten.[9]

Für Pius IX. handelte es sich schon gar nicht zwangsläufig um einen Fall von Häresie, für den die Römische Inquisition zuständig gewesen wäre. Denn bei Häresie ging es um die Leugnung einer katholischen Glaubenswahrheit oder das Festhalten an einer dem Dogma widersprechenden Auffassung. Um «formelle Häresie» ging es, wenn ein Katholik das Dogma bewusst und hartnäckig infrage stellte, eine «materielle Häresie» lag vor, wenn dieses Leugnen unbewusst stattfand und der Betroffene sich umkehrbereit zeigte.[10]

Wenn überhaupt etwas an den Vorwürfen der Fürstin dran sein sollte, ging es aus Sicht des Papstes allenfalls um disziplinarische Vergehen beziehungsweise kleinere Straftatbestände und eben nicht um Verbrechen im Bereich des Glaubens. Der Papst wollte außerdem um jeden Preis verhindern, dass irgendetwas von dieser Angelegenheit publik werden könnte. Deshalb verpflichtete er den Dominikaner zu strikter Geheimhaltung. Einen Inquisitionsprozess – und damit eine größere innerkuriale Öffentlichkeit und unkontrollierbare Gerüchteküche – wollte der Papst vermeiden. Daher verlagerte er den Fall von der großen Bühne auf eine wesentlich kleinere. Sallua sollte den Fall dem Kardinalvikar übergeben.[11]

Der Kardinalvikar repräsentierte den Papst in seiner Eigenschaft als Bischof von Rom. Er hatte die administrativen Angelegenheiten der Diözese Rom zu regeln und besaß die volle Jurisdiktion über alle disziplinarischen Aspekte des religiösen Lebens in der Ewigen Stadt. Zu den ihm unterstellten kirchlichen Behörden und Gerichtshöfen gehörte auch das Vikariatsgericht. Im administrativen Bereich unterstützte ihn der sogenannte Vicegerente, ein Helfer im Rang eines Titularbischofs, für die Rechtsprechung ging ihm ein Statthalter zur Hand. Der *Vicarius Urbis* verlor übrigens als einer der wenigen kurialen Funktionsträger sein Amt auch während einer Sedisvakanz nicht, während die meisten Ämter mit dem Tod des Papstes erloschen.[12]

Das Amt des Kardinalvikars hatte 1859 ausgerechnet Costantino Patrizi inne, der Kardinalprotektor von Sant'Ambrogio.[13] Patrizi wurde 1798 in Siena geboren und gehörte zu einer der reichsten Familien Roms. Er studierte beide Rechte in Rom und ließ sich 1819 zum Priester weihen. Rasch machte er an der Kurie Karriere. 1828 wurde er zum Titularerzbischof von Philippi und 1836 zum Kardinal ernannt, 1839 wurde er bereits Mitglied der Inquisition. Von 1841 bis zu seinem Tod 1876 war er Kardinalvikar von Rom. Er galt als enger Freund und intimer Vertrauter Pius' IX. und wurde als reaktionär und fromm beschrieben. Seine Gegner in der Kurie hielten ihn für einen Mann «stumpfen Geistes»; nicht wenige Beobachter sahen in ihm hingegen den einflussreichsten Kardinal und die tragende Säule des «autoritären Herrschaftssystems» Pius' IX. Patrizi verfügte über engste Beziehungen zur Gesellschaft Jesu, nicht zuletzt über seinen Bruder Saverio, der dem Orden beigetreten war.[14]

Als Kardinalprotektor von Sant'Ambrogio hatte Patrizi die Oberaufsicht über das Kloster zu führen. Wahlen zu Klosterämtern waren nur in seiner Anwesenheit und nach seiner Bestätigung gültig.[15] Wenn überhaupt jemand in der römischen Hierarchie, dann hätte Patrizi über dunkle Geheimnisse in dem Frauenkonvent im Bilde sein müssen, insbesondere über die dort angeblich ohne Unterbrechung fortgeführte Verehrung der Gründerin Maria Agnese Firrao. Wäre bei der vom Papst angeordneten Untersuchung irgendetwas herausgekommen, hätte das den Kardinalprotektor belastet. Daher dürfte eine gewisse Skepsis hinsichtlich seiner «Objektivität» im Fall Sant'Ambrogio angebracht sein. Immerhin stellte Pius IX. Patrizi den Dominikaner Sallua an die Seite, der ein Auge auf ihn haben sollte. Insofern agierte der Papst äußerst geschickt. Er fand einen Kompromiss, der das Heilige Offizium mit einband, auch wenn die Kompetenz beim Kardinalvikar blieb. Kardinal Patrizi ordnete erste, vorsichtige außergerichtliche Sondierungen an.[16]

Zunächst sollte Sallua «mit aller Umsicht» eine Nonne vernehmen, die wenige Jahre zuvor wegen disziplinarischer Probleme aus Sant'Ambrogio ausgeschlossen worden war und seither zwangsweise im Kloster San Pasquale[17] lebte. Von ihr erhoffte man sich Informationen zu möglichen Unregelmäßigkeiten innerhalb des Frauenkonvents.

Ferner hatte Sallua auch andere Informationen geheim zu sammeln, «insbesondere zu dem ominösen vom Teufel besessenen ‹Americano›». Schließlich wurde der Lokalinquisitor von Gubbio[18] von der römischen Zentrale damit beauftragt, vor Ort einige Ordensschwestern des Klosters San Marziale[19] zu befragen, wo sich Maria Agnese Firrao, die Mutter Gründerin von Sant'Ambrogio, auf Befehl des Heiligen Offiziums bis zu ihrem Tod in Klosterhaft befunden hatte.

Der Fokus des Interesses richtete sich demnach fast ausschließlich auf die Verehrung der Firrao als Heilige und ihre geheime Leitung der römischen Ordensgemeinschaft Sant'Ambrogio von der Klosterhaft in Gubbio aus. Darin sahen die Verantwortlichen in Rom offenbar das eigentliche Verbrechen: Eine Frau, die vom obersten Kirchentribunal als falsche Heilige verurteilt und aus Rom verbannt worden war, hatte sich als «Beata» verehren lassen und mit ihren Vertrauten in Sant'Ambrogio einen verbotenen Kult inszeniert, der bis zu Teufels- und Dämonenaustreibungen ging.

Die Aussage der Ausgestoßenen

Bei der aus Sant'Ambrogio verstoßenen Nonne, die Sallua befragen sollte, handelte es sich um Schwester Agnese Eletta von der Heiligen Familie, die der Kardinalvikar in seiner Funktion als Kardinalprotektor von Sant'Ambrogio im August 1857 wegen mangelnden Gehorsams nach San Pasquale verwiesen hatte. Hier sollte die Nonne ihr geistliches Leben verbessern und die Tugend der klösterlichen Demut üben. Eine genauere Untersuchung der «Schwierigkeiten», die sie im Franziskanerinnenkonvent gemacht hatte, war damals aber unterblieben, sonst hätte Patrizi jetzt einfach die alten Untersuchungsakten herausziehen können.[20] Schon diese Tatsache lässt den römischen Kardinalvikar in einem wenig günstigen Licht erscheinen. Kam er seinen Aufgaben als oberster Kontrolleur des religiösen Lebens im Konvent von Sant'Ambrogio nur unzureichend nach? Vertraute er den Oberen und insbesondere den jesuitischen Beichtvätern blind?

Um sich einen ersten Eindruck von Agnese Eletta zu verschaffen, befragte Sallua am 17. Oktober 1859 die Priorin der Augustinerinnen von San Pasquale, Schwester Maria Luisa von Jesus.[21] Mit Agnese Eletta sei es nach ihrer Einweisung in San Pasquale besonders schwierig gewesen, gab die Priorin zu Protokoll. Man habe wegen ihrer ständigen «Insubordination» und ihrer Selbstgefälligkeit sehr viel Geduld mit ihr gebraucht. An klösterliche Usancen sei sie überhaupt nicht gewöhnt gewesen. Abstinenztage und Fasten waren ihr offenbar unbekannt; in Sant'Ambrogio habe sie nach eigenen Aussagen nicht selten Delikatessen gespeist, «stets mit Butter». Zudem habe sie sich dort eher wie eine Dame von Welt gekleidet. Agnese Elettas Vorgesetzte – oder besser: klösterliche Kerkermeisterin – zeichnete das typische Bild einer am Klosterleben gescheiterten Nonne. Aber wie hatte Agnese Eletta es dann viele Jahre in einem strengen Klausurkloster aushalten können?

Am folgenden Tag, dem 18. Oktober 1859, konnte der Dominikaner Agnese Eletta selbst vernehmen.[22] Sie war damals etwa vierzig Jahre alt und hieß mit bürgerlichem Namen Agnese Corradini. Nach ihrer Vereidigung wurde sie wie üblich gefragt, ob sie wisse, aus

Die Aussage der Ausgestoßenen 69

welchem Grund sie zu diesem Verhör einbestellt worden sei. Agnese antwortete: «Nein, mein Herr.» Danach wurde sie – zur Aufnahme der Personalien – nach den wichtigsten Stationen ihres bisherigen Lebens befragt. Sie erzählte, dass sie die Nichte der Gründerin Agnese Firrao sei und bereits 1823 im Alter von vier Jahren im Kloster im Borgo Sant'Agata bei den reformierten Nonnen des Dritten Ordens des heiligen Franziskus untergebracht worden sei, die 1828 nach Sant'Ambrogio umzogen. Im Alter von zwanzig Jahren habe sie dann 1839 die Profess abgelegt.

Sallua interessierten in erster Linie die Gründe, die zu ihrem Ausschluss aus dem Konvent von Sant'Ambrogio geführt hatten. Die Schwester gab darauf eine recht ausweichende Antwort. Sie habe sich eigentlich in Sant'Ambrogio immer sehr wohlgefühlt. Erst unmittelbar vor ihrem Weggang sei es zu einer Entfremdung zwischen ihr und der Äbtissin gekommen. Diese habe ihr vorgeworfen: «Sie sind in mein Zimmer hineingegangen, haben einige Briefe unserer Mutter Gründerin Schwester Maria Agnese von meinem Schreibtisch geholt, sie in Ihr Zimmer mitgenommen und dort zerrissen. Das ist der Grund, warum ich Ihnen gegenüber erzürnt bin.» Den Beteuerungen der Schwester, nichts dergleichen getan zu haben, schenkte die Äbtissin keinerlei Glauben. Vor dem Inquisitor äußerte Agnese Eletta die Vermutung, dass diese Briefe von einer anderen Nonne in ihre Schublade gelegt worden waren, und zwar von der jungen Novizenmeisterin Maria Luisa.

Diese Aussage hinderte Agnese Eletta allerdings nicht daran, am Schluss ihres Verhörs geradezu ein Loblied auf die junge Madre Vicaria zu singen. «Sie sieht wie eine vom Herrn privilegierte Seele aus»; Gott habe ihr «die Gabe erteilt, dass sie manchmal mit ihm sprechen kann». Nach einem gemeinsamen Gebet am Gründonnerstagabend «begann sie so zu sprechen, als ob der Herr zu mir sprechen würde und Warnungen erteilen wolle». Visionen und Erscheinungen von himmlischen Personen seien für sie an der Tagesordnung gewesen. Maria Luisa war laut Agnese Eletta «liebenswürdig, warmherzig und anmutig» und zeigte den Novizinnen gegenüber «viel Zuneigung und Aufmerksamkeit». «Die Nacht war die Zeit, in der sie von Gott am meisten begnadet wurde; das sage ich, weil ich einige Zeit in ihrer Zelle geschlafen und sie mit dem Herrn ... sprechen gehört habe.»

Agnese Eletta gab jedoch auch zu Protokoll, sie habe an die überirdischen Phänomene nicht so recht glauben können. Hier sei «möglicherweise Phantasie» im Spiel gewesen. Irgendwann sei es dann zu einer ihr nicht erklärlichen Entfremdung von Maria Luisa gekommen; letztlich wisse sie aber nicht, warum sie austreten musste.

Das Ergebnis dieser Vernehmung konnte Sallua nicht zufriedenstellen. Auftragsgemäß hatte er vor allem Informationen über den Kult der Firrao einzuholen. Agnese Eletta, die Nichte der Mutter Gründerin, hatte sich zu diesem Thema aber so gut wie gar nicht geäußert. Besonders ihre Darlegungen über Maria Luisa waren seltsam in der Schwebe geblieben. Aber auch Agnese Eletta selbst bereitete ihre Aussage anscheinend eine schlaflose Nacht, denn sie wandte sich schon am nächsten Tag an ihre Priorin und bat um ein erneutes Gespräch mit dem Dominikaner.[23]

Dazu kam es bereits am 21. Oktober.[24] Agnese Eletta gab zu, «wegen der Verwirrung bei der ersten Vernehmung» einiges vergessen oder verschwiegen zu haben. Ihr Beichtvater habe ihr aber ins Gewissen geredet, jetzt die volle Wahrheit zu sagen: «Zuerst muss ich sagen, dass, als Maria Luisa mich in ihrer Zelle schlafen ließ, sie das hinter dem Rücken der Äbtissin und ohne ihre Erlaubnis tat. Als diese es bemerkte, schalt sie die genannte Maria Luisa und wollte nicht mehr, dass ich bei ihr schlief. Maria Luisa rief mich zu sich und sagte, dass sie, bevor ich begann, bei ihr zu schlafen, drei Nächte lang einen starken Lärm von Dämonen in meinem Zimmer gehört habe; und dass sie aufstand und in meine Zelle ging, um mich zu befreien. Der Dämon sei zornig gewesen und habe ihr gesagt, dass er mich, sobald ich wieder allein in der Zelle schlafen würde, auf alle Fälle erdrosseln würde. Weiter sagte sie, dass ich unserem gemeinsamen Beichtvater und der Mutter Äbtissin versichern sollte, was sie mir gesagt hatte; und dass ich selbst in jenen Nächten den Lärm tatsächlich gehört habe. Ich erwiderte, den genannten Lärm gar nicht gehört zu haben und deswegen weder dem Beichtvater noch der Äbtissin gegenüber so etwas behaupten zu können. Trotzdem sagte sie dazu: ‹Im Gegenteil, Sie können und müssen sagen, dass Sie ihn gehört haben, weil ich ihn gehört habe›; daher war ich verpflichtet, dem Beichtvater und der Äbtissin zu versichern, dass ich ihn wirklich gehört hatte. Infolgedessen befahl Pater Leziroli der Äbtissin, mich bei Maria Luisa schlafen zu lassen. Aus Angst vor den Dämonen habe ich manchmal im selben Bett mit ihr geschlafen. Von Juli bis Dezember 1854 und von Dezember bis Juni 1855 habe ich immer in ihrer Zelle geschlafen.»

Zwei junge Nonnen, die in einem Bett schliefen, das musste Sallua aufhorchen lassen. Denn die Schwestern hatten einander stets mit dem distanzierten «Sie» anzusprechen, ein vertrauensvolles «Du» und Freundschaften untereinander waren nicht gestattet. Zwei Nonnen durften auf keinen Fall allein ohne Aufsicht einer älteren Schwester eine Zelle teilen, geschweige denn ein Bett.[25]

Im Laufe der weiteren Unterredung lenkte die Zeugin die Aufmerksamkeit des Inquisitors auf die Person der schönen jungen Novizenmeisterin und ihre zahlreichen «Ekstasen und Visionen». Von Anfang an sei ihre Tante Maria Agnese Firrao, die «Mutter Gründerin», skeptisch gegenüber Maria Luisa und ihrem ganzen Gehabe gewesen. Von Gubbio aus habe sie die Äbtissin und den Beichtvater Leziroli mehrfach eindringlich ermahnt, «dass sie gut aufpassen sollen, weil die Ekstasen und Visionen Maria Luisas Spiele der Phantasie seien, und dass sie ihnen nicht nachgeben sollen, weil sie eine Illusionierte war». Und diese Kritik kam von einer Frau, die ein Leben lang von sich selbst behauptet hatte, fast tagtäglich Gespräche mit himmlischen Personen zu führen, und die ganz selbstverständlich davon ausging, dass ihre eigenen Visionen von allen als echt anerkannt wurden.

Maria Luisa, so sagte Agnese Eletta aus, habe deshalb abwarten müssen, bis sich durch den Tod der Firrao die Gelegenheit ergab, endlich die Authentizität ihrer himmlischen Begabungen zu beweisen. «Nach dem Tode der Gründerin am 4. Oktober 1854 in Gubbio sagte mir Maria Luisa offen, dass die Gründerin ihr in einer Vision erschienen war und sie um Verzeihung gebeten hatte – wegen dem, was sie über sie geschrieben hatte, das heißt, dass sie geglaubt hatte, die Visionen und Ekstasen seien Illusionen und Täuschungen gewesen. In der Zeit, als ich in der Zelle von Schwester Maria Luisa schlief, bekam sie ... fast jede Nacht Visionen und hatte Gespräche mit dem Herrn oder mit der Gründerin.»

Eine Vision von der Gründerin, die nur der Visionärin selbst widerfuhr, sollte die Echtheit genau dieser Vision und damit die Authentizität der Visionärin bestätigen. Diese zirkuläre Argumentation hätte jeden in der philosophischen Logik halbwegs ausgebildeten Theologen, wie es Pater Leziroli nach der Studienordnung der Jesuiten eigentlich sein musste, mit größter Skepsis erfüllen müssen. Aber diese Strategie führte wider Erwarten zum Erfolg.

Pater Leziroli glaubte «an etwas Übernatürliches und an eine Vision», berichtete Agnese Eletta. Sie selbst hingegen war von einer bewussten Manipulation durch die überirdischen Mächte überzeugt, denn ausgerechnet immer dann, wenn ein wichtiges Klosteramt neu zu besetzen war, hatte die schöne junge Nonne die passenden Visionen, die sie selbst als vom Himmel ausgewählte Kandidatin für das Amt der Pförtnerin, der Novizenmeisterin oder gar der Vikarin proklamierten.

Für die Durchsetzung der himmlischen Weisungen sorgte jeweils Pater Leziroli mit seiner priesterlichen Autorität. Nur er konnte im Beichtstuhl von allen Sünden lossprechen oder die Absolution verweigern. Damit standen ihm machtvolle Instrumente zur Verfügung, die er gezielt einsetzte – Katharina berichtete davon bereits in ihrer Anzeige. In diesem Punkt stimmen ihre Aussagen mit denen der Zeugin überein.

Agnese Eletta jedenfalls hatte die Strategie Maria Luisas längst durchschaut. Als diese ausgerechnet sie, bei der man als Nichte der Visionärin Agnese Firrao eine ganz besondere Empfänglichkeit für übernatürliche Phänomene annehmen musste, eines Tages zwingen wollte, eine von ihren Visionen auch als eigene Vision zu bestätigen, weigerte sie sich, bei diesem Spiel mitzuspielen.

Auch andere Nonnen blieben skeptisch und bezweifelten die Echtheit von Maria Luisas Erscheinungen. Dass diese darüber äußerst verärgert war, verwundert kaum. Immer wieder ging sie renitente Mitschwestern heftig an und wollte sie um jeden Preis von ihrer himmlischen Begnadung überzeugen. Sobald die Madre Vicaria aber spürte, dass sie dabei zu weit gegangen war, behauptete sie, der «Teufel in ihrer Gestalt» sei den Nonnen erschienen. Sie selbst habe gar nichts getan.

Agnese Eletta führte als Beleg eine Begebenheit an, die den beiden alten Schwestern Maria Caterina und Maria Francesca widerfahren war. «Es lief wie folgt: Maria Luisa sagte mir, dass sie mit den oben genannten Schwestern über eine neue Einrichtung des Chors für Weihnachten sprechen wollte; ich riet ihr ab, es zu tun, weil es ihr als junger Nonne nicht zustand; trotzdem wollte sie darüber sprechen, und die Nonnen beschwerten sich bei der Äbtissin. Sobald ich es erfuhr, benachrichtigte ich sie; sie war überrascht und sagte, dass es sich wiedergutmachen ließe. In der Tat sagte sie mir kurz danach, dass nicht sie es gewesen war, die mit den beiden Nonnen gesprochen hatte, sondern der Teufel. Ich sagte ihr, dass es nicht sein konnte, da sie mir kurz davor ihre Absicht mitgeteilt hatte, und dass ich auch den Beweis hatte, weil ich sie im Vorbeigehen gehört hatte, während sie mit den Nonnen sprach. Darauf erwiderte sie, dass sowohl ich als auch die anderen beiden die Stimme des Teufels, der sie imitierte, und nicht ihre eigene gehört hätten.»

Agnesa Eletta war davon überzeugt, dass Maria Luisa «durch irgendeine ihrer Offenbarungen oder etwas anderes» dafür gesorgt hatte, dass sie aus dem Kloster entfernt wurde. Wollte Maria Luisa eine Ungläubige aus dem Weg räumen, die nicht an die Echtheit ihrer übernatürlichen Gaben glaubte? Oder wurde einfach die Nichte der Mutter Gründerin als starke Konkurrentin um Macht und Einfluss im Kloster ausgeschaltet? Wahrscheinlich war beides der Fall.

Ganz am Schluss der Unterredung kam Agnese Eletta überraschend auf das heikle Thema zurück, das Sallua bereits einmal hatte aufhorchen lassen. Sie gab nämlich zu Protokoll: Nach ihrem Weggang aus Sant'Ambrogio habe Maria Luisa die junge Novizin Maria Giacinta dazu bestimmt, zusammen mit ihr in einer Zelle zu schlafen. Danach beendete sie ihre Aussage abrupt: «Mir scheint, dass ich nichts weiter mehr zu berichten habe.»

Zwei Nonnen in einem Bett

Der letzte Satz in der Vernehmung Agnese Elettas am 21. Oktober 1859 war nichts anderes als eine offenkundige Falschaussage unter

Eid. Denn schon anderthalb Wochen später musste ihre Vorgesetzte in San Pasquale Sallua erneut um einen Gesprächstermin mit Agnese Eletta bitten. Exerzitien und intensive Gespräche mit ihrem Beichtvater Pater Andrea Scalzo hätten sie dazu gebracht, nun endlich mit der ganzen Wahrheit herauszurücken.[26]

Die dritte Vernehmung der aus Sant'Ambrogio verstoßenen Schwester fand am 3. November 1859 statt. Dabei gab Agnese Eletta ein von ihr eigenhändig verfasstes Blatt ab. Schon im Beichtstuhl sei sie heftig rot geworden, als sie ihrem Beichtvater von den schlimmen Dingen berichtet hatte, die sie nun der Inquisition offenbaren wolle. «Voll höchstem Ekel» habe sie sich furchtbar geschämt. Pater Scalzo habe deshalb vorgeschlagen, «das, was mir die Schamesröte ins Gesicht treiben würde, wenn ich es mündlich mitteilen würde, schriftlich festzuhalten».[27] Dieser Text, den Sallua zu den Akten nahm, wurde der Schwester laut vorgelesen. Im Anschluss daran hatte sie ihn eigenhändig zu unterschreiben.[28]

«Im August des Jahres 1854 sagte Schwester Maria Luisa eines Tages zu mir: ‹Sie müssen wissen, dass sich bei Ihnen eine Krankheit an der Scham zeigen wird, aufgrund derer Sie zur Visite und zur Versorgung zu den Professoren werden gehen müssen.› Als ich dies hörte, erschrak ich, und ich empfahl mich ihrem Gebet, damit ich nicht Opfer dieser Schande würde. Sie antwortete, der Herr habe ihr gesagt, sie selbst sollte mich behandeln, sodass ich von dieser Strafe befreit sein würde. Daher sollte sie mich vier Mal beobachten und kurieren. Ich entgegnete ihr, dass ich aktuell gar keine Beschwerden hätte und zum gegenwärtigen Zeitpunkt keine Behandlung notwendig sei; sie aber fügte hinzu, dass das Übel bereits begänne, obwohl ich selbst es noch gar nicht merkte. Ich glaubte dem, und mit höchstem Abscheu und Widerspenstigkeit ließ ich mich von ihr beobachten und berühren, wobei ich bei mir dachte, dass, wenn ich schon so sehr darunter litt, mich einer Frau zu zeigen, es noch viel schlimmer wäre, mich einem Mann zu zeigen. Wenn es diese Überlegung nicht gegeben hätte, hätte ich mich nicht dazu verleiten lassen. Maria Luisa ermahnte mich jedoch, Pater Leziroli nichts darüber zu sagen.

Nach einigen Tagen erkannte ich, dass sie in einer ihrer üblichen Ekstasen mit der verstorbenen Äbtissin Maria Maddalena sprach. Im selben Moment übergab sie mir einen Brief von Maria Maddalena, den ich auf ihre Anweisung sofort lesen musste, und ich sollte das tun, was diese mir darin befahl. Die Handschrift war aber die von Maria Luisa, der Brief war an mich gerichtet und enthielt ihr Lob, stellte sie mir als heilige und bevorzugte Seele vor und befahl mir, dass ich, um die große Reinheit dieser ihrer Tochter zu erkennen (um die Worte des Briefes zu verwenden), bestimmte Teile ihres Körpers genauer anschauen sollte.

Als ich das las, erschrak ich und zweifelte daran wie an einer diabolischen Täuschung, da ich es gemäß der christlich-religiösen Sittsamkeit sehr verabscheute, solche Dinge anzuschauen. Aber aufgrund der großen Achtung, die ich vor Maria Luisa hatte, und da es mir unmöglich erschien, dass sie böswillig handelte, unterdrückte ich meine Meinung in der Annahme, dass, obwohl die Tat an sich sündig war und ich sie eigentlich nicht begehen durfte, ich dennoch diesen Befehl, der mir durch eine himmlische Erscheinung gegeben worden war, befolgen musste, was ich schließlich auch tat. Sie tat dabei so, als schliefe sie. Daraufhin sagte mir Maria Luisa, ich möge den Brief verbrennen und Pater Leziroli nichts sagen.

Als nach diesem Ereignis ein paar Wochen vergangen waren, sagte mir Maria Luisa, dass Maria Maddalena sie in der folgenden Nacht besuchen kommen würde. Daher blieb ich sehr aufmerksam, und ich hörte in der Tat, dass sie mit dieser verstorbenen Nonne sprach und ihr folgende Vision erzählte: ‹Mir ist diese Person erschienen (ohne es auszusprechen, ließ sie erkennen, dass es sich um den Herrn handelte), und aus seiner Seite schickte er mir eine Flüssigkeit, die, als sie auf mein Gesicht tropfte, über meinen ganzen Körper geflossen ist, und nachdem sie sich wie in einer kleinen Wanne in den unteren Teilen des Körpers gesammelt hatte, schließlich dort blieb. Agnese Eletta soll an dieser Flüssigkeit teilhaben, indem sie sich mit mir vereint und mich berührt, damit sie dadurch gereinigt wird und an den gleichen Gnaden teilhat.› Sie fügte noch andere ähnliche Dinge hinzu.

In einer anderen Nacht nach einer der üblichen Ekstasen sagte sie zu mir, der Herr sei ihr erschienen und habe ihr einen besonderen Segen erteilt, sodass ich, wenn sie mich berührte, an jenem Körperteil geheilt würde. Und daher wollte sie, dass ich im gleichen Bett schlief wie sie, obwohl mich das anwiderte. Und sie wollte, dass ich mich mit ihrer Person vereinte auf eine höchst unlautere Weise (den Rest versteht man ohne Erklärung), wobei sie sagte, dass der Herr das wollte, und dass ich, da es sein Wille war, mit dieser Tat keine Sünde beginge und dass es notwendig sei, damit ich all die oben genannten Vorteile genießen könnte.

Aber über all dies durfte ich weder gegenüber Pater Leziroli noch gegenüber jemand anderem ein Wort verlieren. Widerwillig sagte ich zu, aber im Glauben, dass es sich wirklich um einen himmlischen Befehl handelte, versuchte ich mich davon zu überzeugen, dass, obwohl es sich eigentlich um verbotene Dinge handelte, der Herr dies aufgrund eines Motivs, das ich nicht kannte, hatte befehlen können. Dies ereignete sich Ende September desselben Jahres wiederholt auf unterschiedliche Weise.

Nach einigen Monaten entdeckte ich die Täuschung folgendermaßen: Der gleiche außerordentliche Beichtvater, der jedes Jahr kam, erschien, und als sie vor mir zur Beichte ging, sagte sie zu mir, als sie den Beichtstuhl verließ: ‹Beichten Sie, dass Sie nachts in meinem Bett gewesen sind, weil der Beichtvater gesagt hat, dass das Sünde ist.› Nachdem sie das gesagt hatte, war ich verdutzt, da ich erkannte, dass sie mich getäuscht hatte, und ich erkannte das Übel, das sie mich so lange Zeit hatte begehen lassen, aber aus falscher Rücksicht, sie nicht so sehr zu entehren, nannte ich dem Beichtvater nicht die Art und Weise, auf die sie mich getäuscht hatte, sondern ich ließ ihn glauben, dass ich die Schuldigere war.

Danach befragte ich Maria Luisa, wie es zu diesem Sinneswandel gekommen war, und sie sagte mir in einem Netz voller Lügen, sie habe darüber kein Wort zum Beichtvater gesagt, vielmehr habe er ihr alles gesagt.

Ich fügte höchst erstaunt hinzu: ‹Also haben Sie mich getäuscht, als Sie mich glauben ließen, dass Ihnen das der Herr angeordnet hatte, indem er sogar ein Wunder vollbrachte, um dies herausfinden zu lassen.›

Maria Luisa antwortete mir: ‹Nein, es muss vielmehr das Werk des Teufels gewesen sein, um mich zu entehren; besagter Pater muss irgendeiner Person die Beichte abgenommen haben, die er für eine Heilige hält, und diese muss, nachdem sie dies durch eine teuflische Erscheinung erfahren hatte, den Beichtvater davon benachrichtigt haben.›

Und sie bestätigte mir, dass in diesen Dingen kein einziges Übel sei, und erneut ermahnte sie mich, Pater Leziroli nichts zu sagen, und sie sagte so viel, dass sie es mich auf ihre Weise glauben ließ, obwohl ich manch einen Verdacht hatte, sowohl was diese als auch die anderen Erscheinungen anging. Als in mir immer mehr der Zweifel wuchs und sie sich meines anderen Denkens bewusst wurde und wohl befürchtete, dass ich mit Pater Leziroli doch darüber reden könnte, sagte sie mir dann schließlich eines Tages von sich aus, dass das, was sie über den außerordentlichen Beichtvater gesagt hatte, eine Lüge gewesen sei, und dass sie in Wahrheit, da ihr Bedenken gekommen waren, gebeichtet hatte, es aber in Bezug auf mich nicht mehr sagen musste, da ich bereits gebeichtet hatte.

Also blieb ich davon überzeugt, dass sie gänzlich aus teuflischem Wahn gehandelt hatte. Und ich hegte den Verdacht, dass sie nicht aus Reue gebeichtet hatte, sondern aus Angst, dass der ordentliche Beichtvater es erfahren könnte, da es dann mit der Hochschätzung, die er ihr entgegenbrachte, vorbei wäre. Da sie möglicherweise befürchtete, dass mir im Verlauf der Zeit Bedenken kommen könnten, tat sie so, als beruhigte sie damit mein Gewissen, damit ich das, wenn ich das einmal gesagt hatte, nie mehr sagte, und vielleicht auch, um sich selbst zu beruhigen, obwohl ich nicht weiß, wie viel ihr diese Beichte nützte.

So ging die enge Freundschaft zu Ende, die uns mehr als ein Jahr lang verbunden und die im Januar 1854 zu einem Ziel, das heilig schien, begonnen hatte. Seitens Maria Luisas war sie da, um mich aus einem schlaffen Leben zu erheben und mich auf den Weg der Perfektion zu bringen, und ich meinerseits glaubte, da ich sie gemäß der allgemeinen Meinung für eine Heilige hielt, dass ihre Leitung mir beim Wunsch, mich zu bessern, nützen könnte, wie es mir am Anfang auch der Fall zu sein schien. Später aber erwies sie sich als höchst schädlich aufgrund der Versuchungen und Gewissensbisse, in denen ich mich befand. Schließlich wurde ich aus dem Kloster fortgejagt.

Maria Luisa erwies sich mir gegenüber äußerlich immer als Freundin und zeigte sich, als ich ihr diesen Vorwurf machte, demütig, aber ich glaube, dass das alles Verstellung war.»

Unkeuschheit und Sodomie

Beim Verlesen der schriftlich niedergelegten Aussage Agnese Elettas wurde Sallua mit dem Bruch des Keuschheitsgelübdes konfrontiert. Die Schwester hatte wie jede katholische Nonne bei ihrer Profess Armut, Gehorsam und Keuschheit gelobt. Ein verklemmter Umgang mit Körperlichkeit und Sexualität, der auf eine lange leibfeindliche Tradition in der Geschichte der Kirche zurückgeht und den Nonnen von Sant'Ambrogio von ihren Beichtvätern immer wieder eingeschärft worden sein dürfte, spricht aus jeder Zeile dieses Textes. Zeitgenössische Handbücher «zum Gebrauche der Pfarrer und Beichtväter»[29] leiteten diese nachdrücklich dazu an, im Beichtstuhl bei der Behandlung des sechsten Gebotes besonders auf das Thema Keuschheit, Enthaltsamkeit und Ehrbarkeit zu achten: «Es ist nicht erlaubt, sein Auge ohne irgendeine Notwendigkeit auf Dingen ruhen zu lassen, die man nicht betrachten kann, ohne dass man die Schamhaftigkeit verletzt und sich der Gefahr aussetzt, in irgendeine Sünde der Unreinigkeit zu fallen. Der unehrbare Blick ist eine Todsünde oder eine lässliche Sünde, je nachdem er mehr oder minder gefährlich ist und die Leidenschaft mehr oder minder aufregt ... Ebenso verhält es sich mit den Berührungen, welche noch gefährlicher als die Blicke und eben dadurch leichter tödliche Sünden sind.»[30] Nach diesen Vorgaben der katholischen Moraltheologie hatte es einer katholischen Frau und zumal einer Nonne, die dem Ideal der «jungfräulichen Keuschheit» verpflichtet ist, peinlich zu sein, wenn sie von einem Arzt im Genitalbereich oder an der Brust untersucht werden musste.[31]

Eine Katholikin wurde zum «Opfer einer Schande», wenn sie sich nackt ausziehen musste und ein Mediziner sie anschaute oder gar anfasste, wie es Agnese Eletta, ganz dem katholischen Ethos der Schamhaftigkeit verpflichtet, treffend umschrieb.[32] Genau diese Tabuisierung hatte Maria Luisa geschickt dazu benutzt, um ihre eigenen sexuellen Bedürfnisse zu befriedigen. Nach einem Jahr war sie ihrer Bettgespielin aber offenbar überdrüssig und ließ Agnese Eletta fallen wie eine heiße Kartoffel; die Nonne stand mit ihren Schuldgefühlen und ihrer «Sünde» allein da.

Doch als ob der offenkundige Bruch des Keuschheitsgelübdes durch eine gottgeweihte Jungfrau nicht schlimm genug wäre, konfrontierten Agnese Elettas Aussagen den Inquisitor Sallua mit einem noch viel heikleren Thema: der sexuellen Beziehung zwischen Frauen. Welches Instrumentarium stand dem Inquisitor zur Verfügung, um dieses Phänomen adäquat zu erfassen und zu beurteilen? Ein Blick in die Akten der Römischen Inquisition half ihm hier nicht weiter. Denn während sexuelle Handlungen unter Männern relativ häufig in den Quellen auftauchen und dann regelmäßig mit dem Begriff «il pessimo» – der schlimmsten denkbaren Todsünde überhaupt – umschrieben wurden, findet man zu sexuellen Beziehungen zwischen Frauen so gut wie keine Informationen.[33] Dieser Befund fällt aber nicht aus dem Rahmen. Beziehungen zwischen Frauen wurden im 19. Jahrhundert allgemein nur selten mit «unerlaubter Sexualität» in Verbindung gebracht. Oft war man «völlig davon überzeugt, dass diese Frauen außerhalb der reproduktiven Sexualität keine selbständigen erotischen Wünsche befriedigten».[34]

Deshalb blieb Sallua – als Dominikanerpater ebenfalls als Beichtvater tätig – nur der Blick in die einschlägigen Handbücher der Moraltheologie. Wenn es überhaupt Informationen zu lesbischer[35] Sexualität gab, mussten sich diese in den Erläuterungen zum sechsten Gebot finden. Dieses lautet im Dekalog zwar nur «Du sollst nicht die Ehe brechen», im Verlauf der Kirchengeschichte wurden darunter aber alle möglichen sexuellen Sünden subsumiert. So war Sexualität außerhalb der Ehe grundsätzlich verboten. Der Vollzug des ehelichen Aktes hatte ausschließlich der Zeugung von Nachkommen zu dienen.[36] Die Lust eines Mannes auf eine Frau und einer Frau auf einen Mann galt in der zeitgenössischen Moraltheologie zwar als «unkeusch», aber es handelte sich nur um eine lässliche, in der Beichte jederzeit vergebbare Sünde, weil dieses Begehren der Schöpfungsordnung entsprach. Gleichgeschlechtliche Sexualität von Männern hingegen wurde als Todsünde «contra naturam» aufgefasst und oft als «Sodomie» bezeichnet.[37] Eine strafrechtliche Verfolgung Homosexueller war bis weit ins 20. Jahrhundert hinein in fast allen europäischen Rechtsordnungen vorgesehen; betroffen waren hin und wieder auch Frauen.[38]

Die Frage, ob es weibliche «widernatürliche Unzucht» überhaupt geben könne, war allerdings nicht nur innerkirchlich lange Zeit höchst umstritten, nicht zuletzt deshalb, weil Sexualität in Europa «männlich dominiert war und phallozentrisch mit Penetration identifiziert» wurde. Die aus dieser Annahme resultierende Frage lautete: «Konnten Frauen andere [Frauen] auch ohne Hilfsmittel penetrieren und sich damit der Sünde der Sodomie schuldig machen?»[39] Oder waren sie aufgrund ihrer Anatomie zu dieser Todsünde gar nicht befähigt?

Thomas von Aquin zählte in seiner *Summa theologiae,* die das wichtigste Referenzwerk katholischer Moraltheologie gerade in ihrer neuscholastischen Ausprägung des 19. Jahrhunderts war, vier mögliche Arten widernatürlicher Lust auf. Dazu gehörte neben Masturbation, Sodomie und Geschlechtsverkehr in einer widernatürlichen Stellung auch der «Beischlaf mit dem unpassenden Geschlecht, Mann mit Mann und Frau mit Frau».[40] Allerdings war den Moraltheologen lange unklar, wie denn dieser «concupitus» zweier Frauen «technisch» möglich sein sollte. Phallozentristisch betrachtet doch offenbar nur, wenn die eine Frau «irgendeinen gläsernen oder hölzernen Gegenstand in den Bauch der anderen einführt».[41] Nur dann sahen die Moraltheologen die Todsünde der Sodomie auch bei Frauen als gegeben an.[42] Erst als sich im Lauf der Zeit die medizinischen Kenntnisse über die weiblichen Geschlechtsorgane verbesserten, kamen die Moraltheologen mehr und mehr zu der Ansicht, dass «es zwischen Frauen eine wahrhaftige Sodomie» gebe, weil sich durch «gegenseitiges Reiben» auch bei Frauen ohne den Einsatz von Hilfsmitteln in der Scheide eine Flüssigkeit bilde, die als weiblicher Samenerguss interpretiert wurde.[43]

Ein Dominikaner will es ganz genau wissen

Angesichts dieses Befundes konnte die schriftliche Aussage von Schwester Agnese Eletta Sallua nicht genügen. Er musste Näheres über die sexuellen Praktiken zwischen beiden Nonnen in Erfahrung bringen und bestand daher am 3. November 1859 auf einer weiteren mündlichen Befragung der Zeugin unter Eid. Auf die Nachfragen des Inquisitors gab Agnese Eletta eine ausführliche Erklärung ab.[44]

«Das, was ich in Bezug auf den Brief sagte, den Schwester Maria Luisa mir überreichte, damit ich ihn lese und aufgrund himmlischer Weisung befolge, geschah, als ich in ihrer Zelle schlief und noch im Dormitorium war, bevor ich ins Noviziat ging. Es ereignete sich nachts, weswegen sie mir befahl, das Licht zu entzünden und das auszuführen, was im Brief stand, nämlich dass, während sie fast wie geistesabwesend im Bett lag, ich sie entkleiden und *all ihre Körperteile* anschauen musste. Außerdem wollte sie, dass ich gleichzeitig auch meinen Körper betrachtete, um zu entdecken, ob wir in allem gleich waren. Bevor ich dies alles tat, war ich so verstört, dass ich, da ich eine Täuschung des Teufels befürchtete, einige Ave Maria sprach und Weihwasser über ihr Bett versprengte. Ich weise darauf hin, dass sie sofort danach wollte, dass ich mich zum Schlafen in ihr Bett legte, und so schliefen wir infolgedessen zusammen, wiewohl ich auch manchmal in meinem Bett schlief.

Was die Vereinigungen angeht, die zwischen uns beiden vonstattengingen, um mich, wie sie sagte, auf Anweisung des Herrn zu heiligen, so lehrte sie mich auch die Art und Weise, auf die ich diese Union mit ihr ausführen sollte, was auf verschiedene Weise geschah. Zudem sagte sie mir, dass sich auf mich die Gaben und Gnaden übertrugen, die sie vom Herrn hatte, wenn ich sie mit den Händen auch *an der Scham* berührte und sie dann die gleichen Berührungen an meinen Körperteilen wiederholte. Überdies berührte sie sich zuerst selbst und dann mich. Bei diesen Vorgängen kam es bei ihr zu Auswirkungen auf ihre Geschlechtsteile, die ich bei mir nicht feststellen konnte, und aus ihrem Verhalten und aus dem, was sie mir sagte, entnahm ich, dass sie großen Gefallen daran hatte. Sie sagte mir, dass ich diese Dinge guten Gewissens machen könnte, um vom Herrn die Gnaden zu empfangen, die sie mir ankündigte, und dass darin kein Übel läge, weil man dieses Ziel so verfolgte, wie ihr der Herr es geoffenbart hatte.

Ich gestehe, dass ich sehr viel Mühe hatte, ihr zu gehorchen und mich diesen Taten zu unterwerfen. Ich gestehe, dass wir auch nach meiner und ihrer Beichte beim außerordentlichen Beichtvater weiterhin im gleichen Raum schliefen und manchmal im gleichen Bett, und dies half mir, um mich in dem in meinem Schreiben ausgedrückten Sinn zu beruhigen. Zu Beginn unserer Beziehung und Freundschaft schien es, als erzöge sie mich zu größerem Gehorsam und einer Perfektion des Geistes.

Was die Behandlung *an der Scham* angeht, von der ich in meinem Schreiben gesprochen habe, sagte Maria Luisa mir, dass sie darüber schon mit dem Beichtvater gesprochen habe, und dass ich ihm nur sagen sollte, dass sie mich von einer Beschwerlichkeit kuriere; und dies tat ich. Zu dieser Zeit sagte sie mir, dass der Herr in seinen Erscheinungen ihr so viele Dinge, die die Ehrlichkeit betrafen, die sie zuvor nicht gekannt hatte, beigebracht hatte, und dies hatte er getan, damit sie im Falle eines Falles den Novizinnen Ratschläge geben, ihre Zweifel zerstreuen und sie in ihren Bedürfnissen unterweisen könnte. Als sie all dies schließlich Pater Leziroli mitteilte, antwortete er ihr, dass der Herr ihr diese Dinge wegen des Seelenheils kundgetan habe.

Weil Maria Luisa abends lange Gespräche mit der Novizin Schwester Maria Giacinta führte, machte ich darüber einige Bemerkungen, und sie antwortete mir, dass besagte Novizin gewisse Bedürfnisse und Versuchungen in Bezug auf ihre Reinheit habe, sodass sie ihr die Bedürfnisse ihres Lebens mitteilen musste, damit sie ihr im Gegenzug einen Rat geben könne. Diese Maria Giacinta ist dieselbe, die Maria Luisa rief, um in ihrer Zelle zu schlafen, nachdem ich diese verlassen hatte, und ich wusste, dass sie mal die eine, mal die andere der Novizinnen nachts rief, damit diese bei ihr schlief, wie sie selbst mir gestand. Ich glaube jedoch nicht, dass sie mit diesen die gleichen Vertraulichkeiten teilte, die sie mit mir hatte und die in dem Schreiben beschrieben sind.

Als sie mich den Noviziatstrakt verlassen ließ, tadelte ich sie dafür, was sie mit mir getan hatte, und ich sagte ihr, sie solle sich hüten, jene Dinge mit anderen Novizinnen zu tun, weil diese all die Dinge nicht als Geheimnis bewahren würden, wie ich es getan hatte; sie sollte aber keine Zweifel an mir haben, da ich niemals darüber reden würde. Sie erwies sich im Übrigen stets demütig und sagte, ich könne ruhig darüber reden. Ich erkannte jedoch, dass sie dann dem Teufel, der ihre Gestalt wie viele andere Male auch angenommen hätte, die Schuld dafür gegeben hätte; daher sagte sie zu mir, dass der Herr seinerseits bedacht hätte, die Dinge offenzulegen.

Ich habe nie mit Pater Leziroli über diese Dinge gesprochen, weil er mir nicht geglaubt hätte, da er zu sehr überzeugt von der Heiligkeit der Maria Luisa war. Ich teilte jedoch alles Pater Nicola Benedetti[45] mit, einem Jesuiten aus Tivoli, der anfangs die Erlaubnis haben wollte, darüber mit Pater Leziroli selbst zu reden, aber als er länger darüber nachgedacht und in Betracht gezogen hatte, dass Pater Leziroli zu sehr überzeugt von der Heiligkeit Maria Luisas war, sagte er mir: ‹Lassen wir es den Herrn tun, der dafür sorgen wird, dass alles aufgedeckt wird.› Und er ermahnte mich dann, für Maria Luisa zu beten. Ich gestehe jedoch, dass es mich sehr viel Mühe kostete, inneren Frieden zu finden, was dann mit Gottes Gnade geschah. ...

In den letzten Tagen, die ich in Sant'Ambrogio verbrachte, weigerte ich mich, den Predigten von Pater Leziroli zuzuhören, was Bewunderung und Skandal in der Gemeinschaft hervorrief, aber dies ist das Motiv dafür: Besagter Pater hatte vor der Neubesetzung der Ämter in der Gemeinschaft eine Predigt gehalten und es drehte sich alles um die Offenbarung einer bevorzugten Seele, der die Mutter Gründerin, Schwester Maria Agnese Firrao, die Besetzung aller Ämter geoffenbart hatte, und besonders, wie sich die Novizenmeisterin zu präsentieren hatte, die alle Freiheiten dabei haben sollte, die Novizinnen zu führen. ... Maria Luisa, die zu der Zeit noch nicht die Meisterin war, war bei der Predigt nicht dabei. Und es war ihre Offenbarung, wie sie mir und Pater Leziroli bereits erzählt hatte und wie ich schon ausgesagt habe. Ich erinnere mich daran, dass bei dieser Angelegenheit den Älteren die Predigt Lezirolis nicht gefiel. Danach entdeckte ich durch mein Urteil in den Predigten Pater Lezirolis einige Formulierungen, die mir den Erscheinungen Maria Luisas entnommen schienen, mit der ich keine Vertrautheit mehr hatte. Da ich wusste, dass es sich um Illusionen handelte, verärgerte mich das, und ich wollte nicht mehr hingehen, um seine Predigten zu hören.

Ich glaube, dass dies eines der Motive war, warum sie mich zwangen, das Kloster zu verlassen, und dies deutete mir auch der Kardinalvikar in einem Brief an, den er als Antwort auf einen meiner Briefe schrieb.»

Die Schwester berichtete in ihrem Verhör vom 3. November 1859 über Vorgänge, die inzwischen immerhin fünf Jahre zurücklagen: Nach dem Tod ihrer Tante am 4. Oktober 1854 hätte viel dafür gesprochen, der Nichte ein Amt im Kloster anzuvertrauen. Genau in diese Phase fiel bezeichnenderweise die «Freundschaft» mit Maria Luisa, die im Januar 1854 begann und sich von Juli 1854 bis Juli 1855 zu einer Bettgeschichte entwickelte. Am 15. Dezember 1854, also mitten in dieser Zeit, wurde Maria Luisa zur Novizenmeisterin gewählt.[46] Auf dem Weg zur Macht setzte Maria Luisa geschickt himmlische Visionen der verstorbenen Mutter Gründerin ein und suchte die engste Verwandte der Verstorbenen, Agnese Eletta, dazu zu bringen, die Authentizität ihrer Vision zu bestätigen. Ab dem Sommer 1855 aber, nachdem Maria Luisa die Affäre beendet hatte, betrieb Agnese Eletta offensichtlich Opposition, vielleicht auch aus enttäuschter Liebe. Maria Luisa versuchte im Gegenzug, sie mithilfe des Beichtvaters zu disziplinieren. Da dies offenbar nicht gelang und das Personalkarussell von Sant'Ambrogio dabei war, sich erneut zu drehen, wurde Agnese Eletta in einer konzertierten Aktion Maria Luisas, Pater Lezirolis, der Äbtissin und des Kardinalprotektors Patrizi entsorgt und so zum Schweigen gebracht. Bezeichnenderweise wurde sie in das Konservatorium von San Pasquale in Trastevere verlegt, das ebenfalls Costantino Patrizi als Kardinalvikar unterstand.[47]

Vergegenwärtigt man sich das Alter der beiden Nonnen – Agnese Eletta war 1854 schon fünfunddreißig und Maria Luisa erst zweiundzwanzig Jahre alt –, scheint alles dagegenzusprechen, dass die Initiative zu dieser Affäre von Maria Luisa ausging. Stellt man die Liaison aber in den Zusammenhang einer Strategie der Machtübernahme in Sant'Ambrogio, konnte Agnese Elettas Version durchaus einen Sinn ergeben.

Zahlreiche überzeugende Beweise

Auch nach den drei Vernehmungen der ausgestoßenen Nonne Agnese Eletta hatte Sallua über das eigentliche Geheimnis von Sant'Ambrogio – die Verehrung ihrer Tante als Heilige – nichts Neues erfahren. Die Vorwürfe, die Katharina von Hohenzollern gegen die Madre Vicaria Maria Luisa erhoben hatte, waren hingegen mehr als bestätigt worden. In diesem Zusammenhang belastete die ehemalige Schwester von Sant'Ambrogio den Geistlichen Direktor und ersten Beichtvater Giuseppe Leziroli schwer. Er hielt nicht nur alle übernatürlichen Phänomene für echt, sondern zwang die Nonnen sogar im Beichtstuhl, an die Heiligkeit Maria Luisas zu glauben. Er wusste außerdem, dass die beiden Nonnen sich ein Bett teilten. Sallua bewertete die von Maria Luisa erschlichenen gleichgeschlechtlichen sexuellen Praktiken eindeutig als Sodomie. In der Sprache der obersten Glaubensbehörde trieben die beiden Frauen «rebus pessimis», die schlimmsten Dinge, miteinander. Damit verwandte er exakt die Begrifflichkeit, mit der die Inquisition sonst den Verkehr zwischen Männern bezeichnete.[48] Und er hatte erfahren, dass es neben Agnese Eletta eine zweite Nonne gab, die Maria Luisa in ihr Bett geholt hatte.

Bereits vor den Vernehmungen Agnese Elettas hatte der Dominikaner auch über den «besessenen Amerikaner» wichtige neue Informationen erhalten. Auch er war keine Erfindung Katharinas. Der neue Beichtvater der Fürstin, Pater Maurus Wolter, hatte Sallua am 17. September 1859 einen Brief geschrieben.[49] Es war das erste und einzige Mal, dass er sich an den Dominikaner wandte. Von einem preußischen Geistlichen namens Wegener,[50] der im deutschen Priesterkolleg am Campo Santo Teutonico[51] neben Sankt Peter wohne, habe er in Erfahrung gebracht, «Pietro Americano» heiße eigentlich Peter Kreuzburg, sei Arzt von Beruf und Tiroler von Geburt. Außerdem besitze er bereits seit siebzehn Jahren die amerikanische Staatsbürgerschaft und wohne in Cincinnati. Insofern sei die Bezeichnung

Americano zutreffend. Er habe 1857 Frau und Kinder in Amerika verlassen, um in der Hauptstadt der Christenheit Hilfe in seinen schweren religiösen Drangsalen zu finden. Gleichzeitig gab Wolter Sallua den Hinweis, dieser Kreuzburg stehe schon seit längerem in einer besonderen Beziehung zu den Jesuiten, ihn verbinde sogar eine «enge Freundschaft» mit einem «gewissen Pater Kleutgen».

Der Pfarrer von San Nicola in Carcere,[52] zu dessen Pfarrei der Amerikaner gehörte, teilte dem Dominikaner am 11. Oktober 1859 sogar dessen genaue Adresse mit.[53] Pietro Maria Kreusberg – so sein Name in italienischer Schreibung – Sohn des Giuseppe Kreusberg, war demnach in der Via di Monte Tarpeo 65 wohnhaft.[54] Der Pfarrer lud ihn vor und berichtete später, bei dem Gespräch sei Kreuzburgs Kleidung in einem ziemlich verwahrlosten Zustand gewesen, zudem lebe er bei sehr anrüchigen Personen. Insgesamt habe der vierundvierzig Jahre alte Kreuzburg auf ihn einen «erbarmungswürdigen» Eindruck gemacht. Eine Art religiöser Wahn schien ihn – glaubt man den Einschätzungen des zuständigen Pfarrers – dazu getrieben zu haben, Familie und Beruf hinter sich zu lassen, um in Rom wahre Erlösung zu finden.

Sallua informierte Kardinalvikar Patrizi Anfang November 1859 in einer geheimen Unterredung über den Stand seiner Sondierungen.[55] Dem hochrangigen Kardinal gegenüber konnte er natürlich nichts über die Involvierung von Persönlichkeiten, die Pius IX. besonders schätzte, in die Affäre sagen, denn sonst hätte er mit Patrizi auch über seine Rolle als Kardinalprotektor von Sant'Ambrogio sprechen müssen. Deshalb musste er sich ganz auf die Zahl und Beschaffenheit der Delikte konzentrieren. Ihm war es gelungen, nachzuweisen, dass es sich bei Katharinas *Denunzia* tatsächlich um «eine äußerst schwerwiegende und durch zahlreiche überzeugende Beweise gestützte Anzeige» handelte.[56]

Der Schreck muss Patrizi in die Glieder gefahren sein. Die ganze Brisanz der Affäre Sant'Ambrogio dürfte ihm spätestens in diesem Moment klar geworden sein. Denn nun bestand die Gefahr, dass seine Rolle als Kardinalprotektor und damit Letztverantwortlicher für die Vorgänge im Kloster in den Fokus des Interesses geraten könnte. Deshalb wollte Patrizi – wie Sallua schreibt – «die Verant-

Als Kardinalvikar der
Römischen Kirche und
Protektor von Sant'Ambrogio
hatte Costantino Patrizi über
die Vorgänge im Kloster zu
wachen.

wortung nicht länger tragen» und bat den Heiligen Vater, er möge den Fall dem «Heiligen Tribunal» überstellen, wo er *more solito*,[57] auf die übliche Art und Weise, verhandelt werden sollte. Wahrscheinlich hoffte Patrizi auf die absolute Verschwiegenheitspflicht des Heiligen Offiziums, deren Bruch schwerste Kirchenstrafen nach sich zog.[58]

Wie verunsichert Patrizi war, zeigt die Tatsache, dass er Sallua wie aus heiterem Himmel eine Reihe von Dokumenten und Briefen aus Sant'Ambrogio übergab, die aus den Jahren 1848 bis 1854 stammten.[59] Diese Schriftstücke bewiesen eindeutig, dass Äbtissin und Beichtvater den Kardinalprotektor regelmäßig über die Vorgänge in Sant'Ambrogio auf dem Laufenden gehalten hatten, insbesondere über die Verehrung Maria Agnese Firraos als Heilige und die übernatürlichen Phänomene Maria Luisas. Patrizi war weder gegen das eine noch gegen das andere eingeschritten; er hatte die Dinge einfach laufen lassen, wenn nicht gar befördert. Vielleicht lässt sich sein Verhalten mit der massiven Unterstützung der Klostergründerin Firrao durch seine Mutter, die Marquise Kunigunde Patrizi, erklären. Diese hatte sich während eines Inquisitionsverfahrens gegen Maria Agnese Firrao als äußerst treue Anhängerin der angeblichen Dienerin Gottes erwiesen und ihr als eine der wenigen die Stange gehalten.[60]

Für Sallua stellten die von Patrizi übergebenen Briefe «ein klares Argument und einen sicheren Beweis» für die Stichhaltigkeit der Anzeige Katharinas dar. Jeder halbwegs vernünftige Mensch hätte aus den Berichten Lezirolis über die Visionen und Erscheinungen Maria Luisas unschwer erkennen können, dass sie den «Charakter von Fiktionen» hatten und es sich um «supposte rivelazioni», um vorgespielte Offenbarungen, handelte.[61] Durch diese Formulierungen übte Sallua zumindest zwischen den Zeilen Kritik an Patrizi selbst, der den ganzen Zauber eigentlich hätte durchschauen müssen. Nur dieses eine Mal artikulierte der Dominikaner vorsichtig und sehr indirekt sein Unverständnis über die äußerst problematische Haltung Patrizis in seiner Funktion als Protektor des Klosters. Sallua als erfahrener Untersuchungsrichter benutzte diese Schriftstücke dazu, um nun wirklich einen Inquisitionsprozess in Gang zu bringen.

Nun doch ein Inquisitionsprozess

Durch den Rückzieher Patrizis war die vom Papst zunächst angestrebte kleine Lösung des Falles Sant'Ambrogio gescheitert. Ein Inquisitionsprozess schien unausweichlich. Dies musste auch Pius IX. klar sein. Nachdem Sallua ihm am 11. November 1859 den neuen Sachstand berichtet hatte, ordnete der Papst jedoch nur an, *pro nunc*, also «für jetzt», in einer Geheimsitzung, an der lediglich die Kardinäle, nicht aber die Konsultoren der Inquisition teilnahmen, ausschließlich die Eminenzen über die Affäre und die vom Papst bereits angeordneten «klugen und energischen Maßnahmen» zu informieren.[62]

Für die Geheimsitzung der Kardinäle vom 16. November 1859 bereitete Sallua einen ausführlichen Bericht vor, in dem er keinerlei Zweifel daran aufkommen ließ, dass der Sant'Ambrogio-Fall eindeutig in den Zuständigkeitsbereich des Heiligen Offiziums fiel, weil es hier primär um Glaubensvergehen ging.⁶³ Die bisherigen Untersuchungen ergaben für ihn drei stichhaltige Anklagepunkte:

Erstens die ununterbrochene Verehrung der von der Inquisition bereits als falscher Heiliger verurteilten Maria Agnese Firrao durch die Nonnen von Sant'Ambrogio. Ferner stand fest: Durch Briefe aus dem Exil hatte sie die Gemeinschaft verbotenerweise weiter geleitet. Und Leziroli hatte ein Heiligenleben der Firrao verfasst, das er regelmäßig in der Verkündigung einsetzte.

Zweitens die angemaßte Heiligkeit von Schwester Maria Luisa – ein Delikt, das Sallua als eindeutig bewiesen ansah. Die Instrumentalisierung ihrer Visionen zur Erlangung klösterlicher Ämter, ein ausgeprägter Mangel an geschwisterlicher Nächstenliebe sowie die vorbehaltlose Unterstützung des falschen Kults durch Leziroli standen für den Dominikaner ebenfalls außer Frage.

Drittens sprach Sallua vor den Kardinälen der geheimen Kongregation die «unanständigen Praktiken» Maria Luisas an, nicht ohne auch auf diesem Feld eine Beziehung zur ersten falschen Heiligen, Agnese Firrao, herzustellen. Auch ihr waren schwere sexuelle Verfehlungen zum Vorwurf gemacht worden: eine Kontinuität der Häresie korrespondierte mit einer Kontinuität der Sodomie. Nicht umsonst erwähnte Sallua in seinem Bericht das «falsche Dogma *in re veneris*» (in Sachen des Geschlechts) und die «schimpflichen Akte *sub specie boni*» (unter dem Vorwand des Guten). Damit reklamierte er auch diesen dritten Anklagepunkt für die Inquisition. Es handelte sich um ein falsches «praktisches» Dogma, und für Dogmen und ihre Überwachung war selbstverständlich die Suprema Congregatio zuständig.

Die Argumente Salluas überzeugten die Kardinäle restlos: Sie beschlossen, einen Inquisitionsprozess gegen die Nonnen von Sant'Ambrogio und ihre Beichtväter, die Jesuiten Giuseppe Leziroli und Giuseppe Peters, zu eröffnen. Das Kloster sollte auf Dauer aufgehoben werden; die Schwestern waren auf unterschiedliche geeignete Nonnenkonvente zu verteilen.⁶⁴ Da der Papst bei dieser Entscheidung nicht anwesend war, musste der Assessor Monaco La Valletta wie üblich in einer Audienz dessen Bestätigung einholen.⁶⁵

Pius IX. modifizierte den Beschluss der Kardinäle jedoch maßgeblich: Von einer sofortigen Unterdrückung des Klosters und einem Prozess gegen die jesuitischen Beichtväter ist in seiner Entscheidung *ad mentem*[66] keine Rede mehr. Stattdessen sollte zunächst eine Apostolische Visitation in Sant'Ambrogio durchgeführt werden, die – wen überrascht es? – in die Kompetenz von Kardinalvikar Patrizi beziehungsweise von dessen Vicegerente Antonio Ligi-Bussi[67] fiel. Dieser erhielt den Auftrag, das Kloster gründlich zu inspizieren, und durfte dazu die Klausur betreten. Insbesondere sollte er nach Schriftstücken aus der Feder der verstorbenen Gründerin suchen. Den Kardinalvikar beauftragte der Papst, sich mit dem General der Jesuiten, Petrus Beckx, «auf sehr vorsichtige Weise» über die Abberufung der Patres Leziroli und Peters ins Benehmen zu setzen und andere nichtjesuitische Seelsorger nach Sant'Ambrogio zu schicken.[68]

Der Vicegerente wurde bei der Durchsuchung des Klosters, die am folgenden Tag begann, zwar nicht fündig, brachte aber in Erfahrung, der Anwalt Luigi Franceschetti als Rechtsvertreter des Klosters wisse über den Verbleib der gesuchten Schriften der Firrao Bescheid. In ihrer Sitzung am 6. Dezember beschlossen die Kardinäle der Inquisition daraufhin, den Rechtsanwalt zum Verhör vorzuladen. Der Papst selbst gab den Befehl, Maria Luisa umgehend zu ergreifen und sie ohne jedes öffentliches Aufsehen in einem anderen Kloster festzusetzen.[69]

Am 8. Dezember berichtete Sallua dem Papst in einer Privataudienz, «zu Füßen seiner Heiligkeit liegend», wie er im für einen Inquisitor damals üblichen Demutsgestus schreibt, ausführlich über die Ergebnisse der bisherigen Voruntersuchungen.[70] Dabei zählte er insgesamt acht Anklagepunkte auf:

Erstens: Die Nonnen hatten die verurteilte Agnese Firrao fortdauernd als Heilige verehrt.

Zweitens: Die siebenundzwanzigjährige Maria Luisa hatte sich ebenfalls Heiligkeit angemaßt.

Drittens: Die Novizinnen hatten mit der Novizenmeisterin unehrenhafte Akte, unerlaubte Zärtlichkeiten und Küsse ausgetauscht; in der Nacht vor der Einkleidung war es zu lesbischen Initiationsriten gekommen; die Frauen hätten sich außerdem der körperlichen Liebe bis hin zum Geschlechtsverkehr («*usque ad consumationem*») hingegeben, und das alles unter Vorspiegelung himmlischer «Heiligung».

Viertens: Auf das Leben der Prinzessin Hohenzollern waren Mord- und Vergiftungsanschläge verübt worden.

Fünftens: Die Nonnen hatten Kultgegenstände der «heiligen» Firrao im Kloster versteckt.

Sechstens: Die Novizinnen mussten Zwangsbeichten bei Maria Luisa ablegen.

Siebtens: Die Novizinnen hatten wichtige Vorschriften der Regel missachtet, etwa an Fastentagen Fleisch gegessen oder nicht regelmäßig am Chorgebet teilgenommen. Dazu kam die unerlaubte Beziehung Maria Luisas zu dem Americano.

Achtens: Die beiden Beichtväter Leziroli und Peters hatten diese Verbrechen zumindest geduldet, wenn nicht gar aktiv unterstützt.

Erst jetzt zeigte sich Pius IX. von der Berechtigung der Anklagepunkte wirklich überzeugt und autorisierte den Dominikaner, einen Inquisitionsprozess zu eröffnen.[71] Gegenstand des Verfahrens sollten ausdrücklich nicht nur die Glaubensvergehen sein, sondern auch alle Kapitalverbrechen, die im Zusammenhang mit den Mordanschlägen standen und eigentlich in die Kompetenz anderer römischer Strafgerichte fielen.

Damit stellte der Papst selbst einen ausdrücklichen Zusammenhang zwischen den beiden Ebenen der Affäre Sant'Ambrogio her, der «natürlichen» Ebene der Kriminalverbrechen, und der «übernatürlichen» Ebene übersinnlicher Phänomene. Diese beiden Ebenen und ihre wechselseitige Abhängigkeit sollten den ganzen Inquisitionsprozess wie ein roter Faden durchziehen. Immer wieder sollten die Richter vor dem Problem stehen: Bestimmte das falsche Handeln den falschen Glauben? Oder umgekehrt: War der falsche Glaube für das falsche Handeln verantwortlich?

Das Verfahren begann im Dezember 1859 und endete im Februar 1862 mit der Verkündigung des endgültigen Urteils. Vor dem Tribunal lag eine gewaltige Aufgabe. Rund sechzig Zeuginnen und Zeugen waren zu vernehmen, davon allein siebenunddreißig Nonnen aus Sant'Ambrogio,[72] und zahlreiche Dokumente als Beweismittel sicherzustellen, etwa die Heiligenvita der Maria Agnese aus der Feder Lezirolis.⁷³ Allein die Befragung der Zeugen nahm über ein Jahr in Anspruch.

Die Inquisition als Tribunal: Verfahren und Akteure

Alle Selbstverständlichkeiten, die man mit einem modernen Strafprozess verbindet, besonders die Öffentlichkeit des Verfahrens, die direkte Konfrontation von Zeugen und Angeklagten, heftige Wortwechsel zwischen Verteidigern, Staatsanwälten und Richtern, Kreuzverhöre und vor allem eine ausführliche Berichterstattung in den Medien, trafen bei einem Verfahren vor der Inquisition – auch im 19. Jahrhundert – nicht zu. Das bedeutet aber keineswegs, dass bei einem Inquisitionsprozess pure Willkür geherrscht hätte, wie es die zahlreichen Legenden und Klischees erwarten lassen.⁷⁴ Die Inquisition als solche gab es historisch gesehen ohnehin nicht. Vielmehr lassen sich in der Geschichte drei ganz unterschiedliche Inquisitionstypen unterscheiden:⁷⁵ erstens die Mittelalterliche Ketzerinquisition, die vornehmlich zur Verfolgung der Katharer eingesetzt wurde; zweitens die staatliche Spanische Inquisition, die durch ihr rigides Vorgehen gegen vermeintliche Kryptomuslime und -juden im Spanien der Reconquista in die Geschichte einging und in erster Linie der Einheit der neu errichteten spanischen Monarchie diente; und drittens die Heilige Römische und Universale Inquisition, die 1542 zur Bekämpfung der «protestantischen Häresie» gegründet worden war.⁷⁶ Schon bald bekam die Römische Inquisition aber eine weit umfassendere Aufgabe, nämlich die Kontrolle des gesamten religiösen und sozialen Verhaltens der Katholiken.⁷⁷ Sie wurde mehr und mehr zu einer neuzeitlichen bürokratischen Behörde, die wie jeder andere moderne Verwaltungs- oder Justizapparat unendlich viel Papier produzierte.

Mit Inquisition kann aber auch ein neues Gerichtsverfahren gemeint sein, dessen Einführung im 13. Jahrhundert durch die Päpste als einer der größten Fortschritte der Rechtsgeschichte gilt. Hier wurde nicht nur das Amt des Staatsanwaltes erfunden, vielmehr wurden von nun an die Ermittlungen von Amts wegen und nicht wie bisher ausschließlich aufgrund einer Anklage aufgenommen.[78] Diese positive Bedeutung von Inquisition ist weitgehend unbekannt. Erst die spätere Verbindung dieser «inquisitio» mit der Anwendung der Folter hat der an sich fortschrittlichen Verfahrensform «Inquisitionsprozess» ihr bis heute negatives Image verliehen. Vom Zeigen der Folterwerkzeuge oder gar einem hochnotpeinlichen Verhör mit Tortur und Folter konnte bei einem Inquisitionsprozess der zweiten Hälfte des 19. Jahrhunderts freilich keine Rede mehr sein. Es ging vielmehr um ein rein schriftliches Verfahren, wie es auch in bestimmten Bereichen der weltlichen Justiz damals üblich war.

Ohne eine genauere Kenntnis des Ablaufs eines inquisitorischen Gerichtsverfahrens und der an ihm beteiligten Akteure lässt sich der Fall Sant'Ambrogio nicht rekonstruieren. Allerdings wurde für die Inquisition als Tribunal nie eine Prozessordnung promulgiert.[79] Auch die internen «Normen für ein Vorgehen bei Fällen des Heiligen Offiziums» im Archiv der Glaubenskongregation, die aus dem 19. Jahrhundert stammen, geben kaum Hinweise auf die konkrete Organisation der Verfahren, ihren Ablauf und die beteiligten Akteure.[80] Man wird daher davon ausgehen können, dass sich in der Römischen Inquisition durch die Praxis ein Procedere für Strafprozesse herausbildete, das weitgehend auf Gewohnheitsrecht beruhte, sich an Präzedenzfällen orientierte und so den Inquisitoren – da nicht schriftlich fixiert – zugleich eine große Freiheit in der Durchführung der Verfahren ermöglichte.[81]

Die Römische Inquisition zerfiel bei Strafprozessen im Grunde in zwei Sektionen: erstens in eine entscheidende Instanz, das letztlich die Urteile fällende Gericht, die identisch ist mit der eigentlichen Kardinalskongregation; und zweitens in eine vorgeschaltete und der Kongregation untergeordnete ermittelnde Instanz, das Untersuchungsgericht.

Der eigentliche Chef oder Präfekt der Inquisition war kein Geringerer als der Papst, der oberste Gesetzgeber und Richter der universalen Kirche. Deshalb hatte das Sanctum Officium im Unterschied zu allen anderen Kongregationen auch keinen Kardinalpräfekten, sondern sein Leiter führte lediglich den Titel eines Kardinalsekretärs.[82] Dazu kam ein gutes Dutzend Kardinäle, die den eigentlichen Ge-

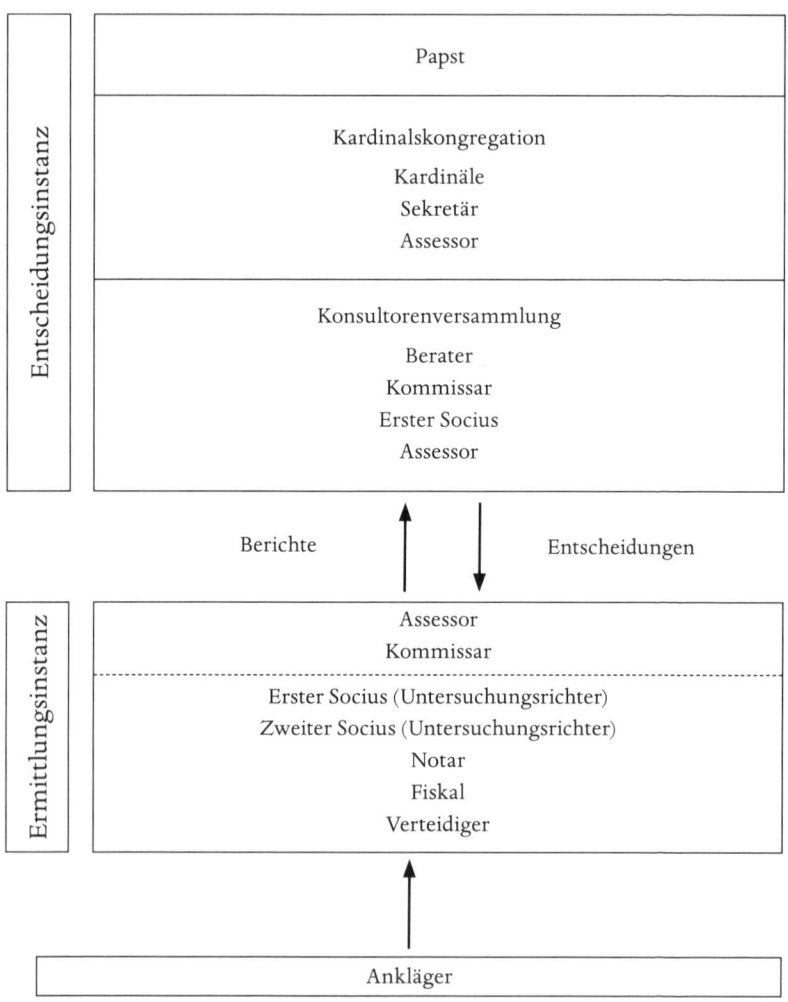

Die Römische Inquisition bestand aus einer ermittelnden und einer untersuchenden Instanz. Über allem stand der Papst.

richtshof bildeten und wöchentlich tagten, am Mittwoch (der sogenannten Feria quarta) stets ohne den Papst, am Donnerstag (Feria quinta) jeweils unter seinem Vorsitz.[83] Ihre Beschlüsse und Urteile sind in den sogenannten Decreta festgehalten, die wegen der Vielzahl der traktierten Themen meistens nur lapidare Ergebnisprotokolle darstellen.[84] Die Entscheidungen wurden von der immer montags (Feria secunda) tagenden Konsultorenversammlung vorbereitet, der bis zu drei Dutzend Fachleute, Theologen, Juristen und Kanonisten angehörten.[85] Sie schrieben Gutachten und Voten zu den Themenkomplexen, die ihnen die Kardinäle übertragen hatten, und formulierten des Öfteren Beschlussvorschläge für die Sitzung der Kardinäle, die der Assessor, der eigentliche Geschäftsführer der Kongregation, den Eminenzen vorlegte.[86] Fällten diese in einer Mittwochssitzung ihre Entscheidung ohne den Papst, musste der Assessor in einer Privataudienz die Zustimmung des Pontifex maximus einholen, der die Beschlüsse nicht selten nach seinen Vorstellungen modifizierte oder präzisierte, was der Assessor jeweils exakt zu Protokoll zu nehmen hatte.[87] Überhaupt war – und das ist der entscheidende Unterschied zum modernen staatlichen Strafprozess – das ganze Verfahren durch Schriftlichkeit statt mündlicher Verhandlung sowie durch den grundsätzlichen Ausschluss der Öffentlichkeit gekennzeichnet.

Die Zeugen und die Angeklagten begegneten einander nie vor Gericht. Eine unmittelbare Konfrontation war zwar theoretisch vorgesehen, wurde aber nie praktiziert. Es handelte sich ausschließlich um Einzelvernehmungen, die notariell protokolliert und von den Befragten durch Unterschrift bestätigt wurden. Solche Vernehmungen waren auch in der weltlichen Gerichtsbarkeit im 19. Jahrhundert üblich.[88] Gleichermaßen wurden die Angeklagten und die Zeugen nie mit dem eigentlichen Tribunal konfrontiert – sie bekamen die Richter nie zu Gesicht. Man hätte als Angeklagter schon im jährlich erscheinenden päpstlichen Staatshandbuch nachschlagen müssen, um genau zu erfahren, wer derzeit Kardinalmitglied der Inquisition war und damit gerade über einen zu Gericht saß.

Die Eminenzen fällten ihr Urteil ausschließlich auf der Basis schriftlicher Quellen, die ihnen die ermittelnde Sektion vorlegte. Dieses «fortwährend arbeitende Instruktionsgericht der Inquisition»[89] bestand aus einem vorsitzenden «ordentlichen Richter»,[90] dem sogenannten Kommissar[91] des Heiligen Offiziums, und zwei Untersuchungsrichtern, dem sogenannten Ersten und Zweiten Socius.[92] Diese führten in der Regel die Prozesse durch, nahmen die Anzeigen entgegen, vernahmen die Zeugen, verhörten die Angeklagten und fassten die Ergebnisse ihrer Vernehmungen und sonstigen Ermittlungen in sogenannten *Relationen* für die Kardinäle zusammen. Die Protokolle der Verhöre wurden von einem Notar oder Aktuar[93] beglaubigt. Eine weitere wichtige Rolle spielte der Fiskal,[94] der als Kirchenanwalt die Funktion übernahm, die im weltlichen Strafprozess der Staatsanwalt innehat. Er musste für den korrekten Verlauf des Prozesses Sorge tragen. Den Angeklagten stand prinzipiell ein Pflichtverteidiger zur Verfügung, der in der Praxis meist keine allzu große Rolle spielte. Immerhin durfte er nach Abschluss der Verhöre die vom Untersuchungsgericht erstellten Zusammenfassungen einsehen und dazu eine Verteidigungsschrift abgeben.[95]

Das maßgebliche Bindeglied zwischen der unteren ermittelnden und oberen entscheidenden Sektion des Tribunals war der Assessor. Er hatte einerseits das Recht, an allen Vernehmungen – insbesondere den Verhören der Angeklagten – teilzunehmen, und war andererseits auch stets bei den ordentlichen Sitzungen der Kongregation der Kardinäle anwesend. Der Assessor galt als «Berater des Kommissars», berichtete auch dem Papst über die Beschlüsse der Kardinäle und holte dessen Bestätigung dafür ein. Nicht zuletzt zeichnete er für die zusammenfassende schriftliche Präsentation der Aussagen der Angeklagten in den sogenannten *Ristretti* verantwortlich, die die entscheidende Aktengrundlage für das Urteil der Kongregation bildeten. Da neben dem Assessor auch der Kommissar und sein erster Stellvertreter, der Erste Socius, nicht aber der Zweite Socius, ordentliche Mitglieder der Konsultorenversammlung waren, bestand auch in der zweiten Reihe eine personelle Verschränkung der ermittelnden und der entscheidenden Instanz.

Im Fall Sant'Ambrogio fallen zwei personelle Veränderungen in der Zusammensetzung der Kardinalskongregation sofort ins Auge, die nach der offiziellen Eröffnung des Verfahrens im Dezember 1859 eintraten: Am 21. Mai 1860 wurde Kardinal Reisach vom Papst zum Mitglied der Inquisition ernannt.[96] Und am 5. Oktober desselben Jahres machte Pius IX. ausgerechnet Patrizi zum Kardinalsekretär des Heiligen Offiziums.[97] Dass ein Kardinalvikar, dem die Vikariatsgerichtsbarkeit der Stadt Rom unterstand, gleichzeitig zum Kardinalsekretär des Heiligen Offiziums ernannt wurde, ist in der über vierhundertjährigen Geschichte dieser Institution einmalig. Nicht umsonst hatten sich die Kardinäle der Inquisition in einem internen Papier, das aus den ersten Jahrzehnten des 19. Jahrhunderts stammt, eindeutig gegen eine Koppelung dieser beiden Ämter ausgesprochen: «Die Wahl des Kardinalvikars zum Sekretär des Heiligen Offiziums könnte zu Kollisionen zwischen den ordentlichen Vollmachten des Vikariats und den außerordentlichen des Heiligen Offiziums führen.» Aus diesen Gründen gebe es in der Geschichte «kein einziges Beispiel dafür, dass jemals ein Kardinalvikar, der qua Amt geborenes Mitglied der Inquisition ist, gleichzeitig zum Sekretär des Heiligen Offiziums befördert worden» wäre.[98]

Warum setzte sich Pius IX. über dieses ungeschriebene Gesetz hinweg? Die Antwort liegt auf der Hand: Der Papst wollte unbedingt, dass die Untersuchung des Falles Sant'Ambrogio in der Hand seines Vertrauensmannes, der tragenden Säule seines Pontifikats, blieb. Weil Patrizi den Fall auf der Ebene der Vikariatsgerichtsbarkeit nicht wie zunächst geplant zu Ende bringen konnte, sollte er ihn nun als Chef der Inquisition behandeln. Und der Papst konnte in das Verfahren verwickelte Personen, die ihm nahestanden, auf diese Weise besser schützen. Gleichzeitig machte er aber mit Patrizi einen Verdächtigen zum obersten Richter und entzog ihn damit jedem Zugriff des Gerichts. Ähnliche Motive dürften auch bei der Beförderung Reisachs zum Kardinalmitglied der Inquisition eine Rolle gespielt haben. Machte sich der Papst durch diese Personalentscheidungen, die er im Wissen um die Verwicklung beider Kardinäle in die Vorgänge von Sant'Ambrogio getroffen haben muss, nicht selbst verdächtig? War er etwa selbst involviert?

Die Quellen aus dem Archiv der Glaubenskongregation

Während das Archivio Segreto Vaticano, das Vatikanische Geheimarchiv, das sich im Vatikanischen Palast selbst befindet und über die Porta Sant'Anna rechts des Petersplatzes zu erreichen ist, grundsätzlich bereits seit 1881 der Forschung zugänglich ist, blieben die

Quellen für alle Prozesse der Römischen Inquisition deutlich länger unter Verschluss. Sie liegen im geheimsten aller Kirchenarchive, dem Archiv der Kongregation für die Glaubenslehre, die 1966 aus dem Heiligen Offizium hervorging. Dieses Archiv enthält die Bestände der Inquisition und der Indexkongregation. Es befindet sich nicht im Vatikanischen Geheimarchiv, sondern in dem auf der linken Seite der Kolonnaden des Petersplatzes und unmittelbar vor dem Campo Santo Teutonico gelegenen Palazzo del Sant'Ufficio, dem heutigen Sitz der Kongregation für die Glaubenslehre. Erst Johannes Paul II. öffnete es 1998 im Vorfeld des Heiligen Jahres. Das Archivio della Congregazione per la Dottrina della Fede (abgekürzt ACDF) enthält einerseits alle Quellen der Indexkongregation, die sich ausschließlich mit Buchzensur beschäftigte, und andererseits die viel umfangreicheren Bestände der Römischen Inquisition, die neben der Überwachung des Buchmarkts und einer grundsätzlichen Kompetenz zur Entscheidung aller Glaubensfragen auch als oberstes Glaubenstribunal tätig war. Dementsprechend gibt es hier ganz unterschiedliche Archivserien, die sich mit allgemeinen Glaubensfragen, mit Streitfragen der Sakramententheologie, Eherecht, Dispensen, dem Verhältnis von Juden und Katholiken sowie Zweifelsfragen aller Art beschäftigen.[99]

Der Fall Sant'Ambrogio war vor der Öffnung des Archivs allenfalls ansatzweise bekannt. Es war immerhin klar, dass es hier vor allem um das Thema der angemaßten Heiligkeit gegangen sein musste. Deshalb war zu erwarten, dass sich die Akten zu diesem Fall in einer der einschlägigen Serien zur angemaßten Heiligkeit befinden würden.[100] Diese Hoffnung wurde allerdings enttäuscht. Der Fall Sant'Ambrogio fand sich schließlich in der Stanza Storica, dem «historischen Saal» des Archivs, der im Grunde einen Sammelbestand von Quellen aus dem 16. bis 20. Jahrhundert darstellt.[101] Die Akten zum Fall umfassen etwa zwei laufende Meter Konvolute sowie im Kloster konfiszierte Dokumente und Bücher. Inhaltliche Bezüge zu vorausgehenden oder nachfolgenden Faszikeln sind nicht zu erkennen, sodass man von einem Solitär sprechen kann. Diese wenig logisch erscheinende Ablage ist möglicherweise auf ein Versehen zurückzuführen. Oder wurden die brisanten Akten auf diese Weise vielleicht auch bewusst versteckt?

Entsprechend der Struktur des Tribunals mit seinen beiden Ebenen und ihren personellen und institutionellen Bindegliedern sind bei jedem Inquisitionsprozess grundsätzlich drei Typen von Gerichtsakten zu unterscheiden. Zunächst kommen die eigentlichen Ermittlungsakten der unteren Sektion in den Blick, die die Arbeit des Kommissars beziehungsweise seiner beiden Mitarbeiter dokumentieren. Sie sind grundsätzlich handschriftlich abgefasst. Dabei handelt es sich einerseits um die Entgegennahme und Protokollierung der Anzeige, andererseits um die Vernehmungs- und Verhörprotokolle der Zeugen und Angeklagten. Dazu finden sich kürzere Notizen und Vermerke der Vernehmungsrichter über den jeweiligen Stand des Verfahrens, mit denen sie sich selbst Rechenschaft gaben oder sich auf einen Vortrag auf der höheren Ebene der Kardinäle oder gar des Papstes vorbereiteten, und gegebenenfalls Briefe an den Kardinalsekretär.

Auf der Entscheidungsebene des Tribunals, der eigentlichen Kongregation, kommt den Protokollen der Sitzungen der Konsultoren und ihren Beschlussvorschlägen sowie den Decreta der Kardinäle aus ihren Sessiones – ebenfalls handschriftlich protokolliert – besondere Bedeutung zu. Gegebenenfalls wurden zu den Sitzungen schriftliche Gutachten oder Voten einzelner Konsultoren zu speziellen Einzelfragen eingeholt.

Die Verbindung zwischen Ermittlungs- und Entscheidungsebene stellen die zunächst handschriftlich entworfenen und dann im internen Geheimdruck für die Kardinäle und Konsultoren vervielfältigten Zusammenfassungen der Zeugenvernehmungen *(Relazioni)* und der Verhöre der Angeklagten *(Ristretti)* dar, denen im sogenannten *Sommario* nicht selten eine Auswahl zentraler Stellen aus den Vernehmungen im Wortlaut beigegeben sind. Diese schriftlichen Informationen der ermittelnden für die entscheidende Ebene bildeten die eigentliche Grundlage für die Urteile der Kardinäle und letztlich des Papstes in allen Inquisitionsprozessen. Die Bekanntgabe des Urteils erfolgte entweder öffentlich oder nichtöffentlich. Eine Möglichkeit der öffentlichen Bekanntgabe war die Publikation der Notifikation mit dem Text des Urteils auf großformatigen Plakaten, den sogenannten Bandi. Die Bandi wurden an den Türen der römischen Hauptkirchen und auf dem Campo de' Fiori angeschlagen. Die andere Möglichkeit war, auf eine Publikation des Urteils zu verzichten und dieses nur den am Prozess beteiligten Personen vertraulich bekannt zu machen. Dieser Weg wurde sehr häufig gewählt, vor allem auch, um beteiligte Personen zu schützen.[102]

Auf dieser Basis können die zum Fall Sant'Ambrogio vorhandenen Quellen genauer in den Blick genommen werden. Zunächst zu den Akten, die die ermittelnde Sektion des obersten Tribunals produzierte. Diese Unterlagen beginnen wie üblich mit der *Denunzia*, also der Anzeige. Nach der in der Römischen Inquisition üblichen Praxis musste der Denunziant einen gerechten Grund angeben, weswegen er sich an die Suprema wandte. Die Materie hatte im Zuständigkeitsbereich des Tribunals zu liegen, also eine Frage zu betreffen, in der es maßgeblich um den Schutz des wahren katholischen Glaubens und die Abwehr von Häresien ging. Egoistische Motive wie Hass oder Missgunst, die Absicht, sich an einem Gegner zu rächen beziehungsweise ihm zu schaden, wurden von vornherein nicht anerkannt. Nur Gründe «übergeordneter Natur» wie die «Entlastung des Gewissens», der «Eifer für den Heiligen Glauben», die Furcht, der Exkommunikation zu verfallen, und vor allem die «Auflage des Beichtvaters» galten als zulässig.[103]

Die Entgegennahme der Denunziation folgte einer festgelegten Form:[104] Zunächst wurden auf Latein die Personalien des Denunzianten aufgenommen und der Eid auf das Evangelienbuch abgelegt. Dann begann auf Italienisch die mündliche Anzeige des Anklägers, wobei im ersten Satz einer der oben genannten gerechten Gründe angeführt werden musste.[105] Darauf folgten zunächst weitere formalisierte, dann fallabhängige Fragen des Untersuchungsrichters, die jeweils auf Latein gestellt und von dem Zeugen auf Italienisch beantwortet wurden. Am Schluss wurde der Wortlaut des Protokolls der Anklage vom Notar «ad alta voce» vorgelesen und von dem Denunzianten unterschrieben.[106] Spätere Vernehmungen liefen nach demselben Schema ab.

Bei der nächsten Quellengattung der Ermittlungssektion, den Vernehmungs- und Verhörprotokollen, handelt es sich ausschließlich um Einzelverhöre. Die Verhöre wurden in der Causa Sant'Ambrogio

Die Quellen aus dem Archiv der Glaubenskongregation

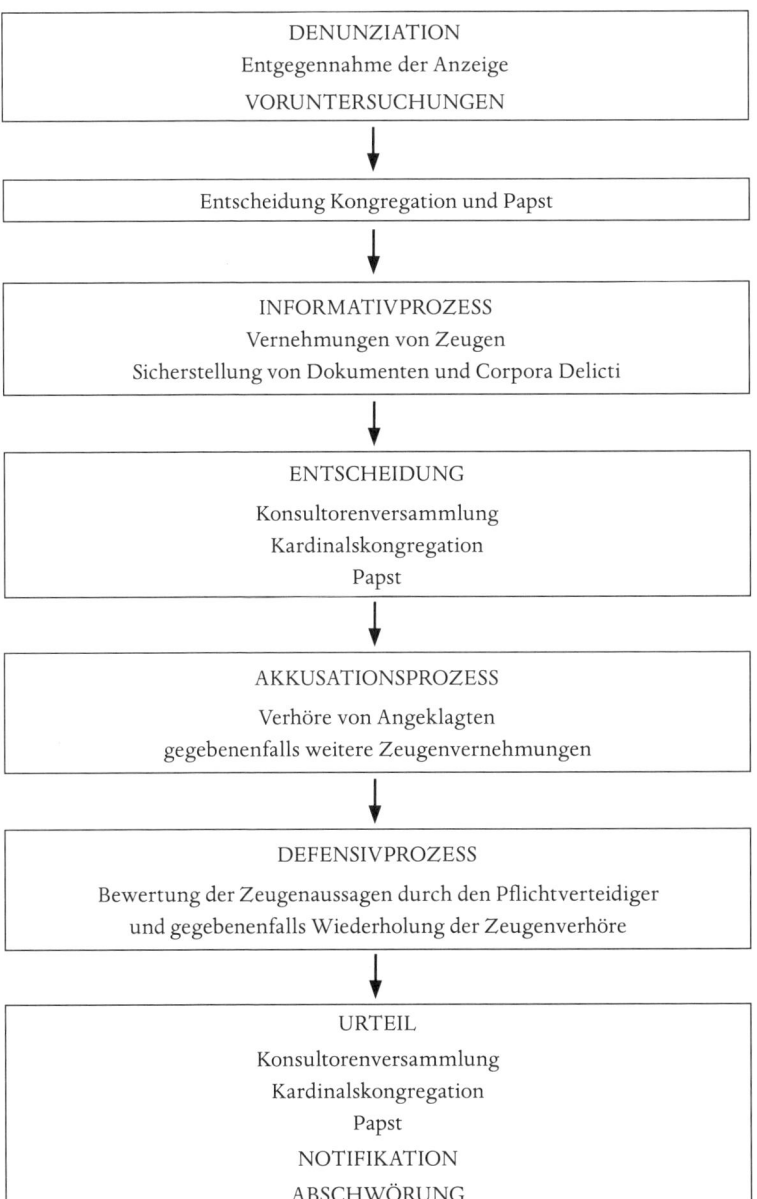

Der Ablauf eines Verfahrens vor der Römischen Inquisition war in mehrere, klar voneinander getrennte Schritte unterteilt.

auf ausdrückliche Weisung des Papstes alle vom zweiten Untersuchungsrichter, dem Dominikaner Enrico Ferrari, protokolliert, der schon die Anzeige zu den Akten genommen hatte. Er hatte die Authentizität der Aussagen auch notariell zu beglaubigen. Jedes Protokoll beginnt mit der Datumsangabe. Es folgen die Einleitung mit der Aufnahme der wichtigsten Personendaten und der Eid. Beide wurden genauso wie die vom Untersuchungsrichter gestellten Fragen auf Latein formuliert und protokolliert. Die Antworten der Zeugen und Angeklagten erfolgten (wie schon bei der *Denunzia*) auf Italienisch und wurden auch in dieser Sprache festgehalten.

Die Eingangsfrage an den Zeugen – wie alle Interrogationes immer in der dritten Person Singular formuliert – lautete stets: «An sciat, vel imaginetur causam suae vocationis, et praesentitis examinis», also «ob er den Grund seiner Vorladung und der gegenwärtigen Vernehmung kenne oder ihn sich vorstellen könne».[107] Die Zeugen antworteten auf Italienisch. So sagte Agnese Eletta einfach nur «Non Signore».[108] Erzbischof Hohenlohes Antwort fiel dagegen positiv aus: «Ich bilde mir ein, dass es wegen der Fürstin Katharina von Hohenzollern sein könnte, wegen all dem, was ihr in Sant'Ambrogio in Rom zugestoßen ist, als sie dort Novizin war.»[109] Die Befragung der Zeugen erstreckte sich nicht selten über mehrere Tage; ihre Aussagen wurden so weit wie möglich wörtlich erfasst, sodass sie stets in der ersten Person Singular gehalten sind.

Natürlich darf die Person des Protokollanten nicht völlig ausgeblendet werden. Ferrari war ein erfahrener Inquisitor, der mit geschultem Ohr möglicherweise zwischen den Zeilen Dinge hörte, die ein Zeuge so eventuell gar nicht gesagt hatte. Sein «antihäretisches» Vorverständnis hätte ihn – zumeist wohl eher unbewusst – möglicherweise gelegentlich dazu verführen können, bestimmte Aussagen vorschnell in bestimmte «inquisitorische Schubladen» einzusortieren. Darauf wird zu achten sein, falls in den Vernehmungsprotokollen der Nonnen von Sant'Ambrogio theologische Fachbegriffe auftauchen, die von eher ungebildeten Frauen nicht zu erwarten sind.

Ganz ähnlich wie die Zeugenvernehmungen sind auch die Verhörprotokolle der Angeklagten aufgebaut. An den Verhören nahm immer der Untersuchungsrichter Sallua teil. Das Protokoll in den

Vernehmungen der Nonnen führte sein Kollege Ferrari, bei den Verhören der Beichtväter übernahmen diese Aufgabe die Substituten des Notars. Zu Letzteren kam auch der seit Januar 1859 als Assessor amtierende Raffaele Monaco La Valletta hinzu. Sallua konfrontierte die Angeklagten mit kompromittierenden Aussagen der Zeugen. Hier kam es, anders als bei den Zeugenverhören, die sich als reines Frage-Antwort-Spiel erweisen, eher zu kontroversen Diskussionen zwischen dem Gericht auf der einen und den Angeklagten auf der anderen Seite.

Nachdem die erste Phase der Ermittlungsarbeit der untersuchenden Sektion, der sogenannte Informativprozess,[110] im Fall Sant'Ambrogio abgeschlossen war, erstellte Sallua für die Entscheidungssektion eine *Relazione informativa*, einen ausführlichen zusammenfassenden Bericht. Diese zunächst handschriftlich entworfene Relation wurde im internen Geheimdruck der Kongregation den Kardinälen und Konsultoren vorgelegt, die darüber zu entscheiden hatten, ob der Informativprozess ausreichend Argumente erbracht hatte, um einen Akkusationsprozess aufzunehmen und damit konkret Anklage zu erheben, oder ob das Verfahren eingestellt werden musste.

Die *Relazione informativa* vom Januar 1861 fiel im Fall Sant'Ambrogio äußerst umfangreich aus und enthält im Sommario einen wichtigen Quellenanhang mit wörtlichen Auszügen aus den Vernehmungen der Zeugen. Sie dokumentiert das Ergebnis der Untersuchung aus der Sicht des Untersuchungsrichters Sallua. Wenn man der persönlichen Meinung Salluas zum Fall Sant'Ambrogio möglichst nahe kommen will, dann sind seine handschriftlichen Aufzeichnungen von besonderer Bedeutung, die sogenannten *Brevi cenni*, die Sallua für seine eigenen Handakten oder als Basis für ein Referat vor dem Papst oder den Kardinälen anfertigte.

Auch der auf den Informativprozess folgende Akkusationsprozess wurde in gedruckten Berichten zusammengefasst. Diese *Ristretti* – für jeden Angeklagten je eines – stellte der Untersuchungsrichter mithilfe eines Schreibers[111] zusammen und leitete sie nach Prüfung durch den Fiskal und gegebenenfalls den Verteidiger über den Assessor an die Konsultoren und Kardinäle weiter.

Eine dritte Prozessphase, der sogenannte Defensivprozess, gab dem Pflichtverteidiger die Möglichkeit, die Aussagen der Zeugen noch einmal kritisch zu bewerten. Im Fall von Sant'Ambrogio unterblieb er, weil sowohl die Angeklagten als auch deren Pflichtverteidiger auf ihn verzichteten.[112] Daher bildeten die *Ristretti informativi* aus dem Akkusationsprozess die Grundlage für das Urteil der Kongregation. Dieses wurde wie üblich zunächst in der Konsultorenversammlung vorberaten, dann fassten die Kardinäle einen Beschluss, der dem Papst vorgelegt wurde. Am Ende stand das Urteil in Form eines *Decreto di condanna*, das in der Regel in einer Notifikation gefasst wurde, in der die Namen der Verurteilten, die Delikte, die Urteilsbegründung sowie das jeweilige Strafmaß aufgeführt waren und dessen Text den Verurteilten entweder öffentlich oder nichtöffentlich bekannt gemacht wurde. Auf jeden Fall wurde von den verurteilten Angeklagten eine vorbehaltlose Unterwerfung unter das Urteil erwartet, im Falle der Verurteilung wegen Häresie sogar eine feierliche Abschwörung des Glaubensirrtums. Das Strafmaß konnte bis zu lebenslanger Klosterhaft und im Fall von Kapitalverbrechen auch bis zur Entlassung aus dem geistlichen Stand reichen, womit den Angeklagten vor einem weltlichen Gericht die Todesstrafe gedroht hätte. Als die Inquisition im Fall Sant'Ambrogio den Prozess aufnahm, mussten deshalb Maria Luisa und möglicherweise auch ihre Beichtväter nicht nur um ihren Ruf, sondern auch um ihr Leben und ihr Seelenheil fürchten.

DRITTES KAPITEL

«Ich bin der kleine Löwe meiner reformierten Schwestern»

Der Informativprozess und die Verehrer der Mutter Gründerin

Das Kloster Sant'Ambrogio della Massima

«Von der Piazza Mattei kommend folgt man der Straße, die zur Pescheria führt; hier sieht man das Tor des neuen Klosters mit dem äußeren Hof, der zur neuen Kirche führt ... Linker Hand ist das Tor zur Klausur. Wenn man durch es hindurchgeht, folgt ein kleiner Hof rechter Hand, von wo aus man zur Rota geht» – mit diesen Formulierungen beginnt die Beschreibung der Gebäude des Klosters Sant'Ambrogio della Massima in einem Visitationsbericht aus dem Jahr 1710.[1]

Das Kloster, das heute als Generalprokuratur der Benediktinerkongregation von Subiaco dient,[2] liegt in der Rione XI «Sant'Angelo» in der römischen Altstadt in unmittelbarer Nähe des ehemaligen jüdischen Ghettos, des Marcellus-Theaters und des Palazzo Mattei, kaum zwei Dutzend Schritte vom berühmten Schildkrötenbrunnen, der Fontana delle Tartarughe, entfernt.[3] Einer alten Überlieferung zufolge soll sich hier im vierten Jahrhundert das Vaterhaus des heiligen Ambrosius befunden haben, das auf den Ruinen eines Herkulestempels errichtet worden war.[4] Auf diesen Bezug zum berühmten Bischof von Mailand geht der Name Sant'Ambrogio zurück.[5] Im Jahr 1190 tauchte dann der Zusatz «della Massima» zum ersten Mal auf, ohne dass die Forschung sich bislang einig geworden wäre, was dieser Begriff genau meint. Um die Herkunft des Namens zu erklären, wurde die Nähe zur Cloaca maxima ebenso bemüht wie der Porticus maximus und eine Maxima genannte Tochter der Kaisers Maximian.[6]

Seit dem frühen Mittelalter wurde das kleine Kloster nach der Gottesmutter oder dem Erzmärtyrer Stephanus, also den Patronen der beiden zugehörigen kleinen Kapellen, und nicht mehr nach dem heiligen Ambrosius benannt. Es scheint mehr oder weniger ununterbrochen von frommen Frauen bewohnt worden zu sein, wobei nicht ganz deutlich wird, welcher Regel sie jeweils folgten. Zunächst dürfte es sich um eine lokale römische «Kanonikerinnen-Regel» gehandelt haben. Mitte des 10. Jahrhunderts übernahmen die Nonnen dann die Benediktsregel, der sie bis zum Beginn des 19. Jahrhunderts folgten.[7] Nach 1606 kam es zu einer Neugestaltung von Kirche und Kloster, das jetzt wieder unter dem Namen des heiligen Ambrosius firmierte. Der damit verbundene geistliche Aufbruch wurde maßgeblich von der spanischen Diplomatenfamilie Torres getragen, namentlich von Kardinal Ludovico de Torres und seiner Schwester Olympia, die auch als Äbtissin in Sant'Ambrogio eingesetzt wurde, wie die Inschrift über dem Eingangstor noch heute bezeugt. Die damals begonnenen Baumaßnahmen wurden erst gegen Ende des 18. Jahrhunderts abgeschlossen, sodass im 19. Jahrhundert keine weiteren grundlegenden Umgestaltungen nötig waren.[8]

Im Jahr 1810 fand die bald ein Jahrtausend dauernde benediktinische Tradition jedoch ein abruptes Ende. Napoleon hatte 1809 den Kirchenstaat besetzt und mit Dekret vom 7. Mai 1810 alle religiösen Orden in Rom aufgehoben.[9] Binnen vierzehn Tagen mussten auch die Benediktinerinnen von Sant'Ambrogio ihr Kloster räumen. Pius VII. erlaubte ihnen nach dem Sturz Napoleons und der Restitution des Kirchenstaats 1814 zwar die Rückkehr, sie zogen es aber vor, zu ihren Mitschwestern auf den Campo Marzio zu ziehen. Daraufhin übergab der Papst Sant'Ambrogio einer Frauenkongregation, den «Jungfrauen vom Konservatorium der Heiligen Eufemia», die allerdings das Kloster nach einigen Jahren wieder verließen.[10]

Franziskanerinnen vom Dritten Orden

Damit war der Weg frei für die Nonnen vom regulierten Dritten Orden des heiligen Franziskus mit ihrer Regel, die Maria Agnese Firrao unter tätiger Mithilfe ihres Beichtvaters reformiert hatte. Grundsätzlich unterscheidet man drei franziskanische Orden:[11] Der Erste Orden bezeichnet die männlichen Franziskaner, die in Klöstern zusammenleben; diese spalteten sich wiederum in gemäßigte «Konventualen» und in regelstrenge «Observanten». Dazu kamen später noch die Kapuziner. Der Zweite Orden meint dagegen die franziskanischen Ordensfrauen, die sogenannten Klarissen, die sich auf die heilige Klara zurückführen und in strenger Klausur abgeschieden von der Welt leben. Der Dritte Orden schließlich war ursprünglich für «Weltleute» gedacht, die die franziskanischen Ideale der Armut und Christusnachfolge bewusst nicht in einem Kloster, sondern «mitten in der Welt», in ihren Familien und Berufen, umzusetzen versuchten.[12]

Immer häufiger diente die Regel des Dritten Ordens dann aber doch auch als Grundlage für klösterliche franziskanische Frauengemeinschaften. Insbesondere nach dem Konzil von Trient Ende des 16. Jahrhunderts und verstärkt erneut im 19. Jahrhundert entstanden Frauenkongregationen vom Dritten Orden, deren Mitglieder zwar gemeinsam in einem Kloster lebten, jedoch ohne Klausur, sodass sie karitativen Tätigkeiten wie der Krankenpflege oder der Mädchenbildung außerhalb der Klostermauern nachgehen konnten.

Nun gibt es aber neben den aktiven auch kontemplative Terziarinnen, oft regulierte oder reformierte Franziskanerinnen des Dritten Ordens genannt, die sich gerade durch absolute Klausur, strenges Fasten und gemeinsames Chorgebet auszeichnen. Sie erinnern in ihrer Lebensweise eher an den Zweiten Orden, obwohl sie rechtlich keine Klarissen sind.[13] Um solche regulierten Franziskanerterziarinnen handelte es sich auch bei der Gemeinschaft von Sant'Ambrogio.[14] Die Nonnen durften den Klausurbereich, zu dem der Zellentrakt, der Kreuzgang, das Refektorium, der Kapitelsaal und der Nonnenchor gehörten, nicht verlassen, weshalb sie im Volksmund nicht selten als «lebendig Begrabene» oder «Eingemauerte» bezeichnet wurden. In Sant'Ambrogio gab es kein Dormitorium, also keinen gemeinsamen Schlafsaal. Vielmehr verfügte jede Nonne über eine Einzelzelle. Die Kammern der Novizinnen waren in einem eigenen Gebäudetrakt, dem Noviziat, untergebracht. Es durfte niemand von außen die Klausur betreten – auch die Beichtväter und andere Seelsorger nicht. Von dieser strengen Vorschrift wurden nur wenige Ausnahmen gemacht. Wenn sich eine Nonne in unmittelbarer Todesgefahr befand, wurden nach ausdrücklicher Erlaubnis der Äbtissin ein Arzt für die medizinische Versorgung und ein Priester zur Spendung der Sterbesakramente eingelassen. Waren dringend notwendige Reparaturarbeiten auszuführen, durften auch Handwerker die Klausur betreten.

Die Kommunikation der Schwestern mit der Außenwelt fand grundsätzlich durch ein Sprechgitter statt. Deshalb war in Sant'Ambrogio das Parlatorium in ein von außen zugängliches äußeres Sprechzimmer und ein von der Klausur zugängliches inneres Sprechzimmer geteilt, die durch eine mit einem Gitter verschlossene Öffnung in der Wand verbunden waren. Durch dieses Sprechgitter hindurch legten die Nonnen auch die Beichte bei ihrem Beichtvater ab.

Die Kirche von Sant'Ambrogio hatte eine doppelte Funktion: Sie diente einerseits als Gottesdienstraum der Nonnen und war andererseits auch eine «Leutekirche», in der sich Menschen aus der Stadt zur Messe versammelten. Die Schwestern verfolgten den Gottesdienst vom Nonnenchor aus, der vom Schiff der Kirche aus nicht einsehbar war. Die Kommunion wurde ihnen ebenfalls durch ein Gitter gereicht.

Der Tagesablauf in Sant'Ambrogio war wie bei allen kontemplativen Frauenklöstern durch das Stundengebet strukturiert, das die Nonnen zum Lobe Gottes gemeinsam im Chor verrichteten.[15] Psalmen wurden grundsätzlich auf Latein rezitiert. Insgesamt gab es sieben Gebetszeiten. In Sant'Ambrogio begann man um vier Uhr morgens mit der Matutin. Es folgte gegen sechs Uhr beziehungsweise zum Sonnenaufgang die Laudes. Im Lauf des Tages wurde die Arbeit dreimal durch die sogenannten kleinen Horen unterbrochen – die Terz zur dritten Stunde (gegen neun Uhr), die Sext zur sechsten Stunde (gegen Mittag) und die Non zur neunten Stunde, der Todesstunde Jesu am Kreuz (gegen 15 Uhr). Die Vesper als Abendgebet gegen 18 Uhr und die Komplet als Nachtgebet vor der Bettruhe schlossen den Tag ab.

Morgens wurde nach der Laudes eine Heilige Messe gelesen, an der die Nonnen nüchtern teilnahmen. Auf sie folgte das Frühstück, nach der Sext das Mittagessen und nach der Vesper das Abendessen. Die Mahlzeiten wurden gemeinsam im Refektorium, dem Speisesaal des Klosters, eingenommen. Nach dem Mittagessen folgte eine Stunde der Erholung, in der sich die Nonnen im Kreuzgang oder im Garten des Klosters ergehen konnten. Der Mittwoch und vor allem der Freitag als Todestag Jesu waren Fastentage. Während der Mahlzeiten wurde in der Regel nicht gesprochen. Stattdessen fanden Tischlesungen statt, deren Texte nicht selten aus Heiligenlegenden stammten. Zwischen den Gebetszeiten, die jeweils eine halbe bis dreiviertel Stunde in Anspruch nahmen, gingen die Schwestern unterschiedlichen Arbeiten nach. In Sant'Ambrogio waren das vor allem Gartenarbeiten und das Sticken von Gewändern und anderen Textilien für die Liturgie, deren Verkauf zur Finanzierung des Klosters beitrug. Im Kapitelsaal trafen sich die Nonnen zur Lesung der einzelnen Kapitel der Regel und der Konstitutionen, zur gemeinsamen Beratung aller anstehenden Fragen und nicht zuletzt zur Wahl der Inhaberinnen von Klosterämtern.

Die Gemeinschaft wurde von der Äbtissin geleitet. Sie führte das Kloster in allen Belangen, überließ aber die wirtschaftlichen und organisatorischen Fragen zumeist der Vikarin, die in Sant'Ambrogio zugleich die Aufgaben der Cellerarin mit übernahm, die den Schlüssel zum Keller und zu allen anderen Räumen besaß. Beiden Schwestern stand die Anrede «Ehrwürdige Mutter» zu. Deshalb sprachen die Nonnen auch von der Mutter Äbtissin und der Madre Vicaria. Für die Ausbildung des Nachwuchses war die Novizenmeisterin zuständig. Daneben gab es eine Infirmarin, die die Klosterapotheke unter sich hatte, eine Krankenschwester und eine Speisemeisterin. Dazu kamen die Ämter einer Pförtnerin und einer Sakristanin.

Dem Geistlichen Direktor und ersten Beichtvater von Sant' Ambrogio kam eine zentrale Rolle bei der spirituellen Leitung der Nonnen und weit darüber hinaus zu. Dieses Amt war stets mit

110 «Ich bin der kleine Löwe meiner reformierten Schwestern»

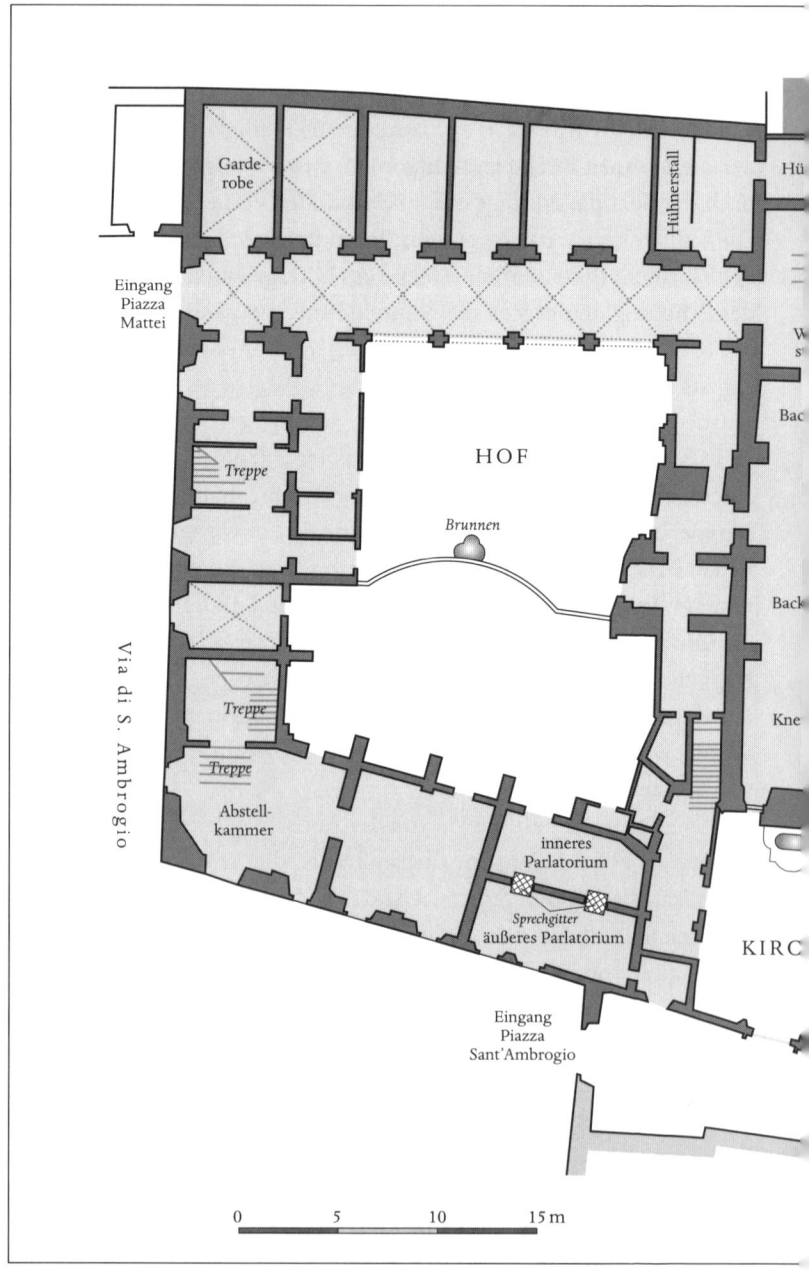

Das Erdgeschoss des Klosters Sant'Ambrogio mit Kirche, innerem und äußerem

Franziskanerinnen vom Dritten Orden

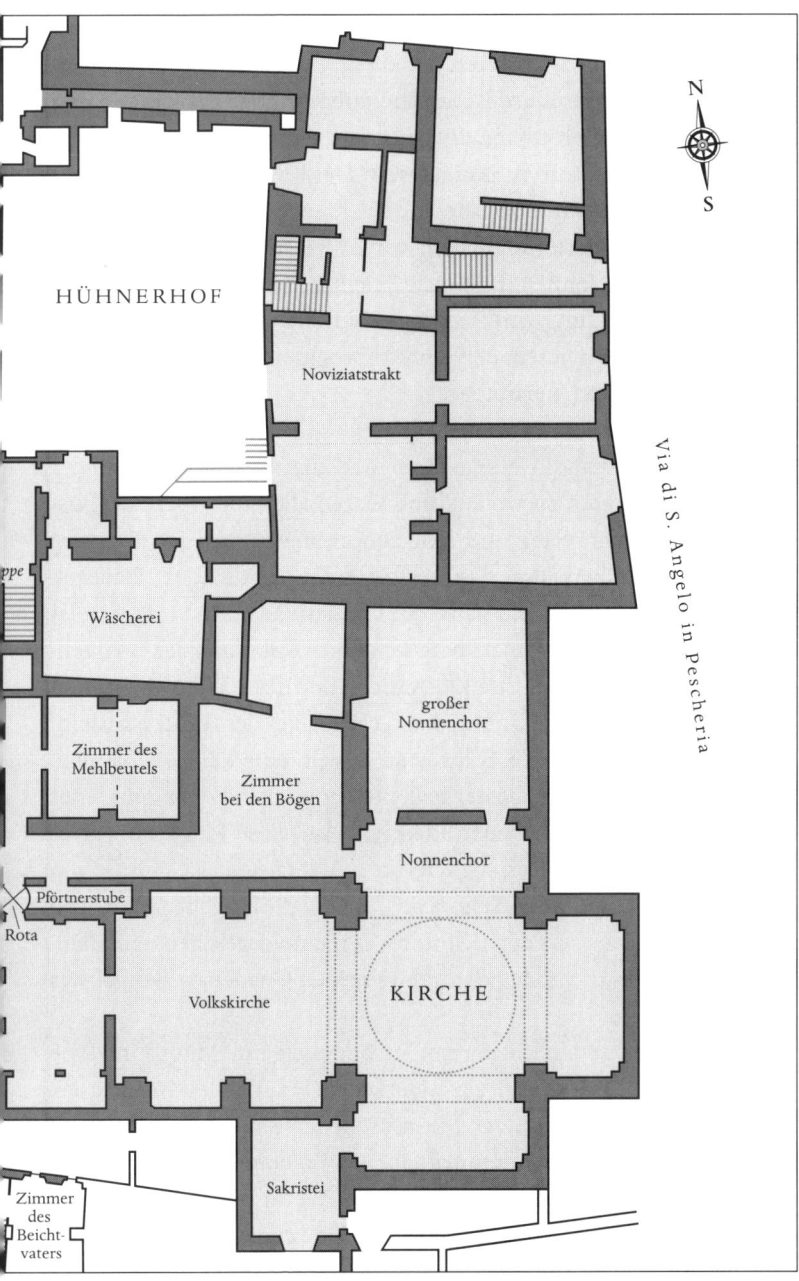

Parlatorium und der Rota. Die Nonnen schliefen im ersten Stock.

einem Mitglied der Gesellschaft Jesu besetzt, das bei seinen Aufgaben von einem zweiten Beichtvater, der ebenfalls aus dem Jesuitenorden stammte, unterstützt wurde. Die Oberaufsicht über das Kloster aber führte der Kardinalprotektor, dessen Amt stets mit dem des Kardinalvikars der Diözese Rom verbunden war. Der Kardinalprotektor hatte auf die strikte Einhaltung der Regel zu achten, eventuelle Missstände abzustellen, das Kloster aber auch vor Anfeindungen von außen zu schützen. Da die Nonnen das Kloster nicht verlassen konnten, waren sie bei der Abwicklung von Rechtsgeschäften auf die Unterstützung eines Anwalts angewiesen, der Sant'Ambrogio nach Rücksprache mit der Vikarin juristisch vertrat.

Wer Mitglied im Konvent Sant'Ambrogio werden wollte, kam zunächst als Probandin einige Zeit ins Kloster. Reifte bei ihr der Entschluss, eintreten zu wollen, und waren auch die Oberen (Äbtissin, Vikarin, Beichtvater und Novizenmeisterin) von der Eignung der Kandidatin überzeugt, dann erfolgte die Einkleidung. Dadurch wurde sie zur Novizin und hatte ein mindestens ein Jahr dauerndes Noviziat zu durchlaufen, in dem sie sich unter Anleitung der Novizenmeisterin endgültig über ihre klösterliche Berufung klar werden und sich intensiv mit dem Geist und den Gebräuchen des Klosters auseinandersetzen musste. Jede Schwester erhielt einen neuen Namen, denn der Eintritt in das Kloster bedeutete zugleich den Beginn eines neuen Lebens mit einer neuen Identität. Auf diese Phase intensiver Prüfung folgte die Profess, die feierliche Ablegung der Gelübde von Armut, Keuschheit und Gehorsam, die lebenslang bis zum Tod galten. Ein Ausstieg aus dem Kloster war nicht vorgesehen und allenfalls mit hohem Aufwand und nur durch einen Gnadenakt des Papstes erreichbar.

Bedingung für den Klostereintritt war auch eine Mitgift in Höhe von 500 Scudi.[16] Diese Mitgiften bildeten den finanziellen Grundstock des Klosters. An der fehlenden Mitgift scheiterte auch im 19. Jahrhundert noch mancher Klostereintritt junger Frauen, insbesondere aus den unteren gesellschaftlichen Schichten. Wenn man bedenkt, dass ein Landarbeiter in Rom damals nur rund 70 Scudi im Jahr verdiente, stellen 500 Scudi eine beachtliche Summe dar. Zahlreiche Schwestern waren auf die Unterstützung adeliger Gönner oder angesehener bürgerlicher Familien angewiesen. So paradox es klingen mag: Damit die einzelne Nonne in der Nachfolge des Poverello Franz von Assisi arm leben konnte, brauchte das Kloster als Ort seiner Imitatio einen sicheren finanziellen Rahmen.

Agnese Firrao wird als Heilige verehrt

Die klösterliche Gemeinschaft von Sant'Ambrogio führte ihre Existenz auf die Reform von Maria Agnese Firrao zurück, die von den Nonnen den Ehrentitel «Mutter Gründerin» erhielt.

Lucia Firrao wurde am 6. Oktober 1774 in Rom geboren.[17] Ihr Vater Giuseppe Firrao stammte aus einer ursprünglich jüdischen Familie, der Großvater war im Alter von drei Jahren getauft worden. Ihre Mutter hieß Teresa Vitelli. Die Firraos zählten zu den angesehenen bürgerlichen Familien Roms und verfügten über Kontakte zum kirchlichen Establishment. Ein Bruder des Vaters namens Natale wurde als Priester ein enger Weggefährte des späteren Kardinals Carlo Odescalchi, der sich 1838 einen lang gehegten, aber von den Päpsten immer wieder verhinderten Wunsch erfüllen sollte und in den Jesuitenorden eintrat.[18] Die Eltern Lucias hatten für ihre Tochter bereits eine standesgemäße gute Partie ausgesucht, sie sollte im Alter von sechzehn Jahren heiraten. Aber Lucia wehrte sich, setzte sich gegen ihre Eltern durch und trat Anfang der neunziger Jahre als Novizin in das Kloster von Santa Apollonia in Rom ein, ein reguliertes Terziarinnenkloster mit strenger Klausur und feierlicher Profess.[19] Nach einem Jahr wechselte sie jedoch nach Santa Chiara, wo ebenfalls Drittordensschwestern des heiligen Franziskus lebten.[20] Dort wurde sie am 24. Januar 1796 eingekleidet und erhielt den Ordensnamen Maria Agnese.[21]

Von der etwa zwanzigjährigen Schwester wurden bereits kurz nach ihrem Ordenseintritt wundersame Dinge berichtet. So schrieb die römische Zeitung *Diario ordinario* am 30. April 1796, Maria Agnese habe, todkrank darniederliegend und von den Ärzten bereits aufgegeben, eine Erscheinung der beiden Heiligen Franziskus und Klara gehabt, die ihren Wunsch zu sterben, «um sich im Paradies an ihrem

Bräutigam [Jesus Christus] zu erfreuen», abgelehnt hätten, weil der Herr noch Wichtiges in dieser Welt mit ihr vorhabe.[22] Die junge Schwester wurde gegen alle Erwartung wieder gesund. Rasch sprach sich ihre wundersame Genesung in Rom herum: Es hieß, die Ordensheiligen Franz und Klara hätten ihre treue Dienerin vor dem sicheren Tod gerettet.

Zahlreiche Gläubige pilgerten nun zum Kloster Santa Chiara, um die neue «Heilige» zu sehen. Deshalb kam es noch 1796 zu einem Prozess vor dem Vikariatstribunal, das die Echtheit des Heilungswunders zu prüfen hatte.[23] «Das Ganze» wurde zur «höheren Ehre Gottes» veranstaltet, schrieb das *Diario ordinario* und zitierte aus den gedruckten Prozessakten, um aller Welt zu beweisen, «wie groß der Schutz Gottes für seine treuen Geschöpfe ist, indem wir die Wunderwirkungen seines göttlichen Beistandes erfahren».[24] Die junge Nonne wurde hier als vorbildliche Empfängerin göttlicher Gnadengaben dargestellt und das Wunder vom Vikariat als echt anerkannt.

Die kirchliche und öffentliche Legitimierung der Wunderheilung brachte den Seelenführer von Schwester Maria Agnese, Domenico Salvadori,[25] dazu, in der Folgezeit wiederholt von übernatürlichen Phänomenen zu berichten, die ihr widerfahren waren. Er erzählte von den blutenden Stigmata, den fünf Wundmalen Jesu Christi, die Schwester Maria Agnese an beiden Händen und Füßen und auf der Brust erhalten habe, und zeichnete von ihr das Bild einer radikalen Asketin und idealen Christusnachfolgerin, deren Leben durch härteste Bußübungen bestimmt war: «Sie klemmte ihre Zunge fünf bis sechs Minuten lang unter einem schweren Stein ein», damit aus ihrem Mund nur ja keine Gotteslästerung komme. Dennoch plagten sie Tag und Nacht Dämonen, die sie von ihrem Weg mit Christus abbringen wollten. Oft trug Maria Agnese eine «Eisenmaske mit 54 zugespitzten Nägeln». Dieser Asketin – so berichtete der Beichtvater einer augenscheinlich auf Wunder versessenen römischen Öffentlichkeit begeistert – seien zahllose Ekstasen und Visionen geschenkt worden. Ihr sei sogar die Gnade der Vereinigung, der himmlischen Hochzeit mit dem göttlichen Wort, mit Jesus Christus zuteilgeworden. In übernatürlichen Botschaften sei ihr anvertraut worden, Gott drohe damit, «Rom die katholische Religion wegzunehmen», wenn die Stadt sich

Maria Agnese Firrao in einer für Heilige typischen Haltung mit dem Kreuz an der Brust.

nicht bekehre. Es folgten Visionen mit harscher himmlischer Kritik an «der Unordnung im ganzen klerikalen Stand, insbesondere bei den höheren Chargen und vor allem beim Papst selbst».[26]

Der Beichtvater zog mit seiner Interpretation der Visionen, ohne es explizit zu sagen, Parallelen zwischen Maria Agnese an der Wende vom 18. zum 19. Jahrhundert und der heiligen Katharina von Siena in der zweiten Hälfte des 14. Jahrhunderts. Maria Agnese musste miterleben, wie Napoleon 1798 zum ersten Mal den Kirchenstaat und die Stadt Rom besetzte und das Papsttum in seiner Existenz bedrohte. Katharina von Siena, geboren 1347, hatte in einer ganz ähnlichen Phase der völligen Abhängigkeit der Päpste von Frankreich gelebt. In der sogenannten Babylonischen Gefangenschaft der Kirche hatten die Päpste seit 1309 ihre Residenz von Rom nach Avignon und damit in den Einflussbereich der französischen Könige verlegen müssen. Wie Katharina von Siena, die sich massiv in die Kirchenpolitik eingemischt hatte und schließlich Gregor XI. 1377 zur Rückkehr nach Rom bewegen konnte, so erhob nun Agnese Firrao ihre Stimme gegen die aus ihrer Sicht allzu große Nachgiebigkeit Pius' VI. und seines Nachfolgers Pius VII., der 1801 mit Frankreich ein demütigendes Konkordat abschließen und 1804 Napoleon sogar zum Kaiser salben musste. Beide Frauen gehörten zu strengen Bußorden, beiden wurden die Stigmata zuteil, beide erreichten den höchsten Grad der mystischen

Vereinigung mit Gott durch die sogenannte himmlische Hochzeit mit Christus. Aus diesen mystischen Erfahrungen der unmittelbaren Begegnung mit Gott bezogen sie die Legitimation, sich als Frauen in die Politik der Kirchenmänner einzumischen. Katharina von Siena musste ihre mystischen Erfahrungen und ihr politisches Engagement mit Verdächtigungen als Ketzerin und falsche Heilige bezahlen. Es dauerte lange, bis die kirchliche Autorität sie als echte Mystikerin anerkannte. Lag es nicht auf der Hand, dass Maria Agnese ein ähnliches Schicksal drohte?

Doch zunächst schien alles gut zu gehen. Einflussreiche Kreise der Römischen Kurie stellten sich auf die Seite der jungen Visionärin. So regte der Kardinalprotektor von Santa Chiara, der einflussreiche Kardinal Giuseppe Albani,[27] an, Maria Agnese solle gemeinsam mit ihrem neuen Beichtvater Giuseppe Loreto Marconi[28] eine Reform dieses Klosters durchführen. Marconi versicherte sich dazu der Unterstützung eines Netzwerks von Exjesuiten, die seit der Aufhebung des Ordens 1773 nicht selten als Weltgeistliche lebten. Insbesondere der später heiliggesprochene Pater Giuseppe Pignatelli[29] scheint von der Echtheit der Visionen der Firrao überzeugt gewesen zu sein und sagte seine Unterstützung bei der Ausarbeitung neuer Konstitutionen zu. Sehr bald zeigten sich aber Probleme bei der Umsetzung der Reform in Santa Chiara, die auf eine Verschärfung von Disziplin und Klausur hinauslief. Es gab offenbar Widerstand der alteingesessenen Nonnen. Deshalb erlaubte Pius VII. Maria Agnese, ihrer leiblichen Schwester und zwei anderen Nonnen, das Kloster zu verlassen und ein neues Institut zu gründen. Dazu wies er ihnen 1804 ein Haus in der Via Graziosa nahe Santa Maria Maggiore zu.[30] Nach gründlicher Prüfung approbierte Papst Pius VII. am 26. Januar 1806 die vorgelegte Regel der reformierten Franziskanerinnen des Dritten Ordens; am 10. April folgte die päpstliche Genehmigung des Zeremoniales.[31] Erste Äbtissin wurde Maria Agnese.

Auch nach der Gründung des eigenen Ordens informierte Marconi die Öffentlichkeit über zahlreiche Visionen und Wunder der Firrao. Vor allem die Vermehrung von Lebensmitteln, die sie in Nachahmung der wunderbaren Brotvermehrung Jesu[32] gewirkt haben sollte, erregte in Rom großes Aufsehen. Dann aber muss es irgendwann zu einer Anzeige vor dem Heiligen Offizium gekommen sein. Agnese Firrao teilte damit nicht nur das Schicksal der heiligen Katharina von Siena, vielmehr geriet so gut wie jede Ordensgründerin oder Reformerin auf dem Feld der organisierten weiblichen Askese zwangsläufig in den Blick der Römischen Inquisition: Angela Merici,[33] die Gründerin der Ursulinen genauso wie Mary Ward,[34] die Stifterin der sogenannten Englischen Fräulein. Nicht selten wurden diesen frommen und engagierten Frauen unlautere Absichten und häretische Tendenzen unterstellt und ihre Rechtgläubigkeit von der Kirche erst nach langen Kämpfen, Demütigungen, Anschuldigungen, Verurteilungen und Inhaftierungen anerkannt. Das Misstrauen gegen die Firrao passt somit genau ins gängige Nonnen- und Frauenbild der Römischen Inquisition: Die Töchter Evas hatten sich der männlichen Klerikerhierarchie unterzuordnen, da Eigeninitiative – wie jeder Bibelleser wusste – schon bei der Urmutter des weiblichen Geschlechts im Paradies zur Katastrophe geführt und dem Teufel Tür und Tor geöffnet hatte.

Agnese Firrao wird der falschen Heiligkeit bezichtigt

Wann und warum Schwester Maria Agnese Firrao zum ersten Mal vor die Schranken des Heiligen Tribunals zitiert wurde, lässt sich nicht mehr genau feststellen. Ihre Anhänger versuchten, die ganze Angelegenheit herunterzuspielen. Sie berichteten lediglich von einer Anzeige aus dem Jahr 1809 mit einem Verfahren, das eingestellt worden sei, bevor es richtig habe beginnen können, weil die Franzosen den damaligen Kommissar des Heiligen Offiziums Angelo Merenda[35] ins Exil zwangen. Außerdem erwähnten sie einen 1814 begonnenen Prozess, der schließlich 1816 zu einem Urteil geführt habe.[36] Ihre Gegner hingegen trachteten danach, die gesamte Biographie der Firrao als Leben einer Ketzerin darzustellen.

Dieser Sichtweise schloss sich Ende 1859, Anfang 1860 auch der Untersuchungsrichter Vincenzo Leone Sallua an. Doch bevor er in den Zeugenvernehmungen im aktuellen Fall Sant'Ambrogio die Verehrung der Firrao überhaupt ansprechen konnte, musste er sich einen Überblick über den alten Fall verschaffen.

Dieses Unterfangen erwies sich als schwierig, weil genau in der Zeit von 1798 bis 1814 der Kirchenstaat wiederholt von französischen Truppen besetzt war und während der berüchtigten *epoca napoleonica* chaotische Zustände herrschten, sodass die Inquisition ihre Arbeit immer wieder einstellen musste.[37] In seinen historischen Bemerkungen zum alten Fall, die er für die Kardinäle der Kongregation zusammenstellte, entwickelte Sallua für den Fall Firrao eine völlig andere Chronologie als ihre Anhänger.[38] Er behauptete, im Januar 1806 habe ein *neuer* Prozess vor dem Heiligen Offizium gegen die Firrao begonnen. Dann müsste man das Verfahren zum Heilungswunder von 1796 als ersten Inquisitionsprozess werten, was jedoch nicht zutrifft.

Auf jeden Fall berichtete Sallua von einem Urteil des Heiligen Offiziums gegen Agnese Firrao im Jahr 1806. Demnach wurde ihr damaliger Seelenführer Marconi, der ihre Wunder propagiert hatte, als Beichtvater abgesetzt, und Agnese Firrao verlor ihr Amt als Äbtissin. Außerdem entzog man ihr das aktive und passive Wahlrecht im Kloster. Insbesondere aber untersagte das Dekret bei Androhung der Exkommunikation jeden weiteren persönlichen und brieflichen Kontakt zwischen Beichtvater und Nonne. Wegen der politischen Wirren habe der Beschluss nicht umgesetzt werden können, stellte der Dominikaner in seinen historischen Bemerkungen bedauernd fest.

Diese Interpretation kann jedoch nicht überzeugen. Denn genau zu dem Zeitpunkt, als die Inquisition unter dem Vorsitz des Papstes Pater Marconi und Agnese Firrao verurteilt haben soll, approbierte derselbe Papst Pius VII. die Regel und das Zeremoniale, das Marconi und Firrao ihm vorgelegt hatten. Man gewinnt den Eindruck, dass der Untersuchungsrichter – bewusst oder unbewusst – eine neue inquisitorische Tradition konstruierte, nach dem Motto: Die Weisheit des Heiligen Offiziums hat selbstverständlich von Anfang an den Betrug der falschen Heiligen erkannt.

Auch Salluas Behauptung, am 4. Februar 1808 habe ein weiteres Inquisitionsverfahren seinen Ausgang genommen, lässt sich nicht belegen.[39] Man habe damals, hielt der Inquisitor fest, «stichhaltige Beweise» für die «angemaßte Heiligkeit» der Firrao und ihr «unzüchtiges Verhalten» mit dem Priester Pietro Marchetti[40] gefunden. Dazu kämen die «perversen Prinzipien des Quietismus», denen sie mit ihren Schwestern folge. Außerdem ließ sie zahlreiche «gefährliche Schriften» produzieren, die ihre eigene Heiligkeit propagierten. Die Seelenführer und Beichtväter der Firrao schrieben immer weitere und umfangreichere hagiographische Texte. Am monumentalsten fiel das siebenbändige Heiligenleben aus der Feder Marconis aus, in dem der Beichtvater im Grunde die Heiligsprechung einer noch lebenden Frau vornahm.[41]

Die Vorwürfe der obersten Glaubensbehörde verschärften sich also in zweifacher Hinsicht. Zunächst kam zu den theologischen Irrtümern sexuelles Fehlverhalten – natürlich auf Initiative der Frau, nicht des priesterlichen Mannes, was für die damalige Sichtweise typisch ist. Dann wurde das Ganze als Häresie qualifiziert, und zwar eben als Quietismus.[42] Man suchte in der Inquisition eine häretische Schublade, in die man das Verhalten der Firrao einsortieren konnte, weil die Phänomene dazu irgendwie zu passen schienen. Dabei ist es äußerst zweifelhaft, ob es zu Beginn des 19. Jahrhunderts überhaupt «Quietisten» gab und ob Agnese Firrao jemals von deren theologischem System gehört hatte.

Hinter dieser theologischen Richtung und Frömmigkeitspraxis verbirgt sich im Grunde ein gnadentheologisches Modell, das von der Überzeugung ausgeht, dass der Mensch Gott nur finden kann, wenn er sein Selbst negiert, auf jede eigene Aktivität verzichtet sowie «in absoluter Tatenlosigkeit» und «totaler Passivität» verharrt.[43] Der Mensch muss allem Irdischen gegenüber indifferent sein und kann deshalb für seine Erlösung nichts tun, sondern muss alles Gott überlassen. Für die Inquisition war dieser Quietismus eine Art Kryptoprotestantismus.

Der Prozess und damit ein Urteil kamen jedoch wieder nicht zustande, weil Napoleon Rom im Februar 1808 erneut besetzte, Pius VII. gefangen setzte und ihn im Sommer des folgenden Jahres ins französische Exil verbringen ließ. Auch für die Nonnen aus der Via Graziosa hatten die Napoleonischen Wirren Flucht und Vertreibung zur Folge. Erst nach der Rückkehr des Papstes nach Rom im Mai 1814 konnten sie ein neues Haus im Borgo di Sant'Agata im Stadtteil Monti beziehen.[44] Neben anderen Kongregationen der Kurie nahm jetzt aber auch die Inquisition ihre Arbeit wieder auf. Nun stand der Firrao-Fall ganz oben auf der Agenda.

Salluas historische Aufbereitung des alten Firrao-Falls konnte sich von diesem Zeitpunkt an auf die Akten seiner Behörde stützen. Die Äbtissin Maria Agnese wurde 1814 umgehend verhaftet und in verschiedenen Klöstern Roms gefangen gehalten. Neben den übersinnlichen Phänomenen und der «Prahlerei mit ihrer Heiligkeit» wurden ihr nun vor allem sexuelle Vergehen, namentlich «Laszivität und Sinnlichkeit mit den Dämonen» vorgeworfen. Hiervon sei sie letztlich auch schwanger geworden. Zwei Föten wurden ihr von Chirurgen des Krankenhauses zum Heiligen Geist[45] unter großen Schmerzen entfernt, doch ihre Keuschheit wurde dadurch, wie Marconi in seiner Lebensbeschreibung behauptete, keinesfalls beschädigt, weil sie ein Opfer der bösen Mächte geworden sei. Für Sallua waren die Schwangerschaften dagegen die Folge einer heftigen Affäre mit dem Priester Pietro Marchetti, die von Anfang 1810 bis zum Oktober 1812 gedauert habe. Beide hätten sich regelmäßig im Sprechzimmer des Klosters getroffen. «Sie täuschte Ekstasen vor, fiel ihn auf unanständige Weise an und gab ihm Wein zu trinken, um seine Libido zu steigern.»

Das Urteil der Inquisition von 1816

Das Heilige Offizium, das sich ganz eindeutig auf die Seite der Gegner der Firrao stellte, ließ am 15. Februar 1816 ein Bando in Plakatgröße an den Türen des Petersdoms, an der Kirche Santa Maria Sopra Minerva neben dem Pantheon, auf dem Campo de' Fiori und «den anderen üblichen Orten» in Rom anschlagen.[46] Der Kommissar der Inquisition, der Dominikaner Angelo Maria Merenda, machte damit die feierliche Verurteilung der Firrao wegen «angemaßter Heiligkeit» öffentlich bekannt:[47]

«Die Römerin Schwester Maria Agnese Firrao, zweiundvierzig Jahre alt, einst Nonne im Kloster von Santa Chiara zu Rom, dann Gründerin des sogenannten Reformklosters vom Dritten Orden des heiligen Franziskus von Assisi, hat sich durch lange hinterhältige Bemühungen den Anschein gegeben, eine Heilige zu sein; sie prahlte damit, die Wundmale Christi zu besitzen und Visionen, Offenbarungen, Ekstasen, Erscheinungen und andere Gaben und besondere Gnaden von Gott erhalten zu haben. Es steht aber nach der gerichtlichen Untersuchung fest, die dieses Heilige Offizium in der vorgenannten Angelegenheit durchgeführt hat – nachdem die Firrao im Konservatorium von Santa Maria del Rifugio[48] eingesperrt worden war –, dass die behaupteten Wundmale, Offenbarungen, Visionen, Ekstasen, Erscheinungen und die anderen oben genannten für wunderbar gehaltenen Dinge und besonderen Gnaden Gottes nichts anderes waren als Betrügereien, Prahlereien, Fälschungen und Vortäuschung falscher Tatsachen.»

Wegen dieser Vergehen verurteilte die Inquisition die Schwester zu «lebenslanger Kerkerhaft in einem Kloster der strengsten Observanz, das der Kardinalvikar noch bestimmen wird. Sie hat fortan das Bußgewand ohne den schwarzen Schleier zu tragen und erhält die strikte Auflage, sich vom Sprechgitter, der Pforte und dem Sprechzimmer des Klosters fernzuhalten, sowie das Verbot, ohne ausdrückliche Erlaubnis der Oberen Briefe zu schreiben oder zu erhalten, von wem auch immer.» Ziel war vor allem, jedwede Kommunikation zwischen der Gründerin und ehemaligen Äbtissin und den Nonnen ihrer Reform zu unterbinden. Im Falle des geringsten Verstoßes gegen das Urteil der Inquisition sollte die Firrao automatisch zu einem Jahr Klosterkerker verurteilt werden und ein Vierteljahr lang immer freitags bei Wasser und Brot fasten. Außerdem hatte sie lebenslänglich jeden Samstag einen Rosenkranz[49] zur Sühne für ihre Vergehen zu beten. Nachdem Seine Heiligkeit und die Eminenzen als Kardinalinquisitoren die Sache entschieden hätten, so hieß es in der Notifikation, «erdreiste sich niemand, in Zukunft weiter zu behaupten oder daran festzuhalten, dass die genannte Schwester Maria Agnese Firrao eine Heilige sei».

Die Kardinäle des Heiligen Offiziums und Papst Pius VII. waren mit diesem Urteil in ihrer Sitzung vom 8. Februar weitgehend der Empfehlung der Konsultoren gefolgt, die sich am 22. Januar mit dem Fall Firrao beschäftigt hatten. Diese hatten die übernatürlichen Phänomene und angeblichen besonderen göttlichen Gnaden der Firrao

NOTIFICAZIONE
DI AFFETTATA SANTITA'

Noi Fr. *Angelo Maria Merenda da Forlì* dell' Ordine de' Predicatori Maestro di Sagra Teologia Commissario Generale della Santa Romana, ed Universale Inquisizione.

Avendo Suor Maria Agnese Firrao Romana d'anni 42. già Monaca Professa nel Monastero di S. Chiara di Roma, indi Fondatrice della così detta Riforma del Terz'Ordine di S. Francesco d'Assisi, procurato con lunghi studiati artificii di essere tenuta in concetto di Santa, con avere vantato Stimmati, Visioni, Rivelazioni, Estasi, Apparizioni, ed altri doni, e grazie particolari, ricevute da Dio : e costando dagli Atti giuridicamente fabbricati in questo S. Offizio sopra le cose predette, e prima, e dopo la di lei detenzione nel Conservatorio di S. Maria del Refugio, detto di S. Onofrio, essere stati inganni, jattanze, falsità, e finzioni rispettivamente le asserte Stimmati, Visioni, Rivelazioni, Estasi, Apparizioni, ed altre cose, come sopra, credute prodigiose, e grazie particolari di Dio ;

Pertanto in esecuzione del Decreto di Feria V. 8. Febraro corrente, e per espresso comando della Santità di Nostro Signore PIO PAPA VII. felicemente Regnante, a fine che il Pubblico resti disingannato, e per togliere dalla mente di ognuno qualunque falsa credenza della Santità della medesima :

Notifichiamo, e dichiariamo, che la Santità della detta Suor Maria Agnese Firrao è stata affettata, e finta, e le cose predette sono state rispettivamente false, e dolosamente supposte, e perciò la medesima è stata condannata a stare, sino a che viverà, in luogo di Carcere in un Monastero della più stretta Osservanza da destinarsi dall' Em̃o, e Rm̃o Sig. Cardinal Vicario, vestita coll'Abito di Penitenza, senza il Velo nero, col precetto di non accostarsi alle Grate, Porte, e Parlatorj del Monastero, e di non scriver Lettere, o riceverne, da qualsivoglia Persona senza licenza della Superiora sotto pena, in caso di contravenzione in ciascheduno di detti Capi, del Carcere formale nello stesso Monastero per un'Anno in ciascheduna volta ; e a digiunare in Pane, ed Acqua per un Quinquennio in ogni Venerdì dell'Anno, e di recitare per tutto il tempo della sua Vita in ogni Sabato il Rosario della Beata Vergine.

Niuno pertanto ardisca in avvenire di asserire, o tenere la suddetta Suor Maria Agnese Firrao come Santa per le cose suddette sotto pena ad arbitrio di SUA SANTITA', e degli Em̃i, e Rm̃i Signori Cardinali Inquisitori Generali.

Dato dal Convento di S. Maria sopra Minerva questo dì 14. Febraro 1816.

Fr. Angelo Maria Merenda Commissario Generale del S. Offizio

Camillo Sparziani Notaro

Die 15. Februarii 1816. Supradicta Notificatio affixa, & publicata fuit ad Valvas Basilicæ Principis Apostolorum, Conventus S: Mariæ supra Mineroam, in acie Campi Floræ, ac aliis locis solitis, & consuetis Urbis per me Josephum Rota Sanctissimæ Inquisitionis Cursorem.

In Roma 1816. Presso Vincenzo Poggioli Stampatore Camerale.

Das Heilige Offizium machte am 15. Februar 1816 mit einem Bando die feierliche Verurteilung von Maria Agnese Firrao wegen «angemaßter Heiligkeit» öffentlich bekannt.

ausdrücklich als «Molinosismus» qualifiziert und damit in die Schublade einer bereits 1687 verurteilten Häresie eingeordnet.[50]

Der Molinosismus ging auf Miguel de Molinos zurück, der 1696 im Kerker der Inquisition gestorben war.[51] Der spanische Priester hatte sich als Seelenführer und Beichtvater in verschiedenen Nonnenklöstern rasch einen Namen in Rom gemacht. Dieser Erfolg rief Neider auf den Plan, die bald den Vorwurf des Quietismus gegen ihn erhoben. Dabei blieb es aber nicht. Die Gegner warfen Molinos und seinen Anhängerinnen in polemischer Zuspitzung vor: Wenn das eigene moralische Handeln für das Seelenheil bedeutungslos sei, dann sei eine Konsequenz dieser Ansicht, dass man sich sogar schwersten fleischlichen Ausschweifungen hingeben könne, ohne dafür beim Jüngsten Gericht zur Rechenschaft gezogen zu werden.

Im Sprachgebrauch der Inquisition wurde daher mit dem Hinweis auf Molinosismus nicht nur auf eine falsche mystizistische Frömmigkeit, sondern zumindest indirekt auch auf schwere sexuelle Verfehlungen angespielt.[52] Auf dieses Schlagwort verzichteten die Kardinäle und Pius VII. in ihrem veröffentlichten Urteil wahrscheinlich bewusst, um nicht Spekulationen um erotische Abenteuer hinter Klostermauern Tür und Tor zu öffnen – einem seit der Mönchtumskritik der Reformation und erneut der Aufklärungszeit gängigen Topos.[53]

In der Sitzung vom 8. Februar 1816 beschlossen die Kardinäle auch, das Kloster sofort aufzuheben.[54] Agnese Firrao selbst wurde im Kloster der Concezione[55] eingesperrt. Mithilfe ihrer Beichtväter, so Sallua, sei die «Mutter» mit ihren «Töchtern» allerdings «im Geheimen und hinterlistig in Verbindung» geblieben und habe diese veranlasst, «weiter an den verurteilten Maximen und Prinzipien festzuhalten». Schriftlich gab sie geheime Anweisungen und prophezeite, sie würde bald wieder mit ihren Töchtern vereint sein. Daher sei sie erneut vor das oberste Tribunal zitiert worden. Die Zeugenaussagen und Dokumente, mit denen man sie nun konfrontierte, waren so massiv, dass die Firrao alle Delikte, derer man sie angeklagt hatte, gestand, auch die langjährigen sexuellen Beziehungen mit Monsignore Marchetti. Marchetti selbst habe im Verhör vor der Inquisition sogar eingestehen müssen, «dass er nicht nur mit der Firrao, sondern auch mit Schwester Maria Maddalena *in eodem lecto simul turpiter agebat*».[56] Das bedeutete im Klartext: Der geistliche Herr hatte in einer ménage à trois gleichzeitig mit zwei Ordensschwestern in ein und demselben Bett Geschlechtsverkehr.

Sallua beschrieb, wie der Druck der Inquisition weiter zunahm. Agnese Firrao «widerrief nun handschriftlich all ihre Freveltaten». Der Widerruf wurde zusammen mit dem Urteil zur «Ernüchterung» der «Töchter» gerichtsamtlich bekannt gemacht. Ihrer weiteren Verehrung als Heilige habe dies allerdings keinen Abbruch getan. Die Verbindungen der Mutter zu ihren Töchtern bestand im Geheimen fort, sodass die Inquisition schließlich beschloss, Maria Agnese in ein Kloster außerhalb Roms, nämlich nach San Marziale in Gubbio, zu verlegen, um die verbotenen Kontakte endgültig zu unterbinden, was jedoch erneut scheiterte.

Warum wich die Inquisition im Fall der Firrao von ihrer sonst üblichen Praxis ab, derartige Fälle in einer internen geheimen Abschwörung abzuschließen? Warum entschloss man sich im Fall der Firrao zu einer öffentlichen Publikation des Urteils? Das liegt vor allem daran, dass Maria Agnese Firrao seit der Bestätigung des Wunders von 1796 europaweit bekannt geworden war und vor allem auch in Rom bis in das Kardinalskollegium hinein und bei Damen des römischen Adels hohe Verehrung genossen hatte.[57] Die Wundmale und Ekstasen hatten sie zu einer verehrten Heiligen gemacht. Deshalb glaubte man, in diesem Fall ihre Verdammung öffentlich verkünden zu müssen, um einen Schlussstrich unter die weitere Verehrung zu ziehen.

Und tatsächlich fand die Damnatio von 1816 auch in der internationalen Presse ein beachtliches Echo.[58] Im Verlauf des März war man überall in Europa über die falsche Heilige und die von ihr sich selbst beigebrachten Wundmale informiert. Das Urteil der Inquisition sollte sogar im fernen Dülmen, wo die stigmatisierte Seherin Anna Katharina Emmerick[59] lebte, ihre Wirkungsgeschichte entfalten. Anna Katharina Emmerick, geboren 1774, zeigte seit 1798 blutende Spuren der Dornenkrone auf dem Kopf, seit 1812 trug sie die fünf Wundmale an den Händen, Füßen und der Seite, die zunächst regelmäßig, dann nur freitags und schließlich lediglich an den Kartagen bluteten. Bezeichnenderweise blieben gerade zum Karfreitag des Jahres 1816 die Blutungen der Stigmata bei Anna Katharina Emmerick aus.[60] Es ist gemutmaßt worden, dass dies mit dem Urteil der Römischen Inquisition über die Firrao und der Angst der Emmerick vor einer Untersuchung ihrer Stigmata zusammenhing.[61] Das *Journal de la Province de Limbourg* kommentierte, das Urteil des Heiligen Offiziums gegen die Firrao beweise, «dass dieses Tribunal sich von der Aufklärung des Jahrhunderts hat erleuchten lassen». Trotz der «Ehrerbietung, die mehrere Kardinäle und Damen des höheren römischen Adels ihr gegenüber bezeugten, hat das Tribunal sie für eine Heuchlerin gehalten, die strengste Bestrafung verdient». Ein Chirurg und ein Apotheker seien gleichfalls unter dem Verdacht festgenommen worden, sie hätten «Stigmata auf dem Körper der mutmaßlichen Heiligen angebracht» und ihr auch die «erstickende Droge» besorgt, die man im Zimmer der angeblichen Visionärin stets habe riechen können, «wenn sie behauptete, vom Teufel in Versuchung geführt worden zu sein».[62]

Die wunderbare Bekehrung Leos XII.

Roma locuta – causa finita: Rom hat gesprochen und damit ist die Sache zu Ende. Die Römische Inquisition musste überzeugt sein, dass dies auch im Fall der Maria Agnese Firrao so sein würde. Aber so war es nicht. Ihre Anhänger hatten zwar 1816 eine empfindliche Niederlage erlitten, waren aber nicht bereit, das Urteil zu akzeptieren. Mitglieder römischer Adelsfamilien – namentlich die Marchesa Costaguti[63] und Signora Faustina Ricci[64] –, Prälaten der Kurie und sogar Kardinäle – genannt wird hier immer wieder Alessandro Mattei[65] – waren offenbar weiter von der Heiligkeit der Firrao überzeugt.[66] Eine besondere Rolle an der Spitze eines jesuitisch-inspirierten Netzwerkes spielte in diesem Zusammenhang der König von Sardinien, Karl Emanuel IV.,[67] der zusammen mit seiner Frau, der französischen Prinzessin Marie Clotilde,[68] ein begeisterter Anhänger Maria Agneses war.[69] Bezeichnenderweise hatte sich das Königspaar mit der stigmatisierten Nonne den Beichtvater geteilt: den Exjesuiten Pater

Marconi, der 1811 verstorben war.[70] Nach der langen Durststrecke seit der durch die europäischen Mächte erzwungenen päpstlichen Aufhebung des Jesuitenordens und seiner Wiederzulassung 1814 war das Zusammengehörigkeitsgefühl der «I Nostri» in dem straff militärisch-organisierten Kampfverband der «Compania de Jesu» noch stärker als in den Konstitutionen ohnehin vorgesehen. Der Corpsgeist innerhalb der eigenen Societas war größer als der Gehorsam gegenüber der obersten Glaubensbehörde.

Zunächst blieben die Bemühungen der Anhänger jedoch erfolglos; dies änderte sich erst, als Kardinal Lorenzo Litta[71] am 23. September 1818 das Amt des Kardinalvikars von Rom übernahm. Litta war von der Unschuld der Firrao überzeugt und konnte am 3. April 1819 bei Pius VII. durchsetzen, dass wenigstens die Aufhebung des Klosters im Borgo Sant'Agata widerrufen wurde. Die Nonnen durften, mit Ausnahme ihrer ehemaligen Äbtissin, zurückkehren.[72] Zur neuen Äbtissin wählten sie Maria Maddalena und zur Novizenmeisterin Maria Crocifissa.[73] Litta starb bereits am 1. Mai 1820. Sein Nachfolger als Kardinalvikar wurde am 6. Mai Kardinal Annibale della Genga,[74] der, 1760 geboren, aus einer in den Marken und Umbrien beheimateten begüterten gräflichen Familie stammte. Della Genga galt als Anhänger der Zelanti und entschiedener Gegner des gemäßigten Kardinalstaatssekretärs Ercole Consalvi. Ihn zeichneten eine rigorose Sittenstrenge und Frömmigkeit aus – er beteiligte sich etwa regelmäßig barfuß an Prozessionen. Von ihm als Kardinalvikar und Protektor des Klosters hing das weitere Schicksal der regulierten Franziskanerinnen von Sant'Agata ab.[75] Und es sah nicht gut für sie aus: Als della Genga 1822 in das Kloster kam, hatte er die feste Absicht, die Nonnen zu «vertreiben».[76] Daher galt er bei den Franziskanerinnen und ihren Beichtvätern als «schlimmster Feind der Reform wegen des Hasses, den er gegen Maria Agnese hegte».[77] Er wollte endlich dem Beschluss des Heiligen Offiziums von 1816 Geltung verschaffen.

Äbtissin Maria Maddalena führte Kardinalvikar della Genga zunächst in die Kapelle, wo beide lange Zeit vor dem Bild der Gottesmutter, der Maria Santissima Consolatrice, im Gebet verharrten. Dieses Gnadenbild zeigt die Jungfrau Maria mit dem Jesuskind, das in der rechten Hand die Erdkugel hält und die andere Hand segnend

Die wunderbare Bekehrung Leos XII.

Dieses Gnadenbild hing in der Kirche von Sant'Ambrogio und wurde von vielen Gläubigen, auch von Papst Leo XII., als wundertätig verehrt.

auf das Haupt des jungen Johannes des Täufers legt.[78] Es wurde als wundertätig verehrt. So sollte die Gottesmutter wiederholt durch das Bild zu den Nonnen gesprochen haben, die daraufhin einige Fragmente vom Rand abschabten und zu einem heilsamen Pulver zerrieben.[79] Es wird berichtet, dass der spätere Kardinal Nicola Clarelli Paracciani[80] als Kind durch die Einnahme dieses Pulvers von einer Krankheit geheilt worden sei.

Dieses Gnadenbild beeindruckte della Genga tief, um nicht zu sagen: Es bewirkte das Wunder seiner «mutazione» vom entschiedenen Gegner der regulierten Franziskanerinnen zu ihrem entschiedenen Förderer.[81] Es war «un miracolo della Madonna, die mit ihm aus ihrem Bild heraus gesprochen hat». Darüber hinaus scheint Maria Maddalena in der Folgezeit zur engsten Vertrauten des Kardinals geworden zu sein, und gestützt auf Offenbarungen des Gnadenbilds, soll sie ihm auch seine Wahl zum Papst im folgenden Jahr prophezeit haben. Tatsächlich wählte das Konklave nach dem Tod Pius' VII. della Genga am 28. September 1823 zum Papst. Er nahm den Namen Leo XII. an.

Leo XII. kam auch als Papst mehrfach «in modo privato» ins Kloster, um das Gnadenbild zu verehren und mit der Äbtissin wichtige Fragen seines Pontifikates zu besprechen. Bei einem dieser Besuche soll er ausgerufen haben: «Sono il Leoncino delle mie Riformate» – «Ich bin der kleine Löwe meiner reformierten Schwestern.»[82] Auch der damalige Rektor des Englischen Kollegs und spätere Kardinal von Westminster, Nicholas Patrick Wiseman, berichtete in seinen Erinnerungen von Besuchen Leos XII. bei den Nonnen, die er als «most unexpected proof of paternal care» empfand.[83] Am 19. August 1826 krönte der Papst dann eigenhändig das wundertätige Marienbild in Sant'Agata.[84]

Weil dieses Kloster aber zu klein und für die Klausur äußerst ungeeignet war, übergab der Papst im Oktober 1828 der Gemeinschaft das Kloster Sant'Ambrogio della Massima. Dieses sollte zur endgültigen Heimat der regulierten Franziskanerinnen des Dritten Ordens des heiligen Franziskus in der Reform der Agnese Firrao werden. Auch das jesuitische Netzwerk, das Giuseppe Marconi um die Jahrhundertwende zum Schutz der Reform der Firrao gebildet hatte, stellte Leo XII. wieder her. Die Seelsorge in Sant'Ambrogio und das Beichthören wurden auf Wunsch des Papstes Ende 1828 an zwei Jesuitenpatres übertragen – Funktionen, die bis zur Auflösung des Klosters in jesuitischer Hand bleiben sollten.[85]

Im Jahr 1828 ordnete Leo XII. auch eine Apostolische Visitation an.[86] Neunzehn Frauen, so notierte der Visitator, befänden sich derzeit im Konvent. Die von Pius VII. 1806 bestätigte Regel werde äußerst streng und vorbildlich befolgt. Für den Visitator von 1828 stand die Echtheit der päpstlichen Approbation von 1806 völlig außer Frage. Diese Tatsache hatte aber das Inquisitionstribunal bereits 1816 bestritten und sollte sie 1861 immer noch bestreiten.[87]

Die Visitation bildete die Grundlage für ein äußerst wohlmeinendes Breve, das Leo XII. am 30. Januar 1829 erließ. In diesem Text bestätigte er noch einmal feierlich die Regel von 1806 sowie die Übergabe des neuen Klosters. «Wir haben in Betracht gezogen, die genannten Schwestern an einen anderen, größeren und geeigneteren Ort zu versetzen. Und schließlich haben Wir dafür das Kloster, genannt Sant'Ambrogio, auf dem Feld des Circo Flaminio ausgewählt.»

Außerdem befreite der Papst die Schwestern von «jeglicher Zensur, jedem Urteilsspruch, der Strafe der Exkommunikation und des Interdikts und jeglicher anderen kirchlichen Verurteilung, aus welchem Grund und in welcher Sache sie auch immer erfolgt sein mag».[88]

Wenige Tage später, am 10. Februar 1829, starb Leo XII. Nach seinem Tod spendete der «Vizeproposito», der zweitwichtigste Mann in der Gesellschaft Jesu, Pater Pietro Cinotti,[89] den Nonnen höchstpersönlich Trost, und der bekannte jesuitische Dogmatiker Giovanni Perrone[90] leitete bei ihnen die Exerzitien.[91] In der Folgezeit hielt insbesondere der Neffe Leos XII., Kardinal Gabriele della Genga,[92] seine schützende Hand über die Nonnen. Auch er stand in enger Beziehung zur Äbtissin Maria Maddalena, die er «äußerst schätzte».[93] Nicht umsonst ließ er sich am 15. September 1833 ausgerechnet in der Kirche von Sant'Ambrogio unter dem Gnadenbild der Muttergottes zum Bischof weihen.[94]

Mit seinem Breve hatte Papst Leo XII., ohne es ausdrücklich zu sagen, das Urteil der Römischen Inquisition von 1816 für ungültig erklärt. Zumindest hob der Papst seine Rechtswirkungen auf. Damit war die Frage nach der Heiligkeit der Agnese Firrao wieder offen.

Wahre und falsche Heiligkeit

Hauptzweck der Heiligen Römischen und Universalen Inquisition war die Bekämpfung der Häresie und die Reinerhaltung der «sana doctrina», der gesunden katholischen Lehre.[95] Die «heilige Pflicht» der nicht umsonst «Heiliges Offizium» genannten Behörde bestand darin, Ketzer aller Art aufzuspüren und alle Abweichler auszuschalten. Als sich in der Gründungsphase der Inquisition nach dem Konzil von Trient 1563 die Konfessionsgegensätze verschärften, nahm sie zunächst die protestantischen Gemeinschaften und ihre Protagonisten in den Blick. Im Laufe des 18. Jahrhunderts und verstärkt seit der Französischen Revolution verlagerte sich der Schwerpunkt immer mehr auf den innerkatholischen Bereich. Das Heilige Offizium wurde zum Disziplinierungsorgan für innerkirchliche Richtungen, die eine von Rom und dem Papst abweichende, zumeist jedoch durchaus rechtgläubige Position einnahmen. Auch im *Index der verbotenen Bücher* lässt sich eine solche Tendenz nachweisen: Immer mehr katholische Theologen, die eine andere Position als die in Rom vorherrschende vertraten, wurden von ihren Gegnern bei der Indexkongregation oder der Inquisition denunziert und landeten auf der «schwarzen Liste». Nachdem im Verlauf des 19. Jahrhunderts die Neuscholastik – ursprünglich nur eine von vielen theologischen Schulen – immer mehr zur römischen Theologie und damit zur einzig wahren katholischen Lehre geworden war, galten alle anderen theologischen Ansätze von vornherein als verdächtig.[96]

Der Verfolgung intellektueller Abweichler auf dem Feld der Glaubenslehre widmete die Inquisition gewissermaßen ihr «linkes Auge». Wesentlich mehr zu sehen bekam freilich ihr «rechtes Auge».[97] Hier gerieten all die Phänomene in den Blick der Glaubenswächter, die stark verallgemeinernd als Mystik und Wunderglaube bezeichnet werden können: Privatoffenbarungen, Epiphanien, Visionen und Auditionen von göttlichen Mächten, insbesondere von Engeln und Heiligen, vor allem aber Erscheinungen der Allerseligsten Jungfrau und Gottesmutter Maria. Nicht wenige Katholiken hörten «Stimmen aus dem Jenseits» oder empfingen Botschaften der «Armen Seelen». Oft wurden ihnen übernatürliche Fähigkeiten und Wundertaten nachgesagt: Sie heilten Kranke durch Handauflegen, vermehrten Brot oder bannten Gewitter. Einige besonders «begnadete» Gläubige trugen sogar die Stigmata, die Wundmale als Zeichen der besonderen Nachfolge Christi.

Hier tauchte eine Form von Religiosität auf, die sich rationaler Glaubensbegründung und Kontrolle weitgehend entzog. Hier waren «Mystiker» und vor allem «Mystikerinnen» am Werk, die behaupteten, eine unmittelbare Beziehung zu Gott und den Heiligen zu haben, und damit der kirchlichen Hierarchie gefährlich werden konnten. Wer mit der Sphäre des Himmels direkt kommunizierte, brauchte die Kirche als Institution und als Vermittlerin der göttlichen Gnadenmittel und Sakramente nur bedingt für sein Seelenheil. Wenn diese «begnadeten» Menschen sich dann auch noch zu Lebzeiten als Heilige ausgaben oder von den einfachen Gläubigen als solche verehrt wurden, war die Inquisition schon aus Gründen des Hierarchieschutzes zum harten Vorgehen gezwungen. Wo käme man schließlich hin in der katholischen Kirche, wenn das einfache Volk seine Heiligen selbst bestimmen könnte, ganz ohne päpstlichen Segen? Wenn sogar weltfremde Mystiker, die oft und gerne dagegen protestierten, wie sich die Catholica institutionalisierte, verrechtlichte und klerikalisierte, auf diese «subversive» Weise zur Ehre der Altäre erhoben würden?

Nachdem im Jahr 1588 die Ritenkongregation gegründet worden war und die alleinige Kompetenz zur Durchführung der Heiligsprechungsverfahren erhalten hatte, tauchte der Ausdruck «angemaßte Heiligkeit» erstmals im Aufgabenkatalog beziehungsweise den Rubriken des Heiligen Offiziums auf.[98] Der Papst beanspruchte von nun an ein neues Monopol: Heilig wurde man ausschließlich durch den Spruch des Summus Pontifex und nicht mehr durch die Verehrung der Gläubigen.

Nach einem längeren Suchprozess entwickelte sich seit 1634 ein Verfahren der Heiligsprechung, das durch Benedikt XIV. 1741 seine endgültige Form erhielt und bis zur Veröffentlichung des *Codex Iuris Canonici* 1917 in Kraft bleiben sollte.[99] Dabei kristallisierte sich auch ein neues römisches Modell von Heiligkeit heraus. Die traditionellen Attribute eines Heiligen wie Ekstasen, Prophezeiungen und andere übernatürliche Erscheinungen, die die Sensationslust der Gläubigen befriedigten, traten fast völlig in den Hintergrund. Insbesondere Wundmalen gegenüber war man in Rom äußerst skeptisch.[100] Die «heroische Tugend auf moralischem oder sozialem Gebiet» war jetzt das entscheidende Kriterium.[101]

Die Heiligsprechungspraxis seit Ende des 16. Jahrhunderts zeigt, dass die Päpste je nach ihren kirchenpolitischen Maximen Menschen zur Ehre der Altäre erhoben: Schrieb ein Papst den antiprotestantischen Kampf auf seine Fahnen, wurden Märtyrer kanonisiert, die von Protestanten umgebracht worden waren. Sollte die Mission intensiviert werden, brauchte man in der Evangelisierung erfolgreiche Heilige. Wollte ein Papst die Gesellschaft Jesu besonders eng an sich binden, sprach er besonders viele Jesuiten heilig.[102] So wurden von 1519 bis 1758 insgesamt zweiundfünfzig neue Heilige proklamiert, einundvierzig Männer und elf Frauen. Nur zwei von ihnen stammten aus dem Laienstand, die meisten waren Mitglieder von religiösen

Orden, Bischöfe oder Erzbischöfe. Allerdings befand sich unter ihnen auch nur ein Papst, nämlich Pius V. – heiliggesprochen 1712.[103] Im Jahr 1625 verbot das Heilige Offizium den Gläubigen ausdrücklich jeden Kult zu Ehren einer in der Fama der Heiligkeit stehenden verstorbenen Person ohne ausdrückliche vorhergehende Autorisation durch den Apostolischen Stuhl.[104]

Dass diese Monopolisierung versteckten und offenen Protest hervorrief, braucht nicht zu verwundern. Das gläubige Volk war mit der Entzauberung und Moralisierung seiner Heiligen oft nicht einverstanden. Statt besonderer Tugenden im Alltagsleben und moralischer Stärke erwartete man weiter lieber das Außergewöhnliche: Ein Heiliger konnte durch die Luft schweben, ein Heiliger konnte Wunder wirken und Kranke heilen, er empfing geheime Botschaften und Offenbarungen aus dem Jenseits, er war ein Prophet, der in die Zukunft blicken konnte, er kam monatelang ohne Nahrung aus oder lebte ausschließlich aus der Kraft der Hostie, die er in der täglichen Kommunion zu sich nahm. Als untrügliches Zeichen seiner Heiligung durch Gott galten jedoch die Wundmale Jesu Christi, die er auf seinem Körper trug und die ihn zwangen, die Passion des Herrn am eigenen Leib immer wieder nachzuvollziehen. Die Wundmale lösten manchmal wahre Verehrungshysterien aus, gerade im 19. Jahrhundert und bis weit ins 20. Jahrhundert hinein, wie die Fälle der Anna Katharina Emmerick, der Therese Neumann von Konnersreuth oder des Padre Pio zeigen.[105] Es ist die Faszination am Übernatürlichen, rational letztlich nicht zu Erklärenden, die Gläubige zum Kult der (lebenden) Heiligen treibt und die «persistenza del modello mistico» erklärt.[106]

Auch viele Männer an der Spitze der kirchlichen Hierarchie, allen voran Pius IX., blieben von der Faszinationskraft übersinnlicher Phänomene nicht unberührt. Die Amtskirche bekämpfte die neuen Formen der Volksfrömmigkeit deswegen nicht immer grundsätzlich. Vielmehr setzte sie alles daran, sie ihren kirchenpolitischen Interessen und theologischen Prämissen gemäß zu kanalisieren und zu kontrollieren. Doch die Kontemplation, die zu einer mystischen Gottesschau nach dem Vorbild eines Meister Eckhart oder einer Teresa von Avila führen sollte, verstand sich oft auch als Protest gegen den Utilitarismus des «heroischen» Heiligen der Gegenreformation. Die unmittelbare Gottesschau des Mystikers verschaffte ihm auch in der Wahrnehmung der Gläubigen einen Vorteil gegenüber der Hierarchie, die ihre Macht auf die Objektivität des Weiheamtes und nicht auf das Charisma der unmittelbaren Gotteserfahrung stützte.

Die «Erfindung» des Konzepts der angemaßten Heiligkeit im 16. und 17. Jahrhundert durch die Inquisition lässt sich nur vor dem Hintergrund der Uniformierung, Zentralisierung und Hierarchisierung der katholischen Kirche im Zuge von Gegenreformation und Konfessionalisierung verstehen.[107] Aus der vielgestaltigen mittelalterlichen Catholica sollte eine einheitliche römisch-katholische Konfessionskirche gemacht werden, die sich in der Auseinandersetzung mit den anderen Konfessionskirchen behaupten musste. Es galt, klare Grundlagen und Vorgaben für den katholischen Glauben zu schaffen, die ausschließlich durch Rom und das Papsttum garantiert und strikt überwacht wurden. Ziel war es, zu einem konfessionell korrekten Verhalten zu disziplinieren.[108]

Fingierte oder simulierte Heiligkeit galt zunächst lediglich als moralisches Vergehen, mit dessen Hilfe sich die vermeintlichen Heiligen soziales, finanzielles und kirchliches Renommee und Kapital zu verschaffen suchten. Diesem war auf der Ebene kirchlicher Disziplin zu begegnen. Im Laufe der Zeit entwickelten die römischen Inquisitoren daraus jedoch ein Verbrechen gegen den Glauben, dem der Bannstrahl der obersten Glaubenshüter entgegenzuschleudern war, und ordneten dieses häufig in die Schublade der Häresien des Molinosismus und Quietismus ein. «Die falsche Heiligkeit ist bis zum Beginn des 17. Jahrhunderts *Schwindel* und Betrug, ein feiner menschlicher Kunstgriff, dann eine *Krankheit* und schließlich und vor allem eine *Häresie*.»[109]

In seiner Geschichte der Inquisition in Italien zählt Andrea Del Col zwischen 1580 und 1876 einhundertvierzehn sicher bezeugte Inquisitionsverfahren wegen angemaßter Heiligkeit. Dazu kamen mindestens zweiunddreißig weitere Fälle, die formal zwar unter der Rubrik «falso misticismo» verhandelt wurden, die aber der Sache nach ebenfalls unter den Straftatbestand der angemaßten Heiligkeit zu rechnen sind. Das ergibt für diesen Zeitraum mehr als doppelt so viele verurteilte «falsche» als von Rom zur Ehre der Altäre erhobene «wahre» Heilige.[110]

Besondere Brisanz erhielt die falsche oder fingierte Heiligkeit, wie sie in den römischen Quellen auch heißt, wenn Frauen sich anmaßten, heilig zu sein, denn sie waren in der Sicht der römischen Inquisitoren für die Einflüsterungen des Teufels besonders anfällig. Auch die Dämonen der sexuellen Verführung sahen die obersten Glaubenswächter im Kontext «affektierter» weiblicher Heiligkeit fast automatisch am Werk. Dazu kommt: Um sich in der Männerkirche Gehör zu verschaffen, blieb den Frauen fast nur der Weg über die Mystik und das Außergewöhnliche. Unter den Stigmatisierten bilden Frauen bezeichnenderweise eine erdrückende Mehrheit: Von den dreihunderteinundzwanzig bis zum Ende des 19. Jahrhunderts insgesamt bekannt gewordenen Fällen waren zweihunderteinundachtzig Frauen und nur vierzig Männer. Unter den fünfzig bis sechzig sicher bezeugten Fällen einer vollständigen Stigmatisation finden sich sogar nur zwei Männer: der heilige Franz von Assisi und Padre Pio.[111]

Eine maßgebliche Rolle kam dem Verhältnis der «heiligen» Frauen zu ihren Seelenführern und Beichtvätern zu.[112] Agnese Firrao und Domenico Salvadori bildeten da keine Ausnahme. Denn die Beichtväter waren die Schnittstelle zwischen der heiligen Mystikerin und der Öffentlichkeit. Der Beichtvater konnte die Ekstasen, Prophezeiungen, Wunder und Wundmale als Betrug und Aberglauben abtun und unterdrücken. Er konnte aber auch zum Anwalt der Echtheit der Heiligkeit seiner Beichttochter werden. Deswegen hatte er aber noch nicht zwangsläufig die entscheidende Machtposition inne. Es kam auch vor, dass der Beichtvater unter den Einfluss der heiligen «Seherin» geriet und vollkommen ihrer Faszination erlag. Dass es bei einer so engen geistlichen Beziehung zwischen Mann und Frau auch zu körperlicher Nähe und sexuellen Kontakten kommen konnte, braucht nicht zu überraschen. Auch dabei waren die Rollen nicht von vornherein verteilt: Mal verführte die «Heilige» den Kleriker, mal war es umgekehrt.

Warum sind aus dem 19. Jahrhundert bislang so gut wie keine Fälle angemaßter Heiligkeit bekannt?[113] Drei Erklärungen bieten sich an:

Entweder es gab dieses Phänomen im 19. Jahrhundert schlicht nicht mehr. Oder es gab Fälle, die bislang jedoch noch nicht das Interesse der Forschung gefunden haben. Oder – und dafür spricht der Befund im Archiv der Glaubenskongregation – es gab im 19. Jahrhundert nach wie vor das Phänomen der angemaßten Heiligkeit, dieses wurde aber jetzt häufig nicht mehr als Delikt «affettata santità» abgehandelt, sondern unter einer anderen Überschrift. Zu denken wäre hier etwa an das Delikt der «Sollicitatio», der Verführung im Beichtstuhl,[114] hatte doch die Inquisition angemaßte Heiligkeit meist in Zusammenhang mit dem Molinosismus und der damit verbundenen sexuellen Vergehen gebracht. Da aber nach der Benutzungsordnung des Archivs der Kongregation für die Glaubenslehre Bestände, die sich mit moralischen Vergehen im Kontext der Sakramentenspendung beschäftigen (die sogenannten *graviora delicta*), grundsätzlich nicht zugänglich sind, kann sich die Forschung mit diesen Fällen nicht beschäftigen.[115] Deshalb stellt der Fall Firrao eine wahre Preziose dar.

Beweise für den fortdauernden Kult der Firrao

Bezeichnenderweise stand die fortdauernde Verehrung der Maria Agnese Firrao auch im Zentrum des ersten Teils des von Papst Pius IX. im Dezember 1859 angeordneten Informativprozesses. Im zweiten Teil sollte es um die angemaßte Heiligkeit von Schwester Maria Luisa gehen, während der dritte Teil sich den verwerflichen moralischen Praktiken und den Verbrechen in Sant'Ambrogio zuzuwenden hatte. Im Zuge der Vernehmungen präzisierte sich für den Dominikaner Sallua das Bild immer weiter, sodass er die drei Hauptanklagepunkte in einzelne, jeweils um einen Teilaspekt kreisende *Titoli* untergliedern konnte. Das Ergebnis dieses Prozesses präsentierte er den Kardinälen am Ende dieser Ermittlungsphase.

Zur Vorbereitung der Vernehmungen hatte Sallua für sich und die Kardinäle der Kongregation einen historischen Überblick über den alten Fall Firrao verfasst. Eine entscheidende Frage stellte er dabei jedoch nicht: Hatte das Urteil gegen die Firrao aus dem Jahr 1816 auch noch Geltung gehabt, nachdem Leo XII. mit seinem Breve von

1829 die Gemeinschaft von Sant'Ambrogio von allen kirchlichen Zensuren und Urteilen freigesprochen hatte?

Wenn Leo XII. mit seinem Breve die Verurteilung der Firrao als falsche Heilige aufgehoben hatte, dann taten die Schwestern kein Unrecht, wenn sie ihre Mutter Gründerin als Heilige verehrten. Dieses Breve kam in Salluas Überlegungen aber gar nicht vor. Ein wesentlicher Teil der Wirkungsgeschichte des Urteils von 1816 wurde von ihm somit ausgeblendet. Dementsprechend war für Sallua die Verehrung der Firrao eindeutig ein Vergehen. Deshalb musste er nur noch die Tatsache dieser Verehrung nachweisen, um ein verurteilungswürdiges Delikt zu finden.

Katharina von Hohenzollern hatte in ihrer Anzeige auf den fortdauernden Kult der Mutter Gründerin als Heilige trotz ihrer Verurteilung wegen angemaßter Heiligkeit hingewiesen. Bereits die ersten Verhöre, die Sallua mit dem Rechtsvertreter des Klosters Luigi Franceschetti führte, ergaben dafür starke Indizien.[116] Insbesondere die junge Vikarin Maria Luisa habe ihm mehrfach von der außerordentlichen Heiligkeit der Gründerin berichtet, gab der Advokat an. Das Verfahren vor der Inquisition Anfang des 19. Jahrhunderts sei ein «verleumderischer Prozess» gewesen. Nicht umsonst hätten manche Ankläger als Strafe Gottes einen «qualvollen Tod erlitten». Für Maria Luisa war – nach Aussage des achtunddreißigjährigen Franceschetti – Agnese Firrao eine wahre Heilige. Als Beweise für ihre Heiligkeit führte die Novizenmeisterin vor allem die Stigmata ins Feld: Schwester Maria Agnese habe immer «am Karfreitag die Qualen und Schmerzen der Jesuspassion erlitten». Ferner, so der Anwalt, habe Maria Luisa sich ihm gegenüber überzeugt gegeben, dass der Leib der Gründerin auch Jahre nach ihrem Tod und ihrer Beisetzung unversehrt in Gubbio in ihrem Grab ruhe.

Damit wies Maria Luisa auf ein typisches Zeichen für wahre Heiligkeit hin. Während sich nach dem Apostel Paulus der irdische Leib des Menschen durch «Verweslichkeit» auszeichnet, lässt Gott nach dem 16. Psalm «seine Heiligen die Verwesung nicht schauen». Diese Verheißung wurde zunächst exklusiv auf Christus bezogen, aber bald auch auf die Heiligen übertragen. Immer wieder ist in mittelalterlichen Quellen von Graböffnungen die Rede, die auch Jahr-

Beweise für den fortdauernden Kult der Firrao   137

zehnte und Jahrhunderte nach der Bestattung einen intakten Leib zutage förderten. Vor allem bei Märtyrern und sexuell enthaltsam Lebenden wurde der unverweste Leib bald zum Topos und sicheren Zeichen für ihre Heiligkeit.[117]

Es gelang der Novizenmeisterin offenbar, Franceschetti restlos von der Echtheit ihrer Visionen und Offenbarungen zu überzeugen. Nicht umsonst gab der Avvocato zu Protokoll: «Ich habe vollkommen daran geglaubt.»

Die Verhöre der Nonnen bestätigten die Aussage Franceschettis. Der Inquisitor stellte sogar eine absolute Übereinstimmung fest: Alle waren überzeugt, die Inquisition habe die Mutter Gründerin zu Unrecht verurteilt, alle berichteten von Wundern und Erscheinungen, alle von Krankenheilungen, alle glaubten, die Gründerin werde ihre Seelen beim Tod in den Himmel geleiten, alle sagten bis in die Wortwahl hinein dasselbe – so fasste der Dominikaner seine Eindrücke aus den Verhören der drei Dutzend befragten Nonnen für die Kardinäle der Inquisition zusammen.[118]

Die fünfundfünfzigjährige Äbtissin Maria Veronica war zunächst gar nicht bereit, Ross und Reiter zu nennen.[119] Erst als der Inquisitor sie mit den Aussagen ihrer Mitschwestern konfrontierte, gab sie «ihre Diskretion» auf. Der Inquisitor musste zugeben, dass es ihm nicht gelang, sie davon zu überzeugen, der von der Inquisition von der Mutter Gründerin seinerzeit erzwungene Widerruf sei rechtens gewesen. Maria Veronica sprach weiter von der *Beata Madre,* hob ihre außerordentliche Strenge bei Buße und Fasten hervor und nannte ihre Selbstgeißelungen bis aufs Blut vorbildlich. Durch die Auflegung des Schleiers der Mutter Gründerin habe sie selbst mehrfach Krankenheilungen vollbracht. In zahlreichen Visionen und Erscheinungen gab die Gründerin auch ihr – wie die Äbtissin einräumte – konkrete Befehle zur Leitung des Klosters. Ihre Verehrung als Heilige gestand sie schließlich ebenfalls ein. Sie berichtete, auf dem Altar des Noviziats habe zwischen Kerzen ein Bild der Agnese Firrao gestanden, das über mehrere Tage hinweg durch den Besuch der Nonnen, die davor knieten und beteten, verehrt worden sei.[120]

Zudem habe man in Sant'Ambrogio, wie die Äbtissin weiter aussagte, in Bittgebeten und Litaneien[121] anstelle des Namens der heiligen Klara, der Gefährtin des heiligen Franziskus, eingefügt: «Heilige Agnese di Gesù, bitte für uns!», also die Gründerin als Heilige angerufen. Auf den Vorwurf des Inquisitors, in Sant'Ambrogio hätten zu Ehren der Firrao «Kulthandlungen stattgefunden, die man normalerweise nur einer kanonisierten Heiligen leisten würde», antwortete die Äbtissin: «Diese Vorhaltung ist richtig, denn sie wurde von uns schon als von Gott im Himmel verherrlicht angesehen, in der Hoffnung, sie eines Tages auch von der Kirche verherrlicht sehen zu können. Das waren auch die Gefühle und die Überzeugung der Beichtväter. Aus diesem Grund wurde sie von uns und von mir vor den Nonnen als *beata e santa madre* bezeichnet.»[122]

Als besonders renitent erwiesen sich in den Vernehmungen die ersten Weggefährtinnen und alten Freundinnen der Gründerin, die unter der Äbtissin Agnese Firrao als junge Novizinnen ins Kloster eingetreten waren: die Schwestern Maria Caterina von der heiligen Agnes, Maria Gertrude vom heiligen Ignazius und Maria Colomba von Jesus von Nazareth, alle inzwischen um die siebzig Jahre alt.[123] Alle drei gaben an, mehrfach Zeuginnen von Heilungswundern gewesen zu sein, die auf die Fürsprache der heiligen Gründerin geschehen seien, sowohl zu deren Lebzeiten als auch nach ihrem Tod.[124] Mit dem Hinweis auf medizinische Wunder spielten die drei alten Nonnen auf einen zentralen Punkt des normierten römischen Heiligsprechungsverfahrens an: Eine Erhebung zur Ehre der Altäre ist nicht möglich ohne den Nachweis wenigstens eines Wunders, einer Krankenheilung auf die Fürsprache des Heiligenkandidaten, die nicht auf naturwissenschaftlich-medizinische Weise erklärt werden kann. Eine Ausnahme bilden lediglich Märtyrer, die mit ihrem Blut Zeugnis für Christus abgelegt haben.[125]

Die Verurteilung der Gründerin wegen angemaßter Heiligkeit durch das Heilige Offizium hielten ihre drei Weggefährtinnen auch nach über vier Jahrzehnten für einen großen Irrtum, dem auch Papst Pius VII. fatalerweise aufgesessen sei. Maria Caterina gab dazu bei ihrem Verhör am 31. Januar 1860 zu Protokoll:[126] «Nachdem die Gründerin vom Sanctum Officium verurteilt und uns das Urteil vorgelesen worden war, in dem so viele furchtbare und schlimme Dinge gesagt wurden, haben wir, die wir Zeugen der Unschuld der

Mutter und der Falschheit der Bestandteile des Urteils waren, gedacht, dass der Heilige Vater sich in dem Urteil so ausgedrückt habe: ‹Dass er sie verurteilte für all das, was er vom Heiligen Offizium erfahren hat›, also sagten wir: ‹Nicht als Papst und Nachfolger des heiligen Petrus verurteilte er sie, sondern nur aufgrund der vom Sanctum Officium gehörten Dinge, die völlig falsch waren.› Daher blieben wir weiter von der Heiligkeit und Unschuld der Mutter überzeugt.» Für Maria Caterina irrte der Papst beim Urteil über Maria Agnese, weil er als Mensch gesprochen habe und dem menschlichen Fehlurteil der Mitglieder der Römischen Inquisition aufgesessen sei. Als Beweis für ihre Überzeugung führte sie an, der Leiter des Schottischen Kollegs in Rom, Paul Macpherson,[127] habe ihr erzählt, dass «Pater Merenda auf dem Totenbett sagte: ‹Das Heilige Offizium hat bei der Verurteilung der Maria Agnese einen großen Fehler begangen; wenn wir es rückgängig machen könnten, würden wir es tun.›»

Es gehört schon ein gerüttelt Maß an Chuzpe dazu, dem Untersuchungsrichter des Heiligen Offiziums ins Gesicht zu sagen, einer seiner Vorgänger im Amt habe offen ein Fehlurteil des obersten Glaubenstribunals der katholischen Kirche zugegeben. Denn der genannte Pater Merenda war niemand anderer als Angelo Merenda, von 1801 bis 1820 Kommissar der Inquisition, der seinerzeit das Bando mit dem Urteil gegen Agnese Firrao unterzeichnet hatte.

Als Beweis für das Fehlurteil des Heiligen Offiziums im Fall Firrao führten die drei alten Nonnen an, die Notifikation sei auch von hochstehenden kirchlichen Persönlichkeiten nicht rezipiert und daher als ungültig angesehen worden: «Nicht wenige Kardinäle, die Maria Agnese immer verehrt hatten, verehrten sie auch nach ihrer Verurteilung», wie etwa Placido Zurla, Alessandro Mattei oder Giacomo Filippo Fransoni.[128] Schwester Maria Colomba verstieg sich sogar zu der Aussage: «Selbst, wenn man mich in kleine Stücke schneiden würde, würde ich trotzdem stets behaupten, dass sie eine Heilige ist.»[129]

Der erste *Titulus* war für Sallua infolge der frappierenden Übereinstimmung aller befragten Zeugen und vor allem Zeuginnen eindeutig bewiesen: Die Nonnen von Sant'Ambrogio verehrten die von der Inquisition als falsche Heilige verurteilte Gründerin trotz ausdrücklichen Verbots ohne Unterbrechung und einmütig schon zu ihren Lebzeiten und erst recht nach ihrem Tod als Heilige. Und sie erwiesen sich – wie der Dominikaner notierte – als überaus verstockt, denn sie waren auch während des laufenden Prozesses nicht bereit, von diesem falschen Kult abzulassen.

Die geheime Äbtissin

Der zweite *Titulus* ergab sich für Sallua fast zwangsläufig.[130] Das Urteil von 1816 hatte schließlich nicht nur den weiteren Kult verboten, sondern auch jeglichen Kontakt zwischen der Gründerin und den Schwestern ihres Klosters unter Strafe gestellt. Wenn aber der falsche Heiligenkult weiter bestanden hatte, war zu vermuten, dass auch die Verbindung zwischen der «Mutter» und ihren «Töchtern» nie unterbrochen worden war.

Hier konnte sich Sallua auch auf nicht befangene Zeugen und handschriftliche Beweisstücke stützen. Als Zeugen kamen in erster Linie die Äbtissin, die Priorin und die Beichtväter von San Marziale infrage, außerdem einige Frauen aus Gubbio, die für die erblindende Agnese Firrao in ihren letzten Lebensjahren Schreibarbeiten übernommen hatten. Mit der Vernehmung dieser Zeugen beauftragte Sallua am 29. November 1859 den Lokalinquisitor von Gubbio, der die römische Zentrale nach dem Jahreswechsel über seine Ergebnisse informierte.[131]

Die Äbtissin von Gubbio, Schwester Matilde Bonci, sagte aus, die Firrao sei ohne jeden Zweifel in andauernder schriftlicher Verbindung mit den Nonnen von Sant'Ambrogio gewesen. «Zu manchen Anlässen schrieben ihr alle oder fast alle von ihnen.» Sie zeigten ihr gegenüber «eine große Achtung sowohl als Gründerin des Klosters als auch wegen ihres Rufes der Heiligkeit». Die Priorin von San Marziale, Teresa Serafina Salvi, und andere Schwestern bestätigten die Aussagen der Äbtissin. Filomena Monacelli, die für Agnese Firrao Schreibarbeiten erledigt hatte, gab zu Protokoll: «Es hat sich mir eingeprägt, dass einige Schwestern von Sant'Ambrogio Schwester Agnese für eine Heilige hielten; diese ihrerseits hielt einige Schwestern von Sant'Ambrogio für Heilige» – namentlich Maria Metilde und Maria Maddalena. Die Briefe der Nonnen und eines «gewissen Jesuiten Pater Leziroli aus Rom», die sie – Filomena Monacelli – der Firrao vorgelesen habe, hätten nicht nur eine tiefe Verehrung gezeigt, sondern auch Rechenschaftsberichte und Vollzugsmeldungen der vorhergehenden Weisungen enthalten, die ihr die Gründerin für Briefe nach Rom diktiert habe. Auch auf die Wahlen zu den Klosterämtern habe sie direkten Einfluss genommen. Versehen mit der Autorität himmlischer Visionen bestimmte die Firrao von Gubbio aus, wen die Nonnen in Sant'Ambrogio zur Äbtissin, Novizenmeisterin oder Vikarin zu wählen hatten. Gleiches galt für die Annahme oder Ablehnung von Novizinnen. Der Beichtvater von San Marziale, der Kanoniker Bruno Brunelli,[132] sprach in seinem Verhör durch den Lokalinquisitor von Gubbio sogar von einer «totalen Abhängigkeit» der Nonnen von Sant'Ambrogio von der Firrao wie bei «Töchtern von ihrer Mutter».[133]

Ein heiligmäßiges Leben und Sterben konnten die Zeugen aus San Marziale bei Agnese Firrao, die sich immerhin rund vierzig Jahre in Gubbio aufgehalten hatte, allerdings nicht feststellen. «Wir haben niemals Taten einer besonderen und herausragenden Tugend an ihr bemerkt», sagten die Schwestern übereinstimmend aus. Sie sei auch ohne Letzte Ölung, ohne sakramentale Lossprechung von ihren Sünden und ohne Wegzehrung mit der heiligen Kommunion gestorben, obwohl sie seit über einem Jahr krank darniederlag und daher ausreichend Zeit gehabt hätte, einen Priester um die Sterbesakramente zu bitten.

Dabei handelte es sich um ein schwerwiegendes Versäumnis. Nach damaligem Verständnis garantierte einem «guten» Katholiken nur die Spendung der Sterbesakramente einen guten Tod und einen sicheren Übergang in den Himmel. Nicht umsonst stand in Todesanzeigen bis weit in die Mitte des 20. Jahrhunderts hinein die Formulierung: «Er starb versehen mit den Sakramenten unserer heiligen Kirche.»[134]

Im Gegenteil: Die Krankenschwestern bekamen es beim Tod der Firrao mit der Angst zu tun. Filomena Monacelli sagte aus, bei ihrem Sterben gab es «viel Lärm wie bei der Entfesselung von Eisenketten». Der Bericht über den Tod einer frommen Katholikin, einer Heiligen gar, würde sich ganz anders lesen. Klirrende Ketten deuten eher auf den Teufel hin, der beim Tod der Firrao am Werk gewesen sein könnte[135] – jedenfalls in der Deutung der Krankenschwestern von San Marziale. Trotzdem strebten die Nonnen von Sant'Ambrogio eine Umbettung der Firrao an, die abseits des Nonnenfriedhofs von San Marziale an der Außenmauer der Kirche in einer separaten Gruft beigesetzt worden war. Man wollte ihren Leichnam nach Rom bringen lassen, um in Sant'Ambrogio ein Heiligengrab als Verehrungsort zu schaffen.[136] Die Äbtissin von Sant'Ambrogio Maria Veronica hatte am 15. Juni 1859 an die Äbtissin von Gubbio geschrieben: «Wir denken immer noch daran, dass unser Schatz sich bei Ihnen befindet; Sie verstehen wohl, dass ich von unserer sehr teuren und sehr geliebten Mutter spreche.»

Für Sallua stand nach Würdigung der Verhörprotokolle aus Gubbio fest: Trotz Verbots bestand seit 1816 bis zum Tod der Firrao im Jahr 1854 eine dauernde Verbindung zwischen der Gründerin und Sant'Ambrogio. Auch nach ihrer Verbannung leitete die Firrao das Kloster faktisch weiter, sie war die eigentliche, geheime Äbtissin.

Reliquien

Zum Kult eines Heiligen oder einer Heiligen gehören nach katholischer Vorstellung ganz selbstverständlich haptische Dinge, an denen sich ihre Verehrung festmachen kann: idealerweise das Heiligengrab oder wenigstens Reliquien.[137] Infrage kommen aber auch Bilder und Gegenstände aller Art, die sich im Besitz der Heiligen befunden haben, Kleidungsstücke – bei Nonnen vor allem ihre Ordenstracht – und Utensilien der täglichen Frömmigkeitspraxis wie Rosenkränze oder Gebetbücher, sogenannte Berührungsreliquien also.[138] Eine besondere Rolle spielen Schriftstücke, die Heilige verfasst und möglichst sogar eigenhändig niedergeschrieben haben. Neben Briefen ist hier insbesondere an Gebete, Litaneien oder Anweisungen für das geistliche Leben zu denken. Dazu kommen als eigene literarische Gattung Heiligenleben und andere Adorationsschriften aus der Feder Dritter.[139]

Die Inquisition vermutete die Existenz solcher und ähnlicher Kultgegenstände auch in Sant'Ambrogio. Katharina von Hohenzollern hatte in ihrer Anzeige ausdrücklich auf Schriften und Briefe der Firrao sowie «mutmaßliche Wundergegenstände» und Porträts der Gründerin hingewiesen. Auf Nachfrage Salluas hatte sie sogar angeben können, wo Schriften und Gegenstände der ehemaligen Äbtissin aufbewahrt wurden: im Archiv, in der Bibliothek mit ihrem Eingang hinter der Orgelempore, in einer Kiste in einem Durchgang neben dem Raum der Äbtissin. Als geheime Verstecke dienten zwei Dachkammern über dem Arbeitsraum und über der Krankenstation. Laut Katharina musste man ein Brett zum Dachboden anheben, um dort hineinzusteigen.

Die Äbtissin und die meisten der Nonnen leugneten in ihren Verhören aber zunächst, derartige Objekte zu besitzen.[140] In ihrem ersten Verhör am 13. Januar 1860 gab Maria Veronica, die Äbtissin von Sant'Ambrogio, nur sehr widerstrebend zu, dass es im Kloster eine Lebensbeschreibung Agnese Firraos aus der Feder Abt Marconis gab.[141] Dann behauptete sie, diese längst dem Heiligen Offizium ausgehändigt zu haben. Tatsächlich hatte sie – wie Sallua in seiner Bewertung ihrer Aussagen feststellte – diese jedoch zusammen mit anderen Schriften kurz vor der Apostolischen Visitation verbrannt. Es gab auch, wie die Äbtissin gestand, einige Briefe der Beichtväter der Gründerin, sie wisse aber nicht, wo sich diese derzeit befänden. Der Dominikaner wies ihr nach, «dass all diese Schriften und die anderen Schriften von ihr selbst aufbewahrt worden sind». Schließlich musste sie einräumen, «dass einige Schwestern Schriften und Briefe der Gründerin immer noch aufbewahren und diese Schriften als geistliche Lektüre und Weisung, als Tischlesung, Gebete, Anleitung für die Meditation, für Novenen und andere Frömmigkeitsübungen regelmäßige Anwendung» finden. Ferner seien Bußgürtel und Geißeln, zwei Ordenstrachten und andere Kleidungsstücke der Gründerin aufbewahrt worden, von denen angeblich ein «besonderer Segen» ausging. Auch zwei Ölporträts und ein Papierbild habe man versteckt. Nach massivem Druck durch die Inquisitoren gestand die Äbtissin zu guter Letzt, zahlreiche Schriften verbrannt zu haben, um sie so dem Zugriff des Heiligen Offiziums zu entziehen. Sie nannte den gesamten Briefwechsel der Gründerin aus Gubbio mit den Äbtissinnen und Nonnen sowie Originaltexte von Anweisungen zur Leitung des Klosters, die Briefe der Firrao an ihre Beichtväter – darunter Briefe an den Jesuiten Pignatelli – und die Unterlagen, die Leziroli zur Abfassung seiner Heiligenvita der Firrao verwendet hatte.

Die weiteren Verhöre zeigten, dass die Äbtissin eine Salamitaktik verfolgte. Mehrfach log sie Sallua sogar offen an. Der Dominikaner kommentierte in seiner Zusammenfassung für die Kardinäle der Inquisition das Verhalten von Maria Veronica lakonisch: «Es ist bedauerlich, hier feststellen zu müssen, dass die Mutter Äbtissin sich durch ihr Verhalten bewusst des Meineids schuldig machte.»

Ähnlich handelten auch die älteren Schwestern, vor allem Maria Gertrude und Serafina. Sie versteckten Schriften und Gegenstände aus dem Besitz der Gründerin, die für sie den Rang von Berührungsreliquien hatten und wirkliche «Verehrungsdinge» der «heiligen Mutter» darstellten. Auf den massiven Druck des Untersuchungsgerichts hin knickte Serafina schließlich ein und verriet die Verstecke. Daraufhin konnte die Inquisition wenigstens die noch nicht verbrannten Dokumente sicherstellen:[142] zunächst das Totenbuch des Klosters, das mit der Gründerin beginnt und in dem «deren heldenhafte Tugenden, Wunder, Ruhm, Erscheinungen und vor allem heiligmäßiger Tod» gefeiert werden. Es war im Strohsack einer schwerkranken Nonne in der Krankenstation versteckt. Dann die Annalen des Instituts von seiner Gründung bis zum Jahr 1858. Diese fanden sich hinter einer Täfelung in einer Stube im Erdgeschoss. Ferner ein Kästchen mit vielen Briefen der Firrao und ihrer Beichtväter, ein Bildchen von Pater Pignatelli, viele «Kleidchen der Mutter Äbtissin und ein Tüchlein, das in die Wunde ihrer Rippengegend eingetaucht worden war». Dazu kamen Tassen, Bestecke, Brillen, Kruzifixe und Rosenkränze, die allesamt als Berührungsreliquien aufbewahrt wurden. «Ich habe diese Gegenstände mit Verehrung und in der Hoffnung gesammelt, dass sie als Kultgegenstände und Reliquien dienen können, wenn die Gründerin eines Tages durch die Kirche zur Ehre der Altäre erhoben werden würde», gab die Äbtissin zu Protokoll.

Zahlreiche Nonnen von Sant'Ambrogio äußerten sich in ihren Verhören vor der Inquisition bis in die Wortwahl hinein ähnlich. Besonders verärgert war die zweiundsechzigjährige Schwester Maria

Maddalena, die von ihrem Beichtvater gezwungen worden war, der Äbtissin Verstecke mit Gegenständen der Gründerin zu zeigen. Sie machte ihrer Oberin einen bitteren Vorwurf, als sie zu Protokoll gab: «Hätte sie nicht so viel mit den untersuchenden Vätern gesprochen, hätte ich nicht so viele Sachen abgeben müssen.» Im Klartext: Maddalena sagte den Inquisitoren ins Gesicht, es sei besser, das Gespräch mit ihnen zu verweigern. Das zeigt, wie überzeugt diese Schwester vom Kult der Gründerin und der Heiligkeit ihrer Reliquien war – und wie wenig Respekt sie vor dem obersten Glaubenstribunal hatte. Was konnte ihr mit einer Heiligen als Fürsprecherin im Himmel auch schon passieren?

Nach diesem Motto handelte auch die siebzigjährige Maria Gertrude. Als die Inquisitoren wieder einmal das Kloster nach Schriften der Firrao durchsuchten, sagte sie zu einer Mitschwester laut: «Arme Väter! Sie denken wirklich, dass wir ihnen verraten, wo wir die Sachen versteckt haben! Sie werden sie nie finden!»

Die Befragung der Nonnen ergab somit ein eindeutiges Bild: In Sant'Ambrogio war ein regelrechter Kult der heiligen Agnese Firrao mit Reliquien, Verehrungs- und Wundergegenständen aller Art betrieben worden. Der dritte *Titulus* war für Sallua damit bewiesen.

Inspirierte Texte

Der vierte *Titulus* beschäftigte sich mit einer ganz besonderen Gattung von Schriften, über die Sallua den Kardinälen berichtete:[143] «Wie groß die Verehrung der Gründerin und die Überzeugung ihrer Verherrlichung im Himmel bei der Äbtissin und den Nonnen war, erhellt sich aus folgendem Sachverhalt, der während der Verhöre immer wieder auftauchte. So erschien die Mutter Äbtissin einmal voller Verehrung und Bewunderung zu einem Verhör. Mit großer Geheimnistuerei und scheuer Zurückhaltung zeigte sie einige eher elegante Briefchen, die sie an geheimnisvollen Orten und unter ganz außergewöhnlichen Umständen gefunden hätte. Sie sagte: ‹Diese Briefe sind von der Mutter Gründerin im Himmel geschrieben worden.›»

Als Beweise für die Echtheit dieser Schreiben führte die Äbtissin an, in Sant'Ambrogio gebe es kein solches Papier und wegen der strengen Klausur könnten die Schreiben auch nicht von außerhalb stammen. Zudem handle es sich eindeutig um die Handschrift der seligen Mutter, und sie beziehe sich in ihren Briefen auf aktuelle Ereignisse, von denen sie zu ihren Lebzeiten noch nichts habe wissen können. Die Äbtissin war fest davon überzeugt, dass die Gründerin auch vom Himmel aus das Kloster leitete.

Die Gutachter der Inquisition stellten rasch fest, dass Agnese Firrao behauptet hatte, ihre Texte seien inspiriert und die Nonnen ihr dies auch geglaubt hatten.[144] Als Beweis für die göttliche Qualität der Schriften der Firrao führten die Schwestern auch die Wundertätigkeit ihrer Texte an. So fand jedes Jahr am Heiligen Abend eine merkwürdige Zeremonie statt: «Die Äbtissin musste nach dem Zeremoniale eine lange Rede halten; sie wurde dabei von der seligen Mutter inspiriert; bei jenem Anlass bewegte sich die Statue des Jesuskindes und wurde lebendig.»

Während der Ausdruck Inspiration im allgemeinen Sprachgebrauch eine schöpferische Idee oder plötzliche Erkenntnis meint, steht hinter dem theologischen Fachbegriff Inspiration die Vorstellung, der Text der Heiligen Schrift gehe letztlich auf Gott als eigentlichen Autor zurück.[145] Dabei wurde in der Theologiegeschichte das Verhältnis zwischen Gott als dem primären Autor und dem menschlichen Schreiber als instrumentellem Autor ganz unterschiedlich bestimmt. Entweder ging man von einer Verbalinspiration aus, wonach der Heilige Geist nicht nur die Inhalte eingegeben, sondern den biblischen Schriftstellern sogar jedes einzelne Wort und Satzzeichen diktiert hatte. Oder man vertrat das Konzept einer Realinspiration, nach der Gott zwar die Irrtumslosigkeit der Inhalte garantierte, die einzelnen Worte dabei aber nicht unmittelbar von ihm inspiriert sein mussten.

Auf jeden Fall wurde mit der Behauptung, die Texte einer verurteilten «falschen» Heiligen seien von Gott inspiriert, ein ungeheurer Anspruch erhoben. Diese Schriftstücke wurden dadurch zu heiligen Texten, die strikten Gehorsam und unbedingten Glauben einfordern konnten, weil sie letztlich Gott als Autor hatten.

Aber nicht nur die Töchter hielten die Texte der Mutter für inspiriert, auch die Gründerin selbst erhob in ihren Schriften den Anspruch, Gott habe ihr die Feder geführt. So hieß es im Zeremoniale von Sant'Ambrogio, das Agnese Firrao und ihr Beichtvater angeblich selbst verfasst hatten, «sogar die Worte und Verfassungen» seien «von Gott inspiriert worden».[146] Die Theologen der Inquisition wiesen aber rasch nach, dass die meisten Zeremonien und Rubriken aus Zeremonialen anderer Klöster schlicht abgeschrieben worden waren. Ähnliches galt für die spirituellen Anweisungen, die Maria Agnese aus den Werken unterschiedlicher asketischer Autoren kompiliert hatte. Von göttlicher Inspiration also keine Spur, es handelte sich vielmehr um einen bloßen Betrug, wie der Dominikaner resümierte. Erschwerend kam hinzu: Die Firrao hatte mit «harten Strafen, Quälereien und geistlichen Strafen» für den Fall gedroht, dass die Nonnen ihre Anweisungen nicht wortwörtlich befolgen würden.

Eine Frau als Beichtmutter

Der Umgang mit Sünde und Vergebung spielt allgemein in der katholischen Kirche und besonders in Frauenklöstern eine zentrale Rolle. Die sakramentale Lossprechung von den Sünden blieb dem Priester in der Beichte vorbehalten. Davon zu unterscheiden ist das sogenannte Schuldkapitel in zahlreichen Klöstern.[147] Dabei wurden im Kapitelsaal aber nur Verfehlungen gegen die äußere Klosterdisziplin vor der Klostergemeinschaft öffentlich bekannt. Die Oberen, in der Regel der Abt oder die Äbtissin, legten dem Sünder bestimmte Bußleistungen auf, die dieser zu erbringen hatte.

Die Inquisitoren lasen aus dem Zeremoniale von Sant'Ambrogio jedoch eine Form der Selbstbeschuldigung der Nonnen heraus, die nicht mehr öffentlich vor der Gemeinschaft, sondern ausschließlich vor der Äbtissin abzulegen war.[148] Es wurde «den Nonnen befohlen, ihre Sünden und den Mangel an Tugend vor der Oberin so zu bekennen, als ob sie Christus selbst vor sich hätten». Für die Inquisition sah es so aus, als ob es sich dabei um «eine sakramentale Beichte» gehandelt hätte. Und tatsächlich scheint die Firrao aus ihrer Überzeugung, ein Sprachrohr Gottes zu sein, auch sakramentale Vollmachten für die Sündenvergebung abgeleitet zu haben, wie einzelne Nonnen in ihren Verhören immer wieder bestätigten.

Damit versuchte die Mutter Gründerin eine Rolle einzunehmen, die nach katholischer Lehre ausschließlich den kirchlichen Amtsträgern vorbehalten war. Die Kleriker, also Priester und Bischöfe, und nur sie, können in *persona Christi* handeln. Nur ihnen gegenüber hat der gläubige Katholik den Gehorsam aufzubringen, zu dem er Christus gegenüber verpflichtet ist.[149] Die angemaßte Heiligkeit zeitigte also Folgen, die die hierarchische Struktur der Kirche unmittelbar in Gefahr brachten. Denn wo käme man hin, wenn nichtgeweihte Personen und zumal Frauen die Verfügungsgewalt über göttliche Gnadenmittel besäßen?

Hier war die oberste Glaubensbehörde zum Einschreiten gezwungen, denn hier ging es um einen Angriff auf die sakramentale Ordnung der Kirche. Die Inquisition sah sich zum Schutz der Hierarchie aufgerufen, gegen eine Frau vorzugehen, die ihre sakramentale Vollmacht zur Sündenvergebung eben nicht aus der Weihe ableitete und auch gar nicht ableiten konnte, sondern aus der unmittelbaren Gottesschau.

Der Dominikaner hob in seinem Bericht für die Kardinäle einen weiteren, eher pastoralen Aspekt hervor. Er sprach von den «ernsten spirituellen Schwierigkeiten» und dem «geistlichen Nachteil», der insbesondere den jüngeren Nonnen aus dieser gefährlichen Beichtpraxis entstanden sei. Dabei ging es um das sogenannte Forum externum, den äußeren Bereich der Disziplin, für das die Oberen zuständig waren, und das sogenannte Forum internum, den inneren Bereich des geistlichen Lebens, des Glaubens und der Spiritualität, das in den ausschließlichen Zuständigkeitsbereich des Beichtvaters fiel. Diese beiden Bereiche mussten nach Kirchenrecht unbedingt getrennt sein, was in Sant'Ambrogio aber nicht der Fall war. Die Schwestern hätten sich daher gezwungen gesehen, intime Geheimnisse außerhalb des geschützten Bereichs des Beichtgeheimnisses zu bekennen.

Man muss allerdings bedenken, dass die Tradition der Kirche die sogenannte «Laienbeichte» kennt, auch wenn diese immer stärker zurückgedrängt wurde. Gerade in Frauenklöstern des Mittelalters nahmen Äbtissinnen ihren Schwestern nicht selten die Beichte ab. Die heftige Kritik, die Päpste wie Innozenz III. wiederholt an dieser Praxis übten, zeigt, dass eine Lossprechung durch Äbtissinnen tatsächlich vorkam. An diesen von der kirchlichen Hierarchie unterdrückten Traditionsstrang knüpfte die Firrao wahrscheinlich in Sant'Ambrogio an. Die strikte Unterscheidung zwischen Beichte und Schuldkapitel ist daher eher als Wunschdenken der kirchlichen Oberen und der katholischen Dogmatik denn als historische Realität zu betrachten.[150]

Beichtväter verkünden den falschen Kult

Besonders schwer wog für die Inquisition auch das offensichtliche Versagen der Beichtväter.[151] Dass gebildete Jesuiten diese falsche Heilige verehrten, stellte für die Inquisition einen Skandal erster Ordnung dar. Wie konnten beide Beichtväter einem solchen Betrug aufsitzen? Wie bei der priesterlichen Aufsicht über fromme Frauen derartig scheitern?

Die Ergebnisse der Vernehmungen der Nonnen waren in diesem Punkt völlig eindeutig: «Die Beichtväter Leziroli und Peters haben die Heiligkeit der Gründerin Schwester Agnese Firrao – insbesondere gegenüber den Nonnen von Sant'Ambrogio – durch Gespräche, Insinuationen und auf verschiedene andere Art und Weise behauptet, und zwar Pater Leziroli fast dreißig Jahre lang, Pater Peters etwa zehn Jahre lang.» Deshalb ergab sich für Sallua als fünfter *Titulus* eine klare Verantwortung der Beichtväter für den fortdauernden Kult der Firrao.

Die Sache stellte sich für den Dominikaner sogar noch schlimmer dar als zunächst befürchtet. Denn er kam rasch zu dem Schluss, dass die Beichtväter die eigentlichen Initiatoren des Kults der Firrao waren. «Die Nonnen haben bei vielen und wiederholten Vernehmungen ausgesagt, dass sie alles, was sie über das Leben, die Wunder, die außerordentliche Heiligkeit, die Verehrung, die Lehre und den Geist der sogenannten seligen Mutter erfahren, gesagt, gelehrt, gelesen und praktiziert haben, aus den Einflüsterungen seitens der Beichtväter, besonders Pater Lezirolis, erfahren, festgehalten und praktiziert haben.» Und das alles, obwohl Leziroli und Peters «von der Verurteilung und dem Widerruf der Firrao wussten», ebenso von ihrer Verbannung und der Kontaktsperre zwischen der Gründerin und den Nonnen. Sie hatten damit ein Urteil der obersten Glaubensbehörde bewusst missachtet – ein für die Inquisition besonders schweres Vergehen.

Insbesondere die Äbtissin machte in ihren Verhören mehrfach deutlich, wie einig sie sich mit den Beichtvätern in der Verehrung der Gründerin gewesen sei. Pater Leziroli etwa trug stets eine Kappe der Firrao bei sich, mit der er innerhalb und außerhalb des Klosters Kranke segnete und auf die Fürsprache der heiligen Maria Agnese heilte. Schwester Maria Giuseppa berichtete von mehreren Erscheinungen der seligen Mutter: «Die Mutter Gründerin erschien dem Pater Leziroli, wenn die Nonnen ihre Gelübde erneuerten und die heilige Kommunion empfingen, während er seine Hand auf ihren Kopf legte.» Schwester Maria Serafina erzählte von einer Heilung Pater Lezirolis, der todkrank darniedergelegen habe und durch die Fürbitte von Agnese Firrao wieder gesund geworden sei. Schwester Maria Ignazia sagte aus: «Pater Leziroli erzählte uns Nonnen, dass er, als ein Pater der Gesellschaft Jesu krank war, ein Stückchen Papier genommen habe, auf dem die Unterschrift der Gründerin stand; er riss es in ganz kleine Stücke und gab es dem Pater zu trinken; dann sagte er, dass jener durch ihre Unterschrift geheilt wurde.» Rechtsanwalt Franceschetti bestätigte, dass die Beichtväter die eigentlichen Verantwortlichen waren. Er schilderte auch die Versuche von Pater Peters, Schriften der Gründerin und die von Pater Leziroli bearbeiteten Memoiren dem Zugriff der Inquisition zu entziehen.

Ein Blick in Lezirolis Werk *Sulle memorie della vita di Suor Maria Agnese di Gesù* überzeugte Sallua von der entscheidenden Rolle der Beichtväter beim Kult der Firrao. Leziroli schrieb immer wieder von Wundern und Gnadengaben der Gründerin. «So liest man, dass sie mit der Unschuld der Taufe in den Himmel flog und später erschien, um ihre Verherrlichung zu offenbaren.»[152]

Die Schuld der Beichtväter am verbotenen Kult der Firrao stand damit für den Untersuchungsrichter der Römischen Inquisition eindeutig fest. Pater Leziroli schien der Hauptschuldige zu sein, während Pater Peters in den Aussagen eher als Mitläufer auftauchte.

Mehr als ein Jahr hatte die Inquisition die Nonnen, die übrigen Zeugen und Rechtsanwalt Franceschetti verhört. Für Sallua war im Januar 1861 der erste Anklagepunkt klar bewiesen: Maria Agnese Firrao wurde als Heilige verehrt. Es gab Reliquien von ihr, ihre Texte galten als göttlich inspiriert, sie leitete als geheime Äbtissin vom Exil in Gubbio aus das Kloster und sie war als Beichtmutter tätig. Damit waren aber nicht nur die Fakten selbst klar, sondern auch deren Bewertung: Es handelte sich zweifellos um das Delikt einer verbotenen Heiligenverehrung. Dabei ging Sallua selbstverständlich von der Fortgeltung des Urteils der Inquisition von 1816 aus. Diese Behauptung wäre jedoch zunächst zu beweisen gewesen, denn das Breve Leos XII. von 1829 und die Geschichte der Reform der regulierten Franziskanerterziarinnen durch Maria Agnese Firrao lassen auch eine andere Deutung zu. Der Kult der Firrao wäre demnach nicht mehr verboten gewesen. Warum wich Sallua dieser entscheidenden Frage wiederholt aus? War es nur der Schutz seiner eigenen Behörde, der Römischen Inquisition, die dann ein Fehlurteil hätte eingestehen müssen?

VIERTES KAPITEL

«Wasch mich gut, denn der Pater soll kommen»

Die angemaßte Heiligkeit der Madre Vicaria

Visionen auf dem Weg zur Macht

Die angemaßte Heiligkeit der Madre Vicaria Maria Luisa war der zweite Hauptanklagepunkt im Informativprozess.¹ In den rund drei Dutzend Verhören der Nonnen von Sant'Ambrogio wurde Sallua immer wieder mit mehr oder weniger unzusammenhängenden Aussagen zu dieser Thematik konfrontiert. Sehr bald kristallisierte sich aber ein Schwerpunkt heraus: Maria Luisa hatte Ekstasen, Visionen und andere übernatürliche Erfahrungen, die an mystische Entrückungen grenzten.²

Nach übereinstimmender Aussage insbesondere der älteren Schwestern begann die Karriere Maria Luisas als Visionärin bereits sehr früh. Im Alter von dreizehn Jahren zur Probe in den Konvent aufgenommen und 1847 als Novizin eingekleidet, sprach man schon damals von ihr als von «einer von Gott besonders bevorzugten Seele». Der damaligen Novizenmeisterin und späteren Äbtissin Maria Veronica erzählte Maria Luisa in ihrem ersten Jahr im Kloster, sie habe in einer Vision das «Herz Jesu von vielen Lanzen durchbohrt» gesehen.

Damit bewegte sich die junge Nonne noch ganz innerhalb der Vorstellungswelt, die der von Pius IX. geförderte Herz-Jesu-Kult bereithielt. Dieses Motiv, das auch auf Andachtsbildchen tausendfach gedruckt und in der religiösen Unterweisung eifrig benutzt wurde, gehörte im 19. Jahrhundert zu den Standards einer romorientierten Frömmigkeit.³

Maria Luisa muss aber schon bald auch ganz andere Visionen gehabt haben. Insbesondere erschien ihr angeblich die verstorbene Äbtissin Maria Maddalena, unter deren Ägide sie ins Kloster eingetreten war. Agnese Firrao stellte von Gubbio aus die Echtheit dieser Erscheinungen jedoch entschieden infrage. Sie warnte die Oberen vor Maria Luisa und ermahnte besonders den Beichtvater Pater Leziroli, gut aufzupassen, «weil diese Frau vom Teufel getäuscht und betrogen zu sein» scheine. Nach dem Tod Agnese Firraos im Oktober 1854 erzählte Maria Luisa dann überall im Kloster, die Mutter Gründerin sei ihr in einer Vision erschienen und habe «sie um Verzeihung angefleht, weil sie ihre Tugend und Gnade infrage gestellt habe, als sie noch am Leben war».

Wenige Wochen später, im Dezember 1854, starb auch die damalige Äbtissin Agnese Celeste della Croce. Nur einige Stunden nach ihrem Tod kam Maria Luisa zur Novizenmeisterin Maria Veronica, um zu berichten, was ihr die gerade Verstorbene in einer Erscheinung mitgeteilt habe: Agnese Celeste della Croce sei zu mild und zu liebenswürdig gewesen. «Deswegen sollte sie mehrere Jahre im Fegefeuer verbringen, nur die Fürbitte und die Gnade der Mutter Gründerin Maria Agnese hat sie befreien können. Die Verstorbene sagte: ‹Die neue Äbtissin muss sich vor allem der strengen Befolgung der Regel widmen.› Ihr Gebot ist, dass Maria Veronica zur neuen Äbtissin, die Novizenmeisterin zur Vikarin und Maria Luisa zur Novizenmeisterin ernannt werden müssen.» Diese Vision wurde Pater Leziroli erzählt, der – wie die Schwestern übereinstimmend aussagten – umgehend mit den Wählerinnen darüber sprach und sie öffentlich ermahnte, dass es «ihre Pflicht» sei, ihre Stimme den Anweisungen der Vision folgend abzugeben. So wurde Maria Luisa aufgrund einer himmlischen Anweisung, die nur sie selbst vernommen hatte, zur Novizenmeisterin gewählt und Maria Veronica zur Äbtissin, die ihr Amt somit letztlich Maria Luisa verdankte.

Schwester Maria Gesualda war eine der wenigen Zeuginnen, die diese «himmlische» Ämtervergabe skeptisch betrachteten und Maria Luisas Visionen in Zweifel zogen. In ihrer Vernehmung am 7. Mai 1860 sagte sie aus: «Als ich noch Novizin war, hat Maria Luisa mir einen Teil eines Briefes der Gründerin vorgelesen, in dem diese sie wegen ihrer Kopfschmerzen und Visionen tadelte, die sie für Albernheiten hielt. Und tatsächlich, solange Agnese Celeste della Croce lebte, wurde Maria Luisa hingehalten; nach dem Tod von Agnese Firrao und Agnese Celeste della Croce begann Maria Luisa dann aber, ihre überirdischen Widerfahrnisse öffentlich zu äußern: darunter das Erscheinen der Gründerin, die sie um Entschuldigung bitten wollte, weil sie ihr nicht geglaubt hatte. Schon als Novizin zeigte Maria Luisa ein Streben nach Macht; sie sagte: ‹Lass mich nur eine Stunde eine Meisterin sein, und ich werde alles wiedergutmachen.›»

Als drei Jahre später, 1857, die Vikarin starb, brachte Maria Luisa der Äbtissin Maria Veronica einen Zettel und sagte, die Madonna habe ihr diesen «diktiert und befohlen», sie möge ihn dem Beichtvater übergeben, der dann «den Wählerinnen den Willen der Jungfrau kundtun» sollte. Auf dem Zettel stand: «Nach dem Willen der heiligen Maria soll Maria Luisa zur Vikarin des Klosters gewählt werden und gleichzeitig Novizenmeisterin bleiben.» Leziroli kam seiner Aufgabe wieder ohne jedes Zögern und ohne die Echtheit der Anweisungen infrage zu stellen nach. Diesmal gab es aber doch einige Schwierigkeiten. Mehrere Nonnen wehrten sich; sie hielten Maria Luisa für eindeutig zu jung, um beide Klosterämter gleichzeitig zu übernehmen, und bezweifelten die Echtheit der Offenbarung. Sie wurden jedoch allesamt vom Beichtvater «gezwungen, ihr Urteil zu unterdrücken und zu schweigen», wie Sallua resümierte. Er fügte hinzu, einige Schwestern hätten die «Verschlagenheit» Maria Luisas durchaus bemerkt.

Eine gültige Wahl konnte allerdings nur in Anwesenheit des Kardinalvikars als Protektor von Sant'Ambrogio vorgenommen werden.[4] Maria Luisa hatte daher erneut eine Erscheinung der Gottesmutter, die dem Kardinal mitteilen ließ, wenn er am Wahltag nicht nach Sant'Ambrogio komme, werde er zu Hause von seinem Diener, in den der Teufel gefahren sei, «mit Schokolade vergiftet werden». Der Satan hasse Patrizi abgrundtief, weil er «sich so sehr für das Dogma von der Unbefleckten Empfängnis» eingesetzt habe. Auch bei dieser Gelegenheit spielte Leziroli den Briefträger, und Patrizi kam am 17. Oktober 1857 tatsächlich zur Wahl nach Sant'Ambrogio, die, wie nicht anders zu erwarten, so wie von der Gottesmutter gewünscht ausfiel.⁵ Maria Luisa hatte mithilfe von Visionen ihre Karriereplanung in Sant'Ambrogio in die Tat umgesetzt. Mit gerade vierundzwanzig Jahren war sie bereits Novizenmeisterin und Vikarin in Personalunion. Der nächste Schritt war der Griff nach dem Amt der Äbtissin. Dazu musste sie aber entweder auf den Tod oder den Rücktritt der Amtsinhaberin warten oder selbst ein Kloster gründen.

Diese Ämterkumulation war in der Ordensgeschichte höchst ungewöhnlich, denn die Aufgaben der Vikarin als Verwalterin des Klosters und der Novizenmeisterin als spiritueller Leiterin der jungen Schwestern waren eigentlich nicht miteinander vereinbar. Dass Patrizi dieser Doppelwahl zustimmte, zeigt, wie sehr er von Maria Luisas Qualitäten überzeugt war.

Maria Luisa gebrauchte ihre übernatürlichen Gaben auch, um Aufgaben in Sant'Ambrogio zu verteilen, den Geist des Konvents zu bestimmen und vor allem, um Nachwuchs zu rekrutieren. Eine Reihe jüngerer Schwestern sagte übereinstimmend aus, Maria Luisa habe ihren besonderen Draht zum Himmel benutzt, um «junge Frauen ins Kloster zu locken» und zu entscheiden, wer nach dem Noviziat zur Profess zugelassen wurde. Einige Zeuginnen äußerten, die Meisterin habe ihnen bereits beim ersten Treffen eröffnet, sie habe sie schon lange vor ihrem Klostereintritt im Geiste gesehen und könne ihnen so Gottes Willen mitteilen. Mehrere von ihnen wurden für das Noviziat oder sogar die Einkleidung zugelassen, ohne dass sie die vorgeschriebenen Voraussetzungen erfüllt hätten.

Ein treffliches Beispiel für diese Art der Nachwuchsrekrutierung war Schwester Maria Crocifissa. Die zweiundzwanzigjährige Nonne gab in ihrer Vernehmung am 25. April 1860 zu Protokoll:⁶ «Ich trat in dieses Kloster ein mit dem Gedanken, es sofort wieder zu verlassen, zumal eine meiner Schwestern ziemlich krank war. Doch nach einigen Tagen änderte ich meine Meinung, was durch ein Wunder geschah, wie ich nachfolgend erfuhr. Als ich ins Noviziat eintrat, erzählte mir Agnese Eletta, eine Freundin von Maria Luisa, ... dass dieser, als sie sich im Chor bei der Novene zur Mutter Trösterin befand, Jesus Christus erschienen ist, der sagte, dass, wenn ich das Kloster auch nur für kurze Zeit verließe, ich dorthin nie wieder zurückkehren würde; dass es sein ausdrücklicher Wunsch war, dass ich Nonne an diesem Ort bliebe und er deshalb meiner Familie besondere Gnaden erweisen würde, wenn sie sich damit zufriedengeben würde. Pater Leziroli stellte mir in der Beichte die gleiche Gnade und Vision der Maria Luisa dar und fügte hinzu, dass er selbst einen Brief zu mir nach Hause gebracht habe, in dem diese Vision und die erwähnten Gnaden genannt würden, dass dieser Brief nicht unterschrieben gewesen sei und er weder das Kloster noch die Person genannt habe, die den Brief überreicht hatte, und er ermahnte mich, nie davon zu sprechen, und nie zu sagen, wer den Brief geschrieben hatte. An der Sache besteht kein Zweifel, weil meine Mutter und mein Onkel, die zum Kloster gekommen sind, mir davon erzählt haben.»

Maria Luisa behauptetete auch, Christus selbst habe während einer Vision ihren Umhang getragen. Pater Leziroli ließ diesen Umhang als Berührungsreliquie aufbewahren und bei wichtigen Entscheidungen vorzeigen. Einige Novizinnen sagten aus, nach der Erläuterung der Regel habe Maria Luisa ihre Gesichter «angehaucht», um ihnen «so den Geist des Institutes einzuflößen». Sie selbst sei in einer Vision von der Mutter Gründerin «dreimal angehaucht» worden. Agnese Firrao habe ihr «dadurch ihren Geist eingeflößt». Auch hier spielte Maria Luisa auf ein biblisches Beispiel an: Christus hatte seine Jünger angehaucht und gesagt: «Empfanget den Heiligen Geist.»[7] Damit wollte sie zum Ausdruck bringen, die Mutter Gründerin habe ihr ebenso Vollmacht verliehen wie Christus seinen Aposteln. Wieder einmal überstieg Maria Luisa das biblische Vorbild: Ein einmaliges Anhauchen, wie Jesus es tat, reichte nicht, es musste gleich dreimal sein.

Die Novizenmeisterin ging jedoch noch weiter und inszenierte ihre göttliche Legitimation auch in quasisakramentalen Akten. Als sie an einem Karsamstag vor den Novizinnen über die Passion Christi gesprochen hatte, nahm sie «ein großes Glas, das sie Kelch nannte». Nachdem sie selbst aus dem Kelch getrunken hatte, reichte sie ihn den Novizinnen und erklärte: «Das ist der Kelch Christi. ... Meine Töchter, Sie dürfen nie vergessen, dass Sie aus diesem Kelch getrunken haben, wie damals die Apostel mit dem Herrn. Behalten Sie den Mut.» Der Kelch des Leidens schmeckte, wie eine junge Nonne aussagte, recht bitter. Eine vermutete einen bitteren Likör, eine andere «Pistazieneis aus der Krankenstation». Maria Luisa imitierte bis in die Wortwahl hinein Jesu Worte beim Letzten Abendmahl mit seinen Jüngern am Tag vor seinem Leiden, wie sie das Lukasevangelium überliefert,[8] und gerierte sich als Herr(in) des Abendmahls. Glas, Likör und Pistazieneis gaben der ganzen Szene allerdings eine skurrile Note.

Eine Reihe von Nonnen behauptete, Gott habe Maria Luisa mit zahlreichen weiteren himmlischen «Gaben» ausgezeichnet. Dazu gehörten ihre mystischen Entrückungen in Himmel, Hölle und Fegefeuer. Maria Luisa erzählte ihren Mitschwestern mehrfach, sie sei zum Himmel gebracht worden, wo sie einmal an der Feier des Festes Mariä Himmelfahrt[9] teilgenommen habe. Sie habe dort das Mysterium der Dreifaltigkeit näher kennengelernt und weitere tiefe mystische Erfahrungen gemacht. Die Gottesmutter habe sie auch mehrfach in die Hölle mitgenommen, wo Maria Luisa «den Teufel mit Füßen zertreten» und ihm befohlen habe, keine weiteren hinterlistigen Angriffe mehr zu starten. Hier verwendete Maria Luisa Topoi, die ihr aus der Liturgie der Marienfeste vertraut waren und die Gottesmutter als Kämpferin feierten, die «der höllischen Schlange den Kopf zertritt».[10]

Durch ihre Aktionen in der Hölle zog sich Maria Luisa jedoch den besonderen «Hass des Teufels» zu. Dieser kam daher nicht selten nachts zu ihr, um mit ihr zu kämpfen. «Am Morgen danach zeigte sie sich im Gesicht und im Mund übel zugerichtet; das Skapulier[11] der Ordenstracht war in lange Fetzen zerrissen.»

Maria Luisa behauptete weiterhin, im Fegefeuer, in das sie öfter geführt worden sei, viele Ordensschwestern befreit und so deren Läuterungszeit verkürzt zu haben, sodass sie direkt in den Himmel kamen. Dort habe sie von Gott auch «das Privileg erhalten, beim Partikulargericht jeder sterbenden Schwester anwesend sein zu dürfen» und so als deren Fürsprecherin tätig werden zu können. Die Fürsprache zugunsten Verstorbener am himmlischen Thron ist nach klassisch katholischer Vorstellung eine der wichtigsten Aufgaben eines Heiligen.[12] Im Umkehrschluss: Eine Person, von der man glaubt, dass sie Fürsprecherin bei Gott ist, verehrt man als Heilige.

Unterredungen mit Himmlischen gehörten – glaubt man den zahlreichen Zeugenaussagen der Nonnen von Sant'Ambrogio – zu Maria Luisas Alltag. Bei ihren mystischen Absencen brach sie häufig «in prophetische Ausdrücke» aus, während derer man sie mit Christus sprechen hören konnte. Und sie sprach «ständig mit der Jungfrau und mit dem Engel und öfter mit der verstorbenen Mutter Gründerin und Maria Maddalena».

Heilige verfügen zudem nicht selten über die Gabe der Prophetie.[13] Auch diese Erwartung löste Maria Luisa ein, wie ihre Mitschwestern dem Inquisitor berichteten. Auf besonderes Interesse beim Untersuchungsrichter stieß eine Weissagung über Pius IX.: Der Papst laufe Gefahr, der «ewigen Verdammnis» zu verfallen, warnte Maria Luisa. Sie aber habe «seine Rettung durch Gebet erlangt». Mit all diesen Phänomenen knüpfte Maria Luisa an die Tradition der Frauenmystik des Mittelalters an.

Mystik und Mystizismus

Wenn man im alltäglichen Sprachgebrauch etwas mystisch nennt, schwingt eine ganze Reihe von Ober- und Untertönen mit. Mystisch nimmt dann nicht selten die Bedeutung von undurchschaubar und geheimnisumwittert, von magisch und okkult, von verborgen und übersinnlich, von unerklärlich und unbegreiflich oder sogar von dämonisch und spiritistisch an.[14] Zu einer modernen, rational bestimmten Welt scheint Mystik nicht so recht zu passen. Im Zuge einer neuen Spiritualität oder Esoterik kam es jedoch in den letzten Jahrzehnten zu einer Wiederbelebung mystischer Praktiken im großen Stil, zunächst im außerchristlichen Bereich, wofür unter anderem Schamanen und Sufis, neohinduistische Gurus, Yogakulte oder Zenmeditationen stehen. Auch innerhalb des Christentums sind mystisch geprägte Frömmigkeitsformen höchst lebendig, wie etwa die Marienerscheinungen seit 1981 in Medjugorje oder die Verehrung von Padre Pio vor allem in Italien zeigen.

In der Geschichte der katholischen Kirche wurden mystische Erfahrungen aus theologischen und kirchenpolitischen Gründen meist recht skeptisch betrachtet. Die Botschaft Jesu, in dem Gott sich selbst offenbart hat, wurde nach katholischer Auffassung von den Aposteln an ihre Nachfolger, die Bischöfe, weitergegeben, die eine ununterbrochene Reihe von Zeugen bilden. Der Kirche als Institution kommt daher die entscheidende Aufgabe der Vermittlung der göttlichen, in Jesus Christus abgeschlossenen Offenbarung zu. Glaube entsteht durch das Hören auf die Verkündigung der geweihten männlichen Zeugen. Zum sicheren Glauben kommt der Christ daher nur vermittelt durch das Amt der Kirche.[15]

Daneben gab es aber immer auch einen zweiten außerordentlichen und unmittelbaren Weg zu Christus, der nicht selten als Mystik bezeichnet wird. Im Zentrum der mystischen Bewegungen standen die unmittelbare Erfahrung des Absoluten, der Aufstieg der Seele zu Gott und ihre Vereinigung mit Christus.[16] Dabei ging die Initiative zur «unio mystica» eindeutig von Gott aus. Der Mystiker konnte sich zwar durch Meditation, Askese oder Fasten vorbereiten, letztlich wurde er aber «gnadenhaft von der göttlichen Wirklichkeit ergriffen».[17] Diese Möglichkeit der unmittelbaren Gottesschau wurde sehr häufig Frauen zuteil, die diesen außerordentlichen Weg zu Christus auch dazu nutzen konnten, um den Ausschluss vom geistlichen Amt zu kompensieren.[18]

Die Kirche war gegenüber den sogenannten Privatoffenbarungen eher misstrauisch.[19] Denn zahlreiche Mystiker zogen aus ihrer unmittelbaren Gotteserfahrung kirchenpolitische Konsequenzen und forderten die Hierarchie zu Reformen auf. Viele von ihnen wurden deswegen angefeindet und verfolgt, eingesperrt oder sogar wegen Häresie hingerichtet. Neben Katharina von Siena fanden auch andere große Mystikerinnen wie Hildegard von Bingen oder Teresa von Avila erst nach langen Kämpfen die Anerkennung der Amtskirche. Für die Inquisition war echte Mystik selten und falscher Mystizismus die Regel.

Die von den Mystikern «erfahrene Gotteserkenntnis» und unmittelbare «Schau des Wesens Gottes» konnte rein spirituell ausfallen, aber auch körperliche und sogar erotische Züge annehmen. Vor allem die mittelalterliche Frauenmystik brachte das mystische Geschehen in der erotisch aufgeladenen Sprache des Hohen Liedes der Liebe aus dem Alten Testament zum Ausdruck. Die «unio mystica» konnte auch als Heilige Hochzeit und Vermählung mit Christus im Himmel interpretiert werden.[20] Als Zeichen dieses Bundes erhielten die Mystikerinnen mitunter sogar einen himmlischen Ring, der wie ein Ehering die Vermählung mit dem göttlichen Bräutigam symbolisch darstellte.[21]

Am bekanntesten dürfte im Zusammenhang der sogenannten Brautmystik die «mystische Vermählung» der heiligen Katharina von Siena[22] geworden sein. In seiner *Legenda maior* berichtete der Dominikaner Raimund von Capua[23] ausführlich von diesem Ereignis. Katharina habe ihrem «ewigen Seelenbräutigam» Christus in einem «lodernden Liebesbrand» wieder einmal ihre Bitte nach einer Vereinigung mit ihm «auf das Innigste» vorgetragen. Der Herr antwortete: «Mein Entschluss steht fest, jetzt mit dir aufs Festlichste meine Vermählung zu feiern: Ja, wie ich es dir versprochen habe, will ich mich mit dir im Glauben vermählen!» Darauf fasste die Gottesmutter Katharina bei ihrer rechten Hand und reichte sie ihrem Sohn. Jesus «zog einen Ring hervor, dessen Reif mit vier Perlen, dessen Scheitel aber mit einem prachtvoll funkelnden Diamanten besetzt war. Er … streifte ihn über Katharinas rechten Ringfinger. Sieh, nahm er dann das Wort, ich vermähle dich mit mir … Nach dieser Anrede schwand das Gesicht, nicht aber der Ring, der für immer an Katharinas Finger zurückblieb, für niemand außer für sie sichtbar.»[24] Diesen Punkt hob Raimund von Capua besonders hervor. Der Ring stammte aus dem Himmel. Da nur die Mystikerin in diese Sphäre erhoben worden sei, habe auch nur sie ihn sehen können. Er war und blieb Teil der übernatürlichen Realität, auch nachdem Katharina von Siena nach ihrer Entrückung in die irdische Welt zurückgekehrt war. Damit konnte der Beichtvater, dem die Gnade der mystischen Vereinigung nicht zuteilgeworden war, die Existenz des Rings mit objektiven Methoden nicht nachprüfen. Er existierte eben nur in der mystischen Welt.[25]

Nachdem die Mystik als außerordentlicher Weg der Christuserkenntnis die Kirchengeschichte bis in die Reformationsepoche stets maßgeblich mitbestimmt hatte, geriet sie im 17. Jahrhundert in eine Krise. Gleichzeitig wurden die katholischen Mystiker und vor allem

Mystikerinnen von der Römischen Inquisition nun besonders genau beobachtet. Vor allem die immer stärker propagierte absolute «Passivität» des Menschen bei der mystischen Erfahrung, bei der alle Aktivität ausschließlich von Gott ausging, setzte viele von ihnen wegen eines angeblich falschen Gnadenverständnisses dem Verdacht des Kryptoprotestantismus aus. In der Phase der Aufklärung mit ihren rationalistischen Konzepten standen mystische Erfahrungen als Ausgeburt des Irrationalismus nicht selten unter Generalverdacht.

Doch es gab auch Gegenbewegungen. Gerade im Jahrhundert des Materialismus und der Naturwissenschaft wurde das Übernatürliche wiederentdeckt. So kann der aufkommende Spiritismus mit seinen Seancen, Medien und dem Stühlerücken als esoterische Komplementärerscheinung zu den rationalistischen Modernisierungsschüben des 19. Jahrhunderts und seiner Wissenschaftsgläubigkeit interpretiert werden.[26] Aufklärung und Romantik, Rationalismus und Mystik, Säkularisierung und intensive Resakralisierung im Bereich privater Frömmigkeitspraktiken standen in einem engen Wechselverhältnis.[27] Auch gebildete Katholiken sehnten sich nach einer «Wiederverzauberung der Welt». Führende Vertreter der Romantik waren Katholiken oder sympathisierten zumindest mit dem Katholizismus. So bearbeitete etwa Clemens von Brentano die Visionen der stigmatisierten Nonne Katharina von Emmerick literarisch.[28]

In diesem Zusammenhang wurde auch die Mystik kirchlich wieder salonfähig. Im Protestantismus kam es zu einer Renaissance der auf «Innerlichkeit» angelegten pietistischen Strömungen. Hier ist insbesondere die sogenannte Allgäuer Erweckungsbewegung zu nennen.[29] Durch Justinus Kerners 1829 erschienenen Bestseller *Die Seherin von Prevorst* wurde der Fall von Friederike Hauffe weltbekannt, einer jungen evangelischen Frau, die jenseitige Stimmen hörte und überirdische Lichterscheinungen sah sowie auf übernatürliche Kräfte gestützt Prophezeiungen abgab.[30]

Im katholischen Bereich entwickelte vor allem der Publizist Joseph Görres ein neues Konzept von Mystik.[31] Er interessierte sich besonders für die sichtbaren und in dieser Welt erfahrbaren Folgen der Gottesschau. Der Mensch wurde zum Medium, zum «Einfallstor des Jenseitigen – des Guten wie des Bösen».[32] An seinem Körper zeigten sich die Folgen der mystischen Union in den «Wundmalen», im «Wohlgeruch der Heiligkeit» und im «Strahlenkranz der Ekstase».[33]

Die Wundmale wurden als Beweise für das fortdauernde Handeln Gottes in der Geschichte und als Wunder seiner wirkmächtigen Gegenwart interpretiert. Es ging für Katholiken darum, in Auseinandersetzung mit der modernen Naturwissenschaft «im Aufzeigen von handgreiflichen außerordentlichen Erscheinungen einen geradezu naturwissenschaftlichen Beweis für das Wirken des Gottesgeistes zu erbringen und die Faktizität der Wunder zu erweisen».[34] Marienerscheinungen und Wunder waren nach diesem Verständnis gerade keine irrationalen unaufgeklärten Phänomene. Vielmehr machten sie sich die Wissenschaftsgläubigkeit und den Materialismus der Zeit gezielt zunutze.

Die «körperlichen Begleiterscheinungen» der Mystik wurden in diesem Zusammenhang immer wichtiger.[35] Mystische Phänomene wurden mehr und mehr als «ausdrückliche, experimentell nachweisbare Bestätigung» des katholischen Gottesglaubens begriffen.[36] Aber auch der Teufel konnte die Mystikerinnen als Einfallstor in diese Welt benutzen. So konnte die böse Seite der Übernatur sich ebenfalls im Diesseits materialisieren. Deshalb waren Vorsicht und eine stetige Unterscheidung der Geister angesagt.

Ein solcher *Glauben an das Wunderbare* – so der sprechende Titel eines in Münster 1846 erschienenen Werks – hatte sich in katholischen Kreisen bis zur Mitte des Jahrhunderts weitgehend durchgesetzt. Begeistert berichtete der Verfasser J. W. Karl von zahlreichen Marienerscheinungen, Ekstasen und stigmatisierten Frauen. Die Zeit der Zweifel an allen Offenbarungen und übernatürlichen Tatsachen sei endlich vorbei, der ganze Indifferentismus verschwunden. Von den Wundern Christi und der Apostel führe eine direkte Linie zu den «übernatürlichen Erscheinungen unseres Jahrhunderts».[37] «Die ganze Mystik scheint sich wieder aufzuschließen, und was längst als Fabel und Mähre [sic] gegolten, wird ... von neuem als Tatsache ... gerechtfertigt.»[38] Das Wunder im Bereich der Mystik bestehe gerade darin, dass nicht nur der Mystiker für sich eine überirdische Erfahrung mache, sondern die «übernatürlichen Wirkungen der Gnade» der mystischen Vereinigung mit Christus würden in der Natur selbst sichtbar, namentlich am menschlichen Körper des Mystikers.[39] Der Glaube an das Wunderbare entspreche nicht der Privatmeinung einiger Theologen, sondern einer von der «unfehlbaren Kirche» gelehrten «Glaubenswahrheit», an der ein «Katholik nicht zweifeln» dürfe.[40]

Damit ist ein entscheidendes Kennzeichen katholischer Mystik des 19. Jahrhunderts genannt: Die Übernatur wirkt dinglich in der Natur, das Jenseits materialisiert sich im Diesseits. Sichtbare Erscheinungen himmlischer Personen in der Welt und Wundmale gehörten genauso selbstverständlich dazu wie der himmlische Wohlgeruch, der dem Körper der Braut entströmte, die sich mit Christus in der himmlischen Ehe vereint hatte. Der Himmelsring als Zeichen dieser Hochzeit, bei Katharina von Siena noch immateriell und nur für sie sichtbar, musste jetzt ausdrücklich materiell sein, ein für alle sichtbares und anfassbares Zeichen der Nähe Gottes.

In diesen Zusammenhang gehören auch die übernatürlichen Phänomene in Sant'Ambrogio. Ein *Glauben an das Wunderbare* musste jeden Tag mit Visionen, Ekstasen und anderen mystischen Phänomenen rechnen. Außerdem wurden den Nonnen bei den Tischlesungen die großen heiligen Mystikerinnen von Katharina von Siena über Teresa von Avila bis Gertrud von Helfta immer wieder als Vorbilder vorgestellt. Wie ordnete sich Maria Luisa mit ihren wunderbaren Gaben hier ein? War es echte oder falsche Mystik? Oder war bei ihr gar der Teufel am Werk?

Der irdische Ursprung von Himmelsringen und Rosenduft

Mit genau diesen Fragen ging Sallua an die Vernehmung der Nonnen und weiterer Zeugen.[41] Pater Leziroli hatte in seinen Briefen an Patrizi, die der Kardinalvikar Sallua zu Beginn des Prozesses übergeben hatte, schon Ende der vierziger Jahre von Maria Luisas «Hochzeit mit Jesus Christus» im Himmel berichtet. Dabei seien die Gottesmutter, der heilige Franziskus und die beiden verstorbenen Nonnen Maria Maddalena und Teresa Maddalena anwesend gewesen.[42] Maria Luisa hatte dabei einen himmlischen Ring erhalten, den die Nonnen und

Der irdische Ursprung von Himmelsringen und Rosenduft

die Äbtissin – wie diese in ihrem Verhör mit Sallua zu Protokoll gab – «über einige Jahre hinweg und bei verschiedenen Anlässen» sehen konnten. Dieser Ring änderte im Lauf der Zeit immer wieder seine Form und Größe, wobei er «jeweils an Zierde und Schönheit» gewann. Er schien «manchmal so groß und glänzend, dass er fast den ganzen Ringfinger bedeckte». Einmal sei es ein goldener Ring mit einem kleinen Kreuz gewesen, dann wieder einer mit einem größeren Kreuz «wie ein Baumstamm». Das Geheimnis dieser Variabilität des Himmelsringes lüftete Maria Luisa voll «Verlegenheit und Schamesröte» im Gesicht, indem sie der Äbtissin anvertraute, der Herr habe sie nicht nur mit einem, sondern mit mehreren Ringen «geschmückt», und der «schönste und am stärksten glänzende» sei der der heiligen Maria gewesen.

Zunächst wusste nur die Äbtissin über die Himmelshochzeit und die Ringe Bescheid. Aber natürlich musste die ganze Klostergemeinschaft in geeigneter, möglichst mystischer Weise über das Wunder informiert werden. Darüber berichtete die Äbtissin: Eines Tages bekam Maria Luisa Kopfschmerzen, die «von den Nonnen und den Beichtvätern als etwas Außerordentliches und Überirdisches betrachtet» wurden. Sie selbst habe sie auf dem Bett ihrer Zelle leblos liegend vorgefunden. Maria Luisa habe zwei Ringe an den Händen getragen, «einer wertvoller als der andere». Darauf ließ die Äbtissin Leziroli rufen und weihte den Beichtvater in das «Mysterium» ein. Dieser habe dann umgehend einige «frommere und vorsichtigere» Nonnen in die Zelle Maria Luisas geholt und ihnen verkündet, der «wertvollste und am stärksten glänzende Ring, mit einer Lilie und einer Rose von Rubinen und Diamanten geflochten», sei der Ring der Gottesmutter selbst, den diese ihrer «bevorzugten Tochter» Maria Luisa geschenkt habe. Die Nonnen sollten daher «niederknien und einige *Ave Maria* zu der anwesenden Jungfrau beten». Dann sollten sie ehrfürchtig den Ring küssen, wodurch «einige Seelen aus dem Fegefeuer befreit» würden. Gleichsam als Zugabe wurde den Schwestern ein weiterer Beweis der Heiligkeit der schönen jungen Nonne demonstriert: Man hob leicht die Decke von der Brust der Bewusstlosen, und sofort «stieg aus ihrem Herzen ein Himmelsduft auf, der die Zelle überflutete».

Die Herrin der Ringe setzte in der Folge ihre himmlischen Herrschaftsinsignien mit Unterstützung durch die beiden jesuitischen Beichtväter immer wieder ein. Nachdem sie zur Vikarin gewählt worden war, wurden die Patres Leziroli und Peters gegen alle Vorschrift in die Klausur eingelassen. Im festlich illuminierten Kapitelsaal leitete Pater Peters eine große Huldigungsszene ein, indem er alle Ordensschwestern aufforderte, den «Wunderring» voller Ehrfurcht zu küssen. Danach küssten auch beide Beichtväter den Ring an Maria Luisas Hand. Auf diesen klaren Bruch der Regel – denn nur in einem Notfall durften Männer das Kloster betreten – wies Schwester Maria Giuseppa den Inquisitor in ihrem Verhör mit Nachdruck hin. «Ich mache darauf aufmerksam, dass es keine Kranken gab, als die Beichtväter ... eintraten, um das Fest zu feiern; sie besuchten jedenfalls keine.» Die siebenundvierzigjährige Maria Giuseppa war Krankenpflegerin des Klosters und musste das genau wissen.

Nachdem Maria Luisa ihr «Mysterium» enthüllt hatte, wiesen die Beichtväter sie an, den Ring stets offen und für alle sichtbar zu tragen. Pater Leziroli trug voller Stolz in die Annalen des Klosters ein, der wertvolle Ring der Gottesmutter bestehe aus fünfundsechzig Edelsteinen.[43] Übereinstimmend sagten zahlreiche Nonnen aus, die Madre Vicaria habe mit ihren Ringen immer wieder «Wunder» gewirkt. Sie berichteten vor allem von Krankenheilungen.

Mehrere Nonnen erinnerten sich, wie bei einer Tischlesung während der schweigend eingenommenen Mahlzeit aus dem Leben einer Heiligen Jungfrau vorgetragen wurde, «ihr jungfräulicher Körper» habe «einen himmlischen Paradiesduft verströmt». Wenige Tage später entströmte dem Körper Maria Luisas ebenfalls ein «starker Duft», den die Zeuginnen als «Rosenextrakt oder einer Rosenessenz ähnlich beschreiben», wie Sallua es zusammenfasste. Die Äbtissin habe ihren Nonnen gegenüber behauptet, dieser Wohlgeruch sei eindeutig himmlischen Ursprungs und ein Zeichen für die «Reinheit und Heiligkeit» Maria Luisas. Dies bestätigten auch die Beichtväter.

Schließlich konnten die Nonnen auch noch eine zweite Quelle des Dufts identifizieren: Im Chor der Kirche gab es nämlich zwei Ziegel, die diesen «herrlichen Wohlgeruch» ausströmten, weil, wie

Schwestern und Beichtväter glaubten, «die Jungfrau Maria ihre Füße darauf gelegt und den zarten Duft hinterlassen» hatte.

Es gab jedoch auch kritische Stimmen. So fragte der Arzt Piazzoli die Äbtissin wiederholt: «Was ist das für ein glänzender und wertvoller Ring, den die Madre Vicaria am Finger trägt?» Die Äbtissin habe geantwortet, Maria Luisa trage ihn, um mit ihm die Novizinnen zu segnen. Darauf habe der Arzt erwidert: «Das steht aber im Widerspruch zu der franziskanischen Armut.» Und bei anderen Gelegenheiten habe er die Äbtissin gewarnt: «Passen Sie auf diese Madre Vicaria auf, sie ist hochmütig.» Doch die Zweifler blieben in der Minderheit. Neben den beiden Beichtvätern feierten auch einige andere Jesuiten, die zum Beichtehören aushilfsweise ins Kloster kamen, Maria Luisa als Heilige, wie zahlreiche Novizinnen aussagten.

Maria Luisa ging weit über die mittelalterlichen Vorbilder der Frauenmystik hinaus. Ihr Ring war für alle sichtbar und greifbar – was durchaus dem neuen Mystikkonzept des 19. Jahrhunderts entsprach. Dass sie aber gleich mehrere Himmelsringe besaß, ist singulär, genauso wie die Heilungen, die sie mithilfe der Ringe vollbrachte. Und Maria Luisa duftete nicht nur wie irgendeine gewöhnliche Heilige, sie duftete auch noch nach Rosen und Lilien. Vor allem die Rose wurde im Lauf der Jahrhunderte zur Blume der Gottesmutter, und schon bei Augustinus dufteten die Jungfrauen im Garten des Herrn nach Lilien.[44] Auch hier wollte Maria Luisa ganz sichergehen, denn bei so viel heiligem Duft sollte niemand mehr an ihrer Heiligkeit zweifeln. Und sie hatte damit Erfolg.

Jetzt musste es für Sallua darum gehen, die Heiligkeit Maria Luisas als Täuschung zu entlarven. Sehr bald war der Anwalt des Klosters, Luigi Franceschetti, als entscheidende Informationsquelle zu diesem Thema ausgemacht und wurde gleich fünfmal als Zeuge vernommen.[45]

Bei seiner ersten Vernehmung sagte Franceschetti aus, er habe von Berufs wegen mit der Äbtissin und der Vikarin regelmäßig in Kontakt gestanden. Bei einer dieser Gelegenheiten habe er auch erfahren, dass sich das Kloster in größter Aufregung befand, weil im Herbst 1859 eine Apostolische Visitation von Sant'Ambrogio angekündigt worden war. Die Mutter Äbtissin habe ihm gesagt, der Herr wolle das Kloster durch diese «Drangsal» nur auf die Probe stellen. Sie sei aber überzeugt, dass alles gut laufen und nichts Schlimmes im Kloster gefunden werden würde. Es gehe vor allem um zwei Dinge, um die Verehrung der Gründerin als Heilige und um die mystischen Widerfahrnisse Maria Luisas, vor allem die Himmelsringe. Franceschetti war tief erschüttert. Und er hatte allen Grund dazu.

Nur widerstrebend war er bereit, dem Untersuchungsgericht reinen Wein über die Herkunft der Ringe einzuschenken. Doch schließlich berichtete er, die Madre Vicaria habe über ihn etwa zwei Jahre zuvor einen Ring mit einem goldenen Kreuz bei einem Goldschmied in Rom bestellt, ohne ihn freilich über seinen Zweck in Kenntnis zu setzen. Nach einiger Zeit gab sie in aller Diskretion einen weiteren, wertvolleren Ring in Auftrag, verbunden mit der Warnung, weder die Ordensschwestern noch die Beichtväter dürften je das Geringste davon erfahren. Später bestellte sie dann einen dritten, noch viel wertvolleren Ring, der wesentlich größer und mit verschiedenfarbigen Edelsteinen geschmückt war.

Nach einiger Zeit sagte Maria Luisa dem Anwalt, die Ringe hätten ihr so gut gefallen, dass sie nun auch noch ein Armband sowie einen weiteren Ring haben wolle. Auf der Scheibe des Ringes wünschte sie sich eine mit einer Rose verschlungene Lilie, und zwar aus weißen und roten Edelsteinen für die Blumen und grünen Edelsteinen für die Blätter. Der Ring habe, so der Anwalt weiter, die Madre Vicaria überaus begeistert, sie habe jedoch vorgegeben, er sei nicht für sie selbst, sondern für einen Fremden bestimmt, der ihn im Kloster abholen wolle. Franceschetti nannte dem Gericht schließlich auch die Namen der Goldschmiede, Tofanelli und Colarietti in Rom, sowie den Preis der Ringe. Für seine Vermittlung sei er von Maria Luisa auch belohnt worden: Sie schenkte ihm einige Reifen aus Gold und einige Edelsteine, die aus zerbrochenen Schmuckstücken stammten. Franceschetti beschrieb die Form der Ringe detailliert, sodass Sallua erfuhr, dass Maria Luisa einen Ring verlangt hatte, den man auf der unteren Seite öffnen konnte. Der Grund dafür war, wie der Inquisitor vermutete, dass sie so den Ring plötzlich von ihrem Finger verschwinden lassen konnte. Maria Luisa hatte den Anwalt auch zu strikter Geheimhaltung verpflichtet und ihn ermahnt, zur Not müsse er den

Visitatoren eben sagen, dass er die Ringe für eine fremde Person habe anfertigen lassen.

Franceschetti gab auch zu, im Auftrag Maria Luisas mehrmals Rosenöl gekauft zu haben und zwar insgesamt siebzig oder achtzig Tropfen zum Preis von einem Paolo[46] pro Tropfen bei dem Apotheker von Sant'Ignazio. Sie habe ihm erzählt, sie brauche es, um eine Erkrankung im Mund seiner Schwester, die unter dem Namen Maria Giacinta im Kloster lebte, zu behandeln.

Maria Luisa musste Ringe und Rosenessenz natürlich irgendwie bezahlen. Dabei kam ihr gelegen, dass sie als Vikarin des Klosters dessen Besitztümer verwaltete. Insbesondere hatte sie Zugriff auf die Mitgift, welche die Schwestern bei ihrem Eintritt hinterlegen mussten. Aus den Akten des Untersuchungsgerichts ergibt sich, dass sie eine gewisse Anna Cavazzi, die Mutter einer Novizin, dazu benutzte, «um einige Kleinigkeiten» zu verkaufen. Bei einem Verhör gab diese zu Protokoll, die Novizenmeisterin habe ihr streng vertraulich befohlen, einen Ring und ein Armbändchen aus Gold mit Edelsteinen und Brillanten reparieren zu lassen. Als sie den Schmuck zurückbrachte, habe Maria Luisa gesagt, es habe sich um eine Erledigung für Katharina von Hohenzollern gehandelt. Im Auftrag der Prinzessin habe Maria Luisa noch vier weitere mit einem Kreuz verzierte Goldringe bestellt. Immer wieder habe sie auch einzelne Schmuckstücke im Auftrag der Vikarin verkauft, um damit die Rechnungen zu bezahlen. Anna Cavazzi sagte außerdem aus, auf Befehl Maria Luisas dreimal Rosenöl zum Preis von zehn Baiocchi[47] pro Tropfen gekauft zu haben, angeblich ebenfalls für die Fürstin.

Die weiteren Vernehmungen der Zeugen brachten schließlich ans Licht, dass Maria Luisa wenige Tage vor ihrer Verhaftung ihrer Vertrauten, Schwester Maria Ignazia, die Ringe und das Siegel der Madonna ausgehändigt hatte, mit dem strikten Befehl, sie bei Gefahr an einem sicheren Ort zu verstecken. Als die Novizenmeisterin verhaftet wurde, bekam es die gerade zwanzigjährige Maria Ignazia mit der Angst zu tun, erbrach den versiegelten Umschlag und fand in ihm den großen Ring, zwei kleine Ringe und das Siegel der Unbefleckten Jungfrau. Danach warf sie «diese Gegenstände und das Papier des Umschlags in die Öffnung des geheimen Ortes» – also in die Latrine.

Aufgrund dieses Hinweises konnte Sallua eine konkrete Suche einleiten. «Nach Erhalt der oben erwähnten Informationen wurden sofort die notwendigen juristischen Mittel eingesetzt, um in den Besitz der genannten Gegenstände zu kommen. Der Maurermeister, der schon mehrmals dem Heiligen Tribunal gedient hatte, wurde über die Aktion informiert, die er unter dem heiligen Eid (zusammen mit drei Männern, auch sie unter Eid) in den Latrinen des Klosters von Sant'Ambrogio ausführen musste. Er ging zurückhaltend und vorsichtig vor. Die Mutter Äbtissin wurde ermahnt, die Arbeiter ins Kloster einzulassen und sie an all die Orte zu führen, die sie aufsuchen wollten, da sie in großer Heimlichkeit einige Operationen ausführen mussten. Sie durften unter der Heiligkeit des Eids nicht äußern, wer sie waren und von wem sie geschickt wurden; sie sollte auch dafür sorgen, dass die Ordensschwestern fern von dem Ort der Ermittlungen blieben. Da die Männer nicht mit den Lokalitäten vertraut waren, stießen sie während der Ausführung auf einige Schwierigkeiten. Die Mutter Äbtissin behauptete, dass die Latrinen in den Abwasserkanal einmündeten; sie wollte mögliche schwere Schäden, die durch ein Loch in der Klostermauer entstehen könnten, nicht akzeptieren ... Die Inquisition war aber entschlossen, die Sache durchzuziehen, und beruhigte die Äbtissin wegen ihrer Befürchtungen im Hinblick auf die Klostermauern, da diese keine Beschädigung erleiden würden. Es war einfach notwendig fortzufahren. Am zweiten Tag der Operation tauchten die oben genannten Gegenstände tatsächlich in der Schleuse der Latrine auf, die danach vom Baumeister abgegeben wurden. Die Maueröffnungen wurden zugemauert und das Unternehmen in aller Vorsicht und Heimlichkeit beendet.»

Damit war die irdische Herkunft von Ringen und Rosenduft erwiesen, und man merkt Salluas *Relazione informativa* für die Kardinäle an, wie zufrieden er mit dieser Entzauberung Maria Luisas war.[48]

Die Gottesmutter schreibt Briefe

Bei den Vernehmungen der Zeuginnen wurde Sallua mit einem weiteren mystischen Phänomen konfrontiert, das über die bisherigen deutlich hinausging: Fast alle Nonnen von Sant'Ambrogio sagten nämlich aus, dass die Gottesmutter im Himmel Briefe geschrieben habe, die dann im Kloster aufgetaucht seien und für das Leben der Gemeinschaft eine zentrale Rolle gespielt hätten.[49] Schon bei seinen Ermittlungen über die Firrao hatte Sallua von «eleganten Briefchen» erfahren, die die Mutter Gründerin angeblich nach ihrem Tod aus dem Himmel geschrieben hatte. Nun griff die Gottesmutter im Himmel sogar höchstpersönlich zur Feder.

Die erste Frage, die sich Sallua stellen musste, war: Wie kamen die im Himmel geschriebenen Briefe der Gottesmutter überhaupt in das Kloster Sant'Ambrogio? Die Aussagen der Zeuginnen waren eindeutig: Die Himmelsbriefe materialisierten sich in der Regel in einem Holzkästchen. Den einzigen Schlüssel dazu besaß Beichtvater Peters. Immer, wenn dieser das Kästchen aufschloss, fand sich darin ein neuer himmlischer Brief. Wer auf die Schreiben der Gottesmutter antworten wollte, bat Pater Peters darum, die Antwort in das Kästchen zu legen und es wieder zu verschließen. Am nächsten Tag war der Brief dann in den Himmel verschwunden. Wahrscheinlich befand sich dieses Kästchen auf dem Altar unter dem wundertätigen Marienbild, sodass ein direkter Zusammenhang zwischen der in dem Gnadenbild anwesenden Gottesmutter und ihren Briefen bestanden hätte.

Die zweite Frage, die den Dominikaner interessieren musste, galt dem Inhalt der Briefe. Nach Aussage der Äbtissin und der Schwestern ging es in den Himmelsschreiben wiederholt um die Verherrlichung Maria Luisas durch die Gottesmutter: Es gab «großes Lob für die Inquirierte [Maria Luisa], die *großer Schatz* genannt wurde, und die unvergleichlich in Bezug auf ihre Bescheidenheit und Keuschheit war» – so fasste Sallua die Aussagen der Zeugen zusammen. «Ärger wurde denjenigen angedroht, die ihr widersprachen oder sie verachteten.» Aber die Gottesmutter ging noch weiter und gab konkrete

Anweisungen, mit denen Maria Luisa ihre Macht- und Herrschaftsansprüche im Kloster und darüber hinaus durchsetzen konnte. Den Ungehorsamen drohte die Allerseligste Jungfrau in ihren himmlischen Schreiben mit drakonischen Strafen im Diesseits wie im Jenseits.

Sallua nahm nun Pater Peters in den Blick, denn nur er besaß den Schlüssel zu dem Kästchen. Aber warum gab sich der Jesuit als Postillon her?

Schon die Berufung Pater Peters' zum zweiten Beichtvater von Sant'Ambrogio war aufgrund eines himmlischen Briefes der Mutter Gründerin erfolgt. Maria Luisa reichte diesen an die Äbtissin weiter, die ihn wiederum dem General der Jesuiten übergab, und dieser erfüllte den himmlischen Auftrag sofort. Der bisherige zweite Beichtvater Benedetti war durch den Himmelsbrief schwer diskreditiert worden. Ihm wurde vorgeworfen, eine intime Beziehung mit der verstorbenen Schwester Maria Agostina gehabt zu haben. Der Jesuitengeneral zog Pater Nicola Benedetti ab und ersetzte ihn durch Pater Giuseppe Peters. Sallua erwähnte ausdrücklich, einige Ordensschwestern hätten eindeutig bemerkt, dass Maria Luisa «Pater Peters bevorzugte und für ihn eine außerordentliche Zuneigung hegte». Offensichtlich hatte sie den Jesuiten kennengelernt, als er in Sant' Ambrogio vertretungsweise den Gottesdienst hielt und die Beichte abnahm.

Der General der Jesuiten verfügte innerhalb der Gesellschaft Jesu über eine fast unumschränkte Vollmacht.[50] Die Angehörigen des Ordens mussten seinen Befehlen in geradezu soldatischem Gehorsam folgen. Während die klassischen Orden durch die lebenslange Bindung an ein bestimmtes Kloster, eine einheitliche Ordenstracht und das gemeinsame Chorgebet gekennzeichnet waren, verzichtete Ignatius von Loyola bei seiner Compañia de Jesús bewusst auf diese Charakteristika monastischen Lebens und bildete einen Orden neuen Typs. Die Jesuiten zeichneten sich aufgrund ihres speziellen vierten Gelübdes durch eine hohe Flexibilität aus: Zu Armut, Keuschheit und Gehorsam kam bei ihnen die besondere Ergebenheit gegenüber dem Papst, weswegen sie auch als dessen mobile Eingreiftruppe galten. Nur deshalb war mit einem Federstrich die Versetzung eines Jesuiten von einem Aufgabenbereich in einen anderen möglich. General der Jesuiten war damals Petrus Johann Beckx,[51] geboren 1795 in Brabant. 1819 zum Weltpriester geweiht, trat er bereits im Oktober desselben Jahres in das Noviziat der Jesuiten ein. 1852 wurde er zum Provinzial der österreichischen Ordensprovinz ernannt und 1853 zum Ordensgeneral gewählt.

In seiner Vernehmung im März 1860, die auf Anweisung des Papstes nicht vom Untersuchungsrichter Sallua, sondern wegen des hohen Standes von Beckx durch den Assessor Monaco La Valletta erfolgte, räumte der Jesuitengeneral ein, auf «Ansuchen der Nonnen» von Sant'Ambrogio den Beichtvater Benedetti seines Amtes enthoben zu haben. Dabei charakterisierte er Pater Leziroli als «einfachen Mann», der für einen «guten, die Regeln befolgenden Geistlichen» gehalten werde. Dasselbe behauptete der Jesuitengeneral «auch über Pater Peters, der aber nicht die große Reputation an Frömmigkeit wie Pater Leziroli» genieße.[52]

Natürlich interessierte Sallua, wie der Briefwechsel zwischen der Gottesmutter und Pater Peters genau abgelaufen war. Offenbar wusste außer dem Jesuiten und Maria Luisa nur die Äbtissin darüber Bescheid.[53] Er musste alles daransetzen, der Himmelsbriefe als Beweisstücke habhaft zu werden, hatte jedoch keinen Erfolg. Denn Maria Luisa und Peters hatten dafür gesorgt, dass die Schreiben nicht in die Hände des Heiligen Offiziums fielen. Sie hatten alle verbrannt. Daher war der Dominikaner gezwungen, den Inhalt der einzelnen Briefe – es müssen viele Dutzend gewesen sein – aus Zeugenaussagen zu rekonstruieren.

Doch in einem Fall hatte der Inquisitor Glück: Der Jesuitengeneral Beckx ließ bei seiner Befragung durch den Assessor des Heiligen Offiziums, Monaco La Valletta, durchblicken, auch er selbst habe einen Himmelsbrief erhalten. Zunächst konnte er sich natürlich nicht genau an das Schreiben erinnern. Dann gab er an, den Brief verbrannt zu haben. Als Monaco La Valletta nicht lockerließ, versprach Beckx, doch noch einmal in seinen Unterlagen nachzuschauen. Und siehe da: Nach intensiver Suche fand der General das gute Stück und übergab es der Inquisition.[54] Der Brief trug kein Datum und war auf Französisch verfasst. Er lautet in deutscher Übersetzung:[55]

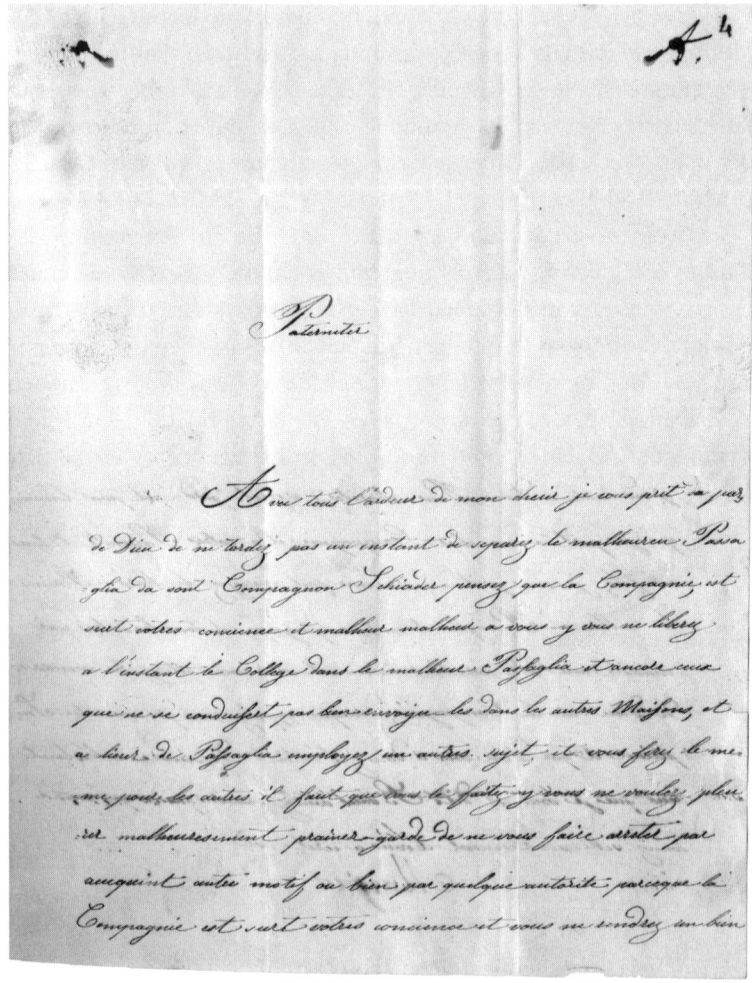

Diesen Himmelsbrief schrieb die Allerseligste Jungfrau und Gottesmutter Maria an den General der Jesuiten Petrus Beckx.

«Paternité,
mit der ganzen Inbrunst meines Herzens bitte ich Sie im Namen Gottes, keinen Moment zu zögern, den unglückseligen Passaglia von seinem Mitbruder Schiader zu trennen; bedenken Sie, dass Sie in

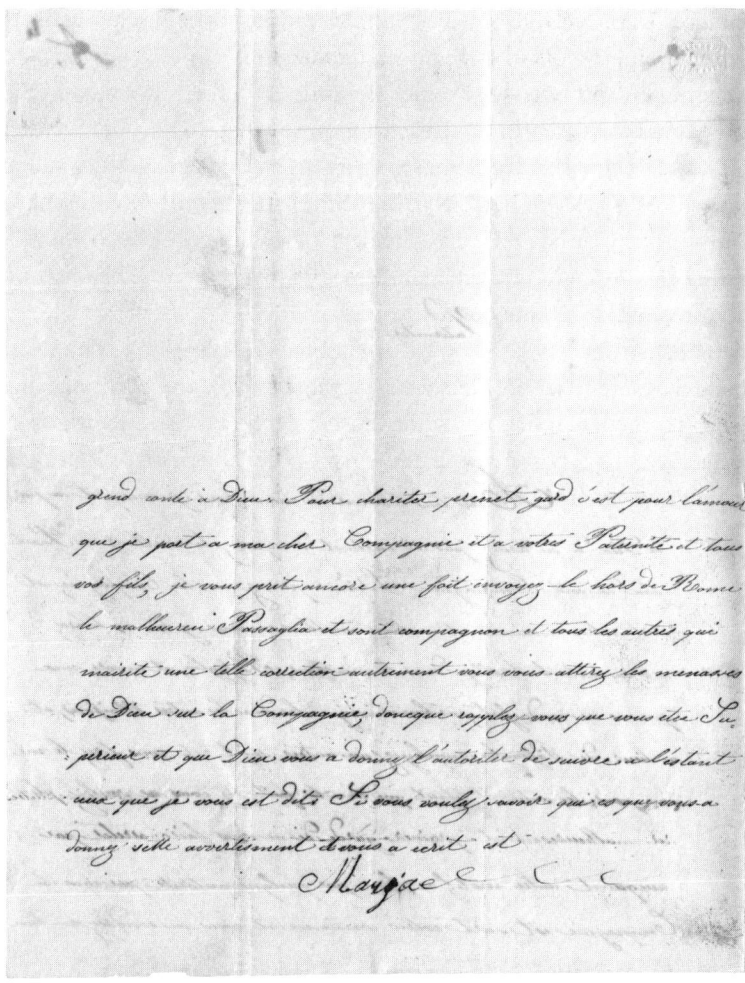

Ihrem Gewissen für die Gesellschaft verantwortlich sind. Wehe Ihnen, wenn Sie das Kollegium nicht sofort von dem unglückseligen Passaglia befreien, und auch von denjenigen, die sich nicht gut benehmen, indem Sie sie in andere Häuser versetzen und eine andere Person anstatt Passaglia anstellen, und Sie werden das Gleiche für die

anderen tun. Sie müssen dies tun, wenn Sie nicht unglückseligerweise weinen wollen: Achten Sie darauf, dass Sie sich aus keinem anderen Grund oder von keiner Behörde aufhalten lassen, weil Sie die Verantwortung für die Gesellschaft tragen, und darüber werden Sie Gott Rechenschaft ablegen müssen. Achten Sie um Gottes willen darauf! Es ist wegen der Liebe, die ich für meine teure Gesellschaft, Eure Paternité und all Ihre Söhne hege. Ich ersuche Sie noch einmal, schicken Sie den unglückseligen Passaglia und seinen Mitbruder und alle anderen, die eine solche Korrektur verdienen, weg von Rom, denn sonst werden Sie Gottes Zorn auf die Gesellschaft ziehen. Also bedenken Sie, dass Sie der Superior sind und dass Gott Ihnen die Autorität gegeben hat, das sofort zu befolgen, was ich Ihnen gesagt habe. Wenn Sie wissen wollen, wer es ist, der Ihnen diese Warnung erteilt und Ihnen geschrieben hat, es ist
Marie»

Warum sich «Marie» nicht der Kirchensprache Latein oder ihres Heimatdialektes Aramäisch bediente, steht dahin. Immerhin war die Diplomatensprache des 19. Jahrhunderts Französisch und wurde auch an der Kurie benutzt.[56] Vielleicht steht dieser Aspekt im Hintergrund der «himmlischen» Sprachwahl. Oder aber der bekannte, weit verbreitete französische Marienbrief aus dem 18. Jahrhundert, in dem die «mère de Dieu» schrieb, hatte Pate gestanden. Oder die Gottesmutter schrieb einfach deshalb Französisch, weil dies die Muttersprache des Belgiers Pierre Jean Beckx war.

Das Schreiben enthält jedoch außerordentlich viele Fehler, die belegen, dass die Verfasserin dieser Sprache nur bedingt mächtig war und sich auf Französisch wahrscheinlich nur mündlich verständigen konnte. Entscheidend ist jedoch: Was die Gottesmutter in ihrem Schreiben forderte, geschah im Jahr 1857 tatsächlich. Der «unglückselige» Passaglia wurde von seinem Mitbruder Schiader, richtig Schrader, getrennt. Denn auf Befehl des Jesuitengenerals wurde Clemens Schrader am 3. August 1857 von der Gregoriana an die Katholisch-Theologische Fakultät der Universität Wien versetzt. Petrus Beckx setzte sich dabei über die heftige Gegenwehr der beiden Jesuitenpatres Passaglia und Schrader einfach hinweg.[57] Daraufhin legte Passaglia alle Ämter im Jesuitenorden nieder und gab seine Professur an der Gregoriana auf.

Carlo Passaglia,[58] geboren 1812, galt als einer der profiliertesten römischen Jesuitentheologen. 1827 in die Gesellschaft Jesu eingetreten, war er seit seiner Priesterweihe 1840 als Studienpräfekt am Collegium Germanicum tätig und erhielt 1844 einen der beiden Lehrstühle für Dogmatik an der Gregoriana. Dort freundete er sich mit seinem Schüler und späteren Kollegen Clemens Schrader an,[59] der 1820 in Itzum bei Hildesheim geboren worden war. Schrader studierte von 1840 bis 1848 am Germanicum und trat 1848 der Gesellschaft Jesu bei. Im selben Jahr, in dem die römische Revolution die Jesuiten ins Exil zwang, gingen beide nach Ugbrook in Devonshire, wo sie den Lehrbetrieb fortführten. Passaglia stand für eine mehr historische Form des Thomismus und geriet dadurch in zunehmenden Widerspruch zu den an der Gregoriana immer stärker werdenden Neuscholastikern, die eher unhistorisch arbeiteten. Auf große Skepsis stieß er bei vielen seiner Ordenskollegen auch deswegen, weil er mit der italienischen Einigungsbewegung pragmatisch umging und versuchte, eine Brücke zwischen dem Papsttum und dem im Entstehen begriffenen italienischen Nationalstaat zu schlagen. Seine Werke zu diesem Thema sollten später auf dem *Index der verbotenen Bücher* landen.[60] Passaglia stand bei Pius IX. in höchstem Ansehen, weil er sich mit Nachdruck für die päpstliche Unfehlbarkeit ausgesprochen und sich bei der Dogmatisierung der Unbefleckten Empfängnis Mariens 1854 große Verdienste erworben hatte. Hinter der in dem Marienbrief genannten Formulierung vom «unglückseligen» Passaglia stand aber wohl der unausgesprochene Vorwurf einer homosexuellen Beziehung mit Clemens Schrader.[61]

War nun der Marienbrief die Ursache für die Trennung Schraders von Passaglia oder handelt es sich um eine Art *vaticinium ex eventu*, eine Weissagung, die sich als Blick in die Zukunft ausgibt, obwohl das «Prophezeite» bereits lange geschehen ist? Dann müsste der Marienbrief nach dem 3. August 1857, dem Datum der Versetzung Schraders durch Beckx, abgefasst worden sein. Wenn aber der Brief vor dem 3. August 1857 geschrieben wurde, könnte er die Entscheidung des Generals tatsächlich beeinflusst haben.

Diese Frage musste Sallua elektrisieren: Denn wenn der General der Jesuiten – der «schwarze Papst» – Schrader tatsächlich auf Weisung des Marienbriefes versetzt haben sollte, dann hätte er die Echtheit des Briefes anerkannt.

Der Marienbrief an Beckx hatte sich offenbar im Jesuitenorden herumgesprochen und auch Pater Leziroli beunruhigt. Er hatte deshalb Maria Luisa befohlen, ihm schriftlich nähere Auskunft darüber zu geben. Mit einem Schreiben vom 5. August 1857 kam Maria Luisa diesem Befehl, wenn auch nur sehr widerstrebend, nach.[62] «Nur aus Obedienz» berichtete sie Leziroli, dass ihr die Madonna in den letzten Tagen im Kloster erschienen sei, um ihr «die ganze Geschichte des Collegio Romano und jener zwei Patres» zu erzählen. Die Gottesmutter habe ihr gesagt: «'Hören Sie: Oh! Meine Tochter. Die Oberen fehlen; ... einmal habe ich Dir bereits gesagt, Du sollst für meine sehr liebe Gesellschaft beten, und dass ich dem General einen Brief bezüglich der Sache des Collegio geschickt habe, wie ich Dir gesagt hatte.'» Die Gottesmutter habe ihr auch mitgeteilt, sie sei sicher, ihr «guter Sohn Pietro» werde dafür sorgen, dass «das Collegio frei von einem solchen Monster ist». Die Allerseligste Jungfrau habe ein vernichtendes Urteil über Passaglia gefällt und sei auch auf Intervention der Seherin nicht bereit gewesen, es abzumildern. Die Madonna habe einfach gesagt: «Naja, armer Carlo, armer Carlo, sein enormer Hochmut trieb ihn in den Abgrund.»

Wenn Maria Luisa Leziroli bereits am 5. August schriftlich antwortete, dann datiert der Marienbrief mit der Weisung an Beckx auf jeden Fall vor dem 5. August und könnte bei den genannten Maßnahmen des Jesuitengenerals eine Rolle gespielt haben. Dass himmlische Briefe Personalentscheidungen eines Ordensgenerals beeinflussten, mag heute unglaublich erscheinen. Aber waren Briefe der Gottesmutter damals etwas so Außergewöhnliches? Oder war mit dem Eingreifen der Allerseligsten Jungfrau in die Geschichte nicht fast täglich zu rechnen?

Das marianische Jahrhundert

Das 19. Jahrhundert gilt als Zeitalter der Feminisierung der Religion.[63] Frauen und Männern waren in der bürgerlichen Weltordnung getrennte Sphären zugewiesen: Männer kümmerten sich um die Politik, Frauen um den Haushalt und die Religion; Männer engagierten sich für die Kirche in katholischen Vereinen und Parteien, Frauen waren beim Gottesdienstbesuch und bei religiösen Festen häufig überrepräsentiert. Der «Ordensfrühling» dieses Säkulums stützte sich vor allem auf die zahlreichen neuen Frauenkongregationen, die in der Armenfürsorge und Krankenpflege oder in der Schule und Mädchenbildung tätig waren. Aber die Frömmigkeitspraxis wurde nicht nur verstärkt von Frauen getragen, sie wies auch zunehmend Züge von Sentimentalität, Gefühlsbetontheit, Devotion, Demut, aber auch Hysterie auf, die als weiblich galten. Diesen Umstand nutzten die Antiklerikalen und vor allem die Gegner der Jesuiten als Waffe. Sie sprachen frommen Männern nicht selten ihre Männlichkeit ab. Frauen galten als «jesuitierendes Geschlecht», männliche Anhänger der Jesuiten als «weich und weibisch».[64]

In diesem Zusammenhang gewann die Allerseligste Jungfrau Maria als Adressatin von Gebeten immer mehr an Bedeutung. Sie wurde in Rosenkränzen, Maiandachten und marianischen Litaneien angerufen. Nicht nur Mitglieder einfacherer Schichten, sondern auch Vertreter höherer Stände und Kleriker bis hinauf zum Papst wurden zu glühenden Marienverehrern.

Dieser Frömmigkeitspraxis entsprach eine theologische Entwicklung. Das katholische Gottesbild war im Lauf der Kirchengeschichte von allen weiblichen Zügen, die es in der Heiligen Schrift durchaus gab, purgiert worden. Nun kehrte die Frau in Gestalt der Gottesmutter wieder zurück. Die Zeit von der Mitte des 19. bis zur Mitte des 20. Jahrhunderts wird deshalb in der Kirchengeschichte als das marianische Säkulum bezeichnet, dessen Endpunkt das Dogma der leiblichen Aufnahme Mariens in den Himmel 1950 bildet.

Die von Pius IX. propagierte Dogmatisierung der Unbefleckten Empfängnis Mariens im Jahr 1854 stand als Fanal an seinem Beginn.[65]

Dabei ging es um die Frage, ob Maria wegen ihrer besonderen Stellung als Mutter des Erlösers und Heilands Jesus Christus von dem Makel der Erbsünde, mit dem jeder andere Mensch vom Augenblick seiner Empfängnis im Mutterleib versehen ist, bewahrt worden ist oder nicht.

Dieses Thema wurde in der katholischen Kirche lange kontrovers diskutiert. So sprachen sich etwa im 13. Jahrhundert die Dominikaner entschieden gegen die Immaculata Conceptio Mariens aus, weil es dafür keinen Schriftbeweis gebe und auch aus der kirchlichen Tradition keine eindeutigen Belege zu gewinnen seien. Im 19. Jahrhundert bestand zu einer Dogmatisierung eigentlich kein Anlass mehr, weil die Frage damals nicht mehr umstritten war. Die Immaculata Conceptio wurde weitgehend geglaubt, und bislang war zu dogmatischen Festlegungen nur dann gegriffen worden, wenn eine fundamentale Glaubenswahrheit gegen Angriffe gesichert werden musste. So entstanden auch die großen Dogmen, die den Kern des Glaubensbekenntnisses bilden. Bei der Unbefleckten Empfängnis handelt es sich dagegen um eine neue Form, ein sogenanntes Devotionsdogma.

Pius IX. wollte dieses Dogma unbedingt. Zum Katalysator für die Abfassung des Dogmas wurde seine Vertreibung aus Rom im Zuge der Revolution von 1848/49. Im Exil in Gaeta wurden die entscheidenden Weichen gestellt. Der Papst hoffte offenbar tatsächlich, die Gottesmutter würde in den Verlauf der Weltgeschichte unmittelbar eingreifen und ihm helfen, seinen Kirchenstaat wieder zurückzuerobern.

Am 8. Dezember 1854 dogmatisierte Pius IX. allein kraft seiner eigenen Autorität in Anwesenheit zahlreicher Bischöfe die Immaculata Conceptio und nahm damit die Unfehlbarkeit vorweg, die dem Papst erst auf dem Ersten Vatikanischen Konzil 1870 zugesprochen werden sollte: «Zur Ehre der heiligen und unteilbaren Dreifaltigkeit, zur Zierde und Auszeichnung der Jungfrau und Gottesgebärerin, zur Erhöhung des katholischen Glaubens und zum Wachstum der christlichen Religion ... erklären, verkünden und definieren Wir, dass die Lehre, welche festhält, dass die seligste Jungfrau im ersten Augenblick ihrer Empfängnis durch die einzigartige Gnade und Bevorzugung des allmächtigen Gottes im Hinblick auf die Verdienste Christi

Jesu, des Erlösers des Menschengeschlechtes, von jeglichem Makel der Urschuld unversehrt bewahrt wurde, von Gott geoffenbart und deshalb von allen Gläubigen fest und beständig zu glauben ist.»[66]

Die Jesuiten in der Redaktion der *Civiltà Cattolica* interpretierten das neue Mariendogma nicht nur theologisch, sondern auch politisch. Durch das Dogma werde «das Prinzip der Autorität in der Gesellschaft wiederhergestellt» und «gegen das angebliche Recht der Volkssouveränität das Verdammungsurteil ausgesprochen».[67] Damit wurde die unbefleckte Gottesmutter zur Kämpferin gegen die Moderne schlechthin stilisiert. «Wie die von jedem Makel freie Immaculata, Urbild und Vorbild der Kirche, über Versuchung und Satan siegte, so sollten Kirche und Katholiken die verführende Vernunft und verlockende Freiheit abweisen und die Revolution besiegen.»[68]

Das neue Mariendogma wurde von einer Vielzahl von Erscheinungen der Gottesmutter flankiert.[69] In den Jahren 1803 bis 1917 wurden weltweit nicht weniger als einhundertneunzehn Marienerscheinungen gezählt. Davon fanden bezeichnenderweise einhundertfünfzehn in Europa statt. In Italien erreichten die Marienerscheinungen in den fünfziger Jahren des 19. Jahrhunderts einen absoluten Höhepunkt, was einerseits als unmittelbare Folge des neuen Dogmas interpretiert wurde und andererseits in die zunehmende Bedrohung des Kirchenstaats durch die italienische Einigung hineinpasst. Insgesamt nahmen Marienerscheinungen in katholischen Ländern immer dann zu, wenn sich hier politische oder ökonomische Krisen ereigneten. Interessanterweise sind von den einhundertfünfzehn europäischen Marienerscheinungen lediglich acht von der Kirche anerkannt worden, unter denen vor allem die Erscheinungen von La Salette 1846 und Lourdes 1858 weltweite Bekanntheit erlangten.

Die veränderte Frömmigkeit im 19. Jahrhundert schuf eine Atmosphäre, in der Visionen der Gottesmutter als wahrscheinlicher galten als zuvor und von der Kirche wohlwollender behandelt wurden, wenn sie tatsächlich auftraten. «Der Pontifikat Pius' IX. erbrachte den Nachweis, dass die Kirche imstande war, mächtige Strömungen der Volksfrömmigkeit wirksam zu kanalisieren, dass sie die Ängste und Sehnsüchte, die die Muttergottes-Erscheinungen entbanden, aufgreifen und institutionalisieren konnte.» Der Papst bezog die Erscheinungen geschickt in seinen Kampf gegen die Moderne ein und entwickelte ein «bemerkenswertes Geschick in der Nutzung moderner Kommunikationsmittel für die Förderung des Marienkults».[70] Die Adressaten dieser Erscheinungen waren zumeist Frauen oder Kinder aus einfachen sozialen Verhältnissen, für die die Visionen nicht selten eine gesellschaftliche Aufwertung bedeuteten. Das Schicksal einer Marienerscheinung und ihrer Rezipientinnen hing aber wiederum von der kirchlichen Obrigkeit und besonders vom Umgang des zuständigen Pfarrers mit dem Phänomen ab. Oft wurden die Seherinnen rasch aus dem Rampenlicht geholt und in ein Kloster abgeschoben, weil die ursprünglichen Aussagen der Gottesmutter, von denen die Visionärinnen berichteten, wie etwa in La Salette, recht kirchen- und kleruskritisch ausgefallen waren.

Die Frage nach der Körperlichkeit der Marienerscheinungen wurde in der zeitgenössischen Theologie kontrovers diskutiert. Während moderner eingestellte Theologen eher von imaginativen Erscheinungen ausgingen, die sich im Kopf der Visionärin abspielten, waren zahlreiche eher neuscholastisch orientierte Theologen davon überzeugt, dass die Seherinnen die Gottesmutter mit ihren Sinnesorganen wirklich wahrnehmen konnten, weil die himmlische Frau sich dinglich-real zeigte. Diese Auffassung passt gut in das Konzept des Verhältnisses von Übernatur und Natur, wie es neuscholastische Theologen im 19. Jahrhundert entwickelt hatten und noch weiter entwickeln sollten.

Von der körperlich realen Erscheinung der Allerseligsten Jungfrau zur Materialisation von himmlischen Briefen war – zumindest theoretisch – der Weg nicht weit. Und wenn die Übernatur sich dinglich in der Natur zeigte, dann konnten neben Maria auch andere himmlische Personen den schriftlichen Weg der Übermittlung jenseitiger Weisungen nutzen.

Aber praktisch sah die Sache doch anders aus. Denn während im 19. Jahrhundert von einer Vielzahl von Marienerscheinungen berichtet wird, sind Briefe der Gottesmutter relativ selten. Bei den Marienbriefen sind grundsätzlich zwei ganz unterschiedliche Gattungen zu unterscheiden: einmal sogenannte apokryphe Schreiben, die Maria noch zu ihren Lebzeiten in Palästina verfasst haben soll; dann sogenannte Himmelsbriefe, die von der Allerseligsten Jungfrau nach ihrer

Aufnahme in den Himmel geschrieben sein sollen und die auf ganz unterschiedliche Weise auf die Erde gefallen sind oder sich hier materialisiert haben. Für die erste Gattung steht beispielhaft der berühmt gewordene Brief Mariens an die Einwohner von Messina, der – griechisch abgefasst – auf den 27. Juni 42 datiert und aus Jerusalem abgeschickt worden sein soll.[71] Seine Echtheit ist auch von zahlreichen Päpsten bestritten worden.

Himmelsbriefe der Gottesmutter tauchten seit dem 6. Jahrhundert immer wieder einmal auf, nicht selten im Kontext mystischer Erfahrungen.[72] Es handelt sich durchweg um Einzelfälle, die jedoch umso mehr Aufmerksamkeit erregten. So fand zum Beispiel im Frankreich des 18. Jahrhunderts ein auf Französisch geschriebener Brief Mariens, der «mère de Dieu, dame des Anges, bénigne et pure, espérance et réconfort de toute bonne créature» weite Verbreitung.[73]

Bei Erscheinungen der Gottesmutter war ein menschliches Medium notwendig, eine Visionärin, die Maria sehen und die gesprochene himmlische Botschaft hören und der Welt mitteilen konnte. Ein Himmelsbrief war hingegen selbst das Medium, in dem die Botschaft aus dem Jenseits schwarz auf weiß vermittelt wurde. Visionen und Auditionen waren subjektive Augenblickserfahrungen, mit einem himmlischen Schreiben lag ein haptischer und dauerhafter Beweis für die Weisung «von oben» vor.

Das Auftauchen schriftlicher Quellen als Nachweis für die Echtheit eines Geschehens trägt fast historische Züge: «Quod non est in actis, non est in mundo.» Was nicht in den Quellen steht, existiert nicht. Während aber die Echtheit von Erscheinungen aus dem Jenseits nur schwer zu überprüfen war, hatte man bei einem Brief aus dem Himmel ein greifbares Corpus Delicti vor sich, dessen Herkunft kritisch beleuchtet werden konnte.

Die Fälscherwerkstatt für Marienbriefe

Nachdem Sallua nur eines einzigen Briefes habhaft geworden war und nicht ausschließen konnte, dass Beckx tatsächlich der himmlischen Weisung gefolgt war, musste er alles daransetzen, Näheres über die Briefe der Gottesmutter zu erfahren. Schließlich lieferte ihm die Äbtissin, nachdem sie über zwei Monate geleugnet hatte, einen Anhaltspunkt, wie die Briefe hergestellt worden waren:[74] Von Schwester Maria Francesca habe sie «erfahren, dass diese die Briefe auf Befehl von Schwester Maria Luisa geschrieben hatte. Von dieser bekam sie die Entwürfe und den Befehl, über die ganze Sache niemals mit jemandem zu sprechen.» Auf die Vorhaltungen des Inquisitors, warum sie zu diesem zentralen Punkt so lange geschwiegen habe, antwortete die Äbtissin: «Ich glaubte, ich würde einen Fehler begehen, wenn ich darüber sprechen würde, da ich zu Beginn der Verhöre Pater Peters per Brief dazu befragt hatte. Dieser antwortete schriftlich, ich solle alles sagen. Er ließ mir aber dann mündlich durch Franceschetti sagen, *ich sei nicht verpflichtet, alles zu sagen, was ich als Oberin oder wegen des Beichtgeheimnisses wusste oder was einer anderen Person Schaden zufügen könnte.*»

Mit dem Hinweis der Äbtissin auf Schwester Maria Francesca hielt Sallua den entscheidenden Hebel in der Hand, um das Geheimnis um die Briefe endlich zu lüften. Maria Francesca wurde «innerhalb vieler Monate zahlreichen Verhören unterworfen», berichtete der Dominikaner den Kardinälen. Sie habe stets «mit ungewöhnlicher Aufrichtigkeit geantwortet» und sich auch sehr genau «bis in die einzelne Formulierung» hinein an die Inhalte der verschiedenen Himmelsschreiben erinnern können.

Die entscheidenden Verhöre dieser Nonne fanden im Februar 1860 statt. Maria Francesca a Passione gab an, sie sei dreiundzwanzig Jahre alt, seit drei Jahren im Kloster und habe ihre Profess vor einem Jahr abgelegt. Als erstes wurde sie gefragt, «ob sie den Grund ihrer Vorladung und der Vernehmung kenne oder ihn sich vorstellen könne».[75] Sie antwortete: «Ich glaube, dass man mich hergerufen hat, um über die Madre Vicaria und Novizenmeisterin Maria Luisa Sachen zu erfahren.» Darauf forderte sie der Untersuchungsrichter auf, der Reihe nach zu erzählen, was sie wisse. Und Maria Francesca berichtete:

«Ich war etwa einen Monat als Probandin im Kloster, als die Meisterin Maria Luisa wollte, dass ich einen Brief auf Französisch an den Pater General der Jesuiten schreibe, in dem schlecht über Pater Passaglia geschrieben wurde, wie von einem schlimmen Ordensmann, der auch die Gesellschaft Jesu verdorben hat. Er wurde angewiesen, diesen Pater zu überwachen beziehungsweise erhielt den Befehl, ihn aus der Compagnia zu entfernen. Ich habe den Brief mit folgenden Worten beendet: ‹Wenn Ihr wissen wollt, wer Euch so geschrieben hat, es ist› – darauf hat sie mich gefragt, ohne dass sie mich etwas anderes schreiben ließ, wie man auf Französisch ‹Maria› schreibt. Und ich habe es ihr gesagt. Darauf nahm Maria Luisa den Brief und hat mich angewiesen, dass ich dort als Unterschrift schreiben sollte ‹Marie›. Schließlich hat Maria Luisa mir verboten, mit irgendjemandem über diese Sache zu reden oder jemandem zu sagen, dass ich etwas über die Entstehung des Briefes weiß.»

Damit war für Sallua die Herkunft des Briefes der Gottesmutter an den Jesuitengeneral geklärt, und er konnte endlich den Entstehungszeitraum des Schreibens näher eingrenzen: Bereits im Frühjahr 1857 verfasste Maria Francesca den Marienbrief an Beckx – und damit deutlich vor dem 3. August, dem Tag der Trennung von Passaglia und Schrader.

Da es aber nicht bei diesem einen Brief geblieben war, den Francesca im Auftrag der Novizenmeisterin im Namen der Gottesmutter und anderer Himmelsmächte geschrieben hatte, forschte Sallua weiter. Zunächst musste die verstorbene Mutter Gründerin als vermeintliche Urheberin der Briefe aus dem Himmel herhalten. «Einige Monate später» – so fuhr Maria Francesca in ihrem Verhör fort – «sagte Maria Luisa mir, dass ich viele Sachen der Mutter schreiben müsse. Ich habe aber bald darauf erkannt, als ich die Texte aus den Entwürfen ins Reine schrieb, dass die Mutter eigentlich Maria Luisa war.» Schließlich reichten die Mutter Gründerin und sogar auch die Gottesmutter als Absender nicht mehr aus. Die schöne Novizenmeisterin wollte noch höher hinaus in der himmlischen Hierarchie: «Für mehrere Monate schloss mich Maria Luisa in meiner Zelle ein und befahl mir, Blätter, die sie eigenhändig verfasst hatte, abzuschreiben, in denen Jesus zu ihr spricht und sie seine geliebte Braut nennt. Dann richtet Jesus Christus das Wort an ihren Beichtvater Peters und spricht in dritter Person von einer Seele, deren gesamte Verdienste, Tugenden und Gaben vom Tag ihrer Geburt bis zum heutigen Tag er beschreibt. Ihre Entwürfe habe ich ihr zurückgegeben. Ich schrieb die Briefe auf diese Weise auf Büttenpapier, die von Maria Luisa in ein Lederbändchen eingebunden wurden, auf das außen der Name von Jesus eingeprägt war.»

Nun schrieb nicht nur die Gottesmutter, sondern auch Jesus Christus selbst Briefe! Diese kommen zwar in der Frömmigkeitsgeschichte mitunter vor, sind aber noch sehr viel seltener als Marienbriefe. Im Wesentlichen sind nur zwei Briefe, die Jesus aus dem Himmel geschrieben haben soll, bekannt. Das erste Schreiben von Jesus war an Clemens von Alexandrien gerichtet, der in der zweiten Hälfte des zweiten Jahrhunderts lebte. Das zweite Schreiben tauchte erstmals im sechsten Jahrhundert auf und klagte die Sonntagsheiligung ein. Es ist umstritten, ob dieser «vom Himmel gefallene» Text zuerst auf Lateinisch oder auf Griechisch verfasst war. Später wurde er sogar in zwei oder drei Briefe aufgeteilt.[76]

Die junge Nonne beschrieb auch die Art und Weise der Materialisation dieser himmlischen Briefe auf Erden. Dazu diente das Kästchen, «in das Maria Luisa die von mir geschriebenen Briefe hineinlegte», die dort dann als vom Himmel gefallene Briefe der Gottesmutter gefunden wurden. Diese waren an die Äbtissin, Pater Leziroli und vor allem an Pater Peters gerichtet.

In einem Brief, den Maria Francesca «in der Rolle der Gottesmutter» an Pater Peters geschrieben habe, habe gestanden: «Armer Sohn! Riechst Du nicht den Duft meiner erstgeborenen Tochter? Es tut gut, ihn zu riechen.» Maria Francesca fügte erklärend hinzu: «Das war zu der Zeit, als Maria Luisa ungemein nach Rosen duftete.» Und die Gottesmutter schrieb in ihrem Brief an den Beichtvater weiter: «So wie ich die rosa mystica[77] bin, so ist auch meine Tochter eine Rose, die diesen Duft ausströmt, der aus ihrem Herzen kommt.» Damit gab Maria Luisa in der Rolle Mariens Peters eine marianische Interpretation des Rosenduftes und setzte sich darüber hinaus auch noch mit Christus parallel. So wie Christus der erstgezeugte Sohn Gottes ist,[78] so ist Maria Luisa die erstgezeugte Tochter der Gottesmutter: ein ungeheurer Anspruch.

In ihrer zweiten Vernehmung berichtete Maria Francesca weiter über ihre Tätigkeit als Fälscherin der Himmelsbriefe.[79] Ihre Aussage war offenbar so spannend und aufschlussreich, dass der Inquisitor sie kein einziges Mal durch eine Zwischenfrage unterbrach. Als es zu Aufständen in Bologna und anderen Orten des Kirchenstaates kam und in Rom helle Aufregung herrschte,[80] wandte sich die Gottesmutter auch an Pius IX.: «In zwei an den Papst geschriebenen Briefen wurde diesem empfohlen, nach Österreich zu fliehen.» Anhand des Stils der Vorlage von Maria Luisa glaubte Maria Francesca, dass Pater Peters die Entwürfe dieser Briefe vorbereitet hatte. Zumindest hatte Maria Luisa Informationen des Jesuiten dafür benutzt. Tatsächlich nahmen die Briefe an den Papst ein damals in Rom breit diskutiertes Thema auf, nämlich die Frage, wie Pius IX. sich in dieser heiklen politischen Situation verhalten sollte.

Dann fuhr die Zeugin fort: «Im Auftrag Maria Luisas schrieb ich Pater Peters eine Art Tadelbrief im Namen Jesu Christi.» Er sollte die Inhalte der Himmelsbriefe einfach noch fester glauben, insbesondere das, was dort über die «außerordentliche Seele» – gemeint war Maria Luisa – geschrieben stehe: «Dass sie anlässlich ihrer Taufe in den Himmel gebracht wurde, wo der göttliche Vater sie an die Brust drückte und ihr den Namen Maria gab; der göttliche Sohn nannte sie glorreiche Agathe,[81] der Heilige Geist heilige Gertrud;[82] Vater, Sohn und Heiliger Geist übergaben sie der Heiligen Madonna als ihre erstgeborene Tochter; die Jungfrau drückte sie an die Brust und stillte sie dreiunddreißigmal; dass Jesus Christus ihr zu erscheinen pflegte, sie aus dem Schlaf weckte, ihr die Haare zurechtzupfte und mit ihr aß ... Als sie das Ordensgelübde ablegte, erschien ihr Jesus Christus mit der heiligen Maria, und er heiratete sie als Tochter der heiligen Katharina von Siena; die Heftigkeit der Liebe war so groß, dass ihr dabei drei Rippen brachen.»

In einem anderen Brief der Madonna musste Francesca schreiben, «dass der Herr die Seele der Maria Luisa in die Hände des Beichtvaters Peters übergab; in der Tat werde dessen Seele, während er in seinem Bett schlief, ins Paradies gebracht und dort mit der von Maria Luisa vereint werden». Weitere Marienbriefe gingen auf entsprechende Antworten des Jesuitenpaters ein. Maria Francesca folgerte aus ihnen, «dass Pater Peters die Gottesmutter nach den Gründen fragte, weshalb er bislang keine guten Wirkungen einer solchen Vereinigung spüren konnte, im Gegenteil spürte er die Rebellion der Gefühle und weitere böse Wirkungen. Auf diese Dinge antwortete Maria Luisa im Namen der Madonna, die verlangte, dass er sich beugen solle und dass die Sache einfach so sei, und nichts Schlimmes dabei sei. Dann verdeutlichte ich diese Union durch das Symbol eines Adlers, der eine Taube mit sich trug, und durch zwei angezündete Kerzen, bei denen die bessere der schwächeren ihre Wärme mitteilte.»

Was mit dieser Vereinigung von Beichtvater und Novizenmeisterin genau gemeint war, enthüllten weitere Briefe der Gottesmutter. «In diesen Schreiben wurde auch gesagt, dass Pater Peters ein außerordentlicher Diener dieser Seele war (es war die Madonna, die sprach). Er küsste sie in den Mund, und durch diesen Akt teilte sich Gott ihr auf außergewöhnliche Weise mit; dass der Beichtvater Peters, oder der Herr, sie auf das Herz küsste; dass Hand und Herz eine besondere Verbindung hatten. Die Madonna befahl ihm auch, Maria Luisa den außerordentlichen Segen zu erteilen, was ich nicht verstehen konnte; aber ich erfuhr, dass man damit die Erlaubnis oder den Befehl meinte, den die Madonna Peters als ewigem Vater beziehungsweise Hüter dieser Seele auferlegte, um sie in Begleitung Jesu Christi besuchen zu können.»

Hinter dem «bacio in bocca», dem Kuss in den Mund, verbarg sich nichts anderes als die himmlische Aufforderung zum Zungenkuss, der nach katholischer Morallehre strengstens verboten war und als Ausdruck ungezügelter Lust und animalischer Instinkte galt. Diese Form des Austausches von Zärtlichkeiten war auch unter Ehepartnern nicht erlaubt. Wenn die Gottesmutter den geschulten Theologen Peters aufforderte, den Zungenkuss zu benutzen, um besondere himmlische Gnaden und Segnungen zu übermitteln, war dies unerhört und hätte Peters misstrauisch machen müssen.

Ganz ähnliche Dinge standen aber auch in anderen Briefen, die wie immer im Namen des Schutzengels oder Jesu Christi oder der Madonna geschrieben waren: «Die Liebe von Pater Peters zu Gott sei so groß gewesen, dass er, indem er diese Seele *(Maria Luisa)* an sein Herz drückte, eine außerordentliche Kommunion erhalten würde.» Und Francesca fuhr fort: «Dies habe ich mehrmals geschrieben; in den Briefen wurde nichts Näheres erklärt; dort stand nur ‹Sie verstehen schon› und andere zwielichtige Worte.»

Es waren eindeutige Aufforderungen Maria Luisas an Pater Peters, sexuelle Kontakte zu ihr aufzunehmen. Der Jesuit hatte die zweideutige Aufforderung offenbar nicht so recht verstanden oder wollte sie nicht verstehen. Die Himmelsbriefe brachten Maria Luisas Enttäuschung darüber recht drastisch zum Ausdruck, wie Maria Francesca berichtete.

«Wenige Monate zuvor, als Peters die Nacht im Kloster verbracht hatte, um der inzwischen verstorbenen Maria Agostina beizustehen, schrieb ich an Peters einen Brief im Namen des Schutzengels, in dem gesagt wurde: ‹Sie haben Ihre erstgeborene Tochter nicht kennengelernt, weil das Ziel des Herrn durch Ihre Übernachtung im Kloster nicht das Ziel des Beistandes für Maria Agostina war, sondern weil Gott sich durch Sie seiner erstgeborenen Tochter in außerordentlicher Weise mitteilen wollte.»» Der Vorwurf lautete im Klartext: Wegen des Todesfalles hattest du die einmalige Chance, im Kloster zu übernachten, aber anstatt in meine Zelle zu kommen, hast du deine Zeit mit einem Totenoffizium vertan. In der Folgezeit inszenierte Maria Luisa mehrere schwere Krankheiten, die dem Beichtvater in Briefen der Gottesmutter angekündigt wurden. Auf diese Weise hatte sie ihn schließlich doch dort, wo sie ihn haben wollte: viele Nächte allein bei sich in ihrer Zelle, wo er ihr (seelsorgerlich) beistehen konnte. Die Äbtissin und der erste Beichtvater Leziroli erlaubten dies ausdrücklich.

Auch noch in der dritten Vernehmung sprudelten aus Maria Francesca die Inhalte zahlreicher Briefe geradezu heraus, die sie in der Handschrift und mit der Unterschrift der Gottesmutter an Peters geschrieben hatte.[83] Immer wieder ging es um körperliche Nähe und die Segnungen dieser Erotik. Immer wieder wurde der Beichtvater zu dieser «außerordentlichen Kommunion» schriftlich gedrängt. Es kam aber noch zu einer weiteren Verschärfung: Die Gottesmutter kündigte an, der Teufel werde Maria Luisas Gestalt annehmen und schlimme Dinge tun, um ihrer Lieblingstochter auf diese Weise zu schaden. Dies wurde aber zugleich als gottgewollte Prüfung der «reinen Seele» ausgegeben. Verbarg sich dahinter auch die Vergiftung Katharinas von Hohenzollern?

Die Briefe der Gottesmutter legitimierten schließlich nicht nur die Intimitäten zwischen Maria Luisa und ihrem Beichtvater, sondern auch lesbische Praktiken. Maria Francesca gab darüber zu Protokoll: «In der Zeit, in der die Prinzessin krank war, lag auch Maria Giacinta im Noviziat krank darnieder. Und ich schrieb, wie oben erwähnt, einen Brief im Namen der heiligsten Maria an Pater Peters, und schrieb ihm, dass der Teufel, der die Gestalt seiner meistgeliebten Tochter Maria Luisa angenommen hatte und sich um das Bett der Maria Giacinta aufhielt, Unanständigkeiten beging, und um seine meistgeliebte Tochter immer mehr zu diskreditieren, hatte er Maria Giacinta in Versuchung geführt und sie dazu gebracht zu sagen, dass auch sie gefallen sei und diesen Unanständigkeiten nachgegeben hätte und dass der Herr Maria Giacinta diese Dinge erlaubte, um ihren Hochmut zu unterdrücken.»

Die Zeugin fuhr fort: «Jetzt werde ich erzählen, was ich mit meinen eigenen Augen gesehen habe. Als ich in der Zelle Maria Giacintas stand, die krank im Bett lag, sah ich Maria Luisa hereinkommen, die ich aufgrund der Fakten für den Teufel hielt, und diese lehnte sich an ihr Bett und streichelte Maria Giacinta im Gesicht und an der Brust und sie umarmten und küssten sich gegenseitig. Da sich Maria Giacinta indes ein bisschen in der Taille erhob, merkte ich, dass sie sich entblößte, da ging ich hinaus und betete, ohne jedoch einen Verdacht zu schöpfen, und verscheuchte die Versuchung. Manchmal sah ich die besagte Person, die so zügellos bei Maria Giacinta eintrat, dass sie sich sofort aufs Bett warf und es dann wie oben beschrieben voranging, und ich ging dann weg. Es scheint mir, als dauerten diese Dinge den ganzen Advent an, in dem Maria Giacinta krank war. Manchmal war auch eine andere Novizin anwesend, aber ich erinnere mich nicht mehr genau daran. Da ich dachte, dass die Meisterin so zurückhaltend und feinfühlig in diesen Belangen ist, war ich davon überzeugt, dass der Teufel in ihrer Gestalt diese Obszönitäten beging. Auch die Novizin Agnese Celeste sagte mir: ‹Erinnern Sie sich an jene Dinge, die Maria Luisa mit Maria Giacinta im Bett trieb? Es war aber der Teufel, der ihre Gestalt annahm, wie auch Pater Peters mir gesagt hat.›»

Maria Giacinta bekam allerdings recht bald Gewissensbisse und zweifelte immer stärker an der Echtheit der Anweisungen der Gottesmutter, wie Maria Francesca am letzten Tag ihrer Vernehmung aussagte.[84] Ursprünglich war Giacinta auf Katharina von Hohenzollern durchaus eifersüchtig gewesen, weil sich die Novizenmeisterin unmittelbar nach dem Klostereintritt intensiv um diese bemüht und ihre bisherige Favoritin Giacinta offenbar vernachlässigt hatte. Um sie zu besänftigen, ließ Maria Luisa Maria Francesca einen Brief der Gottesmutter an Peters schreiben, in dem stand: «Dieses Töchterchen von mir ist als Gefährtin meiner erstgeborenen Tochter auserwählt, nachdem Schwester Agnese Eletta weggegangen ist. Offenbaren Sie diesem Töchterchen aber nichts von den großen Dingen der Meisterin.» Als die sanfte Tour über den Beichtvater nicht verfing, schrieb Maria in der Adventszeit 1858 Peters aus dem Himmel: «Entfernen Sie die hochmütige Maria Giacinta von ihrer Mutter.» Dies geschah umgehend, wie sich Maria Francesca erinnerte.

Sallua gelang es, Franceschetti eine Aussage über den Verbleib der Briefe zu entlocken: Maria Luisa hatte sie ihm übergeben, als die Visitatoren ins Kloster kamen. Er war unsicher, wie er damit umgehen sollte. Die Äbtissin und Leziroli sprachen sich dafür aus, die Briefe zu verbrennen, was Pater Peters übernehmen sollte, dem der Anwalt schließlich das Paket mit den Briefen überließ.[85]

Mit diesem Ergebnis konnte Sallua hochzufrieden sein. Er hatte Maria Luisa nicht nur als falsche Mystikerin entlarvt, sondern sie als Fälscherin der angeblich himmlischen Marienbriefe enttarnt. Der äußerst problematische Inhalt der Schreiben hatte dem Inquisitor aber auch weitere Hinweise gegeben, dass die angemaßte Heiligkeit nicht auf den Bereich des Glaubens und der religiösen Erfahrung beschränkt geblieben war, sondern Auswirkungen im Bereich des praktischen und insbesondere des sexuellen Handelns gezeigt hatte.

Seelsorgerlicher Beistand im Bett

In den Briefen der Madonna war Pater Peters angewiesen worden, sich der schönen jungen Novizenmeisterin, der «erstgeborenen Tochter» der Gottesmutter, besonders intensiv zuzuwenden. Er sollte den Duft der Lieblingstochter Mariens einatmen, ihr Herz an seines drücken und weitere himmlische Segnungen durch die Vereinigung mit ihr erhalten. Sallua war nach dem Verhör Maria Francescas bald klar, dass die Himmelsbriefe die erotischen Phantasien und sexuellen Wünsche Maria Luisas widerspiegelten. Aber gelang die himmlische Verführung wirklich?

Sallua konnte zahlreiche Zeuginnen auftreiben, die eine enge Beziehung zwischen dem Beichtvater und der jungen Novizenmeisterin beobachtet hatten.[86] Vor allem Agnese Celeste, Giuseppa Maria, Maria Gesualda, Maria Fortunata und die Äbtissin lieferten pikante Details. «Wenn Maria Luisa Kopfschmerzen hatte», berichtete Schwester Agnese Celeste,[87] «stand ihr Pater Peters den größten Teil des Tages bis hinein in die späte Nacht bei. Einmal verbrachte er die ganze Nacht in ihrer Zelle. Ich entsinne mich, dass man mir in dieser Nacht mehrere Male den Türvorhang verschloss, den ich während der Nacht wiederholt öffnete. Ich hörte Krach in der Zelle der Meisterin. ... Ich hatte die Gelegenheit, zu sehen und zu erfahren, dass Pater Peters in die Klausur ging und sich mit der Meisterin in einem Raum nahe dem Parlatorium einschloss, an dessen Tür ein Fensterglas ist, das Licht ins Zimmer einfallen lässt. Dies geschah fast jeden Tag, es war sehr selten, dass es nicht vorkam ... Ich merkte, dass sie sich lange dort aufhielten, auch einen halben Tag lang. ... Ich erinnere mich, dass Maria Ignazia mir erzählte, dass, als Peters wegen ihrer Kopfschmerzen bei der Meisterin war, diese nicht still war, im Bett herumhopste und aufgedeckt war, und als Maria Ignazia versuchte, sie zu bedecken, sagte der Pater zu ihr: ‹Lassen Sie sie, sie ist doch durch das Mieder bedeckt.›»

Die gerade neunzehnjährige Schwester Agnese Celeste versuchte ihren bösen Verdacht im Hinblick auf eine sexuelle Beziehung zwischen Maria Luisa und Pater Peters zu verscheuchen, aber ihre Mitschwester Giuseppa Maria war in ihrer Vernehmung am 31. März 1860 nicht so skrupulös.[88] «Diese Kopfschmerzen zeigten sich gewöhnlich morgens zur Aufwachzeit, das heißt um 4 Uhr in der Früh, und die erste Sache, die dann zu tun war, war, mit Nachdruck Pater Peters herbeizurufen, der sofort gerufen wurde, und außer der Mittagszeit verbrachte er dort den ganzen Tag. Als ich eines Morgens zur gewohnten Stunde zu ihr ging, um sie zu wecken, fand ich dort selbigen Peters vor und erfuhr, dass er bei ihr die ganze Nacht verbracht hatte. Weil sie mit der Mutter Gründerin sprach, sollte nur Peters diese Reden hören, daher kamen die Schwestern nicht in jenes Zimmer, sondern die beiden blieben größtenteils allein. ... So übernachtete Peters ungefähr zwei Monate lang im Kloster und schlief in einer eigenen Zelle. ... Maria Luisa besuchte ihn indes häufig in dieser Zelle.

Ich, die ich die Häufigkeit dieser Besuche bemerkt hatte, konnte Folgendes beobachten: Eines Abends sagte die Meisterin, nachdem sie sich bei mir rückversichert hatte, dass für diese Nacht keine Gefahr vorlag, in Anwesenheit der Äbtissin, dass man Peters in die gewohnte Zelle zum Schlafen schicken konnte, und brachte die Äbtissin dazu, ins Bett zu gehen, und sagte, dass auch sie selbst ins Noviziat gehen würde. Ich, die ich die Nacht in der Zelle einer Kranken verbrachte, bemerkte wohl, dass Maria Luisa die Letzte war, die sich zurückzog, aber nachdem sie in Richtung Noviziat gegangen war, sah ich, wie sie auf Zehenspitzen in Peters' Zelle zurückkehrte. Auch sie bemerkte mich, trat in die Zelle der Kranken ein und tadelte mich ausgiebig, wobei sie mir schließlich befahl, das Zimmer der Kranken nicht mehr zu verlassen. Ich musste gehorchen, besonders weil ich damals noch eine einfache Novizin war, aber der Verdacht, dass sie zu Peters zurückkehren könnte, trieb mich dazu, sie zu beobachten, aber ohne dass sie das bemerkte. Ich sah in der Tat sehr genau, dass, nachdem sie bereits an der Zelle des Paters vorbeigegangen war, sie auf Zehenspitzen dorthin zurückkehrte und eintrat. Die Kranke ruhte indes, und ich war geplagt von Gedanken wegen der Meisterin und Peters, die zusammen in diesem Zimmer waren.

Nach einigen Stunden oder nachdem bereits die halbe Nacht vorbeigegangen war, wachte die Kranke auf, und ich nutzte die Gelegenheit, um sie abzulenken, indem ich so tat, als befürchtete ich, die Kranke könnte wieder Erstickungsgefühle im Hals haben. Sodann klopfte ich mit der Faust an die Wand, und es kam Pater Peters, und als er sah, dass die Kranke nichts brauchte, fragte er mich, warum ich ihn gerufen hatte. Ich antwortete, ich hätte nicht ihn, sondern die Meisterin gerufen, damit sie nachschauen käme, ob etwas benötigt würde, um dann Euer Hochwürden rufen zu können.

Er antwortete beunruhigt: ‹Aber wissen Sie nicht selbst, ob etwas benötigt wird? Und wo ist denn die Meisterin?›

Und ich antwortete: ‹Die Meisterin ist in der Zelle von Euer Hochwürden.›

Woraufhin er sagte: ‹Aber in meinem Zimmer ist sie nicht.›

Und ich: ‹Doch, ich habe sie eintreten sehen.›

Unterdessen verließ ich den Raum, um irgendetwas zu holen, aber er rief mich eilig zurück in die Zelle der Kranken und sagte, dass ich nicht in seine Zelle gehen dürfte, und dass ich, wenn etwas benötigt würde, klopfen sollte, damit er kommt, aber dass ich mich ja nicht vom Bett der Kranken fortbewegen sollte.

In dieser Nacht lehnte ich mich mit der höchsten Vorsicht und barfuß an die Tür der Zelle von Peters, und ich hörte, dass sie gedämpft redeten, aber ich konnte ihre Worte nicht verstehen.

Maria Luisa verbrachte gewöhnlich mehr oder weniger Zeit in der Zelle von Peters, entweder alleine oder mit ihm; manchmal wusste es die Äbtissin, und dann ließen sie die Tür offen, schlossen sie aber sonst, sodass niemand, nicht einmal ich, wusste, dass sie sich dort eingeschlossen hatten. Als die Meisterin, nachdem sie in diesen Nächten, und besonders in oben genannter Nacht, beim Pater gewesen war, zu der Kranken kam, bemerkte ich, als ich mich ihr näherte, dass sie an den Händen, an den Schultern und am Kopf nach Tabak roch, sie selbst konsumierte ihn nicht, Peters jedoch in sehr starkem Maße. Als ich ihr als Meisterin die Hand küsste, sagte ich zu ihr: ‹Meine Mutter Meisterin, wie stinken Sie doch nach Tabak, berührt der Pater Sie etwa mit seinen vom Tabak schmutzigen Händen?› Sie antwortete nicht, sondern lächelte. Ich stellte ihr mehrere Male diese Frage. Auch Maria Giacinta fragte sie dasselbe, nachdem sie wie ich den Geruch bemerkt hatte. Aufgrund der Zuneigung, die die Meisterin mir und Maria Giacinta entgegenbrachte, küsste ich sie auch auf die Schultern, den Kopf, und überall stank sie nach Tabak.»

Giuseppa Maria wollte über ihren Verdacht mit Pater Leziroli in der Beichte sprechen. Dieser wies sie aber harsch ab und sah wieder einmal den Teufel in der Gestalt der Meisterin am Werk. Daraufhin sprach Giuseppa Maria in der Weihnachtszeit 1858 Pater Peters in der Beichte direkt auf den Tabakgeruch Maria Luisas an. «Er gestand, dass Maria Luisa in dieser Nacht und auch bei anderen Gelegenheiten wirklich bei ihm gewesen war. Und er erklärte mir, warum sie nach Tabak roch. Wenn sie von spirituellen Dingen gesprochen habe, habe sie auf dem Stuhl derartig gewankt, dass sie auf den Boden gestürzt wäre, wenn er sie nicht mit den Armen festgehalten hätte. Und daher hätte ich den Gestank von Tabak gerochen, wenn ich mich ihr genähert hatte, weil dies mehrere Male passiert sei. Er sagte: ‹Ihr versteht diese Dinge nicht, aber ich, der ich studiert habe, kenne die Heiligkeit der Maria Luisa aufgrund ihrer hohen Reden vom Paradies.›»

Das Verhältnis von Beichtvater und Madre Vicaria ging offenbar so weit, dass Peters sogar seine Pflicht, als Seelsorger den Sterbenden beizustehen, vergaß. Dabei war dies doch der offizielle Grund, weswegen er überhaupt in der Klausur übernachten durfte. Die Novizinnen ahnten aber, was hinter der verschlossenen Klosterzelle ihrer Meisterin tatsächlich vor sich ging. Diese hatte plötzlich überhaupt keine Zeit mehr für ihre Zöglinge und nur noch Augen für den Jesuitenpater. So gab etwa Maria Fortunata in ihrem Verhör am 7. Mai 1860 zu Protokoll:[89] «Einige Male beklagten wir uns unter den Novizinnen darüber, dass wir die Meisterin nie antrafen, weil sie immerfort mit Pater Peters redete, sie sich immer im Parlatorium einschlossen, aber ich weiß nicht, was sie dort machten, sah jedoch, wie die Meisterin danach *ganz rot* herauskam, und manchmal konnte sie nicht einmal die Augen aufmachen. Einmal, nachdem ich zu ihr gesagt hatte: ‹Meine Meisterin, wie sind Sie doch so rot!›, antwortete sie mir: ‹Sag zu mir nie wieder solche Sachen, sonst lege ich Dir eine schwere Buße auf!›»

Wenn sich Maria Luisa auf die Begegnungen mit ihrem Beichtvater vorbereitete, ließ sie sich schön machen. Dazu ist im Vernehmungsprotokoll von Schwester Maria Fortunata vom 14. Mai 1860 zu lesen:[90] «Aus Gewissenspflicht muss ich sagen, dass, wenn Maria Luisa im Bett lag, sie mir manchmal sagte: ‹Wasch mich gut, denn der Pater soll kommen›.» Außerdem sei sie vor der Begegnung mit dem Jesuiten immer ganz aufgeregt gewesen. Schließlich musste sogar die Äbtissin in ihrem Verhör am 23. Mai 1860 auf die Frage, ob der unerlaubte Aufenthalt des Beichtvaters in der Klausur mit dem «übernatürlichen Schmerz» der Novizenmeisterin zusammenhing, einräumen, dass sie in diesem Punkt Maria Luisa und Pater Peters blind vertraut habe. Schließlich seien die Termine der Treffen doch den Briefen der Gottesmutter zu entnehmen gewesen.[91]

Für die intimen Begegnungen von Beichtvater und Novizenmeisterin hatte sich ein einheitliches Zeremoniell herausgebildet: Die Gottesmutter schrieb einen Brief und kündigte darin neue mystische Kämpfe und überirdische Leiden ihrer Lieblingstochter an. Deshalb sei der Beistand des Beichtvaters bei Tag und Nacht unbedingt erforderlich. Der Brief mit Datum und Ort der Treffen materialisierte sich in dem verschlossenen Kästchen. Der Jesuit las den Brief und schrieb der Madonna als Antwort, er stehe seelsorgerlich jederzeit bereit. Dann bekam Maria Luisa ihre üblichen «wahrlich überirdischen» Kopfschmerzen. Diese waren stets die Vorboten für die folgenden Ekstasen und Kämpfe mit den Dämonen. Darauf wurde umgehend ihr Beichtvater gerufen, der in diesem Fall in die Klausur eintreten durfte.

Sallua kristallisierte aus den übereinstimmenden Zeugenaussagen einen neuen doppelten Straftatbestand heraus: Einerseits sahen die Intimitäten zwischen Peters und Maria Luisa nach Sollicitatio aus. Diese Anklage betraf Peters, der sich als Beichtvater verbrecherischen Amtsmissbrauches schuldig gemacht hätte, wenn er als Priester bei, vor oder nach der Beichte oder unter dem Vorwand seelsorgerlichen Beistandes sein «Beichtkind» zu einer schweren Sünde gegen das sechste Gebot verführt hätte. Andererseits hatte die schöne junge Nonne den Beichtvater verführt und sexuelle Handlungen mit ihm vollzogen. Dem Ganzen gab sie den «falschen Anschein des Vollzugs göttlicher Liebe», indem sie vorspielte, dabei in «göttlichem Auftrag» zu handeln.

In seinen Vernehmungen war der Dominikaner überdies auf ein pikantes Gerücht gestoßen. Peters sollte demnach vor der Gottesmutter, vulgo Maria Luisa, eine Lebensbeichte abgelegt und ihr dabei von einer Affäre mit einer gewissen Alessandra berichtet haben. Die Fama wollte wissen, dass die schöne Novizenmeisterin ihm daraufhin via Brief der Gottesmutter «besondere Segnungen» und wirklich himmlische Erfahrungen mit ihr in Aussicht gestellt habe, die völlig verschieden von den «schändlichen Unanständigkeiten» sein würden, die er mit dieser Alessandra getrieben habe. Würde der Dominikaner dieses Gerücht erhärten können, oder würde es sich in Luft auflösen? Darauf konnten nur die Verhöre von Maria Luisa und Pater Peters eine Antwort geben.

Lesbische Intimitäten in der Klosterzelle

Ein weiterer Vorwurf stand im Raum: Maria Luisas gleichgeschlechtliche Handlungen mit unterschiedlichen Partnerinnen.[92] Schon die Aussage von Agnese Eletta im Rahmen der Voruntersuchung hatte ein deutliches Verdachtsmoment ergeben. Zahlreiche Zeuginnen bestätigten ihre Geschichte: Nachdem Maria Luisa ihrer Bettgespielin überdrüssig geworden war, nutzte sie eine Erscheinung dazu, eine gefährliche Mitwisserin intimster Geheimnisse in San Pasquale wegschließen zu lassen.

Der eigentliche Grund für die Abservierung der damals neununddreißigjährigen Agnese Eletta war aber eine neue, sechs Jahre jüngere Favoritin, die dreiunddreißig Jahre alte Novizin Maria Giacinta. Ähnlich wie Agnese Eletta sah sich auch Maria Giacinta wegen «der totalen Abscheu», die sie über ihre Taten empfand, nicht imstande, mündlich vor der Inquisition darüber auszusagen. Sie gab stattdessen bei ihrer Vernehmung durch Sallua am 24. März 1860 einen umfangreichen Text ab, der während der Vernehmung Wort für Wort vorgelesen und dann von ihr unterschrieben wurde:[93]

«Die Mutter Meisterin zeigte mir vom Beginn an eine einmalige Zuneigung und umarmte mich nach der Einkleidung, sie küsste mich mit Leidenschaft und nannte mich ‹meine Tochter, mein Herz, meine Seele, meine Liebe›, und sie sagte mir, dass Jesus Christus und die heiligste Maria eine Vorliebe für mich hätten und ihr befohlen hätten, mich mit Vorzug zu lieben, wobei sie ihr mitteilten, dass sie große Verantwortung für meinen Geist und meinen Körper hätte.

Als Schwester Agnese Eletta weg war, ich erinnere mich nicht an die genaue Zeit, wurde ich in die Zelle der Mutter Meisterin verlegt. Nachdem wir uns abends zurückgezogen hatten, hielten wir uns in spirituellen Gesprächen auf; als ich eines Abends neben ihrem Bett kniete und sie bereits im Bett lag, wollte sie, dass ich mein Gesicht auf ihre Brust legte, und sie zeigte mir, wie stark ihr Herz pochte, und dann wollte sie, dass ich ihre Brustwarzen lutschte; dies wiederholte sich jeden Abend und immer unter Bekundung der Zuneigung. Schließlich sagte sie mir, dass, obwohl es nicht so schien, sie doch sehr fleischlos sei, ich möge sie daher an den verschiedenen Teilen des Körpers berühren und ich erinnere mich daran, dass ich sie auch an den schamlosen Stellen berührte.

In der folgenden Nacht hingegen ging nicht sie als erste ins Bett, sondern sie gebot mir, mich gehorsam hinzulegen, und an diesem Abend hatte sie das Licht angezündet gelassen und wollte mich dann an meinem ganzen Körper, und zwar an jedem Teil davon, betrachten, und mit einer Medaille zeichnete sie Kreuze auf meine Sexualorgane. Dies geschah zwei- bis dreimal.

Die Umarmungen und Küsse waren auch tagsüber sehr häufig in jenen drei, vier oder fünf Monaten, ich erinnere mich aber nicht mehr ganz genau an die Zeitspanne vor meiner Profess.

Die unkeuschen Handlungen wurden mit Berührungen durch die Hände, den Körper und zwei- oder dreimal auch durch die Zunge begangen. Sie erwies sich als am meisten begierig nach den Berührungen des Körpers, denen sie die Bezeichnung ‹Geben› gab, und sie wollte, dass ich mich in eine solche Stellung brachte, dass ich die Beine hob und sie sich ‹verflochten›, wie sie mir sagte, und indes machte sie Bewegungen und einen solchen Laut, dass ich das nicht mit Worten auszudrücken vermag, und sie wies mich an, mich so zu positionieren, dass ich in mir ihre Körperflüssigkeit empfangen konnte. Manchmal hingegen wollte sie mich über ihr positioniert, wobei sich Körperteil an Körperteil und Mund an Mund befanden. Sie sagte, dass ihr diese Körperflüssigkeit von Gott gegeben worden war, um die Krankheiten dieser Körperteile zu heilen; manchmal wollte sie, dass ich mit meinem feuchten Finger, nachdem der Akt vollbracht war, Kreuze auf meinen Körperteilen machte, wie sie auch wollte, dass ich saugte, wenn ich mit meiner Zunge zugange war, weil ich auf diese Weise genesen würde. Einige Tage lang ereigneten sich diese Handlungen jeden Abend und dauerten in meinem Bett ein bis zwei Stunden, danach fanden sie weniger häufig statt.

Da ich an einem Leiden an den Sexualorganen litt, das mich dazu zwang, Wickel zu machen, wollte sie selbst mir diese machen.

Eines Abends oder an dem Abend direkt vor meiner Profess kam sie zu den gewohnten Handlungen in mein Bett und sagte mir, dass dies das letzte Mal sein würde, dass alles vorbei und ich nun geheilt sei: Zum Abschluss wollte sie mir die Haare an diesen Körperteilen abrasieren.

Trotzdem fuhr sie fort, mich auch nach meiner Profess berühren zu wollen und selbst von mir mit den Händen berührt zu werden, obwohl sie nur wenige Male all die anderen Liebes- und Vertraulichkeitsakte verlangte. Und als ich beim ersten Mal nach der Profess anmerkte, dass, obwohl ich doch nun eigentlich genesen sei, es mir nicht gut ginge, setzte sie diese Behandlung fort. Als Antwort erzählte sie von so vielen Dingen, an die ich mich nicht erinnere, unter anderem aber, dass es noch Überbleibsel gab.»

Der Austausch von Flüssigkeiten aus der Vagina, die heftige Leidenschaft und schließlich der «vollzogene Akt» waren für den Inquisitor nichts anderes als weibliche Sodomie. Maria Giacinta kam auch auf ihre Gewissensbisse zu sprechen. Sie befand sich in einem kaum auflösbaren Dilemma: Die Verderbtheit der sexuellen Akte war ihr sehr bewusst, die Himmelsstimmen verlangten aber, dass sie das eigentlich Verbotene tun sollte. Sie schrieb:

«Bereits beim ersten Akt der Berührung wollte ich mich dem auf keinen Fall fügen, weil ich das für eine Sünde hielt, und zuweilen wiederholte ich Maria Luisa gegenüber, dass es sich um sündhafte Taten handelte, und wollte dies beichten. Ich wollte diese Art zu leben nicht fortsetzen. Sie aber tat alles, um mich davon zu überzeugen, dass ich dem Pater nichts davon sagen dürfe: Es handle sich nicht um Sünde, wenn man nichts verspürt und wie ein Stück Holz bleibt. Der Herr habe ihr meinen Körper übergeben und besonders jenen Teil, um ihn von jeder sinnlichen Regung zu kurieren. Häufig zwang sie mich, aus Gehorsam nachzugeben, und wenn ich dann antwortete, dass der Gehorsam mich nicht dazu zwingen könnte zu sündigen, antwortete sie, dass das, was Gott befahl, keine Sünde sei.

Mehrere Male wehrte ich sie ab und sagte: ‹Sie sind nicht die Mutter Meisterin, sondern ein Dämon, der die Gestalt der Mutter Meisterin angenommen hat.›

‹Nein›, entgegnete sie dann, ‹ich bin es wirklich.›

Um mich dessen zu versichern, sagte ich zu ihr: ‹Küss also das Kruzifix.›

Und sie küsste es.

Da sie ein Kreuz trug, von dem man sagte, es sei wundertätig, nahm sie wohl an, dass, wenn sie mit diesem Kruzifix käme, ich ruhiger sein würde, dass es nicht der Dämon, sondern sie in Person sei.»

Die Probe mit dem Kreuz bewies Maria Giacinta, dass sie sich tatsächlich mit der schönen Madre Vicaria selbst im Bett befand, denn das Kreuz galt als sicherstes Abwehrinstrument gegen den Teufel und die Dämonen und wurde deshalb auch im Exorzismus angewendet.[94] Die zweite Krankenschwester Giuseppa Maria gab ihr einen brutalen Rat: Sie solle während des sexuellen Akts Maria Luisa ins Gesicht beißen. Dadurch hätte am nächsten Morgen jeder sehen können, dass die Novizenmeisterin und eben nicht der Teufel in ihrer Gestalt die schlimmen Dinge im Bett mit ihr getrieben hatte. Doch diesem Rat folgte Maria Giacinta nicht.[95]

Sie musste jedoch dringend mit einem Seelsorger sprechen, um ihr Gewissen zu erleichtern. Der eigentlich gebotene Weg zu den Beichtvätern blieb ihr versperrt, weil es ihr Maria Luisa verboten hatte. Schließlich kam doch ein Gespräch mit Peters zustande, der aber offensichtlich das Beichtgeheimnis brach: «Mehrere Male kam es vor, dass, nachdem ich gebeichtet hatte, die Mutter Meisterin zu mir kam und mir etwas wiederholte, was ich in der Beichte gesagt hatte. Einmal sagte sie mir sogar, als sie mich traf: ‹Der Beichtvater ...›, aber als sie dann von neuem anfing, fügte sie hinzu ‹Nein, eine andere Person hat mir berichtet, dass Sie das und jenes gebeichtet haben›. Ich habe allen Grund zu glauben, dass die Mutter Meisterin, als wir beichteten, lauschen kam, weil ich das Fensterchen offen fand, das zum Parlatorium hin zeigt (wo Pater Peters die Beichte hörte), wobei ich mir stets sicher war, es geschlossen zu haben, wenn ich zur Beichte eintrat.»

Es gelang der Novizin nicht, aus der Abhängigkeit von ihrer Vorgesetzten zu entkommen. Auch die Beichtväter waren ihr keine

Hilfe. Im Gegenteil: Sie nahmen die Teufelsgeschichten für bare Münze. Die Frustration brach sich Bahn, als Maria Giacinta auf die Krankenstation kam und damit nicht mehr im Noviziat lag, wo sie unter der direkten Kuratel der Novizenmeisterin stand. Sie schrie, als Maria Luisa sie am Krankenbett besuchen wollte: «Verschwinde, Du böse Hexe, Du Hoden, Du Arsch!» – jedenfalls sagte die Zeugin Maria Francesca am 22. Februar 1860 unter Eid aus, diese Formulierungen von ihr so gehört zu haben.[96]

Maria Luisa beließ es nicht beim Austausch von Zärtlichkeiten mit Maria Giacinta. Fast alle Novizinnen sagten aus, dass die Novizenmeisterin auch mit ihnen Küsse, Umarmungen und Streicheleien ausgetauscht habe. «Zu Beginn meines Noviziats kam die Meisterin mir mehrmals entgegen und umarmte und küsste mich», berichtete Agnese Celeste.[97] Das Beispiel Maria Giacintas machte offenbar Schule, wie Maria Fortunata erzählte. Als Maria Giacinta der Madre Vicaria «mit Ungestüm entgegen» gelaufen sei, sie geküsst und den Kopf an ihre Brust gelegt habe, da hätten sie und die übrigen Novizinnen das Gleiche gemacht.[98]

Mehrere Novizinnen berichteten auch von einer Art lesbischem Initiationsritus, der in Sant'Ambrogio unter der Ägide der Novizenmeisterin Maria Luisa Einzug gehalten hatte. In der Nacht vor der Einkleidung musste jede Novizin mit der Novizenmeisterin in einem Bett schlafen. Dabei legte man Gesicht an Gesicht und Brust an Brust, heftige Umarmungen waren die Regel. Wenn mehrere Novizinnen zusammen die Profess ablegten, schliefen alle gemeinsam in Maria Luisas Zelle. «Sie wurde zu einem ununterbrochenen Bordell.»[99] Die Novizinnen, nur mit einem Hemd bekleidet, tanzten, sich an der Hand haltend, durch die Zelle. Nach einer so statt – wie von der Regel vorgeschrieben – im Gebet verbrachten Nacht traten die Novizinnen dann geleitet von ihrer Meisterin in die Kirche zur feierlichen Liturgie, um die Gelübde abzulegen.

Den Aussagen der Zeuginnen konnte der Inquisitor in seinem zusammenfassenden Bericht für die Kardinäle nur wenig hinzufügen. Die lesbischen Handlungen «unter dem Deckmantel besonderer Tugend» hatten sich erneut als Folge der fingierten Heiligkeit Maria Luisas erwiesen.

Das System Sant'Ambrogio

Maria Luisa hatte ein «System Sant'Ambrogio» entwickelt, das ganz auf ihrer Autorität als Heilige und Mystikerin beruhte und ihr eine einzigartige Machtstellung im Kloster und darüber hinaus sicherte. In seinem Verhör vom 12. September 1860 hatte der Anwalt des Klosters, Luigi Franceschetti, eine Aussage gemacht, die den Inquisitor aufhorchen ließ. Er sprach davon, die Nonnen von Sant'Ambrogio hätten «ein ganz anderes System und ganz andere Prinzipien als alle anderen religiösen Gemeinschaften».[100] Der Untersuchungsrichter arbeitete sechs wesentliche Kennzeichen dieses Systems heraus.[101]

Erstens: Die Leitung des Klosters lag sowohl im äußeren disziplinarischen Bereich, der in die Kompetenz der Äbtissin fiel, als auch im inneren geistlichen Bereich, für den eigentlich ausschließlich der Beichtvater zuständig war, in der Hand der Madre Vicaria. Maria Veronica war lediglich Äbtissin von Maria Luisas Gnaden. Die Novizinnen mussten schon bei ihrem Eintritt eine «allgemeine Beichte» vor der Novizenmeisterin ablegen, und auch sonst sollten sie «zuerst bei ihr und erst danach beim Beichtvater» beichten. Maria Luisa informierte Leziroli über die Punkte, in denen die Novizinnen «gut oder schlecht gesinnt» waren. Es gelang ihr auch – wie der Inquisitor auf der Basis zahlreicher Verhörprotokolle zusammenfasste –, die «Äbtissin dazu zu bewegen, ihr die Beichten oder Selbstbeschuldigungen der Nonnen zu verraten». Damit knüpfte Maria Luisa an eine bereits bei der Mutter Gründerin angelegte Tradition an, ging aber wesentlich darüber hinaus, denn diesen Grad der Verquickung von Sündenbekenntnis bei ihr und Sündenbekenntnis im Beichtstuhl hatte Maria Agnese Firrao nie erreicht.

Zweitens: Die Novizenmeisterin nahm sich weitere Kompetenzen heraus, die ihr nach dem Kirchenrecht nicht zustanden. So dispensierte sie die jungen Nonnen aus eigener Machtvollkommenheit vom Stundengebet. Manche Novizinnen, die sich eigentlich in das regelmäßige Beten der Psalmen einüben sollten, wurden von ihr tage-, wochen-, ja sogar monatelang befreit. Auch das Nüchternheitsgebot beim Empfang der Heiligen Kommunion wurde auf Anweisung Maria

Luisas missachtet. Den Kranken wurde die eucharistische Gabe «leichtfertig» – wie Sallua festhielt – mehrmals die Woche gereicht. Eigentlich war Voraussetzung für die Heilige Kommunion die unmittelbar vorher erfolgte Absolution in der Beichte. Nach der Regel von Sant'Ambrogio durfte den Kranken nur alle acht Tage die Kommunion gespendet werden. Allerdings sollten die Schwestern jeden Morgen die Möglichkeit zum Kommunionempfang haben – das geht weit über die allgemeine Regel des Dritten Ordens hinaus, wonach die Schwestern wenigstens dreimal im Jahr zu den Hochfesten Ostern, Weihnachten und Pfingsten zur Kommunion verpflichtet waren.[102]

Drittens: Auch mit den kirchlichen Fastengeboten nahm man es in Sant'Ambrogio nicht so genau. Nach der Regel sollten im Winter nur zweimal, im Sommer dreimal am Tag karge Mahlzeiten gereicht werden. Während der beiden Fastenzeiten vor Weihnachten und Ostern sowie montags, mittwochs, freitags und samstags war der Genuss von Fleisch- und Milchprodukten verboten.[103] Maria Luisa aß nach dem Zeugnis zahlreicher Novizinnen in deren Anwesenheit auch freitags und an den übrigen gebotenen Fastentagen Fleisch. Sie sagte, sie sei von allen Vorschriften befreit, auch vom Besuch des Gottesdienstes, sogar an Feiertagen. Offenbar hatte die Novizenmeisterin fünf Jahre lang an keiner der vorgeschriebenen Gebetszeiten des Stundengebets teilgenommen.

Viertens: Das System Sant'Ambrogio lebte nicht nur von den übernatürlichen Gaben, Segnungen, Visionen und Ekstasen der «heiligen» Maria Luisa, sondern auch von realen Gegenständen, die ihre Heiligkeit im wahrsten Sinn des Wortes fassbar machten. Diesen Reliquien widmete der Inquisitor einen eigenen Anklagepunkt.[104] So hatte Maria Luisa von ihren Himmelsreisen eine «Strähne vom Haar der Heiligen Jungfrau» mitgebracht, die in ein silbernes Reliquiar gefasst wurde. Ein andermal erhielt sie bei ihren Entrückungen vom heiligen Joseph eine Reliquie, dann bekam sie von Christus einen «beachtlichen Teil des heiligen Kreuzes» geschenkt, das sie am Karfreitag vorzeigte. Die Übergabe dieser Gegenstände im Himmel wurde durch Briefe der Gottesmutter an Pater Peters bestätigt, der daraufhin für eine Verehrung der Reliquien sorgte. Das Reliquiar mit dem Haar der Gottesmutter konnte Sallua bei der Äbtissin sicherstellen. Über den Umhang Maria Luisas, den Christus bei einer ihrer Begegnungen im Himmel getragen haben soll, schrieb Pater Leziroli auf einer Karte: «Keine Nonne soll den Umhang je anziehen, da der Heiland der Welt sich herabgelassen hat, ihn eine Nacht zu tragen, da ihm kalt war.» Auch ein Schleier der Novizenmeisterin wurde als wundertätig verehrt; die Nonnenkleidung, die sie bei ihrer Hochzeit mit Christus im Himmel getragen hatte, sorgsam aufbewahrt; ihre abgeschnittenen Haare wurden von den Novizinnen wie ein Schatz verwahrt – Heiligkeit zum Greifen. Auch hier knüpfte Maria Luisa an ihr großes Vorbild Maria Agnese Firrao an, ging aber zugleich weit über sie hinaus.

Fünftens: Besonderes Gewicht kam aus der Sicht des Untersuchungsrichters der Tatsache zu, dass die beiden Beichtväter diese schlimmen «Maximen und Praktiken» äußerst aktiv «eingeschärft, gebilligt und befürwortet» und «auf einen mutmaßlichen Willen Gottes» zurückgeführt hatten, gestützt auf die «feste Überzeugung einer außerordentlichen Mystik des Klosters» sowie der «großen Heiligkeit» der Gründerin Agnese Firrao und der Schwester Maria Luisa.[105]

Sechstens war mit dem System Sant'Ambrogio eine absolute und überdies sakramental sanktionierte Geheimhaltungsstrategie verbunden. Im Auftrag Maria Luisas wiesen die Beichtväter die Nonnen mit allem Nachdruck an, gegenüber den Visitatoren und sogar den Inquisitoren darüber zu schweigen. Die Heiligkeit Maria Luisas musste notfalls sogar bis zum Meineid verteidigt werden. Maria Luisa selbst, so berichtete Giuseppa Maria, schwor die Gemeinschaft auf das absolute Stillschweigen ein: «Es ist besser, das Geheimnis zu bewahren, selbst wenn Sie bezüglich dieser Vorfälle vernommen werden; ich werde die erste sein, mit dem Beispiel voranzugehen, und zwar trotz jeglichen Eides; die Prinzessin ist die Anklägerin, und ich würde die Oberen gerne darum bitten, sie zu uns kommen zu lassen, um uns Rede und Antwort bezüglich der Beschuldigung zu stehen. Ich schließe das Kapitel mit der Aufforderung an Sie, es mir gleichzutun.»[106]

Das stellte eine unverblümte Aufforderung zur Falschaussage unter Eid dar. Dafür konnte sich Maria Luisa auch auf die Autorität der Jesuitenpatres Leziroli und Peters stützen. «Die außerordentlichen Geschehnisse rund um Maria Luisa wurden auf Anweisung der Beichtväter möglichst geheim gehalten», gab die Äbtissin am 19. Mai 1860 zu.[107] Die Beichtväter gingen aber noch weiter, sie forderten die Schwestern nicht nur allgemein auf, die Verehrung Maria Luisas zu verschweigen, sondern sie legten im Beichtstuhl einzelnen Nonnen den Meineid sogar als verbindliche Bußübung auf. Maria Ignazia sagte in ihrer Vernehmung jedenfalls aus, Pater Peters habe ihr in Bezug auf die «Gaben» der Madre Vicaria das «Beichtgeheimnis» auferlegt. Deshalb war die Schwester überzeugt, sie «könne voller Überzeugung alles beschwören und verneinen», auch wenn es der Wahrheit widerspreche, und verstieg sich vor dem Untersuchungsrichter sogar zu der Formulierung, sie werde, gestützt auf ihren Beichtvater, «aus sich eher Hackfleisch machen lassen, als zu reden».[108]

«Dieser Anklagepunkt» – gemeint war die angemaßte Heiligkeit der schönen jungen Novizenmeisterin und Madre Vicaria Schwester Maria Luisa – «stellt im Hinblick auf seine Bedeutung und Wichtigkeit den springenden Punkt dieser höchst ernsten Causa dar», fasste Sallua in seiner *Relazione* für die Kardinäle der Inquisition vom Januar 1861 die Ergebnisse der Zeugenbefragungen zusammen, «weil alle anderen Anklagepunkte in diesem zusammenlaufen oder von diesem abstammen und weil er im Zentrum aller Handlungen der Angeklagten und aller anderen in diesem Prozess vorkommenden Personen steht.»[109] Und dieser Anklagepunkt war für den Dominikaner in all seinen Teilaspekten durch den Informativprozess bewiesen.

FÜNFTES KAPITEL

«Eine Tat in göttlicher Herrlichkeit»
Mord auf Befehl der Gottesmutter

Der Americano und sein obszöner Brief

Nachdem der Untersuchungsrichter die ersten beiden Hauptanklagepunkte im Informativprozess – die Verehrung Agnese Firraos als Heilige und die angemaßte Heiligkeit Maria Luisas – abgearbeitet hatte, ging es nun um die Giftanschläge auf das Leben Katharinas von Hohenzollern. Hier betrat Sallua ein besonders vermintes Gelände, hatte doch der Papst große Zweifel an der Glaubwürdigkeit der ganzen Geschichte erkennen lassen. Außerdem verfügte der Dominikaner über keine Kenntnisse in der Ermittlung von Kapitalverbrechen, da für Mord und Totschlag eigentlich andere päpstliche Gerichtshöfe in Rom zuständig waren.

Die mangelnde Erfahrung des obersten Glaubenstribunals im Umgang mit solchen Verbrechen spiegelt sich in der Aktenführung zu diesem Anklagepunkt wider. Während sich die Argumentation des Untersuchungsgerichts in den Glaubensdelikten durch Klarheit und Stringenz auszeichnet, machen die Zusammenfassungen Salluas hierzu einen ungeordneten und unfertigen Eindruck. Dazu passt auch ein Lapsus, der ihm in diesem Zusammenhang passierte: Er hatte nämlich ausgerechnet die wichtigste Zeugenaussage zur Vergiftung Katharinas vergessen und musste diese später nachliefern.[1] So räumte er in seiner *Relazione* an die Kardinäle vom Januar 1861 auch selbstkritisch ein, er habe mit der Mordermittlung Neuland betreten, da «das Prozesssystem unseres Heiligen Gerichtes ganz anders ist als jenes der Strafgerichte, die sich mit Verbrechen solcher Härte und Schwere beschäftigen».[2]

Katharina wie Hohenlohe hatten schwere Vorwürfe gegen die Madre Vicaria erhoben und sie des mehrfach versuchten Giftmordes beschuldigt. Das reichte aber für den Nachweis der Schuld Maria Luisas keinesfalls aus. Der Dominikaner brauchte belastbare Zeugenaussagen und Beweise. Er musste die Hintergründe der Vergiftung erhellen, um so an das Motiv für die Mordanschläge heranzukommen.[3]

Einen Ansatzpunkt bildete die Behauptung Katharinas, ihr bis dahin sehr gutes Verhältnis zur Madre Vicaria sei schwer beschädigt worden, als diese ihr einen auf Deutsch geschriebenen anstößigen Brief des Americano gezeigt habe. Sallua musste deshalb Genaueres über diesen ominösen Brief und seinen Verfasser in Erfahrung bringen.

Von verschiedenen Zeugen erfuhr er, dass Peter Kreuzburg ausgerechnet von Pater Peters, der ihn offenbar schon von Kindesbeinen an kannte, in Sant'Ambrogio eingeführt worden war und dass der Jesuit versucht hatte, Kreuzburg durch einen Exorzismus von seinen «fünf Dämonen» zu befreien.

Anders als heute waren im 19. Jahrhundert Exorzismen an der Tagesordnung, was mit der damaligen Vorstellung vom Teufel und den Dämonen zusammenhängt.[4] Dabei stellte der Teufel kein zweites ewiges Prinzip neben Gott dar. Der Satan und seine Anhänger, die Dämonen, wurden vielmehr als von Gott geschaffene Engel angesehen, die sich aus eigener Schuld dem Bösen zugewandt hatten und deshalb aus dem Himmel gestürzt waren. Dämonen und den Teufel stellte man sich mit einem luftartigen Leib vor, weshalb sie durch alle Körperöffnungen in den Menschen eindringen und diesen so besetzen konnten, insbesondere beim Geschlechtsverkehr. Der Exorzismus stellt eine rituelle Vertreibung oder Verbannung böser Geister oder des Teufels selbst aus besessenen Personen dar.[5] Das *Rituale Romanum* von 1614 schränkte die Möglichkeit, als Exorzist tätig zu werden, auf besonders erfahrene Priester ein, die nur in enger Rücksprache mit ihrem Bischof tätig werden durften. Laien und insbesondere Frauen konnten keine Teufelsaustreibung vornehmen.

Die Liturgie des Exorzismus sah einen Dreischritt aus Wort, Zeichen und Versiegelung vor. Zunächst wurde der Name Gottes angerufen, dann folgte die direkte Anrede des Teufels oder der Dämonen mit einer Drohung Gottes, schließlich der Ausfahrbefehl. Nicht selten kam es zu ekstatischen Schreien des Besessenen, Krampfanfällen, Nasenbluten und einer totalen Erschöpfung. Das Ganze wurde durch eine Handauflegung, ein Kreuzzeichen und eine Salbung oder Anhauchung abgeschlossen. Da die Dämonen in der Regel heftigen Widerstand leisteten, musste man sich auf einen lang andauernden Kampf mit dem Bösen einstellen und den Exorzismus vielfach wiederholen, um einen Besessenen ganz zu befreien. Auch wenn die Dämonen ausgefahren waren, blieb der Besessene weiter für das Böse anfällig.

Kreuzburg lernte Maria Luisa kennen, als er am Gottesdienst in der auch der Öffentlichkeit zugänglichen Klosterkirche teilnahm. Peters hatte sie ihm als eine mit besonderen himmlischen Gaben begnadete Heilige vorgestellt. Nachdem der Jesuitenpater als Exorzist bei Kreuzburg gescheitert war, betraute er Maria Luisa nicht nur mit der spirituellen Leitung Kreuzburgs, sondern auch mit der Teufelsaustreibung und stellte sich damit eindeutig gegen die kirchenrechtlichen Vorgaben. Unter diesem Vorwand traf sie sich öfter mit dem Americano innerhalb und sogar außerhalb des Klosters und kam nicht selten schwer lädiert von diesen Begegnungen zurück.

Rechtsanwalt Franceschetti, der Kreuzburg ebenfalls über Peters kennengelernt hatte, konnte Sallua mit wichtigen Informationen weiterhelfen. «Pater Peters hat mir unter dem strengsten Geheimnis offenbart, dass Doktor Kreuzburg ein Besessener ist, wegen dem er eine Auseinandersetzung mit den Jesuiten eines Hauses in der Schweiz[6] hatte.» Es sei dabei um einen erfolglosen Exorzismus gegangen, bei dem ein Pater «ein großes Gepolter im ganzen Haus hörte; danach fand man eine extrem schwere Tür am Boden liegen, obgleich diese mit großen Eisenpflöcken befestigt war». Peters erzählte ihm, dass er Kreuzburg in seiner Autorität als Beichtvater verpflichtet habe, eine Wiedergutmachung dafür zu leisten, dass er bei dem gescheiterten Exorzismus Heilige geschmäht hatte. Daher sah er den Americano, wie er sich «in die Luft» erhob, um die Heiligenbilder in der Kirche «sauber zu machen» und ihnen dadurch «seine Ehrerbietung zu bezeugen». Der Amerikaner sei vom Teufel «durch immense Räume transportiert» worden, «mal über die Meere, mal in die Luft». Dabei ist von Levitationen die Rede, einem Schweben durch die Luft, das auch von Mystikern berichtet wird.[7] In diesem Fall aber identifizierte Peters die Levitationen als Werk des Teufels.

Kreuzburg habe besonders von der Heiligen Jungfrau immer wieder Hilfe erfahren, weshalb der Pater ihn im Grunde für eine gute Seele halte. Franceschetti berichtete auch über die recht seltsamen Lebensumstände Kreuzburgs. Er habe ihn unter anderem glauben machen wollen, dass er vom Teufel in Gestalt von Katzen und Mäusen gequält werde. Der Anwalt erzählte außerdem von wirren politischen Reden des Americano.[8]

Die Dämonen des Kreuzburg hätten sich auch Maria Luisa, die Heilige, als Opfer ausgesucht, um sie in Versuchung zu führen, ohne sie letztlich wirklich besiegen zu können, wie Peters Franceschetti voller Stolz erzählt hatte. Einmal war Franceschetti auch im Sprechzimmer anwesend, als die Vikarin den Exorzismus an Kreuzburg vornahm. Dieser habe sie dabei aber nur ausgelacht und verhöhnt, so, als ob der Teufel darüber lachen würde, dass er von einer Frau herumkommandiert wurde.

Mehrere Ordensschwestern und die Äbtissin bestätigten eine unstatthafte Beziehung zwischen Maria Luisa und Peter Kreuzburg. Demnach stand die Madre Vicaria in einem andauernden Briefwechsel mit dem angeblichen Americano und traf sich mit ihm stundenlang im Geheimen. Maria Luisa erzählte ihren staunenden Zuhörerinnen, dass er eine Nonne als Ehegattin hatte, und andere unglaubliche Geschichten. Aus den Aussagen der Schwestern ging auch hervor, dass die Madre Vicaria den Amerikaner mit Einwilligung von Pater Peters gezwungen hatte, all seine Bücher, insbesondere die medizinischen Werke, bei ihr abzuliefern. Tatsächlich fand Maria Giacinta auf dem Tischlein in Maria Luisas Zelle eines dieser Bücher und «sah mit großer Verwirrung und Neugier viele schlechte Bilder und nackte Geschlechtsorgane von Männern und Frauen».

Richtig zufrieden konnte Sallua mit dem Ergebnis seiner Nachforschungen nicht sein. Er hatte weder nähere Aufschlüsse über den

Inhalt des obszönen Briefes erhalten, geschweige denn den Brief sicherstellen können. Er blieb deshalb auf die Aussagen Katharinas in ihrer *Denunzia* angewiesen. Und den Verfasser des Schreibens selbst, «Pietro Americano», konnte er dazu auch nicht mehr befragen, weil dieser sich dem Zugriff der Inquisition durch Flucht in seine amerikanische Heimat entzogen hatte. Immerhin konnte der Dominikaner die Tatsache einer verdächtigen Beziehung Maria Luisas zu Kreuzburg festhalten.

Die Biographie Kreuzburgs gibt auch noch dem heutigen Historiker Rätsel auf.[9] Peter Maria Kreuzburg stammte aus dem Pustertal in Österreich und dürfte dort um das Jahr 1815 geboren worden sein. Allem Anschein nach erhielt er seine schulische Ausbildung im Internat der Jesuiten in Brig, dem Kolleg Spiritus Sanctus. Dort muss er Pater Peters kennengelernt haben. Über ein Medizinstudium lassen sich keine Informationen finden. Auch sonst firmierte Peter Maria Kreuzburg nicht als Arzt. Wahrscheinlich hat er sich lediglich in Rom als solcher ausgegeben. Sicher ist, dass er um 1840 in die USA einreiste und im November 1844 in Cincinnati die amerikanische Staatsbürgerschaft erwarb. Im Februar 1846 heiratete er Gertrud Nurre, die 1839 ebenfalls nach Amerika emigriert war. 1850 eröffnete er mit seinem Schwager Joseph Nurre einen Buchladen in Cincinnati. Aus der Ehe gingen sechs Kinder hervor: 1846 die Tochter Cesaria, 1849 Maria, 1854 der Sohn Joseph, 1857 Mary, 1861 Gertrude und schließlich 1863 Angela. Maria, Joseph und Mary starben vermutlich schon als Kinder. Im März 1857 erhielt Peter Maria Kreuzburg einen Reisepass, den er für eine Europareise beantragt hatte. Nach dem Passantrag war Kreuzburg fünf Feet und sechs Inches groß, also knapp 1,70 Meter. Er hatte graue Augen, eine hohe Stirn, braunes Haar und ein ovales Gesicht mit einer «gut proportionierten» Nase. Diesen Pass benutzte er, um nach Rom zu reisen.

Kreuzburg scheint sich bereits Ende 1859, als ihm das römische Pflaster wegen des Inquisitionsprozesses im Fall Sant'Ambrogio zu heiß wurde, wieder in die USA abgesetzt zu haben; 1860 taucht er jedenfalls zusammen mit seiner Frau als Farmer im Millcreek Township im County Hamilton auf, das heute zum Stadtgebiet von Cincinnati (Ohio) zählt. Der Ausflug in die Landwirtschaft war allerdings nicht erfolgreich, denn 1861 findet er sich als Publisher und Bookseller in Cincinnati wieder. 1862 verließ Kreuzburg mit seiner Familie die USA und lebte vermutlich von 1861 bis 1874 in Einsiedeln in der Schweiz, danach siedelte er für fünf Jahre nach Kanada über, bevor er schließlich 1879 seinen Wohnsitz in Jurançon bei Pau in Frankreich nahm. Hier führte er wieder den Titel eines «Docteur en médicine». Bereits ein Jahr nach seiner Ankunft erlitt er jedoch einen Schlaganfall; jedenfalls berichtete seine Tochter Cesaria von einer andauernden Lähmung. Peter Maria Kreuzburg starb am 14. März 1889 in Pau, seine Frau Gertrud 1909. Die Töchter Cesaria und Angela waren in Pau als Lehrerinnen in einer Schule tätig, die heute bezeichnenderweise in der «Avenue Kreuzburg» liegt.

Der Strick um Katharinas Hals

Dass es nach der Lektüre des obszönen Briefes des Americano durch die Fürstin zu einer wachsenden Entfremdung zwischen ihr und der Novizenmeisterin kam, bestätigten zahlreiche Schwestern in ihren Vernehmungen.[10] Sie berichteten dem Inquisitor, Maria Luisa sei zunehmend verärgert über die Novizin Luisa Maria gewesen und sie habe fortwährend schlecht über sie geredet. Im Kloster kursierte das Gerücht, sie habe Katharina den «Brief eines Deutschen lesen lassen, der einer Klosterfrau unwürdig» war. Maria Luisa tat dies als üble Nachrede der Fürstin ab und sah wie die beiden Beichtväter eine «teuflische Täuschung» am Werk. Leziroli und Peters hätten, weil sich die Fama hinter den Klostermauern immer weiter verbreitete, mit der Novizenmeisterin über den angeblichen Brief gesprochen, die aber «alles entschieden leugnete». Da «aber die Beichtväter feststellen mussten, dass dieser Brief wirklich existierte und man die anderen Fakten ebenfalls nicht bestreiten konnte, urteilten beide, alles sei ein böses Werk des Teufels, der der Novizin Prinzessin in der Gestalt Maria Luisas erschienen» sei.

Katharina, der die meisten ihrer Mitschwestern prinzipiell echten «Gehorsam» und «große Folgsamkeit» attestierten, war in diesem Punkt nicht bereit, nachzugeben oder sich der Interpretation der

Beichtväter zu beugen. Im Gegenteil: Da sie «sich der Tatsachen sicher war, versuchte sie, die Meisterin dazu zu bewegen, alles zu gestehen».

Von diesem Gesprächsversuch am Morgen des Hochfestes der Unbefleckten Empfängnis Mariens,[11] dem 8. Dezember – einem Mittwoch – hatte Katharina in ihrer Klageschrift ausführlich berichtet. Im Chor der Klosterkirche stellte sie die Novizenmeisterin, vermutlich nach der Laudes, als man sich gemeinsam zum Morgengebet versammelt hatte, zur Rede. Es kam zur Konfrontation zwischen beiden. Katharinas Darstellung wurde durch eine Reihe von Schwestern bestätigt, die die Szene aus nächster Nähe beobachtet hatten. Als besonders gute Zeuginnen erwiesen sich Maria Giuseppa, Giuseppa Maria und Agnese Celeste. So berichtete Giuseppa Maria Sallua am 2. April 1860:[12]

«Eines Morgens, am Tag der Immaculata 1858, stieg ich nach der Kommunion in den unteren Chor hinab, um die Meisterin zu rufen, die dort geblieben war. Dort sah ich zu meiner Verwunderung Luisa Maria, die Prinzessin, die sich von einem Kniefall vor der Meisterin aufrichtete und sich einen Strick vom Hals nahm.

Die Meisterin verließ mit verwirrtem Gesichtsausdruck zusammen mit mir den unteren Chor, da nach ihr gerufen wurde. Unterwegs sagte sie mit festem Ausdruck: ‹Wer hätte jemals gedacht, dass unter einem Mantel an Gutmütigkeit eine solche Boshaftigkeit lauert?›

Kurze Zeit später befragte ich die kranke Maria Giacinta nach dem Geschehen, die mir antwortete, dass die Prinzessin Luisa Maria die Kühnheit gehabt hatte, sich im unteren Chor den Strick um den Hals zu legen und der Meisterin zu sagen, dass sie alles dem Pater offen und ehrlich gestanden habe, dass sie getäuscht worden sei und sich etwas vorgemacht habe. Die Prinzessin bete wegen all dem und noch ähnlichen Gründen für Maria Luisa, da sie um ihr Seelenheil besorgt sei. Die Meisterin antwortete aber, sie habe gedacht, die Prinzessin sei eine Novizin und die Art, wie sie sie angesprochen habe, sei anmaßend und tollkühn. Dieselbe Maria Giacinta erzählte mir am folgenden Tag, die Meisterin habe ihr gesagt, sie habe während der Kommunion den Herrn wegen dieser Äußerungen Luisa Marias der Meisterin gegenüber entrüstet gesehen, und der Herr habe als Strafe den Tod der Prinzessin angeordnet.»

Knapp zwei Wochen zuvor, am 17. März 1860, hatte Sallua Schwester Maria Giacinta selbst befragt. Ihre Aussage deckt sich fast wörtlich mit der von Giuseppa Maria.[13] Sie berichtete von einer Vision Maria Luisas, in der ihr der Herr offenbart habe, dass «die Prinzessin als Strafe für ihren Hochmut *sterben würde und er dies bereits veranlasst*» habe. Agnese Celeste gegenüber verstieg sich Maria Luisa angesichts der Szene im Chor zu der Aussage, «die Prinzessin gebärde sich unter den Novizinnen wie Judas unter den Aposteln».

Damit brachte die Novizenmeisterin das Verhalten Katharinas im Chor in einen Zusammenhang mit dem Verrat Jesu durch Judas Iskariot. Für sie war die Fürstin ein weiblicher Judas, der die Gemeinschaft von Sant'Ambrogio verriet, weil sie nicht an ihre Heiligkeit glaubte und sie an die kirchliche Obrigkeit ausliefern wollte, so wie Judas Jesus dem Hohen Rat ausgeliefert hatte. Der Strick um den Hals wurde in der katholischen Vorstellungswelt mit dem Selbstmord von Judas Iskariot assoziiert, der sich aufgehängt hatte, als ihm die Folgen seines Verrats klar geworden waren.

In der Ordensgeschichte hatte der Strick um den Hals eine ganz andere Bedeutung. Hier ging es nicht um Verrat, sondern um eine große Demutsgeste:[14] Sich den Strick oder den Gürtel, der den Ordenshabit zusammenhielt, um den Hals zu legen, bedeutete für einen Ordensmann oder eine Ordensfrau, sich absolut zu erniedrigen und sich dem Oberen bedingungslos auszuliefern. Eine derartige zeremonielle Erniedrigung machte es einer Novizin überhaupt erst möglich, einer Vorgesetzten wie der Novizenmeisterin, der sie zu striktem Gehorsam verpflichtet war, inhaltliche Vorhaltungen zu machen. Ein solcher Demütigungsakt zwang den Oberen, seinen Untergebenen anzuhören. Besonders in der Geschichte der franziskanischen Orden war das Zingulum um den Hals ein großer Bußgestus. So wurde berichtet, dass Franz von Paola das Abendmahl nur kniend mit dem Zingulum um den Hals empfing und dies auch seinen Mitbrüdern empfahl.[15]

Katharina stellte sich bewusst in diese Tradition. Warum aber reagierte Maria Luisa so extrem auf die Vorhaltungen Katharinas? Auch wenn aus den Aussagen der Zeuginnen der genaue Inhalt des Wortwechsels nicht hervorgeht, so wird klar, dass es um den Brief des Americano ging. Die Fürstin war über den anstößigen Inhalt empört, nicht zuletzt, weil auch ihr Avancen gemacht wurden, sie könne wie Maria Luisa «Mutter ohne Gatte» werden. Das hatte sie in ihrer *Denunzia* eindringlich klargelegt. Aber warum hat die Madre Vicaria die obszönen Formulierungen nicht einfach als kranke sexuelle Phantasien eines Besessenen abgetan, die mit der Realität nichts zu tun hätten? Für wirre Gedanken eines kranken Hirns konnte man sie doch in der Tat nicht verantwortlich machen. Warum hat sie sich nicht gemeinsam mit Katharina über den Brief und seinen Inhalt empört? Dass sie leugnete, Katharina den Brief überhaupt jemals gezeigt zu haben, und später auch den Teufel ins Spiel brachte, als die Fürstin auf der Tatsache bestand, lässt doch vermuten: Der Brief war nicht nur der Phantasie eines Besessenen entsprungen, es war etwas dran an der wirren Rede vom «Mutterwerden ohne Gatte». Dahinter verbarg sich wahrscheinlich nichts anderes als eine sexuelle Beziehung zwischen dem Americano und der Madre Vicaria.

Und damit hätte Katharina Maria Luisa im Chor aufgefordert, doch endlich die Wahrheit zu sagen und ihre ganzen Täuschungen und Lügen, einschließlich der Teufelsgeschichte, zu widerrufen. Falls sie sich weigerte, müsse sie, auch um das Seelenheil Maria Luisas zu retten, aktiv werden und von sich aus die Affäre mit dem Americano offenlegen. Zu diesem Widerruf war Maria Luisa aber nicht bereit. Der Gesprächsversuch scheiterte. Das Verhältnis zwischen den beiden Frauen war endgültig zerbrochen.

Himmelsbriefe kündigen die Ermordung Katharinas an

Der Tod Katharinas lag seit der Szene im Chor in der Luft. Christus hatte Maria Luisa in einer Vision bereits mündlich darüber informiert, nun fehlte nur noch die schriftliche Bestätigung von oben. Und tatsächlich musste Maria Francesca wieder auf Befehl der Madre Vicaria tätig werden, um in der Rolle der Gottesmutter Himmelsbriefe zu schreiben. Über deren Entstehung berichtete sie in ihrem Verhör am 21. Februar 1860 dem Untersuchungsrichter:[16] «Das, was ich jetzt sagen werde, habe ich dem Peters im Namen der Madonna schriftlich in mehreren Briefen mitgeteilt: Nämlich, dass der Teufel die Freiheit gehabt habe, die Gestalt seiner Lieblingstochter anzunehmen und sie so zu verleumden. In dieser Gestalt ist er hunderte Male der Schwester Luisa Maria (der Prinzessin, die in den Briefen Katharina genannt wird) erschienen und hat sie bedrängt, damit sie das Kloster verlasse. Dass man sie Katharina nannte, war, weil sie sich immer so *verhielt*, nämlich *hochmütig, hartnäckig und nur die eigene Meinung akzeptierend*. Katharina war dazu bestimmt, die Herrlichkeit der Gottestochter kundzutun. Der Teufel verhinderte dies mit seinen Erscheinungen, aber die Herrlichkeit Gottes erfuhr dadurch noch weitere Größe. *Katharina sollte auf Verheißung Gottes durch einen Schlaganfall plötzlich sterben und verflucht werden.*

In den Briefen schrieb die heilige Maria an Peters weiter, er möge Katharinas Schicksal bekannt machen und auch das seiner bevorzugten Tochter, die das Schicksal Katharinas vorhersah; er möge Maria Luisa darum bitten, für die Prinzessin zu beten, da nur diese sie noch retten könnte.

In einem anderen Brief stand, dass die erstgeborene Tochter der Gottesmutter für Katharina gebetet hatte; sie war mehrere Stunden in der Hölle und hatte dort erreicht, dass Katharina einen Schlaganfall erleiden, daran aber aus Gerechtigkeit und Barmherzigkeit nicht sterben sollte.

In Wahrheit meine ich aber, dass Katharina oder die Prinzessin von einem derart starken Anfall getroffen wurde, dass wir gedacht haben, sie werde sterben.

Im Namen der Madonna habe ich mehrere ähnliche Briefe an Peters geschrieben: ‹Der Teufel hat die Erscheinung meiner Lieblingstochter angenommen und redete der Prinzessin ein, dass sie Angst haben müsse, vergiftet zu werden.› Tatsächlich erschien er in derselben Gestalt der Novizin Schwester Agnese Celeste (ihr Vater ist Arzt) und fragte sie, welches das stärkste Gift sei, um einen Menschen umzubringen. Diese antwortete ihr. Daraufhin erschien der Teufel in derselben Gestalt auch Schwester Maria Ignazia und der verstorbenen Schwester Maria Felice, beide damals Novizinnen. Er sagte ihnen, dass es der Wille Gottes und des Pater Peters sei, der Medizin der Prinzessin Gift beizumischen, da sich diese Seele in der Gnade

Gottes befand und durch den Tod gerettet werden würde. Der Teufel, immer noch in derselben Gestalt, zeigte Maria Ignazia und Maria Felice, die der Prinzessin beistanden, wo sie das Gift herholen sollten, nämlich aus der Kassette im Zimmer der Mutter Meisterin Maria Luisa, in der sie ihre Schreibunterlagen hatte, und aus einer Dose in der Apotheke. Ich erinnere mich noch gut daran, geschrieben zu haben, dass der Teufel in Gestalt von Maria Luisa zusammen mit den beiden Novizinnen in Katharinas Kammer gegangen ist und dort mit seinen Händen das Gift in das Gefäß gefüllt hat, in dem die Medizin für die Prinzessin vorbereitet war. Darüber hinaus hat der Teufel die anderen Ordensschwestern Maria Giuseppa, Maria Giacinta und Giuseppa Maria ... darauf aufmerksam gemacht, was die oben genannten Novizinnen Maria Ignazia und Maria Felice machten, als sie der Prinzessin die vergifteten Medikamente verabreichten. Die drei Nonnen bemerkten weitere Betrugsfälle des Teufels, indem sie weitere mit Gift verunreinigte Tassen und Döschen fanden.

All diese Dinge sind während der sehr schweren Krankheit der Prinzessin geschehen.

Der im Namen der Madonna verfasste Brief endete damit, dass Peters' bevorzugte Tochter wusste, was der Teufel tat, indem der Teufel Maria Luisas Gestalt annahm und sich um die Prinzessin kümmerte, aber dass sie im Verborgenen blieb, um für die Prinzessin und ihre Töchter zu beten. ... Ich füge schließlich hinzu, dass, als die Prinzessin wieder gesund war, Pater Leziroli uns predigte, *dass der Teufel die Personen erscheinen lassen konnte; er könne berühren und täuschen und daher müsse man den Dienern Gottes glauben.*»

Am folgenden Tag fuhr Maria Francesca mit ihrer Aussage fort:[17] «Um auf die Sache mit dem Gift und die Prinzessin zurückzukommen, ergänze ich, um mehr Klarheit zu verschaffen, dass ich in jenen Tagen der Krankheit der Prinzessin, als man von ihrer Vergiftung sprach, auch an Peters – im Namen der Madonna – einen Brief geschrieben habe: ‹Der Teufel hat meine Kassette in die Apotheke gebracht und uns dort eine Dose mit Gift gezeigt. Ich möchte aber, dass die Kassette im Zimmer meiner Tochter bleibt.›

In einem weiteren Brief, immer noch im Namen der Mutter Gottes, sagte die Madonna zu Peters, er solle der Fürstin ausrichten, dass all die Dinge, die sie von der Meisterin vernommen hat, Trugbilder des Teufels gewesen seien. Dies solle er auch seinem Kardinal (dem Hochwürdigsten Reisach) sagen.

Aus einem anderen Brief erfährt man, dass Peters auf ein Zeichen der Madonna wartete, um die Prinzessin ... zu überzeugen, da sie nicht daran glauben wollte. Die Madonna antwortete aber: ‹Nein, ich werde kein Zeichen geben! Wer nicht an die Diener Gottes glaubt, der glaubt auch nicht an Wunder.› Anschließend sagte sie zu Peters, der Teufel selbst werde ein solches Zeichen geben. Dieses Zeichen war die Inschrift des Namens Jesu auf einem Ziegelstein in der Kammer Maria Luisas. Wenig später erschien eine weitere Inschrift mit dem Namen Marias auf einem anderen Ziegelstein. Pater Peters verfasste einen Bannspruch gegen den Teufel, der zusammen mit seinem Amtsbruder Pater Leziroli alle drei Monate ausgesprochen werden sollte. Ich habe den genannten Fluch von Pater Peters' Handschrift abgeschrieben.»

Dekodiert man diese angeblich himmlischen Schreiben der Gottesmutter, ergibt sich folgender Hergang: Zunächst schützte sich Maria Luisa vor möglichen späteren Anschuldigungen, indem sie die Madonna mitteilen ließ, der Teufel agiere in ihrer Gestalt. Dann wurde ein prinzipieller Gegensatz zwischen der «heiligen» Maria Luisa und der «ungläubigen» Luisa Maria aufgebaut. Letztere musste auf Beschluss des Himmels für ihren Hochmut sterben, Erstere sollte dagegen von Gott verherrlicht werden. Schließlich kam auch die operative Ebene in den Blick: Nachdem Maria Luisa sich bei Agnese Celeste, der Tochter eines Arztes, nach stark wirkenden Giften erkundigt hatte, wurden die beiden Novizinnen Maria Ignazia und Maria Felice erneut im himmlischen Auftrag als Mittäterinnen für die Giftanschläge rekrutiert.

Der entscheidende Brief wurde noch am 8. Dezember, dem Tag der Szene im Chor, geschrieben. Diese Datierung ergab sich für Sallua aus einer Aussage der Äbtissin, die zu Protokoll gab, am Tag bevor die Prinzessin plötzlich so krank geworden sei – also am 8. Dezember – sei Maria Luisa voller Sorge zu ihr gekommen und habe gesagt:[18] «Gott will die Prinzessin bestrafen und wird ihr eine Krankheit schicken, die ihr das Leben nehmen wird.» Das habe sie mehrere Male wiederholt. «Tatsächlich begann die Prinzessin sich am nächsten

Tag nach dem Essen unwohl zu fühlen, mit Erbrechen und Schmerzen in den Eingeweiden, und am nächsten Morgen wurde sie von jener schweren Krankheit überrascht.»

Die himmlisch angekündigte Vergiftung wurde durch entsprechende Frömmigkeitsübungen begleitet. So forderte Maria Luisa die Novizinnen auf, eine Novene zum kostbaren Blut zu beten, damit Gott der Herr eine Person im Kloster rasch erkranken lassen würde. Und die Nonnen wussten sehr wohl, dass damit niemand anders als die Prinzessin gemeint war.[19] Dieses neuntägige Gebet ist eine besonders intensive Form des kirchlichen Bittgebetes, mit dem die Gläubigen Gott anflehen, ihren Wunsch zu erfüllen. Dass hier neun Tage lang die Fürstin totgebetet werden sollte, stellt eine schlimme Perversion der kirchlichen Liturgie dar, wie der Inquisitor genau notierte.

Dramaturgie einer Vergiftung

Sallua stand bei der Rekonstruktion des genauen Ablaufs der Giftanschläge vor nicht unerheblichen Problemen. Nach über einem Jahr der Zeugenvernehmungen musste der Dominikaner feststellen, dass die Aussagen der Klosterschwestern keineswegs übereinstimmten. Zahlreiche Nonnen und Novizinnen hatten lediglich Gerüchte gehört und schmückten diese zwei Jahre später entsprechend aus. Für die Ermittlung des Tathergangs brachten diese Informationen relativ wenig. Dem Inquisitor war bald klar, dass er nur von ganz wenigen Nonnen und Novizinnen wirklich belastbare Aussagen erwarten konnte.

Aus den Einlassungen Maria Francescas wusste Sallua immerhin, an welche Nonnen er sich halten musste. Da waren zunächst die unmittelbaren Komplizinnen Maria Luisas, die Novizinnen Maria Ignazia und Maria Felice, wobei Maria Felice kurz nach den dramatischen Vorgängen im Dezember 1858 unter dubiosen Umständen gestorben war, dann die Arzttochter Agnese Celeste, die Krankenschwester Maria Giuseppa, die den Himmelsbriefen als Einzige skeptisch gegenüberstand, und schließlich Maria Giacinta, die im Dezember 1858 wie Agnese Celeste und Katharina krank im Bett lag.

Dazu kam deren Bruder, der Anwalt Luigi Franceschetti, der die Madre Vicaria regelmäßig traf und den sie relativ unauffällig mit Besorgungen außerhalb des Klosters beauftragen konnte.

Die ausführliche Befragung dieser Zeugen sollte dem Inquisitor tatsächlich die entscheidenden Informationen über das Vergiftungskomplott bringen. Er kam damit der Dramatik der ganzen Aktion und vor allem einer Vielzahl eingesetzter Gifte auf die Spur, deren Mengen einen Elefanten hätten umbringen müssen.[20] Es gelang ihm jedoch nicht, den Kardinälen der Kongregation eine überzeugende Chronologie der Anschläge zu präsentieren.

Das lag auch daran, dass der Dominikaner zum ersten Mal überhaupt mit einem Kriminalfall konfrontiert war. Ein erfahrener Ermittler hätte von vornherein mit der Inkonsistenz der Aussagen vor allem im Hinblick auf die Zeitangaben gerechnet und versucht, diese mit der von Katharina in ihrer *Denunzia* gebotenen Chronologie in eine kritische Beziehung zu setzen. Tut man dies, lösen sich manche Widersprüche als Erinnerungsfehler auf, und es ergibt sich ein ziemlich klarer Ablauf des Vergiftungskomplotts.[21]

Maria Luisa zögerte nach der Szene im Chor keinen Moment und begann unmittelbar, die Ermordung Katharinas ins Werk zu setzen. Ein erster Schritt dazu war die Isolierung der Fürstin von den übrigen Schwestern. So verbot sie ihr, an den Sterbegebeten für die todkranke Maria Saveria teilzunehmen, zu denen sich die Schwestern im Lauf des 8. Dezember in deren Zelle versammelten. Wie Maria Giuseppa berichtete, verfiel die Madre Vicaria unmittelbar nach dem Tod Maria Saverias in eine längere Absence. Nach ihrem Erwachen habe sie vorgegeben, in den Himmel entrückt worden zu sein, wo sie mit Christus über das Endgericht Maria Saverias gesprochen habe. In dem Urteil Jesu Christi über Maria Saveria habe sie «auch sein Urteil über Luisa Maria erkannt». Diese werde «bald sterben und verflucht werden», weil ihre «Tränen und Gebete bei Gott nichts ausgerichtet» hätten.[22]

Noch am gleichen Abend machte sich Maria Luisa an die Herstellung eines tödlichen Breis für die Prinzessin. Agnese Celeste beobachtete zusammen mit anderen Novizinnen, wie die Meisterin Glasstückchen zerkleinerte. Die Nonnen hielten das Glas für gefährlich und ermahnten Maria Luisa, dabei ja auf ihre Augen achtzugeben. Tatsächlich führen Glassplitter je nach Größe zu Verletzungen der Schleimhaut vom Mund über den Magen bis zum Darm und lösen innere Blutungen aus, die, je feiner das Glas zerstoßen ist, desto geringer ausfallen. Maria Luisa schritt gegen 18 Uhr während der Vesper zur Tat, als sich die Nonnen zum Stundengebet im Chor der Kirche aufhalten mussten und sie sich unbeobachtet glaubte. Als die krank in ihrer Kammer liegende Maria Giacinta sie fragte, warum sie auf Zehenspitzen an ihrer Zelle vorbeigeschlichen sei, gab sie die scheinheilige Antwort, sie habe sie wegen ihrer Krankheit nicht wecken wollen. «Da begann ich argwöhnisch zu werden, dass man die Prinzessin wirklich umbringen wollte. Umso mehr als ich bemerkte, wie sich die Novizinnen Maria Ignazia, Maria Felice und Agnese Celeste zusammen mit der Meisterin Maria Luisa am Bett der Prinzessin zu schaffen machten. Sie hatten den alleinigen Anspruch auf den Beistand der Prinzessin angemeldet.»[23]

Maria Ignazia sollte noch an diesem Mittwochabend der Fürstin den mit zerstoßenem Glas versetzten Brei vorsetzen. Sie erinnerte sich, dass die Novizenmeisterin sie zu sich rief:[24]

«Maria Luisa begann wie folgt zu mir zu sprechen: ‹Meine Tochter, was ich Ihnen sage, muss strengstens geheim bleiben; erzählen Sie es niemandem; Maria Felice sage ich nichts, denn sie könnte mich in Verlegenheit bringen; wissen Sie, wenn man den Gehorsam beachtet, tut man nie was Schlechtes; wir bringen dem Pater (ich denke, sie meinte Peters) Gehorsam entgegen. Sie sollten also ein Stückchen Spongia nehmen und kleine Stückchen Glas hineintun und dies dann mit dem Brei mischen, den Sie heute Abend Luisa Maria (der Prinzessin) bringen werden.›

Ich blieb sehr verwirrt wegen dieses Befehls und antwortete so gut wie möglich: *‹Meine Mutter Meisterin, wenn der Herr Ihnen diese Sache befohlen hat, dann wäre es am besten, dass Sie es allein machen, weil Sie wissen, wie Sie den Befehl ausführen können. Sie können sich gut vorstellen, dass Luisa Maria es merken könnte und die Sache nicht geheim bleiben würde.›*

Auf diese Antwort von mir blieb die Meisterin stumm. Kurz danach fragte sie mich: ‹Wissen Sie, welches Medikament auch ein Gift ist?›

Ich antwortete: ‹Opium ist ein Gift!›
So endete die Sache an jenem Tag, und die Meisterin begleitete Pater Peters, der aus der Zelle der Prinzessin herauskam, zur Tür. Bekümmert ging ich in den kleinen Chor, um mich dem Herrn und der Seligen Jungfrau anzuvertrauen, damit sie mich erleuchten konnten, ob ich der Meisterin gehorchen musste oder nicht, und ob die Person, die zu mir gesprochen hatte, die Meisterin gewesen war.»

Nach der zögerlichen Reaktion von Maria Ignazia entschloss sich Maria Luisa, selbst zu handeln. Agnese Celeste beobachtete, wie sie vor der Zelle Katharinas «in ihren Ausschnitt fasste und etwas hervorzog», das sie in den Brei mischte, der für die Fürstin bestimmt war.[25] Katharina aß den Brei, der bei ihr offensichtlich Unwohlsein auslöste. Im Verlauf des Donnerstagmorgens, des 9. Dezember, verlangte sie deshalb nach einer Tasse Schwarztee, der ihr auch umgehend gebracht wurde. Doch ihr wurde davon nicht besser. Im Gegenteil: Der Tee löste heftige Magenschmerzen, Schwindel und Erbrechen aus.

Die Übelkeit dürfte auf die Versetzung des Tees mit Brechweinstein zurückgehen. Die Krankenschwester und Apothekerin von Sant'Ambrogio, Schwester Maria Giuseppa, berichtete dem Inquisitor, dass die Novizenmeisterin sie um Brechweinstein gebeten habe. Sie zeigte ihr ein Fläschchen davon und sprach die eindringliche Warnung aus: «Ein kleiner Tropfen genügt, um heftigen Brechreiz auszulösen.»[26]

Brechweinstein enthält Antimon, das in die gleiche chemische Gruppe wie Arsen gehört. Antimonyl-Kaliumtartrat schmeckt widerlich süß, danach ekelhaft und löst einen fürchterlichen, unstillbaren Brechreiz aus. In niedrigen Dosen wurde es im 19. Jahrhundert zur Schleimlösung bei Husten verwendet. Die tolerierte Tagesdosis beträgt maximal 0,5 Gramm, höhere Dosen führen zu einer Entzündung des Magens und des Darms mit heftigem Erbrechen und Durchfällen sowie einer Zerstörung der Darmschleimhaut.

Katharina muss an diesem Donnerstag hundeelend gewesen sein, worüber Maria Luisa ihre Freude nicht zurückhalten konnte. Die damals noch kranke Maria Giacinta berichtete, die Novizenmeisterin sei äußerst fröhlich zu ihr gekommen und habe gesagt:[27] «Wisst Ihr? Der Prinzessin kommen schon die Schmerzen.»

Maria Giacinta berichtete weiter: «Später traf ich Maria Ignazia, und auf die Frage nach der Gesundheit der Prinzessin antwortete sie scharf: ‹Ja. Es geht ihr schlecht. Sie liegt misstrauisch im Bett mit offenen Augen, wie ein Henker. Sie möchte weder Medizin noch Kamillentee zu sich nehmen und von dem Essen probiert sie kaum etwas und lässt es wieder zurückgehen, da sie vermutet, vergiftet zu werden.›

Ich erwiderte vollkommen verwundert: ‹Ja sind wir denn bei der Macchia della Faiola?›»

Durch die Nennung dieser Ortschaft spielte Giacinta auf einen sprichwörtlich gewordenen Versammlungsort der Briganti, der italienischen Räuberbanden an, die im 19. Jahrhundert von sich reden machten.[28] So unglaublich klang für Maria Giacinta die Vergiftungsgeschichte.

Maria Luisa wollte aber auf Nummer sicher gehen, die Wirkung des zerstoßenen Glases und des Brechweinsteins reichte ihr nicht aus. Deshalb wandte sie sich im Verlauf des Tages an Agnese Celeste und schuf sich damit eine neue Mitwisserin. Über dieses Gespräch berichtete die Novizin dem Inquisitor ausführlich:[29]

«Abends kam die Meisterin in mein Zimmer, verschloss die Tür und sagte zu mir, sie müsse mich was fragen. Ich solle das aber um Himmels willen geheim halten, besonders vor Maria Giacinta und dem Pater Peters. Ich versprach es, und sie fragte mich: ‹Da Sie Tochter eines Chirurgen sind, können Sie mir sagen, was man benötigt, um eine Person durch Gift zu töten. Man sollte aber die Ursache nicht herausfinden können. Also, dass die Leiche sich etwa nicht aufbläht.›

Bevor ich antwortete, fragte ich sie: ‹Meisterin, Sie haben es auch mit Glas versucht, das Sie letzten Abend zerbrochen haben?›

Sie erwiderte: ‹Ach! Das Glas richtet nichts aus.›

Ich: ‹Sinkt das Glas etwa auf den Grund?›

Sie: ‹Ja, das Glas sinkt hinab.›

Ich: ‹Und wenn man es feiner mahlt und gut im Brei verteilt?›

Sie: ‹Haben wir versucht, aber es sinkt dennoch ab.›»

Und Agnese Celeste fuhr fort: «Aber obwohl ich vermutete, dass dieses Gespräch darauf abzielte, die Prinzessin zu vergiften, sagte mir die Meisterin: ‹Denken Sie sich nichts dabei, weil eine Oberin viele Gründe haben kann, solche Fragen zu stellen.›

Daraufhin antwortete ich auf ihre Frage, dass eine große Menge Opium zum Tode führen kann. So hatte ich es anlässlich einer Erkrankung meiner Schwester gehört. Auf Nachfrage der Meisterin fügte ich hinzu, dass das Opium schwarz war. Auf ihre Frage nach der genauen tödlichen Menge antwortete ich: ‹Meistens verabreicht man eine geringe Menge als Heilmittel, aber erhöht man die Menge ein klein wenig, kann sie auch zum Tod führen.›

Ich erinnerte sie daran, dass Maria Giacinta einmal zwei Opiumpillen verabreicht worden waren und sie daraufhin eine starke Entzündung bekam. Schließlich fragte sie mich, ob ich nicht noch etwas anderes kenne, was tödlich sei.

Ich antwortete: ‹Terpentin, und es ist durchsichtig.›

Darauf sie: ‹Dies kann man nicht einfach beimischen, man würde es bemerken.›

Ab jetzt war mir klar, dass sie die Prinzessin vergiften wollte.

Ich schlug auch ungelöschten Kalk vor. … Ich erinnere mich nicht, ob ich auch Belladonna und Quecksilber erwähnt habe. Sie verließ mein Zimmer und sagte mir, ich sollte mir weitere Möglichkeiten einfallen lassen und das Gespräch geheim halten.»

Terpentin und ungelöschter Kalk führten zu Verätzungen der Verdauungsorgane und zum Tod, aber Maria Luisa musste zunächst mit den bereits vorhandenen Mitteln weitermachen. Am Abend des 9. Dezember erhielt Giuseppa Maria den Auftrag, für die Fürstin Kamillentee zu bereiten, in den Maria Luisa aus «einer weiteren kleineren Tasse» etwas hineinschüttete, wie die Krankenschwester unter Eid bezeugte. Katharina kostete das Getränk, wollte es aber nicht trinken. Es sah schwärzlich aus und schmeckte «widerlich».[30] Sie bat eine Novizin, den Tee zu probieren. Auch diese fand ihn ungenießbar. Die Novizenmeisterin, die überraschend in Katharinas Zelle auftauchte, tadelte die Novizin äußerst heftig, was Maria Ignazia in ihrer Aussage bestätigte: «Ich füge hinzu, dass dem Kamillentee, der der Prinzessin am Tag gegeben wurde, etwas beigemischt worden sein musste, da Giuseppa Maria sich in solchen Dingen auskennt und dies ehrlich versicherte, und weil die Meisterin uns angeschrien hatte, weil wir ihn probiert hatten. ... Ich bin tatsächlich zur Kammer der Prinzessin gerannt, um die Tasse zu beseitigen. Die Meisterin hatte mir das durch Schwester Maria Nazarena aufgetragen.»[31] Das Gift durfte auf keinen Fall in fremde Hände fallen. Ein Corpus Delicti musste beseitigt werden.

Beide Krankenschwestern, Maria Giuseppa und Giuseppa Maria, waren ab diesem Zeitpunkt endgültig davon überzeugt, dass die Madre Vicaria die Fürstin vergiften wollte, denn die Novizenmeisterin hatte sich auch bei ihnen nicht nur nach der Wirkung von Opium und Brechweinstein erkundigt, sondern sie verlangte nun auch die Herausgabe des Apothekenschlüssels, um damit unmittelbaren und unbeaufsichtigten Zugang zum Giftschrank zu erhalten. Um dem Schlimmsten vorzubeugen, schlossen sich beide Schwestern während des Abendessens, als alle Schwestern im Refektorium zusammensaßen, unbemerkt in der Apotheke des Klosters ein, «leerten alle Gefäße und Dosen, in denen sich giftige Spezifica befanden», und ersetzten diese durch andere gleichfarbige harmlose Pulver.[32] Statt Brechweinstein gaben sie den gleichfarbigen ungefährlichen Weinsteinrahm in eine Tüte, und Opium wurde durch Süßholz ersetzt. Nach der Vesper händigten sie dann der Vikarin brav den Apothekenschlüssel aus.

Am Freitag, dem 10. Dezember, zur Zeit der Frühmesse, beobachteten beide einen Lichtschein in der Apotheke. Bald darauf kamen Maria Luisa und Maria Ignazia mit einer Laterne in der Hand heraus. Offenbar hatten sie nicht gefunden, was sie suchten. Der einfachste Weg, im Kloster an Gift zu kommen, war damit gescheitert.

Da bot sich an diesem Tag überraschend noch eine andere Möglichkeit, denn die Ärzte hatten Katharina «Abführmittel mit Rizinusöl» verschrieben, wie Schwester Giuseppa Maria aussagte. Bevor die Fürstin diese Medizin bekam, goss die Meisterin einige Tropfen Lack in das Fläschchen mit dem Rizinusöl. Den Lack nahm sie aus Gefäßen mit Farbe und Vitriolsäure, die die Maler, die gerade im Refektorium von Sant'Ambrogio arbeiteten, dort hatten stehen lassen. Giuseppa Maria traf Maria Luisa tatsächlich mit von Ölfarbe verschmierten Händen an, als sie auf dem Weg zur Krankenstation war, um sich dort zu reinigen. Katharina nahm das vergiftete Rizinusöl ein und wurde erneut von heftiger Übelkeit und Erbrechen heimgesucht.

Danach gab Maria Luisa das Arzneifläschchen mit dem Rizinusöl an Giuseppa Maria, die jedoch «aufgrund der Farbe und des Geruchs» sofort bemerkte, dass die Medizin, die man Katharina verabreicht hatte, mit Lack verunreinigt war. Weil sie aber auf Nummer sicher gehen wollte, ließ sie den Inhalt von ihrer Kollegin Maria Giuseppa prüfen, die die Verunreinigung umgehend bestätigte. Sie «war schockiert und rannte mit dem Fläschchen sofort zur Äbtissin». Diese rief aus: «Das ist Verrat! Das hier ist kein Rizinusöl. Bringt mir einen Löffel, ich will es probieren.» Das restliche Öl am Boden des Fläschchens schmeckte eindeutig nicht wie Rizinusöl. Deshalb befahl die Äbtissin Giuseppa Maria, das Fläschchen zu einem Apotheker außerhalb des Klosters zu bringen, um eine genaue Analyse des Inhalts durchzuführen. Diese machte sich umgehend auf den Weg, Maria Luisa holte sie aber vor dem Tor ein, nahm ihr das Fläschchen weg und sagte nur: «Man hat der armen Frau ranziges Öl gegeben.»

Eine Nonne, die der Prinzessin wegen der «körperlichen Bedürfnisse aufgrund des eingenommenen Rizinusöls» beistand, berichtete dem Untersuchungsrichter, Katharina habe, «von grausamen Eingeweideschmerzen gequält», mit den «Exkrementen auch *Stücke von weißem Zeug ähnlich wie Fett*» ausgeschieden. Dabei dürfte es sich um Teile ihrer Magenschleimhaut gehandelt haben – eine Folge des Brechweinsteins. Nachdem die Durchfälle abgeebbt waren, scheint sich Katharina im Laufe des Freitags jedoch wieder etwas erholt zu haben.

In der Zwischenzeit suchte Maria Luisa fieberhaft nach neuen Wegen, die Fürstin endgültig zu vergiften. Und sie hatte rasch eine zündende Idee. Sie sagte zu Maria Ignazia:[33] «Schwester Agnese Celeste hat mir gesagt, dass *Atropa belladonna*, das heißt *Belladonna-Extrakt, das wirksamste Gift überhaupt ist*. Ich selbst werde an diesem Morgen *alles* aus der Apotheke besorgen lassen; ich werde es aber nicht über den Gutsverwalter machen, sondern über den Rechtsanwalt Franceschetti; und um bei ihm keinen Verdacht zu erregen, werde ich ihn zusätzlich Magnesia, Weinstein und noch etwas anderes zusammen mit dem Belladonna-Extrakt und dem Opium holen lassen.» Und tatsächlich lieferte Franceschetti wenige Stunden später die gewünschten Medikamente an der Klosterpforte ab. Er besorgte, wie er in seinem Verhör bestätigte, etwa neun oder zehn Arzneien, unter anderem Magnesiumoxid, Weinstein und Opium.[34] Über eine Bestellung auf Maria Luisas Liste habe er sich freilich gewundert: Atropa belladonna. Er bezweifelte, dass der Apotheker ihm dieses gefährliche Gift überhaupt verkaufen würde, aber dieser tat es anstandslos. Sallua konnte den Apotheker – Barelli an der Salita del Tritone – identifizieren, den Rechnungsbeleg zu den Akten nehmen und die gelieferten Medikamente sicherstellen. Die Klosterapothekerin sagte außerdem aus, dass man in Sant'Ambrogio damals gar keine Arzneimittel gebraucht habe, weil für die Kranken alles Notwendige vorhanden gewesen sei. Damit war klar: Die Besorgung der Gifte ging ausschließlich auf das Konto von Maria Luisa.

Am Abend des 10. Dezember unterhielt sich die Novizenmeisterin erneut mit der Arzttocher und fragte sie, ob ihr nicht doch noch weitere Gifte eingefallen seien.[35]

Agnese Celeste antwortete Maria Luisa:

«‹Lässt man Dinge in Kupfer liegen, werden diese giftig.›

Sie: ‹Verursacht es negative Effekte?›

‹Es führt zu Aufblähungen›, sagte ich ihr.

Sie: ‹Damit kann man nichts machen. Sagen Sie mir lieber, wie man ihr Opium verabreichen kann.›

‹In Pillenform›, antwortete ich.

Sie: ‹Nein, so nimmt sie es nie ein.›

Also empfahl ich ihr, das Opium mit Kassia zu vermischen, da es dieselbe Farbe hat. Sie fragte mich erneut nach der Dosis, und ich antwortete, im Zweifel solle man lieber etwas zu viel als zu wenig geben. Sie ermahnte mich erneut, das Gespräch für mich zu behalten, und verließ mich. Mir ging es angesichts der Befürchtung, die Meisterin wolle die Prinzessin wirklich vergiften, nicht gut, aber ich beruhigte mich, als ich daran dachte, wie die schöne Judith Holofernes[36] ermordete und dadurch eine Tat in göttlicher Herrlichkeit beging.»

Nun musste Maria Luisa eine passende Gelegenheit abwarten. Sie blieb die nächsten Tage äußerst vorsichtig und sprach mit niemandem mehr über die Vergiftung – auch mit ihren Vertrauten nicht, denn die Zeugenaussagen weisen für den 11., 12. und 13. Dezember eine Lücke auf. Maria Luisa brachte an diesen Tagen Katharina Fleischbrühe und Reissuppe, die wieder den scharfen Geruch hatte.

Katharina war misstrauisch und füllte, wie sie in ihrer *Denunzia* berichtete, am 12. Dezember ein Fläschchen von der Fleischbrühe ab und übergab es Pater Peters mit der Bitte, es auf Gift untersuchen zu lassen. Peters behauptete, der von ihm beauftragte Apotheker habe darin kein Gift, sondern lediglich Alaun gefunden. Alaun fand in der Medizin des 19. Jahrhunderts als Kaustikum zum Blutstillen oder als Ätzmittel bei der Entfernung von Warzen Anwendung. Der Geschmack ist erst süßlich, dann herb, alles im Mund zusammenziehend. Alaun innerlich angewendet verätzt die Magen- und Darmschleimhaut und kann in höheren Dosen tödlich sein. Wie aber das Alaun, ein wasserhaltiges schwefelsaures Doppelsalz von Kalium und Aluminium, zu dem scharfen Geruch der Fleischbrühe passen soll, bleibt das Geheimnis von Pater Peters. Ob er das Fläschchen wirklich untersuchen ließ, steht dahin.

Wenig später besuchte Doktor Luigi Giovanni Marchi Katharina am Krankenbett und ordnete an, ihr Kassia mit Tamarinde zu verabreichen, um sie zu entgiften und ihren Stoffwechsel anzukurbeln. Damit bot er Maria Luisa endlich die Gelegenheit zur finalen Vergiftungsaktion. Hatte Agnese Celeste ihr doch geraten, das Opium unter die Kassia zu mischen, weil es dieselbe Farbe hatte und den Geruch übertünchen würde. Nun ordnete der Arzt ausgerechnet die Gabe dieser Arznei an. Das musste Maria Luisa als Fügung des Himmels erscheinen. Voller Begeisterung berichtete die Madre Vicaria daher ihrer Komplizin Maria Ignazia, da habe Maria Giuseppa im ganzen Kloster herumposaunt, sie wolle die Prinzessin vergiften. Dadurch seien ihr tagelang die Hände gebunden gewesen. Und nun hätten die Ärzte ausgerechnet das zur Tarnung einer Vergiftung am besten geeignete Medikament verordnet und ihr dies auch noch persönlich anvertraut.

Maria Luisa brachte das Opium am Montag, dem 13. Dezember, in eine flüssige Form, um es unter die Kassia mischen zu können.[37] Tatsächlich beobachteten sie mehrere Zeuginnen dabei, wie sie in ihre Zelle ging und in einem Zinnteller, den sie über eine Kohlepfanne hielt, Opium in Öl auflöste. Diese Flüssigkeit habe sie in eine Tasse gegossen. Maria Ignazia berichtete dem Inquisitor, sie sei am Abend in die Zelle Maria Luisas gekommen.[38] «Ich roch einen enormen und sehr ekligen Gestank. ... Die Meisterin bemerkte den Ausdruck auf meinem Gesicht. Als ich ihr sagte, es stinke unerträglich, antwortete sie mir: ‹Aber nein, kein Gestank; es muss an dem Medikament liegen.› Dann fügte sie hinzu: ‹Morgen früh stehen Sie auf und ziehen sich schnell an, um das Medikament mit heißem Wasser zu verdünnen und es der Prinzessin zu bringen.›» Maria Ignazia bemerkte auch, «dass die Dosis des Medikaments aus Kassia und Tamarinde im Glas erhöht worden war und eine andere Farbe hatte».

Dann schilderte sie ausführlich ihre eigene Mitwirkung an der Vergiftung Katharinas am Dienstag, dem 14. Dezember:

«Am nächsten Morgen stand ich nach dem ersten Weckruf auf und ging bald zur Zelle der Meisterin; ich machte ihr das Licht an; sie sagte mir, ich solle sofort Schwester Maria Felice rufen, damit sie heißes Wasser aus der Küche hole, denn ich musste bei ihr bleiben. Und tatsächlich, während Maria Felice das heiße Wasser aus der Küche holen gegangen war, um das Medikament zu verdünnen, hielt mir die Meisterin die folgende Rede: ‹Wissen Sie? Ich fürchte, dass die Prinzessin das gestern Abend zubereitete Medikament nicht einnehmen wird, weil es zu viel und dickflüssig ist; deswegen ist es besser, dieses andere zuzubereiten, das eigentlich für Schwester Agnese Celeste bestimmt ist; aber ich bitte Sie, bringen Sie es nicht durcheinander; man soll es Agnese Celeste nicht geben: Geben Sie acht darauf, dass Sie sich nicht täuschen.›

Ich antwortete: ‹Seien Sie ruhig, ich werde mich nicht täuschen und es ihr nicht geben.›

Dann fügte sie hinzu: ‹Gut, holen Sie unsere Kassette.›

Ich holte sie, und sie nahm den Schlüssel, den sie bei sich hatte; während ich ihr leuchtete, öffnete sie die Kassette noch im Bett liegend und zog eine Dose mit Heilerde heraus, die mit rotem Wachs versiegelt war und den Stempel der Apotheke trug, den ich aber nicht beschreiben kann. Die Meisterin entnahm der Dose ein Tütchen, schnitt das Wachspapier rundherum mit einer Schere auf und leerte den Inhalt in das Glas mit dem Medikament für Schwester Agnese

Celeste. Das Tütchen trug umlaufend die Inschrift ‹Atropa belladonna›. Auch die Meisterin selbst sagte mir, es handle sich um Belladonna-Extrakt.

Die Meisterin befahl mir, das Glas mit dem Medikament auf ihrem Tischlein stehen zu lassen; sie schloss die Kassette und sagte zu mir: ‹Sie gehen jetzt an einen schicklichen Ort und werfen diese Dose weg, dann werden Sie die Schere säubern. Da Sie es nicht rechtzeitig schaffen können, der Prinzessin das Medikament zu bringen, wird Maria Felice zu mir kommen, und ich werde es von ihr bringen lassen.›

Ich ging mit der Lampe in die Stube, um ihren Auftrag zu erledigen; als ich hineinging, roch ich denselben Gestank, den ich am vorigen Abend in der Zelle der Meisterin gerochen hatte; ich schaute hinter die Tür und sah einen mit Öl verschmutzten Teller und einen undefinierbaren schwarzen geschmolzenen Stoff auf dem Boden; da ich dachte, andere Nonnen könnten das auch bemerken, warf ich die Büchse weg und spülte geduldig den Teller und die Schere.

Als ich zurück zur Zelle der Meisterin kam, erzählte ich ihr von diesem Teller und dem Gestank, und sie antwortete: ‹Oh! Ja, ich habe ihn gestern dort hingelegt und vergessen, Ihnen zu sagen, dass Sie ihn sauber machen sollen.›

Ich fragte sie, was jenes Öl und das schwarze Zeug waren, und sie antwortete: ‹Das schwarze Zeug war Opium; es war derart hart, dass man es durch Zerstampfen nicht zermahlen konnte; da es immer noch in kleinen Stückchen blieb, habe ich es in dem Teller – den ich dann gestern Abend in der Stube gelassen habe – mit Öl aufgelöst.›

Bei dem letzten Glockenschlag aus dem Chorgestühl forderte ich sie auf, zur Matutin zu gehen, aber sie sagte mir: ‹Gehen Sie ruhig; falls die Prinzessin etwas brauchen sollte, werde ich Sie rufen lassen.›»

Maria Felice ging in die Kammer von Katharina und kredenzte ihr auf einem Tablett zwei unterschiedliche Becher. Der eine Becher enthielt Kassia und das von Maria Luisa geschmolzene Opium, sein Inhalt war relativ dickflüssig. Der zweite Becher mit der Kassia, der ursprünglich für die kranke Agnese Celeste bestimmt gewesen war, enthielt die Belladonna. Das Gebräu war weniger dickflüssig, und schon eine geringe Dosis des Extrakts der Schwarzen Tollkirsche wäre tödlich gewesen. Wider Erwarten entschied sich die Fürstin für die dickflüssigere Kassia mit dem Opium und nicht für das Glas mit Belladonna. «Nachdem die Kranke das sechste Löffelchen aus den Händen Maria Felices genommen hatte, konnte sie nichts weiter trinken und fiel zurück auf das Kissen, wie von einem Gehirnschlag getroffen, ganz benommen und schlimm keuchend.»³⁹

In diesem Moment betrat Maria Luisa die Kammer der Fürstin und ließ sofort Maria Ignazia aus dem Chor rufen. An diese Situation erinnerte sich Maria Ignazia in ihrer Vernehmung ganz genau: «Ich verließ sofort den Chorstuhl und war sehr beängstigt wegen dem, was hätte passiert sein können; als ich zur Tür des Zimmers bei den Bögen kam, erkannte ich – obwohl es dunkel war – die Meisterin, die auf mich zulief und mit leiser Stimme sagte: ‹Laufen Sie schnell zur Prinzessin, weil sie im Sterben liegt.›

Ich ging fort und lief zur Zelle der Prinzessin, wo ich Maria Felice fand, die den Kopf der Prinzessin stützte; sie sagte mir sehr bange: ‹Liebe Schwester, kommen Sie, schnell, schauen Sie, was passiert ist.›

Ich sah die Prinzessin sehr niedergeschlagen und benommen, ich rief sie bei ihrem Namen ‹Luisa Maria›.

Sie antwortete mit keuchender Stimme ‹Maria Ignazia, ich sterbe.›

Sehr verwirrt verließ ich die Zelle, um nach jemandem zu suchen; ich begegnete der Meisterin, die mich sofort fragte: ‹Wie geht es Schwester Luisa Maria?›

‹Der Prinzessin›, antwortete ich, ‹geht es schlecht; kommen Sie, um Gottes willen, man muss den Pater und den Arzt rufen.›

Die Meisterin fügte hinzu: ‹Warum diese Hetze? Warten Sie, sagen Sie mir, wo haben Sie das andere Medikament gelassen?›

Ich ging schnell zur Zelle der Prinzessin und sah, dass sie das Medikament eingenommen hatte, das am vorigen Abend von der Meisterin in ihrer Zelle mit Opium zubereitet worden war; die Prinzessin sagte zu mir: ‹Sehen Sie, ich habe das Medikament noch nicht ganz eingenommen!›

Und ich sagte zu ihr: ‹Lassen Sie das Medikament ruhig stehen und denken Sie nicht daran.›

Ich ... sah das andere Medikament, das am vorigen Morgen, wie oben gesagt, in der Zelle der Meisterin zubereitet worden war; ich ging zur Meisterin zurück und sagte ihr, dass beide Gläser im Zimmer der Prinzessin waren und dass sie ein bisschen mehr als die Hälfte von dem Medikament eingenommen hatte, das am vorigen Abend mit dem Opium zubereitet worden war.

Die Meisterin sagte zu mir: ‹Kümmern Sie sich nicht mehr um die Prinzessin; laufen Sie, nehmen Sie die zwei Medikamente und werfen Sie beide an einem schicklichen Ort fort, dann spülen Sie die Gläser.›

Als ich sie jedoch darauf aufmerksam machte, dass, selbst wenn man das Glas spülte, dieses den ekligen Gestank nicht verlieren würde, fügte sie hinzu: ‹Gehen Sie, werfen Sie Gläser und Medikamente fort, wohin Sie wollen, aber beeilen Sie sich; falls die Prinzessin Sie fragen sollte, warum Sie die Gläser wegbringen, antworten Sie ihr, dass Sie Schwester Agnese Celeste das Medikament bringen wollen.›

Ich ging schnell zur Prinzessin und sagte ihr, dass ich im Auftrag der Meisterin Agnese Celeste das Medikament bringen sollte; ich lief zu einem schicklichen Ort und leerte die Gläser; dann ging ich in die Küche, um die Gläser mit heißem Wasser zu spülen; in einem blieb aber immer noch der Gestank; ich zerbrach das Glas und warf es an ebenjenem schicklichen Ort weg.»

Maria Ignazia war bei alledem geistesgegenwärtig genug, um an mögliche kritische Nachfragen zu denken. «Ich ging zur Meisterin, erzählte ihr alles und sagte: ‹Was werden die Krankenschwestern dazu sagen, dass die Novizin das Medikament nicht eingenommen hat und dass ein Glas fehlt?›

Sie antwortete: ‹Sagen Sie ihnen, dass Sie beim Laufen auf den Stufen des Schlafsaals gestürzt sind, dass Sie das Medikament verschüttet haben und das Glas zerbrochen ist.›

Das erzählte ich all denjenigen, die mich danach fragten. Ich ging dann zurück zur Prinzessin und fand ihren Zustand sehr verschlimmert; ich verließ das Zimmer zusammen mit der Meisterin, die sich auch dort befand, und wiederholte, dass es notwendig war, den Arzt zu rufen.

Sie erwiderte erneut: ‹Warum diese Hetze? Warten Sie, aber es ist Ihre Entscheidung. Der Arzt wird kommen und sie zur Ader lassen, und so wird alles enden.›

Wegen dieser Worte dachte ich, sie wollte nicht, dass man den Arzt rief, weil er in diesem Fall sie mit etwas beauftragen würde und alles doch noch schiefgehen könnte.

Ich ging zur Prinzessin zurück, der es derart schlecht ging, dass sie mich darum bat, ihr mal das eine, mal das andere Fläschchen zu holen, das sie in ihrem Zimmer hatte, um an ihnen zu riechen und sich erholen zu können. Da ich sah, dass ihr Zustand immer schlimmer wurde, und ich ihr irgendwie helfen wollte, machte ich mich auf den Weg zur Äbtissin; ich traf die Meisterin und wiederholte, dass es der Prinzessin immer schlechter ging.

Sie sagte zu mir: ‹Gehen Sie ruhig zur Äbtissin und sagen Sie ihr, dass es der Prinzessin schlecht geht.›

Ich ging in den Chor zur Äbtissin und berichtete ihr über den Zustand der Prinzessin und dass ich glaubte, es handle sich um einen Schlaganfall.

Die Äbtissin antwortete: ‹Oh! Herr, hier bin ich.›

Während wir zur Prinzessin gingen, begegneten wir der Meisterin; sie sagte uns, sie habe schon nach dem Arzt läuten lassen. Die Äbtissin war, als sie die Prinzessin in dem Zustand sah, sehr beunruhigt; in aller Eile wurden die zwei Ärzte und die zwei Beichtväter gerufen, und sie kamen.»

Dann schilderte Maria Ignazia dem Gericht auch noch die Diagnose der behandelnden Ärzte und das Wirken der Beichtväter: «Zuerst kam Doktor Marchi und sagte: ‹Es handelt sich um eine Synkope am Herzen: Schnell, eine gute Blutegelbehandlung›; diese wurde ausgeführt.

Als Doktor Riccardi kam, sagte er: ‹Dies ist eine Synkope am Kopf, die die Gehirnfasern angegriffen hat›; er gab sofort eine zweite Blutegelbehandlung in Auftrag, die ausgeführt wurde.

Als die Ärzte weggingen, kamen die Beichtväter und brachten der Prinzessin schnell die heilige Sterbekommunion. Da ihr Zustand immer schlechter und das Fieber immer höher wurde, wurde ihr nach dem Mittagessen die Letzte Ölung erteilt; sie legte die Profess in Anwesenheit des Beichtvaters, der Äbtissin, der Meisterin und einiger weiterer Nonnen ab.»

Es war durchaus üblich, todkranke Novizen und Novizinnen auf dem Sterbebett vorzeitig zur Ablegung der Ordensgelübde zuzulassen. Aber Katharina starb und starb einfach nicht. Maria Luisa konnte nicht verstehen, dass zwei Unzen Opium sie nicht umgebracht hatten. Am Abend des 14. Dezember wirkte Maria Luisa deshalb tief verunsichert. «Es scheint unmöglich, dass sie das noch aushalten kann», sagte sie zu Maria Ignazia, «glauben Sie nicht auch, dass sie diese Nacht noch sterben könnte?»

Die Vernehmung der beiden Klosterärzte bestätigte im Wesentlichen die Aussagen Katharinas und der zahlreichen Zeuginnen, jedenfalls, was die Symptome der Krankheit betraf.[40] Der Verdacht, Katharinas überraschende Krankheit könne auf Gift zurückzuführen sein, kam ihnen jedoch nicht. Doktor Gregorio Bernardo Riccardi hatte «nie irgendeinen Argwohn gehabt, dass die Krankheit der Prinzessin auf einen Missbrauch von Heilmitteln oder eine Zufuhr von gesundheitsgefährdenden Speisen zurückzuführen sein könnte».[41] Die Strategie Maria Luisas war aufgegangen: Das eingesetzte Gift war nicht feststellbar. Aber ihr eigentliches Ziel hatte sie noch nicht erreicht.

Um das Ableben der Fürstin weiter zu beschleunigen, wandte sich Maria Luisa an ihre Vertraute Maria Ignazia: «Könnten Sie nicht eine Sache für mich tun? Wenn die Prinzessin wie betäubt vor sich hin schlummert, nehmen Sie dieses Fläschchen mit Chloroform und halten es ihr unter ihre Nase, damit sie noch mehr betäubt wird.» Katharina verwendete Chloroform[42] regelmäßig für bestimmte «Salbungen», wie sie ihren Ärzten mitgeteilt hatte. Gestand sie damit indirekt ein, dass sie wie viele andere adelige Damen des 19. Jahrhunderts Chloroform «schnüffelte», um sich dadurch in rauschartige Zustände zu versetzen? Der Dunst, den das Chloroform verbreitete, war jedenfalls so stark, dass sie ihre Mitschwestern bei den Anwendungen aus der Zelle bitten musste. Schließlich hatten die Klosterärzte ihr Chloroform sogar ganz verboten, «für Italiener» sei es «schlicht unverträglich». Maria Ignazia wollte diesen typischen Geruch in Katharinas Zelle offenbar nicht riskieren. Sie brachte das Fläschchen daher in einen anderen Raum.

Als Katharina am Morgen des Mittwochs, des 15. Dezember, immer noch lebte, beauftragte Maria Luisa Franceschetti, weitere zwei Unzen Opium zu kaufen, was dieser auch umgehend erledigte.

Maria Ignazia berichtete: «Ich sah es in ihrer Hand, als sie das Döschen aus der Tasche holte.

‹Hier›, sagte sie mir, ‹ich habe es kaufen lassen; wir werden es mit den Medikamenten vermischen, die die Prinzessin einnehmen muss.›

Die Ärzte aber verschrieben keine Medikamente mehr, weil Katharinas Befinden sich sehr verschlimmert hatte und sie nicht mehr in der Lage war, Medikamente einzunehmen; daher hatte man ihr kein Opium mehr verabreichen können, und die Behandlung musste mit Blutegeln weitergehen. Ich habe nie erfahren, was aus dem Opium geworden ist.»

Abermals begab sich die Madre Vicaria in die Klosterapotheke, um dort nach weiteren Giften zu stöbern. Maria Ignazia berichtete darüber: «An dem folgenden Morgen ging Pater Peters den Gottesdienst feiern; die Meisterin schickte mich zur Äbtissin, damit diese mir den Schlüssel der Apotheke gab, was sie tat, und den ich zur Meisterin brachte; diese ließ Schwester Maria Felice bei der Prinzessin bleiben und sagte zu mir: ‹Kommen Sie mit.›

Und dann: ‹Gehen Sie in unser Zimmer, nehmen Sie das Döschen und bringen Sie es mir in die Apotheke.›

Nachdem ich ihr das Döschen ausgehändigt hatte, fügte sie hinzu: ‹Bleiben Sie hier an der Tür der Apotheke, und passen Sie auf, ob jemand kommt; falls Maria Giuseppa kommt, sagen Sie mir sofort Bescheid.›

Sie blieb ziemlich lang darin; ließ dort die Kassette, kam heraus und zog die Tür zu; dann sagte sie zu mir: ‹Oh was für eine chaotische Apotheke wir in Sant'Ambrogio doch haben!›

Wir trennten uns. An dem Abend nahm sie mich mit in die Apotheke, um das Döschen zu holen, das sie mich wieder in ihre Zelle bringen ließ.»

Im Giftschrank der Klosterapotheke muss Maria Luisa das gefunden haben, was sie suchte. Denn am Donnerstag, dem 16. Dezember, gab sie Maria Ignazia ein Papiertütchen mit einem holzfarbenen Pulver und sagte: «Schütten Sie das in die Limonade für die Prinzessin, da es jeder Person den Verstand raubt und Erbrechen hervorruft.» Maria Ignazia nahm das Pulver «schweren Herzens» mit. Sie berichtete dem Inquisitor weiter:

«Schließlich entschied ich mich, eine winzig kleine Menge in die Limonade der Prinzessin zu schütten, um so zu bewirken, dass sie sie trinken würde. Ich tat es, aber dann war es mir unmöglich, die Limonade wegzubringen, bevor die Prinzessin mich um sie bat; ich musste sie ihr also geben. Sie trank nur ein Schlückchen davon, ohne etwas zu merken und ohne eine schlechte Wirkung zu spüren. Ich brachte dann das Zitronenwasser prompt weg; ich begegnete der Meisterin und sagte zu ihr, dass ich alles ausgeführt hatte, was sie mir befohlen hatte, und dass die Prinzessin keine Beschwerden bekommen hatte.

Sie erwiderte: ‹Ja klar, ich kann mir vorstellen, dass Sie nur eine winzig kleine Menge hineingeschüttet haben, und es ist klar, dass es keine Wirkung haben konnte.›

Ich gab ihr das übrig gebliebene Pulver und ging weg.»

Daraufhin wollte Maria Luisa einen weiteren Versuch mit Zitronenlimonade unternehmen; wieder sollte Opium als Gift dienen. Erneut wurde Maria Ignazia mit der Durchführung betraut: «Da ich mich auch in diesem Zimmer befand, sagte sie zu mir: ‹Schütten Sie drei Tropfen von dem Wasser mit dem Opium hier hinein.›

Ich machte sie darauf aufmerksam, dass dieses Wasser eine dunkle Farbe hatte, während die Limonade weiß war, sodass diese sich färben würde.

Aber sie wandte ein: ‹Sie müssen es aus Gehorsam tun.›

Sie ließ das Glas dort stehen; kaum war sie aus der Tür heraus, traf sie Maria Giuseppa und schrie laut: ‹Was soll das? Was soll das heißen, was behaupten Sie? Solche Sachen passieren nicht im Haus Gottes.›

Maria Giuseppa antwortete: ‹Aber wenn Sie nichts in die Limonade hineingeschüttet haben, was macht dann Maria Ignazia in diesem Zimmer?›

‹Ich stand an der Tür›, sagte ich. ‹Ich stehe nur hier, ich tue nichts.›

Die Meisterin nahm dann das Glas mit der Limonade, ging zur Äbtissin und sagte: ‹Was soll das? Maria Giuseppa glaubt, dass etwas in die Limonade geschüttet wurde. Hier, es ist nichts darin.›

Die Meisterin und die Äbtissin tranken die Limonade in Anwesenheit von Maria Giuseppa, um ihr zu demonstrieren, dass nichts darin war. In der Tat gab es nichts, weil ich die drei Tropfen, die ich im Auftrag der Meisterin hineinschütten sollte, noch nicht in die Limonade gegossen hatte.»

Nach dieser Aktion war Maria Ignazia nicht länger bereit, weitere Befehle Maria Luisas zur Vergiftung der Fürstin auszuführen, und sagte ihr, sie wolle zurück ins Noviziat, womit die Novizenmeisterin schließlich einverstanden war. Damit war Maria Luisas wichtigste Komplizin ausgeschieden.

Die Madre Vicaria wollte aber nicht aufgeben und kam noch einmal auf die Idee mit dem Terpentin zurück, auf die sie Agnese Celeste gebracht hatte. Sie beauftragte Franceschetti, für die Apotheke eine Pille Terpentin zu besorgen. Weil der Anwalt, als er ihr die Pille übergab, sie jedoch warnte, dass «wo immer sie etwas berührt, es sofort brennen kann», erschrak sie heftig und warf die Pille weg.[43]

Spätestens zum Jahreswechsel 1858/59 ebbten die Vergiftungsversuche ab, schließlich hörten sie ganz auf. Ob dies wirklich, wie Katharina in ihrer *Denunzia* berichtete, auf ein klärendes Gespräch mit Maria Luisa am Morgen des 16. Dezember zurückgeht, steht dahin.

Katharina erholte sich langsam von den Folgen der Anschläge, verzichtete aber in den nächsten Monaten auf fast alle Speisen und Getränke, die man ihr anbot. Insbesondere trank sie keine Schokolade zum Frühstück mehr. Sie aß nur noch Brot und trank Wasser, von denen sie glaubte, dass sie nicht vergiftet sein konnten. Da sie immer noch unter schweren Verdauungsstörungen litt, ließ die Äbtissin im Frühling aus einer Apotheke wiederholt «versiegeltes Abführmittel aus Molke» für sie besorgen. Einige Male war das Siegel an den Fläschchen aber zerbrochen. Daraufhin setzte die Äbtissin selbst die Kur aus. Sie wollte offenbar auf Nummer sicher gehen. Katharina sollte sich in der Ordensgemeinschaft wieder ungefährdet fühlen. Das Ziel war, die Fürstin unbedingt im Kloster zu halten und einen Austritt zu verhindern, der ihr die Gelegenheit gegeben hätte, draußen über die Geheimnisse und Vorkommnisse von Sant'Ambrogio zu erzählen. Erst einmal sollte Gras über die ganze Angelegenheit wachsen.

Im Frühsommer 1859 nahm die Madre Vicaria ihre Vergiftungsversuche dann aber wieder auf. Dass ihr Hass auf Katharina keineswegs vorbei war, brachte Maria Luisa unmittelbar vor Ostern 1859 auch in einem liturgischen Rahmen noch einmal zum Ausdruck. Als sie den Novizinnen am Gründonnerstag die Füße wusch wie Jesus seinen Jüngern vor dem Letzten Abendmahl,[44] sagte die Novizenmeisterin, es gebe unter ihnen einen Judas, der im Moment aber in der Kirche nicht anwesend sei. Die einzige Nonne, die bei der Abendmahlsliturgie fehlte, war aber Schwester Luisa Maria alias Katharina von Hohenzollern-Sigmaringen. Damit erneuerte Maria Luisa ihren Vorwurf vom 8. Dezember 1858, als Katharina mit dem Strick um den Hals vor ihr kniete.

Nachdem Hohenlohe die Fürstin dann aus Sant'Ambrogio abgeholt hatte, erhielt die Äbtissin einen Brief der Gottesmutter, die dieses Ereignis als göttliche Fügung interpretierte: «Erkennen Sie die große Gnade, die ich Ihnen erwiesen habe, indem ich Sie von jener Seele befreit habe: Das, was Sie für Gold gehalten haben, war in den Augen Gottes schnöder Kot.» Weil sie die Prinzessin im letzten halben Jahr ihrer Klosterzeit so zuvorkommend behandelt hatte, erhielt die Äbtissin sogar eine Buße auferlegt. Pater Peters erhielt ebenfalls ein Schreiben der Madonna, mit demselben himmlischen Urteil und Bußmaß wie die Äbtissin, auf dessen Einhaltung der Beichtvater streng bestand.

Der Austritt Katharinas von Hohenzollern aus Sant'Ambrogio muss für Maria Luisa eine große Niederlage gewesen sein. All ihr Trachten hatte, seitdem die Fürstin den Brief des Americano gelesen hatte, dem einzigen Ziel gedient, die Fürstin (mund)tot zu machen. Nun war sie «draußen», nun konnte sie reden. Viel wichtiger aber war: Maria Luisa hatte die Gifttränke für Katharina gemischt und ihr durch ihre Helfershelferinnen verabreichen lassen. Es gab zu viele Zeuginnen. Sie war als Täterin leicht zu überführen. Es wäre naheliegend gewesen, sich mit Katharina offen auszusprechen, sie um Entschuldigung zu bitten und sie von einer strafrechtlichen Anzeige abzubringen. Maria Luisa versuchte es aber ganz anders: Sie sprang dazu wieder einmal in die Übernatur, diesmal allerdings nicht in den Himmel, sondern in die Hölle.

«Es war mit Sicherheit der Teufel»

Um die wahrhaft teuflische Exkulpationsstrategie Maria Luisas zu enttarnen, stand dem Inquisitor Sallua mit Maria Ignazia eine Musterzeugin zur Verfügung. Diese hatte als «Mittäterin» mehrfach gegen sich selbst ausgesagt und sich dadurch schwer belastet. In seiner *Relazione* für die Kardinäle bemerkte der Dominikaner, die Ehrlichkeit der Zeugin Maria Ignazia habe zum «Triumph der Wahrheit» in der verworrenen Giftgeschichte geführt.[45]

Maria Ignazia zeichnete in ihrer Vernehmung vom 2. März 1860 ein eindringliches Bild der Rechtfertigungsstrategie Maria Luisas und der Beichtväter:[46]

«Eines Abends, als es der Prinzessin wieder besser ging, ging ich in den Noviziatstrakt, um von der Meisterin Maria Luisa den Segen gespendet zu bekommen.

Sie sagte mir: ‹Tochter, seien Sie eine Gute und machen Sie mir keine Umstände wie diese anderen Novizinnen.›

Ich versicherte ihr, dass ich niemals irgendetwas irgendjemandem erzählt hätte.

Sie: ‹Tochter, was erzählen Sie da? Haben Sie noch immer solche Sachen im Kopf? Ich weiß nicht, wovon Sie sprechen.›

Daraufhin begann ich zu weinen und erinnerte sie daran, was ich für sie in Bezug auf die Prinzessin hatte erledigen sollen.

Die Meisterin gab sich verwundert und sagte zu mir zurückhaltend: ‹Aber was denn? Ich habe diese Sachen weder jemals gesagt noch angeordnet, und ich weiß auch nichts davon. Erinnern Sie sich genau an das, was heute im Refektorium aus dem Leben von Schwester Veronica Giuliani[47] verlesen wurde? Diese Sachen können sich wiederholen.›

Aus dem Leben der Schwester Veronica hatte man verlesen, dass der Teufel ihre Gestalt angenommen und so viele böse Dinge gemacht hatte.

Anschließend sagte sie mir: ‹Gehen Sie ins Bett, und morgen kommen Sie zur Morgenandacht zu mir. Dann werde ich Ihnen diese Flausen schon austreiben.›

Ich war am nächsten Morgen pünktlich in ihrem Zimmer. Ich wiederholte ihr alles, was sie mir zur Vergiftung der Prinzessin gesagt und angeordnet hatte, und erzählte ihr alle Details, von den Orten, Zeiten, Wortlauten und Personen.

Darauf sie: ‹Aber Tochter. Ich weiß nichts von all diesen Dingen.›

Sie sagte, dass sie wegen der Sorge um die Prinzessin sehr gelitten habe und dass sie nur manchmal bei ihr vorbeigekommen sei, um ihr mit Worten Beistand zu leisten.

Zu mir sagte sie: ‹Nur Mut, Maria Ignazia.›

Ich fügte hinzu: ‹Ja, es stimmt. Es stimmt aber auch, dass Sie mir die ganzen anderen Sachen gesagt und angeordnet haben.›

Sie: ‹Tochter, ich war das ganz und gar nicht.›

Ich: ‹Wer ist es dann gewesen? Ich habe viel Unheil angerichtet und werde alles dem Pater erzählen müssen, oder?›

Sie: ‹Nein, Tochter, Sie haben gar kein Unheil angerichtet. Sie haben gehorcht. Vertrauen Sie auf den Gehorsam: Schweigen Sie, und sagen Sie niemals ein Wort. Wenn Sie befragt werden, verneinen Sie immer. So werden Sie dem Teufel am besten trotzen können.›

Also antwortete ich: ‹Es war wohl der Teufel in Gestalt von Euer Ehrwürden?›

Sie: ‹Leider! Es wäre gut, wenn dem nicht so gewesen wäre. Der Teufel hat meine Gestalt bei zu vielen anderen Gelegenheiten angenommen, so wie er es auch in diesem Fall getan hat. Sie haben die Tasse weggeworfen und noch andere Sachen erledigt, die Sie mir geschildert haben. Dies können Sie ungeniert abstreiten, da ich weiß, dass der Teufel auch Ihre Gestalt angenommen hat.›

Ich fragte sie: ‹Wo waren Sie denn an jenen Tagen?›

Sie antwortete: ‹Ich wusste alles, was geschehen würde im Voraus. Daher zog ich mich zurück und betete in den kleinen Zimmern im unteren Chor und verließ sie nur, wenn es unbedingt nötig war.›

Sie wiederholte: ‹Bleiben Sie ruhig und sagen Sie kein Wort.›

Ich versicherte ihr, dass ich mich bei ihrem Wort und Gewissen sicher fühlte und niemals etwas sagen würde.»

Maria Luisa wandte wieder einmal – wie es Maria Ignazia treffend auf den Punkt brachte – ihre übliche Entschuldigungsstrategie an: Ich war's nicht, es war der Teufel. Diese Behauptung war für ihre Mitschwestern nicht unglaubwürdig. Schließlich hatten sie bei der Tischlesung im Refektorium erfahren, dass der Teufel auch der heiligen Veronica Giuliani zu schaden versucht hatte, indem er ihre Gestalt annahm. Die 1727 verstorbene Kapuzinerin aus dem Kloster Città di Castello bei Perugia war 1839 nach langen innerkirchlichen Auseinandersetzungen zu den Ehren der Altäre erhoben worden. Die Passage in der Lebensbeschreibung der heiligen Veronica, auf die sich Maria Luisa in ihrem Gespräch mit Maria Ignazia bezog, lieferte ihr ein geradezu ideales Vorbild: «Nachdem der Teufel sich so zu Schanden gemacht sah, sann er auf Rache und wählte die List, sie als eine Heuchlerin und Gotteslästerin zu verschreien. Dazu nahm er öfter ihre Gestalt an und zeigte sich bald in dem Speisezimmer, bald in der Küche, bald in dem Speisebehältnisse, um da zur Unzeit heimlich und unordentlich zu essen. Da die Klosterfrauen dies sahen, ärgerten sie sich sehr, besonders weil sie diesen Anblick öfter kurz zuvor hatten, ehe Veronika zum Tische des Herrn trat. Gott aber verteidigte seine Dienerin und deckte den Betrug auf. An einem Morgen, zur Zeit der heiligen Kommunion, trafen einige Klosterfrauen die vermeintliche Veronika wieder essend an; sie eilten also auf den Chor, es der Oberin anzuzeigen, fanden aber die wahre Veronika schon dort im Gebete versammelt. ... Wie sehr der Neid des Höllenfeindes gegen Veronika zunehmen musste, da er sich von ihr so schmählich überwunden und sie mit ihrem göttlichen Bräutigam so eng verbunden sah, lässt sich leicht denken. Er ließ keine List unversucht, um sie gegen ihren Bräutigam treulos zu machen, er stellte ihr alle verführerischen Frechheiten vor Augen, bisweilen nahm er sogar ihre Gestalt an und verübte mit anderen Teufeln, die sich in freche Jünglinge verstellten, solche Schandtaten, welche die Schamhaftigkeit und selbst die Natur verabscheut.»[48]

Wie die Mitschwestern von Veronica Giuliani war jetzt auch Maria Ignazia auf den Teufel hereingefallen und hatte in dessen Auftrag mehrfach versucht, Katharina umzubringen. Maria Ignazia blieb mit ihren Fragen und Schuldgefühlen allein, die Madre Vicaria kannte kein Erbarmen und verdammte sie zum strikten Schweigen. Schließlich ließ sich ein Gespräch Maria Ignazias mit Pater Peters, der wegen der Giftmischerei unruhig wurde, aber nicht mehr vermeiden. Auch dafür erhielt sie von der Madre Vicaria präzise Anweisungen:

«Als sich die Prinzessin auf dem Weg der Genesung befand, rief mich die Meisterin zu sich und sagte mir: ‹Sie werden von Pater Peters gerufen werden. Denken Sie an das Versprechen, das Sie mir gegeben haben, kein Wort über die Medizin und das Gift für die Prinzessin zu verlieren. Sagen Sie nur, dass ich ab und an in ihre Zelle gekommen bin, um ihr Mut zu machen und dass Sie und Maria Felice mich eines Nachts am Bett der Prinzessin gesehen haben, aber eine gewisse Ehrfurcht hatten; dass sich die Prinzessin komisch verhalten hatte und ich ihr versichert habe, dass ich in jener Nacht nicht in ihrem Zimmer war, sondern in meinem Bett lag und dass Maria Giacinta mich mit Verachtung aus der Zelle warf.›

Ich begab mich zu Pater Peters und wurde zur Medizin und den vergifteten Arzneien befragt, die der Prinzessin verabreicht worden waren. Ich antwortete, dass davon nichts der Wahrheit entsprach, und stritt, wie ich der Meisterin versprochen hatte, alles ab. Ich verneinte sämtliche Punkte, die er aufs Genaueste erfragte.

Peters sagte zu mir, er würde mich befragen, weil er die Hintergründe wissen wolle. Er traue der Meisterin eine solche Tat nicht zu und erwähnte, dass sie alles vor längerer Zeit vorausgesagt hatte. Mehr noch: Die Prinzessin sollte als Strafe Gottes sterben, aber der Teufel hatte sich eingemischt, um den Tod wie einen Mord aussehen zu lassen.

Er erzählte mir von dem Alaun, das im Fläschchen mit der Suppe gefunden worden war. Auf meine Frage, wie der Teufel es bewerkstelligt hatte, erklärte er mir, dass der Teufel so etwas machen konnte und es in Wahrheit beigemischt hatte, damit man etwas finden konnte.

Bevor ich zu Peters ging, gab mir die Meisterin wörtlich dieselbe Erklärung; dass der Herr Luisa Maria zur Strafe sterben lassen wollte und dass der Teufel sich eingemischt hatte, um der Meisterin die Schuld anzuhängen.

Ich sprach mit Pater Leziroli über diese Angelegenheiten, und er sagte mir: ‹In Wahrheit ist alles, was um die Prinzessin herum geschehen ist, ein Werk des Teufels gewesen; wir haben die dafür nötigen Versuche durchgeführt und sind uns daraufhin sicher, dass es die Kunst des Teufels gewesen ist; und dass die Meisterin Maria Luisa solche Dinge weder gedacht noch ausgesprochen oder durchgeführt hat.›

Ich erwiderte: ‹Habe ich also mit dem Teufel gesprochen?›

Und er: ‹Sicher, es war mit Sicherheit der Teufel, der Ihnen diese Sorgen bereitet hat.›

Selbiger Pater Leziroli predigte während der Exerzitien vor der Gemeinschaft, dass alle Sorgen, die manche oder fast alle Nonnen gehabt hätten (in Bezug auf die Krankheit der Prinzessin, die jeder Schwester bekannt war), eine Täuschung des Teufels gewesen seien. Er könne die Gestalt anderer Personen annehmen, die Suppe und die Medizin vergiften. Er tue dies alles, um den Frieden der Gemeinschaft zu stören. Wir sollten aber alle ruhig bleiben, da niemand von uns etwas von dem, was wir gesehen haben, gemacht habe. Die Prinzessin war bei dieser Predigt anwesend.

Ich weiß, dass Leziroli anschließend versucht hat, auch die Prinzessin von den Täuschungen des Teufels zu überzeugen. Sie sollte sich von ihrem harten Urteil lösen und die Meisterin nicht hassen, da sie ansonsten nicht im Hause Gottes bleiben könnte. Die obige Predigt schloss Leziroli damit ab, dass er sichere Beweise für die Unschuld der Meisterin habe.»

Maria Ignazias Aussage wurde von zahlreichen anderen Nonnen und der Äbtissin bestätigt.[49] Auch nach Katharinas Austritt wurde den Nonnen eingebläut, alle Vergiftungsversuche seien ein Werk des Teufels gewesen. Wieder musste Maria Francesca im Auftrag Maria Luisas einen Brief schreiben, diesmal im Namen und in der Handschrift der gerade verstorbenen Maria Felice. Darin hieß es, die Fürstin sei eine «seltsame Frau» gewesen, die «es mit dem Teufel trieb» und fälschlicherweise geglaubt habe, man wolle sie vergiften. Die Verstorbene beklagte sich, dass sie dieser komischen Katharina während ihrer Krankheit beistehen musste. Maria Stanislaa bestätigte die entsprechende Aussage Maria Francescas und gab zu Protokoll, Maria Luisa habe ihr aufgetragen, diesen Brief abzuschreiben.

Noch im Herbst 1859, als die vom Papst angeordnete Apostolische Visitation längst im Gange war, mussten die Nonnen auf Anweisung der Beichtväter den Satz, der Teufel habe in Gestalt Maria Luisas Katharina vergiftet, wie einen Artikel des Glaubensbekenntnisses behandeln. Jede abweichende Meinung wurde in Sant'Ambrogio strikt unterdrückt und verfolgt. Besonders hart wurde mit der Krankenschwester Maria Giuseppa wegen ihrer fortwährenden Renitenz umgegangen. Als sie im Beichtstuhl darauf beharrte, Maria Luisa sei für die Giftanschläge auf Katharina verantwortlich, zwang sie Leziroli zum feierlichen Widerruf. Sie musste die «Heiligkeit und außerordentlichen Gaben» Maria Luisas vor Leziroli beeiden, indem sie die Hand auf das Evangelienbuch legte, und ihre Verdächtigungen als «große Sünde» verwerfen. «Ich musste seine Glaubensformel über die Heiligkeit Maria Luisas aufsagen, wenn ich meine Seele retten wollte», erinnerte sich Maria Giuseppa.

Maria Luisa begleitete diese seelsorgerliche Strategie auf ihre Weise. Im Kloster kursierten nun plötzlich Zettel, die angeblich vom Americano stammten und auf denen Maria Ignazia zufolge erklärt wurde, «wie die Dämonen die Gestalt der Meisterin und anderer Ordensschwestern angenommen haben, um die Prinzessin zu vergiften».[50] Der Amerikaner habe die Zettel an Pater Peters gerichtet, um die «Unschuld der Meisterin» zu verteidigen. «Sie las mir das vor, um mich von ihrer Unschuld bei der Vergiftung zu überzeugen. Bevor die Meisterin weggebracht wurde, sagte sie mir, dass ich ihre Unschuld verteidigen sollte; so wie sie, wenn ich weggebracht worden wäre, meine Unschuld verteidigt hätte. Jetzt ist mir bewusst, warum sie so redete. Sie fürchtete sich vor ihren Taten.»

Weitere Morde

Die Taten Maria Luisas, von denen Maria Ignazia in ihren Verhören sprach, bezogen sich jedoch nicht nur auf die Mordversuche an Katharina von Hohenzollern. Vielmehr hatte die Madre Vicaria mehrfach versucht, auch andere Nonnen umzubringen.[51]

Zunächst zum Fall Maria Giacinta, der sich in der ersten Hälfte des Jahres 1859 abgespielt haben muss. Die Schwester von Anwalt Luigi Franceschetti hatte beobachtet, wie Maria Luisa Glas zerstoßen und unter die Mahlzeiten der Fürstin gemischt hatte, und zeigte sich auch über andere «Betrügereien» im Hinblick auf die Vergiftung

Katharinas gut informiert. Darüber sprach sie mit der Äbtissin, Pater Peters und anderen Nonnen, und schließlich konfrontierte sie auch Maria Luisa selbst mit ihrem Wissen: «Ja, ich habe es gesehen, ich habe es gesehen.»

Maria Luisa sah jetzt in Maria Giacinta eine gefährliche Mitwisserin, die beseitigt werden musste. Maria Francesca erhielt denn auch umgehend den Auftrag, im Namen des Engels und der Gottesmutter mehrere Briefe an Pater Peters zu schreiben. Die Gottesmutter sprach darin über das einstige «Lieblingstöchterchen» Maria Giacinta, die zusammen «mit ihrer Meisterin für etwas ganz Großes bestimmt» gewesen sei. Nun war sie nur noch eine «hochmütige» und «stolze» Nonne, die vom Beichtvater und der Äbtissin unbedingt «gedemütigt» werden müsse. Schließlich hieß es: «Maria Giacinta wird an ihrer Krankheit sterben; ihr Leben wird um viele Jahre verkürzt werden, weil sie die erhabene Stufe der Glorie neben ihrer Meisterin verloren hat.»

Maria Giacinta wurde daraufhin vom Beichtvater unter Druck gesetzt. Sie war völlig verwirrt und stand Todesängste aus, weil sie befürchtete, vergiftet zu werden. Schwester Giuseppa Maria bestätigte diesen Verdacht. Maria Giacinta sei aufgrund einer Überdosis Opium oder etwas Ähnlichem von einer starken Entzündung des Darms und Geschwüren am Hals befallen worden. Dadurch sei sie so erschöpft gewesen, dass sie im Sterben lag. Ihr Bruder unterstrich die Aussagen Maria Francescas und Giuseppa Marias. Seine Schwester sei tatsächlich aufgrund zweier Pillen Opiums, die ihr Maria Luisa verabreicht hatte, dem Tode nahe gewesen. Sie wäre gestorben, wenn ihr nicht der Klosterarzt im letzten Moment ein Gegenmittel eingeflößt hätte. Der Mediziner habe sogar behauptet, eine derartige Menge Opium hätte auch ein Pferd umbringen können.

Aufgrund dieser und anderer Indizien sowie weiterer Zeugenbefragungen konnte die Inquisition beweisen, dass die Madre Vicaria in den Tagen nach Maria Giacintas Opiumvergiftung tatsächlich versuchte, ihr auch noch eine starke Dosis eines weiteren Gifts zu verabreichen, um sie damit endgültig umzubringen. Es handelte sich wahrscheinlich um Zeitlosensamenwein, der aus den Blüten der Herbstzeitlosen gewonnen wurde. In geringen Dosen fand er Anwendung gegen Gicht, höher dosiert stellte er ein absolut tödliches Gift dar. Auch diesen Mordversuch hatte Maria Luisa mit einem Brief der Madonna an Pater Peters vorbereitet, in dem erneut von dem bevorstehenden Tod dieser Ordensschwester als Strafe Gottes gesprochen worden war. In diesem Schreiben waren auch der genaue Zeitpunkt und die näheren Umstände des Todes präzise angekündigt worden. Die kranke Maria Giacinta bemerkte das Komplott jedoch und weigerte sich standhaft, den flüssigen Stoff zu sich zu nehmen.

Als es mit dem himmlisch angekündigten Tod Giacintas nichts werden wollte, beseitigte Maria Luisa den Brief der Gottesmutter und ließ einen neuen schreiben, in dem die Madonna nun mitteilte, Maria Giacinta müsse aufgrund der Gebete, der Bußen und der Verdienste ihrer erstgeborenen Tochter Maria Luisa doch nicht sterben.

Dieses Glück war der Novizin Maria Agostina nicht beschieden, deren tragischer Fall sich im Oktober 1858 abspielte. Die junge Nonne rühmte sich, Ekstasen und Visionen zu haben. Insbesondere die Mutter Gründerin sei ihr mehrfach erschienen. Eine Reihe von Ordensschwestern folgte der neuen Visionärin und glaubte ihren Prophezeiungen. Dadurch wurde Maria Luisa von rasender Eifersucht erfüllt und setzte alles daran, die Ekstasen Maria Agostinas als «scheinheilige Vorspiegelungen» aufzudecken. Zuerst verpflichtete sie Maria Agostina in ihrer Autorität als Novizenmeisterin, ihr das «Gewissen wie einem Beichtvater zu öffnen» und eine Lebensbeichte vor ihr abzulegen. Danach erzählte sie den anderen Schwestern von all den Schwächen und Miseren im Leben dieser jungen Frau. So sprach sie lang und breit davon, Maria Agostina habe in Ferrara eine «schamlose Beziehung» mit dem Jesuiten Vincenzo Stocchi,[52] ihrem Beichtvater, gehabt. Maria Luisa zwang die junge Novizin, ihre Visionen öffentlich zu widerrufen, nicht nur im Noviziat, sondern auch im Chor vor der ganzen Gemeinschaft von Sant'Ambrogio. Diese Demütigung genügte ihr aber nicht. «Hinter der Maske des Eifers», die verirrte Seele wieder auf den rechten Weg zurückzuführen, setzte sie sie psychisch massiv unter Druck. Sie wollte sie offenbar in den Wahnsinn und letztlich in den Tod treiben.

Maria Giuseppa erinnerte sich in ihrem Verhör, wie «im letzten Sommer die verstorbene Schwester Maria Agostina ... erkrankte. Sie war jung, robust und bei guter Gesundheit. Aber da es schien, die Krankheit habe in einem nicht natürlichen Unwohlsein ihren Ursprung, kam in mir später der Verdacht auf, dass ihrem Essen irgendetwas beigemischt worden war. Diese Ordensschwester hatte andauernd Fieber und sie verzehrte sich. ... Eigentlich bringt man den Kranken alle acht Tage die Kommunion, aber ich erinnere mich, dass man sie ihr eine Zeit lang nicht gebracht hat. Gegen Oktober des letzten Jahres wurde sie von einem starken Fieber überrascht und man sagte, es habe sich dabei um einen Schlaganfall gehandelt. Damals war sie einundzwanzig oder zweiundzwanzig Jahre alt. Durch diesen Schlaganfall blieb sie benommen und stotterte. Es bildeten sich Geschwüre in ihrem Mund und im Rachen. Sie magerte in wenigen Tagen bis zum Skelett ab und starb schließlich.»[53]

Mehrere Zeuginnen bestätigten in ihren Aussagen, die Novizenmeisterin habe sich wie in einem Wahn von Maria Agostina verfolgt gefühlt, und brachten einhellig ihre Überzeugung zum Ausdruck, diese sei von ihr vergiftet worden. Der Hass der Vikarin ging so weit, dass sie Maria Ignazia, der leiblichen Schwester der Todkranken, verbot, Maria Agostina am Krankenlager zu besuchen. Aus Maria Ignazias Aussage wird deutlich, dass sie Maria Luisa regelrecht hörig war und diese sie aus guten Gründen als Komplizin rekrutiert hatte:[54]

«Ich habe meine Schwester nie besucht, da mir bewusst war, dass es der Meisterin nicht gefallen hätte. Am Ende sind der Beichtvater und die Meisterin doch zu meiner Schwester gegangen. Sie beichtete und empfing die Kommunion. Ich habe sie dann auch besucht, aber sie war kurz vorm Sterben, und ich glaube, sie hat mich nicht mehr erkannt.

Der Grund, warum die Meisterin den Pater Peters zu meiner Schwester führte, um ihr die Beichte abzunehmen, war, sie von den Dämonen zu befreien. Die Meisterin hat mir gesagt, dass Peters ihr eine Stola auf den Kopf legte und sie sich heftig dagegen wehrte. Pater Peters hat ihr sieben Dämonen ausgetrieben, und die Meisterin sagte mir, sie hätte sie gesehen. Nach diesem Akt lebte meine Schwester noch acht Tage, war aber nicht mehr bei Sinnen.»

Auch Giuseppa Maria war davon überzeugt, dass Maria Luisa die Kranke «ein Pulver oral einnehmen ließ, das zu Brustentzündungen führte, alle Gegenstände gelb erscheinen ließ, absolut benommen machte und im Hals Geschwüre verursachte».[55] Die zweite Krankenschwester war sich ihrer Sache absolut sicher, weil sie dasselbe Pulver als Medizin eingenommen hatte und bei sich exakt dieselben Symptome beobachtet hatte wie bei Maria Agostina, mit der sie im Zuge der Krankenpflege mehrfach gesprochen hatte. In ihrer Vernehmung gab sie zu Protokoll:[56]

«Ich hegte also den Verdacht, dass die Meisterin ihr Essen vergiftet hatte, da mir einige Tage zuvor Ähnliches passiert war. Der Arzt verordnete mir nämlich gegen meine Magenschmerzen einen Aufguss mit Corallium und Wurmsamen. Dieser wurde im Krankenzimmer vorbereitet, wo die Meisterin ständig unterwegs war. Als ich es das erste Mal eingenommen hatte, fühlte ich mich schwindelig, bekam Kopfschmerzen und meine Sicht trübte sich in einem gelblichen Ton. Aber ich sagte nichts.» Die von Giuseppa Maria hier beschriebenen Symptome, insbesondere das Farbensehen, die Verwirrtheit und die Sprechstörungen, deuten auf eine Vergiftung mit dem im Wurmsamen enthaltenen Santonin hin. Giuseppa Maria fuhr fort:

«Am folgenden Tag habe ich eine weitere Dosis der Medizin genommen. Ich fühlte mich genau wie am Tag zuvor, alles sah gelblich aus. Ich sollte die Medizin achtmal nehmen, entschloss mich aber, sie nicht mehr zu nehmen.

Einen Tag später ging es mir immer noch schlecht, und als der Arzt kam, war die Meisterin mit etwas anderem beschäftigt. So konnte ich ihm persönlich meinen Zustand schildern, und Doktor Marchi war verwundert. Diese Medizin sei eine sehr leichte und man würde sie auch Tieren geben. Sie dürfte keine solchen Nebenwirkungen haben, und ich sollte sie nicht weiter nehmen. Sie bewirkte bei mir auch einen Brechreiz, und ich spie feurige Sachen aus, sodass sich in meinem Rachen und meinem Mund Geschwüre bildeten.»

Doch es blieb nicht bei dem Mord an Maria Agostina: Auch der Tod von Maria Felice im Herbst 1859, einer von Maria Luisas beiden Hauptkomplizinnen bei den Giftanschlägen auf Katharina, ging auf das Konto Maria Luisas.[57] Wieder ließ sie den Tod durch die üblichen

Briefe der Gottesmutter an Pater Peters vorhersagen. Offenbar befürchtete die Novizenmeisterin, die junge Nonne würde dem Druck der Befragungen vor der Inquisition nicht gewachsen sein und das ganze Vergiftungskomplott offenbaren. Als sie krank darniederlag, zwang Maria Luisa sie sogar, für ihren eigenen Tod zu beten. Sie musste auch Schmerzen simulieren, die sie gar nicht hatte, damit die Ärzte sie immer wieder zur Ader ließen, was sie nachhaltig schwächen sollte. An den Folgen dieser Behandlung starb Maria Felice, kaum zweiundzwanzigjährig.

Jenseits des Gehorsams, den eine Novizin ihrer Oberin nach Kirchenrecht schuldete, zeigt der Fall Maria Felices eine religiös motivierte Abhängigkeit, die an Hörigkeit grenzt. Es ist eindeutig Zeichen einer pathologischen Religiosität, für den eigenen Tod zu beten und durch Simulation eine Behandlung zu erhalten, die einen tödlich schwächen muss. Der Grundsatz der Römischen Inquisition, den Sallua in der Sant'Ambrogio-Causa mehrfach formuliert hatte, traf im Fall des Todes von Maria Felice offensichtlich zu: Falsche Religiosität führt zu falscher Moral, fingierte Heiligkeit im schlimmsten Fall zu Mord und Totschlag.

Nach den Aussagen verschiedener Nonnen trug Maria Luisa auch die Schuld am Tod von Schwester Maria Costanza im Januar 1858. Diese hatte sich bei der Wahl der noch jungen Nonne zur Novizenmeisterin 1854 widersetzt und sich gegen den Ausschluss von Agnese Eletta aus Sant'Ambrogio ausgesprochen. Maria Costanza litt an einer schlimmen Lungenentzündung. Als sich ihr Zustand weiter verschlechterte, verlangte die Krankenschwester von der Vikarin, umgehend einen Arzt zu rufen. Dies verweigerte Maria Luisa jedoch mehrfach. Als Doktor Marchi am nächsten Tag endlich kam, war es zu spät. Der Arzt sagte: «Wären wir rechtzeitig gerufen worden, hätten wir sie retten können, nun können wir nichts mehr machen.» Maria Costanza starb am 23. Januar 1858 an ihrer Pneumonie.

Damit trug Maria Luisa für den Tod mindestens dreier Ordensschwestern die Verantwortung.

Geld, das vom Himmel fällt

Mord und Totschlag waren aber nicht die einzigen Verbrechen. Auch Unterschlagungen und andere finanzielle Vergehen gingen auf das Konto Maria Luisas, die auch hier himmlische Mächte am Werk sah. Immer wieder tauchten in Sant'Ambrogio auf wunderbare Weise Geldbeträge auf.[58] So berichtete Schwester Maria Colomba in ihrer Vernehmung, Maria Luisa habe ihr Geld überreicht, das sie sofort zu dem im Sprechzimmer wartenden Pater Peters zu bringen hatte, der damit die Arztkosten für Maria Giacinta begleichen sollte. Als Colomba Vollzug melden wollte, erklärte ihr die Novizenmeisterin, sie wisse nichts von Geld und Auftrag. Schließlich sagte sie, es sei wohl die Mutter Gründerin selbst gewesen, die Maria Colomba in der Gestalt Maria Luisas das Geld gegeben habe. Die Äbtissin sagte dazu aus, es habe sich um eine neu geprägte goldene Münze im Wert von zwölf Scudi gehandelt. Diese Münze bewahrte sie als Himmelsgeld auf, die Arztrechnung beglich sie mit abgenutztem irdischem Geld.

Die Mutter Gründerin sorgte mehrfach für die Finanzierung des Klosters vom Himmel aus. Einmal erhielt die Äbtissin von Maria Agnese Firrao «aus dem Paradies» einen Brief, dessen Wachssiegel den «Fingerabdruck der unbefleckten Gottesmutter» trug. Die Mutter Gründerin kündigte an, Pater Peters werde in dem Kästchen, in dem sich sonst die Himmelsbriefe befanden, Geld finden, das die verstorbene Maria Felice vom Himmel schicke, um Sant'Ambrogio ihre Krankheitskosten zurückzuerstatten. Tatsächlich fand der Jesuit in Anwesenheit der Novizenmeisterin in dem Kästchen eine Geldrolle mit hundert goldenen Scudi sowie fünfzig Scudini[59] und fünfundzwanzig Münzen zu fünfundzwanzig Paoli. Auf einem Zettel stand geschrieben: «*Almosen, das Maria Felice schickt, um ihr Versprechen der heiligen Tochter Maria Luisa gegenüber zu erfüllen.*»

Auch während der Renovierung der Klosterkirche wurden in der Rota, der drehbaren Durchreiche zwischen Klausur und Außenbereich, zwei Mal Umschläge mit jeweils fünfzig Scudi gefunden. Nach langen Untersuchungen Salluas gab Rechtsanwalt Franceschetti schließlich zu, er habe die Rolle mit den hundert neuen Gold-

Geld, das vom Himmel fällt 251

scudi im Auftrag Maria Luisas besorgt, die ihm dafür gebrauchtes Geld gegeben habe.

Auch sonst ging Maria Luisa ziemlich großzügig mit dem Geld des Klosters um, für das sie als Vikarin der Äbtissin zuständig war. Die «Himmelsringe», das Rosenöl, das Büttenpapier für die Himmelsbriefe und auch das wertvolle Kästchen mussten schließlich irgendwie bezahlt werden. Außerdem erhielt Pater Peters mehrfach große Summen für seine Beichtkinder, die in finanzielle Not geraten waren. So schickte der Himmel dem Jesuiten für eine gewisse Vittoria Marchesi 570 Scudi; ein andermal waren es sogar 700 Scudi aus Gold.

Wahrscheinlich entnahm Maria Luisa einfach Geld aus den Mitgiften zahlreicher Nonnen, die diese bei ihrem Eintritt in Sant'Ambrogio hinterlegt hatten und die den finanziellen Grundstock der Frauengemeinschaft bildeten, und zweckentfremdete es.

Die Finanzverwaltung des Klosters unter der Ägide von Maria Luisa befand sich insgesamt in einem chaotischen Zustand, wie Anwalt Franceschetti, der ihr Gebaren eigentlich hätte kontrollieren müssen, in seinem Verhör am 12. September 1860 einräumte.[60] «Nun werde ich etwas zur Verwaltung des Klosters Sant'Ambrogio sagen. Wie bereits erwähnt, ist diese vollkommen rechtswidrig. Erstens fehlt ein allgemeines Konto für Einnahmen und Ausgaben, man hat dort für gewisse Posten etwas Separates, das nicht im Hauptbuch verzeichnet ist. Auch bei den verzeichneten Posten fehlen die jeweiligen Belege. Dies wird besonders bei der Mitgiftsumme deutlich. Ich will damit sagen, dass diese Belege nicht genauer bestimmt sind oder, besser gesagt, nicht in den Rücklagen der Zahlungsposten angegeben werden. Manche Mitgiften sind gar nicht verzeichnet.» Der Advokat kam, sich selbst entschuldigend, zu dem Schluss: «Neben all diesen Unregelmäßigkeiten in den Konten konnte ich erkennen, wie diese Ordensschwestern eine im Gegensatz zu den anderen Klöstern und gegenüber den Beauftragten und Vorgesetzten freie und unabhängige Verwaltung als einzigartiges Privileg betrachteten. Nur in der allerletzten Zeit war es mir möglich, ... all das zu erkennen.»

Mit dem Nachweis der Morde und der finanziellen Unregelmäßigkeiten hätte sich Sallua zufriedengeben können, er fügte zum Abschluss seiner *Relazione* für die Kardinäle des Heiligen Offiziums jedoch einen letzten *Titulus* über ein Thema ein, das ihm besonders am Herzen lag: die Rolle der beiden Beichtväter.

Die Beichtväter als Mitwisser und Mittäter

Bei der kritischen Durchsicht der Zeugenaussagen kam der Dominikaner zu dem Ergebnis, dass «mal der eine, mal der andere, oft jedoch auch beide Beichtväter zusammen, sich aller kriminellen Taten, die in diesem Prozess behandelt werden, bewusst waren».[61] Sie hätten sich entweder als «Förderer» und Mitwisser oder gar als «Mittäter» erwiesen. Dabei war der Ausgangspunkt der zahllosen Verbrechen der falsche Heiligenkult, den Leziroli und Peters mit großem Aufwand propagierten. Dass die beiden Beichtväter die «Hauptförderer der Heiligkeit und der mutmaßlichen Gaben» von Schwester Maria Luisa waren, war für Sallua «so sicher, dass es aus jeder Vernehmung, man könnte fast sagen, aus jedem Blatt der gut dreizehn Prozessbände eindeutig resultiert».

Leziroli hatte sich der Äbtissin gegenüber sogar zu der Aussage verstiegen, er könne «die Heiligkeit Maria Luisas nie infrage stellen, selbst wenn ein Engel ihm das Gegenteil sagen würde». Und Peters äußerte mehrfach, er habe «die Beweise der außerordentlichen Gaben und der Heiligkeit Maria Luisas in der Hand». Zum System Sant'Ambrogio gehörte ein kollektiver Gewissenszwang, für den letztlich die Beichtväter verantwortlich waren. Schon die Wahl Maria Luisas zur Novizenmeisterin und Vikarin war auf massiven Druck Lezirolis erfolgt. Den Kult um Berührungsreliquien betrieb vor allem Pater Peters. Seine blinde Verehrung für die schöne junge Nonne ging so weit, dass er ihr mehrfach öffentlich die Füße küsste.

Beide Beichtväter wussten über die «Vertraulichkeiten und Küsse» zwischen Maria Luisa und anderen Schwestern Bescheid. Zudem gingen sie äußerst leichtfertig mit den Inhalten der Beichten der Nonnen um und erzählten Maria Luisa über «die Beichten und Gemütsverfassungen der Pönitentinnen». Viele Ordensschwestern waren «immer genau deswegen tief bekümmert», weil die Meisterin oft «mit ihnen über die Inhalte der Beichte sprach, die sie gerade abgelegt hatten». Maria Fortunata brachte dies in ihrem Verhör treffend auf den Punkt: «Oft sagte mir die Meisterin die Beichte auf, die ich bei Pater Peters abgelegt hatte. Ich sagte darauf zu ihr: ‹Entweder belauscht uns Eure Ehrwürden, oder der Pater Peters sagt es Ihnen.›» Das Delikt des gewohnheitsmäßigen Bruchs des Beichtgeheimnisses war deshalb für Sallua erwiesen.

Auch in die Vergiftungsaffäre waren beide Beichtväter als Mitwisser verstrickt. Maria Luisa hatte sie «wörtlich und schriftlich von den mutmaßlichen göttlichen Offenbarungen und Befehlen hinsichtlich der bevorstehenden Krankheit und des Todes der Prinzessin» in Kenntnis gesetzt. «Sie wurden von den Nonnen auch über die mit der Vergiftung verbundenen Fakten informiert», notierte Sallua. Diese Tatsache war für ihn schon dadurch bewiesen, dass die Beichtväter «den behandelnden Arzt fragten, ob eine Dosis Opium oder irgendein Versehen mit den Medikamenten bei der Prinzessin zu ihrer Krankheit habe führen können». Der Dominikaner rief noch einmal die Aussage des Anwalts Franceschetti in Erinnerung, dass Pater Peters über die Vergiftung der Prinzessin Bescheid wusste und ihm von Anfang an «von dieser Sache» erzählt habe. Peters hatte den Advokaten auch vor den bevorstehenden Verhören der Inquisition gewarnt und selbstsicher behauptet: «Ich werde vor das Heilige Offizium nicht vorgeladen werden, da ich Beichtvater bin; falls ich doch nach der Geschichte der Vergiftung gefragt werden sollte, dann werde ich im Hinblick auf viele Fakten jedoch ausweichend antworten, indem ich Gewissensgründe und das Beichtgeheimnis vorbringe.»[62]

Leziroli hatte die Äbtissin nicht nur persönlich gezwungen, Maria Luisa um Verzeihung zu bitten, weil sie sie verdächtigt hatte, Katharina zu vergiften, sondern auch die beiden Krankenschwestern, die das Giftmischen beobachtet haben wollten, ihrer Ämter zu entheben. Die vernommenen Nonnen beschuldigten die Beichtväter auch, die Rechtfertigungsstrategie mitkonzipiert und durchgesetzt zu haben, wonach der Teufel in Maria Luisas Gestalt die Vergiftungsanschläge durchgeführt habe. Sie verkündeten auch als Erste, dass Maria Luisa «auf wunderbare Weise Gelder vom Himmel» erhalten habe. Und im Hinblick auf die vom Vicegerente durchgeführte Visitation und die Verhöre vor der Inquisition stifteten die Beichtväter die Nonnen offen zum Meineid an.

«Infolge der bis jetzt dargestellten Tatsachen», so lautete Salluas Resümee, «erscheint es offensichtlich, dass die genannten Beichtväter Mitwisser und Mittäter bei der Mehrheit der Anklagepunkte, die im vorliegenden Prozess behandelt werden, waren.»

Das Ergebnis des Informativprozesses

Nach über einem Jahr intensiver Zeugenverhöre war Sallua Ende Januar 1861 endlich in der Lage, die wesentlichen Ergebnisse des Informativprozesses zusammenzufassen. In seiner *Relazione informativa* kam er zu klaren Schlussfolgerungen für das weitere Procedere in der Causa Sant'Ambrogio.[63] Aber die Entscheidung darüber fällte eben nicht die untere ermittelnde Sektion der Inquisition, sondern die obere Sektion des Tribunals, die eigentliche Kongregation des Heiligen Offiziums und letztlich der Papst. Die Grundlage ihres Urteils bildeten die äußerst umfangreiche *Relazione* und die im Anhang abgedruckten Auszüge aus den Protokollen der wichtigsten Zeugenvernehmungen.

Der Dominikaner blieb in seiner Darstellung des Falles sehr nahe an den Zeugenaussagen. Seine Zusammenfassungen nehmen bis in einzelne Formulierungen hinein den Wortlaut und die Richtung der Zeugenaussagen auf. Er ordnete das Material anhand der drei Hauptanklagepunkte (Kult der Firrao, falsche Heiligkeit Maria Luisas, Giftanschläge und andere Verbrechen) und untergliederte diese noch einmal in insgesamt vierzehn Einzelanklagen. Sallua hob zu allen Punkten hervor, dass die von ihm präsentierten Fakten und Zeugenaussagen bis ins kleinste Detail übereinstimmten. Seine eigene Meinung brachte der Untersuchungsrichter allenfalls zwischen den Zeilen zum Ausdruck. Die Kardinäle sollten sich ihr Urteil aufgrund des aufbereiteten Materials selbst bilden.

Erst auf der allerletzten Seite seiner *Relazione* machte Sallua der Kongregation konkrete Beschlussvorschläge, nicht ohne zuvor noch einmal zu unterstreichen, dass «niedere» Motive bei der Anklageerhebung der Fürstin keine Rolle gespielt hätten: Zwischen der anklagenden Prinzessin und der Beschuldigten Maria Luisa habe es nie gegenseitige Feindschaft gegeben. Auch zwischen den Nonnen, Katharina von Hohenzollern, Maria Luisa und den beiden Beichtvätern sei es nicht um eine Abrechnung oder Rache gegangen. Das eigentliche Motiv für die geplante Ermordung Katharinas war die Geheimhaltung des Systems Sant'Ambrogio. Die Inquisition werde hier definitiv nicht zur Begleichung alter Rechnungen missbraucht. Am Ende schlug der Untersuchungsrichter den Eminenzen folgende Maßnahmen vor:

Erstens: Anklageerhebung gegen die Beichtväter Leziroli und Peters wegen der Förderung des Kults der falschen Heiligkeit der Firrao und Maria Luisas, als Mittäter und Mitwisser der Vergiftungsanschläge und anderer «falscher Maximen» sowie wegen «gotteslästerlicher Praktiken sub specie boni et privilegii» und «fortgesetzter Übertretung der Klausur»; im Falle von Pater Peters wegen sexueller Beziehungen «ad malum finem» zu seinem Beichtkind Maria Luisa und Sollicitatio. Interessant ist, dass der Vorwurf des Bruchs des Beichtgeheimnisses hier nicht explizit aufgeführt wird, obwohl mehrere Zeuginnen ihn mehr oder weniger direkt erhoben hatten.

Zweitens: Anklageerhebung gegen die Äbtissin Maria Veronica wegen fortgesetzten Meineides und als Mittäterin oder zumindest Mitwisserin all der genannten Straftaten.

Drittens: Anklageerhebung gegen die alten Gefährtinnen der Agnese Firrao, die rund siebzig Jahre alten Schwestern Maria Gertrude, Maria Caterina und Maria Colomba als «Förderinnen ihrer verurteilten Heiligkeit, der unmoralischen Maximen und Praktiken» sowie der angemaßten Heiligkeit Maria Luisas.

Viertens: Auch die anderen Nonnen, die in ihren Vernehmungen die Heiligkeit der Firrao und Maria Luisas vertreten hatten, waren als «Mittäterinnen» zu betrachten, obwohl «einige sich stärker als andere fanatisch und störrisch gezeigt haben». Einer Reihe jüngerer Schwestern und Novizinnen billigte Sallua jedoch zu, dass «sie eher irregeführt als verdorben waren und eigentlich keinen bösen Willen hatten». Die Küsterin Maria Maddalena, die Bettgespielin der Novizenmeisterin Maria Giacinta, die Komplizin Maria Luisas Maria Ignazia, die Sekretärin und Schreiberin der Himmelsbriefe Maria Francesca, die «Giftsachverständige» Agnese Celeste, die zweite Krankenschwester Giuseppa Maria und Schwester Maria Gesualda hätten erst im Verlauf der Vernehmungen das ganze Ausmaß des «Übels und der Betrügereien erfahren und ehrliche Reue empfunden». Sie hatten durch ihre schonungslose Ehrlichkeit und Offenheit vor dem Tribunal Salluas Respekt erworben und ihn offenbar gnädig gestimmt. Sie hätten sich dadurch die Feindschaft der übrigen verstockten Nonnen von Sant'Ambrogio zugezogen. «Sie haben sich uns anvertraut und gesagt, sie befänden sich in ständiger Gefahr.» Gegen sie solle daher keine Anklage erhoben werden. Wenn man der Situation aber nicht grundsätzlich abhelfe, werde in Sant'Ambrogio alles so weitergehen wie in den vorangegangenen fünfzig Jahren.

Am 27. Februar 1861 wurden in der Sitzung der Kongregation ohne den Papst Verlauf und Ergebnis des Informativprozesses auf der Basis der gedruckten *Relazione* ausführlich diskutiert. Die Kardinäle folgten weitgehend den Vorschlägen Salluas. Im Einzelnen beschlossen sie: Die Äbtissin Maria Veronica, gegen die Anklage erhoben wurde, sollte von Sant'Ambrogio nach Santa Maria del Rifugio gebracht werden. Auch die beiden Beichtväter wurden unter Anklage gestellt, freilich ohne sie zunächst von ihren geistlichen Ämtern zu suspendieren. Der General der Jesuiten sollte dafür sorgen, dass Peters und Leziroli nicht miteinander kommunizieren konnten, weder schriftlich noch mündlich noch durch Mittelsmänner. Beckx wurde außerdem aufgefordert, dem Heiligen Tribunal alle möglichen Schriften, die sich auf den Fall Sant'Ambrogio beziehen könnten, zu übergeben. Die Verhöre der Angeklagten sollten vom Assessor Raffaele Monaco La Valletta gemeinsam mit dem Untersuchungsrichter Sallua und dem Fiskal Antonio Bambozzi vorbereitet werden, unterstützt durch einen Substitut aus der Kanzlei des Heiligen Offiziums.[64] Die Beauftragung von Bambozzi überrascht: Er war von Mai 1841 bis Juli 1851 Fiskal gewesen und von dort ins Staatssekretariat gewechselt. Fiskal war seither Giuseppe Primavera. Im Fall Sant'Ambrogio wurde Bambozzi vom Papst ausdrücklich als Fiskal reaktiviert.[65]

Die Bedenken, die Pius IX. noch am Beginn des Informativprozesses gegen die Stichhaltigkeit der *Denunzia* Katharinas von Hohenzollern gehegt hatte, wurden durch die erdrückenden Beweise beseitigt. Denn der Papst bestätigte den Beschluss der Kardinalskongregation noch am selben Tag. Er fügte allerdings hinzu, beide Beichtväter seien umgehend vom Recht, die Beichte abzunehmen, zu suspendieren. Ferner beauftragte Pius IX. den Assessor in der Privataudienz, alle Probandinnen und einfachen Novizinnen, die noch keine feierlichen Gelübde abgelegt hatten, umgehend aus Sant'Ambrogio wegzuschicken. Feierlich übertrug der Papst Assessor, Fiskal und Untersuchungsrichter alle notwendigen Kompetenzen, um die Angeklagten zu verhören und den künftigen Prozess insgesamt zu planen und durchzuführen.[66]

Die Vorschläge zur konkreten Organisation der Verhöre, die Sallua umgehend vorlegte, fanden bereits eine Woche später, am 6. März 1861, die einhellige Zustimmung der Kardinäle.[67] Damit waren die Weichen für die zweite Phase des Inquisitionsprozesses im Fall von Sant'Ambrogio della Massima gestellt. Die Entscheidungsinstanz, das eigentliche Tribunal, beauftragte die Untersuchungsinstanz mit der Durchführung eines Akkusationsprozesses, der sich auf die Verhöre der vier Hauptangeklagten konzentrieren sollte.

SECHSTES KAPITEL

«Das ist ein himmlischer Liquor»

Der Akkusationsprozess und das Verhör
der Madre Vicaria

«Ich wollte immer schon Nonne werden»

Anders als die übrigen drei Hauptangeklagten, die beiden Beichtväter und die Äbtissin, galt die Vikarin und Novizenmeisterin von Sant'Ambrogio, Schwester Maria Luisa vom heiligen Franz Xaver, schon seit den Vorermittlungen als Verdächtige. Deshalb wurde sie bereits am 7. Dezember 1859 auf Beschluss des Papstes aus dem Kloster entfernt und in das Kloster della Purificazione in der Nähe von Santa Maria Maggiore überführt.[1]

Nachdem Maria Luisa dort über ein Vierteljahr nichts von ihrem Fall gehört hatte, wurde sie unruhig und bat von sich aus um Gehör bei der Inquisition. «Selbst nach wiederholten Prüfungen ihres Gewissens» habe sie den Grund für ihre «Versetzung» nicht erkennen können. Sie bot nach Rücksprache mit ihrem Beichtvater sogar an, «freiwillig» vor dem Heiligen Tribunal zu erscheinen. Sallua räumte ihr tatsächlich am 20. und 26. März 1860 die Gelegenheit ein, ihre Sicht der Dinge vorzutragen.[2]

Als Tochter von Domenico Ridolfi und Teresa Cioli wurde Maria 1832 in der Pfarrei von San Quirico in Rom geboren.[3] Die Pfarrei liegt in der Rione Monti, die Mitte des 19. Jahrhunderts gut 20 000 Einwohner hatte. Monti war eines der ärmsten Viertel Roms, in dem vor allem Tagelöhner und Wein- und Gartenbauern wohnten. Marias Vater verkaufte als «Ciambellaro» gebackene Kringel und gehörte damit eindeutig zur Unterschicht der Stadt.⁴ Maria besuchte als Kind die Schule der Franziskaner, wo sie Grundkenntnisse im Lesen, Schreiben und Rechnen erwarb. Ihre Schulzeit dauerte allerdings nur wenige Jahre, denn Maria musste nach dem frühen Tod der Mutter den väterlichen Haushalt übernehmen. Ihre beiden Schwestern, eine älter und eine jünger als sie, blieben ledig und lebten 1860 immer noch im Haus des Vaters.

Der Hausarbeit wurde Maria aber bald überdrüssig. «Als ich etwa sechs Jahre alt war, legte ich aufgrund einer Eingebung und auf den Rat einer guten alten Frau, die inzwischen verstorben ist, die *Keuschheitsgelübde* ab. Bevor ich diese Gelübde ablegte, hatte mich die genannte Alte mehrmals zu ihrem Beichtvater in einer Kirche in der Nähe von Monte Cavallo gebracht, die man durch zwei Treppen erreichen kann.» Bei dieser Kirche handelt es sich um San Silvestro di Monte Cavallo, die heute den Namen San Silvestro al Quirinale trägt. Der Beichtvater, an dessen Namen sich Maria Luisa nicht mehr erinnern konnte, habe ihr zu diesem Schritt geraten: «Am Fest der Madonna⁵ legte ich unter der Leitung der oben genannten Alten, Francesca Palazzi, die ewigen *Keuschheitsgelübde* in jener Kirche ab.» Im Alter von neun oder zehn Jahren ging Maria zur Erstkommunion in der Pfarrkirche von San Quirico. Danach wuchs in ihr der Wunsch, nicht nur als gottgeweihte Jungfrau in der Welt zu leben, sondern als Nonne in ein Kloster einzutreten. Ihr Beichtvater riet ihr jedoch dazu, sich diesen Schritt ganz genau zu überlegen.

Im Alter von elf oder zwölf Jahren machte Maria die Bekanntschaft von Maddalena Salvati, die am Campo Corleo wohnte. Diese war die Ehefrau von Giacomo Salvati, der eng mit dem später heiliggesprochenen Vincenzo Pallotti zusammenarbeitete und ein Haus für gefährdete junge Mädchen gegründet hatte. Standort dieser Pia Casa di Carità war das Haus im Borgo Sant'Agata, in dem die reformierten Franziskanerinnen des Dritten Ordens der Agnese Firrao ursprünglich untergebracht gewesen waren.⁶ In den Unterhaltungen mit den Salvatis wurde bald klar, dass sich Maria und ihre Familie einen Klostereintritt überhaupt nicht leisten konnten. Um damals in einen römischen Frauenkonvent aufgenommen zu werden, musste eine Bewerberin mindestens drei- bis fünfhundert Scudi als Mitgift vorweisen. Dieser Betrag stellte den ganzen Jahresetat einer gutbürgerlichen Familie Roms dar. Da die Familie Ridolfi mit siebzig bis hundert Scudi im Jahr auskommen musste, war es für sie völlig unmöglich, diese Summe aufzubringen. Marias einzige Möglichkeit war, einen großbürgerlichen oder adeligen Gönner zu finden, der ihr den Klostereintritt finanzierte. Ein allerletzter Ausweg bestand in einer Petition bei der Erzbruderschaft zum Santissimo Rosario, die jedes Jahr für ein Mädchen aus einfachen Verhältnissen in Rom aus einem Fonds eine Mitgift auslobte.[7] Ein entsprechendes Gesuch Maria Ridolfis scheint tatsächlich Erfolg gehabt zu haben. Nachdem das Geld für die Mitgift gesichert war, musste nur noch ein geeigneter Frauenkonvent in Rom gefunden werden.

Maria offenbarte sich jetzt auch ihrer Familie, die sich mit Nachdruck gegen ihren Eintritt ins Kloster aussprach. Doch mithilfe ihres Beichtvaters Monsignore Pastacaldi[8] und Maddalena Salvatis, in deren Wohnung sich Maria fast immer aufhielt, erhielt sie schließlich doch die Erlaubnis ihres Vaters. Maddalena Salvati stellte Maria in verschiedenen Klöstern vor, sie wurde aber wegen ihres allzu jungen Alters überall abgelehnt. Schließlich brachte die Salvati Maria Luisa auch zum Kloster Sant'Ambrogio, wo sie immerhin einen Tag lang bleiben durfte. Weil sie die Äbtissin inständig bat, wurde ihr noch ein zweiter Tag gewährt. Dieses Mal wurde sie fast den ganzen Tag in einem Zimmer eingesperrt. Erst gegen Abend, als sie wieder weggehen wollte, unterzog die Äbtissin sie einer strengen Prüfung. «Darauf sagte sie, ich solle noch ein Jahr warten; nach einiger Zeit schrieb sie aber, dieses Jahr könne ich im Kloster verbringen. Auf diese Weise trat ich am 21. April im Alter von dreizehn Jahren ins Kloster ein.» Das war 1845. Am 22. Juni 1846 wurde Maria eingekleidet. Nach einem Jahr Noviziat legte sie am 27. Juni 1847 die feierliche Profess ab und nahm den Ordensnamen Maria Luisa an.

Wegen der Unruhen in der Zeit der Römischen Republik 1848/49 mussten die Nonnen Sant'Ambrogio verlassen und fanden Zuflucht im Kloster von Santi Quattro Coronati,[9] wo sie fast ein Jahr blieben. «Danach sind wir nach Sant'Ambrogio zurückgegangen. Hier habe ich fast alle Ämter ausgeübt. Im Dezember 1854 wurde ich zur Novizenmeisterin gewählt; drei Jahre danach wurde ich zur Vikarin des

Klosters gewählt und habe das Amt der Novizenmeisterin zusammen mit dem anderen ausgeübt; die zwei Ämter habe ich bis zum Tag, als ich aus Sant'Ambrogio weggebracht wurde, bekleidet.

Am Abend des 7. Dezember 1859, um etwa halb eins oder ein Uhr nachts, musste ich nach vorheriger Ankündigung an die Mutter Äbtissin im Namen des Monsignore Vicegerente in die Pförtnerstube von Sant'Ambrogio gehen, wo ich Eure Paternität fand. Sie haben mich aufgefordert, in die Kutsche zu steigen; hier waren eine Frau und ein Mann, die ich nicht kannte; ich wurde direkt zum Kloster der Purificazione gebracht und von Eurer Paternität der dortigen Mutter Äbtissin anvertraut.»

Die Geschichte eines Unschuldslammes

Maria Luisa nutzte die vier Monate ihres Zwangsaufenthaltes im Kloster der Purificazione von Anfang Dezember 1859 bis Ende März 1860 dazu, sich eine Verteidigungsstrategie zurechtzulegen. Am 20. März übergab sie Sallua einen achtundachtzig Blatt umfassenden Bericht, den sie auf Vorschlag ihres Beichtvaters eigenhändig schriftlich niedergelegt hatte.[10]

Maria Luisa wiederholte in ihrem Text gebetsmühlenhaft, sie habe auch nach gründlichster Prüfung ihres Gewissens «keinen Grund» für ihre Entfernung aus Sant'Ambrogio erkennen können. Trotzdem war ihr völlig klar, warum man sie eingesperrt hatte und dass die Fürstin von Hohenzollern ihre Hauptanklägerin war. Daher stellte sie Katharina als überspannte deutsche Adelige dar, die während ihrer ganzen Zeit im Kloster ständig unruhig gewesen sei und eine besondere Pflege gebraucht habe.

Zunächst ging Maria Luisa auf die von der Fürstin selbst und verschiedenen Zeuginnen beschriebene Szene im Chor ein, bei der Katharina am 8. Dezember 1858 mit dem Leibgürtel um den Hals vor ihr gekniet habe. Bei dem Strick handelte es sich also tatsächlich um den Gürtel, der das Ordensgewand der Franziskanerinnen zusammenhielt. Maria Luisa war sich bewusst, dass mehrere Mitschwestern diesen Vorfall beobachtet hatten. Deshalb sprach sie ihn von sich aus an. Den Inhalt dieser Auseinandersetzung zwischen ihr und der Fürstin stellte sie freilich ganz anders als Katharina und die vernommenen Nonnen dar: Der obszöne Brief des Amerikaners als Auslöser der Szene kam bei Maria Luisa gar nicht vor. Sie behauptete, Katharina habe auf eine ihr völlig unverständliche Weise versucht, sie zu «bekehren». Sie habe jedoch überhaupt nicht verstanden, was die Fürstin eigentlich von ihr wollte. Einige Tage darauf habe die Prinzessin dann einen Schlaganfall oder eine Hirnsynkope erlitten. Katharina aber habe behauptet, dass man ihr Gift verabreiche. Das sei jedoch nichts als pure Einbildung eines kranken Geistes gewesen. Außerdem legte Maria Luisa dar, dass sie selbst während der Erkrankung der Fürstin nie an deren Bett gewesen sei, ihr also schon deshalb gar nichts ins Essen oder in die Getränke habe mischen können. Und wenn jemand behaupten sollte, sie dort doch gesehen zu haben, dann müsse er sich eben getäuscht haben, oder es sei der Teufel in ihrer Gestalt gewesen.

Die Strategie Maria Luisas lief letztlich darauf hinaus, Katharina als geistig verwirrt, wenn nicht sogar geisteskrank und damit nicht testierfähig darzustellen. Deshalb berichtete sie ausführlich von allen möglichen «verrückten» Dingen, die die Prinzessin in jenen Tagen angestellt habe. So suchte sie angeblich «sorgfältig nach Wegen, um das Leben des Heiligen Vaters auf Kosten ihres eigenen zu retten». Damals habe der Krieg in der Lombardei getobt, und man habe viel von einer bevorstehenden Eroberung Roms und der Gefangennahme Pius' IX. durch italienische Truppen gesprochen.[11] Maria Luisa beschrieb außerdem «gewisse Briefe, die die Prinzessin im Namen zweier Bäuerlein verfasst und an den Heiligen Vater gerichtet hatte; in ihnen wurden dem Papst Vorwürfe gemacht und Warnungen ausgesprochen». Sie selbst habe von Katharina zahlreiche «Geheimaufträge» erhalten. Insbesondere ging es um verschiedene Schmuckstücke. Zum Beispiel sollte sie ein «wertvolles Armband» anfertigen lassen, was sie wegen der strengen in Sant'Ambrogio herrschenden Klausur «nicht ohne Schwierigkeiten und Probleme» habe erledigen können. Das war ihre Erklärung für die Kontakte einer armen Tochter des heiligen Franziskus von Assisi mit Goldschmieden in Rom, die der Anwalt Franceschetti vermittelt hatte: ein Armband für die reiche Fürstin und eben kein Himmelsring für sie selbst.

Die zweite Nonne, über die sich Maria Luisa lang und breit ausließ, war Agnese Eletta, ihre ehemalige Bettgespielin. Deren Aussage über die lesbischen Praktiken im Kloster hatte den Inquisitionsprozess letztlich erst richtig ins Rollen gebracht. Die ehemalige Vikarin charakterisierte Agnese Eletta, die immerhin die Nichte der verehrten Mutter Gründerin war, als Ausbund der Verderbtheit, ja sogar als Hexe, wobei sie sich der gängigen Topoi der kirchlichen Hexenlehre bediente.[12] Bereits im Alter von vier Jahren ins Kloster gekommen, habe Agnese Eletta «schon seit dem ersten Gebrauch ihres Verstandes einen unanständigen und gotteslästerlichen Umgang mit dem Teufel» gehabt. Mehrfach habe sie von ihrem Kontakt mit dem Satan, der über dreißig Jahre andauerte, ausführlich erzählt. Der Teufel «in Gestalt eines sehr feschen jungen Mannes» habe ihr die «abstoßendsten und unflätigsten Wörter und Vertraulichkeiten» zugeflüstert und «alle ihre Gelüste gestillt». Der Teufelspakt und die Teufelsbuhlschaft seien sogar «mit dem Blut ihrer Monatsblutung» unterschrieben worden.[13] Damit habe Agnese Eletta dem Satan endgültig ihre Seele überschrieben. Um dem Teufel zu gefallen, habe sie «heilige Bilder und das Kruzifix» geschändet und sogar «heilige Hostien» missbraucht, in denen Christus nach katholischer Glaubenslehre nach der Wandlung real gegenwärtig ist.[14] «Die hat sie befleckt, indem sie sie in ihre Scheide steckte und anderes mehr.»

Maria Luisa beschrieb Agnese Eletta «als Nonne ohne Berufung», die ein einziges «Unheil» für die ganze Gemeinschaft gewesen sei. Sie selbst habe mehrfach versucht, sie vom Teufel zu befreien. Zunächst mit Erfolg, denn Agnese Eletta habe vor ihr eine «allgemeine Beichte ihres ganzen Lebens» abgelegt, aus der auch all die Informationen, die sie dem Gericht vortrage, letztlich stammten. Agnese Eletta sei daraufhin «tugendhaft und fügsam» gewesen und zu ihrer «vertrauten Busenfreundin» geworden, sodass Maria Luisa sie nun «auch nachts bei sich haben wollte».

Das ist die einzige Andeutung auf eine mögliche sexuelle Beziehung zu dieser Nonne. Zu mehr war Maria Luisa im März 1860 nicht bereit. Sie konnte ja nicht wissen, was Agnese Eletta alles ausgesagt hatte. Jedenfalls dauerte – nach Maria Luisas Bericht – die Bekehrung nicht lange an. Agnese Eletta habe rasch wieder mit den üblichen «Unehrlichkeiten und Schurkereien mit dem Teufel» begonnen und sogar «Anschläge auf das Leben» der Novizenmeisterin verübt. Nur aus diesem Grund sei sie damals aus Sant'Ambrogio entfernt worden.

Auch eine dritte Nonne, deren Schicksal man ihr zur Last legen konnte, Maria Agostina, desavouierte Maria Luisa nachdrücklich. Ihre unerklärliche Krankheit und ihren frühen Tod im Alter von einundzwanzig Jahren führte sie auf ihren Hochmut und die Anmaßung zurück, Visionen und Auditionen der Mutter Gründerin gehabt zu haben. Als zuständige Novizenmeisterin habe sie Maria Agostina dazu zwingen müssen, ihre falschen Vorspiegelungen zu gestehen und von weiteren «Tricks» abzusehen. Aber auch durch den klosteröffentlichen Widerruf sei nichts besser geworden. Diese junge Nonne, das blühende Leben selbst, sei vom Satan dahingerafft und vernichtet worden. Pater Peters habe bei einem Exorzismus eindeutig festgestellt, dass sie vom Teufel besessen sei. Dabei habe sie nur noch etwas kaum Verständliches gemurmelt, das Maria Luisa als «verdammte Agnese Eletta … ich bin fertig» verstanden haben wollte. Am Ende seien es entweder der Teufel oder die vom Teufel besessene Mitschwester Agnese Eletta gewesen, die Maria Agostina umgebracht hatten – sie selbst aber auf keinen Fall: Das war die Botschaft, die Sallua vernehmen sollte.

Der Kommentar des Untersuchungsrichters war eindeutig. Sallua charakterisierte die achtundachtzig Blätter Maria Luisas als «die klügste und raffinierteste Heuchelei», in denen sich die ehemalige Novizenmeisterin «des Eifers, der Bescheidenheit, der Geduld, der Keuschheit und auch außerordentlicher Gaben des Herrn und als eine mutige Kämpferin gegen den Teufel rühmt». Er hielt den ganzen Bericht von vorne bis hinten für «verfälscht, die Wahrheit verdrehend und verleumderisch», weil Maria Luisa darin systematisch versucht habe, Delikte, die sie selbst begangen hatte, anderen in die Schuhe zu schieben.

Außerdem hielt Sallua Maria Luisa für eine in religiöser Hinsicht hochgradig pathologische Persönlichkeit. Die fast vier Monate im Kloster der Purificazione hatten daran, wie er feststellen musste, so gut wie nichts geändert, denn am Schluss ihres Berichts verstieg sie sich wieder dazu, dass ihr auch in der Klosterhaft übernatürliche Phänomene widerfahren seien. Sich als Heilige zu stilisieren, war ihr offenbar zu sehr in Fleisch und Blut übergegangen, als dass sie diesen Habitus wie einen Habit einfach hätte ablegen können. Sie sei «vom Herrn in diesen kummervollen Tagen begünstigt worden», weil er ihr in ihrer Zelle «in der Mitte einer konsekrierten Hostie in all seiner Herrlichkeit erschienen» sei und sie getröstet habe. Aber auch der Teufel habe sie mehrmals gepeinigt und geschlagen, er habe «ihr Kleid in Stücke zerrissen, die Tinte auf das Papier, auf dem sie schrieb, gegossen und zu ihr gesagt: Hässliche Hexe, nimm's! Hier ist der Mann, der aus Sant'Ambrogio ausgetrieben wurde, Du Verdammte – Oh, Du Willkommene, Du bist der gestürzte ambrosianische Riese, der verschmutzte Hermelin. Siege! Nimm's, das ist für Dich ... geh, gehe zu predigen ... verrecke, nimm's, geh zu Deinen Scheißbrüdern und sag es ihnen, mach Dich auf was gefasst: Ich will, dass man Dir einen Prozess macht, der von der Erde bis zum Himmel geht.»

Der Sinn dieser kryptischen Formulierungen erschließt sich nicht unmittelbar. Der heilige Ambrosius, der Namensgeber des Klosters, steht jedenfalls für Gelehrsamkeit und ein mutiges Eintreten für die Kirche. Der im Winter weiße Hermelin ist ein Symbol für Reinheit und Unschuld, aber auch für königliche Würde. Der Teufel freut sich über Maria Luisa, die gestürzte Riesin von Sant'Ambrogio, und ihre beschmutzte Unschuld. Ihre unwürdige Situation und ihre ungerechte Anklage vor der Inquisition sind letztlich ein Werk des Teufels – das ist Maria Luisas Botschaft für ihre Richter.

Sallua war Ende April 1860 endgültig davon überzeugt, dass die ehemalige Vikarin und Novizenmeisterin die Hauptschuldige in der ganzen Affäre war. Seine Eingabe bei der Kongregation hatte denn auch umgehend Erfolg. Am 2. Mai 1860 folgten die Kardinäle ohne weitere Diskussion seinem Vorschlag und stellten Maria Luisa unter Anklage. Sie wurde unter größter Geheimhaltung aus dem Kloster der Purificazione in den Kerker des Buon Pastore überführt.[15]

Die Verhöre Maria Luisas begannen am 11. Juni 1860 und dauerten bis zum 12. November 1861. Parallel hörte die Inquisition weitere Zeugen. Maria Luisa hatte, wie in jedem Inquisitionsprozess üblich, zunächst die Gelegenheit, ihre Sicht der Dinge darzustellen. In ihrem ersten Verhör wurde sie gefragt, ob sie wisse oder sich vorstellen könne, weswegen sie vor dem Heiligen Tribunal angeklagt sei.[16]

Wieder nannte Maria Luisa Agnese Eletta und Katharina von Hohenzollern, die ihr durch ihre Beschuldigungen und Verleumdungen geschadet haben könnten. Weiterhin gab sie an, die Jesuitenpatres Leziroli, Benedetti und Paolo Mignardi[17] könnten bei der Anklageerhebung gegen sie eine gewisse Rolle gespielt haben. «Pater Leziroli, weil er, aufgrund seiner Naivität, einige Sachen mit den außerordentlichen Dingen durcheinandergebracht haben könnte; Pater Benedetti, weil er behauptet hatte, dass eine gewisse inzwischen verstorbene Schwester Maria Agostina eine außerordentliche Seele und eine Heilige war; Pater Mignardi, weil er sagte, in Sant'Ambrogio gäbe es eine Nonne, die herrscht.» Damit spielte Maria Luisa auf niemand anderen als sich selbst als eigentliche Oberin des Klosters an. «Vermutet habe ich auch, dass Schwester Maria Giuseppa ... möglicherweise unachtsam über mich gesprochen haben könnte.» Auf ausdrückliche Rückfrage erklärte Maria Luisa diese Frauen zu ihren «Feindinnen», die ihr nur Böses wollten. Schließlich machte sie den Verwalter der Klostergutes, Pietro Bartolini, und ihren Beichtvater Peters als mögliche Gegner namhaft; den Letzteren, weil er nicht gewollt habe, dass sie sich mit dem Kloster in der Weise beschäftige, wie sie es tat.

Am nächsten Tag machte Maria Luisa von sich aus Angaben zu den vermutlichen Hauptanklagepunkten gegen sie.[18] Sie begann mit den lesbischen Beziehungen, die sie jetzt im Gegensatz zum März offen ansprach. Allerdings gab sie Agnese Eletta die Schuld. Diese habe sie schon als junges Mädchen mit zwölf oder dreizehn Jahren zu Taten gezwungen, die sie zutiefst verabscheute. Bereits unmittelbar nach ihrem Eintritt in Sant'Ambrogio sei Agnese Eletta zu ihr gekommen, um sie an den Geschlechtsteilen zu untersuchen, weil sie von ihrer Tante, der Mutter Gründerin, «das Privileg» erhalten habe, ihr «dadurch Keuschheit einzuflößen». Dabei sei es zu «unanständigen Akten» gekommen.

Zum Ursprung ihrer Visionen lieferte Maria Luisa eine ganz neue Geschichte. Ihr Ziel sei es gewesen, sich vor den sexuellen Nachstellungen Agnese Elettas zu schützen. «Ich begann, mir einige Träume vorzustellen, in denen die verstorbene Äbtissin mich wissen ließ, was notwendig war, um eine solche Unordnung zu verhindern.» Maria Luisa erzählte in der Beichte Pater Leziroli von diesen «Träumen», und dieser «glaubte daran, als ob es sich um Visionen und Offenbarungen gehandelt» hätte. Auch die damalige Äbtissin Agnese Celeste della Croce war sofort von ihrer Echtheit überzeugt. Immerhin konnte sie so Agnese Eletta eine gewisse Zeit lang von sich fernhalten. Als sie die Exerzitien zur Vorbereitung auf die Ablegung der Gelübde machte und zu Leziroli während der Beichte sehr deutlich sagte, alle Visionen seien ihre «Erfindungen» gewesen, «also keine wahren Sachen», habe der Beichtvater dies als Ausdruck ihrer «Skrupel und Bescheidenheit» abgetan und gegen ihren ausdrücklichen Willen an ihrer Echtheit festgehalten. Auch dem außerordentlichen Beichtvater Peters erzählte Maria Luisa von ihren Vorspiegelungen. Dieser schätzte ihre «geistvolle Art» und entschuldigte das Vorgehen. Er sagte aber, dass sie «solche Kunstgriffe nur in extremen Fällen anwenden» dürfe.

Maria Luisa distanzierte sich nachdrücklich vom falschen Kult um die Gründerin Maria Agnese Firrao. Sie wollte die Inquisition glauben machen, sie habe die Visionen nur deshalb erfunden, um den falschen Kult der Firrao besser bekämpfen zu können, und gab sich als eifrige Mitstreiterin der Inquisition aus. Dem Urteil von 1816 habe sie in Sant'Ambrogio nun endlich Geltung verschaffen wollen. Diesem Ziel habe alles gedient, letztlich auch die Übernahme des Amtes der Novizenmeisterin. So habe sie wenigstens versuchen können, die Novizinnen als junge Generation von Sant'Ambrogio gegen den gefährlichen Firrao-Virus zu immunisieren.

Als an Weihnachten 1854 eine «Geheimprozession» zu Ehren von Maria Agnese stattfinden sollte, berichtete Maria Luisa, habe sie «einen der üblichen Träume» erfunden, um diese Prozession zu verhindern und die Wahlen zur Äbtissin, zur Vikarin und zu den weiteren Ämtern in ihrem Sinne zu bewirken. Mithilfe einer weiteren Vision, die seine Vergiftung vorhersagte, falls er nicht zur Wahl ins Kloster käme, habe Leziroli schließlich auch Kardinalprotektor Patrizi nach Sant'

Ambrogio gelockt: «Der Kardinal kam, und alles wurde gemäß meinem Traum gemacht.»

Im Verhör am 13. Juni 1860 ging die Angeklagte von sich aus noch einmal auf den Fall der früh verstorbenen Maria Agostina und deren angebliche Visionen ein, die sie von Anfang an als Täuschungen bekämpft habe.[19] «Die Äbtissin, die Nonnen und Pater Benedetti glaubten daran. Sie gingen mir auf die Nerven. Ich war die Einzige, die an die Visionen nicht glaubte.» Benedetti habe deshalb in seinen Predigten mehrfach eine «hochmütige Seele» im Kloster kritisiert, die stets auf die eigene Heiligkeit poche, die einer anderen aber nicht gelten lassen wolle. «Dass Pater Benedetti mich mit seinen Reden ins Visier nahm, war mir völlig klar.» Mithilfe weiterer Visionen gelang es ihr, Benedetti als Beichtvater durch den Jesuitengeneral abberufen zu lassen. Danach konnte sie mit Maria Agostina machen, was sie wollte. Als diese weiter von Visionen der Gründerin und deren Ring, durch den sie geheilt worden sei, sprach, «entschloss ich mich, keine Träume mehr zu erfinden, weil ich Gewissensbisse hatte, sondern von nun an einen Ring zu tragen, um ihre Illusionen zu enthüllen und sie zu veranlassen, zu gestehen». Den ersten Himmelsring besorgte sie sich im Chor von der Statue der Madonna: «Ich nahm den Ring, den sie am Finger trug und der wie eine kleine Rose mit einem kleinen roten Edelstein in der Mitte aussah.»

Tatsächlich verlieh ihr der Ring eine ungeheure Macht im Kloster.[20] «Junge Betschwesterchen», die glaubten, etwas Außergewöhnliches zu sein, wurden nun auf angeblichen Befehl der Gründerin nicht aufgenommen oder bereits Eingetretene wieder entfernt. Aber auch gestandene Schwestern seien von ihr mithilfe der Autorität des Rings diszipliniert worden. «Mit dem Ring machte ich allerhand Enthüllungen, um diese im Zaum zu halten.»

Auch die Strategie, Katharina von Hohenzollern als Verwirrte darzustellen, die Maria Luisa bereits im März verfolgt hatte, nahm sie wieder auf. Am 14. Juni leugnete sie offen, der Fürstin jemals einen Brief auf Deutsch – den obszönen Brief des Americano – gegeben zu haben: alles reine Erfindung Katharinas. Als diese weiter Unsinn erzählte, habe sie sogar deren Seelenführer Kardinal Reisach ins Kloster kommen lassen und ihn gebeten, auf Katharina einzuwirken.

Es sei dem Kardinal vorübergehend gelungen, die Fürstin zu beruhigen. Reisach habe ihr gesagt, man könne Katharina eigentlich nur bemitleiden, ihr Nervenkostüm sei ziemlich durcheinander. Weil sie in ihrem Leben so viel gelitten habe, komme es in ihrem Kopf zu vielen phantastischen Gedanken.

Es verwundert, dass ein hochrangiger Kurienkardinal angeblich auf den Wunsch einer einfachen Vikarin hin ins Kloster eilte und dabei den Seelenzustand seines Beichtkinds noch in ziemlich despektierlicher Weise mit eben dieser Vikarin diskutierte. Es müsste zwischen dem Kardinal und Maria Luisa schon ein recht enges Vertrauensverhältnis bestanden haben. Wie hätte es dazu kommen können? Vielleicht betonte Maria Luisa ihre Bekanntschaft mit Reisach vor der Inquisition, um das Gericht darauf aufmerksam zu machen, dass sie mit einem der Kardinalinquisitoren und Vorgesetzten Salluas auf vertrautem Fuß stand, nach dem Motto: Passt auf, der Kardinal schaut Euch auf die Finger! Dann wäre dieser Hinweis eher taktisch bedingt gewesen. Vielleicht steckte aber viel mehr dahinter.

Kardinal Reisach hatte eine ausgeprägte Schwäche für mystisch begabte Frauen, deren Visionen und Auditionen er nicht selten für bare Münze nahm. Schon in seiner Zeit als Erzbischof in München und Freising hatte er sich für die stigmatisierte Seherin Louise Beck[21] in Altötting begeistert, die Nachrichten der Gottesmutter und der «Armen Seelen» an die Irdischen weitergab. Als Arme Seelen galten die Verstorbenen, die sich noch im Fegefeuer befanden und auf ihre endgültige Erlösung hofften. Im 19. Jahrhundert ging man in weiten katholischen Kreisen davon aus, dass sie aus dem Jenseits Botschaften an die Lebenden senden konnten, um diese entweder zu einem fürbittenden Gebet für ihre Errettung aus dem Fegefeuer zu motivieren oder vor einem sündhaften Verhalten zu warnen. Zwischen der Gottesmutter und Louise Beck vermittelte der Geist von Juliane Bruchmann, der bereits verstorbenen Frau des damaligen Provinzials der Redemptoristen.[22] Ihr Geist beziehungsweise ihre Seele wurde auch die «Mutter» genannt, Louise Beck war das «Kind», und ihre Anhänger, die sich den Weisungen dieser «Höheren Leitung» absolut zu unterwerfen hatten, hießen «Kinder der Mutter». Zahlreiche

Die Geschichte eines Unschuldslammes

Kardinal Reisach konnte als Kardinalmitglied der Inquisition und Vertrauter des Papstes jederzeit in das Verfahren eingreifen.

Redemptoristen und Gläubige außerhalb des Ordens schlossen sich dem Kult an. Ein Kind der Mutter war seit 1848 auch Reisach, der nach einer Lebensbeichte in einem religiösen Hörigkeitsverhältnis zu Louise Beck stand. Ist es nicht vorstellbar, dass Maria Luisa nach seiner Übersiedlung nach Rom im Jahr 1855 an die Stelle von Louise Beck trat und er in ihr seine neue Heilige fand?

Nach ihrem Hinweis auf Reisach lenkte Maria Luisa den Blick erneut auf die plötzliche Erkrankung der Fürstin, die sie auf die ihr angeblich immer noch unbegreifliche Szene im Chor am 8. Dezember 1858 zurückführte. Maria Luisa erzählte folgende Version:

«Katharina: ‹Haben Sie Mitleid mit Ihrer Seele; sagen Sie Ja zu dem, was ich sage.›

Ich antwortete: ‹Geht es Ihnen nicht gut? Bleiben Sie ruhig.›

Und sie: ‹Nein! Sie müssen mit Ja antworten, aus Liebe zu Jesus Christus und der Madonna; ich habe so sehr für Sie gebetet; bekehren Sie sich, ich werde nichts sagen; ich habe Sie lieb› und unendlich viele weitere Sachen dieser Art.

Ich antwortete, sie solle sich nicht aufregen, und fragte, was ich tun solle. Inmitten dieses Gesprächs wurde ich gerufen und die Szene war beendet.»

Die «Vehemenz dieses Aktes» habe zwei oder drei Tage später zu dem Schlaganfall geführt. Die ganze Vergiftungsgeschichte sei nichts als bloße Einbildung eines kranken Hirns und vielleicht auch die Folge des Schlaganfalles gewesen, bei dem die Fürstin einen schweren Schaden im Kopf davongetragen habe. Auch der Austritt Katharinas aus Sant'Ambrogio sei völlig problemlos verlaufen. Niemand habe der Fürstin irgendeinen Stein in den Weg gelegt. Ihr Cousin Hohenlohe habe Maria Luisa, als er Katharina im Kloster abholte, ausdrücklich gesagt, die Fürstin habe sich wegen des Todes ihrer jungen Verwandten, der Königin von Portugal, derartig aufgeregt, dass er sie nun in seine Villa in das ländliche Tivoli bringen müsse. Die Äbtissin und sie selbst hätten jedoch bei ihrem Austritt befürchtet, die verwirrte Fürstin könnte versuchen, ihnen irgendetwas im Zusammenhang mit dem Kult der Mutter Gründerin anzuhängen.

Um diesen Vorwurf abzuwehren, versuchte Maria Luisa in ihren Verhören konsequent, die Schuld an diesem von ihr vor Gericht als abstrus bezeichneten Kult Pater Leziroli in die Schuhe zu schieben.[23] Er allein habe für die Verehrung von Gegenständen der Mutter gesorgt: Ihre Haare, ein Zahn, zahlreiche Kleidungsstücke, Geißeln, Schriften und Briefe seien in Sant'Ambrogio als Reliquien einer Heiligen behandelt worden. Leziroli habe auch ein Heiligenleben der Firrao geschrieben, ständig über sie gepredigt und sie auch liturgisch als Heilige behandelt. Er habe ihre Schriften für göttlich inspiriert gehalten und sei von den Nonnen daher nur noch «Vikar der Mutter» genannt worden. Ihre eigenen Versuche, diesem falschen Kult Einhalt zu gebieten, seien leider vergeblich gewesen.

Maria Luisa wies in ihren Verhören in der ersten Junihälfte auch jede Verantwortung für die Geheimhaltungsstrategie weit von sich, auf die die Visitatoren und die Inquisitoren in Sant'Ambrogio auf Schritt und Tritt gestoßen waren. Es gehe ganz allein auf das Konto der Beichtväter und der Äbtissin, dass die Nonnen die Schriften der Gründerin, das Heiligenleben Lezirolis und die Texte des Jesuiten Giuseppe Pignatelli versteckt und teilweise vernichtet hatten. Die

Äbtissin habe ihr auch gesagt, sie brauche bei der Visitation keine Angst zu haben: «Wir werden die Belästigungen ertragen müssen, wenn sie noch ein paar Mal zu uns kommen; wir werden tun, was sie wollen; ich werde Ja und Nein sagen, wie sie wollen, und mit dieser Tugend werden wir siegen.»

Maria Luisa beteuerte vor Gericht zwar wiederholt ihre Bereitschaft, um Vergebung zu bitten, stellte aber zugleich eindringlich klar, dass sie all die Sachen nur gemacht habe, weil sie «weder an die Gründerin noch an deren Kult» glaubte und weil sie diese falsche Heiligenverehrung mit allen Mitteln verhindern wollte. Da sie in Sant'Ambrogio nicht offen zeigen konnte, dass sie dagegen war, sei sie äußerst behutsam vorgegangen, «nicht jedoch, um sich Heiligkeit oder etwas anderes anzumaßen». Vielmehr sei es absolut notwendig gewesen, so zu handeln, wie sie gehandelt habe, «um dem Übel Abhilfe zu verschaffen».

Erneut, wie bereits schon im März 1860, vermochte Maria Luisas Darstellung der Vorgänge in Sant'Ambrogio den Dominikaner Sallua nicht zu überzeugen: «Sie hat begonnen, über die Hauptanklagepunkte *ex se* zu sprechen; sie hat aber über alle Vorfälle und Gespräche auf eine für sie günstige und der Wahrheit der Vernehmungen der Zeuginnen nicht entsprechende Art und Weise berichtet», stand im *Ristretto* für die Kardinäle zu lesen.[24]

Beweise und erste Geständnisse

Maria Luisa hatte in den ersten Verhören jede Schuld geleugnet. Nun wurde sie mit den Aussagen der Zeugen und den Beweisen konfrontiert, nun nahm das Untersuchungsgericht das Heft in die Hand. Seine Aufgabe war es, die im Informativprozess formulierten Anklagen Punkt für Punkt nachzuweisen und das Verfahren möglichst mit einem Geständnis der Angeklagten abzuschließen.

Erst nach mehreren Tagen mit «schweren Abmahnungen» seitens des Untersuchungsgerichts und massiver Konfrontation mit den Fakten und den bis ins Detail übereinstimmenden Aussagen der Zeugen war Maria Luisa im Lauf des Monats Juni bereit, nach und nach einzugestehen, dass sie für alle ihr zur Last gelegten Vergehen tatsächlich die Verantwortung trug.[25] Allerdings blieben ihre Geständnisse unvollständig und ihre Aussagen widersprüchlich.

Zunächst räumte sie ihre Beteiligung am Kult der Firrao ein. In ihrem Verhör am 24. Juni 1860 sagte sie:[26] «Ich gestehe offen, dass ich die Verehrung und den Kult um die Mutter Gründerin auf verschiedene Art und Weise und durch verschiedene Vorspiegelungen gefördert und verbreitet habe.» Dabei sei sie anfangs jedoch nur einem Bedürfnis der Nonnen und den Wünschen der Beichtväter, namentlich Pater Lezirolis, nachgekommen. Allen in Sant'Ambrogio sei es stets um die «Verherrlichung» und «Glorifizierung» Maria Agnese Firraos gegangen. Sie selbst habe freilich bei all diesen «Betrügereien» nur deshalb mitgespielt, weil sie von ihrer Jugend an, seit ihrem Eintritt ins Kloster, durch das Vorbild der älteren Nonnen und Oberinnen sowie durch die Lektüre der Schriften der Gründerin nichts anderes gesehen und gelernt habe.

Auch was ihre eigene fingierte Heiligkeit anging, war Maria Luisa schließlich bereit zu gestehen: «Nicht nur mit der Zunge, sondern auch mit dem Herzen gestehe ich, dass ich all diese Sachen vorgetäuscht habe.» Als Motiv nannte sie ihren «Hochmut». Sie habe als «Bevorzugte des Herrn erscheinen» wollen, um in Sant'Ambrogio verehrt zu werden und Macht ausüben zu können.

Insbesondere die Beichtpraxis in Sant'Ambrogio interessierte die Inquisitoren. Maria Luisa räumte auf Nachfragen ein, alle Novizinnen gezwungen zu haben, vor ihrem Eintritt ins Kloster eine umfassende Beichte all ihrer Sünden abzulegen, insbesondere der «Unehrlichkeiten», worunter sie vor allem sexuelle Verfehlungen verstand. Auch bei den wöchentlichen Beichten habe zuerst sie den Novizinnen die Beichte abgenommen und ihnen dann gesagt, was sie davon dem Beichtvater sagen durften und was nicht. Sie habe auch selbst die Lossprechung erteilt. Dazu ließ sie die Novizinnen auf die Knie fallen, «erteilte ihnen den Segen, legte ihnen eine Buße auf und erlaubte ihnen die Kommunion». Die aus den Beichten gewonnenen «Informationen» habe sie benutzt, um die einzelnen Nonnen ganz ihren Vorstellungen gemäß leiten zu können. «Es ist wahr, dass die Beichtväter Peters und Leziroli mir das mitteilten, was sie von den Novizinnen oder einigen Nonnen bei der Beichte erfahren hatten.»[27] Der fortgesetzte Bruch des Beichtgeheimnisses, der auf einer «intimen Kommunikation» zwischen Maria Luisa und den Beichtvätern beruhte, war für das Untersuchungsgericht damit erwiesen.

Auch die ihr zur Last gelegten finanziellen Vergehen gestand Maria Luisa ein. Das angebliche Himmelsgeld habe sie aus den Mitgiften der Schwestern unterschlagen. An Fastenvorschriften und andere kirchliche Gebote wie die Verpflichtung zum Stundengebet habe sie sich ohnehin nicht gehalten. Die Beziehung zum Americano räumte sie ebenfalls ein, ohne dass allerdings ganz klar wurde, wie weit dieses Verhältnis wirklich ging. Kreuzburg sei jeden Tag ins Sprechzimmer gekommen und habe ihr hinterher jeweils einen Brief geschrieben. Diese Schreiben waren meist verworren. Er habe nicht glauben können, dass er, «eines Tages vom Teufel befreit, Jesuit werden könne». Immer wieder habe er sich dem «Laster der Unehrlichkeit» hingegeben. «Er ging zum Pincio, wo er Frauen traf und mit ihnen sündigte.» Er habe in seinen Briefen verschiedentlich geschrieben, «dass wir Nonnen demselben Laster zugeneigt sind, dass sogar wir uns unsauberer Wünsche bedienten; einmal hat er eine solche Behauptung auch mir gegenüber geäußert».

Maria Luisa und ihre Novizinnen

Am 21. Juni 1860 wurde Maria Luisa zu den lesbischen Praktiken und Initiationsriten in Sant'Ambrogio befragt.[28] Schon vor ihrer Aussage brach sie in bittere Tränen aus und bat auf den Knien demütig um Verzeihung für die Exzesse, die sie nun schildern müsse. «Wie ich gestern Abend gegen Ende des Verhörs gesagt habe, möchte ich alle von mir begangenen Freveltaten gestehen. Als Agnese Eletta noch in Sant'Ambrogio war, begann ich mir nach ihrer sogenannten Bekehrung ihr gegenüber unehrliche Vertraulichkeiten zu erlauben, und zwar, indem ich ihre Scham mit den Augen ganz genau betrachtete und auch mit den Händen berührte.»

Dann erklärte sie, wie sie überhaupt auf «diese Schurkereien» gekommen war: «Als wir in der Zeit der Republik zu den Santi Quattro

Coronati gebracht wurden, war die Rettung und Mitnahme aller Schriften der Mutter Gründerin und ihrer Beichtväter und Spirituale die wichtigste Aufgabe der Nonnen. Mir wurden drei große Bündel übergeben; ich las einen Teil davon und fand folgende Weisungen der Mutter Gründerin an Schwester Maria Maddalena: Sie vertraue ihr ihre Töchter an; Maddalena müsse daran denken, wie viel die Töchter sie gekostet hatten, und zwar den Preis ihres Geistes und ihres Körpers, da Maria Agnese sie mit ihrer Milch ernährt hatte. Sie solle stets daran denken, die Nonnen, die im vorgerückten Alter ins Kloster eingetreten waren und einige Sachen der Welt schon kennengelernt hatten, zu untersuchen und zu purifizieren.»

Aber was waren das für Purifizierungen? «Ich fragte die verstorbene Schwester Maria Crocifissa, damals Vikarin des Klosters, danach. Sie erzählte mir nach und nach unter dem Siegel der Verschwiegenheit, wie diese Sachen gemacht wurden. Sie sagte mir, dass Schwester Maria Maddalena ins Kloster eintrat, weil die Gründerin sie auf außerordentliche Art gerufen hatte. Da sie in vorgerücktem Alter und Kennerin der weltlichen Sachen war, untersuchte die Gründerin sie und purifizierte sie durch die Berührung ihrer Körperteile mit den eigenen.

Damit ich besser verstehen konnte, wie es funktionierte, erzählte mir Maria Crocifissa das Beispiel Elischas,[29] indem sie sagte: ‹So wie Elischa sich über das Kind legte, in dessen Leib dadurch Wärme kam, und es wieder zum Leben erweckte, so erhielt die Gründerin von Gott die Gabe, ihre Tugend, ihren Geist, ihre Reinheit zu kommunizieren, indem sie sich auf eine Nonne legte. Sie untersuchte die Betroffene und zeichnete ihr Kreuzzeichen in die Scham, um sie zu purifizieren. Dabei flößte sie ihr auch einen gewissen Liquor ein.›

Ich entsinne mich, in den Briefen der Mutter Gründerin an Mutter Maddalena gelesen zu haben, dass sie auch ihr solche Purifizierungen empfahl. Über die verstorbene Maria Giuseppa, die im vorgerückten Alter ins Kloster eingetreten war, sagte sie ihr, sie solle nicht versäumen, diese mindestens einmal in der Woche auf diese Art zu pflegen. Ich gehe davon aus, dass die Alten, die noch am Leben sind, darüber informiert sind, zumindest Schwester Maria Caterina und Schwester Maria Gertrude, weil sie mir von den Verleumdungen gegen die verstorbene Schwester Maria Maddalena im Prozess des Heiligen Offiziums in Bezug auf unehrliche und fürchterliche Sachen mehrmals erzählt haben. Infolge des Prozesses haben einige gegen Maria Maddalena entsprechende Spottverse unter das Fenster des Klosters gemalt; sie litt sehr unter den Verleumdungen. ...

Ich gestehe, dass ich, von diesen Maximen durchdrungen, die von mir berichteten Handlungen mit Agnese Eletta begangen habe.

Auch mit Schwester Maria Giacinta habe ich Unehrlichkeiten der Art wie mit Agnese Eletta begangen, jedoch gingen die Handlungen nicht so weit wie mit Agnese Eletta, obwohl sie zahlreicher waren und länger andauerten. Mit dieser Nonne gab es aber keine Visionen oder außerordentliche Sachen.

Ich habe von diesen Gemeinheiten gesprochen und erlaube mir zu sagen, dass es in Sant'Ambrogio, wo die Sachen bis jetzt immer so gelaufen sind, unmöglich sein wird, diese Maximen und Praktiken auszurotten, weil sie sich auf die Heiligkeit der Mutter Gründerin stützen. Solange auch nur eine Spur der Erinnerung an sie bleibt, wird auch die Verderbnis in Sant'Ambrogio bleiben.»

Dieser Aussage Maria Luisas zufolge gab es eine auf die Gründerin Agnese Firrao zurückgehende Tradition, nach der die Oberin von Sant'Ambrogio jeweils mit neu eintretenden Frauen, insbesondere wenn diese bereits sexuelle Erfahrungen gemacht hatten, lesbische Initiationsriten vollzog. Sallua musste mit dieser Aussage hochzufrieden sein, bestätigte sie doch diesen Teil seiner historischen Rekonstruktion des alten Falles Firrao. Unter dem Vorwand, die Novizinnen an ihren Geschlechtsteilen zu reinigen, kam es zum sexuellen Verkehr, bei dem auch Scheidenflüssigkeit, der genannte Liquor, ausgetauscht wurde. Damit war der Tatbestand der weiblichen Sodomie erfüllt. Maria Luisa schrieb sich als Vikarin und Novizenmeisterin und damit Obere in diese ein halbes Jahrhundert währende Praxis des «Reformprogramms» der Firrao ganz selbstverständlich ein und war überzeugt davon, dass diese geschlechtliche Purifikation zu den unverzichtbaren Kennzeichen des regulierten Dritten Ordens des heiligen Franziskus von Sant'Ambrogio unabhängig von den jeweils handelnden Personen gehörte.

Diese Argumentation überzeugte das Gericht jedoch nicht völlig. Der Hinweis auf die sexuellen Praktiken Maria Maddalenas, die so stadtbekannt waren, dass Weltleute sogar Spottverse an die Klostermauer schmierten, musste die Inquisitoren hellhörig machen, denn unter der Ägide dieser Äbtissin war Maria Luisa schließlich in das Kloster eingetreten. War sie wirklich nur theoretisch in diese Praktiken eingeweiht worden?

Sexueller Missbrauch

Am 20. Juli 1860 war Maria Luisa endlich bereit, mit der ganzen Wahrheit herauszurücken:[30] «Als ich im Kloster der Santi Quattro Coronati war, bekam ich die Schriften der Mutter Gründerin und ihrer Spirituale zur Aufbewahrung. Als ich diese las, stieß ich auf Beschreibungen, die sie ihrem Beichtvater machte. Sie sagte, dass der Herr ihr erschienen war und ihr das Institut anvertraut hatte; dabei hatte er sie auch eindringlich gemahnt, die Beachtung der Gelübde, vor allem der Keuschheit, zu beaufsichtigen. Zu diesem Zweck hatte der Herr ihr einen Liquor kommuniziert und eingeflößt. Diesen habe er über ihre Person ausgegossen und ihr gelassen, damit sie sich dessen bedienen konnte, um ihre Töchter zu purifizieren und zu heiligen, besonders diejenigen, die erst als Erwachsene ins Kloster eingetreten waren oder im weltlichen Leben schon gesündigt hatten.

Diese Sachen habe ich in verschiedenen Briefen gelesen; in zweien von diesen sagte die Mutter Gründerin, sie habe diesen Liquor zweimal aus dem Mund und aus der Rippe des Herrn fließen sehen und mit diesem Liquor Mutter Maddalena purifiziert. Dadurch hatte der Herr Letztere auserwählt, die Gründerin im Institut zu vertreten. Ich habe auch die Briefe der Gründerin an Maria Maddalena gelesen, in denen sie sie zur Aufsicht über und zur Vollstreckung dieser Befehle des Herrn ermahnte. In diesen Briefen wurde von Elischa gesprochen, den ich vorher schon erwähnt habe.

In einem anderen Brief teilte die Mutter Gründerin dem Beichtvater ihre Gefühllosigkeit mit und sagte auch, dass der Herr ihr nicht mehr erschien. Dazu kam, dass sie eine gewisse Venezianerin aufnehmen musste, die den Namen Schwester Maria Giuseppa erhielt. Diese musste purifiziert werden. Die heilige Maria erschien ihr fünfmal und fünfmal hatte sie dieser erlaubt, an ihrer Brust zu saugen, um den Liquor, mit dem sie sie dann purifizieren musste, herauszuziehen. Sie sprach von fünf Malen, weil der Name Marias aus fünf Buchstaben besteht.

Ich gestehe, dass auch ich diese Taten, die die Mutter Gründerin unter Erwähnung der Madonna beschreibt, mit Maria Giacinta begangen habe.»

Nun bekam die Purifikation der Geschlechtsteile neu eingetretener Nonnen auch noch eine mariologische Dimension. Mit dem Saugen an der Brust knüpften die Nonnen an das in der mittelalterlichen Mystik und Frömmigkeit weit verbreitete Bildmotiv der Maria Lactans an, der Gottesmutter, die mit der Milch aus ihren Brüsten die Frommen nährt.[31]

Eigentlich wollte Maria Luisa damit ihre Aussage zu diesem Thema beenden, die Inquisitoren ermahnten sie aber, nun endlich vollständig auszusagen. Erst nach drastischen Vorhaltungen war sie dazu bereit.

«Im Alter von dreizehn oder vierzehn Jahren ging ich ins Kloster Sant'Ambrogio. Äbtissin war damals Schwester Maria Maddalena; sie lebte noch von April bis Weihnachten, bis sie starb. In jenen Monaten war ich die einzige Probandin im Kloster (außer einer, die nur sehr kurze Zeit blieb), sodass ich die Aufmerksamkeit und Zuneigung der Alten ganz für mich allein hatte. Insbesondere die Mutter Äbtissin zeigte mir gegenüber eine besondere Zuneigung und Aufmerksamkeit; sie wollte mich in einer Zelle neben ihrer und tagsüber fast immer in ihrer Begleitung haben. Sie gab mir ständig Unterweisungen über die Tugend und den Geist des Instituts und erwähnte die Verfolgungen und die Heiligkeit der Mutter Gründerin. Sie nannte mich ‹ihr Schäfchen›, ‹ihr Schätzchen›, sie küsste und umarmte mich. Sehr streng war sie, wenn sie mir die äußere Bescheidenheit und den Anstand beibrachte, denn ich müsste eines Tages wie sie sein. Also, ihre Aufmerksamkeit und Zuneigung mir gegenüber waren derart groß, dass einige Nonnen eifersüchtig wurden und mir sagten, dass ich Glück hatte, während ihnen kaum erlaubt wurde, mit der Äbtissin auch nur ein paar Worte zu wechseln.

Nach einigen Monaten ... wurde ich von der verstorbenen Vikarin Schwester Maria Crocifissa ... nach dem Mittagessen gerufen. Sie sagte mir, dass die Mutter Äbtissin mir ein Geschenk machen wollte. Sie ließ mich in das Schlafzimmer der Äbtissin eintreten; diese lag auf dem Bett und war von Sinnen.

Maria Crocifissa sagte zu mir: ‹Sehen Sie, wie die Mutter Äbtissin ihre Tugend und Heiligkeit verbirgt? Sie gibt den Nonnen zu glauben, dass sie sich ausruhen will, aber sie ist eigentlich im Gebete versunken; jetzt wird sie vom Herrn erleuchtet, um verschiedene Sachen und das Innere der Menschen zu begreifen; deswegen kann sie über Tugenden so gut sprechen; sehen Sie? Dass sie im Gesicht so entflammt ist, ist ein Zeichen der Liebe Gottes.›

Sie ließ mich näher an das Bett treten und ihre Hand küssen. Dann begann sie, die Äbtissin komplett zu entblößen und mit den Händen in der Scham zu berühren. Sie ließ mich einen dabei entstehenden weißen Liquor beobachten und sagte: ‹Das ist ein himmlischer Liquor, der ihr vom Herrn kommuniziert wird.›

Sie sagte auch, dass ich, wenn ich die Äbtissin liebte, von ihr als ihr Schäfchen jenen Liquor mit Aufmerksamkeit stehlen müsse, damit ich wie sie werden könnte. Sie ließ mich mit dem Kopf zu der Scham der Äbtissin beugen; ich wurde von Angst ergriffen, zeigte Abscheu und sagte: ‹Und wenn sie mich dann hinauswirft?›

Maria Crocifissa antwortete: ‹Im Gegenteil, danach kannst Du sicher sein, dass sie Dich nicht hinauswirft, weil dies ein wertvolles Geschenk für Dich ist, das ihr vom Herrn befohlen wird.›

Sie ließ mich dann mit der Zunge jene Flüssigkeit lecken, nahm meine Hand und ließ mich den Finger in jene Flüssigkeit eintauchen, mit der ich mir drei Kreuzzeichen auf die Stirn und auf die Lippen machen musste. Dann zeichnete sie sich selbst mit meiner Hand auf die berichtete Art und Weise und legte ihren Kopf auf die Scham der Maria Maddalena. Dann bedeckte sie sie und wir gingen langsam weg, aber die Äbtissin Maria Maddalena rief mich, und ich ging zu ihrem Bett zurück. Maria Crocifissa ging weg und ließ mich allein.

Die Äbtissin begann ganz liebevoll zu sagen: ‹Kleine Diebin meines Herzens, komm mal hierher, was hast Du mir gestohlen? Ich weiß alles.›

Ich zitterte und erwartete eine große Schelte; sie stand aber auf und setzte sich auf das Bett; sie umarmte mich und sagte, dass ich keine Angst haben sollte, weil das, was ich gemacht hatte, auf Befehl Gottes geschehen war, und dass der Herr mir ein großes Geschenk gemacht hatte; dies sei erst der Anfang, und sie habe den Befehl erhalten, das Geschenk zu erfüllen. Sie hielt mich in ihren Armen und verbreitete sich in zärtlichen Ausdrücken mir gegenüber; dann verließ sie das Bett und verlangte unter Berufung auf den ihr zustehenden Gehorsam, dass ich mich hinlegte. Inzwischen machte sie mit den Händen und den Augen Zeichen wie beim Beten in Richtung Himmel. Schließlich kam sie auch ins Bett, entblößte mich und legte sich auf mich, wobei sie mich auf schändliche Weise mit ihren Händen bearbeitete. Durch heftige Bewegungen ihres Körpers auf meinem ergoss sich ihre Scheidenflüssigkeit in meine Scham, die sich danach ganz feucht anfühlte.

Sie sagte mir mehrmals: ‹Meine Tochter, Du bekommst ... diesen himmlischen Liquor.›

Nach einiger Zeit stand sie auf. Sie hatte diese Akte mehrmals vollzogen und ruhte sich in der Zwischenzeit ein bisschen aus; sie fragte mich nach meinen Gedanken und sagte, ich solle keine Angst haben, denn diese seien keine Sünde, sondern heilige Sachen und Gaben Gottes; sie sagte auch, dass diese für die Welt böse Sachen waren, aber hier seien sie vom Herrn als Geschenk für mich befohlen worden.

Nach dem letzten dieser Akte blieb sie im Bett; ich kniete neben ihr, und sie legte ihre Hände auf meinen Kopf; mit dem Ton einer Oberin sagte sie mir: ‹Du, Tochter, hast eine große Gabe bekommen; im Namen Gottes befehle ich Dir, sie zu bewahren und zu vermehren. Jeden Abend musst du Dir einen Finger in die Scham einführen und dann mit dem feuchten Finger auf der Stirn und den Lippen das Kreuzzeichen machen. Auf diese Art werden Dir viele Gaben Gottes kommuniziert.›

Dann blies sie dreimal in meinen Mund. Schließlich, indem sie mit weiteren liebevollen Ausdrücken und Umarmungen fortfuhr, wollte sie, dass ich ihre Brust in den Mund nehme und sie nuckle, was ich tat. Zum Schluss legte sie mir über das Ganze eine große Schweigepflicht auf: Ich solle auf keinen Fall mit irgendjemandem darüber reden.

Später fragte sie mich nach den Gebeten und auch danach, ob ich jeden Abend das praktizierte, was sie mich gelehrt hatte. Sie sagte, ich solle darauf aufpassen, mit dem Beichtvater Leziroli nicht darüber zu reden, weil man nur die Sünden und nicht die Gaben zu beichten hat; es handle sich um besondere Gaben, die der Herr mir zum Vorteil des Instituts durch sie erteilt hatte, wie ich später erfahren würde.

Da Schwester Maria Crocifissa diejenige war, die mich bei der Äbtissin in diese Praktiken eingeführt hatte, wandte ich mich an sie, als ich im Kloster der Santi Quattro Coronati die Papiere der Mutter Gründerin und ihrer Spirituale las, die ich aufbewahren musste, um die angebrachten Erklärungen zu erhalten, wie schon anderswo berichtet.

Die oben genannte Äbtissin wollte sich mein ganzes vorheriges Leben und was mir passiert war anhören. Dann wies sie mich an, was ich dem Beichtvater sagen musste. Wenn ich die Beichte ablegte, verlangte sie danach Rechenschaft über das, was ich dem Beichtvater gesagt hatte. Dieses System wird in Sant'Ambrogio angewendet, und ich selbst habe es mit den Novizinnen praktiziert.

Ich weiß nicht, ob die Äbtissin das oben Berichtete mit anderen Nonnen praktizierte; es könnte zwischen ihr und der verstorbenen Schwester Maria Metilde geschehen sein, weil ich sah, dass es zwischen den beiden große Vertrautheit gab.

Sobald die Äbtissin starb, nutzte ich ihre Unterweisungen, und obwohl ich noch eine Novizin war, wollte ich mich schon wie eine Oberin verhalten. Ich erfand Befehle und Offenbarungen der Äbtissin, unterwarf mir Schwester Anna und zwang sie, mir jeden Abend über ihr Gewissen Rechenschaft abzulegen; dann erteilte ich den Segen mit dem Skapulier. Jetzt erinnere ich mich daran, dass die genannte Äbtissin Schwester Maria Maddalena nach den Taten, von denen ich erzählt habe, mich allein bei sich behielt und außer den üblichen Anweisungen meine Hand nahm und sie sieben- oder achtmal in die Scham einführte. Danach verlangte sie, dass ich Kreuzzeichen machte zu dem Zweck, Gaben zu erhalten.»

Ihre früheren Anschuldigungen gegen Agnese Eletta nahm Maria Luisa nun ausdrücklich zurück. Nicht diese habe sie an der Scham berühren wollen, vielmehr habe umgekehrt sie, Maria Luisa, Agnese Eletta zu den beschriebenen sexuellen Handlungen gezwungen. Sie bestätigte ausdrücklich «unter der Heiligkeit des Eides», dass alles wahr sei, was sie über ihre Einführung in die Praxis der sexuellen Purifikation durch die damalige Äbtissin Mutter Maria Maddalena berichtet hatte. Die «Unredlichkeiten» und «sodomitischen Akte» späterer Zeiten gingen damit – wie die Untersuchungsrichter im *Ristretto* festhielten – eindeutig auf das Konto der jungen Novizenmeisterin.

Ein junges Mädchen wurde von ihrer Vorgesetzten, der Äbtissin, zu sexuellen Aktivitäten genötigt. Später wurde das einstige Opfer, Maria Luisa, selbst zur Täterin. Mit den gleichgeschlechtlichen Akten segnete, purifizierte und heilte sie demnach die Partnerinnen und folgte damit einer «heiligen» Tradition, die von Agnese Firrao über die folgenden Oberinnen der Gemeinschaft von Sant'Ambrogio bis zu ihr selbst reichte, damit bereits über sechs Jahrzehnte andauerte und nach Weisung der Mutter Gründerin nicht unterbrochen werden durfte.

Sexuelle Beziehungen unter Mönchen und Nonnen sowie zwischen Beichtvätern und -kindern zählten im 19. Jahrhundert zu den gängigen Topoi der antiklerikalen Literatur, die einen Zusammenhang zwischen zölibatärer Lebensweise, religiösem Wahn und devianter Sexualität behauptet.[32] Inwieweit diese Klischees eine reale Basis hatten, ist angesichts der schwierigen Quellenlage kaum zu klären. Bei den Vorgängen in Sant'Ambrogio handelte es sich aber in heutiger Terminologie um sexuellen Missbrauch, der ganz allgemein ein Machtgefälle zur Voraussetzung hat.[33] Durch sexuellen Missbrauch befriedigen die Täter in der Regel nicht nur sexuelle Bedürfnisse, sondern auch Bedürfnisse nach Macht und Anerkennung. Maria Luisa erreichte offenbar schon viel, indem sie ihr gewinnendes Wesen und ihre sexuelle Attraktivität ausspielte – besondere Zuwendung geht häufig sexuellem Missbrauch voraus.[34] Aber es kann nicht davon ausgegangen werden, dass ihre Opfer mit «Wissen, Freiwilligkeit und Kompetenz» in die sexuellen Handlungen einwilligten.[35] Die Novizinnen waren der Novizenmeisterin und Vikarin Gehorsam schuldig. Für viele war die «Madre Vicaria» eine Ersatzmutter, und diese emotionale Abhängigkeit nutzte Maria Luisa konsequent aus. Außerdem verwendete sie geheimes Wissen aus der Beichte, um ihre Gegner zu manipulieren und ihre Opfer gefügig zu machen. Diese Macht potenzierte Maria Luisa noch einmal, indem sie die Beichtväter unter ihre Kontrolle brachte, deren Weisungen die Nonnen als absolut verbindlich ansehen mussten. Gleichzeitig erklärte die Täterin diese Akte zum absoluten Geheimnis zwischen den Beteiligten, von dem kein Außenstehender je erfahren durfte, nicht einmal der Beichtvater – der gerade nicht! –, sonst wäre die angebliche Heiligkeit und Einmaligkeit des himmlischen Segens dahin. So gelang es ihr, die Nonnen auf absolutes Stillschweigen zu verpflichten. Dass die Täter ihre Opfer unter Androhung von Konsequenzen zur Geheimhaltung auffordern, ist ein typisches Kennzeichen von sexuellem Missbrauch.[36]

Der entscheidende Faktor war aber die religiöse Autorität, die Maria Luisa für sich beanspruchte. Sie überhöhte ihr Verhalten religiös, indem sie es als göttlichen Auftrag ausgab. Widerspruch gegen die Offenbarungen Maria Luisas wäre eine Auflehnung gegen das Gehorsamsgebot, ja gegen die himmlischen Mächte und letztlich gegen den Willen Gottes gewesen. Damit hätten die Nonnen, aber auch die Beichtväter ihr ewiges Seelenheil riskiert, das eigentliche Ziel ihres irdischen Daseins. Die Drohungen in den vermeintlichen Briefen der Gottesmutter waren für die Angesprochenen tatsächlich existenziell. Verbrechen und moralische Vergehen konnte Maria Luisa so erfolgreich als spirituelle und medizinische Handlungen oder als Werk des Teufels tarnen. Ausgerechnet das Vertrauen der Schwestern von Sant'Ambrogio ins Heilige führte dazu, dass sie von Maria Luisa missbraucht werden konnten.

Die Nonnen von Sant'Ambrogio konnten einerseits kaum über Sexualität sprechen, weil diese in ihrem gottgeweihten Leben nicht vorkommen durfte, andererseits verehrten sie zahlreiche Heilige, die ihr mystisches Erleben mit Metaphern aus der Liebe und der Erotik beschrieben. In diesem Milieu war es möglicherweise gar nicht abwegig, Empfindungen beim Austausch von Intimitäten nicht als verbotene Lust, sondern als heiligmachende spirituelle Erfahrung zu deuten. In den Verhören kommt immer wieder zum Ausdruck, dass sich die Ordensfrauen schon schämten, wenn sie sich vor einem Arzt ausziehen mussten, und dass sie dabei ein schlechtes Gewissen hatten. Dies spricht dafür, dass die klösterliche Erziehung zu einer unreifen Form von Sexualität führen konnte. In der Abgeschlossenheit von Sant'Ambrogio – Soziologen würden von einer «total institution»[37] sprechen – fehlte jedes Korrektiv zu den Weltbildern, die sich die Nonnen teilten. Die Beichtväter und Patrizi hatten als Aufsichtsinstanzen vollkommen versagt, nicht zuletzt, weil die Frömmigkeit der Schwestern von Sant'Ambrogio breiten Zeitströmungen entsprach, denen sie selbst erlegen waren.

Die anderen Zärtlichkeiten und «unzüchtigen Vertraulichkeiten und Praktiken», von denen zahlreiche Zeuginnen gesprochen hatten, gab Maria Luisa ebenfalls zu. Sie gestand alle «unanständigen Taten», die während ihrer Amtszeit als Novizenmeisterin geschehen waren und die ihr das Gericht aus den Vernehmungsprotokollen der Novizinnen *per singolo,* also Fall für Fall, vorhielt. Dabei versuchte sie wenigstens eine gewisse Entschuldigung für ihr Handeln zu finden, indem sie vorgab, viele Novizinnen hätten «eine übertriebene Liebe ihr gegenüber gezeigt», sie seien stets um sie herumgeschwirrt und hätten sie immer wieder umarmt, «die eine küsste die Schulter, die andere die Brust, die dritte die Arme». Sie habe auf diese Liebesbezeugungen zunächst nur reagiert, sie damit aber zugleich weiter gesteigert.

Dabei bestätigte Maria Luisa auch den von ihr als Novizenmeisterin eingeführten Brauch, nach dem die Novizinnen in der Nacht vor der Einkleidung stets gemeinsam mit ihr in ihrer Zelle schliefen und «aus zwei Betten ein einziges gemacht wurde». Nachdem die Novizinnen sich hingelegt hätten, habe sie spirituelle Gespräche mal mit dem Herrn, mal mit der Gottesmutter vorgetäuscht, in denen die Himmelspersonen entsprechende Weisungen gegeben hätten. Darauf hätten die Novizinnen begonnen, sie zu küssen und zu streicheln. Die Äbtissin Maria Veronica sei darüber genau informiert gewesen. Sie habe ihr sogar einmal gesagt: «Lassen Sie sie machen.» Einmal half sie offenbar beim Zusammenschieben der Betten in Maria Luisas Zelle.

Die Beschreibung der sexuellen Praktiken und des Missbrauchs durch Maria Luisa war für die Untersuchungsrichter derartig schockierend, dass sie auf eine eigene Zusammenfassung und ausgiebigere Kommentierung im *Ristretto* verzichteten. Zweimal verwiesen sie die Kardinäle im Hinblick auf die «schamlosen und unflätigen Handlungen», die «Exzesse und abscheulichen Delikte» und die «perversen Maximen» – wie sie die gleichgeschlechtlichen Akte umschrieben – auf die Protokolle der Originalverhöre in der Anlage. Die «Hochwürdigsten Herren Richter» wurden gebeten, die Aussagen selbst zu lesen.

Jesuitische Beichtväter und ihr ganz besonderer Segen

Nun wandte sich das Gericht Maria Luisas Beichtvater zu. Bevor sie allerdings auf ihre spezielle Beziehung zu Pater Peters einging, musste die ehemalige Madre Vicaria etwas weiter ausholen. Um ihr Verhältnis zu Pater Peters verstehen zu können, müssten die Inquisitoren zuerst von einem weiteren Geheimnis von Sant'Ambrogio erfahren: dem jesuitischen Segen. Dieses enthüllte sie der Inquisition am 26. Juni 1860:[38]

«In den alten Schriften der Mutter Gründerin und ihrer ersten Gefährtinnen ... hatte ich Folgendes gelesen: Um künftig nicht mehr in die Hände des Heiligen Offiziums zu fallen, wie es der Mutter Gründerin passiert war, und um den Geist des Instituts, das sie mit Rat und unter der Leitung des Paters Pignatelli gegründet hatte, zu erhalten – sie hatten nebenbei bemerkt ständig Jesuiten als Spirituale gehabt und wollten deren Geist behalten –, erwies es sich als notwendig, stets einen Jesuiten als Beichtvater zu haben, der den Nonnen unseres Instituts den jesuitischen Geist einflößen musste und auf diesem Weg außerordentliche Dinge erwecken konnte. ...

Agnese Firrao hatte ihre Gemeinschaft auf eine ganz besondere Praxis eingeschworen, indem sie sagte: ‹Meine Töchter, wenn Ihr so handelt, werdet Ihr das Institut erhalten. Ihr wisst, wie viel es kostet, sonst werdet Ihr Euch zugrunde richten.›

Zum Beweis sage ich aus, dass die verstorbenen Schwestern Maria Crocifissa und Maria Francesca mir anvertraut haben, dass Mutter Maria Maddalena per Einflößung von den Patres Marconi, Doz[39] und Santinelli[40] den Geist der Mutter und Gottes Geist auf eine völlig einmalige Weise erhalten habe; dieser Geist wurde dann auch Teresa Maddalena eingeflößt.

Diese Einflößung geschieht auf folgende Weise: Der Beichtvater küsst die Pönitentin auf die Stirn, auf das Gesicht und auf die Lippen; dann zeichnet er mit der Zunge einige Kreuzzeichen auf den Hals; manchmal führt er seine Zunge in den Mund der Pönitentin ein und küsst sie auf das Herz an der Seite, wo wir normalerweise das Kruzifix haben. Bevor man mit diesen Handlungen beginnt, fällt die Pönitentin vor dem Beichtvater auf die Knie, der stehen bleibt. Er erteilt ihr den Segen mit einer Formel, die ich abgeschrieben habe. Es kommt vor, dass die Nonne während des erwähnten Segens außer sich, in Ekstase gerät. Dann fällt auch der Beichtvater auf die Knie, und indem er sie mit dem rechten Arm stützt, begeht er mit ihr die Akte, die ich gerade beschrieben habe.

Diese Formel und diese Akte habe ich nicht nur in den Schriften der Mutter gelesen, sondern sie wurden mir auch nach der Art, die ich berichtet habe, von den verstorbenen Nonnen erklärt. Sie führten die Akte ebenfalls durch ... Ich gehe davon aus, dass diese Dinge in großer Heimlichkeit gemacht wurden, sodass ich bei anderen Nonnen nichts davon bemerkt habe.»

Wie bei den sexuellen Begnadungen wollte Maria Luisa auch bei diesem speziellen jesuitischen Segen nicht zurückstehen und dem Vorbild der Mutter Gründerin folgen. Dazu sollte ihr Pater Peters dienen. Seit etwa drei Jahren, so Maria Luisa, habe sie Himmelsbriefe fabriziert, die den jesuitischen Beichtvater dazu aufforderten, ihr den außerordentlichen Segen ebenso zu spenden wie seine jesuitischen Vorgänger ihn den vorherigen Oberinnen von Sant'Ambrogio gespendet hatten. Diese legte sie in das Kästchen, von dem Peters glaubte, dass nur er einen Schlüssel besaß. Maria Luisa hatte selbstverständlich einen zweiten Schlüssel, wie sie vor Gericht zugab.

«In diesen Briefen habe ich ihn aufgefordert, mir den Geist der Gründerin und den Geist Gottes auf die Art und Weise einzuflößen, die ich oben erklärt habe. In der Tat fiel ich auf die Knie vor Pater Peters, und er erteilte mir den Segen; ich geriet aber nicht in Ekstase, sondern blieb und zeigte mich gesammelt. Nach dem Segen kniete auch er nieder und unternahm mir gegenüber mal die eine, mal die andere der genannten Handlungen; dann musste er gehen, wie die Briefe es verfügten. Wie viele Male das geschah, kann ich nicht sagen, weil es je nach Gelegenheit geschah. Die Zunge in meinen Mund hat er, soweit ich mich erinnere, nur zwei Mal eingeführt. Wegen dieser Sachen hatte ich keine Gewissenskonflikte und habe sie auch nie gebeichtet.»

Diese «sinnlichen und vertraulichen Akte» firmierten, wie das Gericht weiter herausfand, in Sant'Ambrogio allgemein unter dem Begriff einer «benedizione straordinaria», also eines außerordentlichen Segens.[41] Maria Luisa schrieb ihm eine vierfache Wirkung zu:[42] «1. Erkenntnis; 2. spirituelle Versenkung; 3. Verwandlung; 4. substanzielle Kommunikation.» Ferner erklärte sie, dass diese «substanzielle Kommunikation siebenmal im Jahr zwischen dem Beichtvater und der Pönitentin stattfinden musste, die anderen Handlungen zusammen mit dem Segen insgesamt dreiunddreißigmal binnen eines Jahres».

Doch was verbarg sich hinter dieser speziellen Kommunikation? Auch darüber erhielt Maria Luisa aus den Dokumenten der Gründerin Auskunft. Dort wurde erklärt, «dass die *comunicazione sostanziale* dann stattfand, wenn der Beichtvater seine Zunge in den Mund der Pönitentin einführte; dies entsprach dem Auflegen der Hände, das die Apostel den Jüngern gegenüber praktizierten, um diesen den Heiligen Geist einzuflößen. ... In Bezug auf die anderen Handlungen wurde gesagt, dass, wie der Herr dem Wasser bei der Heiligen Taufe, dem Öl bei der Firmung die Kraft gegeben hatte, so hatte er in allen oben genannten Handlungen die Kraft eingeschlossen, der Pönitentin die Kräfte und die Gaben, von denen oben erzählt wurde, einzuflößen.»

Maria Luisa entdeckte in den alten Schriften aus der Gründungszeit die Namen von fünf Jesuiten, die diese den Äbtissinnen von Sant'Ambrogio vorbehaltene außerordentliche Segnung während der Beichte praktiziert hatten und so für diese sehr spezielle Tradition standen: Giuseppe Marconi, Jose Doz, Agustín Monzon,[43] Brunelli[44] und Nicola Benedetti. Den von Pius XII. später heiliggesprochenen Jesuiten Pater Pignatelli führte sie in dieser Reihe zwar nicht explizit an. Sie machte aber deutlich, dass der Geist des Instituts, der durch diese substanzielle Kommunikation per Zungenkuss weitergegeben wurde, auf keinen anderen als auf Pignatelli zurückging, was immer auch diese Aussage genau bedeuten mag. Dieser Reihe habe sie, obwohl sie noch nicht Äbtissin war, sondern lediglich Vikarin, einen weiteren Jesuiten hinzufügen wollen, um die Tradition des Instituts fortzuführen: Pater Peters.

Die «benedizione straordinaria» ging nicht nur in ihrer Form, sondern auch in ihrem Anspruch weit über eine allgemeine Segensbitte des Priesters oder den Segen nach der Lossprechung von den Sünden im Beichtstuhl hinaus. Hier fand eine Vermittlung himmlischer Gnadengaben statt, die in Sant'Ambrogio sogar mit dem Begriff der «Verwandlung» verbunden wurde, was andeutet, dass die Empfängerin dieses Segens dadurch in ihrem Wesen, in ihrer Substanz, so verwandelt werden sollte wie der Priester bei seiner Weihe. An die Stelle der Handauflegung, durch die in der katholischen Kirche seit den Zeiten der Apostel das Bischofs- und Priesteramt zum Schutz der Glaubenstradition in einer ununterbrochenen Reihe weitergegeben wird, trat hier der Zungenkuss. Die so vermittelte jesuitische Inspiration erschien den Nonnen von Sant'Ambrogio wichtiger als die Äbtissinnenweihe, die kirchliche Form der Amtseinführung ihrer Ordensoberen. Dieser, in einer Begegnung mit einem Mann erworbene besondere Segen ermöglichte der Äbtissin auch die mit gleichgeschlechtlichen sexuellen Handlungen verbundene «Reinigung» und «Pflege» der ihr anvertrauten Schwestern. Allerdings wurde hierbei nicht nur Geist, sondern auch Liquor ausgetauscht. Ziel war eine ununterbrochene Traditionslinie von Äbtissin zu Äbtissin. Die Mutter Gründerin hatte in gewisser Hinsicht damit ein alternatives, Frauen vorbehaltenes Sukzessionsmodell ersonnen.

So ganz ohne Männer kamen die Frauen von Sant'Ambrogio aber doch nicht aus. Bei jeder neuen Äbtissin war nämlich ein neuer Akt jesuitischer Inspiration notwendig, der Geist musste ihr durch den Zungenkuss mit einem Pater der Gesellschaft Jesu neu eingehaucht werden. Möglicherweise stellte dies ursprünglich den Versuch einzelner Jesuiten dar, den Geist des Ordens, der 1773 verboten worden war und erst 1814 wieder zugelassen wurde, ausgelagert in einer franziskanischen Frauengemeinschaft zu bewahren, denn die Reform der Firrao fiel genau in die Zeit der Unterdrückung der Gesellschaft Jesu. Dann wären die regulierten Franziskanerterziarinnen verkappte Jesuitinnen gewesen, die es in der Geschichte der Kirche nicht gibt und damals erst recht nicht geben konnte. Deshalb verwundert der besondere Schutz nicht, in den Jesuiten und Jesuitenzöglinge die Gemeinschaft von Sant'Ambrogio seit 1814 nahmen. Leo XII. war genauso ein Jesuitenfreund wie Pius IX., Patrizi genauso wie Kardinal Reisach.

Die Affäre des Beichtvaters mit Alessandra N.

Die Himmelsbriefe und der intensive körperliche Kontakt mit all seinen erotischen Implikationen beim jesuitischen Segen verliehen Maria Luisa eine ungewöhnliche Macht über ihren Beichtvater. Pater Peters war wie Wachs in ihrer Hand. Durch die Schreiben der Madonna konnte sie ihn leiten, wohin sie wollte. Darüber berichtete Maria Luisa der Inquisition am 26. Juni 1860:[45]

«Da Pater Peters mein Widerstreben gegen das Außerordentliche festgestellt hatte, erzählte er mir, dass ein ansehnlicher und maßgeblicher Jesuitenpater von einer Pönitentin betrogen und dadurch schwer gedemütigt worden war. Ich wurde von Neugier erfasst, und durch einen der üblichen Briefe ließ ich ihn wissen, dass, wenn jener Pater einen Demütigungsakt machen würde, indem er mir gegenüber alles äußert, er den Trost haben würde, jene Seele bekehren zu können. Er hat sich einige Zeit zurückgehalten, jedoch habe ich ihn bedrängt und gesagt, dass die Gnade mit der verlangten Äußerung zusammenhing. Schließlich gab er nach. Ich fand einen Brief im oben genannten Kästchen; der Brief erklärte das ganze Geschehnis zwischen dem Pater und seiner Pönitentin. Da ich damit unzufrieden war, verlangte ich von ihm einen weiteren Brief, in dem er alles gesondert erklärte, und zwar:

Dass er, getäuscht von der Heiligkeit seiner Pönitentin, Alessandra N., die 1848 und 1849 in Rom lebte, und auch von den Wundern, von denen sie erzählte, sich gebeugt habe und mit ihr unflätige Taten wie Küsse, unehrliche Berührungen, Umarmungen beging; und dass sie einmal auf die Knie fiel; danach nahm sie seine Männlichkeit in ihren Mund, und zuletzt trieben sie schändliche Dinge miteinander. Und dann erklärte er, wie diese letzten Handlungen sich vollzogen.»

Der Name Alessandra N. musste den Inquisitor aufhorchen lassen, war er doch im Rahmen des Informativprozesses auf das Gerücht gestoßen, Peters habe eine sexuelle Beziehung mit einer Frau namens Alessandra gehabt. Im Kloster tuschelte man offenbar hinter vorgehaltener Hand über diese Affäre. Nun erfuhr er von Maria Luisa die pikanten Details, die diese aus den Briefen Peters' an die Madonna kannte und sich bis in jede Einzelheit gemerkt hatte. «In diesem Brief erzählte er, dass Alessandra N. viele Beichtväter getäuscht hatte und mit ihrer Verschlagenheit verhinderte, dass einer mit dem anderen sich darüber austauschen konnte. Diese Alessandra wohnte vor Jahren noch in Rom und kam ins Kloster, um eine meiner Novizinnen zu besuchen. Ich sah sie, und sie fragte mich, ob ich die Beichte bei Pater Peters ablegte, aber ich jagte sie hinaus. Diese Alessandra hatte den Ruf einer Frömmlerin und kleidete sich ganz in Schwarz. Der Kurat von Sant'Adriano warnte aber die Menschen vor ihr, damit diese sich vor ihr hüten konnten.

In demselben Brief wurde auch gesagt, dass aus der fleischlichen Vereinigung naturgemäß bereits ein Effekt erfolgt sei, dass dieser Makel aber auf eine ihnen selbst (nämlich dem Beichtvater Pater Peters und der Pönitentin Alessandra) unbekannte und unentdeckte Art und Weise wieder verschwunden ist.»

Weder aus dem Brief noch aus der Aussage Maria Luisas wurde Sallua klar, was Pater Peters mit dem «naturgemäßen Effekt» des vollzogenen Aktes genau meinte. Zu denken wäre entweder an eine Schwangerschaft Alessandras, die auf unerklärliche Weise wieder verschwand, oder, falls Alessandra zum Zeitpunkt des Beischlafes mit dem Jesuitenpater noch Jungfrau war, an einen Blutfleck auf dem Laken, der auf die Zerstörung des Jungfernhäutchens zurückging. Maria Luisa berichtete dem Gericht weiter:

«Auf Wunsch von Pater Peters gab ich ihm den Brief zurück, aber geschlossen, und mit dem Wort ‹Gratia› darauf. Die Kenntnis dieser Vorfälle versetzte mich in Sorge, dass Pater Peters, wenn er mir den Geist der Gründerin auf die schon erklärte Art einflößte, noch weiter gehen könnte. Deshalb blieb ich die wenigen Male, genau gesagt zweimal, nachdem ich den erwähnten Brief gelesen hatte, vorsichtig und eingeschüchtert. Danach schrieb ich einen Brief – ich weiß nicht mehr, ob im Namen des Schutzengels oder der Seligen Jungfrau –, in dem ich sagte, dass ihm durch meine Gebete die Gnade erteilt worden sei und er wegen seines Widerstands außerordentlichen Sachen gegenüber mit seinem Segen aufhören dürfe.»

Damit war für die Untersuchungsrichter im Hinblick auf Pater Peters ein weiteres Delikt nachgewiesen. Er hatte im Rahmen seiner Tätigkeit als Beichtvater schon Jahre zuvor eine sexuelle Beziehung mit einer gewissen Alessandra gehabt. Um daraus einen eigenen Anklagepunkt gegen den Jesuiten aufbauen zu können, benötigten Sallua und seine Kollegen weitere Informationen.

Maria Luisa war aber erst einen guten Monat später, am 28. Juli 1860, bereit, hierüber mit der nötigen «Gesetztheit» weiter auszusagen.[46] Dazu gab sie handgeschriebene Blätter mit ihren Erinnerungen an den Briefwechsel des Jesuiten mit der Gottesmutter ab.[47] Peters sei, erklärte die Angeklagte, durch «viele außerordentliche Dinge», an die er tatsächlich geglaubt habe, von Alessandra «betrogen» worden.

«Alessandra hatte ihm große und außerordentliche Versprechungen gemacht und ihn dazu bewogen, sein Zögern zu überwinden und sich nicht zu schämen, sich mit ihr sehen zu lassen und umherzugehen, weil sie ihn dazu gebracht hatte, mit ihr zusammen zu sein. Damals geschahen große und erstaunliche Dinge, wie er selbst gesagt hat: ‹Die Handlungen bestanden aus langen und vehementen Umarmungen, Küssen, gegenseitigem Streicheln und Berührungen ihrer Klitoris[48] mit meiner Hand und den Fingern.› (Es sind die Worte des Paters.)

Plötzlich umarmte sie ihn und fiel in Ohnmacht zwischen seine nackten Oberschenkel; sie nahm seinen nackten Penis und führte ihn in ihren Mund ein; die Handlung des Vollzugs der göttlichen Ehe wurde wie folgt ausgeführt: ‹Alessandra legte sich auf das Bett und ich› (Pater Peters) ‹streckte mich auf ihr aus, führte mein Glied in die Scheide[49] der unglücklichen Alessandra ein; bei dieser vehementen Operation, die ich ausführen musste, gab sie vor, in Gott zu sein; aus der Verstellung und Blässe ihres Gesichts, aus ihren hässlichen und großen Drehungen, die sie bei dem Akt ständig machte, konnte ich wohl sehen, dass es um einen Betrug und um nichts Göttliches ging; ich kann aber nicht erklären, wie es sich ereignen konnte, dass ein Blutfleck vor meinen Augen hatte verschwinden können, ohne dass jemand ihn berührt hätte. Es ist sicherlich teuflisches Werk gewesen, weil es kein natürlicher Vorgang gewesen sein kann.›

Einmal überraschte ihn die gute alte Frau, die in das Zimmer eingetreten war, in flagranti bei einer jener hässlichen Taten mit großem Skandal; er hielt es für ein großes Wunder, dass er dem Skandal entrinnen konnte, was ihm tatsächlich gelang. Aus dem Brief konnte man schließen, dass diese alte Frau ihm ein Zimmer vermietete, in dem die beiden zusammen wohnten. Die Alte muss etwas bemerkt haben, weil sie sie aus dem Haus jagen wollte – so konnte man in dem Brief lesen, obwohl ich mich an die exakten Worte nicht entsinnen kann. Der Brief erklärte, dass Alessandra seine Küsse und Umarmungen stets erwiderte; ich erinnere mich nicht, ob im Brief stand, dass die furchtbare Handlung mit dem Mund wie auch die andere des ehelichen Beischlafs mehrmals oder nur einmal geschehen ist. Ich kann auch nicht sagen, ob der Brief erklärte, dass die Vereinigung durch jene Handlung begann oder sich dadurch vollzog; die genau beschriebenen gegenseitigen Berührungen und Umarmungen wurden sicherlich viele Male wiederholt.»

Nach dieser Aussage hatte sich Peters nicht nur des Zölibatsbruchs, sondern auch der Sollicitatio schuldig gemacht. Interessanterweise war es zu dieser Affäre ausgerechnet in den Jahren 1848/49 gekommen. Damals waren die Jesuiten im Zuge der römischen Revolution erneut aus der Stadt vertrieben worden. Peters nutzte wohl die Abwesenheit seiner Oberen, um im Getriebe der Stadt unterzutauchen, sich mit seiner Geliebten ein Zimmer zu nehmen, und mit ihr in diesem Liebesnest ungestört zu sein. Die Affäre dürfte erst mit der Niederschlagung der Revolution, der Wiederherstellung der kirchlichen Ordnung und der Rückkehr des Papstes ihr Ende gefunden haben, denn nun waren auch Peters' Obere wieder vor Ort, und er musste in das Haus seines Ordens und unter die Aufsicht seiner Oberen zurückkehren.

Maria Luisa und Pater Peters zwischen Sex und Segen

Statt auf ihr Verhältnis mit Peters direkt einzugehen, hatte Maria Luisa den Inquisitoren zwei hochinteressante Geschichten erzählt: das Geheimnis des besonderen jesuitischen Segens und Peters' Affäre mit Alessandra. Nun wurde sie massiv bedrängt, sich endlich konkret zu ihrer eigenen Beziehung mit dem Jesuitenpater zu äußern. Im Verhör am 24. Juli 1860 gab sie schließlich auch darüber Auskunft.[50]

Sie habe, so erzählte sie, regelmäßig ihr «außerordentliches Übel» vorgespielt. Dabei habe sie den Beistand ihres Beichtvaters bei Tag und Nacht eingefordert. «Immer wenn er in meine Zelle kam, zeigte ich mich wie von Sinnen; er fiel auf die Knie, nahm meine Hand, drückte und küsste sie. Man versteht, warum wir allein waren. Bei diesen Akten tat ich manchmal so, als ob ich wieder zu mir käme, manchmal aber auch nicht. In letzterem Fall wiederholte er die Akte, damit ich wieder zu mir kommen konnte. Dann setzte er sich auf das Bett, und ich erzählte ihm von irgendeiner Vision oder Prophezeiung oder von meinen schlimmen Kopfschmerzen, während er mich durch den Segen davon befreien musste; oder man sprach über irgendeine Gabe oder Gnade des Herrn für ihn.

Manchmal ließ ich ihn einige Briefe über den bekannten Segen oder anderes unter meinem Kissen oder in meiner Schublade oder in meinem Briefkästchen finden. Manchmal ließ ich ihm, bevor er ins Kloster kam, Briefe durch die Äbtissin zukommen. Die Gespräche über die Visionen und Prophezeiungen dauerten Stunden und wiederholten sich je nach meinen Voraussagen. Inmitten dieser Gespräche erteilte er mir den außerordentlichen Segen, von dem ich oben gesprochen habe und den ich ihm in den Briefen der Madonna erklärt hatte.

Den Segen erteilte er mir wie folgt: Er begann damit, seine Hände auf meinen Kopf zu legen, dann segnete er mich im Namen der Heiligen Dreifaltigkeit, der Madonna und auch im eigenen Namen als mein Beichtvater und Hüter. Dann fiel er auf die Knie und gab mir einen heftigen Kuss; dann streckte er seine rechte Hand aus und legte gleichzeitig sein Gesicht auf meine Brust an der Seite des Herzens; dann küsste er mich auf den Mund und auf das Gesicht und legte seinen Kopf wiederholt auf meinen Hals beziehungsweise unter mein Kinn; er blieb so liegen, während unsere Gesichter sich berührten und er meines mit seinen Händen stützte.

Diese Akte geschahen jedes Mal, wenn Pater Peters hereinkam, manchmal mehrmals an einem Tag, aber die Kreuzzeichen auf dem Hals, die ich jetzt beschreiben werde, hat er mir nur zweimal gemacht. Je nach dem Inhalt der Briefe hob er meine Guimpe» – das Brusttuch der Nonnentracht – «und machte mit der Zunge Kreuzzeichen auf meine Haut vom untersten Teil des Halses bis zum Kinn. Manchmal, je nach den Vorschriften meiner Briefe, hat er mir auch die Füße geküsst. Viele Male war es auch vorgeschrieben, dass er mir das Herz küssen musste, was er dann auch tat.

Manchmal, während ich vorspielte, von Visionen und Himmelsgesprächen übermannt zu sein, richtete ich mich ein wenig auf und bewegte mich auf dem Bett. Er umarmte mich vehement, und ich blieb auf seiner Brust einige Zeit liegen; manchmal küsste er mich. Was mich betrifft, war ich ein bisschen umsichtig und tat so, als ob ich mir dieser Akte nicht bewusst wäre, damit er an meiner vorgegebenen Reinheit und Heiligkeit nicht zweifeln würde.

Pater Peters blieb manchmal länger, manchmal kürzer, mal einige Stunden, einen halben Tag oder ganze Tage, zum Teil auch nachts und einmal eine ganze Nacht. Dieser Beistand von Pater Peters in meiner Zelle ... geschah vier- oder fünfmal im Monat und dauerte mehrere Jahre lang, weil es kurz, nachdem er begonnen hatte, mir aushilfsweise die Beichte abzunehmen, anfing und sich fortsetzte, als er zum Beichtvater des Klosters wurde.»

Die Aussagen zur Häufigkeit des Besuchs korrigierte Maria Luisa später: «Es ist leider wahr, dass ich Pater Peters in die Klausur hereinkommen ließ; nach dem Mittagessen bis zur Stunde des Ave Maria und auch später blieben wir an einem zurückgezogenen Ort. Selten gab es einen Tag, an dem es nicht geschah ... Zwei- bis dreimal, als die genannten Akte zwischen mir und Pater Peters in der Zelle, während ich im Bett lag, geschahen, zog Pater Peters, um mir das Herz zu küssen, die Decke herunter und küsste das Oberteil des Habits. Er wiederholte die Küsse mehrmals und hielt sein Gesicht lang auf meinem Herzen. Die ganze Zeit, die wir zusammenblieben, war also ein kontinuierliches Aufeinanderfolgen von Küssen und Umarmungen und anderen Akten, wie oben gesagt; daher kann ich nicht sagen, wie lang es jedes Mal gedauert hat. Ich kann nur sagen, dass ich auf dem Bett auf der Seite und ihm gegenüber lag; da das Bett sehr niedrig war, konnte er die genannten Akte bequem wiederholen und sein Gesicht auf meines gelegt halten.

Während dieser Handlungen sprach er folgende Ausdrücke wiederholt aus: ‹Meine Tochter, meine liebe Tochter, Erstgeborene, Bevorzugte, mein Wohlgefallen, meine Wonne, mein Schatz.›

Wenn er mein Herz küsste, sagte er: ‹Reines Herz, heiliges Herz, unbeflecktes Herz, mein Schatz und Ähnliches.›»

Diese Akte standen stets im Kontext des väterlichen Beistands in der Beichte. Nach den Aussagen Maria Luisas hatte sich Pater Peters auch bei ihr des schweren Deliktes der Sollicitatio schuldig gemacht. Sallua notierte das Fehlverhalten des Beichtvaters «in Bezug auf jene Akte, die, wie es so schön heißt, unter vier Augen zwischen Beichtvater und Büßerin stattgefunden haben», ganz genau.[51]

Für Maria Luisa stand, wie sie darlegte, dagegen der Empfang des außerordentlichen Segens im Vordergrund. «Einmal ließ ich mich während dieser Vertraulichkeiten sehr entflammt von der Liebe Gottes sehen. Pater Peters hielt mich umarmt; ich lag auf seiner Brust; plötzlich führte er seine Hand unter mein Skapulier und dann in den Schlitz des Habits, schob das Kruzifix zur Seite und fing an, mit seiner Hand auf meiner Brust vor allem an der Seite des Herzens zu reiben, und zwar eine sehr lange Zeit. Inzwischen verdoppelte er seine Küsse, sein Streicheln, seine Ausdrücke. Viele andere Male während der genannten Vertraulichkeiten berührte er mit seinen Händen mein Herz und zog das Kruzifix zur Seite. Einmal führte er seine Zunge in meinen Mund, und ich bemühte mich, sie mit meiner zusammenzukneifen. Ich hielt meinen Kopf fast immer auf der Brust des Jesuitenpaters, aber dabei spielte ich fast immer vor, von Sinnen zu sein oder mit dem Herrn beziehungsweise mit der Madonna zu sprechen.» Pater Peters habe sie mit großer «Brunst» geküsst, umarmt und «mit großer Vehemenz» seine Zunge in ihren Mund eingeführt. «Danach erzählte er mir davon mit Begeisterung und sagte, dass er in jener Nacht an mir eine Schönheit wie die der Madonna gesehen hatte.»

Die von Maria Luisa mehrfach verwendeten Begriffe «Brunst» und «Vehemenz» sollten unterstreichen, dass der Jesuit im Gegensatz zu ihr sexuell äußerst erregt war. Sie habe versucht, ihn erfahren zu lassen, dass die außerordentlichen Segnungen, die er ihr, der Lieblingstochter der Gottesmutter, spenden durfte, etwas völlig anderes seien als sein Verhältnis zu Alessandra. Dort Schmutz, hier Reinheit; dort Lust, hier Segen; dort Begierde, hier Glauben. «Eigentlich habe ich nie gedacht, durch diese Handlungen zu sündigen; das erkläre ich mit voller Sicherheit. Mit solchen Akten, zu denen ich Pater Peters durch Briefe im Namen der Madonna einlud, wollte ich ihm einen Gefallen tun und ihn gleichzeitig das Übel, das er mit Alessandra … begangen hatte, erkennen lassen. Ich schrieb in den Briefen, dass er diese Handlungen auf Befehl Gottes und als dessen Minister durchführe und deshalb keine Sünde wie die, die er mit Alessandra begangen hatte, begehe. Besser noch: Durch mein anderes Verhalten konnte ich ihn der Güte dieser Akte versichern; durch sie, wie ich ihm wiederholt sagte, konnte er vieles wiedergutmachen und Gnade, Verdienste in hohem Grad und Glorie per Kommunikation erhalten, und das hauptsächlich bei den Begebenheiten, bei denen er mir seine Zunge in den Mund einführte. All diese Dinge habe ich in den Briefen der Madonna, des Herrn und des Schutzengels an Pater Peters sehr oft wiederholt. Dadurch wollte ich ihn von meiner Heiligkeit überzeugen. Ohne Gewissensbisse habe ich dieses System bis zum Letzten fortgesetzt.»

Die Untersuchungsrichter nahmen der Angeklagten die Unterscheidung zwischen Segen und Sex nicht ab. Immer wieder kamen sie deshalb in den Verhören auf dieses Thema zurück. Maria Luisa blieb jedoch bei ihrer Aussage: Der Pater habe zwar mehr gewollt, sie hingegen habe unter anderem ihr Skapulier zusammengenäht, damit er sie nicht mehr mit seinen Händen an der Brust berühren konnte. Er

aber «trennte es, so schien es mir, mithilfe der Zähne auf und führte seine Hand zu meiner Brust und berührte mich dort einige Zeit».⁵²
Sallua möge ihr um der Liebe Christi willen endlich glauben, so schrieb sie am 28. Juli 1860, dass zwischen ihr und dem Jesuiten nie etwas Derartiges geschehen sei wie zwischen Peters und der Alessandra.⁵³ Vor allem, als seine Hände von der Brust «weiter nach unten» gewandert seien, habe sie ihre Ekstase aufgegeben und sei sofort aufgewacht. Auch am 14. August 1860 wiederholte sie das, diesmal wieder schriftlich:⁵⁴ Der Jesuit habe sie weder am Busen «mit der Hand noch auf eine andere Art berührt»; auch keinen anderen «schamlosen Teil des Körpers». Es sei auch zu keinem «schamloseren Akt» als zu den bereits genannten gekommen.

Am 18. September 1860 gab Maria Luisa schließlich zu, dass sie eine leidenschaftliche Beziehung mit Pater Peters hatte.⁵⁵ Sie selbst hatte sich gewünscht, dass der Jesuit mit ihr all die beschriebenen Akte vollzog. Sie war einfach in ihn verliebt.

«Meine einzige Verteidigung ist Jesus Christus»

Die Vergiftung Katharinas gestand Maria Luisa ebenfalls erst vollständig, nachdem die Vernehmungsrichter sie fast einen Monat verhört sowie mit den Beweisen und den einschlägigen Zeugenaussagen konfrontiert hatten.⁵⁶ Am 3. Juli 1860 erzählte Maria Luisa dem Gericht ihre Version der Giftanschläge:

«Um auf die schwere Frage angemessen antworten zu können, muss ich einiges vorausschicken. Die verstorbene Schwester Maria Saveria prahlte mit vielen Visionen und Offenbarungen der Mutter Gründerin ... und behauptete, die Prinzessin sei mir und Pater Peters feindselig gesinnt; ... sie ... befahl mir ..., die Prinzessin ... aus der Welt zu schaffen.» Maria Saveria erteilte ihr den Auftrag, «zwölf Körner Opium mit einem Medikament, etwa Kassia oder Tamarinde», zu mischen. Später gab sie ihr «mehrmals einige Tütchen mit sehr fein gestoßenem Glas» und sagte, sie solle es «in die Suppe der Prinzessin geben, damit ihr schlecht wird». Maria Luisa gestand, einige von diesen Tütchen behalten und «zwei- bis dreimal in der Woche dieses

Glaspulver in die Suppe der Prinzessin getan» zu haben. Ein «Tütchen mit einem gewissen weißen Pulver», das sie der Prinzessin verabreichen sollte, warf sie dagegen weg.

Indem Maria Luisa vorgab, die Initiative sei von der verstorbenen Maria Saveria ausgegangen, versuchte sie, einen Teil der Verantwortung für die Giftanschläge von sich wegzuschieben. Eine Verstorbene konnte Sallua schließlich weder befragen noch bestrafen. Die Aussage ließ ihn aber aufhorchen, hatte Maria Luisa doch erstmals ein konkretes Motiv für den Mord angesprochen, auch wenn sie es einer verstorbenen Mitschwester in den Mund gelegt hatte: Die Fürstin wolle Maria Luisa und Pater Peters schaden und letztlich das ganze Kloster ruinieren. Damit dürfte vor allem das Verhältnis der beiden gemeint sein, das einen Skandal ausgelöst hätte, wäre es außerhalb der Mauern von Sant'Ambrogio bekannt geworden.

Maria Luisa war es bei den Giftanschlägen auf das Leben der Fürstin, wie sie mehrfach hervorhob, aber nicht um sich gegangen, sondern nur darum, ihren Beichtvater zu schützen: «Ich beschloss, Pater Peters von seinen Ängsten zu befreien, weil er mir sagte, dass die Prinzessin ihn, mich und die ganze Gemeinschaft ruinieren würde, wenn sie das Kloster verlassen würde. Ich dachte, es sei nun notwendig, das in die Tat umzusetzen, was Schwester Maria Saveria mir empfohlen hatte. Ich ging zur Apotheke des Klosters und erkundigte mich nach einigen Medikamenten.»

Doch Katharina starb trotz der Verabreichung der Gifte nicht, und es wurde immer unwahrscheinlicher, dass sich Maria Luisas im Kloster breit kommunizierte Prophezeiung vom sicheren Tod der Fürstin vor Weihnachten fristgerecht erfüllen würde. Jetzt entschloss Maria Luisa sich notgedrungen, das Überleben Katharinas als Frucht ihrer Fürbitte bei Gott auszugeben. Noch einmal machte sie deutlich, dass Pater Peters der eigentliche Nutznießer des Ablebens der Prinzessin gewesen wäre.

Die Untersuchungsrichter blieben, was den Wahrheitsgehalt dieser Aussagen anging, skeptisch. Zu oft hatte Maria Luisa vor Gericht schon gelogen oder nur die halbe Wahrheit gesagt. Und die Aussage, der jesuitische Beichtvater sei der eigentliche Anstifter gewesen und hätte vom Tod Katharinas am meisten profitiert, stellte eine massive

Anklage dar, mit der das Tribunal Pater Peters auf möglichst sicherer Grundlage konfrontieren wollte, wenn er als Angeklagter verhört würde. Auch auf bohrende Nachfragen des Gerichts blieb Maria Luisa zunächst jedoch bei ihrer Aussage und sagte: «Ich bestätige alles, was ich im vorherigen Verhör gesagt habe.»

Am 6. Juli knickte die Angeklagte schließlich ein und legte ein umfassendes Geständnis ab. Für die Inquisitoren stand damit definitiv fest, dass sie mehrfach versucht hatte, Fürstin Katharina von Hohenzollern durch verschiedene Giftsorten zu ermorden: Brechweinstein, zerstoßenes Glas mit und ohne Spongia, Alaun, Opium, ungelöschter Kalk und Lacköl kamen nachweislich zum Einsatz. Terpentin und Belladonna (Tollkirsche) wurden besorgt, aber nicht eingesetzt. Der Vergiftungsversuch mit dem braunen Opiumpulver konnte nur deshalb nicht mehr durchgeführt werden, weil die Ärzte der Fürstin keine Kassia mehr verschrieben, unter die man das Rauschgift leicht hätte mischen können. Als sie selbst als Mörderin in Verdacht geriet, schob Maria Luisa die Schuld auf den Teufel, der ihre Gestalt angenommen habe.

Sie berichtete ebenfalls, wie sich ihre Komplizin Maria Ignazia immer mehr von ihr zurückzog: «Maria Ignazia war von der ganzen Sache verstört und sagte mir, ich solle aufpassen, denn es bestehe die Gefahr, vor dem Heiligen Offizium zu landen, weil wer andere umbringe, werde selbst mit dem Tod bestraft.» Endlich hatte Sallua auch den Beleg dafür, dass Maria Luisa die ihr unterstellte Schwester durch religiöse Gehorsamspflicht zur Mittäterschaft gezwungen hatte.

Auch die erneuten Anschläge auf das Leben Katharinas im Sommer 1859 gestand Maria Luisa. Sie habe «der Prinzessin während der letzten Tage ihres Klosteraufenthaltes weitere Gifte in der Schokolade und auf andere Weise verabreicht, freilich nicht in der Absicht, ihren Tod herbeizuführen, sondern um so ihr Unwohlsein zu steigern und sie dadurch zu zwingen, in ihrer Zelle bleiben zu müssen und das Kloster nicht verlassen zu können». Davor habe sie große Angst gehabt, weil eben Pater Peters ihr gegenüber mehrfach gesagt hatte: «Wenn die geht und von unseren Sachen, dem außerordentlichen Segen, der Gründerin und so weiter erzählt, dann wird sie zu Eurem und meinem Verhängnis, ja dem der ganzen Gemeinschaft.»

Ein drittes Mal kam sie auf die Verwicklung ihres Beichtvaters in die Giftanschläge zurück: «Die Ausführung der Vergiftung ist ausschließlich meine Schuld; aber die Ursache und die Entscheidung dazu entspringen den großen Ängsten, die Pater Peters mir gegenüber äußerte. Aufgrund dessen, was ich ihm im Allgemeinen gesagt hatte und er von anderen Nonnen erfahren hatte, waren ihm einige Fakten im Zusammenhang mit der Vergiftung der Prinzessin mit Sicherheit bekannt.» Mit diesem Satz belastete Maria Luisa Pater Peters schwer. Er hatte am meisten zu befürchten, wenn Katharina Sant'Ambrogio verlassen und reden sollte, er war der eigentliche Spiritus Rector der ganzen Vergiftungsaktion.

Dies bekräftigte sie anschließend ein viertes Mal: «Wahr ist auch, was Sie über Pater Peters vorgelesen haben; da ich geschworen habe, die Wahrheit zu sagen, müssen Sie wissen, dass Pater Peters in seinen Antwortbriefen an mich sagte, dass ich absolut zu dem Herrn beten musste, damit er die Prinzessin augenblicklich (er schrieb wirklich so) aus der Welt schaffen müsse, um uns alle vor dem bevorstehenden Ruin zu retten.

Als ich weinte, weil ich die Prinzessin im Sterben sah, schalt er mich und sagte: ‹Sie sind verrückt; man hat so sehr gebetet, damit sie stirbt; das ist eine Gnade.›

Es ist die Wahrheit und nichts als die Wahrheit, dass er, nachdem er sich so ausgedrückt hatte, Bedauern zeigte, weil sie noch nicht tot war.

Nachdem die Prinzessin das Kloster verlassen hatte, sagte er, er sehe sich immer vor, wenn er ins Kloster gehe. Wäre die Prinzessin sofort nach Österreich gegangen, gäbe es nichts zu fürchten, aber die Tatsache, dass sie nach Tivoli und dann nach Rom gegangen war, machte ihn argwöhnisch, dass dem Kloster etwas passieren könnte.»

Erst ganz am Schluss war Maria Luisa auch bereit, den eigentlichen Auslöser der ganzen Affäre zuzugeben. «Es ist wahr, dass ich von dem genannten Pietro Americano den Brief auf Deutsch bekommen habe, dass ich ihn der Prinzessin brachte, damit sie ihn mir vorlesen konnte. Die Prinzessin war von der Lektüre betrübt und sagte mir, darin seien schlechte Sachen geschrieben und ich solle ihn wegwerfen. Ich nahm und versiegelte den Brief und gab ihn dem Pater, damit ihm nicht der Verdacht kam, dass ich ihn der Prinzessin zum Lesen gegeben hatte. Als die Prinzessin Pater Peters davon erzählte, behauptete ich, es sei der Teufel in meiner Gestalt gewesen. Pater Peters hatte mir eine äußerst strenge Schweigepflicht über diesen Pietro auferlegt. Um nicht ertappt zu werden, dass ich mit der Prinzessin darüber gesprochen hatte, was ich tatsächlich getan habe, erfand ich die Geschichte mit dem Teufel.»

Schließlich bat Maria Luisa das Gericht ausdrücklich, Katharina von Hohenzollern und ihren Cousin Erzbischof Hohenlohe von ihrem Geständnis und ihrer Reue zu informieren. «Ich möchte die beiden um Vergebung bitten.» Als Kommentar fügte der Notar an dieser Stelle ein: *«Dabei hat sie geweint.»* Sie bat auch um Vergebung dafür, dass sie die Novizin Maria Ignazia zu ihrer Komplizin gemacht hatte. Kommentar des Notars: *«Dabei weinte und schluchzte sie noch heftiger.»*

Am Ende dieses Verhörs wurde die Angeklagte noch intensiv nach den Einzelheiten der Anschläge auf das Leben anderer Nonnen befragt. «Ich bin an vielen Morden schuldig, ich habe solche Untaten viele Male begangen.» Sie gestand, dass sie aus Angst, Maria Giacinta könnte der Fürstin von den ihr «verabreichten Giften» und den mit ihr begangenen Schandtaten erzählen, versucht habe, auch deren Tod durch die drastische Erhöhung der Dosis eines sehr starken Medikamentes herbeizuführen. Maria Luisa gestand ferner, verhindert zu haben, dass man rechtzeitig einen Arzt für die kranke Schwester Maria Costanza rief. Auch den Mord an Schwester Maria Agostina, den sie aus Eifersucht auf deren Visionen und Ekstasen begangen habe, gab Maria Luisa zu. Sie bestätigte ebenfalls «hinsichtlich aller Tatumstände», dass sie, wie es ihr das Gericht aus den Akten vorhielt, eine tiefe Abneigung gegen Maria Agostina entwickelt hatte, die junge Nonne systematisch gedemütigt und verfolgt und sie schließlich psychisch und physisch vernichtet hatte.

Als Gift griff sie im Fall Maria Agostinas auf das Elixier Le Roi zurück. Was sich dahinter verbarg, lässt sich nicht mehr ganz genau sagen. Die Interpretationen reichen von einem hochprozentigen, Elixier genannten Klosterlikör aus der Chartreuse bis zu einem Geheimmittel mit allerlei unbekannten Inhaltsstoffen. Die Kranke habe zu Maria Luisa gesagt, es sei «wie ein Blitzschlag gewesen, der sie vom Kopf bis zu den Füßen in Brand gesetzt» habe. Diese Reaktion könnte bei einer ohnehin geschwächten Person auf den hochprozentigen Alkohol und die ätherischen Öle, die im Elixier Le Roi auf jeden Fall enthalten waren, zurückzuführen sein.

Damit hatte die Inquisition durch ein Geständnis alle Anklagepunkte bewiesen. Eine erneute Vernehmung der Zeugen in ihrer Anwesenheit verlangte Maria Luisa nicht. Deshalb nahm sie auch die Frist nicht in Anspruch, die ihr von Rechts wegen zustand, um eine schriftliche Gegendarstellung abzugeben, und verzichtete ausdrücklich auf einen eigenen Verteidiger, obwohl sie mit drakonischen Strafen rechnen musste. Daraufhin wurde die Verteidigung dem Pflichtanwalt der Angeklagten beim Heiligen Offizium, Giuseppe Ciprani,[57] übertragen, der das *Ristretto* durchsah und abzeichnete.

Maria Luisas Schlusswort lautete: «Von Abscheu vor meinen Delikten durchdrungen, erkenne ich alle von den Päpsten über mich zu verhängenden Strafen als verdient an. Daher bitte ich darum, dass sie ohne Herabsetzung angewendet werden, denn ich suche nur noch nach Vergebung und Seelenheil ... Meine einzige Verteidigung ist Jesus Christus.»

SIEBTES KAPITEL

«Jener gute Pater hat das Werk Gottes verdorben»

Die Verhöre von Beichtvater und Äbtissin

Giuseppe Leziroli: ein Beichtvater vor Gericht

Zwei Personen trugen rein kirchenrechtlich gesehen die Verantwortung für alles, was in Sant'Ambrogio geschah: die Äbtissin und der Geistliche Direktor. Die Nonnen waren beiden gegenüber zu absolutem Gehorsam verpflichtet. Ihren Weisungen hatten sie so zu folgen, als ob diese von Jesus Christus selber stammten. Dies galt insbesondere für den Spiritual, der als geweihter Priester in Ausübung seines Amtes in *persona Christi* handelte. Während die Oberin für die Einhaltung der Disziplin und die genaue Befolgung der Regel zuständig war, zeichnete der Beichtvater für den Bereich des Glaubens und der Seelsorge verantwortlich. Dabei war eine klare Trennung der beiden Sphären verbindlich vorgeschrieben. Insbesondere mussten sich die Schwestern darauf verlassen können, dass Bekenntnisse im Beichtstuhl geheim blieben und nicht zur Äbtissin oder ihrer Vikarin weitergetragen wurden. Doch schon gegen diese kirchliche Grundnorm war massiv verstoßen worden. Darüber hinaus waren im Rahmen des Informativprozesses weitere heftige Vorwürfe gegen die Äbtissin Maria Veronica und gegen den Hauptbeichtvater und Spiritual Giuseppe Leziroli aufgetaucht. Deshalb stellte die Inquisition beide am 27. Februar 1861 unter Anklage.[1]

Leziroli, am 19. März 1795 in Rimini geboren, trat 1817 in das Noviziat der Gesellschaft Jesu ein, das er in Reggio Emilia absolvierte.[2] Nach der Priesterweihe im Februar 1822 war er zwei Jahre in Terni, drei in Fano und ein weiteres Jahr in Tivoli tätig. 1831 wurde er von seinen Oberen nach Rom beordert. Hier war er zunächst als Spiritual im Collegio Romano und im dortigen Konvikt eingesetzt. Seit 1839 amtierte er als fester Beichtvater und Geistlicher Direktor von Sant'Ambrogio. Bei dieser Aufgabe wurde er stets von einem zweiten Jesuitenpater unterstützt. Von 1856 bis November 1859 stand ihm Pater Giuseppe Peters bei.

Die Verhöre von Leziroli zogen sich etwa vier Monate hin und dauerten vom 16. März bis zum 19. Juli 1861.[3] Wie alle Angeklagten vor dem Heiligen Tribunal erhielt auch er die Gelegenheit, sich zunächst spontan zur Sache zu äußern. Seine Verteidigungsstrategie war sehr einfach: «Was ich über mich sagen kann, ist, dass ich gut begonnen habe, aber am Ende betrogen worden bin.» Dieser Betrug hänge mit einer Nonne zusammen, die er «geistlich begleitete» und bei der er merkte, «dass sie über Gaben und außerordentliche Dinge verfügte». Er habe Kardinalvikar Patrizi umgehend darüber informiert, und dieser habe ihm geraten, vorsichtig zu sein. Der Kardinalvikar scheint sich aber nicht weiter um die Angelegenheit gekümmert zu haben. Jedenfalls erwähnte Leziroli keine derartigen Interventionen Patrizis.

Leziroli habe, wie Sallua vermerkte, dieser Nonne auferlegt, sie solle, falls sie wieder einmal von einer Erscheinung heimgesucht werde, zur Abwehr folgende Formel sprechen: «*Durch das Zeichen des Kreuzes befreie uns von unseren Feinden, unser Gott.*» Nach fünf Monaten sei dieser Schwester der heilige Stanislaus[4] erschienen und habe sie zu dem Ort geführt, an dem ihr die verstorbene Äbtissin Maria Maddalena regelmäßig zu erscheinen pflegte. «Als sie mit dem heiligen Stanislaus an diesem Ort ankam, erschien ihr Maria Maddalena mit einem Kreuz in der Hand und befahl ihr, dieses durch die Worte *Adoramus te Christe* zu verehren.» Als sie das Kreuz gemeinsam verehrten, habe sie die von ihm vorgeschriebene Formel gesprochen. Daher habe er geglaubt, «es könne kein Werk des Teufels sein, sondern es müsse ein Werk Gottes sein». Er habe deshalb auch bei all ihren späteren Erscheinungen «immer an das geglaubt, was sie ihm sagte, und niemals an ihrer Ehrlichkeit gezweifelt».

Diese Nonne war keine andere als Maria Luisa. Weil zwei oder drei Nonnen Leziroli gegenüber behauptet hatten, Maria Luisa «mit mürrischem Gesicht» an einem bestimmten Ort gesehen zu haben, obwohl sie sich tatsächlich «gut gelaunt» an einem anderen Ort befand, habe man davon ausgehen müssen, dass der Teufel ihre Gestalt angenommen hatte. «Die Gesamtheit all dieser Umstände hat bewirkt, dass ich mich betrügen ließ. Nichts weiter.»

Der Beichtvater erschien in dieser Aussage für einen gebildeten Jesuiten sehr leichtgläubig, geradezu naiv. Auf kritische Rückfragen hin, wie und wann ihm denn klar geworden sei, dass er betrogen worden war, gab der Pater zu Protokoll: Erst zwei bis drei Wochen nach der Entbindung von seinen Aufgaben in Sant'Ambrogio im Dezember 1860 habe er von seinem Ordensbruder Peters erfahren, dass Maria Luisa auf Vermittlung des Anwalts Franceschetti «gewisse Ringe hatte bearbeiten lassen, die sie an ihrem Finger als im Himmel erhaltenes Geschenk erscheinen ließ». Damit waren die Ringe der himmlischen Hochzeit mit Christus als höchst irdisches Machwerk entlarvt. «Daraus schloss ich, dass auch alle anderen Sachen ein Betrug sein mussten.» Deshalb verbrannte er umgehend alle Papiere über die Heiligkeit Maria Luisas. Sein Manuskript über das Leben der Mutter Gründerin bewahrte er jedoch auf, weil er von deren Heiligkeit nach wie vor absolut überzeugt war.

Der Apostel der heiligen Agnese Firrao

Nun wandte sich das Verhör dem im Fall Lezirolis entscheidenden Anklagepunkt zu: der Förderung des Kults der als falsche Heilige verurteilten Agnese Firrao.[5] Hier ging es vor allem um das Werk *Sulle memorie della vita di Suor Maria Agnese di Gesù*, das Leziroli in jahrelanger Arbeit verfasst hatte. Dieses Manuskript, das ein Heiligenleben der Firrao entwarf, hatte der Jesuitengeneral Petrus Beckx der Inquisition zusammen mit dem von der Jungfrau Maria an ihn gerichteten Brief übergeben.[6]

Zur Vorbereitung des Verhörs Lezirolis wurde der Karmeliter Girolamo Priori am 24. April 1861 mit einem Gutachten über das Werk beauftragt.[7] Dieser war seit 1852 als Konsultor des Heiligen Offiziums tätig und amtierte seit 1856 zugleich als Generalprior seines

Ordens in Rom.[8] Prioris Urteil fiel vernichtend aus: Diese «verlogene Lebensbeschreibung» der falschen Heiligen Maria Agnese müsse unbedingt verbrannt werden. Neben den zahlreichen «Gnaden, Privilegien und Ekstasen» habe der Jesuit vor allem den heroischen Tugendgrad der Firrao auf eine Weise herausgearbeitet, wie es sonst nur in einer Propositio der Kongregation für die Selig- und Heiligsprechung üblich war. Leziroli habe mit seinem Werk demnach entweder eine Beatifikation der von ihm selbst schon lange als Selige verehrten Maria Agnese durch den Papst vorbereiten oder diese allein durch seine *Memorie* ohne kirchlichen Segen vornehmen wollen, was eine ungeheure Anmaßung darstellte.

In dieser falschen Heiligenvita beschrieb Leziroli die mystische Hochzeit Agnese Firraos mit Christus im Himmel besonders ausführlich. Nach dem Vorbild der großen Mystikerinnen des Mittelalters sollte so eine neue Mystikerin des 19. Jahrhunderts legitimiert werden. Die mystische Vereinigung mit Christus diente dabei als eindeutiger Beleg für Heiligkeit, obwohl diese schon bei der kirchlichen Anerkennung der «klassischen» Mystikerinnen äußerst umstritten gewesen war. Besondere Aufmerksamkeit widmete der Karmeliter in seinem Gutachten der «mehrfachen Kompromittierung» des zeitweiligen jesuitischen Beichtvaters Agnese Firraos, Giuseppe Pignatelli. Diesen habe Leziroli in seinen *Memorie* als überzeugten Anhänger der wahren Heiligkeit Agnese Firraos geschildert. Dadurch sah Priori das Seligsprechungsverfahren Pignatellis, das in Rom gerade eröffnet worden war, ernsthaft in Gefahr. Wenn der Jesuit Pignatelli tatsächlich ein Förderer der falschen Heiligen gewesen sein sollte, dann konnte er selbst kein Heiliger sein. Tatsächlich sollte Pignatelli 1933 selig- und 1954 heiliggesprochen werden. Das Machwerk Lezirolis musste nach Prioris Ansicht umgehend aus dem Verkehr gezogen werden, auch wenn er – wie für einen Gutachter des Heiligen Offiziums üblich – die Entscheidung über die endgültige Damnatio natürlich der Weisheit der Kardinäle der Kongregation überließ.

Mit diesem eindeutigen Gutachten in der Hinterhand konfrontierte Sallua Leziroli mit der Frage, zu welchem Zweck er das Lebensbild der Firrao überhaupt verfasst habe. Der Pater antwortete, die

Mutter Gründerin sei eine «Nonne voller Tugenden» und von «außerordentlichen Gaben» gewesen, die nicht in Vergessenheit geraten dürfe. Sein Werk sei aber zunächst nur für den klosterinternen Gebrauch bestimmt gewesen. Durch seine *Memorie* habe er den Nonnen von Sant'Ambrogio Maria Agnese als leuchtendes Vorbild vor Augen stellen wollen. Zwar sei ihm und den Schwestern bekannt gewesen, dass Pius VII. sie wegen angemaßter Heiligkeit verurteilt hatte, man sei aber davon ausgegangen, dass das Urteil nur zustande gekommen war, weil ausgemachte Feinde die Reform des Dritten Ordens des heiligen Franziskus verleumdet hatten. Auch der Papst selbst sei, wie ihm Schwester Maria Caterina erzählt habe, auf diese Verleumder hereingefallen. Leziroli behauptete weiter, er habe, aus den Memoiren der Firrao und den Erzählungen ihrer ersten Gefährtinnen schöpfend, den Nonnen lediglich auf schriftliche Weise die «außerordentlichen Dinge der Gründerin offenbart», die ihnen mündlich ohnehin lange bekannt gewesen seien.

Den fortdauernden Kontakt zwischen der Mutter Gründerin im Exil in Gubbio und ihren Töchtern in Rom rechtfertigte der Jesuit mit einer angeblichen Erlaubnis Leos XII., über die auch Kardinal Giuseppe Pecci,[9] von 1841 bis 1855 Bischof von Gubbio, im Bild gewesen sei. Leziroli bezog sich hier wahrscheinlich auf das Breve des Papstes von 1829, in dem dieser die Nonnen von Sant'Ambrogio von allen Zensuren und kirchlichen Verurteilungen befreit hatte. Auch wenn im Text selbst nicht ausdrücklich von der Mutter Gründerin die Rede war, wurden die Aussagen Leos XII. im Kloster offenbar so interpretiert. Aber im Falle einer Erlaubnis des Kontakts hätte auch das Exil Agnese Firraos aufgehoben werden müssen, was nachweislich nicht geschah.

Leziroli ordnete sich eindeutig in die lange Tradition der fortdauernden Missachtung des Dekrets der Inquisition von 1816 ein, ohne jedoch dessen Gültigkeit grundsätzlich infrage zu stellen. Für ihn war Agnese Firrao eine echte Heilige – das ist der Cantus firmus seiner Aussagen. Die Untersuchungsrichter hielten auch fest, dass Leziroli behauptete, am eigenen Leib ein Heilungswunder erfahren zu haben. Dass seine Heilung auf die Fürsprache der heiligen Maria Agnese erfolgt sei, habe er durch einen Zettel erfahren, den Maria Luisa ihm geschrieben habe.

Hartnäckig verteidigte Leziroli vor dem Tribunal die von ihm verfasste Lebensbeschreibung. Ihr eigentlicher Zweck sei gewesen, der Nachwelt die wichtigsten Informationen zum Leben und Wirken von Maria Agnese zu hinterlassen, «für den Fall, dass der Herr bestimmen sollte, ihre Unschuld aufklären zu müssen». Er hielt den Inhalt aller alten Quellen, also der Selbstzeugnisse der Firrao sowie der Aussagen ihrer Gefährtinnen, nach wie vor für wahr, gab aber zu, «dass aus dem Leben von Schwester Maria Agnese di Gesù all das als Illusion entfernt werden muss, was sich auf die Erscheinungen und Gnaden nach ihrem Tod bezieht». Denn «all das» habe er in seiner «Verblendung» von Maria Luisa, der falschen Heiligen, erfahren.

Und tatsächlich fehlten diese Seiten in den *Memorie*, die das Gericht ihm vorlegte und die er als sein Werk identifizierte. Die inkriminierten Seiten seien, gab Leziroli zu Protokoll, von Pater Peters herausgeschnitten worden, nachdem man von dem Betrug Maria Luisas erfahren hatte.

Als Sallua in den Verhören auf die praktischen Formen der Verehrung der Firrao in Sant'Ambrogio zu sprechen kam, räumte der Beichtvater ein, die Nonnen hätten sie insbesondere nach deren Tod «*Beata, Santa Madre*», «Selige, Heilige Mutter», genannt. Er selbst habe sie nur privat als «*Beata*» bezeichnet. Öffentlich und vor allem in der Liturgie habe er sie lediglich als «frömmste, tugendhafte und gebenedeite Mutter» und mit Bedacht niemals «Selige, Heilige oder Verehrungswürdige» genannt. In weiteren Verhören musste Leziroli dann aber doch zugeben, dass auch er die Gründerin nach ihrem Tod coram publico als «*Beata*» bezeichnet hatte. Wie er dem Gericht erklärte, meinte er damit, Maria Agnese befinde sich bereits im Besitz der himmlischen Herrlichkeit. Bei der Segnung der Kranken fügte er deshalb bei der Fürbitte der Heiligen in die einschlägige liturgische Formel auch die Formulierung «auf die Fürbitte deiner Dienerin Agnes» ein. Er riet den Nonnen überdies: «Vertraut Euch Eurer heiligen Mutter an!»

Leziroli musste auch zugeben, auf Bitten der Nonnen die Gebete zum heiligen Joseph, zur Gottesmutter Maria und anderen Heiligen entsprechend «bearbeitet» und um eine Fürbitte für die Rückkehr der Mutter Gründerin aus ihrem Exil erweitert zu haben. Nach ihrem

Tod habe er in die Allerheiligenlitanei den Namen Maria Agneses als «Himmelsselige» eingefügt, als ob diese im Himmel bereits verherrlicht wäre. Damit hatte er sich aus der Sicht der Inquisition Kompetenzen angemaßt, die allein dem Papst und den zuständigen römischen Kongregationen zustanden: die Veränderung liturgischer Texte und vor allem die Erhebung Verstorbener zur Ehre der Altäre.

Von der Echtheit der Visionen Agnese Firraos war Leziroli felsenfest überzeugt. Als diese ihm aus Gubbio schrieb, sie habe gesehen, wie die verstorbene Äbtissin Maria Maddalena «in den Himmel kam», sprach er mit Kardinal Pecci über diese Vision, worauf dieser ihm antwortete: «*Man erkennt einen erhabenen Geist, aber letztendlich weiß das nur Gott.*» Der Jesuit war sich sicher, «dass der Herr, weil er seine Versprechen hält, seine Dienerin eines Tages glorifizieren würde». Agnese Firrao war und blieb für ihn eine Heilige, Urteil der Inquisition hin oder her. Deshalb ließ er Berührungsreliquien der verstorbenen Mutter Gründerin in Sant'Ambrogio verehren und setzte sich auch für die Umbettung ihres Leichnams von Gubbio nach Sant'Ambrogio ein. Der dortige Beichtvater der Firrao habe ihm geschrieben, ihre Leiche sei auch zehn Tage nach dem Tod noch völlig unversehrt gewesen. Ziel war die Schaffung eines Heiligengrabes als Ort der Verehrung innerhalb der Mauern von Sant'Ambrogio.[10]

Sallua schrieb: «Dem Angeklagten wurden viele übereinstimmende Zeugenaussagen vorgehalten, aus denen sich ergibt, dass er die Verehrung und den Kult der Gründerin aufgrund seiner Überzeugung im Hinblick auf deren Heiligkeit auf verschiedene Weise gefördert hat.» Leziroli konnte den erdrückenden Beweisen nicht widersprechen und musste zugeben: «In Ordnung, alles, was Sie mir vorgelesen haben, stimmt.»

Er versuchte deshalb, sein Verhalten ausschließlich auf eine Täuschung durch Maria Luisa zurückzuführen. Das Tribunal sah die Sache umgekehrt: Maria Luisa hatte bei dem Jesuiten offene Türen eingerannt, als sie ihm von Visionen und anderen übernatürlichen Phänomenen im Zusammenhang mit der verstorbenen Mutter Gründerin berichtete. Das passte gut in sein schon vorher entworfenes Heiligenbild der Maria Agnese. Nur zu gerne war er bereit, mit Maria

Luisas Hilfe weitere Edelsteine in die Krone der Heiligkeit Maria Agneses einzufügen. Nicht von Agnese Firrao, die er anderthalb Jahrzehnte geistlich begleitet hatte, sondern von Maria Luisa fühlte Leziroli sich denn auch getäuscht. Sie, die ihm eigentlich Gehorsam schuldete, manipulierte ihn durch den gezielten Einsatz ihrer angeblich himmlischen Kräfte. Leziroli brachte in seinen Verhören die Kommunikations- und Herrschaftsstrategie der schönen jungen Vikarin treffend auf den Punkt und zeigte sich in der Retrospektive enttäuscht und entsetzt darüber, dass er dieser Täuschung aufgesessen war. Ihm dürfte dabei aber nicht bewusst gewesen sein, dass Maria Luisa genau den Erwartungen oder Projektionen entsprach, die er wie zahlreiche andere Kirchenmänner im 19. Jahrhundert an begnadete Frauen herantrug und die diese entsprechend bedienten.[11]

Der Beichtvater und die heilige Maria Luisa

Im nächsten Anklagepunkt ging es um die fingierte Heiligkeit von Maria Luisa.[12] Die Untersuchungsrichter wollten von Leziroli wissen, wie es kommen konnte, dass Maria Luisa im Kloster eine derartige Position einnahm. Der Angeklagte gab an, im Jahr 1849 habe die Mutter Gründerin ihn schriftlich wissen lassen, dass «sie die außerordentlichen Dinge» der Novizin Maria Luisa nachdrücklich «missbillige». Damit bestätigte er die Aussagen der älteren Nonnen im Informativprozess. Möglicherweise schwang hier eine Art Konkurrenzneid mit, eine Skepsis der alten Heiligen von Sant'Ambrogio gegenüber der neuen, die ihr den Rang ablaufen könnte.

Leziroli wies, wie er dem Tribunal berichtete, diese Kritik der Gründerin mit Nachdruck zurück. Maria Luisa sei von ihm mehrfach auf die Probe gestellt worden, und er habe eindeutige Zeichen erhalten, die sein Vertrauen in die Echtheit ihrer übernatürlichen Phänomene rechtfertigten. Er sah in ihr «einen einzigartigen Schatz» und sorgte dafür, dass diese «privilegierte Seele» die entsprechenden Klosterämter auch tatsächlich erhielt.

Folgerichtig nahm Leziroli auch Kardinalvikar Patrizi, den er über Maria Luisas besondere Gaben informiert hatte, in Schutz. Dieser hatte ihn nämlich angewiesen, Maria Luisa «all diese Sachen» zu verbieten, was er umgehend «getan» habe. Das sahen die Untersuchungsrichter ebenfalls anders und warfen ihm vor, den Anordnungen Patrizis gerade nicht gefolgt zu sein. Warum das Gericht Lezirolis Aussage über Patrizi auf diese Weise aufnahm, ist klar: Der Chef der Römischen Inquisition und oberste Vorgesetzte der Richter sollte aus der Schusslinie genommen werden.

Aber wenn Patrizi Maria Luisa gegenüber so kritisch eingestellt war, warum war er dann anwesend, als sie zur Vikarin gewählt wurde? Hatte er wirklich geglaubt, andernfalls würde der Teufel in seinen Diener fahren und ihn zu Hause mit Schokolade vergiften, wie es Maria Luisa prophezeit hatte? Gerade weil Patrizi nach Sant'Ambrogio kam, habe man mit dem «System der Visionen» weitergemacht, erklärte Leziroli, weil sein Kommen als Anerkennung der Heiligkeit Maria Luisas gewertet wurde.

In der Folge räumte Leziroli ein, in vielen Fällen den Visionen der vermeintlichen Heiligen tatsächlich Folge geleistet zu haben. Er habe leichtfertig Dispensen vom Chorgebet sowie den Fastenvorschriften erteilt und Maria Luisas Nachwuchsrekrutierung unterstützt. Maria Giuseppa habe er in der Beichte unter Druck gesetzt, weil sie nicht an die Heiligkeit Maria Luisas glauben wollte. Allgemein sei er unbedacht mit dem Beichtgeheimnis umgegangen und habe es sogar mehrfach gebrochen. Für die Echtheit der Himmelsbriefe sei er vorbehaltlos eingetreten, und nicht zuletzt habe er die Verehrung der Madre Vicaria inszeniert, als sie mit wertvollen Ringen angetan und einen lieblichen Duft ausströmend wie von Sinnen auf ihrem Bett lag.

Das Gericht interessierte besonders, was Leziroli über das Verhältnis von Pater Peters zu Maria Luisa wusste. Zur Entstehung des ungewöhnlich intensiven «seelsorgerlichen» Beistands äußerte sich Leziroli am 13. Juni 1861:[13]

«Schon während der Zeit ihres Noviziats zeigte Maria Luisa einen Zettel, der, wie sie sagte, auf Anordnung der verstorbenen Äbtissin Maria Maddalena geschrieben worden war. Darin erhielt die damalige Novizenmeisterin die Weisung, Maria Luisa drei Tage im Bett liegen zu lassen, weil sie an sehr schweren Kopfschmerzen, Sonnenstich genannt, leiden würde, was in der Tat geschah. Im Folgenden musste sie unter dieser Krankheit weiter leiden, die in den letzten Jahren für außerordentlich und übernatürlich erklärt wurde. Sie benötigte daher keinen Arzt, sondern einen Beichtvater und dessen Segen. Ich wurde einmal gerufen, um ihr bei einem Anfall dieser Krankheit beizustehen, und habe damals Litaneien rezitiert und sie gesegnet, um ihr dadurch Trost zu spenden, den sie in der Tat empfinden konnte.

Nach einigen Tagen sagte sie mir, die Gründerin sei ihr erschienen und habe ihr gesagt: ‹Jener gute Pater hat das Werk Gottes verdorben, weil das Leiden noch einen Tag länger hätte dauern müssen, um zwei weitere Edelsteine für den Ring als Lohn erhalten zu können.› Die Gründerin habe auch gesagt, dass sie noch einen Tag leiden sollte, was geschah.

Ich hörte auch sagen, dass sie während des Leidens von Sinnen war und mit himmlischen Personen sprach. Da sie aber in jener Zeit die Beichte bei Pater Peters ablegte, war demzufolge er und nicht ich bei solchen Anlässen anwesend.

Ich mache darauf aufmerksam, dass Pater Peters mir einmal sagte, Maria Luisa sei ein Engel mit einem Schwert in der Hand erschienen; sie habe das Schwert aus der Hand des Engels genommen und sich die Brust verletzt, um das Leiden der Madonna zu teilen.»

Hier wird wahrscheinlich auf das in der Frömmigkeit des 19. Jahrhunderts weit verbreitete Motiv von den «Sieben Schmerzen Mariens» angespielt, das auf Andachtsbildern durch sieben Schwerter in der Brust Mariens symbolisiert wird.[14] Maria Luisa versuchte sich durch diese Vision in unmittelbarer Nähe zur schmerzensreichen Gottesmutter zu positionieren und deren Leiden nachzuvollziehen. In der Frömmigkeitsgeschichte spielten insbesondere die Szene, in der Maria mit dem Lieblingsjünger unter dem Kreuz ihres Sohnes steht, und die Pietà, bei der sie den toten Jesus in den Armen hält, eine zentrale Rolle. Die «Mater dolorosa» wurde so zum Vorbild für die Leidenserfahrungen insbesondere von Frauen.[15] Vielleicht suchte Maria Luisa so einen Ersatz für die ihr fehlenden Wundmale Christi, die Stigmata, zu schaffen, von deren Existenz bei der Mutter Gründerin mehrfach berichtet wurde.

Am Karsamstag 1857 ließen Maria Luisa und Peters die Äbtissin und Leziroli holen, um ihnen die Authentizität der Ekstasen und die Lauterkeit des Beistands von Pater Peters zu demonstrieren. Bei Leziroli hatten sie Erfolg. Vor der Inquisition berichtete er, wie er die Vision empfunden hatte:

«Nachdem man Maria Luisa hatte rufen lassen, küsste Pater Peters ihr den Ring, der damals mit einem einfachen Kreuz geschmückt war. Darauf wurde sie ohnmächtig, von der Mutter Äbtissin gestützt und dann auf einen Stuhl gelegt: In diesem Zustand, ohne etwas zu sagen, machte sie Bewegungen mit dem Körper und vor allem mit dem Kopf, die wie Ehrerbietungs-, Zuneigungs- und Verehrungsakte aussahen; sie neigte den Kopf, als ob sie von einem uns nicht sichtbaren Wesen einen Kuss bekommen würde. Pater Peters gab eine Erklärung dieser Akte und sagte, dass die Verwandlung in Gott in jenem Moment stattfand und dass sie vielleicht umarmt würde. Sie blieb in diesem Zustand etwa eine Dreiviertelstunde, dann kam sie wieder zu sich und erzählte, den Chor der Engel, die Apostel und vor allem unseren auferstandenen Herrn gesehen zu haben. … Während der Ekstase, so erinnere ich mich, ließ Pater Peters mich in das Zimmer nebenan gehen, weil er – wie er mir sagte – von Maria Luisa irgendeine geheime Mitteilung erhalten musste. Ich zog mich einige Minuten zurück.»

Über den fortwährenden Bruch der Klausur durch Peters, die genaue Qualität des außerordentlichen Segens und mögliche sexuelle Dimensionen des Verhältnisses konnte Leziroli dagegen nichts aussagen.

Das sah im Fall Agnese Elettas ganz anders aus. Der Jesuit musste gestehen, dass diese mit seinem Wissen und seiner Billigung ein Jahr oder länger in der Zelle Maria Luisas geschlafen hatte, selbstverständlich auf himmlischen Befehl hin. «Ich befahl der Äbtissin, die beiden in derselben Zelle zusammen schlafen zu lassen, weil es ein Befehl des Herrn war. Diesen Befehl habe ich auch der damaligen Novizin Maria Giacinta offenbart, die auch in der Zelle der Meisterin schlafen musste, um als Sekretärin zu dienen. In der Tat schlief sie einige Monate dort.

In Bezug auf die Novizinnen habe ich nur erfahren, dass sie vor der Einkleidung und Profess abends einige Stunden in spirituellen

Unterhaltungen mit der Meisterin in ihrem Zimmer verbrachten, bevor sie ins Bett gingen. Ich habe sonst nichts von den Vertraulichkeiten erfahren, die zwischen den Ordensschwestern geschahen.»

Diese verharmlosende Darstellung überzeugte den Untersuchungsrichter nicht. Er hielt Leziroli zahlreiche Aussagen vor, aus denen klar hervorging, dass sich mehrere Nonnen bei ihm immer wieder über «unmoralische» und «unanständige» Akte und Vertraulichkeiten zwischen Maria Luisa und den Novizinnen beschwert hatten. Darauf antwortete Leziroli: «Weil ich Maria Luisa für eine unschuldige Seele hielt, die solche Sachen nicht begehen konnte, schrieb ich diese Sachen dem Teufel zu. Es ist wahr, dass ich schockiert war, als mir gesagt wurde, dass Maria Luisa eine Nonne *an den Geschlechtsteilen* behandelte. Weil man mich aber glauben ließ, dass diese dadurch unverzüglich geheilt wurde, beruhigte ich mich.»

Überhaupt beharrte Leziroli darauf, «während der ganzen Dauer dieser Geschichte in gutem Glauben» gehandelt zu haben. Das Gericht wies diese Ansicht jedoch entschieden zurück und verwarnte den Jesuiten mit Nachdruck. Der war auch in seinem Schlusswort zu keinem Schuldeingeständnis bereit. Er rang sich nur zu der Aussage durch: «*Leider hat Gott bei mir diese Blindheit als Bestrafung für meine Sünden erlaubt.*»

Leziroli und die Giftanschläge

Im dritten Anklagepunkt ging es schließlich um die Giftanschläge. Das Gericht konfrontierte Leziroli mit dem Vorwurf, er habe Katharina von Hohenzollern nicht ernst genommen, als diese mehrfach und entschieden die Tugend und Heiligkeit Maria Luisas sowie das Handeln des Teufels in ihrer Gestalt anzweifelte. Außerdem habe er die «Beschwerden» der Fürstin, besonders über den obszönen Brief des Americano, als lächerlich abgetan. Hätte Leziroli ihr geglaubt, wäre es nie zu den Giftanschlägen gekommen. Für das Gericht lag eine Hauptschuld für die in Sant'Ambrogio verübten strafrechtlich relevanten Vergehen und Verbrechen darin, dass der Spiritual und Geistliche Direktor seine Amtspflicht vernachlässigt hatte. In seinen

Verhören am 14. und 15. Juni 1861 äußerte sich Leziroli ausführlich zu diesem Anklagepunkt:[16]

«Wahr ist ... die Geschichte des Briefes, nach dem Sie mich fragen. Da die Prinzessin nicht glaubte, dass es der Teufel war, der ihr in Gestalt der Meisterin den Brief gegeben hatte, kam sie am 3. Dezember zu mir, um mit mir darüber zu reden. Sie sagte, sie wolle an eine Illusion des Teufels nicht glauben. Ich war aber damals von der Unschuld Maria Luisas überzeugt und tat alles, um die Prinzessin davon zu überzeugen, dass der Teufel und nicht Maria Luisa ihr jenen Brief gegeben hatte. ...

Später erzählte mir Maria Luisa, die Prinzessin habe sich am Morgen der Unbefleckten Empfängnis Mariens nach der Kommunion ihr zu Füßen geworfen und sie angefleht, die Wahrheit zu sagen; Maria Luisa fühlte sich aber sehr beleidigt, antwortete ihr barsch und sagte: ‹Sie wissen nicht, wer ich bin.›

Maria Luisa teilte mir dann mit, dass der Herr ihr offenbart hatte, er werde eine schwere Krankheit und den Tod über die Prinzessin kommen lassen, und zwar als Strafe für ihren Hochmut und ihre Hartnäckigkeit, weil sie sich Maria Luisa gegenüber widrig zeigte. Ich solle zum Herrn beten, damit der Kardinal Reisach die Prinzessin nicht vor dem Beginn der Krankheit besucht. Man erwartete in jenen Tagen einen Besuch des Kardinals bei der Prinzessin.

In der Tat erkrankte die Prinzessin einen oder zwei Tage nach der Unbefleckten Empfängnis an einem Schlaganfall ..., sodass sie innerhalb von zwei oder drei Tagen im Sterben lag. Pater Peters sagte mir, man habe den Verdacht, dass irgendeine Nonne aus dem Kloster ihr etwas Giftiges verabreicht hatte; die Kranke habe ihm ein Gläschen mit einer Flüssigkeit ausgehändigt, die ihr gegeben worden war, und ihm gegenüber den Verdacht geäußert, es enthalte etwas Schädliches. Der genannte Pater ließ es analysieren, und man fand tatsächlich Alaunstein. Maria Luisa sagte Pater Peters und später auch mir, die Köchin habe aus Versehen Alaunstein anstatt Salz in die Brühe getan.

Pater Peters fragte mich, ob er weitere sorgfältige Untersuchungen vornehmen solle, um festzustellen, ob der Prinzessin wirklich Gift verabreicht wurde. Ich antwortete aber mit Nein, und zwar, weil ich fest von der Heiligkeit und Unschuld Maria Luisas überzeugt war.»

Leziroli versuchte mehrfach, seinen Ordensbruder zu entlasten: «Ich muss aber auch gestehen, dass Pater Peters sich auf meine Autorität stützte, sodass ich schuldiger bin als er.»

Dass Leziroli über die Details der Giftanschläge nicht im Bild war, nahmen ihm die Richter nicht ab. Sie konfrontierten ihn mit zahlreichen gegenläufigen Zeugenaussagen. Schließlich musste er einräumen, kurz nach den Todesprophezeiungen erfahren zu haben, dass die Novizenmeisterin sich nicht nur bei Agnese Celeste über die Wirkung verschiedener Gifte informiert hatte, sondern auch eine Reihe giftiger Substanzen in verschiedenen Apotheken Roms hatte besorgen lassen. Wieder sah er den Teufel in Gestalt Maria Luisas am Werk.

Auch im Hinblick auf die Vergiftung von Schwester Maria Agostina waren Leziroli während seiner Zeit in Sant'Ambrogio, wie er vor Gericht erklärte, nie Zweifel an der Integrität der Madre Vicaria gekommen.[17] Erst nach der Apostolischen Visitation und seiner Absetzung als Beichtvater des Klosters sei in ihm der Verdacht gewachsen, dass man nicht nur Katharina von Hohenzollern, sondern auch der verstorbenen Schwester Maria Agostina «etwas Schädliches» verabreicht hatte, das ihre Krankheit und ihren Tod nach sich gezogen habe. Er habe nicht an eine Vergiftung geglaubt, Zweifel seien ihm erst gekommen, als Pater Peters ihm nach der Visitation erzählte, Maria Luisa habe ihm verboten, die Kranke zu besuchen, obwohl Maria Agostina Leziroli ausdrücklich darum gebeten hatte.

Schließlich legte der ordentliche Beichtvater und Spiritual von Sant'Ambrogio ein umfassendes Geständnis ab:[18]

Er gestand erstens, die Heiligkeit, die Visionen, die Stigmata und viele weitere übernatürliche Gaben der verurteilten Schwester Maria Agnese Firrao sowohl schriftlich als auch mündlich unterstützt, ihren Kult auf verschiedene Weise gefördert sowie ihre Anrufung als Heilige praktiziert zu haben. «Ich erkenne, dass ich falsch gehandelt habe, und bitte um Verzeihung.»

Er gestand zweitens, die vorgetäuschte Heiligkeit von Schwester Maria Luisa auf verschiedene Weise durch Schriften, mündliche

Äußerungen und tadelnswerte Handlungen gefördert zu haben; den angeblich himmlischen Briefwechsel für echt gehalten zu haben, und das, obwohl in diesen angeblichen Himmelsbriefen Sachen enthalten waren, die Gottes und der Heiligen unwürdig waren; die vorgebliche Heiligkeit mit ihren Visionen und weiteren Gnaden wie der Himmelshochzeit und den göttlichen Ringen gegen berechtigte Zweifel und Ängste der Nonnen in Schutz genommen zu haben; und an den Verbrechen, unsittlichen Akten und weiteren kriminellen Handlungen, die von Maria Luisa begangen und von ihm auch als solche erkannt worden waren, mitschuldig zu sein. «Ich weiß nicht, wie ich meine große Verworrenheit und Blindheit von damals erklären kann. Ich bleibe verwirrt und erkenne, dass ich leider gefehlt habe.»

Er gestand drittens, sich der Mitwisserschaft, Billigung und Mitwirkung bei der Ausweisung von Schwester Agnese Eletta aus dem Kloster schuldig gemacht zu haben. «Ich bitte auch deswegen um Verzeihung.»

Er gestand viertens, Maximen und Praktiken gefördert zu haben, die der gesunden Theologie und Moral nicht entsprachen und sogar falsch und gefährlich waren und aus deren Anwendung in Sant' Ambrogio zahlreiche schlimme Folgen wie Gotteslästerungen und Meineide entstanden waren. «Ich bitte auch deswegen Gott und das Heilige Tribunal um Verzeihung.»

Auf die Feststellung des Gerichts, dass er sich mehrfach strafbar gemacht habe, antwortete der Jesuit abschließend, er habe gefehlt, jedoch unbewusst. Leziroli erkannte die juristische Korrektheit des Inquisitionsverfahrens und die Exaktheit der Aktenführung seiner Verhöre an. Er verzichtete wie Maria Luisa auf einen Defensivprozess mit einer erneuten Einvernahme der Zeugen sowie auf eine weitere Verteidigung. Die Antworten, die er gegeben habe, seien seine Verteidigung gewesen. Ihm genüge eine Durchsicht der Akten durch den Pflichtverteidiger Giuseppe Ciprani. Das *Ristretto* zum Verhör Lezirolis wurde im Oktober 1861 im internen Geheimdruck der Inquisition für die Entscheidungsinstanz des Tribunals, die Konsultoren, Kardinäle und den Papst vervielfältigt, nachdem Antonio Bambozzi am 13. September als Fiskal und Ciprani am 17. September als Pflichtverteidiger den Entwurf geprüft, gegengezeichnet und für den Druck freigegeben hatten.

Maria Veronica Milza: eine Äbtissin vor Gericht

Sallua hatte seine Zeugenbefragungen im Rahmen des Informativprozesses mit der Äbtissin Maria Veronica Mitte Januar 1860 begonnen. Diese hatte ihn mehrfach hinters Licht geführt. Erst als Sallua sie mit Aussagen ihrer Schwestern konfrontierte, gab sie zu, «mit Absicht Dinge verschwiegen, gelogen und mehrmals einen Meineid geleistet zu haben». Der Dominikaner nannte sie deshalb einen «Ausbund an Bösartigkeit».[19] Nach der Anklageerhebung ließ der Kardinalvikar sie am 16. März im Geheimen in das Konservatorium Santa Maria del Rifugio in der Nähe von Santa Maria in Trastevere bringen. Auf Weisung des Papstes durfte sie wie alle übrigen Nonnen von Sant'Ambrogio die Ordenstracht des regulierten Dritten Ordens nicht mehr tragen und erhielt stattdessen ein einfaches schwarzes Schwesterngewand.

Die Verhöre der Äbtissin als Angeklagter dauerten vom 22. März bis zum 31. Juli 1861.[20] Nach eigenen Angaben stammte Adelaide Milza – so ihr weltlicher Name – aus Sonnino in der Provinz Latina.[21] Sie wurde 1806 als Tochter des inzwischen verstorbenen Giuseppe Milza geboren. Mit neunzehn Jahren kam sie nach Rom und lebte ein Jahr lang im Kloster Santa Pudenziana.[22] Weil sie dort nicht, wie es ihr Wunsch war, Nonne werden konnte, ging sie im Oktober 1827 zu den reformierten Schwestern vom Dritten Orden des heiligen Franziskus im Borgo Sant'Agata, erhielt im Februar 1828 die Ordenstracht und zog im Oktober desselben Jahres mit der ganzen Gemeinschaft in das Kloster Sant'Ambrogio um, wo sie die Ordensgelübde ablegte. Hier wurde sie mit zahlreichen Ämtern und Aufgaben betraut. Sie war Untermeisterin, Krankenschwester, Novizenmeisterin und wurde zwei Mal zur Vikarin gewählt, bevor sie zur Jahreswende 1854/55 das Amt der Äbtissin übernahm.[23]

Bereits unmittelbar nach Beginn der Apostolischen Visitation in Sant'Ambrogio im Herbst 1859 hatten die Oberen des Klosters vom

Vicegerente den Befehl erhalten, alle Dokumente und Gegenstände der Mutter Gründerin Agnese Firrao abzuliefern. Die Äbtissin fiel schon damals als besonders renitent auf. In ihren Verhören als Angeklagte musste sie einräumen, den damaligen Anweisungen nicht gehorcht zu haben. Im Gegenteil: Sie habe ihren Nonnen ausdrücklich befohlen, die Schriften der Firrao zu verstecken oder zu verbrennen, um zu verhindern, dass diese in die Hände des Heiligen Offiziums fielen, weil das «ihr Ruin und der des Instituts sein könnte». Sie habe Maria Colomba gebeten, die belastendsten Aktenstücke umgehend dem Feuer zu übergeben; diese habe ihr geantwortet: «Bleiben Sie ruhig, ich werde mich darum kümmern.» So hatte Maria Agnese sich brieflich 1838 äußerst abfällig über die Familie eines Bediensteten des Bischofs von Gubbio geäußert: Er vernachlässige sie derart, «dass man sie eines Tages tot finden würde». Den Beichtvater hatte sie eine falsche «Hofschranze» genannt. Diese Formulierungen waren nach Ansicht der Äbtissin einer Heiligen nicht würdig und durften daher dem Heiligen Tribunal nicht bekannt werden.

Maria Veronica berichtete auch, dass die Nonnen von Sant'Ambrogio die Beichtväter der Mutter Gründerin in Gubbio systematisch bestochen hatten. Durch kleine Gefälligkeiten und größere «Geschenke» habe man sich immer wieder deren Unterstützung für die verbotene schriftliche Kommunikation mit Maria Agnese im Exil versichert. Der Inquisitor wies die Ansicht der Äbtissin, dieser fortdauernde Kontakt sei trotz des Urteils von 1816 erlaubt gewesen, nachdrücklich zurück.

Das Gericht listete eine ganze Reihe von Dokumenten aus dem Archiv der Römischen Inquisition auf, die das ununterbrochene Verbot belegen sollten. Diese Quellen sollten aber vor allem nachweisen, dass sich auch die Nonnen von Sant'Ambrogio dieser Tatsache stets bewusst waren. Und tatsächlich sprechen die präsentierten Akten eine eindeutige Sprache: Die Oberen des Klosters versuchten nämlich auch nach 1829 wiederholt, das Kommunikationsverbot von 1816 formal aufheben zu lassen. So wandten sie sich etwa im Dezember 1831 an Kardinal Giacomo Giustiniani,[24] der seit Februar dieses Jahres Kardinalmitglied der Römischen Inquisition war und 1834 zum Präfekten der Indexkongregation aufsteigen sollte. Sie fragten an, ob man nicht der Firrao «erlauben könnte, auf direktem oder indirektem Wege mit den Nonnen des von ihr gegründeten Klosters kommunizieren zu dürfen». Diese Bitte wurde vom Heiligen Offizium genauso abgelehnt wie ähnliche Suppliken vom 17. September 1834 und vom 12. August 1846.[25]

Nachdem damit die juristische Illegitimität des fortdauernden Kontaktes geklärt worden war, sollte die Äbtissin erläutern, worin der viel «gerühmte Geist der Perfektion» von Sant'Ambrogio bestehe und in welchem Zusammenhang er mit den übernatürlichen Gaben der Mutter Gründerin stehe. Maria Veronica antwortete, nur weil die Mutter Gründerin eine von Gott auserwählte Seele gewesen sei, habe sie ein Institut von so großer Heiligkeit gründen können. Vor allem aber führte sie die Seitenwunde der Firrao als Beweis für deren Heiligkeit und den daraus abgeleiteten Geist von Sant'Ambrogio an.

Die «Falschheit» der Äbtissin stieß dem Untersuchungsrichter besonders bei der Frage nach der Lebensbeschreibung der Firrao aus der Feder des Abtes Marconi auf. Maria Veronica hatte in ihren Vernehmungen die Existenz dieses Werkes mehrfach geleugnet. Man wies ihr aber aus zahlreichen Zeugenaussagen nach, dass sie diese Biographie durchaus kannte. Ihre Antwort ist typisch für ihr ganzes Verhalten vor dem Heiligen Tribunal: «Mein Widerspruch ist nur scheinbar: Mit Leben der Maria Agnese meinte ich ein gedrucktes Buch; als ich verneinend geantwortet habe, dachte ich, nach einem Druckwerk gefragt worden zu sein. Jetzt verstehe ich, dass es um Manuskripte ging, und in Wahrheit muss ich sagen, dass sie tatsächlich existierten, obwohl ich nicht glaube, dass es sich um das Werk des Abtes Marconi handelt.»

Ihre Behauptung, stets in «gutem Glauben und Gewissen» gehandelt zu haben, überzeugte das Gericht ebenfalls nicht. Ihre Entschuldigung fiel auch wesentlich zurückhaltender aus als die des Beichtvaters Leziroli. Sie habe sich eben in die im Kloster herrschende Tradition eingeordnet und nach dem Vorbild der anderen weitergemacht. Dadurch wies sie jede persönliche Verantwortung für die Folgen des Kults der Firrao zurück und schob alles auf die Strukturen und das System Sant'Ambrogio.

Nach der falschen Heiligkeit Maria Luisas befragt, pries die Äbtissin die «Unschuld, Tugend und Schlichtheit» dieser Schwester und «verherrlichte ihre Heiligkeit und ihre mutmaßlichen übernatürlichen Gaben».[26] Ihren unbedingten Glauben an die Echtheit der Heiligen begründete sie mit den Himmelsbriefen und nicht zuletzt mit der Autorität der Beichtväter. So habe Pater Leziroli gesagt: «Selbst wenn ein Engel vom Himmel kommen und ihm das Gegenteil sagen würde, würde er diesem keinen Glauben schenken.» Und der hochgelehrte Theologe Pater Peters, «dem sich selbst Kardinäle zu Recht anvertrauten», habe sich während ihrer Ekstasen tagelang mit Maria Luisa beschäftigt und ihr viel Zeit geopfert, die von seinen theologischen Studien abging – was der Äbtissin zufolge Maria Luisas «Außergewöhnlichkeit» eindeutig bestätigte.

Die Rollen waren in Sant'Ambrogio eindeutig vertauscht. Während nach der Regel die Vikarin nichts anderes als eine abhängige Gehilfin der Äbtissin sein sollte, war Maria Veronica Äbtissin von Maria Luisas Gnaden. Sie war nicht nur aufgrund einer Vision Maria Luisas gewählt worden, sondern erwies sich auch im Lauf ihrer Amtszeit als Marionette in ihrer Hand. Sinnfällig zum Ausdruck kamen diese vertauschten Rollen bei der Segenspraxis. Normalerweise hatte die Äbtissin ihre Schwestern zu segnen. In Sant'Ambrogio segnete aber die Vikarin Tag für Tag die Äbtissin. «Jeden Abend bekam ich den Segen von Maria Luisa, und zwar wie folgt: Ich kniete nieder, küsste den Ring an ihrer Hand, und sie bekreuzigte mich dreimal auf die Stirn und auf das Herz, indem sie die Hand an meine Brust drückte. Maria Luisa teilte diese Sache den Beichtvätern mit, die angesichts der Tröstung, die ich spürte, sagten, dass ich mit dieser Praxis weitermachen könnte.»

Einmal wenigstens versuchte die Äbtissin, unterstützt von einigen älteren Schwestern, gegen das Regiment Maria Luisas aufzubegehren, bezeichnenderweise, als es um die Entfernung Agnese Elettas aus Sant'Ambrogio ging. Maria Costanza und sie hätten sich in dieser Sache an Kardinalvikar Patrizi gewandt, der jedoch umgehend den Geistlichen Direktor Leziroli informierte. Dieser hielt der Äbtissin und den älteren Schwestern eine Gardinenpredigt und drohte ihnen die sichere Strafe Gottes an, wenn die Schuldzuweisungen gegen

Maria Luisa weitergingen. Daraufhin seien sie eingeknickt und hätten sich dem System Sant'Ambrogio gebeugt.

Maria Veronica war auch Mitwisserin der äußerst problematischen Nachwuchsrekrutierung Maria Luisas, wie sie vor Gericht zugab. Als Beispiel verwies sie auf Angelica Volpiani aus Ferrara, die auf Druck der Novizenmeisterin und Lezirolis gegen den Widerstand ihrer Mutter aufgenommen und in einem Schnellverfahren als Maria Agostina eingekleidet wurde. Sie habe sich gebeugt und der Aufnahme dieser attraktiven und kräftigen jungen Frau zugestimmt, obwohl diese von Anfang an keinen guten Eindruck auf sie gemacht habe und ihrer Ansicht nach nicht zum Ordensleben berufen gewesen sei. Als Obere hätte Maria Veronica die Bewerberin daher nach den Regeln des Ordens eindeutig ablehnen müssen. Wie verhängnisvoll diese Missachtung der Vorschriften war, zeigt Maria Agostinas tragisches Schicksal: Sie wurde von Maria Luisa im wahrsten Sinne des Wortes in den Tod getrieben.

Auch bevor Katharina von Hohenzollern als Novizin gewonnen worden sei, habe ihr Maria Luisa «verschiedene Offenbarungen besonders seitens der Madonna» mitgeteilt. Die Gottesmutter hatte eine klare Meinung dazu und schrieb in einem Brief: *«Die Prinzessin muss meine sein, ob krank oder gesund.»* Leider konnte die Äbtissin nichts über die genauen Umstände sagen, unter denen die Fürstin rekrutiert wurde, etwa zur Rolle Kardinal Reisachs.

Dieser Marienbrief war Teil von Maria Luisas Plan, einen Ableger von Sant'Ambrogio zu gründen, in dem sie selbst Äbtissin werden wollte. Agnese Eletta, ihre ehemalige Bettgespielin, hatte der Priorin von San Pasquale erzählt, Maria Luisa habe ihr bereits 1857 von einer Prophezeiung berichtet, «für eine Neugründung mit einer Signora nach Frankreich zu gehen».[27] Als Katharina von Hohenzollern im Sommer dieses Jahres nach Rom kam, muss Maria Luisa von ihrer Suche nach einem geeigneten Kloster, ihrem angeschlagenen Gesundheitszustand und vor allem von dem umfangreichen Klosterfonds, den Katharina nach dem Tod ihres zweiten Mannes angelegt hatte, erfahren haben. Über diese Informationen verfügte in Rom aber nur eine einzige Person: ihr Seelenführer und Beichtvater Kardinal Reisach. Nur von ihm kann Maria Luisa diese Informationen bekommen haben. Und tatsächlich scheint Reisach die Fürstin dazu überredet zu haben, nach ihrem Eintritt in Sant'Ambrogio testamentarisch zu verfügen, «dass man ein Kloster desselben Instituts gründet, dessen erste Gründerin die Madre Vicaria Maria Luisa sein musste». Jedenfalls gab Hohenlohe dies in seiner Vernehmung am 19. April 1860 zu Protokoll und fügte hinzu, das versiegelte Testament befinde sich in den Händen Reisachs.[28]

«Die Prinzessin muss meine sein, ob krank oder gesund», schrieb die Gottesmutter. Dahinter steckt ein ungeheurer Anspruch: Letztlich wollte nicht Maria im Himmel, sondern Maria Luisa in Sant'Ambrogio Katharina besitzen. Die Prinzessin schien tatsächlich ein Geschenk des Himmels zur Erfüllung ihrer Machtgelüste zu sein.

Geständnisse

Die Äbtissin war von ihrem festen Glauben an die Heiligkeit Maria Luisas und die Echtheit der übernatürlichen Phänomene nicht abzubringen, obwohl der Richter sie mehrfach auf die «Zusammenhanglosigkeit und die Widersprüche» ihrer Aussagen hinwies. Erst nach einer «schweren und gleichzeitig väterlichen Ermahnung» gestand sie das begangene Unrecht und bat das Gericht um Verzeihung. «Ich erkenne, dass ich gefehlt habe und wirklich blind war, indem ich Maria Luisa erlaubt habe, auf so viele Arten und Weisen zu fehlen. Ich erkenne, dass ich als Mitwisserin an ihren Fehlern und Illusionen schuldig bin. Deswegen bitte ich um Verzeihung. ... Ich bitte Gott, das Heilige Tribunal und insbesondere den Hochwürdigsten Kardinalvikar um Verzeihung, weil ich ihn lange Zeit betrogen habe, indem ich ihm all diese Sachen verheimlicht habe. Ich danke jetzt dem Herrn, der mir die Augen geöffnet und den Abgrund gezeigt hat, in dem ich mich mit der ganzen Gemeinschaft befand; der mir diese Binde von den Augen genommen hat, sodass es mir vorkommt, ich wäre ein ganz neuer Mensch.»

Im Einzelnen gab sie jetzt zu, über die vertraulichen Akte zwischen Maria Luisa und ihrem Beichtvater Peters nicht nur informiert gewesen zu sein, sondern diese auch aktiv gefördert zu haben.[29] Das

«Wohlgefallen», mit dem Pater Peters die schöne Vikarin betrachtet habe, sei ihr von Anfang an aufgefallen. Als der Kardinalvikar einmal unangemeldet ins Kloster gekommen sei, habe sie selbst den Pater, der wieder einmal bei Maria Luisa in der Zelle war, kurzerhand versteckt, damit Patrizi keinen Verdacht schöpfen konnte. Sie sei es auch gewesen, die dem Jesuiten den Eintritt in die Klausur erlaubt habe.

Dann ging die Äbtissin auf die Giftanschläge auf Katharina von Hohenzollern ein.[30] Das Misstrauen der Fürstin konnte die Novizenmeisterin zunächst «durch ihre schmeichelnden Manieren und süßen Worte übertünchen». Der Hass Maria Luisas auf die Fürstin sei in dem Augenblick ins Unermessliche gewachsen, «als diese dem Beichtvater von dem Brief des Amerikaners erzählte, der niederträchtige Worte enthielt. Sie geriet noch mehr in Wut wegen des Demütigungsakts, den die Prinzessin vor ihr am Morgen des Fests der Unbefleckten Empfängnis Mariens beging, indem sie sie darum bat, die Wahrheit zu sagen.» Die Äbtissin gestand ein, damals falsch gehandelt und Schuld auf sich geladen zu haben, weil sie nicht der Version Katharinas, sondern Maria Luisas Darstellung geglaubt hatte, geblendet von deren angeblicher Heiligkeit.

Nachdem man der Äbtissin die Aussagen Maria Ignazias zur Vergiftungsaffäre vorgelesen hatte, bestätigte sie vor Gericht deren Aussagen. «Sie stimmen wirklich ... und geben die präzisen Fakten wieder», sagte sie wörtlich – freilich mit der Einschränkung, dass sie das nur beurteilen könne, soweit sie selbst überhaupt über die Einzelheiten informiert gewesen sei. «Einige Fakten, die die unmittelbare Verabreichung der Gifte betreffen, waren mir unbekannt beziehungsweise konnte ich diese nicht glauben, als sie mir von anderen berichtet wurden.»[31] Maria Ignazia hatte in ihrer Aussage die Oberin tatsächlich in wesentlichen Punkten entlastet: Sie war an den Anschlägen nicht aktiv beteiligt und wusste über wichtige Einzelheiten der Vergiftungsversuche nicht Bescheid, was das Tribunal auch akzeptierte. Die Fakten, die man schlicht nicht habe leugnen können, weil die Beweislast so erdrückend gewesen sei, habe man, so Maria Veronica, einfach auf Befehl der Beichtväter «Erscheinungen des Teufels» zugeschrieben.

Trotz dieser Entlastung übernahm die Äbtissin vor Gericht die Letztverantwortung für die Giftanschläge auf Katharina von Hohen-

Geständnisse

zollern. Als Oberin von Sant'Ambrogio trage sie die Schuld an allem, was im Kloster passiert sei. Sie sah die fingierte Heiligkeit als Schlüssel zu all den Verbrechen und unmoralischen Handlungen an. Wäre sie rechtzeitig gegen den falschen Kult um Maria Luisa eingeschritten, wären all die anderen schlimmen Dinge nicht passiert. Ob diese Erkenntnis nur auf ihren eigenen Überlegungen beruhte oder ob die Äbtissin hier die Grundüberzeugung Salluas und der Inquisition übernahm, dass falscher Glaube fast automatisch zur Ursache für falsches Verhalten wird, lässt sich nicht ohne Weiteres klären.

Jedenfalls beschuldigte die Äbtissin in diesem Zusammenhang Pater Peters schwer.[32] Er war in ihren Augen der Hauptagent der Heiligkeit Maria Luisas, war durch die Himmelsbriefe und die «unanständigen» Vertraulichkeiten mit der Madre Vicaria in die ganze Affäre am meisten verwickelt und hatte am meisten zu verlieren, wenn das Ganze öffentlich würde. Er sei zutiefst beunruhigt gewesen, so Maria Veronica, und habe zu ihr voller Angst gesagt: «Der Kardinalvikar weiß irgendetwas.» Deshalb habe Pater Peters den Nonnen und auch ihr selbst die Schweigepflicht auferlegt. Die Nonnen und sie selber hätten mithin aus religiösem Gehorsam bei der Visitation und anfangs auch vor der Inquisition geschwiegen und gelogen. Schriftlich und ostensibel habe der Jesuit ihr mitgeteilt, dass sie alles sagen müsse, mündlich und geheim habe er sie jedoch wissen lassen, sie solle ja nichts offenbaren.

Am Schluss der Verhöre fasste Sallua das Schuldeingeständnis der Äbtissin in fünf Punkten zusammen. Sie gab zu, erstens den Kult der Agnese Firrao aktiv gefördert und zweitens die angemaßte Heiligkeit Maria Luisas nachdrücklich unterstützt zu haben. Drittens habe sie ihre Amtsgewalt im Hinblick auf die Klausur missbraucht. Viertens habe sie einen blinden und falschen Glauben bezüglich der mutmaßlichen Erscheinungen des Teufels an den Tag gelegt. Diese «Täuschung» sei wiederholt dazu benutzt worden, um zahlreiche Delikte begehen und Unschuldige verleumden zu können. Schließlich trage sie fünftens die Schuld an verschiedenen falschen Maximen und skandalösen Praktiken in Sant'Ambrogio. Damit war die ganze Palette abweichenden religiösen und sozialen Verhaltens gemeint, die von den lesbischen Initiationsriten über amouröse Verhältnisse zu

Männern bis zum fortgesetzten Bruch der Regel im Hinblick auf Fasten, Chorgebet oder Beichte reichte.

Maria Veronica bekannte sich «aufrichtig», wie das Gericht befriedigt notierte, und in allen Punkten für schuldig. «Ich gestehe, dass ich gefehlt habe, wobei ich erkläre, einiges hätte ich nicht begangen, wenn ich gewusst hätte, dass es boshaft war. Ich bitte um Verzeihung und die Auferlegung einer Strafe, um für meine Fehler büßen zu können.» Gegen die Ankündigung möglicher Strafen seitens der Richter erhob sie keinen Widerspruch, «weil ich Gott und dem Heiligen Tribunal gegenüber Genugtuung leisten will».

Die Äbtissin erklärte den ganzen Prozess gegen sie für legitim, verzichtete auf eine erneute Vernehmung der Zeugen und damit auf einen Defensivprozess sowie auf die Einräumung einer Frist, um ihr Geständnis widerrufen zu können. Ferner nahm sie das Recht, einen eigenen Verteidiger zu bestellen, nicht in Anspruch. Folglich wurde erneut, wie schon im Fall von Maria Luisa und Leziroli, der Pflichtverteidiger des Heiligen Offiziums, Giuseppe Ciprani, amtlich bestellt, der die Akten nach Lektüre am 16. September 1861 genauso abzeichnete, wie der Fiskal Antonio Bambozzi dies bereits am 12. September getan hatte. Damit stand einem Druck des *Ristrettos* der Verhöre der Äbtissin für die Kardinäle und Konsultoren nichts mehr im Weg. Schon im Oktober 1861 hielten es die Mitglieder der Kongregation in Händen und konnten auf dessen Grundlage ihr Urteil über Maria Veronica Milza fällen.

ACHTES KAPITEL

«Während dieser Taten das innere Gebet niemals eingestellt»

Das Verhör von Giuseppe Peters

Die wahre Identität von Pater Peters

Pater Giuseppe Peters war seit 1856 zweiter Beichtvater in Sant'Ambrogio. Durch das Dekret vom 27. Februar 1861, das den Akkusationsprozess offiziell einleitete, wurden er und Leziroli unter Anklage gestellt. Das Dekret verbot beiden Jesuiten jeglichen Kontakt untereinander sowie die Abnahme der Beichte bei Männern wie Frauen. Die Verhöre von Pater Peters begannen am 11. März und dauerten bis zum 2. August 1861.[1]

Zu Beginn seines Verhörs nahm Peters die bisherigen Entscheidungen des Heiligen Offiziums zu seiner Person «mit Verehrung» an – wie die einschlägige, von allen Angeklagten erwartete Formel lautete. Eine Überraschung stellt aber dar, was der Jesuit zu Protokoll gab, als das Gericht wie üblich einleitend die Personalien feststellte.[2] Der Name Giuseppe Peters, unter dem man ihn in Sant'Ambrogio und weit darüber hinaus kenne, sei lediglich ein Pseudonym. Er führe diesen Tarnnamen auf Weisung seiner Ordensoberen seit Beginn seines Noviziats in der Gesellschaft Jesu in der Schweiz, um sich polizeilichen Ermittlungen der protestantischen preußischen Regierung besser entziehen zu können. Mit dem Namen Peters, der auch in Italien leicht auszusprechen sei, werde er normalerweise bei allen alltäglichen Vorgängen vor allem in der Seelsorge genannt. Wenn es jedoch um «Dinge von Bedeutung» gehe, um Bücher und Gutachten für den Papst oder eine römische Kongregation, verwende er stets seinen richtigen Namen: Joseph Kleutgen.

Im Kloster, als Beichtvater und Seelsorger, war er nur der fromme Jesuitenpater Giuseppe Peters. In seinen Büchern, bei zentralen Angelegenheiten der katholischen Kirche, als Inspirator von Kardinälen wie Reisach und als Berater des Papstes war er hingegen der große Theologe und Philosoph Joseph Kleutgen, der die Kunst der scholastischen Argumentation und Distinktion glänzend beherrschte. Diese Tatsache sollte auch das Untersuchungsgericht der Römischen Inquisition vor besondere Herausforderungen stellen. Sie hatte es nicht mit einem naiven Jesuitenpäterchen, sondern mit einem äußerst argumentationsstarken Angeklagten zu tun, der zugleich Teil eines weit verzweigten sozialen, politischen und theologischen Netzwerks war.[3]

Joseph Wilhelm Carl Kleutgen[4] wurde am 9. April 1811 in Dortmund als zweites von fünf Kindern der Eheleute Wilhelm Kleutgen und Anna Catharina geborene Mergendahl geboren. Seine Kindheit und Jugend fällt damit in einen der größten Umbruchprozesse in der neueren Kirchengeschichte.

Die Französische Revolution von 1789 und die Säkularisation von 1803 hatten nicht nur die ein Jahrtausend alte Struktur der Reichskirche zerschlagen, sondern auch die geistigen Grundlagen des klassischen Katholizismus hinweggefegt.[5] Die meisten Katholiken in Deutschland waren durch die Auflösung der Fürstbistümer unter protestantische Herrschaft gekommen. Dortmund, Kleutgens Heimatstadt, kirchlich zum Erzbistum Paderborn gehörend, war preußisch geworden. Konfessionelle Einheitsstaaten im Sinne des Westfälischen Friedens von 1648 nach dem Prinzip «cuius regio, eius religio» gab es in Deutschland nicht mehr. Die Konfessionen in einem Land standen nun in Konkurrenz zueinander und waren auf Abgrenzung bedacht. Ökumenische Annäherungen waren die Ausnahme. Deshalb wird das 19. Jahrhundert in Deutschland nicht selten als das zweite konfessionelle Zeitalter bezeichnet. Wo Protestanten und Katholiken zahlenmäßig gleich stark und auf dem Papier gleichberechtigt waren, war Katholiken de facto der Zugang zu höheren Ämtern meist verwehrt. Eine katholische Inferiorität, eine obrigkeitlich-protestantische Marginalisierung des katholischen Einflusses in

Staat und Gesellschaft sowie eine (Selbst-)Ghettoisierung der Katholiken waren die Folge.

Es dauerte bis zum Beginn der dreißiger Jahre, bis die Bistümer in Deutschland wiedererrichtet waren und damit die äußere kirchliche Struktur wenigstens halbwegs wiederhergestellt war. Die religiösen und geistigen Suchbewegungen im Katholizismus jener Jahre waren von einer großen Unsicherheit gekennzeichnet. Ganz unterschiedliche Modelle des Katholischen rangen miteinander um die Vorherrschaft. Neben aufgeklärten und liberalen Katholiken standen Staatskirchler und Romantiker. Dazu trat eine immer stärkere Romorientierung der deutschen Katholiken, die sich zum sogenannten Ultramontanismus verdichtete.

Seit der Julirevolution von 1830 kam es in Deutschland zu einer zunehmenden Polarisierung zwischen liberalen Katholiken, die eine Versöhnung von Kirche und Welt, von Glauben und Wissen anstrebten, und intransigenten Katholiken, für die alle neuen Ideen vom Ungeist der Revolution verseucht waren und die die alte Kirche und die moderne Welt für grundsätzlich unvereinbar hielten. Diese kirchenpolitischen Parteien und Gruppierungen beriefen sich auf unterschiedliche theologische oder philosophische Modelle. Für die intransigenten, die streng kirchlichen Theologen, die als Romantiker und Neuscholastiker galten, waren alle Fragen durch den heiligen Thomas von Aquin ein für alle Mal beantwortet. Deshalb lehnten sie die neuzeitliche Philosophie und ihre Vertreter, namentlich Immanuel Kant und seine Schüler, als gefährliche Ketzer ab. Für die moderne Richtung verlangten neue Fragen auch neue Antworten, die nur in der Auseinandersetzung mit der modernen Philosophie von Descartes bis Kant gefunden werden konnten. Dafür standen Theologen wie Johann Sebastian Drey[6] in Tübingen, Johann Baptist Hirscher in Freiburg, Georg Hermes in Bonn oder Anton Günther in Wien.

Joseph Kleutgen, und mit ihm eine ganze Generation junger Katholiken, war mitten in diesen großen Suchprozess der Neuformierung des Katholizismus hineingestellt. Zunächst scheint er sich eher einer liberalen Richtung angeschlossen zu haben. Nach dem Abitur begann er 1830 in München ein Studium der Philosophie und klassischen Philologie und trat der vom Freiheitspathos jener Jahre bestimmten Burschenschaft «Germania» bei. Dadurch wurde er in studentische Unruhen verwickelt, die zur vorübergehenden Schließung der Münchener Universität und zur Ausweisung auswärtiger Studenten führten. Auch Kleutgen musste als Umstürzler die Stadt an der Isar verlassen. Er war ein Opfer des Geistes von Karlsbad geworden, der hinter jeder freiheitlichen nationalen Regung die gefährlichen Ideen der Revolution am Werk sah. In dem böhmischen Kurort hatten die wichtigsten Staaten des Deutschen Bundes 1819 unter Führung des damaligen österreichischen Staatskanzlers Fürst Clemens Wenzel von Metternich in den «Karlsbader Beschlüssen» unter anderem eine massive Einschränkung der Meinungsfreiheit und eine strikte Überwachung der Universitäten beschlossen. Doch Kleutgen blieb kein «Liberaler».

Nach dem frühen Tod zweier Altersgenossen kam es bei ihm zu einer radikalen religiösen Wende. Jetzt ließ er nur noch strengste Kirchlichkeit als echt katholisch gelten. Alle freiheitlichen Experimente waren passé, Kleutgen schloss sich vorbehaltlos den aus seiner Sicht entscheidenden Ewigkeitswerten des Katholizismus an: dem Papst in Rom und der *Theologie der Vorzeit* – wie später auch der sprechende Titel seines 1853 bis 1870 erscheinenden vierbändigen Hauptwerkes lauten sollte. Im Jahr 1832 begann er in Münster ein Theologiestudium. In der Fakultät schlug er sich sofort auf die Seite der reaktionären Gegner der sogenannten «Hermesianer», die ihrem Lehrer Georg Hermes[7] folgend in einer Art bürgerlichem Katholizismus eine Versöhnung von Glaube und Vernunft, von kirchlicher Bindung und moderner Philosophie anstrebten. Gregor XVI. setzte Hermes, der in Münster und Bonn als Theologieprofessor gelehrt hatte, auf Anzeige Metternichs und rechter Katholiken 1834 posthum als «Revolutionär» auf den *Index der verbotenen Bücher*. Staatskanzler und Papst trafen mit der Verurteilung Hermes' das religiöse Empfinden des jungen Kleutgen.

Bereits in einem seiner ersten theologischen Texte, dem sogenannten *Memorandum* aus dem Jahr 1833, machte Kleutgen seine kirchliche und theologische Grundorientierung deutlich.[8] Seine Gedanken waren bestimmt von einer ängstlichen Suche nach Sicherheit und Halt in einer Zeit voller Umbrüche und Unsicherheiten. Die Julirevolution von 1830 lag schließlich erst knapp drei Jahre zurück. Kleutgen wollte nicht immer neue Antworten auf immer neue Fragen suchen müssen. Er war das aufreibende «Selbstdenkertum» der Aufklärung leid und suchte nach ewigen Wahrheiten. «Die alte Literatur ließ man jetzt ebenso ruhig in den Bibliotheken modern, als den Papst jenseits der Berge sitzen. Man meinte, alle früheren Leistungen ignorierend, einen ganz neuen Grund legen zu müssen, sonst sei keine Rettung», klagte er und sah in dieser «doppelten Lossagung» von der «Leitung durch das Oberhaupt der Kirche» und vom «Ansehen der kirchlichen Vorzeit» das Grundproblem der Katholiken seiner Zeit. Die Schuld lag für ihn eindeutig im weit verbreiteten «Freiheitswahn», den er allgemein auf die moderne Philosophie und speziell auf die Gedanken der Französischen Revolution zurückführte, die zwangsläufig im Chaos geendet und zur Guillotine geführt hatten.

Für Kleutgen «erblüht» der Wissenschaft «die wahre Freiheit gerade durch den Gehorsam».[9] Für ihn gab es ewig gültige Antworten auf alle aktuellen Fragen in der «Theologie der Vorzeit». Die einzig wahre Philosophie war für ihn diejenige, «die ihre Form von dem schärfsten Denker Griechenlands [Aristoteles], ihre Ideen von dem größten Lichte der Christenheit [Augustinus], ihre Ausbildung von Thomas von Aquin» erhalten hatte und etwa von Anselm von Canterbury im 11. Jahrhundert bis zur Mitte des 18. Jahrhunderts reichte.[10]

Die Bekämpfung katholischer Autoren, die er vom Geist der Aufklärung infiziert sah, und eine Verteidigung der «Theologie der Vorzeit» gegen alle modernen Konzepte wurden zu Kleutgens Lebensaufgabe. Es ging um nichts weniger als die umfassende Restauration des scholastischen Denkens, das in der Neuscholastik zu der katholischen Philosophie schlechthin werden sollte.[11] Kleutgen avancierte zum führenden Kopf der entstehenden Neuscholastik. Gleichzeitig wurde für Kleutgen der Papst als in der Ewigkeit gründender Petrusfelsen zum Halt in allen Brandungen der Moderne. Die Dogmatisierung der päpstlichen Unfehlbarkeit und des Jurisdiktionsprimates auf dem Ersten Vatikanischen Konzil 1870 lag daher ganz auf der Linie seines 1833 im jugendlichen Alter von zweiundzwanzig Jahren skizzierten Programms.

Ab April 1833 setzte Kleutgen als Angehöriger der Paderborner Diözese seine Studien am dortigen Priesterseminar fort und erhielt im Februar 1834 die Subdiakonatsweihe. Im April desselben Jahres trat er jedoch in das Noviziat der Jesuiten der deutschen Ordensprovinz ein, das damals seinen Sitz in Brig im Wallis hatte, weil die Gesellschaft Jesu in Deutschland verboten war. Da Dortmund, Kleutgens Heimatstadt, zu Preußen gehörte, forderte der preußische Gesandte in Bern Kleutgen auf, umgehend nach Berlin zu kommen und sich wegen seiner Verwicklungen in die Vorgänge um die Burschenschaft «Germania» zu verantworten. Kleutgen stellte sich den preußischen Behörden, die ihn unter anderem zum Militärdienst zwingen wollten, freilich nicht. Er nahm vielmehr auf Anraten seiner Ordensoberen unter dem Pseudonym Joseph Peters das Schweizer Bürgerrecht an.[12]

Von 1836 bis 1840 studierte Kleutgen Philosophie und Theologie an der Ordenshochschule in Freiburg im Uechtland. 1837 wurde er zum Priester geweiht. Von 1841 bis 1843 war er als Lehrer an der ordenseigenen Schule Kollegium Spiritus Sanctus in Brig tätig. Als 1843 die Schule verstaatlicht wurde, kam es zu einem entscheidenden Einschnitt in der Biographie Kleutgens: Er wurde als Mitarbeiter des Ordenssekretärs und Beichtvater am Collegium Germanicum nach Rom in die Ordensleitung der Jesuiten berufen. Im Germanicum lehrte er seit 1847 auch Rhetorik. Die Revolution von 1848 zwang ihn wie die übrigen Jesuiten unterzutauchen. Nach der Rückkehr des Papstes aus Gaeta wurde Kleutgen 1850 zum Konsultor der Indexkongregation berufen, wo er entscheidenden Anteil an der Verurteilung profilierter moderner Theologen hatte.[13] Von 1858 bis 1862 war er als Sekretär des Ordens tätig – eine einflussreiche Position, die mit einer engen Zusammenarbeit mit dem Ordensgeneral Petrus Beckx verbunden war und ihm differenzierte Einblicke in die Politik der Gesellschaft Jesu ermöglichte. Zugleich nutzte er seine Funktion zum Aufbau wichtiger Kontakte in und außerhalb der Kurie.

Ab 1847 verwendete er in den offiziellen Dokumenten wieder seinen Geburtsnamen, wobei in den ordensinternen Namenskatalogen das Pseudonym Peters in Klammern stehen blieb.[14] In die Zeit seiner größten unter dem Namen Kleutgen erzielten kirchenpolitischen und theologischen Erfolge und seines Aufstiegs in der Ordenshierarchie fällt auch seine Tätigkeit als zweiter Beichtvater von Sant'Ambrogio.

Kleutgens Biographie war bestimmt von Krankheit und Scheitern, von Konflikten und Verfolgung. Wegen einer schweren Erkrankung konnte er das Gymnasium zwei Jahre nicht besuchen und musste sein Abitur verschieben. Nach dem Tod des Vaters 1825 ging seine Mutter eine neue Ehe ein, aus der ebenfalls fünf Kinder hervorgingen, sodass Kleutgen insgesamt neun Geschwister hatte. Zwei davon bereiteten ihm ausgerechnet in kirchlicher Hinsicht erhebliche Probleme. Ein Halbbruder, der ebenfalls Jesuit werden wollte, musste wegen sittlichen Fehlverhaltens in Fribourg entlassen werden. Ein anderer konvertierte als Priester der Diözese Paderborn zum Protestantismus, heiratete und war als lutherischer Pastor ausgerechnet in seiner Heimatstadt Dortmund tätig. Einen «Häretiker» als Bruder haben zu müssen, der den «wahren» katholischen Glauben durch seine Konversion verraten hatte, musste für den katholischen Hardliner ein herber Schlag sein. Zu diesen persönlichen Katastrophen kam die Verfolgung und Bedrängung durch eine massive «antikirchliche und antijesuitische Propaganda», der er als Mitglied der Gesellschaft Jesu lebenslang ausgesetzt war.[15]

Diese Erfahrungen, verbunden mit einer eher labilen psychischen Veranlagung, dürften ihn zu einer Art habituellen Verteidigungshaltung gedrängt haben, die es ihm weitgehend unmöglich machte, flexibel mit den Erfordernissen der Zeit umzugehen und nach Kompromissen zu suchen. Er schrieb in einem Brief: «Mir scheint, dass die göttliche Vorsehung seit langem Umstände herbeiführt, wodurch alle zur Entscheidung gedrängt werden. ‹Wer nicht für mich ist, ist wider mich.› Halbheit kommt nicht mehr durch: Wer es scheut, von ganzem Herzen sich für römisch-katholisch zu erklären, steht bald auf der Seite der Gegner. Unsere Zeit fordert diese Scheidung.»[16]

Vor diesem Hintergrund hat man Kleutgen als «depressiven» Menschen mit einem «schwach entwickelten Selbstwertgefühl» zu charakterisieren versucht, der zur Stabilisierung seiner Persönlichkeit «straffe Ordnungen und eine klare Autorität» gebraucht und diese im Jesuitenorden, in der ultramontanen Papstkirche und nicht zuletzt in der «Theologie der Vorzeit» gefunden habe.[17]

Wie aber verträgt sich dies mit seiner Rolle als wundergläubiger Pater Peters im Kloster Sant'Ambrogio? Brachte er die verschiedenen Normen und Erwartungen konfliktfrei unter einen Hut? Dann wäre Peters' Verhalten in Sant'Ambrogio, sein Glaube an heilige Frauen, Marienbriefe und Himmelsringe nichts anderes als die praktische Umsetzung des theologischen und philosophischen Konzepts Kleutgens – oder umgekehrt Kleutgens Theologie eine Rechtfertigung von Peters' Handeln. Für die Neuscholastik und ihr Verständnis von Natur und Übernatur, für die Kleutgen stand, lagen schließlich Wunder und Erscheinungen der Gottesmutter genauso wie die dingliche Materialisation der Übernatur in der Natur in der Konsequenz ihres Ansatzes.[18] Peters folgte in dieser Hinsicht in der Frömmigkeit und religiösen Praxis dem, was für Kleutgen theologisch ganz selbstverständlich war.

Eine entscheidende Dimension der Sant'Ambrogio-Affäre lässt sich in dieses Konzept jedoch nicht ohne Weiteres integrieren: Peters' moralische, sexuelle und kriminelle Verfehlungen, vor allem sein laxer Umgang mit dem Beichtgeheimnis sowie die Sollicitatio, waren von der sittenstrengen, rigiden neuscholastischen Moraltheologie, für die Kleutgen stand, eindeutig nicht gedeckt. Es handelte sich hier nämlich keineswegs nur um «lässliche Sünden» und menschliche Schwächen, die nicht an das Prinzip selbst rührten und über die man daher großzügig hinwegsehen konnte.

Die Rollen von Peters-Kleutgen passten also nicht konfliktfrei zusammen. Besaß er vielleicht sogar zwei verschiedene Identitäten? War Peters-Kleutgen eine dissoziative Persönlichkeit, bei der der einfache Pater Peters sich all das «Schlimme» erlauben konnte, was der gestrenge Spitzentheologe Kleutgen sich absolut versagen musste und verurteilt hätte? Dr. Jekyll und Mr. Hyde ließen dann grüßen. Für diese psychiatrische Diagnose, die Medizinhistoriker im Rückblick zum Beispiel Besessenen wie dem Americano bescheinigen könnten,[19] gibt es bei Peters letztlich keine belastbaren Anhaltspunkte: Kleutgen wusste genau, was Peters tat, und umgekehrt. Allerdings gingen, zumindest der zeitgenössischen Jesuitenpolemik zufolge, die militärischen Strukturen der Gesellschaft Jesu und die absolute, oft überfordernde Leistungsethik der mobilen Eingreiftruppe des Papstes gelegentlich mit einer Doppelmoral einher, die mit höchster Spitzfindigkeit völlig widersprüchliche Handlungen rechtfertigen konnte. Nicht umsonst wurde der jesuitischen Moral vielfach Laxismus und Probabilismus vorgeworfen, die es ermöglicht hätten, eine Norm in ihr schieres Gegenteil zu verkehren.[20] War damit auch die Übernahme ganz unterschiedlicher Rollen durch Mitglieder der Gesellschaft Jesu sanktioniert?

Spontane Bekenntnisse des Angeklagten

Wie bei Inquisitionsprozessen üblich, bekam auch der Angeklagte Kleutgen zunächst die Möglichkeit, spontan etwas zur Sache zu sagen, bevor er mit den konkreten Vorwürfen gegen seine Person konfrontiert wurde. Auf die Standardfrage des Untersuchungsrichters, «ob er denn irgendetwas von sich aus zu sagen habe», antwortete der Jesuit, er vermute, das Ganze habe etwas mit seiner Tätigkeit als Beichtvater in Sant'Ambrogio zu tun.[21] Kleutgen lieferte allerdings kein Bekenntnis aus dem Augenblick heraus, wie vom Tribunal eigentlich gewünscht, sondern ein ausgefeiltes Plädoyer. Deshalb wählte er, was bei einem arrivierten theologischen Autor nicht verwundert, den schriftlichen Weg. Er gab ein ausgiebiges Exposé zu den Akten, das er in den Sitzungen am 18. und 26. März 1861 vortrug und durch seine Unterschrift bestätigte. In diesem Dossier ging er auf sieben Punkte ein, wobei er bekannte, «Unvorsichtigkeiten und Taktlosigkeiten» begangen zu haben.[22]

Der erste Punkt betraf die Visionen Maria Luisas und seinen Glauben an ihre Echtheit. Die junge Nonne habe ihm berichtet, dass ihr die drei verstorbenen Äbtissinnen Maria Agnese, Maria Maddalena und Maria Agnese Celeste della Croce erschienen seien, um ihr selbst «oder der ganzen Gemeinschaft im Hinblick auf die geistlichen und weltlichen Bedürfnisse beizustehen». Diese Visionen hätten sich bis zum Jahr 1857 sehr häufig ereignet, bis Maria Luisa ihm sagte, sie habe bei Gott erreicht, dass sie aufhörten. Trotzdem habe sie später aber immer wieder von weiteren Erscheinungen mal des Herrn, mal der Mutter Gottes, mal anderer Heiliger gesprochen, in denen immer wieder auch vom schon vorhandenen Heiligenschein Maria Agnese Firraos im Himmel und ihrer zukünftigen Glorifikation auf Erden die Rede gewesen sei. «Ich erinnere mich an zwei Punkte genau: 1. Dass Maria Agnese im Himmel eine sehr besondere Wertschätzung wegen ihres übermäßigen Leidens auf der Erde genoss; 2. dass sie, indem sie ihre Stigmata zeigte, gesagt hatte, diese Stigmata würden eines Tages sprechen.» Das Verurteilungsdekret der Inquisition habe in diesem Kontext keine Rolle gespielt. Später habe er in Sant'Ambrogio jedoch sagen hören, im Prozess gegen die Mutter Gründerin seien falsche Zeugen aufgetreten und die Verfolger und Ankläger Maria Agneses seien von Gott unmittelbar mit dem Tod bestraft worden. «Ich weiß aber, dass kein respektloses Wort über die Autorität in meiner Anwesenheit ausgesprochen wurde.»

Die Verehrung Maria Agneses habe er als «private Anrufung» angesehen, die «normalerweise für gestattet» gehalten wird, «weil es sich um verstorbene Menschen handelt, die im guten Ruf gestorben sind». Wegen der von ihm für übernatürlich gehaltenen «Erscheinungen oder Enthüllungen» Maria Luisas und weil es zwischen Lehre und Lebenswandel keinen Widerspruch geben könne, habe er sich zu einer «stillschweigenden Genehmigung» des Kultes entschlossen.

«Das sage ich nicht deswegen, weil ich mich vollkommen rechtfertigen will, sondern nur, um zu zeigen, dass ich eher aus Mangel an vernünftiger Überlegung und nicht aus Unbotmäßigkeit gefehlt habe. Ich sage ein für alle Mal: Als ich gesagt habe, ich hätte mit gutem Glauben gehandelt, meinte ich nicht den guten Glauben, der jede Schuld entschuldigt. Wie hätte ich sonst gestehen können, dass ich Strafe verdiene? Damit meinte ich nur, dass ich mich nicht wegen jener Arglist, die einige Dinge von Natur aus besitzen, für schuldig hielt, obwohl ich es an Diskretion habe fehlen lassen, weil ich mit einigen Nonnen und mit Herrn Franceschetti – obschon wenig – über außerordentliche Dinge gesprochen habe. Vielmehr muss ich mich wegen der Unvorsichtigkeit beschuldigen, durch die ich das rigorose Stillschweigen annahm, das Maria Luisa mir auferlegt hatte: Ich hätte dagegen nach der Freiheit verlangen sollen, mit ausgebildeteren und erfahreneren Männern zu sprechen. Das nicht getan zu haben, ist die Ursache aller meiner Fehler gewesen, deren ich mich schuldig bekenne.»

Damit schob Kleutgen in seinem Dossier die Schuld geschickt auf Maria Luisa und ihr himmlisch begründetes Schweigegebot. Er hielt ihre Visionen für echt. Er hätte aber möglicherweise – und hier sprach der wissenschaftlich gebildete Theologe – mit erfahrenen Mystik-Experten sprechen sollen, die ihm klarere Kriterien hätten an die Hand geben können, um zwischen wahrer Mystik und falschem Mystizismus zu unterscheiden. Die Antwort auf die zentrale Frage aber, warum er sich als geweihter Kleriker von einer Frau ein Schweigegelübde auferlegen ließ, blieb Kleutgen schuldig. Dabei wurde an diesem Punkt das hierarchische System der katholischen Kirche doch grundsätzlich zur Disposition gestellt, wonach es Hirten und Schafe, Kleriker und Laien, eine lehrende und eine hörende Kirche gab. Nur Priester legten Bußschweigen auf, Frauen hatten – schon nach Paulus – in der Kirche sowieso zu schweigen.

Im zweiten Abschnitt seines Exposés ging Kleutgen auf den hervorragenden Ruf ein, den Maria Luisa im ganzen Kloster genoss. Erst als einige Schwestern, die «selbst etwas Außerordentliches bemerkt» hatten, ihn mit ihren Beobachtungen konfrontierten, «da muss auch ich zu erkennen gegeben haben, dass ich daran glaubte». Zwei für «sehr außerordentlich gehaltene Ereignisse» seien freilich allgemein bekannt geworden, und zwar, dass Maria Luisa Ringe als Himmelsgaben ausgab und dass ihrem Körper ein himmlischer Wohlgeruch entströmte. Kleutgen bestritt, die Nonnen aktiv zur Verehrung des Himmelsringes aufgefordert zu haben. Aber wie es dann dazu kam, dass alle Nonnen den Ring küssten, vermochte er nicht zu erklären. «Wenn ich mich recht erinnere, habe ich über den Ring nichts gesagt; ich wusste aber, dass sie ihn an diesem Tag trug, weshalb ich das außerordentliche Faktum durch meine Haltung zumindest implizit geduldet habe. Ich wollte Maria Luisa nicht demütigen und habe über den Rest nicht genug nachgedacht.»

Der dritte Punkt der schriftlichen Aussage Kleutgens bezog sich auf die Himmelsbriefe. Seit den letzten Monaten des Jahres 1856, also unmittelbar nach seinem Dienstantritt als zweiter Beichtvater, habe Maria Luisa ihm einige Schriften gebracht, «die ihr, wie sie behauptete, während der Erscheinungen diktiert worden waren». Am Anfang ging es um wenige Zeilen, in denen ihm auf einige Fragen geantwortet worden sei, die er vorher gestellt hatte. Nach und nach wurden daraus aber «richtige Briefe» mit mehreren Seiten Umfang. Maria Luisa habe ihm gesagt, sie habe während des inspirierten Schreibens der Briefe nichts von ihrem Inhalt verstanden. Zunächst schrieb Maria Luisa die Briefe während ihrer Visionen selbst, als inspirierte Schreiberin und willenloses Werkzeug, dem ein Himmlischer die Feder führte. Später verfassten die himmlischen Personen die Briefe angeblich von eigener Hand, um sie Maria Luisa bei ihren Entrückungen im Himmel zu überreichen. Von dort brachte sie die Briefe, «die nicht mehr ihre Handschrift, sondern eine andere, eine sehr schöne zeigten», mit zurück auf die Erde ins Kloster Sant'Ambrogio.

Der Jesuit glaubte felsenfest an die Echtheit und den himmlischen Ursprung der Briefe. Jedenfalls schrieb er in seinem Dossier: «Ich beschuldige mich, die Schriften aufgrund meiner sehr schweren Unvorsichtigkeit zu leichtsinnig für Schreiben von Himmelspersonen gehalten und durch meine Antworten angenommen zu haben, was in ihnen von mir verlangt wurde.»

Kleutgen glaubte also nicht nur theoretisch an die Himmelsbriefe, sondern auch ganz praktisch, indem er die Anweisungen der Gottesmutter in die Tat umsetzte – selbst, wenn es für ihn eine Zumutung darstellte. Sein Gehorsam den übernatürlichen Weisungen gegenüber ging sogar so weit, dass er eines der großen Geheimnisse seines Lebens, die Affäre mit Alessandra N., in einer Lebensbeichte aufdeckte. Damit bekannte er offen den Bruch des Zölibats und machte sich als gefallener Priester äußerst angreifbar. Er glaubte aber sein Geheimnis bei der Gottesmutter im Himmel gut aufgehoben.

Maria Luisa war für Kleutgen eine reine Seele, die grundsätzlich nicht zu Lug und Trug fähig sein konnte. Er sei zwar anfangs durchaus misstrauisch gewesen, seine Zweifel hätten sich aber wegen «einiger Vorkommnisse im Hinblick auf die Himmelsbriefe» in Luft aufgelöst. Er habe nämlich seine Antwortbriefe auf die Himmelsschreiben stets so versiegelt abgegeben, dass «es mir unmöglich schien, dass sie geöffnet werden konnten, ohne das Papier und das Siegel zu beschädigen. Trotzdem bekam ich sie mit der in ihnen enthaltenen Antwort genauso zurück, wie ich sie abgegeben hatte.» Da die Briefe präzise Antworten auf die in seinen versiegelten Schreiben gestellten Fragen enthielten, musste jemand deren Inhalt zur Kenntnis genommen haben, ohne sie zu öffnen. Das konnte nur mit übernatürlichen Mitteln geschehen sein. Deshalb seien die Briefe für ihn ohne Frage echte Himmelsschreiben gewesen.

Auch ein zweites Erlebnis ließ sich für Kleutgen nicht auf natürliche Weise erklären. Einmal habe er einen Himmelsbrief mit einer Streichung im Text bekommen, die ihn ästhetisch sehr gestört habe. Der sehr schön geschriebene Brief war dadurch entstellt worden. Da er dieses Schreiben den ganzen Tag bei sich getragen habe, könne er sich bis heute auf natürliche Weise nicht erklären, dass die Streichung am Abend weg war. Dabei sei keinerlei Verbesserung im Text zu sehen gewesen. Maria Luisa, mit der er über die unschöne Streichung gesprochen hatte, habe ihn lediglich aufgefordert, den Brief abends noch einmal anzuschauen. Deshalb konnte er die Korrektur nur als übernatürliches Wunder auffassen. Ferner habe er «die schöne und für mich neue Handschrift» für himmlischen Ursprungs gehalten. Natürlich habe er sich erkundigt, ob irgendeine Nonne in Sant'Ambrogio zu solch himmlisch schönen Kunstwerken fähig sei, und tatsächlich habe man ihm die Novizin Maria Francesca als begnadete Schönschreiberin genannt. Zweimal habe er diese gefragt, ob sie irgendetwas mit den Briefen zu tun habe, «aber sie verneinte alles. Da ich sie für gütig und einfach hielt, argwöhnte ich nicht, dass sie mich täuschen könnte.» Damit war für Kleutgen der himmlische Ursprung der Briefe erwiesen. Wieder einmal zeigte sich die Übernatur in der Natur.

Der Jesuit äußerte sich auch ausführlich zum Inhalt der himmlischen Schriften: Es handelte sich um religiöse Texte und Meditationen zu kirchlichen Festen mit Segensformeln und Gebeten, ferner um Anweisungen von oben für die Regelung geschäftlicher und finanzieller Angelegenheiten des Klosters. Andere Himmelsschreiben hätten auf seine «Zweifel im Hinblick auf den Geist der Schwester» geantwortet und «die im Laufe ihres Lebens ihr zuteilgewordenen Gnaden nach und nach erklärt». Weit wichtiger war für Kleutgen aber: Seine Hoffnungen auf eine radikale Wende der Geschichte, die für ihn im 19. Jahrhundert bis dahin einen einzigen Niedergang darstellte, entsprachen exakt den Intentionen der Himmelsbriefe. Sein

Wollen und der Wille Gottes fielen scheinbar in eins. «Wegen des Übels unseres Jahrhunderts und des bedauernswerten Zustandes aller Völker hegte ich seit meinem Jugendalter den Gedanken und die Hoffnung, der Herr würde durch eine große Umkehrung die Erde erneuern. Eines Tages sprach ich mit der Schwester über den bedauernswerten Weltzustand, weil ich glaubte, sie hätte es verstehen und ich sie daher zum Gebet veranlassen können. Sie ergriff dabei die Gelegenheit, eine Offenbarung vorzutäuschen, die in ihr, um es so zu sagen, allmählich wuchs. Kurz gesagt, der Herr wolle den Weltzustand ändern, indem Er sein Reich auf der Erde wieder aufblühen und deswegen die Erde mit seiner kräftigen Hand zerstören und dann wieder aufbauen lasse.»

Einen Großteil der Himmelsschriften habe er bereits unmittelbar nach deren Lektüre verbrannt, den Rest habe er in einem Kästchen im Kloster aufbewahrt, zu dem nur er den Schlüssel besessen habe. Als ihm nach der Visitation die «Täuschungen» der Novizenmeisterin klar geworden seien, habe er Franceschetti um die Herausgabe dieses Kästchens ersucht und alle Briefe vernichtet. Gedanken über einen zweiten Schlüssel hatte er sich offenbar nicht gemacht.

Im vierten Punkt setzte sich Peters ausführlich mit dem Vorwurf auseinander, er sei viel zu oft und noch dazu allein mit Maria Luisa in der Klausur von Sant'Ambrogio gewesen. Das unbefugte Eindringen eines Mannes in die Klausur eines Frauenkonvents war ein schlimmes Vergehen und wurde fast immer mit sexuellem Fehlverhalten in Verbindung gebracht. Deshalb versuchte Kleutgen in immer neuen Anläufen deutlich zu machen, dass er stets einen gerechten Grund gehabt hatte, in die Klausur von Sant'Ambrogio einzutreten: «Ich bin niemals ins Kloster gegangen, ohne dass die Mutter Äbtissin persönlich oder zumindest jemand in ihrem Namen mich darum gebeten hatte. Ich glaube, auch nie von mir aus gefragt zu haben, ob ich eintreten dürfe, sondern ich habe immer darauf gewartet, dass ich aufgefordert wurde.» Wenn er im Kloster übernachtet habe oder tagsüber mehrere Stunden dort geblieben sei, so sei dies stets zur seelsorgerlichen Betreuung sterbender oder zumindest todkranker Nonnen geschehen.

Innerhalb von drei Jahren, von November 1856 bis Oktober 1859, seien nachweislich sieben Schwestern von Sant'Ambrogio schwer krank gewesen, und fünf von ihnen hätten sich sogar in unmittelbarer Lebensgefahr befunden. Zwei von denen, die überlebt hatten, seien von den Ärzten eher als Sterbende denn als Kranke eingeschätzt worden. «Man darf sich daher nicht wundern, dass ich in dieser ganzen Zeit zehn oder zwölf Nächte im Kloster verbracht habe. Zudem habe ich die Schwestern ermahnt, in diesen Fällen eher mich als Pater Leziroli rufen zu lassen, aus Achtung vor seinem Alter und seinem schwachen Gesundheitszustand. Ich mache darauf aufmerksam, dass der Arzt mir mehrmals gesagt hat, ich solle bleiben, ich das aber abgelehnt habe.»

Dann kam er auf das eigentliche Thema seines häufigen Eintretens in die Klausur zu sprechen: sein Verhältnis zu Maria Luisa. Er habe nie von sich aus die Nähe dieser jungen Nonne gesucht, vielmehr sei der Wunsch um besonderen seelsorglichen Beistand für diese stets vom Kloster und seinen Verantwortlichen ausgegangen. Er habe Maria Luisa bei ihrem übernatürlichen Leiden stets nur auf ausdrücklichen Wunsch der Äbtissin beigestanden. Und tatsächlich habe er sie nicht selten durch seinen Segen heilen können. Dabei war für ihn die «Realität der Krankheit» eindeutig bewiesen. Maria Luisa hatte mehrfach keinerlei Puls mehr, war von Sinnen, und es schien ihm, als ob sie Besuche von himmlischen Personen bekommen habe. «Anlässlich dieser Begebenheiten blieb ich einige Male nicht nur nachts, sondern auch den Morgen danach im Kloster; im Jahr 1859 auch mehrere Tage lang. Dies nicht nur, weil ich sie beobachten wollte, sondern auch, weil die Nonnen mich ausdrücklich darum gebeten hatten, indem sie sagten, dass die Schwester nur dank meines Segens wieder aufstehen konnte. Trotzdem kam das Übel manchmal wieder, nachdem es verschwunden war.»

Vielleicht habe er aber – so räumte der Jesuit geschickt ein – dem Wunsch Maria Luisas und der Äbtissin nach seelsorglichem Beistand und außerordentlichem Segen zu oft nachgegeben, und vielleicht sei er daher doch zu oft in der Klausur gewesen. Er hätte sich einfach genauer darüber informieren sollen, was «die Fachleute» über dieses Thema geschrieben hatten – wieder ein typisches Argument des gebildeten Theologen. Bei all seinem seelsorglichen Engagement habe er jedoch nie bewusst die Klausur verletzt, weil es sich aber um «außerordentliche Dinge» gehandelt habe, hätte er vorsichtiger sein müssen.

Nun ging der Jesuit näher auf seine Beziehung zu Maria Luisa ein: «Ich komme jetzt zur Hauptsache meines Geständnisses, das ich nicht ohne große Verlegenheit und bittere Schmerzen ablegen kann. Ich beschuldige mich, dass ich im Sommer 1857 der oben genannten Schwester Maria Luisa nicht nur mehrmals die Hände, die Füße, das Gesicht, den Mund und das Herz – von außen, auf dem Gewand – geküsst habe, da ich dachte, sie sei von Sinnen, sondern sie in jenem Zustand, der mir ekstatisch zu sein schien, auch umarmt habe. Damit wiederhole ich mein Schuldeingeständnis, das ich schon zu den Füßen des Heilands erklärt habe, und vor Ihm behaupte ich: 1. dass ich diese Handlungen nicht deswegen begangen habe, um weitere von Natur aus obszöne Taten begehen zu können; 2. dass ich von keiner unreinen Leidenschaft dazu veranlasst wurde; 3. dass ich jener Person gegenüber keine sittenlose Liebe und auch keine Zuneigung gespürt habe, die zu einer größeren Vertraulichkeit neigen würde; 4. dass ich solche Handlungen als Verehrungsakte beging, sodass ich immer kniend die Akte mit großem Widerwillen beging; 5. dass ich ehrlich und fest geglaubt habe, die Schwester sei von Sinnen und dass sie nichts davon merkte; 6. folglich habe ich mit ihr nie darüber gesprochen; 7. schließlich habe ich in dem Jahr, das diesen Ereignissen vorausging, und in den zwei darauffolgenden Jahren niemals gegenüber jener Schwester oder gegenüber irgendeiner anderen eine freie oder zu familiäre Haltung beim Sprechen oder bei etwas anderem angenommen, sondern immer die von der religiösen Würde und Bescheidenheit verlangte Haltung.»

Diese Akte seien, was Kleutgen im fünften Punkt seines Dossiers ansprach, einige Male auch in der Zelle Maria Luisas geschehen, als sie von Sinnen in ihrem Bett lag. Dabei sei sie aber keineswegs nackt gewesen, sondern, wenn auch «bescheiden angezogen», so doch zugedeckt. Die genaue Art und Weise des geforderten «seelsorgerlichen» Beistandes und des besonderen «Segens» seien in den Himmelsschriften «sehr eindeutig» beschrieben worden. Daher glaubte er, stets den Willen des Himmels zu vollziehen. Ihm sei aber klar gewesen, dass man die in den Himmelsbriefen vorgeschriebenen Handlungen «wegen der großen Gefahr normalerweise nicht begehen» sollte. «Gott hätte sie eigentlich nie gewollt und nicht mehr gewollt; aber das war nicht nur ein Sonderfall, sondern ein Einzelfall, und die Sache würde nach kurzer Zeit enden, und zwar, wenn die Schwester in den Zustand der tiefen Ruhe geraten würde. Tatsächlich hörten diese Dinge dann auch auf.»

Das war in Kleutgens Darstellung die ganze «traurige Geschichte». Die Handlungen, die nach Erotik und Sexualität aussahen, waren besonders einmalige, von Gott ausdrücklich angeordnete Formen der Seelsorge. Irgendein Begehren oder gar Lust hatte er dabei nie gespürt, eher sogar «Widerwillen». Es sei nun, so lautete sein Schlusssatz zum fünften Punkt, nicht mehr an ihm, zu beurteilen, ob sein Fehltritt entschuldbar sei oder nicht.

Im sechsten Punkt seiner Grundsatzerklärung ging Kleutgen auf Peter Kreuzburg ein.[23] Er gab zu, diesen seit rund zwanzig Jahren zu kennen. Kreuzburg sei gegen seinen Willen 1857 nach Rom gekommen, obwohl er ihm ausdrücklich geschrieben habe, sich hier nicht um ihn kümmern zu können. Schon vor seiner Ankunft am Tiber habe er den Amerikaner mehrmals dem «Gebete Schwester Maria Luisas anvertraut». Später sei dieser aus eigenem Antrieb nach Sant'Ambrogio gegangen und habe sich dort mit Maria Luisa getroffen, was sehr gute «Wirkungen» auf seinen Seelenzustand gezeigt habe.

Dann ging der Jesuit auf den Brief ein, den Kreuzburg auf Deutsch geschrieben und den Katharina für Maria Luisa übersetzt hatte. Kleutgen behauptete, von der Existenz dieses Briefes erst im Herbst 1858 über Kardinal Reisach erfahren zu haben. Damit bestritt er, von Katharina über die «unanständigen Ausdrücke» sowie die «Ungezogenheiten und Betrügereien» informiert worden zu sein. Maria Luisa habe ihm den Brief gegeben, den er oberflächlich las, bevor er ihn verbrannte. Auf diese Weise wollte er den Vorwurf eines Bruchs des Beichtgeheimnisses erst gar nicht aufkommen lassen und den zeitlichen – und damit möglicherweise auch kausalen – Zusammenhang zwischen dem obszönen Brief, der Empörung Katharinas und dem Beginn der Vergiftungsanschläge verwischen.

Abschließend ging Kleutgen, der von Reisach offenbar schon kurz nach der Ankunft Katharinas von Hohenzollern-Sigmaringen in Rom über deren Klosterpläne informiert worden war, zum siebten Punkt seines Dossiers über und wandte sich der Person der Anklägerin zu. Sie habe unbedingt in ein römisches Kloster eintreten wollen. Er sei jedoch von Anfang an wegen ihrer angeschlagenen Gesundheit überaus skeptisch gewesen. Äußerst widerstrebend habe er ihr schließlich doch verschiedene Frauenkonvente in Rom vorgeschlagen: Torre di Specchio,[24] die Salesianerschwestern vom Ordo Visitationis, die Teresiane[25] und Sant'Ambrogio. Kleutgen stilisierte sich in seiner Aussage als der große Bremser, weil er an Katharinas Berufung und letzten Entschlossenheit zum Klosterleben stets gezweifelt habe. Er habe sich bis zum Schluss gegen die Aufnahme der Fürstin in Sant'Ambrogio gewehrt, sich aber gegen die allerhöchste Protektion, die sie in Rom genoss, nicht durchsetzen können und die Weisheit der Entscheidungen der Oberen demütig akzeptieren müssen. «Die Prinzessin beklagte sich, weil ich als Einziger entgegenwirkte, während die hochwürdigen Kardinäle Patrizi und Reisach und selbst ihre Verwandten und Freunde sie – gegen jede Erwartung – unterstützten. Ich zögerte, mich zu äußern, weil ich die Schwierigkeiten eines Menschen ihres Standes, ihres Alters und ihrer *Nation* erwog, denen man in jenem Kloster begegnen konnte, und ich betrachtete auch das, was maßgebliche Menschen mir gesagt hatten und was ich selbst bei ihr beobachten konnte, und zwar, dass sie vielleicht nicht wirklich wegen ihrer Natur, sondern wegen der vielen erlittenen Krankheiten viel Phantasie und eine große Sensibilität, aber auch wenig Beharrlichkeit besaß. Obwohl Schwester Maria Luisa behauptete, die Prinzessin habe eine wahre und feste Berufung, machte ich mir Sorgen um die Prinzessin wegen Maria Luisa; dafür hatte ich eigentlich keinen besonderen Grund, aber ich wusste, dass außerordentliche Dinge bei solchen Damen – egal, wie sie sie auffassen würden – leicht zu einem Hindernis werden.»

Aus diesen Äußerungen erhellt sich die Verteidigungsstrategie Kleutgens: Die Aussagen und Anklagen der Fürstin sind nicht ernst zu nehmen. Katharina ist krank und überspannt; ihre Phantasie spielt ihr manchen Streich. Der nächste Schritt seiner Argumentation lag auf der Hand: Auch die Vergiftungsanschläge waren ausschließlich der Einbildung der psychisch angeschlagenen Prinzessin entsprungen.

Der Jesuit wies jeden Zusammenhang zwischen der Verabreichung eines vergifteten Medikaments und dem Ausbruch der schweren Erkrankung Katharinas am 9. Dezember 1858 zurück. «Aber obwohl die Prinzessin, nachdem sie ein Medikament genommen hatte, krank und von einer Kongestion am Herzen befallen wurde, darf man trotzdem ihre Krankheit nicht diesem Medikament zuschreiben.» Die Herzschwäche liege in der Familie, auch der Vater der Fürstin sei daran gestorben, und bei ihr selbst seien schon mehrfach Symptome der Krankheit diagnostiziert worden.

Kleutgen nannte in seinem Dossier ausdrücklich die Namen von Maria Giuseppa, Giuseppa Maria, Maria Giacinta und Maria Ignazia als Zeuginnen, die Vergiftungsvorwürfe erhoben hätten. «Wenn also alles dafür zu sprechen scheint, dass kein Gift verabreicht wurde, gibt es auch Gründe dafür, zu glauben, dass die genannten Ordensschwestern sich geirrt hatten. Die Prinzessin hatte eben ihre Verdächtigung schon vor ihrer Krankheit geäußert, und jene Schwestern wussten es. Darüber hinaus haben diese Nonnen verschiedene Umstände namhaft gemacht, die sich aber als nicht wahr erwiesen haben. ... Hätte ich nicht zwei oder drei Tage danach alles wieder versöhnt gefunden, wäre auch ich damals nicht ruhig geblieben. Es schien, als ob ein Sturm stattgefunden habe, nach dem sich die Gemeinschaft wieder in ihrer üblichen und perfekten Ruhe befand.»

Schließlich habe sich auch Katharina selbst wieder beruhigt. Die kriegerischen Auseinandersetzungen in Italien im Frühjahr und Sommer 1859 hätten sie dann aber erneut aus dem Häuschen gebracht. Als sie schließlich den Wunsch geäußert habe, das Kloster zu verlassen, seien ihr von niemandem Steine in den Weg gelegt worden. Und an im Kloster aufkommenden Diskussionen, ob der Teufel bei der ganzen Angelegenheit irgendwie seine Hände im Spiel gehabt hätte, habe er sich selbst nie aktiv beteiligt.

Von den Anklagepunkten, die Kleutgen am Ende des Informativprozesses zur Last gelegt worden waren, sprach er in seiner ersten spontanen Äußerung bis in die allerletzten Details hinein sieben an. Nur zwei Punkte, der Bruch des Beichtgeheimnisses und die Sollicitatio, kamen nicht vor. Einen solchen Text hatte der Jesuit unmöglich ohne genaue Kenntnis des bisherigen Prozessverlaufes, der Aussagen der einzelnen Zeugen und der ihm zur Last gelegten Anklagepunkte verfassen können. Natürlich bestand theoretisch die Möglichkeit, dass sich Kleutgen während des über ein Jahr dauernden Informativprozesses als ehemaliger Beichtvater von Sant'Ambrogio mit einzelnen Zeuginnen und Zeugen unterhielt. Im Fall des Anwalts Franceschetti tat er das auch nachweislich. Es war aber völlig ausgeschlossen, dass er auch mit nur einer einzigen Nonne aus dem Kloster in Kontakt trat, denn seine Entfernung als Beichtvater war mit dem ausdrücklichen Verbot einhergegangen, Sant'Ambrogio jemals wieder zu betreten. Weil sich aber der Eindruck aufdrängt, dass der Jesuit bis ins kleinste Detail hinein die Aussagen der Zeugen und die vom Untersuchungsgericht zusammengestellten Anklagepunkte kannte, spricht viel dafür, dass ihm bei der Abfassung seiner Verteidigungsschrift der Inhalt der *Relazione informativa* vom Januar 1861 bekannt war, mit der Sallua die Ergebnisse des Informativprozesses zusammengefasst hatte. Diese war aber eigentlich hochgeheim und nur den der Inquisition angehörenden Kardinälen und Konsultoren sowie dem Papst zugänglich. Wie war Kleutgen an diese Informationen gekommen? Wer hatte das «Secretum Sancti Officii» gebrochen?

Ein Kardinal bricht das Geheimnis des Heiligen Offiziums

Theoretisch kommen dafür rund vier Dutzend Personen infrage: Papst Pius IX., die zwölf Kardinalmitglieder der Inquisition und die dreißig Konsultoren und Qualifikatoren sowie der Kommissar, seine beiden Stellvertreter, der Assessor, der Fiskal und der Notar, denn lediglich sie erhielten ein Exemplar des Geheimdrucks der *Relazione*. Da auf den Bruch des Geheimnisses des Heiligen Offiziums schwere kirchliche Strafen bis hin zur Exkommunikation standen, dürfte es jemand gewesen sein, der Kleutgen besonders verpflichtet war.

Zunächst denkt man an Mitglieder der Gesellschaft Jesu, die sich in jenen Jahren durch einen besonders intensiven Korpsgeist auszeichnete. Und tatsächlich befanden sich in der Schar der Konsultoren 1860/61 zwei Jesuiten, nämlich Cornelis van Everbroeck[26] und

Camillo Tarquini.[27] Van Everbroeck war seit 1825 Professor am Collegio Romano und seit 1836 Konsultor des Heiligen Offiziums; Tarquini hatte seit 1852 ebenfalls eine Professur am Collegio Romano inne und war seit 1856 Konsultor. Beide waren Kleutgen durch seine Tätigkeit im Generalat der Gesellschaft Jesu bekannt.

Aus der Schar der zwölf Kardinäle des obersten Tribunals ist einer besonders verdächtig, nämlich August Graf von Reisach, den Pius IX. extra für diesen Prozess zum Kardinalmitglied der Inquisition gemacht hatte. Reisach war es, der Kleutgen unter dem Namen Peters als Beichtvater für Katharina von Hohenzollern angeworben und für den Eintritt der Fürstin in Sant'Ambrogio gesorgt hatte; Reisach war es, der von Kleutgen über die mit Alaunstein vergiftete Suppe informiert worden war; Reisach war es, der schon deswegen ein Interesse daran haben musste, dass sein Vertrauter Kleutgen sich vor Gericht möglichst gut verteidigte, damit er nicht selbst in Gefahr geriet. Daher spricht alles für den deutschen Kurienkardinal als Informant Kleutgens, der ihm vielleicht sogar ein Exemplar der geheimen *Relazione* übergab.

Kleutgen war mit Reisach nicht nur über Sant'Ambrogio und Katharina von Hohenzollern verbunden. Der Jesuitenpater war vielmehr der engste theologische Berater des deutschen Kardinals, der wegen seines Verhaltens als Erzbischof von München und Freising in Bayern nicht länger haltbar gewesen und auf Wunsch des bayerischen Königs 1855 von Pius IX. zum Kurienkardinal befördert worden war. Reisach hatte damals die bayerische Regierung wegen seiner unnachgiebigen Haltung bei einer pragmatischen Lösung des Verhältnisses von Kirche und Staat gegen sich aufgebracht. Überdies verärgerte er persönlich König Ludwig I.[28] mit seinem antiökumenischen Verhalten bei den Beisetzungsfeierlichkeiten der evangelischen Königin Karoline[29] – der zweiten Ehefrau von Ludwigs Vater. Und er stieß auch bei vielen seiner Bischofskollegen auf massiven Widerstand. Denn der bei den Jesuiten in Rom ausgebildete Reisach lehnte 1848 die Bildung einer deutschen Bischofskonferenz als antipäpstliche Veranstaltung ab, weil er darin ein Wiedererstarken des bischöflichen Selbstbewusstseins in Deutschland und eine Tendenz zu einer neuen deutschen Nationalkirche sah.[30] Auch seine Vorliebe für mystische

Phänomene, insbesondere seine Abhängigkeit von der stigmatisierten Seherin Louise Beck, stießen im deutschen Episkopat auf Ablehnung.

Reisach schrieb seine Abschiebung nach Rom jedoch insbesondere dem Münchener Kirchenhistoriker Ignaz von Döllinger, der sich vom Ultramontanen zum Liberalen gewandelt hatte, und dessen theologischen Freunden zu. In Rom wollte er an diesen Rache nehmen; diese ganze Richtung sollte desavouiert und mundtot gemacht werden – durch Indizierungen und andere päpstliche Bannstrahlen.

Zur Durchsetzung dieses Programms brauchte er Bündnisgenossen, die ihm die theologischen Argumente lieferten. Sein wichtigster Mitstreiter, der alle Ansichten mit ihm teilte und ihn theologisch beriet, war Joseph Kleutgen, mit dem ihn seit 1856 eine enge Freundschaft verband. Der Kurienkardinal verfügte über die erforderlichen Kontakte und den entsprechenden kirchenpolitischen Einfluss, weil er das Ohr Pius' IX. besaß; der Jesuit brachte das philosophische Know-how ein für die notwendigen Gutachten, Papiere und Exposés. Reisach wollte eine strikte Papstkirche, Kleutgen lieferte dazu den geistigen Überbau durch die *Theologie der Vorzeit*. Nicht umsonst finanzierte der Kardinal als «warmer Fürsprecher» des Jesuiten die italienische Ausgabe des Werkes.[31]

Dass Reisach seinen wichtigsten intellektuellen Gewährsmann nicht im Regen stehen ließ, als dieser in die Bredouille geriet, liegt auf der Hand, zumal ihm die kirchenpolitischen Hintergründe des Falls Sant'Ambrogio nicht entgangen sein konnten. Die Personenkonstellationen machten dies ohnehin wahrscheinlich: der liberale, italienfreundliche Erzbischof Hohenlohe und der theologisch fortschrittliche Benediktiner Maurus Wolter auf der einen Seite – Reisach, Kardinal Patrizi und der Jesuit Kleutgen als Papalisten auf der anderen Seite. Das Ganze nahm außerdem Züge eines klassischen Ordenskonflikts an: zwischen den eine Versöhnung von Kirche und Moderne anstrebenden Benediktinern von Sankt Paul vor den Mauern und den unter dem Einfluss der Neuscholastik immer strikter auf Abgrenzung setzenden Jesuiten. Wenn Reisach nicht nur Kleutgen als Person wegen seiner sittlichen Verfehlungen als Beichtvater angeklagt sah, sondern dadurch zugleich die ganze theologische und kirchenpolitische Richtung, für die sie beide standen, vor die Schranken des obersten Tribunals zitiert wähnte, dann verwundert es nicht, dass er als Mitglied des Gerichts den Jesuiten als Angeklagten über die internen Ergebnisse der Ermittlungen exakt auf dem Laufenden hielt. Die Verpflichtungen innerhalb der eigenen Seilschaft waren wichtiger als das Interesse der ganzen Kirche; das Vertrauen der eigenen Klientel wertvoller als die Vertraulichkeit der Akten des Gerichts. Ihm musste klar sein, dass ein Bruch des «Secretum Sancti Officii» automatisch die Strafe der Exkommunikation nach sich zog. Dieses Risiko nahm Reisach offenbar in Kauf, um seinem Mann optimale Verteidigungsmöglichkeiten vor Gericht zu verschaffen.

Auch wenn Kleutgen vor der Inquisition die besondere Qualität seiner Beziehung zu Reisach nicht direkt ansprach, so gab er doch indirekt zu, dass der Kardinal ihn über das Verfahren auf dem Laufenden gehalten hatte. Er führte aus, «durch Erzählungen des Hochwürdigsten Reisach erfahren zu haben, dass die Prinzessin in ihren Aussagen ziemlich übertrieben hat. In einigen ihrer schriftlichen Einlassungen zum Kloster hat dieser eine Reihe von Ungenauigkeiten festgestellt.»[32] Damit gab Kleutgen zu erkennen, dass er zumindest über die Anklage Katharinas von Hohenzollern genauestens im Bild war – informiert durch ein Kardinalmitglied der Suprema, das zugleich sein Vertrauter war. Der Jesuit behauptete im Verhör vom 28. März 1861, Katharina selbst habe ihm den Text ihrer Anklageschrift zur Verfügung gestellt.[33] Aber was hätte die Fürstin bei all ihrer Gutgläubigkeit dazu bewegen sollen? Außerdem verfügte Kleutgen, wie sein Dossier belegt, über Informationen, die weit über den Inhalt der *Denunzia* Katharinas hinausgingen. Er befand sich auf dem Stand nach Abschluss des Informativprozesses – und diese Informationen konnte ihm Katharina nicht geliefert haben. Sie waren nur einem Mitglied der Inquisition zugänglich.

Es könnte sein, dass Kleutgen der Hinweis auf Reisach im Eifer der Verteidigung eher unbeabsichtigt herausgerutscht ist. Wahrscheinlicher aber dürfte es sein, dass der Jesuit diese Information wohlüberlegt preisgab, um eine unmissverständliche Botschaft an den Dominikaner Sallua und die übrigen Untersuchungsrichter zu senden: Passt auf, ich bin über die Sache und euer Verhalten genau im

Bild, und mein Freund, der Kardinal, wird euch auch weiter genau auf die Finger schauen.

Kleutgen behielt in den Verhören diesen überaus selbstbewussten Standpunkt bei. Er wollte in diesem Prozess als Zeuge und nicht als Angeklagter behandelt werden. Damit setzte er sich vor dem Heiligen Tribunal trotz ständiger Wiederholung und trotz aller Protektion im Hintergrund nicht durch. Er war nach Beschluss der Kardinäle und des Papstes einer der Hauptangeklagten – und damit basta.

Und der Kult der Firrao war doch erlaubt

Mit den Einlassungen Kleutgens war der erste Teil des Akkusationsprozesses vorbei. Jetzt war das Gericht am Zug. Würde die Inquisition die Position des Jesuiten erschüttern und ihn zu wirklichen Schuldeingeständnissen im Sinne der Anklage bewegen können, wie es ihr bei den übrigen drei Hauptangeklagten letztlich jeweils gelungen war?

Die Richter waren bei Kleutgen in einer deutlich schwierigeren Position als bei den anderen Angeklagten. Sie hatten es erstens mit einem erfahrenen Theologen zu tun, der die Kunst der Argumentation und scholastischen Distinktion glänzend beherrschte und zweitens über Insider-Informationen zum Prozessverlauf verfügte. Er konnte daher seine Verteidigung gezielt aufbauen und neuen Sachlagen anpassen. Diese Möglichkeit, die für ein modernen Standards entsprechendes Gerichtsverfahren selbstverständlich ist, war bei Inquisitionsverfahren nicht üblich, was mitunter zum Vorwurf der Willkürjustiz in Rom geführt hat. Drittens kannte Kleutgen durch seine Tätigkeit als Gutachter der Indexkongregation die Usancen und Abläufe römischer Kongregationen sowie zahlreiche Akteure in der Indexkongregation und der Römischen Inquisition.

Die Verhöre des Jesuiten zogen sich hin und verästelten sich in zahlreiche Einzelfragen. Immer wieder reichte Kleutgen schriftliche Aussagen ein, mit denen er seine mündlichen Einlassungen vom Vortag korrigierte, präzisierte und zum Teil auch widerrief. Wie die anderen Hauptangeklagten wurde auch er mit dem Vorwurf konfrontiert, Maria Agnese Firrao als Heilige verehrt und ihren Kult im Kloster Sant'Ambrogio gefördert zu haben. Nachdem er sich mit diesem Anklagepunkt Anfang April 1861 mündlich relativ gewunden auseinandergesetzt hatte, legte er dazu in seinem Verhör am 16. April 1861 eine ausgefeilte schriftliche Stellungnahme vor.[34] Dieser Text machte deutlich, dass der Jesuit keineswegs bereit war, sich als Angeklagter in die Defensive drängen zu lassen, sondern vielmehr versuchte, aus dem Verhör eine scholastische Disputation zu machen.

Die «Quaestio» lautete: Ist der Kult der Firrao erlaubt oder nicht? Das Gericht stellte zu dieser Frage eine These, genannt «Propositio», auf: Der Kult der Firrao ist verboten. Kleutgen gerierte sich als Opponent, der diese These zu widerlegen hatte. Wie in scholastischen Publikationen üblich, nahm er dabei alle denkbaren gegnerischen Argumente auf und versuchte, sie durch eigene Gegenargumente, die sogenannten «Contradictiones», zu widerlegen, um so zur «Solutio», zur Lösung der Frage, zu kommen.[35]

Kleutgen schilderte ausführlich, warum er geglaubt hatte, dass die Verehrung Maria Agnese Firraos als Heilige «nicht mehr verboten» gewesen sei. Bisher habe er auf eine ausführliche Erörterung dieses Punktes vor dem Heiligen Tribunal verzichtet, weil er befürchtete, «ausgedehntere Ausführungen dazu könnten der Autorität gegenüber respektlos erscheinen. Jetzt aber, wo eine solche Erklärung mir nicht nur erlaubt, sondern ausdrücklich befohlen wird, kann ich offen sprechen.»

Mit seiner Aussage legte Kleutgen den Finger in eine schwärende Wunde der Römischen Inquisition, deren Urteil von 1816 gegen die Mutter Gründerin nicht befolgt worden war. Man hatte in Sant'Ambrogio so getan, als ob es die Damnatio nie gegeben hätte. Hier ging es ans Eingemachte: Wo käme man hin, wenn jede dahergelaufene Nonne und jeder kleine Beichtvater einfach ungestraft die Urteile der obersten römischen Glaubensbehörde missachten könnte? Der zweite Sant'Ambrogio-Prozess sollte diese Schmach endgültig auswetzen.

Im ersten Schritt führte Kleutgen vier Gründe an, die aus seiner Sicht die Verehrung Maria Agneses als Heilige rechtfertigten: «1. Die

Regel der reformierten Schwestern wurde nach der Verurteilung der Gründerin ein zweites Mal von Leo XII. zugelassen. 2. Auch die Konstitutionen wurden von dem Hochwürdigsten Kardinalvikar nach der Verurteilung erneut zugelassen. 3. Zwei Bände, die von Maria Agnese verfasst worden waren und vorwiegend Weisungen für das Klosterleben enthielten, wurden aufgrund einer ausdrücklichen Erlaubnis durch die kirchliche Autorität von den Nonnen gelesen. 4. Ich glaubte, der Briefwechsel mit der Gründerin sei seit längerer Zeit durch päpstlichen Akt erlaubt worden.»

Im zweiten Schritt nahm Kleutgen den möglichen Einwand seiner Gegner auf, die kirchliche Autorität habe lediglich die Texte der Firrao für beispielhaft erklärt, die Autorin selbst aber nach wie vor als falsche Heilige betrachtet. Gegen dieses Argument führte der Jesuit als Contradictio an: «Obwohl das Leben nicht immer mit der Lehre übereinstimmt, sodass man das Leben verurteilen und die Lehre billigen kann, wäre es doch sehr unwahrscheinlich, dass eine böse und heuchlerische Frau Bände über das geistliche Leben schreibt, ohne dass das Gift, von dem sie erfüllt ist, irgendwie in diesen Büchern auftauchen würde. Und wenn schon dies schwierig ist, erscheint es folglich auch unwahrscheinlich, dass eine falsche und niederträchtige Frau ... Regeln, Konstitutionen und Traktate über die Frömmigkeit schreibt, in denen gelehrt wird, wie und in welcher inneren geistlichen Einstellung alle privaten und gemeinschaftlichen Handlungen des Klosterlebens auszuführen sind, ohne dass diese Vorschriften mit der gesunden Frömmigkeitslehre in geringstem Widerspruch stehen. Aber falls es doch möglich sein sollte, dann würde die Kirchenbehörde – ich zumindest dachte so – solche Schriften nie approbieren.» Dass drei Texte – Regel, Konstitution und zwei Bände geistliche Exhorten – kirchlich approbiert waren, stand dabei eindeutig fest.

Die mögliche Argumentation seiner Gegner, die den von ihm bei dieser Contradictio behaupteten Zusammenhang von Lehre und Lebenswandel, von Autor und Text bestreiten konnte, griff Kleutgen ebenfalls von sich aus auf, um sie zu widerlegen. Der Jesuit legte dar, dass die kirchliche Autorität dann den Nonnen von Sant'Ambrogio eine «doppelte Pflicht auferlegt hätte», die diese nie hätten erfüllen können. Die Besonnenheit der kirchlichen Autorität mache es aber unmöglich, unerfüllbare Gebote aufzustellen. «Wenn die Oberen die Befolgung der Verurteilung immer noch verlangten, was hätte man dann von den Ordensschwestern erwarten können? Sie müssten fast jeden Tag die Worte der Maria Agnese im Chor, im Kapitelsaal, im Refektorium hören und Tag und Nacht im Kopf präsent haben, sie müssten diese lieben und verehren als den treuen Ausdruck des göttlichen Willens; sie hätten aber gleichzeitig darauf aufpassen müssen, keine gute Meinung über diejenige zu haben, die durch diese Schriften zu ihren Herzen sprach und damit fortfuhr, die gleichen Dinge durch ihre äußerst häufigen Briefe einzuimpfen; sie sollten sich also davon überzeugen, heilig werden zu können, und Gott dankbar sein, solange sie von dem Geist der Regel, der Konstitutionen und der anderen Schriften Maria Agneses durchdrungen waren, und durften gleichzeitig doch nicht daran zweifeln, dass jene Dokumente des geistlichen Lebens aus einem Herzen kommen, das nicht mit göttlicher Gnade, sondern mit Boshaftigkeit und der Galle der Bitterkeit erfüllt ist.» Eine solche «doppelte Pflicht» hätte die frommen Frauen zerrissen. Deshalb habe die Kirche sie auch nicht verlangt.

Erst danach präsentierte Kleutgen genüsslich das wichtigste Argument für die Erlaubtheit der Verehrung Agnese Firraos: «Leo XII. hat die Regel wieder angenommen und das Wiederaufblühen der Reform gefördert; dieser Papst hat die Beziehung zwischen den Ordensschwestern und der Gründerin erlaubt.» Außerdem hätten die Ordensschwestern die Konstitutionen und die anderen Schriften Maria Agneses kraft der Sanatio, also der rückwirkenden Heilung einer fehlerhaften Rechtshandlung, durch Leo XII. erhalten. Unverhohlen spielte der Jesuit auf die Entscheidung der Inquisition von 1816 an: «Um aus diesen Akten keinen Widerspruch herauslesen zu müssen, habe ich gedacht, dass die Oberen festgestellt hätten, dass bei dem Prozess gegen Maria Agnese das geschehen sei, was geschehen kann.» Das hieß im Klartext nichts anderes, als dass das Heilige Offizium geirrt und der Papst 1829 diesen fehlerhaften Rechtsakt saniert hatte. Weiter erklärte Kleutgen: «Ich bezweifelte nicht die Kompetenz des Heiligen Offiziums für die Prüfung von Rechtssachen.» Was den

Widerruf von Maria Agnese betreffe, wisse er von einem Brief, den sie dem Heiligen Offizium geschickt hatte. «Ich habe aber nie gehört, dass dieses Dokument von der kirchlichen Autorität dem Kloster formell zugestellt wurde.» Wäre dies geschehen, hätten die Nonnen in der Tat nicht sagen können, sie hätten davon nichts gewusst.

Das war starker Tobak. Hier wurden dem Heiligen Offizium Inkompetenz bei der formalen Durchführung seiner Beschlüsse und Dilettantismus vorgehalten. Das Gegenargument der Richter, im Kloster sei trotz einer möglicherweise unterbliebenen Zustellung der Schriftstücke faktisch nie an der ununterbrochenen Gültigkeit des Verurteilungsdekrets von 1816 gezweifelt worden, ließ Kleutgen nicht gelten: «Ich kann nicht glauben, dass so tugendhafte und einfache Frauen sich der Autorität bewusst widersetzt hätten. Als ich ins Kloster kam ... fand ich die Verehrung Maria Agneses als Heilige, die sich durchgesetzt hatte, als eine Tatsache vor ... Schließlich, um alles mit wenigen Worten zu sagen, fanden ich und viele andere, die Maria Agnese kannten, ihre Verehrung in ihrer Ordnung völlig normal; immerhin hatten sie andere Patres vor mir toleriert: Schon in den ersten Monaten merkte ich, dass der Kardinal della Genga, Generalinquisitor und Präfekt der Kongregation der Bischöfe und der Regularen, – der, ich weiß nicht, auf Grund welchen Auftrags, seine Autorität auch über das Kloster ausübte – von jener Verehrung wusste und sie nicht verhinderte: Bei genauer Betrachtung schien es mir, als ob die Hauptursache jener Verehrung eben in der Haltung der zuständigen Autorität lag.» Also hatten die höchsten Stellen der kirchlichen Hierarchie den Kult der Firrao angeordnet oder zumindest geduldet. Die gehorsamen Nonnen hatten diese Vorgaben von oben nur umgesetzt.

Sallua versuchte dagegenzuhalten.[36] Die «oberste Autorität», womit das Heilige Offizium sich selbst meinte, habe niemals irgendein Wort geäußert, das auch nur entfernt als Nachsicht oder gar Straferlass gegenüber der Firrao hätte interpretiert werden können. Aber dieser Einwand ging an Kleutgens Argumentation vorbei. Denn er hatte bewusst nicht dem Heiligen Offizium die oberste Autorität im Fall Firrao zugebilligt, sondern selbstverständlich dem Papst. In diesem Fall war das eben Leo XII. gewesen, der die Zuständigkeit für das Kloster an den nach Kirchenrecht zuständigen Kardinalvikar als Protektor von Sant'Ambrogio delegiert hatte. Daneben traten andere hochrangige Kuriale, besonders Kardinal Gabriele della Genga, der Papstneffe, und Kardinal Nicola Clarelli Paracciani, ebenfalls ein eifriger Besucher und Unterstützer des Klosters.

Der Untersuchungsrichter musste zwar zähneknirschend die Bestätigung der Regel durch Leo XII. eingestehen, eine Rehabilitierung der Firrao als Verfasserin sei damit aber nicht verbunden gewesen. Ihre Verurteilung habe bis zum Tod gegolten. «Die Kirchenbehörde hat also bei der Bewilligung oder bei der Erlaubnis des Gebrauchs dieser Regel und der Konstitutionen nie, *auch nicht indirekt*, daran gedacht, dass die Verfasserin diese göttlich inspiriert geschrieben habe oder dass sie auch nur ihrem eigenen Verstand entsprungen seien.» Denn das Allermeiste sei anderswo abgeschrieben worden.

Der Schlagabtausch zog sich in Form eines gelehrten Streitgespräches weiter hin. Die Tatsache des Breves Leos XII. konnte das Gericht allen Uminterpretationen zum Trotz nicht leugnen. Peters versuchte daraus eine zumindest indirekte Erlaubnis zur Verehrung Maria Agneses als Heilige abzuleiten, was das Breve als solches freilich kaum hergab. Der Jesuit gab zu, Agnese Firrao auch selbst verherrlicht zu haben, weil er sich, seiner Argumentation zufolge, dazu berechtigt gesehen habe. Darauf warf man ihm «geistliche Hoffart» vor.

Kleutgen war nicht bereit, in der Sache selbst klein beizugeben. Und Sallua kam ihm mit seinen Argumenten letztlich nicht bei. Auf der Sachebene stand Behauptung gegen Behauptung, Auslegung gegen Auslegung, Lesart gegen Lesart, insgesamt also ein Unentschieden. Der Jesuit war am Ende dieser Disputation lediglich zu einem minimalen Zugeständnis bereit. Sein Text, in dem er für die Erlaubtheit der Verehrung Maria Agneses argumentiert habe, dürfe nicht so verstanden werden, als ob es an seinem Verhalten überhaupt nichts zu kritisieren gäbe. Er habe vor Gericht lediglich einige Argumente für seinen «guten Glauben» an die Legitimität des Kultes der heiligen Agnese vorbringen wollen. Was die Bestätigung der Regel und der Konstitutionen durch Leo XII. und die von ihm daraus abgeleitete Rehabilitierung der Firrao anging, blieb Peters bei seiner Position: Text und Autorin seien nicht zu trennen. Eine rechtgläubige Regel könne nicht von einer Ketzerin stammen. Und umgekehrt: Eine falsche Heilige könne keine heiligmäßigen Konstitutionen schreiben. Das Lehramt der Kirche könne nicht mit sich selbst in einen Widerspruch geraten, indem es einen Text gutheiße und gleichzeitig dessen Autorin verurteile.

Damit hatte Kleutgen in der zentralen Frage der Erlaubtheit des Kultes der Firrao in geradezu genialer Weise den Schwarzen Peter der kirchlichen Autorität oder besser gesagt: unterschiedlichen kirchlichen Autoritäten und letztlich dem Papst zugeschoben. Wenn aber die kirchliche Autorität den Kult der heiligen Maria Agnese durch die Bestätigung ihrer Regel und die ausdrückliche Aufhebung aller kirchlichen Strafen, Zensuren und Verbote gegen Sant'Ambrogio – und das stand im Breve Leos XII. tatsächlich – zumindest indirekt sanktioniert hatte, konnte daraus kein Anklagepunkt in einem Inquisitionsverfahren mehr werden.

Während die übrigen Angeklagten und die Zeuginnen, indem sie den Kult der Firrao bekannten, gleichzeitig die Prämisse der Inquisition akzeptierten, dass die Verehrung Maria Agneses ein Straftatbestand war, stellte Kleutgen gerade diese Voraussetzung infrage. Der Spitzentheologe Joseph Kleutgen hatte mit theologischen Argumenten die Frömmigkeitspraxis des Beichtvaters Giuseppe Peters absolut gerechtfertigt. Es bestand kein Konflikt zwischen den beiden Rollen: Peters-Kleutgen war mit sich im Lot.

Theologie und Zungenküsse

War Maria Luisa eine echte Heilige? Mit dieser Frage hielten sich die Inquisitoren besonders lange auf.[37] Vom 11. März, dem Tag des ersten Verhörs, bis in den Juli hinein sprachen sie Kleutgen ständig auf dieses Thema an. Er bot ihnen ein dauerndes Hin und Her und kam immer wieder mit neuen Haarspaltereien und Spitzfindigkeiten. Wurde er mit eindeutigen Zeugenaussagen konfrontiert, antwortete er ausweichend und gab dazu am nächsten Tag einen ausformulierten Text ab,

Theologie und Zungenküsse

in dem er nur das eingestand, was bereits eindeutig bewiesen war. Alles andere leugnete er. Dann begann das Spiel von vorne.

Bereits in seinem zweiten Verhör am 12. März 1861 gab Kleutgen einen eigenhändig geschriebenen Text ab, in dem er aus den exzellenten theologischen Kenntnissen der ungebildeten Nonne auf ihre Heiligkeit und die Echtheit der ihr widerfahrenden übernatürlichen Phänomene schloss.[38] «Um über die von mir für übermenschlich gehaltenen Ereignisse zu sprechen, ließ ich Schwester Maria Luisa über die sublimsten Mysterien unserer Religion reden, nicht nur über die Heilige Dreifaltigkeit im Allgemeinen, sondern auch über den innertrinitarischen Hervorgang der göttlichen Personen,[39] über die Eigenschaften Gottes und ihren Zusammenhang untereinander,[40] nach unserer Vorstellungsart oder an sich, über die Schöpfung,[41] die Erlösung[42] und vor allem über das Wirken Gottes in der Seele.»[43]

Das alles waren in der Tat Themen, die höchste Ansprüche an die philosophische und theologische Vorbildung des Gesprächspartners stellten. Die sogenannten «processiones ad intra» der immanenten Trinität gehören bis heute zu den schwierigsten Themen der dogmatischen Gottes- und Trinitätslehre. Wenn Maria Luisa hier genau Bescheid wusste, dann eben nicht durch langjähriges Studium. Dieses Wissen konnte sie nur bei ihren Entrückungen in den Himmel und der unmittelbaren Begegnung mit Gott erhalten haben.

«Ich muss sagen, dass ich niemals einen Fehler bemerkte und dass die Schwester über all diese Mysterien mit bewunderungswürdiger Klarheit sprach, dass sie auf meine Einwände mit Schlagfertigkeit und Exaktheit antwortete, indem sie immer die richtigen Ausdrücke und oft diejenigen gebrauchte, die nur die Gelehrten kennen. Ich konnte es nicht bezweifeln, dass es eine ihr eingegossene Erkenntnis war; ich wusste in der Tat, dass sie nur die Ausbildung eines armen Mädchens hatte, bevor sie ins Kloster eintrat, und ich konnte im Kloster auch nicht erfahren, wie sie ansonsten eine solch hohe Bildung anders hätte bekommen können.» Das sei für ihn ein schlagender Beweis nicht nur für Maria Luisas Heiligkeit, sondern auch für die Echtheit der Himmelsbriefe gewesen.

Damit leitete der Jesuit von sich aus zu einem Thema über, das Sallua brennend interessierte. Als Corpus Delicti stand ihm nur der himmlische Brief zur Verfügung, der den Theologen Passaglia und Schrader zum Schaden gereichen sollte. Sallua wollte wissen, wie die Gottesmutter, oder besser Maria Luisa, eigentlich auf die Idee zu diesem Brief gekommen war, der eine sehr genaue Kenntnis der Verhältnisse an der Gregoriana und innerhalb des Jesuitenordens voraussetzte.

Einiges konnte der Dominikaner sich natürlich selbst zusammenreimen. Unter den Jesuiten gab es eine heftige Auseinandersetzung darüber, welche theologische Richtung der Orden einschlagen sollte. Während Passaglia ein eher pluralistisches Modell propagierte, setzte sich Kleutgen für ein Monopol der Neuscholastik ein. Der Schlag gegen Passaglia musste Kleutgen sehr zupassgekommen sein.

Der Jesuit antwortete wie üblich verklausuliert. Ja, er habe mit Maria Luisa einmal über die Theologie Passaglias gesprochen, freilich ohne diesen beim Namen zu nennen. Aber: Wie sollte Maria Luisa dann auf den Namen des Jesuitentheologen gekommen sein? Ganz einfach: Maria Luisa wusste durch ihre Besuche im Himmel über den theologischen Richtungsstreit innerhalb der Gesellschaft Jesu genauestens Bescheid. Im nächsten Satz gab Kleutgen aber dann doch zu, mit Maria Luisa direkt über Schrader und Passaglia, ihr Verhältnis zueinander und ihre theologischen Positionen gesprochen zu haben, nicht ohne gleich wieder einzuschränken, die ganze Affäre sei damals ohnehin öffentlich geworden, sodass Maria Luisa auch von «anderen Personen» die einschlägigen Informationen erhalten haben könnte. Auf die Frage, wie es sich nun mit dem überirdischen Brief in Sachen Passaglia genau verhalte, antwortete Kleutgen sehr kryptisch: «Ich glaube, dass es so ist, obwohl ich keine klare Erinnerung an diese Einzelheiten habe.»

Diese Aussage konnte die Richter nicht befriedigen. Sie verlangten präzisere Antworten. Also sagte der Jesuit, die Madre Vicaria habe behauptet, der Passaglia-Brief sei in ihrer Anwesenheit von der Heiligen Jungfrau im Himmel geschrieben worden. Kleutgen unterstrich, der General habe im Konflikt um Passaglia unbedingt «die Lehre des heiligen Thomas unterstützen» müssen. Damit hatte Sallua das Motiv für Kleutgens Inspiration des Marienbriefs. Maria Luisa wusste von seinem Herzensanliegen, der Wiederbelebung der Scholastik, und versuchte, ihm durch einen Brief der Gottesmutter zu dienen. Ob Kleutgen, nachdem er erfahren hatte, dass die Himmelsbriefe und damit auch der Beckx-Brief irdische Fälschungen waren, in irgendeiner Form reagiert hatte, verriet er vor Gericht bezeichnenderweise nicht.

Sallua sprach den Jesuiten auch wiederholt auf den speziellen jesuitischen Segen an, der das Gericht in den Aussagen Maria Luisas hatte aufhorchen lassen. Nach ausweichenden Antworten in mehreren Verhören ließ Kleutgen am 22. April 1861 wieder einmal einen Text zu den Akten nehmen.[44] Darin gab er die Praxis des außerordentlichen jesuitischen Segens mit Umarmungen und Küssen zu. Er bezeichnete ihn als «Ministerium», als «außerordentlichen» und «übermenschlichen» seelsorgerlichen Dienst. Er habe diese Akte stets nur im guten Glauben und im Gehorsam gegenüber der Gottesmutter vollzogen. Gott habe durch die Allerseligste Jungfrau Schwester Maria Luisa auserwählt, um die Bosheit der Welt zu überwinden und das Reich Gottes wieder aufzubauen. «Gott hat bestimmt, dass ich ihr auf besondere Weise dabei assistiere, sie schütze und behüte.» Die mit dem Segen verbundenen Handlungen hätten ihn zwar zunächst «verwirrt», durch die Himmelsbriefe sei er jedoch immer wieder beruhigt worden. In diesen hieß es, Gott verlange diese Akte nur in einer bestimmten Phase, die der «perfekten Verbindung» der Seele Maria Luisas mit Gott vorangehe. Die Briefe hätten zwar auch von einer «Union» zwischen ihm und Maria Luisa gesprochen, dabei sei es aber stets um eine rein geistliche Vereinigung gegangen, andere Arten von «Liebe» oder gar eine körperliche Vereinigung hätten dabei keine Rolle gespielt.

Der Hinweis auf andere Arten der Liebe brachte die Inquisition wie von selbst dazu, nach den genauen Umständen der Affäre des damals Mitte Dreißigjährigen mit einer gewissen Alessandra N. zu fragen. Kleutgen musste nun den vollständigen Namen seiner Geliebten preisgeben: Alessandra Carli.

Alessandra war mit ihrem Zwillingsbruder Domenico 1814 in Comacchio in der heutigen Provinz Ferrara als Tochter von Isabella Felletti und Carlo Buonafede Carli geboren worden. Ihr Vater war seit 1835 als Vizekonsul für die Vereinigten Staaten in Rom tätig. Alessandra entstammte damit einer wohlhabenden Familie und dürfte gemeinsam mit ihren Eltern in die Ewige Stadt gekommen sein.[45]

Bezeichnenderweise antwortete Kleutgen wie immer bei heiklen Themen schriftlich, und diesmal nicht auf Italienisch, sondern auf Latein.[46] Kleutgen konnte die sexuellen Details nicht leugnen, die das Gericht durch Maria Luisa erfahren hatte. Es kam nun alles auf die Interpretation dieser Fakten an. Nach der Vertreibung der Jesuiten 1848 aus Rom, so Kleutgen, habe er vorübergehend den Status eines Weltpriesters angenommen und mit Alessandra Carli in deren römischer Wohnung zwei Monate lang wie Mann und Frau zusammengelebt. Er stellte sich als Opfer und Verführter dar. Er, der arme unschuldige Priester, sei auf Alessandra hereingefallen. Er habe kaum Erfahrungen mit Frauen als Beichttöchtern gehabt. Bis dahin habe er sich nur in behüteten Ordenshäusern aufgehalten und sei kaum in Kontakt mit «Weltleuten» gekommen, geschweige denn mit jungen Frauen. Durch «falsche Enthüllungen und Versprechen» habe Alessandra ihn dazu gebracht, mit ihr «schamlose und unanständige Taten» zu vollbringen. Er habe beim sexuellen Verkehr aber nie «irgendeine ausschweifende oder schlechte Absicht» gehabt und auch «während dieser Taten das innere Gebet niemals eingestellt» und «Gott nicht beleidigen wollen».

Mit dieser Interpretation wollte Kleutgen das Gericht glauben machen, die ganze Affäre sei eher mechanisch, ohne Erotik, Erregung und Beteiligung der Libido abgelaufen, um seinen Bruch des Zölibats und des Keuschheitsgelübdes moraltheologisch weniger schlimm erscheinen zu lassen.[47] Bis zur Mitte des 19. Jahrhunderts wurden sexuelle Delikte von Priestern auch von kirchlichen Behörden ganz selbstverständlich öffentlich gemacht und geahndet. Dahinter stand ein von der Aufklärung beeinflusstes Priesterbild, das den Pfarrer als Volkserzieher und moralisches Vorbild verstand. Im Zuge der Ultramontanisierung wurde das Priesteramt jedoch erneut kultisch überhöht und verstärkt mit sexueller Reinheit verbunden. Sexuelle Unreinheit und Befleckung durch den Verkehr mit einer Frau machten den Priester zwar nicht kirchenrechtlich, aber in der strengkirchlichen Öffentlichkeit kultunfähig und durften deshalb nicht publik werden. Die zeitgenössische Moraltheologie bezeichnete den Bruch des Keuschheitsgelübdes von gottgeweihten Personen oder an einem gottgeweihten Ort sogar als «Sacrilegium».[48] Deshalb musste Kleutgen alles daran gelegen sein, dass sein Fehltritt in der Öffentlichkeit geheim blieb.

Dem Gericht ging es natürlich um die Klärung der entscheidenden Frage, ob die sexuelle Beziehung mit Alessandra Carli in einem Zusammenhang mit seiner Funktion als Beichtvater stand. Denn dann wäre er des schweren Verbrechens der Sollicitatio überführt gewesen. Bei dieser Kernfrage redete der Jesuit jedoch wieder einmal um den heißen Brei herum. Ja, kennengelernt habe er Alessandra, als sie zu ihm zur Beichte kam. Nein, im Beichtstuhl selbst sei nichts passiert. Ja, in Alessandras Wohnung sei es zum Äußersten gekommen. Das hieß im Klartext: Er, der unbedarfte Jesuit, war das Opfer einer erfahrenen Frau geworden. Eva und durch sie die teuflische Schlange hatte zugeschlagen. Ja, er habe «mit Alessandra manchmal über solche Verblendungen gesprochen». Später sei allerdings auch er «verblendet» gewesen.

Diese Entschuldigung verfing aber schon deshalb nicht, weil er kurz darauf auf Nachfragen des Gerichts eingestehen musste, dass er, nachdem er auf Befehl von Himmelsbriefen diese Affäre ganz genau geschildert hatte, Antwortschreiben der Gottesmutter erhalten hatte. In diesen stand geschrieben, in der Beziehung zu Alessandra sei es um eine schmutzige, lustvoll erregte sexuelle Vereinigung gegangen. Im Gegensatz dazu werde er mit Maria Luisa die reine himmlische lustfreie Qualität der Beziehung zu einer Frau erfahren dürfen. Und dieser Gegenüberstellung hatte Kleutgen nie widersprochen.

Welcher Art waren nun die himmlischen Erfahrungen mit Maria Luisa? Waren sie wirklich ganz anders – himmlisch eben – als die von ihm so traurig dargestellte sexuelle Erfahrung mit Alessandra? Die Fakten, die ihm das Gericht vorhielt, versuchte der Jesuit abermals durch theologische Distinktionen weichzuspülen oder «gerechte» Gründe für sein Handeln zu finden. Wieder leugnete Kleutgen jede Empfindung sinnlich-fleischlicher Lust, jede *delectatio carnalis*.[49] Bei seinen Umarmungen, Berührungen und Küssen sei er ganz kalt geblieben und habe nur seine seelsorgerliche Aufgabe erledigt.

Der Neuscholastiker hatte schließlich seinen Thomas von Aquin genau gelesen, der für ihn ein für alle Mal gültige Antworten auf alle dogmatischen und moraltheologischen Fragen gegeben hatte. In seiner *Summa Theologiae* erklärt der Aquinate zur Unkeuschheit, Blicke, Berührungen, Umarmungen und Küsse seien «aus sich selbst heraus» keineswegs eine Todsünde. Dazu würden sie erst, wenn «Wollust» im Spiel sei.[50]

Das Faktum einer erotischen Beziehung mit Maria Luisa musste Kleutgen angesichts der übereinstimmenden Zeugenaussagen schließlich zugeben. Er gestand, es sei leider wahr, dass «er in der Nacht im Zimmer, das ihm zugewiesen war, Maria Luisa umarmt, geküsst, angefasst und auch seine Zunge in ihren Mund eingeführt» habe. Auf die Frage, warum er Maria Luisa nicht nur auf den Mund geküsst, sondern seine Zunge auch noch lange in deren Mund gelassen habe, antwortete der Jesuit sehr ausweichend: Er habe nur sehr «selten seine Zunge in den Mund Maria Luisas eingeführt» – also immerhin mehr als *ein* Zungenkuss. Er gestand auch, «während der Küsse folgende Ausdrücke benutzt zu haben: ‹Du meine Tochter, meine liebe, erstgeborene, geliebte Tochter, mein Wohlgefallen, meine Wonne, mein Schatz.› Und während er ihr Herz küsste: ‹Du reines Herz, heiliges Herz, unbeflecktes Herz, mein Schatz.›»[51]

«Mein Schatz» – solche Formulierungen lassen durchaus auf eine erotische Faszination schließen. Zugleich enthielten Kleutgens Ausrufe aber auch religiöse Anspielungen, etwa auf das «unbefleckte Herz Mariens».[52] Eine derartige Vermengung von Religiösem und Sexuellem kam in Sant'Ambrogio immer wieder vor – auch zwischen Maria Luisa und ihren Bettgefährtinnen waren die Grenzen zwischen sexuellen Handlungen und religiöser Interpretation dieser Handlungen fließend. Sexuelle wie religiöse Erlebnisse sind mit Entgrenzungs- und Transzendenzerfahrungen verbunden, sodass hier eine strukturelle Verwandtschaft besteht. So ist beispielsweise im religiösen wie sexuellen Erleben das Leiblich-Sinnliche Grundbedingung für die Transzendenzerfahrung. Die katholische Moraltheologie bestritt einen solchen Zusammenhang aber immer: Echte Ekstase könne es nur geben, «wenn sie sich auf Christus beziehe». Nur dann galten religiöse Transzendenzerfahrungen als gut, während erotische Ekstase grundsätzlich sündig war.[53]

Kleutgen wollte seine Ausrufe ausschließlich im Sinn religiöser Verzückung und nicht sexuell verstanden wissen, wie sich aus seiner Aussage am 28. Mai ergibt: «Die Tat stimmt. Zur Erklärung füge ich Folgendes hinzu:[54] Ich habe ... niemals eine weder unreine noch zärtliche Zuneigung zu dieser Nonne gehabt. Und weil ich mich zwingen musste, die gestandenen Taten zu begehen, sprach ich solche Ausdrücke fast immer mit kaltem Herzen und sogar bekümmert und gelangweilt aus, weil ich mich davon überzeugen wollte, ich müsse Ehrerbietung und auch väterliche Liebe dieser Seele gegenüber zeigen, die ich für heilig hielt; ich fühlte diese andächtige Zuneigung selten und schwach, und es war kein Ausbruch von Lust, sondern absolut vom Willen beherrscht.» Im Verhör am 1. Juni fügte er hinzu, auch andere Handlungen, die er mit Maria Luisa begangen habe, dürften keinesfalls als Zeichen seiner Lust interpretiert werden. Es stimme zwar, dass Maria Luisa ihren Finger mit dem Himmelsring zum Zweck der Verehrung in seinen Mund «eingeführt» habe, er habe ihn aber niemals «gelutscht».[55] Verehrend küssen war für ihn ein religiöser Akt, Lutschen dagegen ein erotisch-lustvoller Vollzug.

Kleutgen konnte die Inquisition jedoch nicht davon überzeugen, dass die Begegnungen mit Maria Luisa ausschließlich religiös und lustfrei waren. Alle beschriebenen Handlungen waren für die Richter klar sexuell konnotiert: Es handelte sich um «Unzucht». Das ergab sich schon aus dem mehrmaligen und lang andauernden Vollzug des Zungenkusses.

Für die Moraltheologie des 19. Jahrhunderts war der Zungenkuss «vom Ziel wie vom Tatbestand her» eine eindeutige Todsünde.[56] Er war sogar noch Partnern, die im Sakrament der Ehe verbunden waren, verboten. Nicht umsonst interpretierte man ihn mitunter als Vorwegnahme des Beischlafs; er war auch dann Todsünde, wenn es dabei nicht zur Pollution, zum Samenerguss, kam. Neuere kulturwissenschaftlich orientierte Studien lassen diese Sichtweise gar nicht so abwegig erscheinen: Für sie stellt der Zungenkuss aufgrund des Kontakts innerer Organe eine Analogie zum Liebesakt dar.[57]

Alle scholastische Distinktion half dem gelehrten Jesuiten angesichts dieses Tatbestands nichts. Den Zungenkuss konnte er nicht in einen kalten Willensakt in Ausführung eines Himmelsbefehls uminterpretieren. Er war nach seiner eigenen neuscholastischen Moraltheologie Ausdruck purer Lust. Wenn der Zungenkuss schon für Ehepartner eine Todsünde darstellte, um wie viel mehr dann für einen Ordensmann, der das Gelübde der Keuschheit abgelegt hatte und den Zungenkuss ausgerechnet mit einer gottgeweihten Jungfrau tauschte?

Natürlich musste das Gericht auch mit Blick auf die Beziehung Kleutgens zu Maria Luisa die entscheidende Frage nach der Verführung im Beichtstuhl stellen. Mehrere Verhöre von Ende Mai und Anfang Juni 1861 begannen fast stereotyp mit ähnlichen Fragen: Ob er irgendeinen Beichtvater kenne, der wie er einen solchen sexuell konnotierten Segen gespendet habe? Ob er irgendeinen Beichtvater kenne, der nächtelang allein mit einer jungen Nonne in deren Zelle gewesen sei? Ob er irgendeinen Beichtvater kenne, der das Skapulier zerrissen habe, um seine Beichttochter auf die bloße Brust zu küssen? Ob er auch nur einen kenne, der seine Zunge bei einem heftigen Zungenkuss minutenlang im Mund einer Ordensfrau gelassen habe? Und so weiter.[58]

Auch hier verfingen die Rechtfertigungen des Jesuiten nicht. Er leugnete jeden zeitlichen und sachlichen Zusammenhang zwischen dem Sakrament der Buße, das er Maria Luisa spendete, und den Umarmungen, Küssen und sonstigen Berührungen und behauptete, Maria Luisa habe «ihn nie nach der Beichte», die stets am Sprechgitter zwischen dem äußeren und inneren Parlatorium des Klosters stattgefunden habe, «in die Klausur eintreten» lassen. Erst sehr viel später, nachdem er Kranken beigestanden und ihnen die Sakramente gespendet hatte, habe er Maria Luisa dann im Kloster besucht, um ihr seelsorgerlich nahe zu sein. Besonders schwach war das Argument, das er auf kritische Nachfragen des Gerichts vorbrachte, er habe «nicht so sehr auf die näheren Umstände der Beichte geachtet». Ihm sei auch nie bewusst gewesen, «falsch zu handeln oder die Sakramente zu missbrauchen».[59]

Während Kleutgen die Inquisitoren durchaus in die Defensive gedrängt hatte, als es um die Verehrung Agnese Firraos ging, gelang ihm dies bei der falschen Heiligkeit Maria Luisas nicht. Hier ging es nicht um einen allgemeinen Kult, sondern darum, dass er persönlich die schöne junge Nonne als Heilige und attraktive Frau verehrte. Hier war seine eigene moralische und seelsorgerliche Integrität angegriffen. Hier konnte er nicht kirchliche Autoritäten wie die Päpste Leo XII. und Pius VII. gegeneinander ausspielen und so die Autorität der Inquisition ins Wanken bringen. In der Disputation über objektive Fakten war Kleutgen souverän, im Umgang mit subjektivem Fehlverhalten und moralischem Versagen konnte er dagegen nicht überzeugen. All seine Beschwichtigungsversuche und gelehrten Distinktionen liefen ins Leere. Er musste sogar einräumen, durch die Himmelsbriefe auch über die lesbische Beziehung Maria Luisas zu Maria Giacinta informiert gewesen zu sein, auch wenn er diese «schlimmen Taten» natürlich dem Teufel in Maria Luisas Gestalt zuschrieb. Bei der Diskussion über den Zungenkuss wurde er vom Gericht obendrein mit seinen eigenen neuscholastischen Waffen geschlagen.

Wieder stellt sich die Frage nach der Einheit der Person Peters-Kleutgen und der Bewertung seiner Aussagen. Dass ein unbedarfter jesuitischer Beichtvater an die Authentizität der Himmelsbriefe geglaubt haben könnte, mag noch angehen. Aber dass ein hochgebildeter Jesuitentheologe, der Kleutgen zweifellos war, auf Schreiben hereinfiel, die unmoralische Akte von ihm verlangten, überrascht.

Doch es passt zu dem, was in der bereits 1846 erschienenen, viel beachteten Broschüre *Über den Glauben an das Wunderbare* geschrieben stand. Verfasser dieser Schrift war, unter dem Pseudonym J. W. Karl, kein anderer als der junge Kleutgen – Joseph Wilhelm Carl waren seine drei Vornamen. Schon damals hatte er wunderbare Erscheinungen, Stigmata und mystisch begabte Frauen mit Nachdruck verteidigt und hervorgehoben, dass «die Wundergabe zu den Vorzügen gehört, welche der Kirche von ihrem göttlichen Stifter verliehen worden ist».[60] Man müsse es nicht für unwahrscheinlich halten, «dass die Heiligen und die Königin der Heiligen selbst vom Himmel herabsteigen».[61] Bei den ungewöhnlichen Erscheinungen des mystischen Lebens müsse man aber äußerst vorsichtig sein und lieber dreimal nachfragen, als zu schnell an deren Echtheit glauben. Das entscheidende Kriterium sei der «heilsame Zweck» der übernatürlichen Werke Gottes.[62] «Leichtgläubigkeit und der unbesonnene Eifer in diesen Stücken» seien ein besonders großes «Übel», «leichtgläubig nennen wir diejenigen, welche wunderbare Erscheinungen, ehe sie gehörig untersucht sind, ... ohne Weiteres für wahr halten».[63] Die entscheidende Rolle wies Karl vulgo Kleutgen den «geistlichen Führern» dieser Mystikerinnen zu.[64] Sie müssten mit größter Vorsicht die übernatürlichen Phänomene prüfen. Denn: Ließen sich «sogar Männer, die das Volk leiten und belehren sollen», zu Leichtgläubigkeit und Unbesonnenheit hinreißen, «wie viel größer und gefährlicher ist dann das Ärgernis der Frommen und der Spott der Ungläubigen, wenn etwa eine Täuschung oder ein Betrug entdeckt wird!»[65]

Damit steht fest: Auch auf Basis seiner hochgelehrten Theologie glaubte Kleutgen ernsthaft an die Realität der übernatürlichen Phänomene. Visionen, Erscheinungen und Marienbriefe waren für ihn etwas ganz Selbstverständliches. Warum hielt sich dann aber Peters in Sant'Ambrogio in den Jahren nach 1857 nicht an die klaren Kriterien, die Kleutgen bereits 1846 aufgestellt hatte? Warum fragte er nicht «dreimal» nach, warum war er als Geistlicher und Seelenführer «leichtgläubig» und mehr als «unbesonnen»? Die Antwort könnte nicht zuletzt lauten: Weil ihn die Liebe zu Maria Luisa blind machte.

Neuscholastische Windungen

Neben dem falschen Kult der Firrao und der angemaßten Heiligkeit Maria Luisas ging es in den Vernehmungen Kleutgens wie bei den übrigen drei Hauptangeklagten im dritten Punkt um die Vergiftung Katharinas von Hohenzollern und die mögliche Verwicklung des Jesuiten in dieses Komplott. Auch bei diesem Anklagepunkt wandte Kleutgen die bereits mehrfach erprobte Strategie an: Erst leugnen, dann so wenig zugeben wie möglich, schließlich das bereits Zugegebene durch allerlei Interpretationen möglichst wieder abschwächen. Nach langem Hin und Her mit vielen Diskussionen und schriftlichen Erklärungen hielt das Gericht zu diesem Anklagepunkt folgenden Sachstand fest:[66]

Kleutgen war über den Inhalt des Marienbriefes, den Maria Luisa am 8. Dezember 1858 schreiben ließ, von Anfang an genau informiert. Kleutgen wusste auch von weiteren einschlägigen Prophezeiungen.

Da er an die Echtheit dieser Schreiben glaubte, musste er davon ausgehen, dass der Tod der Fürstin im Himmel beschlossene Sache war und ihr überdies die ewige Verdammnis drohte. Hier hätte er als guter Seelsorger unmittelbar handeln müssen, um wenigstens Katharinas Seele zu retten, wenn er ihr irdisches Leben schon nicht retten zu können glaubte.

Kleutgen war als Beichtvater von Anfang an auch über die Befürchtungen der Fürstin im Bilde, sie würde in Sant'Ambrogio vergiftet. Er nahm diese Sorgen jedoch nicht ernst und hielt sie, wie er vor Gericht mehrfach behauptete, für Einbildungen einer überspannten Adeligen. Als Auslöser der ganzen Angelegenheit betrachtete auch der Jesuit den ominösen Brief des Americano. Da aber Maria Luisa konsequent leugnete, Katharina den Brief gezeigt zu haben, und weil Himmelsbriefe von einer Täuschung des Teufels redeten, schloss sich Kleutgen dieser Version an.

Der Jesuit war ebenfalls über den Verdacht einiger Nonnen informiert, Katharina werde mit verschiedenen Giftcocktails ermordet. Obwohl es viele Gerüchte um die Vergiftung gegeben habe, sei er aber stets davon überzeugt gewesen, dass der Prinzessin «kein echtes Gift» verabreicht worden sei. Vor Gericht musste er dann doch zugeben, dass er sich um seine eigene Zukunft Sorgen gemacht hatte, für den Fall, dass Katharina außerhalb des Klosters über die Geheimnisse von Sant'Ambrogio reden würde. Er habe Maria Luisa sogar einmal direkt darauf angesprochen und ihr seine Befürchtungen auch schriftlich mitgeteilt.

Jetzt konfrontierte das Gericht Kleutgen mit den Aussagen Maria Luisas, wonach seine Ängste der eigentliche Auslöser für die Vergiftungsversuche waren und sie das Ganze nur ins Werk setzte, um ihm einen Gefallen zu tun und ihn von seinen Sorgen zu befreien. Kleutgen antwortete, wie nicht anders zu erwarten, äußerst ausweichend: «Ich wiederhole, dass ich meine Ängste um die Prinzessin in dem erklärten Sinn geäußert habe.» Aber was hieß das genau? Machte er sich Sorgen *um* Katharina, wie es seine Aufgabe als Beichtvater gewesen wäre? Oder hatte er Sorge *vor* dem, was die Fürstin über ihn und Maria Luisa, falls sie das Kloster lebend verlassen könnte, erzählen würde?

Was die von ihm gewählten Formulierungen in Bezug auf ihren bevorstehenden Tod angehe, fuhr Kleutgen fort, liege ein «großes Missverständnis» vor: «Ich habe gesagt, dass man beten müsse, damit Gott die Wahrheit zeigen konnte, weil ich an die Unschuld Maria Luisas glaubte. Es könnte sein, dass ich aufgrund der schweren Erkrankung der Prinzessin die Überlegung geäußert habe, dass Gott durch ihren Tod vielleicht Vieles, was sowohl die Prinzessin als auch die Gemeinschaft störte, zu Ende bringen wollte.» Im Klartext sollte das wohl heißen: Kleutgen strebte den Tod Katharinas nicht direkt an, hoffte aber, dass Gott für ihr Ableben sorgen würde. Das wäre dann nicht seine Schuld, sondern höhere Gewalt.

Natürlich hatte das Gericht höchstes Interesse, den genauen Charakter der «Ängste und Bedrängnisse» zu ermitteln, die Kleutgen angesichts möglicher Enthüllungen Katharinas von Hohenzollern verspürte. Der Jesuit gab zwar zu, er habe Maria Luisa und wohl auch der Äbtissin seine diesbezüglichen Ängste mitgeteilt. Die «bösen Worte» aber, die ihm aus den Zeugenaussagen vorgehalten worden waren, habe er nie benutzt. Er schob den Schwarzen Peter einfach der Novizenmeisterin zu, indem er zu Protokoll gab, seine Ängste seien ausschließlich aus den «Enthüllungen Maria Luisas» entstanden.

Ferner bestritt er entschieden, dass er jemals für den Tod der Prinzessin beten ließ. Als er von einer unmittelbaren Todesgefahr gesprochen habe, der die Prinzessin in jener Nacht ausgesetzt gewesen sei, habe er «letztlich nur die Worte von Doktor Marchi wiederholt». Das Gericht hielt ihm vor, er habe verkündet, dass die Kranke «als Strafe Gottes» sterben müsse. Darauf antwortete der Jesuit: «Die Tatsache als solche stimmt. Als ich verneint habe, dass der Zeitpunkt des Todes der Prinzessin vorausgesagt wurde, habe ich mich auf den prophetischen Brief bezogen. Ich erinnere mich immer noch nicht, dass Maria Luisa mündlich vorausgesagt hat, die Prinzessin müsse genau an jenem Tag krank werden. Aufgrund der Tatsache, dass ich mich jetzt darauf besinne, muss ich schließen, dass der Todestag mir zumindest als wahrscheinlich offenbart wurde.»

Kleutgen wusste also über den bevorstehenden Tod Katharinas Bescheid. Ihr Ableben hätte ihm zweifellos Vorteile gebracht: Eine gefährliche Mitwisserin seiner Geheimnisse wäre endgültig verstummt. Das Untersuchungsgericht konnte ihm aber nicht nachweisen, dass er direkt in die Giftanschläge verwickelt war.

Dass er der eigentliche Initiator der ganzen Vergiftungsaffäre war, ergab sich für das Gericht aber nicht zuletzt aus dem Schweigegelübde, das Kleutgen den Nonnen und der Äbtissin in seiner Eigenschaft als Beichtvater auferlegt hatte.[67] Demnach hatten sie weder bei der Apostolischen Visitation noch bei den Verhören vor der Suprema irgendetwas über die «außergewöhnlichen» Dinge Maria Luisas und über sein Verhältnis zu ihr aussagen dürfen. Tatsächlich hatten sich viele Schwestern lange daran gehalten und waren, indem sie der Weisung ihres Beichtvaters folgten, mitunter sogar meineidig geworden.

Das war ein ungeheurer Affront gegen die Autorität des obersten Tribunals, nach dessen Selbstverständnis die Angeklagten und Zeugen gehalten waren, sich vor der Inquisition so zu verhalten, als ob sie unmittelbar vor Christus, dem Weltenrichter, stünden. Weil sie sich von Kleutgen angegriffen fühlten, fragten die Untersuchungsrichter hier besonders intensiv nach. Zunächst leugnete der Jesuit rundheraus, den Nonnen von Sant'Ambrogio überhaupt ein Schweigegelübde über die Heiligkeit Maria Luisas und alles, was damit zusammenhing, auferlegt zu haben. Nachdem ihm zahllose Zeugenaussagen vorgelegt worden waren, musste er das Faktum als solches aber schließlich doch zugeben.

Nun kam es wieder zu den üblichen Haarspaltereien. Kleutgen versuchte geradezu krampfhaft, irgendwelche theologischen Gründe zu finden, die ein Schweigen vor Gericht rechtfertigen könnten. Er verfiel dabei auf eine moraltheologische Spitzfindigkeit, die davon ausging, ein Zeuge müsse nur dann von seinen Verdächtigungen sprechen, wenn das Gericht ihn direkt danach frage. Von sich aus brauche er niemanden zu beschuldigen. So sei sein Schweigegebot Maria Giuseppa gegenüber gemeint gewesen; ihren Verdacht, Maria Luisa hätte Katharina Gift verabreicht, sollte sie nicht aus eigenem Antrieb vor Gericht ansprechen. Auch die Äbtissin habe natürlich «nicht über die Fakten» zu sprechen brauchen, «die Maria Luisa ihr aus Gewissenspflicht offenbart hatte».

Dann behauptete Kleutgen, er wisse «mit reiner Sicherheit», dass er «niemals den Schwestern insgesamt oder einigen bestimmten von

ihnen *empfohlen* habe, sie sollten über dies oder jenes schweigen».
«Und noch weniger habe ich sie beauftragt, die geschehen Ereignisse zu verbergen.»[68] Dass seine Aussagen nicht zusammenpassten, war offenkundig. Sallua konfrontierte Kleutgen umgehend mit den Widersprüchen. Daraufhin ruderte der Jesuit halb zurück und gab zu, er werde jetzt «leicht unsicher», ob er nicht «vielleicht» doch einer Nonne, die ihn eventuell danach gefragt habe, «geantwortet hätte, sie dürfe solche Sachen auch vor der Autorität verschweigen». «Ich habe es aber sicher nicht getan, weil ich glaubte, der außerordentliche Wille Gottes könne uns davon dispensieren, sondern weil ich vielleicht einen Grundsatz in schlechter Weise angewandt habe.» Im nächsten Verhör behauptete er dann wieder das Gegenteil und sagte, es habe damals so ausgesehen, «als ob Gott wollte, dass die Sachen vorläufig geheim bleiben». Und weiter: «Obwohl uns dies von unserer Pflicht der Autorität gegenüber nicht befreit, könnte es sein, dass Gott diesen Irrtum der Schwestern wegen seines Ziels erlaubt hat.»

Der Logik dieser gewundenen Argumentation konnten und wollten auch die theologisch geschulten Inquisitoren nicht mehr folgen. Sallua machte deutlich, was er von diesem Gespinst hielt und arbeitete präzise und offenkundig mit Genuss – wie die Akten belegen – die eigentlichen Motive heraus. Es ging nicht um moraltheologische Spitzfindigkeiten und mögliche Probleme bei der seelsorgerlichen Anwendung ethischer Grundsätze. Es ging schlicht um die «Angst» des Jesuiten, es könnte, falls die Nonnen offen und ehrlich aussagten, «ein Verfahren über das Gift eingeleitet» werden. Dann wäre auch seine eigene Verwicklung in die ganze Affäre und insbesondere seine amouröse Beziehung zu Maria Luisa ans Licht der Öffentlichkeit gekommen. Dann wäre es mit seiner kirchlichen Karriere vorbei gewesen. Das und nichts anderes habe er unbedingt vermeiden wollen.

Kleutgen machte dennoch weiterhin ausweichende Aussagen. Seine Strategie lief darauf hinaus, Irrtümer des Verstandes zuzugeben, Irrtümer des Willens jedoch zu leugnen. Die Fakten, die ihm durch zahlreiche Zeugenaussagen als bewiesen vorgehalten wurden, konnte er nicht widerlegen. Aber er bestritt, diese Verbrechen absichtlich und willentlich begangen zu haben. Und dies war letztlich in einem Gerichtsverfahren prozedural nicht nachweisbar. Schließlich war es der Inquisition zu viel. Sie stellte einfach fest, die Tatsachen seien klar. Auch daraufhin war Kleutgen nicht zu einem Geständnis bereit. Sein bezeichnendes Schlusswort lautete: «*Ich habe mein Tun erzählt und überlasse dem Heiligen Tribunal die Beurteilung.*»[69]

Der Schlussantrag des Gerichts

Folgende Anklagepunkte sah das Gericht im Fall Joseph Kleutgens bei zahlreichen Delikten durch Teilgeständnisse sowie durch Zeugenaussagen und Indizien als bewiesen an:[70]

1. Die falsche Heiligkeit und den Kult der 1816 verurteilten Agnese Firrao nicht nur erlaubt, sondern auch gefördert zu haben.

2. «Die angemaßte Heiligkeit der verurteilten Schwester Maria Luisa Ridolfi ... durch zahlreiche unerlaubte Mittel behauptet und unterstützt zu haben.»

3. Es steht fest, «dass Ihr einen himmlischen und lang andauernden Briefwechsel zugelassen habt. ... Ihr habt versucht, nachdem Ihr vom Kloster entfernt worden wart, in den Besitz all dieser Briefe zu gelangen, um sie zu verbrennen, was Ihr auch getan habt.»

4. Der nächste Anklagepunkt bezog sich auf Kleutgens Anmaßung, von Gott zum «außerordentlichen Minister» bestimmt worden zu sein, «um Maria Luisa zu hüten, als ob sie eine Heilige wäre, die zu großen Dingen bestimmt sei, zur Zerstörung des Bösen und Erbauung des Guten. Ihr habt ... Maria Luisa eine eifrige Assistenz anlässlich ihres außerordentlichen Übels geleistet, und zwar bei vielen stundenlangen Ekstasen.»

5. «Ihr seid in die Klausur hineingegangen, um das oben genannte außerordentliche Ministerium auszuüben. Wenn sie in die falschen Ekstasen geriet, habt Ihr sie mehrmals gestützt, viele Male umarmt, sie im Gesicht und manchmal am Hals geküsst, und manchmal habt Ihr die Zunge in ihren Mund eingeführt; andere Male habt Ihr sie an der Seite des Herzens berührt, ihr gegenüber Verehrungsakte gemacht.»

6. Weil Kleutgen diese und andere Vertraulichkeiten mit seiner Beichttochter Maria Luisa auch im Zusammenhang mit der Spendung des Bußsakramentes praktiziert habe, sei er als Täter «reo di sollecitazione con falso dogma», also der Verführung im Beichtstuhl mit falschem Dogma überführt.

7. Außerdem habe Kleutgen auch Geld, das Maria Luisa auf wunderbare Weise vom Himmel bekommen haben wollte, zu den Wundern gezählt, die er ihrer Heiligkeit zuschrieb.

8. «Ihr habt auch dafür gesorgt, dass ein Amerikaner, ein Bekannter von Euch, den Ihr für einen Besessenen erklärt habt, mit Maria Luisa Umgang haben und überspannte, unmoralische Unterredungen mit ihr führen durfte, sogar durch Briefe, obwohl diese für den bösen Teil, den sie enthielten, dem Teufel zugeschrieben wurden.»

9. Auch den Vorwurf, den Nonnen eine Schweigepflicht auferlegt zu haben, sah das Gericht als erwiesen an. Dieses Schweigegebot habe Kleutgen nach seiner Amtsenthebung als Beichtvater auch der Äbtissin auferlegt, damit sie all das verschwieg, was dritten Personen in seinen Augen hätte Schaden zufügen können.

10. «Ihr habt vertrauliche Akte mit Maria Luisa und einer weiteren Euch bekannten Pönitentin ausgeübt.» Die Behauptung Kleutgens, er habe diese Akte stets «ohne Leidenschaft und liederliche Triebe, ohne Zuneigung, nicht einmal mit leicht unreiner Zuneigung ausgeführt, sondern aus reiner Willensherrschaft», überzeugte das Gericht nicht.

11. Überdies wurde der Jesuit für schuldig befunden, die Offenbarungen Maria Luisas für authentisch angesehen und entsprechend gehandelt zu haben.

12. «Ihr habt außerdem einige Prophezeiungen für wahr angenommen, die Maria Luisa über die sehr schwere Krankheit und den Tod mit Gefahr der ewigen Verdammnis einer Novizin schriftlich und mündlich machte.» Außerdem habe er alle möglichen Hinweise auf verschiedene tatsächlich erfolgte Vergiftungsversuche ignoriert und alles als Illusion beziehungsweise als Machenschaften des Teufels dargestellt. Interessanterweise nannte das Gericht an dieser Stelle aber nicht den Namen des Opfers und erörterte auch nicht, ob Kleutgen in die Mordanschläge involviert war.

13. «Schließlich wurdet Ihr aufgefordert, auf einige Fragen und Lehrsätze zu antworten, die die Moraltheologie und die Kirchenlehre betreffen. Ihr habt angemessene Antworten gegeben, jedoch nicht in allen Punkten.» Deshalb habe die Kongregation seine «Lehre und Moral in Bezug auf die Fakten und Delikte der vorliegenden Causa weder als redlich noch gesund beurteilt».

Am Ende stellte Sallua fest, dass Kleutgen einem «ordnungsgemäßen Verhör» unterzogen wurde. Hier habe er in Bezug auf die vorgebrachten Anklagepunkte und Delikte «im Wesentlichen» gestanden. Bei den anderen Angeklagten hatte der entsprechende Passus jeweils gelautet, dass sie vollständig und umfassend geständig seien. Allerdings scheint der Jesuit am Ende seiner Vernehmungen doch signalisiert zu haben, er werde sich dem Urteil der Inquisition, wie immer es ausfallen würde, vollständig unterwerfen. Offenbar hoffte er dadurch auf eine gewisse Milde beim Strafmaß.

Das eigentliche Hauptziel eines Inquisitionsverfahrens – ein umfassendes Schuldeingeständnis des Angeklagten in allen Punkten – wurde nicht erreicht, wie die folgenden Formulierungen Salluas ahnen lassen: «Außer Euren Antworten habt Ihr in den vierzehn unterschiedlichen Vernehmungen viele handschriftliche Blätter abgegeben und den Ablauf der Fakten, die Euch in dieser Causa betreffen, erklärt. In einigen dieser Blätter und besonders in den ersten habt Ihr die Fakten, deretwegen Ihr angezeigt und angeklagt wurdet, spontan zum Teil erzählt. Obwohl Ihr manchmal bei den Antworten verneinend oder unvollständig wart, habt Ihr, als Ihr das Vorlesen der geschehenen Fakten gehört habt, erklärt, Euch daran zu erinnern, und sie gestanden, sodass sich fast alle Unterschiede auf einige Übertreibungen bezüglich der Art und Weise und der Male des Geschehenen beschränkt haben, wie Ihr selbst ausgesagt habt.»

Die schiere Masse von bewiesenen Anklagepunkten sprach für ein hohes Strafmaß. Aber würde die Inquisition Kleutgen als Vertrauten hoher Kurialer tatsächlich zu jahrelanger Haft verurteilen?

Ein Stellvertreterkrieg?

Damit war der Akkusationsprozess auch im Fall des Angeklagten Joseph Kleutgen an sein Ende gekommen; Sallua hatte seine Aufgabe erledigt. Nun waren die Konsultoren und Kardinäle der Kongregation aufgefordert, auf der Basis des *Ristrettos* vom Oktober 1861 ein Urteil über die Schuld des Jesuiten zu fällen und das Strafmaß festzusetzen.[71]

Aber so einfach lagen die Dinge im Fall Kleutgen nicht. Denn so, wie sich hinter dem Beichtvater Peters der Spitzentheologe Kleutgen verbarg, versteckte sich hinter dem Inquisitionsprozess um Sant'Ambrogio eine andere und viel größere Auseinandersetzung um die prinzipielle Ausrichtung der katholischen Kirche im 19. Jahrhundert. Den Schlüssel zu dieser geheimen Ebene liefert kein anderer als der neue Beichtvater Katharinas von Hohenzollern, der Benediktinerpater Maurus Wolter. Dieser hatte nämlich bereits im Zuge der außergerichtlichen Sondierungen Sallua den Hinweis gegeben, der ominöse Americano stehe in engem Zusammenhang mit einem gewissen Kleutgen.

Nach ihrer Rettung aus Sant'Ambrogio war Katharina froh gewesen, der Klosterhölle entronnen zu sein. Ihr neuer Beichtvater hatte ihr jedoch im Sakrament der Beichte auferlegt, bei der Inquisition Anzeige zu erheben. Die *Denunzia* war eine Bußleistung, die sie aus Gewissenspflicht erfüllen musste, wie sie mehrfach betonte. Damit machte sie einen der Gründe namhaft, die überhaupt zur Anklageerhebung beim Heiligen Offizium berechtigten. Denn Rache an Feinden, Zerstörung des guten Rufes eines Gegners und alle anderen niederen Beweggründe sollten von vornherein ausgeschlossen sein. Welche Motive hatten aber Wolter bewogen, Katharina diese Bußleistung aufzuerlegen? Was trieb den Benediktiner dazu, auf der Erhebung einer Anzeige vor dem obersten Glaubenstribunal zu bestehen? Ging es ihm wirklich nur darum, Katharina Gerechtigkeit zu verschaffen und das «System Sant'Ambrogio» offenzulegen, das bereits tödliche Konsequenzen gezeigt hatte?

Mit dem Hinweis auf Kleutgens Verhältnis zum Americano hatte Wolter eine wichtige Spur gelegt. Auch das besondere Engagement

Ein Stellvertreterkrieg?

eines hochrangigen Kurienkardinals wie Reisach für den Angeklagten zeigt, dass es in diesem Verfahren wohl um weit mehr ging als um die sexuellen Verfehlungen des zweiten Beichtvaters von Sant'Ambrogio. Reisach war nicht umsonst unmittelbar nach der Befreiung Katharinas aus Sant'Ambrogio ebenfalls nach Tivoli gereist. Er befürchtete, dass sich dort etwas Gefährliches zusammenbrauen konnte, wollte die Lage sondieren und retten, was zu retten war.[72]

Letztlich stand eine ganze kirchenpolitische und theologische Partei vor Gericht, deren Mitglieder allesamt zu einem jesuitischen Netzwerk gehörten, das auf eine strikte Zentralisierung und Uniformierung der katholischen Kirche hinarbeitete und seinen theologischen Überbau in der Neuscholastik fand. Die Ekklesiologie dieser Seilschaft zielte auf eine absolute Papstmonarchie unter Ausmerzung aller kollegialen, episkopalen und zentrifugalen Richtungen innerhalb des Katholizismus. Ihre Frömmigkeit setzte im Umfeld des neuen Mariendogmas von 1854 auf Gefühl, außerordentliche religiöse Phänomene und Erscheinungen, die sie dem «kalten» Rationalismus aufgeklärter Religionspraxis entgegenstellte.

Als Mitglied dieser Partei ist zunächst Kardinal Reisach selbst zu nennen. Schließlich hatte er Katharina nach Sant'Ambrogio vermittelt und stand über Kleutgen in direktem Kontakt zu Maria Luisa. Er wusste über das «Geheimnis» von Sant'Ambrogio Bescheid, ebenso über die Pläne, mithilfe der reichen Mitgift Katharinas einen Ableger des Klosters der reformierten Franziskanerinnen des Dritten Ordens mit Maria Luisa als Äbtissin zu gründen. Zu diesem Netzwerk gehörte auch Kardinal Patrizi, dessen Bruder Mitglied der Gesellschaft Jesu war. Er war als langjähriger Kardinalprotektor des Klosters von Leziroli über die beiden Heiligen und ihren Kult auf dem Laufenden gehalten worden und nicht dagegen eingeschritten. Dadurch hatte er das Treiben dort zumindest geduldet. Schließlich gehörte Kleutgen selbst dazu, als Beichtvater vor Ort und als theologischer Chefdenker der ganzen Gruppe. Und nicht zuletzt war der Papst dieser Partei zuzurechnen, der, solange es irgend ging, einen Inquisitionsprozess zu vermeiden suchte, um seine jesuitischen Freunde zu schützen. Als ein Verfahren vor dem Heiligen Offizium unausweichlich geworden war, ernannte Pius IX. Patrizi zum Chef der Behörde, Reisach zum

Kardinalmitglied und beide damit zu obersten Richtern über Kleutgen. Damit signalisierte der Papst personalpolitisch, wo er in der ganzen Angelegenheit stand.

Aber auch Katharina fand sich in eine kirchenpolitisch-theologische Seilschaft eingebunden. Wahrscheinlich ist ihr nie bewusst geworden, dass es diese Ebene des Verfahrens überhaupt gab. Sie war völlig zu Recht von der Lauterkeit ihres Handelns überzeugt. Die schlimmen Dinge, die ihr in Sant'Ambrogio widerfahren waren, der Kult um die Heiligkeit der Mutter Gründerin sowie Maria Luisas mit all seinen Auswüchsen und die Tatsache, dass in Sant'Ambrogio jederzeit mit weiteren Morden zu rechnen war, rechtfertigten schon von der Sache her auf jeden Fall eine Anzeige vor der Inquisition.

Doch es war kein Zufall, dass ihr Cousin Hohenlohe in Tivoli ihr mit dem Benediktiner Maurus Wolter einen ausgesprochenen Jesuitengegner als neuen Beichtvater besorgte. Hohenlohe unterhielt seit langem intensive Beziehungen zu den Benediktinern von Sankt Paul vor den Mauern und war spätestens seit 1853 ein guter Freund des dortigen Abtes Pappalettere und «ein entschiedener Gegner» der Widersacher Anton Günthers.[73] Nicht umsonst schrieb der Güntherschüler und Breslauer Dogmatikprofessor Johann Baptist Baltzer[74] von einer Romreise 1853 an seinen Mitstreiter Franz Peter Knoodt,[75] Hohenlohe stehe ganz auf der Seite der Güntherianer, wenn auch vor allem «aus Opposition gegen die Jesuiten».[76]

Anton Günther, 1783 in Nordböhmen geboren, hatte ein Noviziat bei den Jesuiten abgebrochen und war 1821 Weltpriester geworden. Danach kam es zu einer grundsätzlichen Entfremdung zwischen der Gesellschaft Jesu und ihrem einstigen Zögling. Berufungen auf verschiedene Lehrstühle schlug Günther aus und lebte seit 1824 als Privatgelehrter in Wien.[77] Ausgehend von Descartes' Erkenntnis «Ich denke, also bin ich» kam Günther zu einer «revidierten Theorie des geistigen Selbstbewusstseins» und lehnte den scholastischen Grundsatz, der Glaube gehe dem Denken voraus, ab.[78] Für ihn setzte der Glaube «Wissen voraus und Wissen nach».[79] Günther propagierte in moderner Sprache so etwas wie eine anthropologische Wende in der Theologie.[80] Er kam damit einem Grundbedürfnis zahlreicher gebildeter Katholiken entgegen, die moderne Philosophie und katholischen

Glauben verbinden und vom Selbstbewusstsein zum religiösen Bewusstsein schreiten wollten.

Günthers Hauptgegner waren die Neuscholastiker, die er heftig attackierte und denen er unverhohlen Pantheismus vorwarf. Aristotelismus und Christentum lägen in der Scholastik wie «das feindliche Brüderpaar im Leibe der Rebecca» unversöhnlich nebeneinander.[81] Die Philosophie sei zur «Stallmagd» erniedrigt worden: «Magere Wissenschaft» stehe einem «fetten Glauben» gegenüber.[82] Weil nach Ansicht Günthers die Welt als vollkommenes Gegenbild Gottes entstanden war, ging er zwar von einem Anderssein Gottes aus, lehnte jedoch dessen Übersein ab. «Die Scholastik aber halte am Übersein Gottes fest, komme deshalb zur Annahme von *Mysterien* als über der Vernunft liegenden Wahrheiten, zum Begriff der *Übernatur* als einer über der Natur liegenden Wirklichkeit und zum Begriff des *Wunders* als eines die Naturgesetzlichkeit durchbrechenden Geschehens.»[83] Damit bestritt Günther die zentralen Kategorien der neuscholastischen Philosophie, die sein Schüler Knoodt als «aufgewärmtes Sauerkraut ohne neue Wurst» bezeichnete.[84] Die Mystik und vor allem der Mystizismus waren für Günther die logische Folge der neuscholastischen Irrtümer: Sie führten zu einer Vergottung des Menschen. Die Mystik als «ungeratene Tochter der Scholastik» treibe es aber weitaus schlimmer als ihre Mutter, behänge sich noch mehr «mit dem heidnischen Naturschmuck» und ende «im Wahnsinn».[85]

In politischer Hinsicht tendierte Günther eher zu liberalen Konzepten. So sprach er sich etwa 1848 für eine konstitutionelle Monarchie in Österreich aus, freilich ohne sich dezidiert auf die Seite der Revolution zu stellen. Damit bot er Kleutgen und seiner Richtung mehrere Gründe, um gegen ihn vorzugehen: Günther war ein Verächter der Neuscholastik, der Mystik und der Jesuiten, er war aber auch ein Anhänger freiheitlicher Ideen und somit auch ein Feind des Papstes.

Nach einer Anzeige Günthers in Rom durch den Kölner Kardinal Johannes von Geissel,[86] unterstützt durch Kardinal Othmar von Rauscher[87] aus Wien, die bei den Hardlinern in Rom helle Begeisterung auslöste, beauftragte die Indexkongregation ausgerechnet Joseph Kleutgen mit der Bearbeitung der Causa.[88] Der Jesuit war seit Juli 1850

Konsultor dieser Zensurbehörde.[89] Am 26. April 1853 lieferte er ein im Geheimdruck der Kongregation einhundertdreiunddreißig Seiten umfassendes Exzerpt aus den Werken Günthers ab, auf dessen Basis er eindeutig für eine Verurteilung des Wiener Philosophen plädierte.[90]

Jetzt verfestigten sich sowohl in Deutschland als auch an der Kurie die Netzwerke der Verteidiger und Ankläger Günthers. Auf der Seite des Wiener Philosophen standen die Kardinäle Friedrich Fürst zu Schwarzenberg,[91] seit 1850 Fürsterzbischof von Prag, und Melchior von Diepenbrock, seit 1845 Fürstbischof von Breslau, die nach Rom kamen und bei Pius IX. mit Nachdruck für Günther eintraten. Unterstützt wurden sie dabei vor allem von Gustav zu Hohenlohe-Schillingsfürst, der als Päpstlicher Kammerherr über einen ausgezeichneten Draht zu Pius IX. verfügte, sowie von den Benediktinern der Abtei Sankt Paul vor den Mauern, die eine ganze Reihe von Güntherschülern zu ihren Mönchen zählte.

Auf der Seite der Gegner Günthers engagierte sich neben Geissel und Rauscher der damalige Münchener Erzbischof August Graf Reisach besonders nachdrücklich für eine Indizierung Günthers. Ein einfaches Bücherverbot reichte ihnen nicht. Sie strebten vielmehr eine feierliche Verurteilung irriger Sätze Günthers durch ein päpstliches Breve an. Der Präfekt der Indexkongregation, Kardinal Giacomo Luigi Brignole,[92] und Kardinalstaatssekretär Luigi Lambruschini[93] zählten ebenfalls zu dieser antigüntherianischen, jesuitisch inspirierten Seilschaft, der Kleutgen als theologischer Ideengeber diente.

Angesichts dieser gefährlichen Gemengelage signalisierten die römischen Güntherfreunde Hohenlohe und Pappalettere dem Wiener Theologen, die einzige Möglichkeit, einer Indizierung zu entgehen, sei, sofort persönlich nach Rom zu kommen und die Sache direkt mit dem Papst zu klären. Dieser sei aufgrund seiner «emotional-sanguinischen» Persönlichkeitsstruktur in einem Gespräch zu gewinnen. Auf gar keinen Fall dürfe Günther auf einen positiven Ausgang des Indexverfahrens hoffen. Dieses sei ein «von der Jesuiten-Partei instrumentalisiertes Manöver», bei dem Günther keine Chance habe, ohne Verbot davonzukommen.[94] Deshalb müsse er das Ganze unbedingt an der üblichen Verfahrensordnung vorbei ganz frühneuzeitlich durch

Audienz beim Herrscher – in diesem Fall dem Papst – lösen und sich ihm demütig zu Füßen werfen.

Günther folgte dem Rat seiner römischen Gönner nicht. Er fühlte sich gesundheitlich angeschlagen, einer Reise nach Rom nicht gewachsen. Er überließ die Entscheidung der Kongregation, die mit Kardinal Girolamo D'Andrea[95] seit dem 4. Juli 1853 einen neuen, überraschend liberalen Präfekten erhalten hatte, der zahlreiche moderne Denker und Literaten vor dem Index retten sollte.[96] Zunächst kam es in der Tat zu keiner Indizierung Günthers. Die Sache schien auf die lange Bank geschoben. Pius IX. hatte sich den Argumenten der römischen Freunde des Wiener Philosophen offenbar zugänglich gezeigt.

Dann schlug die Stimmung in Rom jedoch zuungunsten der Liberalen immer mehr um. In einer Ansprache am 9. Dezember 1854 stellte Pius IX. die Intention des Dogmas von der Unbefleckten Empfängnis Mariens dar, das er einen Tag zuvor verkündet hatte: «Die Allerseligste Jungfrau, welche alle Häresien überwand und zerstörte, möge verleihen, dass auch dieser verderbliche Irrtum des Rationalismus, welcher in dieser gar traurigen Zeit nicht nur die bürgerliche Gesellschaft, sondern auch die Kirche so sehr betrübt und plagt, mit der Wurzel ausgerissen werde und verschwinde.» Leider gebe es «einige durch Gelehrsamkeit ausgezeichnete Männer, welche ... die menschliche Vernunft so hoch schätzen und erheben, dass sie höchst törichterweise meinen, sie sei der Religion gleichzustellen», und in ihrer «eitlen Meinung die theologischen Disziplinen wie die philosophischen» behandeln.[97] Damit war vor allem Anton Günther gemeint. Zudem erhob der Papst am 17. Dezember 1855 mit Rauscher und Reisach zwei der Hauptankläger Günthers zu Kardinälen. Und bereits drei Tage später ernannte Pius IX. Reisach auch zum Mitglied der Indexkongregation. Damit war der entschiedenste Gegner des Wiener Theologen zu einem seiner Richter befördert worden.

Nun kam es innerhalb der Indexkongregation zu einem regelrechten Gutachtergefecht. Kleutgen verfasste nach seinen Exzerpten aus Günthers Werken zahlreiche weitere umfangreiche Gutachten über den Wiener Philosophen und seine Schüler: am 23. April 1854 eine Zensur über die ersten fünf Bände von *Lydia*, dem philosophischen Jahrbuch der Wiener Schule, und für die entscheidende Sitzung am 8. Januar 1857 vier weitere umfangreiche Voten mit über dreihundert Druckseiten.[98] Die Hardliner um Kleutgen und Kardinal Reisach verlangten in der Indexkongregation eine feierliche Verdammung Günthers durch päpstliches Breve. Abt Pappalettere, seit August 1856 Konsultor der Indexkongregation, und der Tiroler Alois Flir,[99] seit Februar 1856 ebenfalls Konsultor, strebten gemeinsam mit dem Indexpräfekten Kardinal D'Andrea einen Freispruch an.

Am Schluss kam es zu einem typisch römischen Kompromiss. Eine feierliche Verurteilung Günthers durch ein päpstliches Breve unterblieb, ein Freispruch allerdings ebenfalls. Neun Werke Günthers wurden durch ein einfaches Indexdekret am 8. Januar 1857 verboten.[100] Das Dekret wurde aber erst nach der Unterwerfung Günthers am 17. Februar publiziert. Kardinal D'Andrea hatte zwar in der Kongregation verloren und die Indizierung nicht verhindern können, er veröffentlichte aber das Urteil mit «dem in der vierhundertjährigen Indexgeschichte einmaligen Zusatz», Günther habe sich am 10. Februar «aufrichtig, fromm und löblich unterworfen».[101] Normalerweise stand dort nur die Formel «er hat sich löblich unterworfen».[102]

Kleutgen informierte seine Gesinnungsgenossen in Deutschland umgehend über das Urteil. Er war mit dem milden Indexdekret keineswegs zufrieden und wollte nicht nur die Werke, sondern Günther als Person verurteilt sehen, weil er Dinge geschrieben habe, die sogar «das Dogma verletzen».[103] Mithilfe von Kardinal Geissel, der im Frühjahr 1857 Rom besuchte, gelang es Reisach und Kleutgen, an der Indexkongregation und deren Chef D'Andrea vorbei und unter Missachtung des in der Sache bereits ergangenen Urteils, eine feierliche Verdammung Günthers beim Papst durchzusetzen. Hohenlohe konnte nicht verhindern, dass es Geissel bei einer persönlichen Begegnung mit Pius IX. gelang, den Papst zum Breve «Eximiam Tuam» zu überreden, das am 15. Juni 1857 erschien und Anton Günthers Lehre feierlich verdammte.[104] Damit war der Wiener Philosoph auch als Person getroffen und seine Katholizität grundsätzlich infrage gestellt.

Kleutgen und Reisach hatten auf ganzer Linie gesiegt. Nachdem sie sich im ordentlichen Verfahrensgang nicht durchgesetzt hatten, brachten sie Pius IX. dazu, sein eigenes Urteil zu revidieren. Das zeigt, wie lenkbar dieser Papst war und wie sprunghaft in seinen Entscheidungen. Es kam jeweils darauf an, wer das Ohr des Pontifex hatte. Seit 1854 kamen die Liberalen in Rom kaum mehr an Pius IX. heran. Er vertraute nun ganz den Hardlinern und Jesuitenzöglingen.

Die Schüler Günthers in Deutschland und Rom wussten, wem sie ihre Niederlage zu verdanken hatten: Es waren die Neuscholastiker und vor allem Kleutgen. Im Hinblick auf die Jesuiten sprach Günther «von verrotteten Aristotelikern, die es verdienen, dass man ihnen den Garaus macht». Aber leider gingen diese in Rom völlig unbeeindruckt ihrer Wege, ohne sich zuvor «den alten Kot von den Schuhen gekratzt» zu haben.[105]

Über Papst Pius IX. konnten die Schüler und Freunde Günthers für ihren Mentor kaum noch etwas erreichen. Eine Wiederaufnahme des Zensurverfahrens mit dem Ziel einer Revision war unmöglich, weil die Indexkongregation ein päpstliches Breve nicht infrage stellen konnte. Die unterlegenen Güntherianer in Rom wollten sich aber irgendwie rächen. Sie überlegten sogar, ob sie nicht ihre Gegner, vor allem die jesuitischen Chefdenker Kleutgen und Perrone, ihrerseits anzeigen und auf den *Index der verbotenen Bücher* setzen lassen sollten. Dieses Unterfangen war jedoch angesichts der Mehrheitsverhältnisse in der Kongregation und der allerhöchsten Protektion, welche die Neuscholastiker beim Papst genossen, von vornherein aussichtslos.

Da bot den römischen Güntherianern die Verwicklung Kleutgens in die Causa Sant'Ambrogio eine einmalige Gelegenheit, dem Chefideologen der Bewegung doch noch einen Denkzettel zu verpassen. Jetzt ging es nicht mehr um ein Bücherverbot durch die kleine Indexkongregation, jetzt sollte die große Inquisition Kleutgen als Person verurteilen und ihn dadurch in Rom und weit darüber hinaus unmöglich machen. Ein verurteilter Ketzer, Mitwisser von Mordanschlägen, Verführer im Beichtstuhl und notorischer Verächter von Urteilen der obersten römischen Glaubensbehörde wäre, so hofften Hohenlohe, Wolter und Pappalettere, endgültig ausgeschaltet. Zumindest könnte er in Zukunft als Gutachter in der Indexkongregation und der Inquisition sowie als Vorlagengeber und Inspirator für den Papst der liberalen Sache in der katholischen Kirche keinen weiteren Schaden mehr zufügen.

NEUNTES KAPITEL

«Betrübt und reuevoll»

Das Urteil und seine Folgen

Konsultoren, Kardinäle, Papst: das Urteil

Nach Abschluss des Akkusationsprozesses war wieder die Entscheidungsebene des Heiligen Tribunals gefragt. In vier schriftlichen *Ristretti* hatte das Untersuchungsgericht die Verhöre von Maria Luisa, der Äbtissin, von Leziroli und Kleutgen zusammengefasst und die bewiesenen beziehungsweise gestandenen Delikte aufgelistet. Auf dieser Basis hatten zunächst die Konsultoren der Kongregation einen Beschlussvorschlag zu formulieren. Danach fällten die Kardinäle ein Urteil, das der Assessor des Heiligen Offiziums dem Papst zur endgültigen Entscheidung vorlegen musste.

Die Konsultoren trafen sich wie immer montags zu ihrer wöchentlichen Versammlung. Am 27. Januar 1862 diskutierten sie den Fall Sant'Ambrogio ausführlich.[1] Anwesend waren sechzehn Mitglieder.[2]

Zunächst ging es um die konsequente Missachtung des Urteils gegen Agnese Firrao aus dem Jahr 1816 durch die Nonnen und Beichtväter von Sant'Ambrogio und ihre Helfershelfer in der Kurie. Die Heilige Römische und Universale Inquisition sah sich dadurch in ihrer Autorität angegriffen, diese Scharte galt es auszuwetzen. Deshalb brachten die Konsultoren einstimmig im ersten Punkt ihres Votums die Meinung zum Ausdruck, den Schwestern und Beichtvätern – vor allem dem besonderen Firrao-Verehrer Pater Leziroli – müsse unter Androhung schwerster Strafen ein für alle Mal klargemacht werden, dass das Dekret gegen die Firrao vom 8. Februar 1816 «niemals aufgehoben worden» sei. Keiner dürfe jemals wieder das Gegenteil behaupten. Außerdem dürfe künftig Agnese Firrao «weder schriftlich noch mündlich, weder privat noch öffentlich, weder direkt noch indirekt, weder durch Wort noch durch Tat» als Heilige verehrt werden.

Im zweiten Punkt ihres Votums sprachen sich die Konsultoren – ebenfalls einstimmig – für die endgültige Aufhebung von Sant'Ambrogio aus, die der Papst ohnehin bereits ins Auge gefasst hatte. Ferner sollten die Nonnen und Beichtväter unter Androhung der Strafe der Exkommunikation ultimativ aufgefordert werden, alle Abschriften der Regel und der Konstitutionen des Ordens sowie alle übrigen Schriften der Firrao umgehend dem Heiligen Offizium zu übergeben.

Im Hinblick auf die Hauptangeklagte, die ehemalige Novizenmeisterin und Vikarin Maria Luisa Ridolfi, sahen alle anwesenden Konsultoren das Delikt der angemaßten Heiligkeit als eindeutig bewiesen an. Hier war wieder einmal die Häresie des Molinosismus am Werk, die als Ursache aller übrigen Verbrechen namhaft gemacht wurde. Maria Luisa sollte daher ihrem Irrtum in der Inquisition feierlich abschwören und zu strenger Klosterhaft in absoluter Isolation verurteilt werden. Sie sollte mit niemandem außerhalb der Klostermauern kommunizieren dürfen. Auch von der Klosterpforte oder den Außenmauern hatte sie sich strikt fernzuhalten: eine totale Kontaktsperre. Freitags sollte sie drei Jahre lang bei Wasser und Brot fasten und lebenslänglich jeden Samstag den Rosenkranz mit der Bitte um Vergebung ihrer Sünden beten. Ferner sollte ihr ein «gelehrter und kluger» Beichtvater an die Hand gegeben werden, um die verirrte Seele auf den rechten Weg zurückzuführen.

Über die Dauer der Klosterhaft waren sich die Konsultoren nicht einig. Vier votierten für ein Strafmaß von zehn Jahren mit striktem Fasten und anderen asketischen Übungen. Dabei sollte sie ein Bußgewand tragen. Einer sprach sich wegen der Schwere ihrer Vergehen – er nannte vor allem die Giftanschläge und den «Frevel der Sodomie» – nicht nur für lebenslange Haft, sondern auch für einen grundsätzlichen Ausschluss von den Sakramenten aus. Seiner Meinung nach sollte

Maria Luisa nur noch an den Hochfesten Ostern, Pfingsten und Weihnachten die Heilige Kommunion empfangen dürfen.

Die Äbtissin Maria Veronica Milza hatte ebenfalls ihren Irrtümern und Vergehen vor der Inquisition feierlich abzuschwören. Danach sollte sie in Klosterhaft bleiben und den schwarzen Schleier einer Chorschwester nicht mehr tragen dürfen. Jeder Kontakt zu ehemaligen Nonnen von Sant'Ambrogio, den Beichtvätern und allen anderen Personen, die mit diesem Kloster in Verbindung gestanden hatten, sollte ihr auf ewig untersagt sein. Lediglich über die Dauer des Klosterkerkers waren sich die Konsultoren nicht einig. Während zehn von ihnen für drei Jahre plädierten, wollten die übrigen vier das Urteil darüber ganz den Kardinälen der Kongregation überlassen. Nach der Verbüßung ihrer Haftstrafe sollte Maria Veronica als einfache Nonne in einem geeigneten Haus frommer Frauen untergebracht werden.

Über Giuseppe Leziroli, den ersten Beichtvater und Geistlichen Direktor von Sant'Ambrogio, kam es im Konsult zu einer ausführlichen Diskussion. Eine feierliche und heftige Abschwörung, die «abjuratio de vehementi», stand für alle Konsultoren von vornherein fest.[3] Sie konnten sich jedoch nicht einigen, ob das Verbot, weiter als Beichtvater tätig zu sein, zeitlich befristet werden sollte. Zwei Konsultoren wollten dem Jesuiten nur verbieten, Frauen die Beichte abzunehmen. Fünf waren der Meinung, das Beichtehören bei männlichen Ordensleuten solle ihm grundsätzlich gestattet bleiben. Der Kontakt mit Nonnen und anderen Personen aus dem Umfeld von Sant'Ambrogio sollte ihm aber auf jeden Fall lebenslänglich verboten bleiben.

Als Strafmaß schlugen sechs Konsultoren fünf Jahre Kerkerhaft vor, vier waren für ein Jahr, einer plädierte sogar nur für einen einzigen Monat. Ein Konsultor – wahrscheinlich einer der Jesuiten im Konsult – versuchte Leziroli und sein Verhalten sogar grundsätzlich zu entschuldigen und plädierte daher für ein mildes Urteil. Im Gegenzug erhob einer der Konsultoren schwere Vorwürfe gegen Leziroli und trat für eine drastische Verschärfung des Urteils ein. Er sah den Jesuiten als Hauptschuldigen, weil auf ihn die Verkündigung der falschen Heiligkeit der Agnese Firrao zurückgehe. Das sei «aber eine falsche Lehre, verwegen, irrig und ungerecht gegenüber dem Heiligen Stuhl sowie der Häresie verdächtig». Als Strafmaß schlug dieser Konsultor zehn Jahre Kerker in einem Haus des Jesuitenordens mit zehnjährigem Bußschweigen vor, und jedes Jahr zehntägige Exerzitien. Ein Konsultor enthielt sich bei dieser kontroversen Diskussion der Stimme. Angesichts des uneinheitlichen Votums der Konsultoren waren in Lezirolis Fall wirklich die Kardinäle gefragt.

Joseph Kleutgen sollte sich gemäß dem Votum von elf Konsultoren nach der «abjuratio de formali», der strengsten Abschwörung in der Inquisition – einer plädierte lediglich für eine «abjuratio de vehementi» –, und zehntägigen Exerzitien in ein Haus der Gesellschaft Jesu, das der Ordensgeneral festlegen würde, begeben und dort statt in den Kerkern der Inquisition[4] seine Strafe absitzen.

Das Straßmaß wurde kontrovers diskutiert: Während vier Konsultoren in seinem Fall die Entscheidung grundsätzlich den Kardinälen überlassen wollten, plädierten drei für fünf Jahre, zwei für drei Jahre, zwei weitere schließlich für zehn Jahre. Vier Konsultoren sahen seinen «Geschlechtsverkehr mit Jungfrauen», den er angeblich aus einer höheren guten Absicht vollzogen haben wollte, als Häresie gegen das Dekaloggebot an: «Du sollst nicht huren.»[5] Die sexuellen Akte mit Maria Luisa bis hin zum Zungenkuss und zum besonderen erotischen Segen im Kontext der Beichte sahen diese vier als Auswirkungen der bereits mehrfach verurteilten «molinosistischen Häresie» an, weshalb Kleutgen als mehrfach verurteilter Häretiker seine Haft wirklich im Korrektionshaus, der Pia Casa di Penitenza zu Corneto,[6] absitzen sollte und nicht in einem Haus der Gesellschaft Jesu. Zwei von diesen vier Konsultoren sprachen sich für ein Strafmaß von fünf Jahren in Corneto aus, einer für zehn Jahre, ein weiterer für nur ein Jahr.

Ein Konsultor, wohl einer der beiden Jesuiten, argumentierte, Kleutgen sei getäuscht worden und habe sich sofort korrigiert, als er seinen Irrtum eingesehen habe. Außerdem sei Sant'Ambrogio von vielen Bischöfen und Kardinälen immer wieder als vorbildlich gelobt worden, sodass Kleutgen sich einfach, ohne kritische Nachfragen zu stellen, in diese von der kirchlichen Autorität sanktionierte Tradition eingeordnet habe. Dieser Konsultor wollte Kleutgen auch vor dem Häresievorwurf in Schutz nehmen: «Soweit ich weiß, ist in diesem

Fall kein Glaubensurteil ergangen, sondern nur ein Kriminalurteil.»
Damit wäre Kleutgen zwar als moralisch unzuverlässiger Priester,
der eventuell sogar in kriminelle Vorgänge verwickelt war, aus dem
Prozess herausgekommen, aber eben nicht als Häretiker. Mit diesem
Vorschlag konnte sich der eine Konsultor bei seinen Kollegen jedoch
nicht durchsetzen.

Die Konsultoren waren sich daher in Bezug auf das Strafmaß
Kleutgens nicht einig; ganz anders als beim grundsätzlichen Verbot
des Beichtehörens bei Männern und Frauen. Alle Kontakte mit ehemaligen Nonnen von Sant'Ambrogio sollten Kleutgen verboten sein.
Der Jesuitengeneral Beckx sollte einen geeigneten geistlichen Leiter
bestimmen, der ihm unter dem Geheimnis des Heiligen Offiziums
die von ihm praktizierten und vom obersten Glaubenstribunal verworfenen häretischen Prinzipien mitteilen sollte, die er umfassend zu
widerrufen hatte.

Grundsätzlich hätte man beim Delikt der Sollicitatio ein hohes
Strafmaß erwartet, zumal die Verführung im Beichtstuhl in den
zeitgenössischen katholischen Abhandlungen als abscheuliches Verbrechen dargestellt wird: Ein Ordensgeistlicher war demnach «mit
Verbannung, Galeerenstrafe, ewigem Kerker, Degradation und Auslieferung an den weltlichen Richter» zu bestrafen.[7] Faktisch wurden
aber gerade Ordenspriester, die dieses Delikts überführt worden
waren, von der Römischen Inquisition äußerst milde behandelt.
Meistens war es damit getan, dass sie einige Tage lang Bußpsalmen
beten mussten, zumal die Ordensbrüder, die als Konsultoren oder
Kardinäle dem Heiligen Offizium angehörten, oft dafür sorgten, dass
der Angeklagte für einige Zeit in einem anderen Kloster untertauchen
konnte.[8]

Die Kardinäle des Heiligen Offiziums beschäftigten sich am 5. Februar 1862 auf der Basis des Votums der Konsultorenversammlung
mit dem Fall Sant'Ambrogio.[9] Den ersten Punkt des Beschlussvorschlags ihrer Berater, der die ununterbrochene Geltung der Verdammung der Firrao von 1816 einschärfte, bestätigten die Kardinäle
einstimmig ohne weitere Diskussion. Was die Vernichtung jeglicher
Erinnerung an das bereits aufgehobene Kloster Sant'Ambrogio und
vor allem die Mutter Gründerin Agnese Firrao betraf, gingen die

Kardinäle sogar noch einen Schritt weiter als die Konsultoren. Sie ordneten an, dass ihr Leichnam aus dem Einzelgrab in San Marziale in Gubbio exhumiert und von dort in ein nicht zu identifizierendes anonymes Grab auf einem öffentlichen Friedhof gebracht werden sollte.

Der Urteilsvorschlag der sechzehn Konsultoren zu Maria Luisa Ridolfi wurde unverändert übernommen und das Strafmaß auf zwanzig Jahre festgesetzt. Das Votum der Konsultoren zur Äbtissin Maria Veronica Milza überzeugte die Kardinäle ebenfalls. Ihr Strafmaß sollte ein Jahr betragen, danach sollte sie mit Genehmigung des Kardinalvikars in ein für sie geeignetes Kloster wechseln können. Ähnlich verfuhr man bei Giuseppe Leziroli. Er erhielt ein Jahr Haft und sollte keine Beichte mehr abnehmen dürfen. Bei Joseph Kleutgen sollte die Haftzeit drei Jahre betragen. Dazu kam eine besondere Ermahnung im Hinblick auf die moralischen Prinzipien, gegen die er verstoßen hatte. Die Urteile gegen die Äbtissin und die Novizenmeisterin sollten den Nonnen des aufgehobenen Klosters und den Beichtvätern intern mitgeteilt werden.

Am Abend des 5. Februar trug der Assessor des Heiligen Offiziums, Raffaele Monaco La Valletta, Pius IX. wie üblich in Privataudienz das Urteil der Kardinäle zum Fall Sant'Ambrogio vor.[10] Der Papst bestätigte die Beschlüsse mit einigen kleineren Änderungen. So verlangte er, dass die Exhumierung und Umbettung des Leichnams der Firrao unter größter Geheimhaltung und Vermeidung jedes öffentlichen Aufsehens unter Leitung des Bischofs von Gubbio durchgeführt werden sollte. Bei Maria Luisa verminderte der Papst die Dauer der Klosterhaft auf achtzehn Jahre – ein vergleichbar mildes Strafmaß, wenn man bedenkt, dass sie den Mord an mehreren Mitschwestern gestanden hatte, was in vielen Ländern damals in der Regel die Todesstrafe bedeutet hätte. Bei Kleutgen reduzierte Pius IX. das Strafmaß auf zwei Jahre.

Waren zwei Jahre der Schwere der von Kleutgen begangenen Delikte wirklich angemessen? Hier zeigt sich, wem die Sympathie des Papstes in diesem Prozess gehörte. Kleutgen war ein wichtiger theologischer Berater, der Pius IX., vermittelt durch Reisach, die Texte und Gutachten schrieb, die er zur Durchsetzung seiner Politik und seines universalen Machtanspruches in Kirche und Kirchenstaat brauchte. Der Pater gehörte zu seiner Seilschaft, zu seinem jesuitischen Netzwerk. Kleutgen und die Jesuiten stabilisierten seine hierarchische Herrschaft – hier war Rücksicht und Milde angesagt.

Am 12. Februar kam es in einer weiteren Sitzung der Kardinäle zu einem Nachklapp.[11] Sallua war unklar, ob man mit dem Urteil der «formalen und entschiedenen Abschwörung» im Fall Kleutgens und Lezirolis auch eine Suspendierung vom priesterlichen Dienst ausgesprochen hatte oder nicht. Da im Text selbst davon nicht ausdrücklich die Rede war, konnte man sich nur auf das Gewohnheitsrecht berufen. Demnach war es konstante Praxis des Heiligen Offiziums, Priestern, die abschwören mussten, für eine bestimmte Zeit auch die Feier der Heiligen Messe zu verbieten. Priester waren sonst prinzipiell verpflichtet, täglich zu zelebrieren. Die Kardinäle überließen angesichts der unklaren Lage die Entscheidung vorsichtshalber dem Papst, der beiden Jesuiten für jeweils zwanzig Tage die Feier der Heiligen Messe verbot. Außerdem stellten die Kardinäle fest, man habe eine Woche zuvor zwar über das Grab der Firrao in Gubbio und dessen Einebnung gesprochen, nicht aber über die letzten Ruhestätten der beiden anderen Äbtissinnen Maria Maddalena und Agnese Celeste della Croce, die ebenfalls als lebende Heilige in Sant'Ambrogio verehrt worden waren. Auch ihre bestatteten Leichname sollten exhumiert und an einem anonymen Ort ohne Grabsteine oder andere Erkennungszeichen bestattet werden.

Die Maßnahmen liefen auf nicht weniger als eine vollständige Damnatio memoriae hinaus: Alles, was auch nur irgendwie an Sant' Ambrogio erinnerte, sollte dem endgültigen Vergessen anheimgestellt werden. Das oberste Tribunal wollte dieses Mal definitiv als Sieger die Walstatt verlassen. Dazu mussten alle Gräber als Gedenkorte aufgelöst werden und alle schriftlichen Überlieferungen des Klosters und vor allem die der beiden falschen Heiligen vom Erdboden verschwinden oder ein für alle Mal unzugänglich im geheimsten aller Kirchenarchive, dem Archiv der Römischen Inquisition, dem Zugriff der Öffentlichkeit entzogen werden.

Abschwörung im Internen und Geheimhaltung nach außen

Die feierliche Abschwörung stellt den Höhepunkt eines Inquisitionsprozesses dar. Insbesondere die öffentlich inszenierten Autodafés der Spanischen Inquisition, wie sie in zahlreichen berühmten Gemälden festgehalten wurden, prägen bis heute unsere Vorstellung davon.[12] Der Akt der Abschwörung Galileo Galileis am 22. Juni 1633, in dem er seine auf naturwissenschaftliche Beobachtungen gestützten Ansichten widerrufen musste, ist vor allem durch Bertolt Brechts Schauspiel *Das Leben des Galilei* weltbekannt geworden: «Ich Galileo Galilei, Lehrer der Mathematik und der Physik in Florenz, schwöre ab, was ich gelehrt habe, dass die Sonne das Zentrum der Welt ist und an ihrem Ort unbeweglich, und die Erde nicht das Zentrum und nicht unbeweglich.»[13] Um eine solche Abjuratio ging es im Fall Sant'Ambrogio jedoch nicht. Die Abschwörung erfolgte im Geheimen und unter Ausschluss der Öffentlichkeit. Das Geheimnis des Klosters sollte auch und gerade nach dem Urteil gewahrt bleiben.

Mit dessen Umsetzung wurde Sallua beauftragt. Er hatte die vier Verurteilten umgehend ins Heilige Offizium einzubestellen, ihnen die vom Papst bestätigte Entscheidung der Kardinäle zu verkünden, sie über das Strafmaß zu informieren, ihre Abschwörung und den Widerruf der ihnen zur Last gelegten Vergehen entgegenzunehmen, sie dann von der Strafe der Exkommunikation freizusprechen und alle Nonnen von dem Urteil zu unterrichten. Dabei entsprachen die einzelnen zu verwerfenden Punkte jeweils den im Schlussplädoyer des jeweiligen *Ristrettos* zusammengestellten Hauptanklagen. Die «abjuratio de formali» war ein Ritual und lief stets nach demselben Muster ab.

Die Abschwörung von Joseph Kleutgen fand am 18. Februar 1862 im Palast des Heiligen Offiziums statt.[14] Anwesend waren die beiden Untersuchungsrichter Vincenzo Leone Sallua und Enrico Ferrari, der Schreiber des Heiligen Offiziums Pacifico Gasparri[15] und als Notar, der die Akten beglaubigte, Giacomo Vagaggini.[16]

Kleutgen, den das Gericht immer noch mit Peters ansprach, kniete nieder. Vor ihm lag das Evangelienbuch. Sallua las mit lauter und vernehmbarer Stimme das Urteil vor:

«Wir haben beschlossen, gegen Euch das unten angeführte endgültige Urteil auszusprechen. Wir haben für dieses Unser endgültiges Urteil den Heiligen Namen unseres Herrn Jesus Christus und den Seiner glorreichen Mutter, der Jungfrau Maria, angerufen, das Wir zu Gericht sitzend aus diesen Akten der Causa und der anderen Fälle aussprechen, die vor Uns zwischen Monsignore Antonio Bambozzi als abgeordnetem Fiskal dieses Heiligen Offiziums einerseits und Euch Pater Giuseppe Peters andererseits rechtlich anhängig sind.

Wir behaupten, fällen, entscheiden und erklären, dass Wir Euch, Pater Giuseppe Peters, für das, was Ihr ... gestanden habt, verurteilen, und dass Ihr vom Heiligen Offizium für schuldig erklärt worden seid, die falsche Heiligkeit der verurteilten und verstorbenen Schwester Maria Agnese Firrao auf jedwede Art und Weise behauptet zu haben; die falsche Heiligkeit der verurteilten Schwester Maria Luisa Ridolfi auf verschiedene rechtswidrige und kriminelle Weise mit Worten, Schriften und Taten unterstützt und behauptet zu haben; wegen Verführungen durch Akte ihr gegenüber, während sie Eure Beichttochter war; die Klausur gebrochen zu haben, um derselben beizustehen; Ansichten und Maximen behauptet, geschrieben und offenbart zu haben, die ungesund sind und der gesunden Theologie nicht entsprechen; an einen mutmaßlich himmlischen Briefwechsel geglaubt und ihn gefördert zu haben, und zwar wegen der oben erwähnten Zwecke; schließlich werdet Ihr wegen weiterer Delikte, die in die genuine Zuständigkeit dieses Obersten Glaubenstribunals fallen, und wegen Delikten angeordneter Zuständigkeit für schuldig erklärt; deswegen habt Ihr Euch all die Zensuren und Strafen zugezogen, die durch die Heiligen Kanones und andere sowohl allgemeine als auch besondere spezielle Erlasse gegen solche Delikte auferlegt und verfügt worden sind.

Weil Ihr aber aus eigenem Antrieb die besagten Fehler eingeräumt und bescheiden um Verzeihung gebeten habt, freuen Wir Uns, Euch von der Exkommunikation freizusprechen, der Ihr wegen dieser Delikte verfallen seid, vorausgesetzt, dass Ihr vorher den oben erwähnten Fehlern und Häresien und im Allgemeinen jeglichen weiteren Fehlern, jeglicher weiterer Häresie und sektiererischem Denken, die gegen die Heilige Katholische und Apostolische Römische Kirche gerichtet sind, mit aufrichtigem Herzen und ohne falschen Glauben abschwört, sie verabscheut und verdammt, wie Wir es durch dieses Unser endgültiges Urteil anordnen, was Ihr auf die Weise und in der Form tun müsst, die Wir Euch noch mitteilen werden.

Und damit diese Delikte nicht ohne Bestrafung bleiben und damit Ihr in Zukunft vorsichtiger seid und anderen als Beispiel dient, verurteilen Wir Euch nach vorheriger formaler Abschwörung: zur ewigen Unfähigkeit, die heilige Beichte abzunehmen, und zur ewigen Unfähigkeit jeder Art von Seelenführung; zur zwanzigtägigen Suspension, die Heilige Messe lesen zu dürfen; zu zehn Tagen Exerzitien. Wir verurteilen Euch, zwei Jahre lang in einem Haus anstelle des Kerkers zu bleiben, das Euch von Eurem Ordensgeneral bestimmt werden soll. Euch wird jegliche Kommunikation mit den Nonnen und Personen, die das aufgehobene Kloster Sant'Ambrogio besuchten, untersagt. Vom General wird Euch auch ein geeigneter Seelenführer zugewiesen, damit Ihr über die ehrlichen Prinzipien der Moral ins rechte Bild gesetzt werdet. Als heilsame Buße legen Wir Euch auf, dass Ihr während der zwei Jahre Haftstrafe das Totengebet dreimal pro Monat und den Rosenkranz der Seligen Jungfrau einmal pro Woche betet.

Wir behaupten, fällen, erklären, entscheiden, ordnen an und bestrafen auf diese Weise und auf jede weitere bessere Weise und Form, die Wir von Rechts wegen anwenden können und müssen.»

Dann fuhr der Protokollant fort, der kniende Pater Kleutgen habe das Urteil gehört, es verstanden und kein Wort dagegen eingewendet. Hierauf leistete Kleutgen, die Hände auf die Heiligen Evangelien legend, die übliche Abschwörungsformel:

«Ich weiß, dass niemand außerhalb jenes Glaubens gerettet wird, den die Heilige Katholische und Apostolische Kirche achtet, glaubt, predigt, bekennt und lehrt. Ich gestehe, gegen diesen schwer gefehlt zu haben. Das bereue ich sehr.»

Als Nächstes musste der Jesuit all die Delikte, die das Untersuchungsgericht im Schlussantrag aufgelistet hatte, einzeln widerrufen, verabscheuen und als von der Heiligen Römischen Kirche verdammt bekennen. Immer noch kniend folgte dann die eigentliche Abschwörung:[17]

«Jetzt, da ich, betrübt und reuevoll der Falschheit der oben genannten Fehler und Häresien und der Wahrheit des Heiligen Katholischen Glaubens sicher bin, schwöre ich mit aufrichtigem Herzen und ohne falschen Glauben ab, verabscheue und verdamme die oben genannten Fehler und Häresien und ganz allgemein jegliche weitere Fehler, jegliche weitere Häresie und Sektiererei gegen die Heilige Katholische und Apostolische Römische Kirche. Ich akzeptiere und verspreche, alle Strafen abzuleisten, die mir vom Heiligen Offizium auferlegt worden sind oder auferlegt sein werden; sollte ich gegen irgendeines meiner Versprechen oder irgendeinen meiner Eide verstoßen (da sei Gott vor), werde ich mich allen Strafen unterziehen, die durch die Heiligen Kanones und andere sowohl allgemeine als auch besondere Konstitutionen gegen solche Delikte auferlegt und erlassen worden sind. Mögen Gott und seine Heiligen Evangelien, die ich mit meinen eigenen Händen berühre, mir helfen. Ich, Pater Giuseppe Peters, habe abgeschworen, geeidet, versprochen und mich wie oben verpflichtet, ich habe im Wissen um die Wahrheit und mit bestem Gewissen die vorliegende Urkunde der Abschwörung, die ich Wort für Wort aufgesagt habe, eigenhändig unterschrieben, zu Rom, an diesem Tag, dem 18. Februar 1862. Pater Giuseppe Peters.»

Giuseppe Leziroli hatte einen Tag zuvor, am 17. Februar 1862, am Sitz des Tribunals «betrübt und reuevoll», abgeschworen, wie vorgeschrieben, kniend mit der Hand auf dem Evangelienbuch.[18] Nach diesem Schema schworen auch Maria Luisa und die Äbtissin am 14. Februar ab, Letztere im «Haus der Frauen» Santa Maria de Rifugio, Erstere im Kerker Buon Pastore.[19]

Damit war der Inquisitionsprozess zum Fall Sant'Ambrogio nach knapp zweieinhalbjähriger Dauer formal beendet. Das Tribunal konnte davon ausgehen, dass die Angeklagten ihre Vergehen eingesehen, den damit verbundenen Irrtümern des Glaubens und der Sitten abgeschworen und ihre gerechte Strafe angenommen hatten. In diesem Verfahren vor dem obersten Glaubenstribunal kam jedoch eine Besonderheit hinzu, die über den inquisitorischen Alltag hinausging. Der Papst hatte das Heilige Offizium neben seiner Funktion als Glaubensinstanz in dieser Causa auch zum Strafgericht für Kapitalverbrechen gemacht, für die es eigentlich nicht zuständig war. Der unauflösbare Zusammenhang von Häresie und Mord hatte dies als absolut notwendig erscheinen lassen. Ketzerische Ansichten konnte man durch Abschwören korrigieren, Verbrechen dagegen nicht. Dieser Spagat blieb während des ganzen Prozesses zumindest indirekt spürbar. Absicht des Gerichts war es, ganz in der Tradition als Glaubenstribunal stehend, die Täter nicht nur zu einem verbalen Widerruf, sondern zu einer lebenspraktischen Annahme des Urteils zu führen und sie so mit sich selbst und insbesondere der Kirche auszusöhnen.

Den Beschluss, das Urteil des Heiligen Tribunals im Fall Sant' Ambrogio der Öffentlichkeit bekannt zu machen, sucht man in den Akten vergeblich. Agnese Firraos Verdammung als falsche Heilige war 1816 auf einem Bando veröffentlicht worden. Ein derartiges Bando mit dem Urteil des zweiten Sant'Ambrogio-Prozesses von 1862 ist jedoch nicht bekannt. Indem die Inquisition auf eine solche öffentliche Notifikation verzichtete, folgte sie einer, gerade wenn kirchliche Personen involviert waren, häufig angewandten Praxis. Die Motive dafür liegen auf der Hand.

Zunächst: Das Urteil gegen die Firrao von 1816 war wahrscheinlich unter anderem deshalb publiziert worden, weil der Fall bereits internationale Aufmerksamkeit erregt und den Blätterwald auch nördlich der Alpen zum Rauschen gebracht hatte. Hier war eine klare und sichtbare Stellungnahme der obersten Glaubensbehörde gegen das Delikt der angemaßten Heiligkeit absolut notwendig. Außerdem konnte man nach den Napoleonischen Wirren zeigen, dass der römische Apparat wieder funktionierte, der zwanzig Jahre fast völlig zum Erliegen gekommen war. Der jetzige Fall lag ganz anders, er war allenfalls in engen römischen Kreisen bekannt. Eine Publikation des Urteils per Bando hätte das öffentliche Interesse womöglich erst auf den Fall gelenkt. Das wollte man im Heiligen Offizium offenbar vermeiden. Dazu passt auch die Einebnung der Grabstätten der Firrao und ihrer Nachfolgerinnen als Äbtissin.

Vielleicht ließ aber auch die Art der Delikte, die im Fall Sant'Ambrogio ans Tageslicht gekommen waren, eine Veröffentlichung inopportun erscheinen. Angemaßte Heiligkeit hätten Papst und Heiliges Offizium gut öffentlich verurteilen können. Da gab es eine lange Tradition. Aber von den ganzen pikanten sexuellen Geschichten, die bis zur Sodomie und Sollicitatio reichten, sollte die Öffentlichkeit möglichst nichts erfahren, weil hier die Glaubwürdigkeit und das Ansehen der Institution Kirche und des Bußsakraments auf dem Spiel standen.

Schließlich wurden auch die Angeklagten durch eine rein interne Regelung vor der Sensationsgier der Medien geschützt.[20] Dies galt vor allem für die Täter, die in der Öffentlichkeit standen, also im Wesentlichen für Pater Kleutgen, der wichtige Funktionen in der Ordensleitung der Gesellschaft Jesu bekleidete und als theologischer Schriftsteller und Indexgutachter tätig war. Von allen vier Angeklagten zog er aus der Geheimhaltung des Urteils den größten Vorteil. Seine sexuellen Verfehlungen, insbesondere die Verführung im Beichtstuhl, kamen so nicht ans Licht der Öffentlichkeit. Eine interne Abschwörung konnte letztlich alles Mögliche bedeuten. Die Sache blieb in einer Grauzone und war dadurch sehr flexibel interpretierbar, wie sich anderthalb Jahrzehnte nach dem Urteil zeigen sollte.

Gleichzeitig wurde durch den Ausschluss der Öffentlichkeit, durch den Verzicht auf eine Publikation des Urteils, die Verwicklung höchster Kreise der Kurie in den Sant'Ambrogio-Fall verschleiert. Ein öffentliches Gerede über belastete Papstfreunde, namentlich die Kardinäle Patrizi und Reisach, konnte tatsächlich am ehesten durch eine interne Lösung der peinlichen Angelegenheit vermieden werden – genügend plausible Gründe für Papst und Inquisition, das Urteil nicht zu publizieren.

Im Grunde erreichte das Heilige Offizium lediglich bei zwei der vier Verurteilten sein hehres Ziel. Pater Leziroli verbrachte sein Jahr Haft im Exerzitienhaus von Sankt Eusebius.[21] Im November 1863 kehrte er nach Sant'Andrea al Quirinale[22] in Rom zurück, wo die Jesuiten ein Noviziat betrieben. Dort wurde er ordensintern in verschiedenen Funktionen eingesetzt. Das vom Heiligen Offizium auferlegte Verbot, zu predigen und die Beichte zu hören, blieb aber lebenslang bestehen.

Mehrere Versuche seiner Ordensoberen, bei Pius IX. diese Suspendierung aufheben zu lassen, scheiterten. Der Papst sah sich außerstande, Leziroli zu rehabilitieren. Er soll über den Jesuiten gesagt haben: «Er ist ein Heiliger, daher möge er für uns beten, aber er ist viel zu simpel, um die Gewissen der Gläubigen zu regeln.»[23] In der praktischen Seelsorge konnte man Leziroli nach dem Desaster von Sant'Ambrogio Pius IX. zufolge schlicht nicht mehr auf die Gläubigen loslassen. Mit Gebeten und stillen Messen ohne Beteiligung der Gemeinde konnte er aber weiter seinen Beitrag für das Heil der Kirche leisten. Der Pater scheint sich demütig mit seinem Schicksal abgefunden zu haben, wie man es von einem frommen Ordensmann erwartet. Er starb, allem Anschein nach versöhnt mit sich und der Kirche, am 29. April 1878 in Castel Gandolfo in den Albaner Bergen, wo sich die Sommerresidenz der Päpste befindet.[24]

Die ehemalige Äbtissin von Sant'Ambrogio, Maria Veronica Milza, wurde nach Ablauf ihrer einjährigen Klosterhaft auf Beschluss der Kardinäle des Heiligen Offiziums vom 28. Januar 1863 in das Kloster der Mantellaten-Chorschwestern an der Lungara in Rom gebracht. Dabei handelte es sich um Schwestern vom Dritten Orden der Serviten, die in Deutschland Dienerinnen Mariä genannt wurden.[25] Zwei Jahre später legte Maria Veronica dem obersten Glaubenstribunal eine Bittschrift vor, in der sie darum bat, als einfache Schwester in dieses Kloster eintreten zu dürfen. Die Kardinäle gewährten diese Bitte in ihrer Sitzung vom 14. Juni 1865 und beauftragten den Generalprior der Serviten, Girolamo Priori, nach einmonatigen Exerzitien die Aufnahme und Profess Maria Veronicas in die Wege zu leiten.[26] Die ehemalige Äbtissin hatte damit ihren Platz als einfache Schwester in einem neuen Orden gefunden und ihr Schicksal und das Urteil gegen Sant'Ambrogio anscheinend endgültig angenommen.

Klostergründerin statt Nonne

Wie aber erging es der Anklägerin? Die Erlebnisse in den Jahren 1858 und 1859 gruben sich tief ins Gedächtnis Katharinas ein, wie ihr ausführlicher Bericht, den sie Christiane Gmeiner 1870 diktierte, eindrucksvoll belegt. Alle schrecklichen Details waren ihr auch nach über einem Jahrzehnt noch so präsent, als wären sie gestern geschehen. Die panische Todesangst, die sie durchlitten hatte, sprach aus jeder Zeile. Trotzdem äußerte sie sich nie öffentlich über ihre Zeit in Sant'Ambrogio.

Auch im Familienkreis, wo natürlich jeder über die Sache Bescheid wusste, hängte Katharina die Affäre deutlich herunter. «Diese Klosterepisode im Leben meiner Tante» – so erinnerte sich ihre Nichte Marie von Thurn und Taxis-Hohenlohe – «weckte meine größte Neugier, doch bei uns zu Hause wurde darüber nicht gerne gesprochen.»[27] Erst viel später, nach dem Tod ihrer Tante, habe sie endlich Genaueres erfahren. Die Geschichte hatte sich inzwischen, wie bei mündlich erzählten Ereignissen üblich, stark verändert, ihren Kern bildete aber nach wie vor die außergewöhnlich schöne Madre Vicaria, ihre Heiligkeit und die von ihr angeblich gewirkten Wunder. Allerdings trug die Fürstin jetzt den Ordensnamen Schwester Ludovica statt Schwester Luisa Maria. Und der Verführer war nicht mehr der Amerikaner, sondern – wie im Kriminalroman – der Gärtner, den Katharina in flagranti ertappte. Dann kam natürlich die Vergiftung. Eine «kleine junge Nonne» spielte Postbotin zum Vatikan. Und Hohenlohe rettete seine Cousine, bewaffnet mit einem päpstlichen Breve, unter dramatischen Umständen, «Bannstrahlen» gegen die renitenten Nonnen schleudernd, ohne jedes Zaudern noch in derselben Nacht. Statt nach Tivoli wurde die Fürstin umgehend zu Pius IX. in den Vatikan gebracht.[28] Diese Ausschmückungen legen nahe, dass Katharina in den Prozess der Legendenbildung innerhalb der Familie kaum korrigierend eingriff. Sie wollte offenbar mit diesem Aspekt ihrer Biographie nichts mehr zu tun haben und auch nicht mehr daran erinnert werden.

Je größer der zeitliche Abstand zu den schlimmen Erlebnissen wurde, desto mehr versuchte die Fürstin sogar, Entschuldigungen für das Verhalten des Jesuiten Kleutgen zu finden. Dass sie mit ihrer Anzeige in das Wespennest einer theologischen Grundsatzauseinandersetzung zwischen Güntherianern und Neuscholastikern hineingestochen und damit zugleich eine Revanche Wolter gegen Kleutgen ermöglicht hatte, dürfte ihr nie bewusst geworden sein. Vor allem erfuhr sie nie von der Aussage Maria Luisas, der zufolge Kleutgen der eigentliche Verursacher der Giftanschläge war, denn sonst wäre ihr vergleichsweise mildes Urteil über ihren ehemaligen Beichtvater nicht zu verstehen.

Katharina trieb 1870 in ihren *Erlebnissen* von Sant'Ambrogio die Frage um, wie ein so «verständiger Mann, ein erfahrener Priester, ein großer Gelehrter» wie Kleutgen auf den ganzen Schwindel «einer ungebildeten Nonne» wie Maria Luisa hereinfallen konnte. «Man wird staunen, mit welcher Gewissheit Kleutgen an ihre Heiligkeit glaubte, die sich vor ihm durch nichts anderes manifestiert haben konnte als durch das, was sie ihm von sich sagte, und dass er lieber die kühnsten Behauptungen für wahr hielt, statt an ihrer Tugend zu zweifeln.» Die Fürstin war sich sicher, dass jeder «eine solche Täuschung für unmöglich halten» würde, aber der Jesuit sei «vollständig getäuscht» worden.

Sie fand vor allem zwei Gründe dafür: Während Frauen von Natur aus über ein feines Sensorium verfügten, um bei ihren Geschlechtsgenossinnen Oberflächlichkeiten und Unaufrichtigkeiten sowie die «List und Feinheit», mit denen sie «ihre Fehler zu verbergen suchen», treffsicher zu erkennen, gehe diese Eigenschaft gerade «gescheiten, wertvollen Männern» nicht selten völlig ab. Während sie sonst alle Umstände und Lebensverhältnisse «ernst und kritisch» prüften, seien diese Männer solchen Frauen gegenüber blind. «Es mag im weiblichen Charakter ein Zug liegen, der dem Manne vollständig fehlt und ihm daher fast unergründbar ist», nämlich die Fähigkeit, «sich anders zu geben, einen Schein anzunehmen, der der Wirklichkeit durchaus nicht entspricht». Den zweiten Grund fand Katharina darin, dass Kleutgen in der Seelsorge absolut unerfahren war. «Er hatte nicht viel in der Welt gelebt. Seine Haupttätigkeit galt gelehrten Forschungen. Aus den Büchern, die ihn fast immer umgaben, hatte er Welt- und Menschenkenntnis nicht gewinnen können.»[29]

Auch ein weiteres knappes Jahrzehnt später, 1879, als die Sant'Ambrogio-Affäre durch eine Einlassung des altkatholisch gewordenen Kirchenhistorikers Johann Friedrich erstmals in der deutschen Presse auftauchte, hielt sich Katharina öffentlich zurück. Friedrich behauptete im Kontext des Kulturkampfes, Kleutgen sei von der Inquisition wegen seiner Verwicklung in die Vergiftung «einer Prinzessin von Hohenzollern» zu sechs Jahren Gefängnis verurteilt worden.[30] Die Fürstin schrieb Kleutgen daraufhin am 23. März 1879 einen wohlwollenden Brief, in dem sie an «manche

Fürstin Katharina in ihren letzten Lebensjahren. Als Gründerin der Benediktinerabtei Beuron ging sie in die Geschichtsbücher ein.

Beweise priesterlicher Sorgfalt und wohlwollender Anteilnahme» erinnerte, die sie von ihm vor zwanzig Jahren empfangen habe. Mit «lebhaftem Bedauern» habe sie der Tagespresse entnehmen müssen, «dass Sie der Gegenstand lügenhafter Verfolgungen geworden sind». Katharina versicherte dem Jesuiten ihr Mitgefühl und fügte hinzu, sie werde sein «Andenken in Ehren halten». Die Enttäuschung über den ehemaligen Beichtvater, wie sie diese in ihrer Klageschrift von 1859 zum Ausdruck gebracht hatte, schien vergessen. Stattdessen nahm sie ihre bereits 1870 in den *Erlebnissen* geäußerte Meinung wieder auf, der Jesuit sei im Letzten kein Täter, sondern wie sie selbst ein Opfer Maria Luisas gewesen. Daher beschwor sie in ihrem Brief die «Erinnerung, dass wir gemeinsam eine sehr schmerzliche Enttäuschung erlebten und in den Abgrund der Verirrungen einer unglücklichen, Gott entfremdeten Seele haben blicken müssen».[31]

Wie verhielt sich Pius IX. Katharina gegenüber? Der Papst spielte von Anfang an ein doppeltes Spiel. Intern agierte er, solange es ging, als ob deren Anzeige nicht ernst zu nehmen sei. Im persönlichen Umgang mit der Fürstin war Pius IX. dagegen die Liebenswürdigkeit in Person. Nachdem sie sich in Tivoli bei ihrem Cousin von den Strapazen ihrer Zeit in Sant'Ambrogio halbwegs erholt hatte, wies der Papst ihr sogar eine Wohnung im päpstlichen Palast zu und nannte sie scherzhaft die «Priorin des Quirinals».[32] Ihren Wunsch nach einer Wallfahrt ins Heilige Land unterstützte er mit allem Nachdruck. Es kam ihm sehr zupass, denn damit war die Anklägerin im Sant'Ambrogio-Prozess in der Zeit vom 12. Februar 1860 bis weit in den Sommer hinein abwesend und konnte nicht weiter in das Verfahren eingreifen. Auf ihrer Reise nach Palästina begleiteten sie drei deutsche Benediktiner von Sankt Paul vor den Mauern: ihr Beichtvater Maurus Wolter, dessen Bruder Placidus sowie Anselm Nickes[33] – alle drei waren Güntherschüler.[34] Am 29. September 1860 verabschiedete der Papst in einer Privataudienz Katharina und die beiden Wolter-Brüder aus Rom.[35] Damit war die Fürstin, lange bevor der Prozess in seine entscheidende Phase trat, endgültig als Mitwirkende ausgeschieden. Ihre Energie widmete sie fortan einem neuen frommen Projekt: Mit Unterstützung Pius' IX. wollten die Wolter-Brüder und Katharina in Deutschland ein Benediktinerkloster gründen. Zunächst kam Altenburg im Kreis Mülheim am Rhein in den Blick, dann das Dorf Materborn bei Kleve und schließlich Beuron an der oberen Donau.[36]

Damit hatte die Fürstin nach zahlreichen Irrungen und Wirrungen, zwei Ehen und zwei Klosterversuchen ihre endgültige Berufung gefunden. Nach vielen Prüfungen hatte Gott ihr endlich ihre Lebensaufgabe übertragen. Sie interpretierte daher die schlimme Zeit in Sant'Ambrogio im Nachhinein als gütige Fügung des Himmels. Denn ohne die Vergiftungsanschläge wäre sie nie aus dem Kloster geflohen, ohne die Flucht hätte sie nie die Brüder Wolter getroffen, ohne diese Begegnung hätte sie nie die benediktinische Spiritualität kennengelernt und wäre nie zur Gründerin eines Benediktinerklosters geworden.

Jedenfalls deutete die Fürstin im Verwandtenkreis ihre Erlebnisse in dem römischen Franziskanerinnenkloster mehrfach als providentiell, wie ihre Nichte Marie von Thurn und Taxis-Hohenlohe in ihren

Jugenderinnerungen schildert. Nach dem Austritt aus Sant'Ambrogio war Katharina «ein armes verirrtes Wesen», «ohne Mann und Kinder, ohne Ziel, im Leben herumirrend und nach einem Weg suchend, dem sie folgen, nach einem Werk, dem sie sich hingeben könnte». Da sei sie den Gebrüdern Wolter begegnet, «zwei Enthusiasten, in denen das Feuer der ersten Bekenner glühte», die den Orden des heiligen Benedikt erneuern wollten. «Und da war er, ihr Weg, das Werk, das ihrer würdig war, ihres illustren Namens, ihres flammenden Herzens! Mit beispielloser Leidenschaft stürzte sie sich auf diese Aufgabe. Ihr ganzer irdischer Besitz wurde in den Dienst des Ordens gestellt – und ihre seltenen Geistesgaben, ihr eherner Wille, der Einfluss, den ihr Rang und Verwandtschaft verliehen – dies alles gehörte den beiden Patres und ihren großartigen Plänen.»[37]

Auf diese Weise sollte sich ihre Klostersehnsucht doch noch erfüllen. Die üblichen Rollen waren dabei allerdings vertauscht: Während sonst zumeist mächtige Männer Klöster für fromme Frauen stifteten, gründete hier eine starke Frau ein Kloster für fromme Männer. Denn während im Königreich Württemberg und im Großherzogtum Baden die Gründung katholischer Männerklöster von den Säkularisationen zu Beginn des 19. Jahrhunderts bis zum Ende des Kaiserreiches 1918 verboten blieb, wurde dies Katharina in den Hohenzollerischen Herzogtümern ermöglicht. Die Fürstin erwarb 1863 von ihrem Stiefsohn Karl Anton von Hohenzollern-Sigmaringen das 1802 säkularisierte ehemalige Augustinerchorherrenstift Beuron an der Donau für den Orden des heiligen Benedikt.[38] Bereits 1868 wurde das dort errichtete Beuroner Priorat zu einer selbständigen Benediktinerabtei erhoben und Maurus Wolter zum ersten Abt gewählt. In den Jahren des Kulturkampfes 1875 bis 1887 war das Kloster unterdrückt, die Mönche mussten ins Ausland fliehen. In dieser Zeit sorgte die Fürstin – wie es sich für eine gute Stifterin gehört – für den Bestand und die Verwaltung der Gebäude und Ländereien, sodass die Mönche nach Ende des Konflikts zwischen Staat und Kirche problemlos nach Beuron zurückkehren und beinahe bruchlos die benediktinische Tradition fortführen konnten.

Nach der Rückkehr der Benediktiner entschloss sich Katharina, die «zwölf Jahre lang die Hüterin des verlassenen Klosters» gewesen war, überraschend dazu, Beuron endgültig zu verlassen und nach Freiburg im Breisgau zu übersiedeln. Offiziell brachte sie die Überzeugung zum Ausdruck, sie könne ihr erwachsen gewordenes Kind nun sich selbst überlassen und sehne sich nach «vollem Frieden meines Herzens in Stille und Verborgenheit», nach einem milderen Klima und nach beständiger ärztlicher Behandlung in der Universitätsstadt.[39] Aber waren dies ihre wirklichen Motive? In der Familie wurde jedenfalls über eine zunehmende Entfremdung zwischen ihr und Abt Wolter spekuliert, mit der Frage: «Was gab es zwischen Sankt Franziskus und Sankta Clara?» Und bei ihrem Abschied vom oberen Donautal soll Katharina ausgerufen haben: «Nein, ihr werdet mich niemals mehr hier haben, weder tot noch lebendig.»[40] Mit dem Tag der Abreise der Fürstin aus Beuron am 7. Juli 1890 endete die Gründungsphase der Abtei. Es war aber ein doppelter Abschied, denn am folgenden Tag, dem 8. Juli, starb überraschend auch Maurus Wolter.[41] Zum neuen Abt wurde dessen Bruder Placidus gewählt, den Katharina ebenfalls in Rom kennengelernt hatte.

«Was sie Beuron gewesen, das ist in die Geschichte dieser blühenden Erzabtei auf immerwährende Zeiten eingegraben», beschrieb ihr Biograph Karl Theodor Zingeler den Zielpunkt ihres Lebens.[42] Die Fürstin steht in den Geschichtsbüchern als Gründerin der Benediktinerabtei Beuron, die zum Zentrum der bedeutenden Beuroner Benediktinerkongregation und der berühmten Beuroner Kunstschule wurde, die eine Wirkungsgeschichte weit über den kirchlichen Bereich hinaus entfaltete.[43]

Fürstin Katharina Wilhelmine Maria Josepha von Hohenzollern-Sigmaringen, geborene zu Hohenlohe-Waldenburg-Schillingsfürst, starb am 15. Februar 1893 in Freiburg im Alter von sechsundsiebzig Jahren und wurde am 19. Februar in der Fürstengruft in Sigmaringen beigesetzt.[44] So fand sie ihre letzte Ruhestätte, wie es ihrem Stand entsprach, in der Familiengruft, und nicht, wie es sich für die Stifterin eines Klosters gehört hätte, in einem Stiftergrab unter dem Hochaltar der Abteikirche, wo sie den Platz für ihren Sarkophag bereits ausgewählt hatte.[45] Trotz der offenkundigen Verstimmungen zwischen Abt und Stifterin ganz am Schluss bleibt der Name der Fürstin mit einer bis heute unvergleichlichen monastischen Erfolgsgeschichte verbunden. Ihr Scheitern als römische Nonne und der damit verbundene Klosterskandal sind dagegen weitgehend in Vergessenheit geraten. Katharina hatte – davon war sie überzeugt – so ihren von der göttlichen Vorsehung bestimmten Platz gefunden. Gott hatte wieder einmal auf krummen Zeilen gerade geschrieben und aus Fluch Segen werden lassen.[46]

Vergiftungstrauma eines Kardinals

Hohenlohe, der Retter seiner Cousine aus höchster Not, nutzte die einmalige Chance, die ihm die Verwicklung Kleutgens in die Affäre von Sant'Ambrogio bot, auch dafür, sich für die Verurteilung Anton Günthers zu revanchieren. Trotz der formalen Verurteilung des Jesuiten scheiterte der Titularerzbischof von Edessa damit jedoch letztlich. Und Kleutgens Freunde und Gönner, die Kardinäle Patrizi und Reisach sowie ihr jesuitisches Netzwerk – und auch der Papst selbst –, wussten genau, wer ihnen diese Suppe eingebrockt hatte. Für sie konnte es so aussehen, als ob der Sant'Ambrogio-Prozess letztlich von Hohenlohe als Feldzug gegen die Neuscholastik und ihren Chefdenker angezettelt worden war. Damit hatte sich Hohenlohe in der komplizierten Parteienlandschaft der Römischen Kurie eindeutig positioniert.

Der Fall Sant'Ambrogio wirkte, was die kirchenpolitische und theologische Polarisierung innerhalb des römischen Milieus angeht, als Katalysator. Als Hohenlohe 1846 nach Rom gekommen war, hatten noch die «religiöse Romantik des Seminaristen» und die «Begeisterung für die jesuitischen Exerzitienmeister» sein Denken bestimmt. Die Mitglieder der Gesellschaft Jesu unternahmen alles, um den deutschen Hochadeligen für den Orden der Gegenreformation zu gewinnen. Aber der anfängliche «Wunsch nach einem Eintritt in den Jesuitenorden oder die Bezauberung durch die Geschlossenheit der thomistischen Philosophie» wichen bei Gustav Adolf, ernüchtert durch das Hofschranzentum an der päpstlichen Kurie, bald einer offeneren und liberalen Kirchlichkeit.[47] Hohenlohe gelang es trotz beginnender kirchenpolitischer und theologischer Divergenzen aufgrund seines persönlichen Charmes, einen guten Draht zu dem äußerst kommunikativen Pius IX. aufzubauen, und begleitete diesen auch auf seiner Flucht vor der Revolution 1848 ins neapolitanische Exil. Das vergaß ihm Pius IX. nicht und nahm ihn nach seiner Rückkehr nach Rom in seinen engsten Kreis auf.

Seit dem Urteil von 1862 kam es aber zu einer zunehmenden Entfremdung vom Papst, der sich nicht nur kirchenpolitisch immer mehr der jesuitisch dominierten Fraktion der Kurie zuwandte, und zu einer Verschlechterung des persönlichen Verhältnisses. Hohenlohe wurde zwar 1866 nach massiver Intervention des preußischen Königs Wilhelm I. wegen seiner hochadeligen Herkunft noch Kardinal, verfügte aber fortan über keinerlei Einfluss mehr im Vatikan. Er hatte sich endgültig als Liberaler, Gegner der Neuscholastik und erbitterter Feind der Jesuiten positioniert. Nun schlug das Imperium zurück. Hohenlohe wurde kaltgestellt. Niemand zerrte einen der «I Nostri», einen der «Unsrigen» – wie sich die Mitglieder des jesuitischen Netzwerkes selbst bezeichneten –, ungestraft vor die Heilige Römische Inquisition. Alle Kandidaturen Hohenlohes um einen deutschen Bischofssitz wurden von der anderen Partei torpediert. Als auch seine Bemühungen um den Freiburger Erzbischofsstuhl, die sich von 1868 bis 1881 hinzogen, endgültig scheiterten, war er überzeugt, dass an diesem Fehlschlag weniger das dortige Domkapitel als vielmehr seine Feinde an der Kurie Schuld trugen: «Die Jesuiten haben den Papst so in der Hand, dass für mich nichts zu machen ist.»[48]

Diese andauernde Brüskierung führte bei Hohenlohe zu einem immer stärkeren Antijesuitismus und machte ihn an der Römischen Kurie zu einem der entschiedensten Gegner der päpstlichen Unfehlbarkeit, vor allem deshalb, weil er diese als ein typisches Projekt der Jesuitenpartei ansah. «Es ist eine schlimme Zeit jetzt, namentlich hier», schrieb er im Umfeld des Ersten Vatikanischen Konzils, das 1870 die Unfehlbarkeit des Papstes und seinen Universalen Jurisdiktionsprimat als Dogma definierte, an seinen Bruder Chlodwig. «Stupidität und Fanatismus reichen sich die Hand und tanzen die Tarantella und machen dazu eine Katzenmusik, dass einem Hören und Sehen vergeht.»[49] Er selber fühlte sich als Kurienkardinal schlicht kaltgestellt und von den Vorbereitungen, Beratungen und Diskussionen ausgeschlossen. Die Unfehlbarkeitsanhänger unter Führung der Jesuiten hätten es so eingerichtet, dass «die Kardinäle, die nicht zur Partei gehören, möglichst wenig zu tun bekommen».[50]

An der Schlussabstimmung über das neue Dogma nahm Hohenlohe nicht teil. Die Definition der päpstlichen Unfehlbarkeit hielt er für «nicht opportun». Er leugnete die Freiheit des Konzils und damit die Gültigkeit des Infallibilitätsdogmas. Von dem Tag an, an dem Pius IX. dem Konzil seine Geschäftsordnung «oktroyiert» habe, «hörte der konziliarische Bestand dieser traurigen Versammlung auf»; das Erste Vatikanum war für Hohenlohe somit kein Ökumenisches Konzil mehr. Bis zu diesem Punkt argumentierte er nicht anders als andere opponierende Bischöfe und Kardinäle; so hatten etwa vier Fünftel des deutschen Episkopats das Unfehlbarkeitsdogma abgelehnt und waren vor der Schlussabstimmung aus Rom abgereist. Dann aber gingen die antijesuitischen Pferde mit Hohenlohe durch, als er voller Sarkasmus auf den Fortgang des Konzils ohne die nicht mehr anwesenden kritischen ausländischen Bischöfe zu sprechen kam: «In diesen Sitzungen kann man sich denken, was alles bestimmt wird. Vielleicht wird darin die Unfehlbarkeit der Jesuiten und all ihrer Schliche ausgesprochen.»[51]

Hohenlohe fühlte sich in Rom mehr und mehr isoliert und zog sich seinerseits immer mehr zurück. Er residierte fast ausschließlich in der Villa D'Este in Tivoli, die zu seinem Tusculum wurde. Hier machte er sich bald als Mäzen einen Namen. Vor allem der Komponist Franz Liszt verbrachte eine lange Zeit an seinem Hof in der ländlichen Idylle, der von den Liberalen als «letzter Nachklang jener einst so potenten Existenzen, wie die Farnese und andere Renaissance-Kardinäle sie führten», gefeiert wurde.[52] Für Hohenlohe dagegen war es eine Flucht aus dem Vatikan vor den Intrigen und politischen Ränkespielen. Der Kurienkardinal gehörte zur Partei der Verlierer, seine Vorstellungen von einer offenen weltzugewandten Kirche hatten in Rom an der Kurie Pius' IX. keinen Platz mehr. Hier dominierte in seinen Augen ein pathologisches Kirchenbild, für dessen extreme Ausprägung letztlich auch Sant'Ambrogio stand.

Nach der Besetzung Roms durch italienische Truppen trat Hohenlohe für eine Verständigung des Papstes mit dem italienischen König ein und galt daher in Kurienkreisen als Verräter. 1872 ließ er sich als römischer Kurienkardinal von Fürst Otto von Bismarck sogar zum deutschen Botschafter beim Heiligen Stuhl vorschlagen. Dadurch machte er sich bei Staat und Kirche gleichermaßen unmöglich. Sechs Jahre, von 1870 bis 1876, hielt er sich ausschließlich in Deutschland auf, wo er als «aristokratischer Vagabund» nach und nach die verschiedensten Residenzen seiner weitverzweigten Familie und ihrer Verwandtschaft wie die Hohenzollern in Berlin «heimsuchte» und für alle ledigen Nichten Heiratspläne schmiedete.

In diesen Jahren entfremdeten sich auch Katharina von Hohenzollern und ihr einstiger Retter immer mehr. Sie konnte seine Opposition gegen Pius IX., mit dem sie in regelmäßigem Briefkontakt stand, und das Unfehlbarkeitsdogma nicht verstehen. Sie sprach dem Papst gegenüber, den sie nach wie vor hoch verehrte, von der «Verblendung» ihres Cousins. «Der Ärmste» sei sich «der großen Inkonsequenzen, die er begeht, nicht so recht bewusst, sonst würde er doch seinem Posten nicht so fern sein».[53]

Tatsächlich hatte Hohenlohe seit 1862 jedes politische Geschick verloren. Er steigerte sich immer mehr in einen Verfolgungswahn hinein und sah hinter jedem Baum einen Jesuiten, der ihn umbringen wollte. Die Giftanschläge auf Katharina in Sant'Ambrogio führten bei dem Kardinal zu einer regelrechten Vergiftungsparanoia. Hohenlohe war überzeugt davon, dass Kleutgen der eigentliche Anstifter der Giftanschläge auf seine Cousine gewesen war, und ordnete ihn einfach in die in kirchenkritischen Kreisen weit verbreitete Ahnengalerie jesuitischer Giftmischer ein. Dass Jesuiten ihre Gegner nicht nur totbeteten, sondern auch durch Gift beseitigten, gehörte über Jahrhunderte hinweg zum Standardrepertoire der Polemik gegen die Gesellschaft Jesu.[54] Da Hohenlohe anders als sein großer Opponent Kardinal Reisach keinen Einblick in die Gerichtsakten nehmen konnte, war er auch über die genauen Ermittlungsergebnisse der Inquisition nicht informiert, die Kleutgen in diesem Punkt ein wenig entlasteten.

Auch die Behauptung des Altkatholiken Johann Friedrich im Jahr 1878, der Jesuit sei wegen seiner Verwicklung in die Vergiftung einer

Prinzessin Hohenzollern im Kloster Sant'Ambrogio von der Inquisition verurteilt worden, dürfte letztlich auf Hohenlohe zurückgehen.[55] Denn Friedrich war während des Ersten Vatikanums 1870 der Konzilstheologe des Kardinals gewesen. Aus Frustration darüber, dass Kleutgen und seine Richtung sich nun trotz der Sant'Ambrogio-Affäre in der Kirche durchsetzten und der verurteilte Häretiker nun auch noch am neuen Papstdogma mitschrieb, hatte Hohenlohe seinem aus Deutschland kommenden Konzilstheologen die ganze Vergiftungsgeschichte erzählt.[56] Dieser diskreditierte den theologisch obsiegenden Neuscholastiker Kleutgen öffentlich als Giftmischer und Mörder und dürfte damit Hohenlohes Intentionen ziemlich genau getroffen haben.

Aber die Jesuiten hatten nach Ansicht des Kardinals nicht nur beinahe seine Cousine Katharina auf dem Gewissen. Er war überzeugt, dass sie auch ihn selbst vergiften wollten. Deshalb aß und trank er außerhalb seines eigenen Haushalts, bei Empfängen und Einladungen, nichts mehr. Selbst im Verwandtenkreis traute er den Dienstboten nicht und meinte, alle seien von den Jesuiten bestochen. So berichtete Marie von Thurn und Taxis-Hohenlohe, ihr Onkel habe sich, auch wenn er zu ihrer Mutter kam, nie das Geringste zu essen oder zu trinken anbieten lassen, «nicht einmal ein Glas Wasser, da er sich immer einbildete, dass die Jesuiten ihn vergiften wollten. Er konnte sie nicht leiden, und diese blieben ihm nichts schuldig.»[57]

Nur wenn sein Sekretär und Diener Gustavo Nobile, dem er absolut vertraute und den er in seinem Testament als Universalerben einsetzte, die Speisen in seiner Anwesenheit vorgekostet hatte, nahm auch Hohenlohe davon. Seine Angst vor einem Giftanschlag ging so weit, dass Nobile zu Beginn jeder Heiligen Messe, die der Kardinal zelebrierte, die Hostie und den Messwein probieren musste. Erst wenn der Vorkoster sich zu Beginn der Gabenbereitung noch wohlfühlte, ließ Hohenlohe diese auf den Altar tragen.[58]

Beim Konklave nach dem Tod Pius' IX. 1878 schien der Kardinal noch einmal politischen Einfluss ausüben zu können. Er versuchte, den liberalen Kardinal Alessandro Franchi als Papst durchzusetzen.[59] Als dies nicht möglich war, führte er die Franchi-Gruppe Gioacchino Pecci zu, der dann als Leo XIII. auch wirklich gewählt wurde. Dieser machte Franchi im Gegenzug zu seinem Kardinalstaatssekretär. Über diesen antijesuitischen Parteigänger glaubte Hohenlohe noch einmal große Kirchenpolitik im Vatikan machen zu können. Franchi starb jedoch völlig überraschend nach nur fünfmonatiger Amtszeit. Sofort tauchten an der Kurie Gerüchte auf, die Jesuiten hätten wieder einmal ihre Finger im Spiel gehabt. Hohenlohe jedenfalls war felsenfest davon überzeugt, dass Franchi tatsächlich von einem Mitglied der Gesellschaft Jesu vergiftet worden sei.[60]

Noch dreieinhalb Jahrzehnte nach den Giftanschlägen in Sant' Ambrogio bestimmten das Vergiftungstrauma und die panische Angst vor den Jesuiten Hohenlohes Leben. Er sprach sogar von einem «Vernichtungskriege» des Vatikans gegen ihn und von «Schandkerlen» aus der Kurie.[61] Im gleichen Maße, in dem er sich von den Jesuiten verfolgt glaubte, versuchte er seinerseits ihnen zu schaden. Als Hohenlohe im März 1896, ein halbes Jahr vor seinem Tod, hörte, Kardinal Georg Kopp[62] habe nun endlich die Zustimmung seines Bruders, des Reichskanzlers Chlodwig zu Hohenlohe-Schillingsfürst, für die Wiederzulassung der seit 1872 im Deutschen Reich verbotenen Jesuiten erhalten, drohte er: «Wenn das geschieht, werde ich sie beide exkommunizieren» – den Kardinal und den Reichskanzler.[63]

Hohenlohe starb am 30. Oktober 1896 an einem Herzschlag und wurde auf dem deutschen Friedhof im Schatten von Sankt Peter, dem Campo Santo Teutonico, beigesetzt.[64] Mit ihm starb ein Modell eines Katholizismus, der auf eine Versöhnung mit den Protestanten und den modernen Nationalstaaten, auf eine pragmatische Lösung der Römischen Frage und vor allem auf eine schlichte und spätaufgeklärte Religiosität setzte, der jeder Hang zum übersteigerten Mystizismus, pseudokatholischen Irrationalismus und zu exaltierten Frömmigkeitsformen suspekt war. Mit dem Urteil in der Sant' Ambrogio-Affäre war eine pathologische Form des katholischen Mystizismus verurteilt worden, sodass Hohenlohe mit seiner Skepsis die Autorität des Heiligen Offiziums hinter sich hatte. Doch es war Hohenlohe, der nun als unkatholisch diffamiert wurde. In einer Kirche, in der – wie er spottete – die «Unfehlbarkeit ... epidemisch geworden» war, gab es keinen Platz mehr für einen wie ihn.[65]

Die Großen lässt man laufen

Ganz anders ging es Hohenlohes kirchenpolitischen und theologischen Gegnern im Kardinalskollegium, Reisach und Patrizi. Ihre Karriere wurde durch die Sant'Ambrogio-Affäre in keiner Weise tangiert. Im Gegenteil: Ihr Aufstieg an der Kurie Pius' IX. ging ungebremst weiter. Das verwundert nicht, denn beide saßen schließlich nicht auf der Anklagebank, wo sie eigentlich hingehört hätten, sondern waren vom Papst extra für diesen Prozess als Richter am obersten Glaubenstribunal installiert worden. Dabei trugen beide Kardinäle im Letzten die Verantwortung für die Katastrophe.

Reisach stellte den Kontakt Katharinas von Hohenzollern zu den Schwestern des regulierten Dritten Ordens des heiligen Franziskus überhaupt erst her. Und er muss gewusst haben, was dort vor sich ging, denn niemand anderer als sein enger Vertrauter Kleutgen war dort zweiter Beichtvater. Reisach hatte offenbar auch direkten Kontakt zu Maria Luisa. Insbesondere der himmlische Marienbrief, in dem die Gründung eines Ablegers von Sant'Ambrogio mithilfe der «Mitgift einer fremden Prinzessin», die in das Kloster eintreten werde, angekündigt wurde, spricht dafür, dass der Kurienkardinal die Madre Vicaria über den Klosterfonds Katharinas informiert hatte, von dem nur er wusste.

Die Sympathien Reisachs für den Mystizismus in Sant'Ambrogio im Allgemeinen und für Maria Luisa im Besonderen liegen auf der gleichen Linie wie seine aus einer Lebensbeichte resultierende Hörigkeit gegenüber dem stigmatisierten Medium Louise Beck in Altötting. Auch wenn die Affäre um die «Höhere Leitung» sein Leben persönlich überschattet und ihn als Erzbischof von München und Freising in weiten Kreisen Deutschlands unmöglich gemacht hatte, lernte er aus diesen Fehlern nichts. Denn im Grunde ging er Maria Luisa genauso auf den Leim wie vorher Louise Beck. Und Reisach hätte wissen müssen, dass es einer gebildeten Dame wie Katharina von Hohenzollern, die aus einem aufgeklärten, hochadeligen, gemischtkonfessionellen Milieu stammte, nicht lange verborgen bleiben konnte, was im Kloster wirklich vor sich ging. Aber er war vor lauter Verehrung lebender heiliger Frauen und weiblicher mystischer Medien blind für die drohende Katastrophe.

Sein Kampf gegen die moderne Theologie und für die Neuscholastik sowie sein Einsatz für die Ultramontanisierung und strikte Zentralisierung der katholischen Kirche waren dagegen äußerst erfolgreich. Eine problematische Religiosität und ein Hang zum falschen Mystizismus hinderten seinen Aufstieg in der Kurie Pius' IX. nicht. Im Gegenteil: Er traf sich mit dem Papst im Glauben an das Wirken der Übernatur in der Natur und in der Schwäche für das Übersinnliche. Pius IX. beteiligte Reisach auch maßgeblich an der Vorbereitung des Ersten Vatikanischen Konzils, indem er ihn zum Vorsitzenden der einflussreichen kirchenpolitischen Kommission machte. Im Gegenzug sorgte der Kardinal dafür, dass keine renommierten liberalen deutschen Universitätstheologen, sondern nur Neuscholastiker als Konsultoren berufen wurden.[66] Im Jahr 1868 zum Kardinalbischof von Sabina befördert, ernannte Pius IX. ihn am 27. November 1869 zum ersten Konzilspräsidenten, was als besondere Auszeichnung gedacht war. Reisach konnte dieses ehrenvolle und politisch äußerst wichtige Amt nicht mehr antreten. Es war ihm auch nicht vergönnt, den größten Triumph seiner lebenslangen Bemühungen zu erleben: die Dogmatisierung der päpstlichen Unfehlbarkeit. Seit Herbst 1869 schwer erkrankt, zog er sich in das Redemptoristenkloster Contamine-sur-Arve in Savoyen zurück, wo er am 16. Dezember 1869 starb. Seine letzte Ruhestätte fand er in seiner Titelkirche Sant'Anastasia in Rom.[67] Als Pius IX. am 18. Juli 1870 das neue Dogma unter Blitz und Donner im Vatikan verkündete, war einer der wichtigsten Herolde der päpstlichen Infallibilität bereits mehr als ein halbes Jahr tot.

Auch Patrizi wusste als Kardinalprotektor des Klosters über das Geheimnis von Sant'Ambrogio Bescheid. Da schon seine Mutter eine glühende Verehrerin von Agnese Firrao war, dürfte der junge Costantino jedoch sehr viel früher über die Mutter Gründerin im Bild gewesen sein. Leziroli und die Äbtissin hatten ihn seit der Revolution von 1848 über die fortdauernde Verehrung der Mutter Gründerin und über die Erscheinungen Maria Luisas schriftlich auf dem Laufenden gehalten, und der Kardinal war sogar selbst Empfänger mindestens eines Marienbriefs gewesen. Patrizi gehörte zu dem Netzwerk, das seine schützende Hand über das eigentlich aufgehobene Kloster hielt und stillschweigend duldete, dass das Verurteilungsdekret der Inquisition von 1816 systematisch missachtet wurde. Trotzdem wurde dem Kardinalsekretär der Inquisition während des Verfahrens nie irgendein Vorwurf gemacht. Gegen den Chef des Gerichts selbst konnte auch ein hoch motivierter Dominikanerinquisitor wie Sallua nicht ermitteln. Die Mitglieder des Gerichts genossen selbstredend Immunität, jede kritische Nachfrage zu ihnen war tabu.

Costantino Patrizi konnte nach dem Urteil von 1862 seine Position als «einflussreichster Kardinal pianisch-römischer Prägung» weiter ausbauen. Seine «Bigotterie» war geradezu berüchtigt. Als Pius IX. erschöpft aus seinem Exil in Gaeta zurückkehrte und zur Stärkung eine Tasse Fleischbrühe verlangte, war Patrizi tief bestürzt, weil der Papst das Fastengebot nicht einhalten wollte – die Rückkehr fiel auf einen Freitag, also einen Fasttag. Visionen passten zu seiner Frömmigkeit wie zu der Pius' IX.[68]

Während seine Frömmigkeit und seine Strenge bewundert wurden, sagte man ihm bescheidene geistige Fähigkeiten und wenig politisches Geschick nach. Patrizi sei der «Inbegriff der Unwissenheit des Esels kombiniert mit der Sturheit des Maulesels, das Ganze vereint mit einer starken Dosis Frömmigkeit, die über die Bigotterie hinausragt und an den Fetischismus grenzt».[69] Trotzdem war er wegen seiner Herkunft, seiner exzellenten Vernetzung, seiner Patronage durch die Jesuiten und seiner zahlreichen Ämter der Kardinal, der in der Stadt Rom über den meisten Einfluss verfügte. Er blieb Kardinalvikar, wurde Präfekt der Ritenkongregation und Sekretär des Heiligen Offiziums und erhielt 1860 als Kardinalbischof zunächst die suburbikarischen Bischofssitze von Porto und Santa Ruffina. 1870 wurde er als Kardinalbischof von Ostia und Velletri sogar Dekan des Kardinalskollegiums. Er starb am 17. Dezember 1876. Ein Kenner der römischen Szene soll nach seinem Tod bemerkt haben: «Das Kardinalskollegium und die Kirche haben mit ihm keine große Leuchte, sondern ein großartiges Beispiel der Frömmigkeit und der priesterlichen Tugend verloren.»[70]

414   «Betrübt und reuevoll»

Gerade angesichts von Patrizis Ämterfülle ist es tragisch, dass er die wirklichen Hintergründe und die Sprengkraft der Vorgänge in Sant'Ambrogio wahrscheinlich nie verstanden hat.[71] Patrizi war nicht wegen seiner Fähigkeiten oder Verdienste, sondern wegen seiner adeligen Herkunft und seiner Seelenverwandtschaft mit Pius IX. mit einer solchen Ämterfülle ausgestattet worden. Wenn Kompetenz und Professionalität statt Patronage und Klientelismus bei der Auswahl kurialer Leitungsfunktionen eine Rolle gespielt hätten und der Kardinalprotektor von Sant'Ambrogio seine Aufgabe wirklich wahrgenommen hätte, hätten sich der falsche Heiligenkult und das Regiment Maria Luisas dort wohl nie in dieser Weise entfalten können. Patrizi hatte persönlich versagt, es war aber auch das Versagen eines Systems, das diese Inkompetenz letztlich gar nicht wahrnahm, sondern sie durch weitere Beförderung in der klerikalen Hierarchie der Kurie sogar noch belohnte.

Eine Heilige im Irrenhaus

Maria Luisa Ridolfi muss eine äußerst selbstbewusste und attraktive junge Frau gewesen sein. Viele berichteten von ihrer außergewöhnlichen Schönheit und ihrem gewinnenden Charme. Maria Luisa war sich ihrer Wirkung auf Männer und Frauen durchaus bewusst und setzte ihre Reize gezielt ein. Den Americano wickelte sie einfach um den Finger, und mit dem hochgebildeten Theologen Joseph Kleutgen verbrachte sie nicht nur die Nacht im Bett, sondern brachte ihn sogar dazu, ihre Schönheit mit der Grazie der Gottesmutter Maria gleichzusetzen. Aber es war nicht nur ihre erotische Ausstrahlung, Maria Luisa besaß darüber hinaus ein besonderes Charisma, dem sich kaum jemand entziehen konnte. Selbst die sonst nicht so leicht entflammbare Fürstin von Hohenzollern war von ihr anfangs ganz begeistert.

Maria Luisa stammte aus einfachen Verhältnissen, denen sie durch einen Klostereintritt entkommen wollte.[72] Als junges Mädchen von der damaligen Äbtissin von Sant'Ambrogio sexuell missbraucht, begann sie unmittelbar danach mit ihren Visionen und Ekstasen, die sich immer mehr steigerten. Ob diese übersinnlichen Aktivitäten

Eine Heilige im Irrenhaus

eine Reaktion auf die schlimme Erfahrung waren, lässt sich kaum sagen. Dafür spricht, dass die Marienerscheinungen des 19. Jahrhunderts häufig mit einem «Symptombündel aus Armut, Abhängigkeit, Krankheit, sozialer Außenseiterrolle oder einer einschneidenden Erfahrung körperlicher und emotionaler Verletzlichkeit» einhergingen.[73] So begannen bei der stigmatisierten Seherin Maria von Mörl[74] die mystischen Phänomene nach einer Misshandlung durch ihren Vater. Auch das Leiden – in ihrem Fall die heftigen Kopfschmerzen – teilte Maria Luisa mit anderen ekstatischen Frauen, etwa mit der «Leidensbraut» Anna Katharina Emmerick. Allerdings ging Maria Luisa weiter. Sie nutzte die «Sprache des ekstatischen Körpers» nicht nur als «weibliche Strategie der Krisenbewältigung» und als «Ausdrucksform für erfahrenes Leid», sondern ganz bewusst zur gezielten Manipulation ihrer Mitmenschen.[75]

Maria Luisa wollte nie mehr auf der Schattenseite des Lebens stehen, nie mehr zu den Verlierern gehören. Dass sie Vorbilder aus der Frauenmystik benutzte, um sich als Nonne mit einem direkten Draht zu Gott und anderen himmlischen Personen zu inszenieren, lag für sie nahe, weil übernatürliche Phänomene in Sant'Ambrogio ohnehin an der Tagesordnung waren. Mit himmlischer Autorität im Rücken konnte Maria Luisa ihre Machtansprüche zunächst innerhalb des Klosters, dann aber auch darüber hinaus in Teilen des kurialen Milieus durchsetzen. Durch ihre direkte Verbindung zu himmlischen Mächten war sie näher an Gott als jeder Priester, Bischof und gar der Papst. Sie konnte auf Einwände der geweihten Männer stets antworten: Hat die Gottesmutter mit Dir darüber auch direkt gesprochen? Und – so verrückt es klingt – Maria Luisa hatte mit ihrer weiblich-mystizistischen Strategie in der hierarchisch-klerikalen Männerkirche Erfolg.[76]

Dass Theologen und Kardinäle ihr wirklich glaubten, wird nur vor dem Hintergrund des wundersüchtigen Frömmigkeitsmilieus im Rom der zweiten Hälfte des 19. Jahrhunderts verständlich. Man rechnete in der apokalyptischen Stimmung, die durch den ständig schrumpfenden Kirchenstaat und die drohende Besetzung Roms durch die Truppen der italienischen Nationalbewegung aufgeheizt wurde, jederzeit mit dem Eingreifen der himmlischen Mächte auf

Erden zum Schutz von Papst und Kurie. Und selbstverständlich wirkte auch der Papst selbst, wie nicht wenige Zeitgenossen glaubten, fast täglich Wunder.[77]

Aber Maria Luisa wollte noch mehr. Sie wollte nicht nur einfache fromme Frauen in Sant'Ambrogio beherrschen und Kirchenmänner instrumentalisieren. Sie wollte etwas Bleibendes schaffen, das stets mit ihrem Namen verbunden bleiben würde. Daher reifte in ihr der Plan, selbst eine neue Mutter Gründerin wie Agnese Firrao zu werden und als Ableger von Sant'Ambrogio ein neues Kloster mit ihr selbst als Äbtissin zu gründen. Dazu brauchte sie aber Geld, viel Geld, und die Protektion einflussreicher Kirchenmänner.

Dass ausgerechnet die Vorbereitung der als Meisterstück geplanten Klosterneugründung für die schöne junge Nonne zur Katastrophe wurde, gehört zur Tragik ihrer Geschichte. Denn durch Kardinal Reisach war endlich die Geldquelle in Sicht, mit deren Hilfe man den Ableger von Sant'Ambrogio würde finanzieren können. Katharina von Hohenzollern war sehr vermögend und hatte ihr Witwengeld in einem Klosterfonds angelegt. Die Gottesmutter schrieb auch gleich einen entsprechenden Brief: «Meine muss sie werden, die Prinzessin.» Doch niemand hatte mit der ganz anderen Mentalität der gebildeten deutschen Adeligen gerechnet. Die Fürstin durchschaute Maria Luisas Spiel. Die Folge waren die Vergiftungsversuche und schließlich der Prozess vor dem Heiligen Offizium.

Die Kirchenmänner, die vorher an ihren Lippen und Brüsten gehangen und sie als lebende Heilige verehrt hatten, ließen Maria Luisa nun fallen wie eine heiße Kartoffel. Und sie kamen vor dem Männertribunal des Heiligen Offiziums durch mit ihrer Entschuldigungsstrategie, sie seien getäuscht worden, was nicht zuletzt an gängigen Klischees über Frauen gelegen haben dürfte: Was war schon zu erwarten vom schwachen Geschlecht, von den Töchtern der Eva, die sich so leicht vom Bösen verführen ließen und ihrerseits die Männer verführten? Dabei hätten die mächtigen Männer als Kardinalprotektor, Kurienkardinal und Beichtvater von Anfang an wissen können, was Sache war. Sie hätten sich des missbrauchten Kindes und der Jugendlichen Maria Luisa als Seelsorger annehmen und ihr menschlichen und religiösen Beistand leisten müssen. Nun wurde sie allein für all das bestraft, was durch den falschen Glauben der Kirchenmänner erst möglich geworden war, und die hochwürdigen Herren kamen mit einem blauen Auge davon.

Man darf allerdings nicht vergessen, dass Maria Luisa als geständiger Mehrfachmörderin vor einem weltlichen Gericht die Todesstrafe gedroht hätte.[78] Auch dem ordentlichen Kriminalgesetz des Kirchenstaats im 19. Jahrhundert zufolge zog «jede mit Überlegung und Vorbedacht verübte Tötung» die Todesstrafe nach sich. Eine Giftmörderin hatte keinesfalls mit mildernden Umständen zu rechnen, im Gegenteil: Während die gewöhnliche Todesstrafe durch Enthaupten vollzogen wurde, sah das Gesetz bei Giftmord sogar eine verschärfte Todesstrafe vor. Die Verurteilten sollten durch Schüsse in den Rücken hingerichtet werden.[79]

Das Blut von Geistlichen und Ordensmitgliedern wurde in der Regel aber nicht vergossen. Sie besaßen im Kirchenstaat das sogenannte *Privilegium fori*, dem zufolge sie weder bei straf- noch bei zivilrechtlichen Vergehen vor ein weltliches Gericht gestellt werden durften.[80] Nur äußerst selten wurden sie an die weltliche Gerichtsbarkeit ausgeliefert und hingerichtet, wenn sie sich im Fall von Häresie einer Abschwörung hartnäckig widersetzt oder sich eines Kapitalverbrechens schuldig gemacht hatten und aus dem geistlichen Stand entlassen worden waren. Zudem lag die Aufmerksamkeit des Inquisitionstribunals nicht auf den Kapitalverbrechen, sondern ganz auf den Häresien, neben denen Morde und Mordversuche quasi als Sekundärdelikte, als Folge des falschen Glaubens, erschienen.

Maria Luisa durfte öffentlich nie über die Verwicklung der Kirchenmänner in die ganze Sache reden. Die junge Nonne blieb allein, in klösterlicher Isolationshaft, abgeschnitten von der Welt.[81] Die Zeit während des Prozesses vom Dezember 1859 bis Mai 1860 verbrachte Maria Luisa im Kloster der Purificazione, wo sie wegen ihres «komischen Verhaltens» auffiel und auf Bitten der dortigen Äbtissin entfernt wurde. Die ersten fünf Jahre ihrer Klosterhaft von 1862 bis 1867 in Buon Pastore verliefen offenbar ohne größere Zwischenfälle. Dann begann sie jedoch «unruhig» zu werden und sich seltsam zu verhalten. Sie geisterte Tag und Nacht durch das Kloster und belästigte die Nonnen durch wirre Reden, zeigte sich gewalttätig und war nicht mehr zu kontrollieren. Eine Schwester brachte sie sogar in Lebensgefahr, als sie versuchte, ihr «die Gurgel abzudrücken».

Auf Beschluss des Heiligen Offiziums vom 29. Juli 1868 wurde Maria Luisa deshalb in das Gefängnis Casa della Penitenza alle Terme[82] gebracht, wo man ernsthaft an ihrem Geisteszustand zu zweifeln begann. «Hier hat sie auf ganz tierische Weise gelebt und deutliche Zeichen einer geistigen Verwirrung gezeigt», hieß es in einem Geheimbericht für die Kardinäle der Inquisition.[83] Der dortige Arzt Doktor Caetani beschrieb Maria Luisa als «eine Frau, erregt wie ein wildes Tier, bei der es zu exzessiven Ausbrüchen im Nervensystem kommt, aber eine wirkliche Irrheit habe ich nicht geglaubt feststellen zu können».[84] Um hier zu einem sicheren Urteil zu kommen, brauche man unbedingt die Kompetenz von Fachleuten.

Deshalb folgte das Tribunal am 20. Januar 1869 dem Vorschlag des Arztes und wies Maria Luisa in das Ospizio dei Dementi,[85] die römische Irrenanstalt, ein. Die Anstaltsärzte diagnostizierten neben einer körperlichen Schwäche tatsächlich eine geistige «Disharmonie». Maria Luisa war psychisch völlig aus dem Lot und zeigte überdies starke kleptomanische Züge. Sie stahl alles und jedes und leugnete genauso hartnäckig, das getan zu haben. Außerdem bestritt sie gebetsmühlenhaft, sich jemals zum Ordensstand berufen gefühlt zu haben. Sie habe in geordneten weltlichen Verhältnissen gelebt. Hier wird sehr deutlich, dass sie ihre klösterliche Vergangenheit und all die Erfahrungen verdrängte, die damit verbunden waren. Die Ärzte hielten ihr mehrfach vor, sie sei doch im Alter von dreizehn Jahren ins Kloster eingetreten. «Aber sie hat nichts kapiert» – oder wollte nichts kapieren.

Keine Therapie schien zu greifen, weshalb die Ärzte vorschlugen, Maria Luisa künftig in Hausarrest bei ihrer Familie leben zu lassen, was Pius IX. am 30. Juni 1869 mit der Auflage erlaubte, ihr Vater müsse die Überwachung garantieren, damit sie keinen weiteren Schaden mehr anrichten könne. Sie sollte auch zu Hause weiter als Nonne leben. Außerdem wurde ihr eingeschärft, keinen weiteren Vorwand für erneute Beschwerden zu bieten.

Nach einem knappen Jahr wandte sich Mitte 1870 der Vater

Domenico Ridolfi an das Heilige Offizium und gab zu Protokoll, er könne seine Tochter nicht länger bei sich behalten. Sie habe seinen ganzen Haushalt ins Chaos gestürzt und sei «widerspenstig». «Sie ist den ganzen Tag nur herumgestreunt, wenn sie im Haus war, hat nur gekreischt und herumgeschrien, sie hat ihre Schwestern wie Huren behandelt, sie hat Hand an sie gelegt, ... sie hat Gott und die Hölle geleugnet», klagte er vor dem obersten Glaubenstribunal. Daraufhin wurde Maria Luisa auf Beschluss vom 1. Juli 1870 wieder nach Buon Pastore gebracht.

Bereits wenige Wochen später wurde sie nach der Besetzung Roms durch italienische Truppen im Oktober 1870 befreit. Dabei gab sie vor, eine reine Glaubensgefangene zu sein. Den italienischen Behörden erklärte sie, in dem Prozess vor acht Jahren vor dem Heiligen Offizium sei es lediglich um eine «religiöse Streitfrage zwischen Franziskanern und Dominikanern» gegangen, in die sie völlig schuldlos hineingezogen worden sei. Sie stellte sich als Opfer der Willkür eines unmenschlichen Glaubensgerichts dar und nutzte damit Vorurteile über die Inquisition, mit denen sie bei der neuen laikalen Verwaltung Roms auf offene Ohren stieß.

Schließlich kam es am 23. Oktober 1871 zu einem Verfahren vor dem staatlichen Zivilgericht der Stadt Rom zwischen Maria Luisa, vertreten durch ihren Anwalt Orlando Fiocchi, und dem Heiligen Offizium, vertreten durch den Anwalt Severino Tirelli.[86] Die ehemalige Novizenmeisterin verlangte die Rückerstattung ihrer Mitgift in Höhe von 1300 Scudi, eine ausreichende Rente und die Wiederherstellung ihrer durch falsche Glaubensurteile verletzten Ehre. Für abweichende Glaubensauffassungen konnte man in einem modernen Staat wie Italien, der in Gegnerschaft zum päpstlichen System entstanden war, nicht bestraft werden. Diesen Grundsatz machten sich Maria Luisa und ihr Anwalt zunutze.

Severino Tirelli, der Anwalt des Heiligen Offiziums, machte deutlich, dass es bei dem Urteil von 1862 nicht nur um Glaubensdelikte, sondern vor allem um Kapitalverbrechen gegangen war. Er ging jedoch auf die Einzelheiten nicht näher ein. Die angespannte Situation zwischen Staat und Kirche nach 1870 sollte durch die Sant'Ambrogio-Affäre auf gar keinen Fall weiter angeheizt werden.

Das wäre für die Kirchengegner in der neuen italienischen Bürokratie ein gefundenes Fressen gewesen. Deshalb machte Tirelli namens des Heiligen Offiziums rasch ein Vergleichsangebot, nicht ohne die immensen Kosten, die Maria Luisa dem Heiligen Stuhl seit 1859 verursacht hatte, aufzulisten und nachdrücklich auf das Gutachten der Irrenärzte über ihren Geisteszustand hinzuweisen. Insgesamt habe man nicht weniger als 4473,76 Scudi für ihre Unterbringung in verschiedenen Gefängnissen und Anstalten aufwenden müssen. Man sei aber trotzdem bereit, die ursprünglich von Maria Luisa in Sant'Ambrogio einbezahlte Mitgift von 500 Scudi umgehend an sie zurückzuerstatten. Dieses Angebot wurde von Maria Luisa nicht angenommen. Sie bestand auf 1300 Scudi. Das Tribunal beschloss am 2. Mai 1872 aber die Auszahlung von 500 Scudi, was 2687 italienischen Lire entsprach.

Das Geld scheint nicht lange gereicht zu haben. Schließlich war Maria Luisa nicht nur mit der Kirche zerfallen, sondern auch mit ihrer Familie zerstritten. Auch in die Irrenanstalt oder in ein Klostergefängnis konnte sie nach ihrer «Befreiung» nicht mehr zurückkehren. Sie war körperlich und seelisch gebrochen. Das Urteil von Sant'Ambrogio und der damit verbundene tiefe Sturz hatten sie – glaubt man ihrem Vater – auch jeden Glauben verlieren lassen. Die ehemalige Lieblingstochter der Gottesmutter fand in dieser Welt keinen Platz mehr, die ehemalige Heilige landete erst im Irrenhaus und dann in der Gosse.

Bevor sich ihre Spur endgültig verlor, sollte es – wenn man Marie von Thurn und Taxis-Hohenlohe folgt – zu einer letzten Begegnung zwischen der ehemaligen Novizin Luisa Maria alias Katharina von Hohenzollern und ihrer Novizenmeisterin Maria Luisa kommen. Es muss bei dem Rombesuch der Fürstin im Frühjahr 1872 gewesen sein, als sich in der Wohnung Katharinas eine «arme Frau» meldete.[87] «Sic hieß sie eintreten – und sah sich der Madre Vicaria gegenüber. Das Herz stand ihr still. Doch die unglückliche, gebrochene und gealterte Frau, von deren einstiger Schönheit nichts mehr zu sehen war, warf sich ihr zu Füßen und bat sie flehentlich um Verzeihung. Sie hatte vor kurzem das Gefängnis verlassen und war in tiefstem Elend, buchstäblich am Verhungern.» Katharina, die ihr innerlich «längst vergeben hatte», verweigerte sich der Bitte um Hilfe in höchster Not nicht und rettete die Unglückliche aus «völliger Verzweiflung».[88]

Nach dieser Deutung wäre wenigstens der Grundkonflikt durch Verzeihen und Vergeben doch noch beigelegt worden, der letztlich zum Auslöser für den Sant'Ambrogio-Prozess vor dem obersten römischen Glaubensgericht geworden war: die Feindschaft beider Frauen, der heiligen Maria Luisa und der ungläubigen Katharina, der Giftmischerin und ihres Opfers. Und keine der beiden ehemaligen Nonnen hätte unversöhnt den Gang vor das Letzte Gericht antreten müssen. Aber vielleicht war auch hier der Wunsch der Vater des Gedankens. Das versöhnliche Ende, das Marie von Thurn und Taxis-Hohenlohe anbietet, kann durch andere Quellen nicht erhärtet werden. Aber selbst, wenn es stimmen würde: Daran, dass Maria Luisa in der Folge der Sant'Ambrogio-Affäre zerbrach, dürfte es wenig geändert haben. Die Spuren der ehemaligen Madre Vicaria und Novizenmeisterin verlieren sich im Dunkel der Geschichte. So hat die Inquisition jedenfalls in Bezug auf Maria Luisa ihr Ziel der Damnatio memoriae letztlich doch erreicht.

Ein Häretiker schreibt Dogmen

Anders als Maria Luisa kam Kleutgen trotz der Schwere der Vorwürfe mit einem blauen Auge davon. Er selbst äußerte später, er sei vom Heiligen Offizium *ob formalem haeresim*, wegen formaler Häresie, zu «fünf Jahren Haft in den Zellen der Inquisition» verurteilt worden. Die Kardinäle und zuletzt der Papst hätten das Urteil jedoch immer weiter abgemildert, sodass schließlich nur zwei Jahre Zwangsaufenthalt in einem Haus des Jesuitenordens außerhalb Roms übrig blieben.[89] Diese Zeit verbrachte Kleutgen in einem Kur- und Erholungsheim der Gesellschaft Jesu in Galloro, das in der Nähe des Kastells von Ariccia malerisch am Nemisee in den Albaner Bergen südöstlich von Rom liegt. Dieses Haus wurde damals vor allem von den Redakteuren der *Civiltà Cattolica*, der Zeitschrift der Jesuiten, zur Erholung genutzt.[90] Da Kleutgen zu dieser Gruppe seines Ordens enge Beziehungen unterhielt und er in Galloro auch die Muße fand, seine *Theologie der Vorzeit* voranzutreiben, wird man kaum von einem Aufenthalt sprechen können, der auch nur entfernt an eine Haft «in den Zellen der Inquisition» erinnerte. Er wurde, anders als Maria Luisa, die ins Nichts fiel, von der Gemeinschaft seines Ordens, der über viel Einfluss an der Kurie Pius' IX. verfügte, aufgefangen.

Kleutgen kehrte bereits nach eineinhalb Jahren im Oktober 1863 nach Rom zurück. Dort nahm er seine Tätigkeit als Rhetoriklehrer am Collegium Germanicum wieder auf.[91] Rein äußerlich scheint ihm die Affäre kaum geschadet zu haben. Er bekam zwar keine Funktion in der Ordensleitung mehr, durfte aber in sein geliebtes Germanicum zurück und hatte ausreichend Zeit, seine neuscholastischen Hauptwerke zu vollenden. Zudem war sein Einfluss auf die Kirchenpolitik und insbesondere die lehramtliche Entwicklung ungebrochen. Auch Kleutgen selbst wunderte sich im Rückblick darüber: «Merkwürdigerweise haben mich jene nämlichen Kardinäle, die mich *ob formalem haeresim* wenige Tage zuvor verurteilt hatten, nachher gerade so behandelt, als wäre nichts geschehen.»

Insbesondere Kardinal Reisach zeigte sich Kleutgen sehr gewogen und besuchte ihn 1862/63 in Galloro. Als Reisach vom Papst beauftragt wurde, «über eine sehr wichtige Angelegenheit ein theologisches Gutachten zu besorgen», bat er Kleutgen, der die Aufgabe sofort übernahm. Reisach übergab den Text dem Papst und einer anderen hochstehenden kurialen Persönlichkeit zur Durchsicht. Beide waren über die Qualität des Gutachtens «höchst erstaunt». Auf Nachfrage lüftete Reisach das Geheimnis um die Person des Gutachters und nannte Pius IX. den Namen Kleutgen, der diesem wegen der «Tüchtigkeit», die aus seinem Votum sprach, umgehend erlaubte, aus dem Exil nach Rom zurückzukehren. Parallel dazu hatte sich bereits Kleutgens Ordensoberer, der Jesuitengeneral Petrus Beckx, mit einer Bitte um Begnadigung an den Papst gewandt.[92] Kleutgen hatte seine Linientreue auch als verurteilter und abgeschworener Ketzer unter Beweis gestellt und war begnadigt worden.

Worum handelte es sich bei dieser äußerst wichtigen theologischen Angelegenheit, die zur sofortigen Begnadigung des Jesuiten führte? Zwei Ereignisse der Jahre 1862/63, in die Kardinal

Ein Häretiker schreibt Dogmen

Pius IX. verkündete das Dogma von der Unbefleckten Empfängnis Mariens und ließ sich und seine Nachfolger auf dem Ersten Vatikanischen Konzil für unfehlbar erklären. Im Jahr 2000 wurde er von Johannes Paul II. seliggesprochen.

Reisach verwickelt war, legen eine gutachterliche Mitwirkung Kleutgens besonders nahe. Einerseits das Breve *Gravissimas Inter* vom 11. Dezember 1862 und andererseits das Breve *Tuas libenter* vom 21. Dezember 1863. In beiden päpstlichen Dokumenten ging es um ein Konzept, das Kleutgen bereits im Lauf der fünfziger Jahren als Gutachter der Indexkongregation entwickelt hatte, um moderne, nicht neuscholastisch orientierte Theologen leichter als unkirchlich diffamieren und auf den *Index der verbotenen Bücher* setzen zu können.

Unmittelbar nach Kleutgens Verurteilung als Häretiker wurde dieses Modell, das zunächst nur in der Indexkongregation interne Anwendung gefunden hatte, von Pius IX. zur offiziellen Lehre der Kirche erhoben, wo es bis heute von zentraler Bedeutung ist: das sogenannte ordentliche Lehramt.[93] Kleutgen «erfand» diese Konzeption genau in der Zeit, in der er als Pater Peters in Sant'Ambrogio auf der Basis von Glaubensüberzeugungen handelte, die von der Inquisition eindeutig als «häretisch» qualifiziert wurden.

Der Begriff des ordentlichen Lehramts taucht 1863 in *Tuas libenter* zum ersten Mal in einem kirchenamtlichen Dokument auf. Dieses Breve richtete sich vordergründig gegen den Münchner Kirchenhistoriker Ignaz von Döllinger und dessen Rede auf der von ihm organisierten Münchener Gelehrtenversammlung.[94] Diese sollte eigentlich die Spaltung der deutschen Theologie in Romaner und Deutsche, in Neuscholastiker und moderne Theologen überwinden, was aber nach der scharfen Eröffnungsrede Döllingers zum Scheitern verurteilt war. Döllinger nannte die italienische Theologie «düster und kirchhofartig». Das «alte von der Scholastik gezimmerte Wohnhaus» sei baufällig geworden. Ein neues könne nur mithilfe der beiden «Augen der Theologie», der Geschichte und der Philosophie, erbaut werden.[95]

Vor *Tuas libenter* war das Konzept eines ordentlichen Lehramtes unbekannt gewesen. Es gab nur das feierliche Lehramt der Konzilien und der Päpste. Mit diesem wurden, wenn es gar nicht anders ging und eine Glaubenswahrheit nur auf diese Weise sichergestellt werden konnte, äußerst selten Glaubenssätze feierlich dogmatisiert. So wurden unter anderem die Artikel des Glaubensbekenntnisses auf den frühen Konzilien der Kirchengeschichte festgeschrieben. Alle anderen Fragen des Glaubens aber, die nicht vom feierlichen Lehramt definiert worden waren, konnten von den Theologen offen diskutiert werden. Die Aufgabe dieses feierlichen Lehramtes der Hirten bestand im Wesentlichen darin, das Überkommene zu bezeugen und zu bewahren und nicht das Depositum fidei aktiv fortzuentwickeln.[96] «Nicht weil etwas lehramtlich vorgelegt wurde, war es Glaubensgut, sondern weil etwas inhaltlich geglaubt wurde, konnten die Bischöfe es bezeugen.»[97]

Entgegen dieser Tradition nahm Kleutgen eine grundsätzlich neue Verhältnisbestimmung von päpstlichem Lehramt und Lehramt der Theologen vor. Er stellte dazu neben das feierliche außerordentliche Lehramt das ordentliche, täglich ausgeübte und genauso verbindliche Lehramt von Papst und Kurie. Auslöser war die Rede Döllingers, der mit Entschiedenheit für die Freiheit der Theologie vor römischen Bevormundungen plädiert hatte. Nur dogmatische Irrtümer, also nur Verstöße «gegen die klare allgemeine Lehre der Kirche» dürften – so der Münchener Kirchenhistoriker – künftig noch in Rom angezeigt und untersucht werden. Die Theologie besitze auf allen übrigen Feldern, die den Großteil ihrer Arbeit ausmachte, völlige Freiheit – auch die Freiheit zum Irrtum. Gegen Fehler in diesem nicht durch feierliche Lehrentscheidung der Kirche definierten Bereich dürften nur gleichartige theologische Mittel, also Vernunft und Argument, angewandt werden.[98]

Das Lager der Neuscholastiker und Ultramontanen fühlte sich angegriffen, verfasste eine Gegenerklärung und denunzierte Döllingers Rede und die gesamte Versammlung in Rom. Dort wartete zu Döllingers Unglück ein alter Intimfeind bereits seit Jahren auf die Chance, Rache zu nehmen: Kardinal Reisach. Er glaubte nämlich, der Münchener Theologe habe 1855 seinen Einfluss auf die bayerische Regierung genutzt, um ihn von München nach Rom wegzuloben. Die Denunziation Döllingers bot Reisach die Gelegenheit, es dem in seinen Augen durch Verstandesstolz verblendeten Universitätsgelehrten heimzuzahlen und mithilfe des Papstes gegen ihn vorzugehen. Und Kleutgen musste ihm wieder einmal dabei helfen – auch deshalb die Besuche Reisachs in Galloro.

Die eigentliche Sprengkraft des Konzepts entlädt sich im Breve *Tuas libenter* in der Formulierung, dass in «Deutschland auch eine falsche Meinung wider die alte Schule» vorherrsche, und im Hinweis auf die in diesem Zusammenhang praktizierte «falsche» Philosophie.[99] Der Begriff «alte Schule» spielte zumindest indirekt auf den 1853 in Münster erschienenen ersten Band von Kleutgens *Theologie der Vorzeit* an. Mit dem Hinweis auf die «falsche» Philosophie dürfte aber der in München lehrende Jakob Frohschammer[100] gemeint sein, der wenige Jahre vor *Tuas libenter* auf Betreiben Kleutgens wegen philosophischer Irrtümer auf den Index gesetzt worden war. Er galt als einer der entschiedensten Gegner einer Wiederbelebung der Neuscholastik in Deutschland und als Erzfeind des Jesuiten. *Tuas libenter* war nicht umsonst an den Münchener Erzbischof Gregor von Scherr[101] gerichtet. Dieser war nämlich nicht nur der zuständige Ortsbischof für die Münchener Gelehrtenversammlung, sondern eben auch für den in München lehrenden Frohschammer. Kleutgen war zumindest der Inspirator, wenn nicht gar der Autor des Breves. Auf jeden Fall kann er aufgrund der im Archiv der Glaubenskongregation neu zugänglichen Quellen als eigentlicher «Erfinder» des ordentlichen Lehramts von Papst und Kurie identifiziert werden.

Jakob Frohschammers Schrift *Ueber den Ursprung der menschlichen Seelen* wurde 1855 bei der Indexkongregation denunziert.[102] Bekanntermaßen ging Thomas von Aquin von einer Sukzessivbeseelung des menschlichen Embryos aus: Erst nach einer pflanzlichen und tierischen Seele entsteht demnach die menschliche. Die unter Theologen diskutierte Frage war, ob diese Sukzessivbeseelung kreationistisch oder generatianistisch zu denken sei, ob also Gott für jede der drei aufeinanderfolgenden Seelen einen eigenen Schöpfungsakt setzen müsse oder ob die Sukzessivbeseelung im Fortgang der Entwicklung des Menschen durch das, was er von seinen Eltern im Zeugungsakt mitbekommen habe, gleichsam automatisch erfolge. Diese generatianistische Position vertrat Frohschammer.

Nach einer Vorprüfung durch den Sekretär der Indexkongregation wurde ein Verfahren eröffnet. Mit dem Gutachten war kein anderer als Kleutgen betraut. Dieser glaubte, mit der Generatianismus-Schrift des Münchener Philosophen kurzen Prozess machen zu können, wie seine knapp acht Seiten umfassende Zensur zeigt. Dabei stand die Sachfrage Generatianismus versus Kreationismus gar nicht im Fokus von Kleutgens Interesse. Ihm ging es um die prinzipielle Frage, was in der Kirche als verbindliche Lehre zu gelten habe und was nicht. Nun war aber der Kreationismus von der Kirche nie als Glaubenssatz definiert worden, weshalb Frohschammer für sich in Anspruch nahm, in diesem Bereich ein Alternativmodell vertreten zu dürfen. Kleutgen griff mit derselben Begründung in seinem Votum auf die Behauptung zurück, spätestens seit dem 7. Jahrhundert sei es einhellige Lehre von Papst, Bischöfen und guten Theologen gewesen, dass der Generatianismus als «einer Häresie nahekommend», zumindest aber «als irrig und höchst waghalsig» angesehen wurde. Wegen dieses angeblich ununterbrochenen Konsenses in der kirchlichen Lehre müsse Frohschammers Werk als häretisch verurteilt werden.[103]

Kleutgens Argumentation überzeugte aber weder die Konsultoren noch die Kardinäle.[104] Deshalb wurden in einer zweiten Verfahrensrunde zwei weitere Gutachter beauftragt: der Franziskanerkonventuale Angelo Trullet[105] und der Benediktiner Bernard Smith.[106] Kleutgen war dadurch zu einer grundsätzlichen Positionierung gezwungen. Nun griff er auf die Konzeption vom doppelten kirchlichen Lehramt aus seiner *Theologie der Vorzeit* zurück, die er erstmals in seiner Auseinandersetzung mit dem Moral- und Pastoraltheologen Johann Baptist Hirscher[107] angedacht hatte. Mit seinem zweiten Gutachten über Frohschammer entfaltete Kleutgen im Grunde lediglich die bereits in seinem Buch entwickelte Position.

Es sei ein Missverständnis und eine unerhörte Behauptung – so Kleutgen – zu meinen, dass die Kirche nur dann etwas verbindlich zu glauben vorlege, wenn sie eine Glaubensstreitigkeit als höchste Richterin feierlich entscheide, also ihr außerordentliches Lehramt ausübe. Vielmehr lege die Kirche auch dann allen etwas als verbindlich zu glauben vor, wenn sie ihr ordentliches Lehramt ausübe. Somit habe sie ein «doppeltes Lehramt». Kleutgen meinte damit aber nicht wie Thomas von Aquin das Lehramt der Hirten und das der Theologen. Beide Lehrämter, das ordentliche und das außerordentliche, kamen für ihn ausschließlich den Hirten und letztlich dem Papst zu: «Das … ordentliche und immerwährende … besteht in ebenjenem fortdauernden Apostolate der Kirche. Das andere ist außerordentlich, wird nur zu besonderen Zeiten, wenn nämlich Irrlehrer die Kirche beunruhigen, geübt, und ist nicht schlechtweg Lehramt, sondern zugleich Richteramt.»[108]

Damit war für Kleutgen auch die Frage entschieden, ob es einem glaubenstreuen Katholiken erlaubt sei, in den Bereichen der eigenen Ansicht zu folgen, «von welchen man weder durch die Übereinstimmung der Theologen, noch auch auf anderem Wege nachweisen» könne, dass sie «zur Glaubenslehre der Kirche im strengen Sinne gehören». Die Kirche, so Kleutgen, erkenne «jene Freiheit, die man in Anspruch nimmt, alles, was nicht häretisch ist, lehren zu dürfen, durchaus nicht an». Was Kleutgen in seiner *Theologie der Vorzeit* bereits Hirscher vorgehalten hatte, dass nämlich die Denk- und Lehrfreiheit nicht bloß durch das Dogma beschränkt sei, sondern auch durch das ordentliche Lehramt, das wiederholte er nun in seinem Gutachten über Frohschammer. Es dürfe keine «Zügellosigkeit des Meinens und Lehrens in der Kirche» geben bezüglich der Lehren, welche nicht explizit durch das außerordentliche Lehramt als Dogmen definiert worden seien. Der Kreationismus sei zwar nicht feierlich definiert, er stehe aber fest durch die stete Verkündigung des ordentlichen und dauernden Lehramtes. Dieses kommt – so Kleutgen – zuerst dem Papst in all seinen Äußerungen, dann den über den Erdkreis verstreuten, einmütig lehrenden Bischöfen und ferner den römischen Kongregationen und zuletzt auch «angesehenen» Theologen zu.

Interessant ist, dass der zweite Gutachter Angelo Trullet Kleutgen vorwarf, völlig neue Kriterien und Bewertungsmaßstäbe für die Theologie und Buchzensur einzuführen. Hier werde gleichsam ein Gesetz nach dem Verbrechen verabschiedet, das nach bisheriger Rechtslage gar kein Verbrechen gewesen sei.[109] Ein ordentliches Lehramt kannte Trullet nicht. Deshalb konnte dieses in seinen Augen auch nicht Grundlage für eine Verurteilung Frohschammers sein. Da der Kreationismus nicht feierlich definiert sei, so Trullet, könne man als Theologe ganz selbstverständlich auch generatianistisch argumentieren.

Doch diese Position setzte sich in der Indexkongregation nicht durch, weil sich der Drittgutachter Bernard Smith auf die Seite Kleutgens schlug und dessen Argumentation auf Basis des ordentlichen Lehramts anerkannte. Frohschammers Generatianismus-Schrift wurde im März 1857 auf den *Index der verbotenen Bücher* gesetzt, weil sie dem von Kleutgen entwickelten ordentlichen Lehramt widersprach, von dem vorher nie jemand etwas gehört hatte.

Diese Indizierung und weitere Demütigungen durch die kirchlichen Autoritäten veranlassten Frohschammer, in zwei programmatischen Schriften das Verhältnis von Vernunft und Gottesglaube, Wissenschaft und kirchlicher Autorität grundsätzlich neu zu durchdenken und dabei auch die Praxis der Indexkongregation heftig zu kritisieren.[110] Auch diese Schriften wurden in Rom denunziert und in der für die Buchzensur zuständigen Indexkongregation verhandelt. Da Frohschammer erneut keine definierte kirchliche Lehre leugnete, erklärte der Konsultor Piotr Semenenko[111] in seinem Gutachten, Frohschammers Theologie sei zwar ungewöhnlich, aber völlig orthodox.¹¹² Als die Indexkongregation sich definitiv weigerte, diese Schriften Frohschammers ebenfalls zu verbieten, wandte Kleutgen ein bereits im Günther-Prozess erprobtes Verfahren an. Über Reisach erreichte er, dass die Kongregation kaltgestellt wurde und der Papst persönlich durch das Breve *Gravissimas Inter* vom 11. Dezember 1862 die Lehren Frohschammers verurteilte. Auch dazu dürfte er in Galloro die Vorlage geschrieben haben.¹¹³

Für Kleutgens kirchenpolitischen Einfluss und die Durchsetzung seiner Theologie war seine Verurteilung im Sant'Ambrogio-Prozess bedeutungslos. Gerade während er seine Strafe in Galloro absaß, fand sein Konzept des ordentlichen Lehramts Eingang in lehramtliche Dokumente Pius' IX. Doch wie ging es Kleutgen subjektiv? Ließ ihn die Verurteilung als Häretiker wirklich kalt?

Kleutgen machte zu schaffen, dass das oberste Tribunal ausgerechnet ihn, den zwanghaft korrekten und sich als hyperorthodox verstehenden Theologen, dessen ganzes Leben auf einen strikten Gehorsam gegenüber dem Papst angelegt war, als Häretiker verurteilt hatte. Sonst war er es, der als einflussreicher Konsultor der Indexkongregation andere als Häretiker qualifizierte und so theologische und menschliche Existenzen vernichtete. Das Urteil war für ihn ein brutaler Schlag, mit dem er kaum fertigwerden konnte. Denn vom Fels, an den er sich in den Stürmen der Zeit ängstlich festgeklammert hatte, drohte er ins tosende Meer zurückzufallen. Der Heilige Vater, den er fürchtete und zugleich abgöttisch verehrte, dem er alles recht machen wollte, hatte ausgerechnet ihn gezüchtigt und als ungehorsamen Sohn gebrandmarkt. Letztlich hatte Kleutgen diese «Maßregelung nicht verkraftet» und war seitdem im Grunde genommen ein «gebrochener Mann».¹¹⁴

Der Jesuit dürfte nur schwer damit zurechtgekommen sein, an den eigenen moralischen und theologischen Maßstäben gescheitert zu sein.¹¹⁵ Er wollte ein vorbildlicher Priester und besonders sittenstreng sein und war doch den Versuchungen des Weibes gleich mehrfach erlegen. Er kannte die Kriterien für die Authentizität von Offenbarungen und hatte die angeblichen Himmelsbriefe trotz ihres mitunter skurrilen Inhalts für bare Münze genommen. Er wusste, dass Zungenküsse unmoralisch waren, und hatte seine Zunge gleich minutenlang im Mund der schönen jungen Nonne gelassen. Er war in den himmlischen Höhen theologischer Spekulation auf den Spuren des heiligen Thomas von Aquin zu Hause, aber den menschlich-allzumenschlichen Niederungen der praktischen Seelsorge in einem Nonnenkloster nicht gewachsen.

Und dieses Desaster war nicht irgendwo in der Provinz, sondern im Zentrum der Christenheit, am Sitz des Papstes selbst geschehen. Deshalb wurde Rom je länger je mehr für Kleutgen zur Stätte seines Unglücks und «namenlosen Leidens».[116] Mehr als einmal klagte er «über das verhasste Rom, den Ort meines tiefen Sturzes». Im Sommer 1869 gelangte er zu der Überzeugung, Rom endgültig den Rücken kehren zu müssen. In der Stadt am Tiber könne er, davon war er überzeugt, von «keinem besonderen Nutzen» mehr sein. Deshalb «scheint es für mich und für die Gesellschaft besser, dass ich in großer Zurückgezogenheit in irgendeinem Hause der Unsrigen ... meine Tage zubrächte».[117]

Kleutgen zog sich mit Erlaubnis des Ordensgenerals nach Viterbo zurück, kam aber schon bald wieder nach Rom, um auf dem Ersten Vatikanischen Konzil eine entscheidende Rolle zu spielen. Als einfacher Priester konnte er weder Konzilsvater noch Mitglied in den Konzilskommissionen werden. Diese Funktion blieb Kardinälen, Bischöfen und Generaloberen von Ordensgemeinschaften vorbehalten. Kleutgen diente als Konzilstheologe seines Ordensbruders, des Apostolischen Vikars von Kalkutta, Erzbischof Walter Steins,[118] der Mitglied der dogmatischen Kommission war. In dieser Funktion war Kleutgen maßgeblich an der Entstehung der beiden Dogmatischen Konstitutionen des Konzils über den katholischen Glauben und die Kirche Christi mit dem Unfehlbarkeitsdogma beteiligt. Sein Konzept des ordentlichen Lehramts hätte ohne das Erste Vatikanische Konzil kein so großes Gewicht erlangen und keine derartige Wirkungsgeschichte entfalten können.

Auf diesem Konzil sollte sich die Kirche nach dem Willen des Papstes gegen die feindliche moderne Welt und deren Rationalismus positionieren. Dazu gehörte vor allem, das Verhältnis von Glaube und Vernunft zu klären und die in römischen Augen irrigen Positionen zahlreicher deutsch- und französischsprachiger Theologen zurückzuweisen. Deshalb wurden in der Vorlage *De doctrina catholica* diese «fundamentaltheologischen» Probleme ausgiebig aufgenommen und diskutiert. Dieser Entwurf war den meisten Konzilsvätern jedoch zu weitschweifig. Sie lehnten ihn ab. Auf Wunsch Pius' IX. wurde in der Glaubensdeputation daraufhin Joseph Kleutgen mit der Überarbeitung beauftragt, der auch tatsächlich die Hauptlast an der Formulierung des endgültigen Textes trug.[119]

Wie nicht anders zu erwarten, tauchte in der am 24. April 1870 verabschiedeten Offenbarungskonstitution *Dei filius* Kleutgens Theorie des doppelten Lehramts wieder auf: «Mit göttlichem und katholischem Glauben ist all das zu glauben, was im geschriebenen oder überlieferten Wort Gottes enthalten ist und von der Kirche – sei es in feierlicher Entscheidung oder kraft ihres gewöhnlichen und allgemeinen Lehramtes – als von Gott geoffenbart zu glauben vorgelegt wird.»[120]

Auch an der Konstitution *Pastor aeternus* vom 18. Juli 1870, mit der das Unfehlbarkeitsdogma und der päpstliche Jurisdiktionsprimat auf dem Konzil definiert wurden, wirkte Kleutgen entscheidend mit. Er legte eine Formel für die Definition der Unfehlbarkeit vor, die «den höchsten Beifall der Väter» fand. Der spätere Präfekt der Indexkongregation Kardinal Andreas Steinhuber[121] war überdies überzeugt davon, dass auch der endgültige Text des Dogmas auf Kleutgen zurückging: «Eine gute Anzahl definierter Sätze sind von ihm formuliert.»[122]

Die von Kleutgen vorgeschlagene Formel lautet: «Deshalb muss all das, was in Glauben und Sitten überall auf der Welt unter Leitung der mit dem Apostolischen Stuhl verbundenen Bischöfe für unzweifelbar gehalten oder gelehrt wird und was von den Bischöfen mit Zustimmung des Papstes oder vom Papst selbst, wenn er ex cathedra spricht, als von allen zu halten und zu lehren definiert wird, für unfehlbar gehalten werden.»[123] Ob Kleutgen, wie behauptet worden ist, tatsächlich «die Hauptlast bei der näheren Vorbereitung der Konstitution ‹Pastor aeternus› zu tragen» hatte und damit der Wortlaut des neuen Dogmas unmittelbar auf ihn zurückgeht, ist umstritten.[124] Fest steht aber, dass mit Kleutgen ein ehemals wegen formaler Häresie verurteilter Ketzer an der Konzeption des Unfehlbarkeitsdogmas aktiv mitwirkte.

Kleutgens Aufenthalt in Rom war jedoch keine lange Dauer beschieden. Die Besetzung der Stadt des Papstes durch italienische Truppen im Sommer 1870 beendete nicht nur das Erste Vatikanische Konzil, das auf unbestimmte Zeit vertagt wurde, sondern zwang auch Kleutgen zur Flucht nach Viterbo. Er behauptete aber: «Trotz der Suspension des Konzils soll ich, was aber geheim zu halten ist, das Schema de Ecclesia bearbeiten.»[125] Es begann eine Odyssee durch Norditalien und Südtirol. Kleutgen war gesundheitlich angeschlagen, fühlte sich körperlich und seelisch am Ende. Zunächst ging er nach Brixen. Doch das Klima war, so Kleutgen, «zu kräftig für mich, der ich ohnehin schon sehr geschwächt und höchst reizbar bin».[126] Er fühlte sich heimatlos, suchte eine Zufluchtsstätte, sehnte sich zurück ins Germanicum nach Rom und hasste die Stadt zugleich, weil sie ihn an das Desaster von Sant'Ambrogio erinnerte. Görz, Bad Innichen, Lengmoos bei Bozen, Trient – Kleutgen reiste hin und her.[127] Er war ein Getriebener, fand nirgendwo Ruhe. Als er eines Tages in Lengmoos im Pfarrhaus ankam, sah er aus wie ein Obdachloser, «ganz zerrissen vom Kopf bis zu den Füßen, vom Hut bis zu den Schuhen», und das, obwohl er eigentlich «ein Mann der Ordnung war», wie sich der dortige Pfarrer erinnerte.[128]

Nach acht langen Jahren schien sich im Sommer 1878 eine Wende abzuzeichnen. Kleutgen durfte endlich zurück in sein geliebtes Germanicum. Die Freude über die Aufgabe als Studienpräfekt und erneut als Konsultor der Indexkongregation war letztlich größer als die Angst vor Rom.[129] Der Bruch von 1862 schien halbwegs geheilt zu sein. Leo XIII., der neue Papst, erließ außerdem am 4. August 1879 die Enzyklika *Aeterni Patris*,[130] mit der die Philosophie des Thomas von Aquin und damit die erneuerte Scholastik, für die sich Kleutgen lebenslang eingesetzt hatte, zur einzig legitimen Philosophie der katholischen Kirche erklärt wurde. Unabhängig davon, ob Kleutgen an der Abfassung der Enzyklika direkt beteiligt war oder nicht, sein Lebenswerk hatte damit eine feierliche und offizielle lehramtliche Bestätigung erhalten.[131] Theologisch war er an seinem Ziel angekommen.

Es war ein langer Weg gewesen, die Neuscholastik als einzig legitime katholische Theologie durchzusetzen. Auch innerhalb des Jesuitenordens hatte es eine heftige Gegenwehr gegeben, für die vor allem Carlo Passaglia stand. Kleutgen war sich nicht zu gut gewesen, Maria Luisa zu einem himmlischen Marienbrief zu inspirieren, mit dem sein theologischer Hauptopponent innerhalb der Gesellschaft Jesu als Homosexueller diskreditiert und ausgeschaltet wurde. Nachdem die Neuscholastik zur Jesuitentheologie schlechthin geworden war, machte Leo XIII. sie schließlich zur Theologie der katholischen Welt.

Doch das römische Glück währte nicht lange. Die Stadt seiner größten persönlichen Demütigung wurde Kleutgens Schicksal. Im März 1879 bekam er während einer Vorlesung einen Schlaganfall und blieb halbseitig gelähmt. Als «*geschlagener* Mann» – wie er selbst schrieb – «werde ich leider nie mehr etwas mit der Universitas Gregoriana zu tun haben».[132] Er gab sich andererseits aber ganz froh darüber, nun die «Räuberhöhle» Rom endgültig verlassen zu können.[133] Es begann erneut eine Odyssee: Castel Gandolfo, Terlago bei Trient, Mantua, Venedig, Chieri und schließlich im Juli 1881 Sankt Anton bei Kaltern in Südtirol. Geradezu zwanghaft versuchte Kleutgen, trotz seiner Behinderung weiterhin theologische Werke zu verfassen, doch die Lähmung machte es ihm sehr schwer. Seit Sommer 1881 konnte er «fast gar nicht mehr schreiben», die Hand versagte ihren Dienst.[134] Zum Jahreswechsel 1882/83 traf ihn ein neuer Schlaganfall, der das Sprachzentrum lähmte.

Am Abend des 13. Januar 1883 starb Joseph Wilhelm Carl Kleutgen, am 15. Januar wurde er auf dem Friedhof in Kaltern beigesetzt.[135] Die Grabinschrift feiert ihn als «Mann von herausragender Begabung, von anerkannter Gelehrsamkeit, ausgezeichnet durch moralische Integrität und in der Gelehrtenrepublik berühmt durch zahlreiche veröffentlichte Werke».[136]

Ob einem Priester, der wegen Verführung im Beichtstuhl von der Inquisition verurteilt wurde, wirklich moralische Integrität nachgesagt werden kann, ist indes fraglich. Und ob es ein Zeichen von Gelehrsamkeit war, an die Echtheit himmlischer Briefe der Gottesmutter zu glauben, die die Ermordung einer Nonne ankündigten, steht dahin. Kleutgen war aber zweifellos ein begabter Theologe und produktiver Schriftsteller – hier hat die Inschrift Recht –, den Leo XIII. den «Fürsten der Scholastik» genannt haben soll, weil er mit seinen Werken dazu beitrug, die «Theologie der Vorzeit» zur einzig kirchlich anerkannten Richtung zu machen.[137] Den eigentlich springenden Punkt seiner Biographie, *die* unerhörte Begebenheit seines Lebens, den Skandal, übergeht die Grabinschrift selbstredend. Ein wegen formaler Häresie von der obersten Glaubensbehörde der Kirche verurteilter Ketzer wirkte kurze Zeit nach seiner Verurteilung an der Formulierung von Glaubenssätzen und einem neuen Dogma von der Infallibilität des Papstes mit, das für die Katholiken bis heute verbindlich ist: «Wenn der römische Bischof *ex cathedra* spricht, das heißt, wenn er in Ausübung seines Amtes als Hirte und Lehrer aller Christen kraft seiner höchsten apostolischen Autorität entscheidet, eine Glaubens- oder Sittenlehre sei von der ganzen Kirche festzuhalten, dann vermag er dies durch göttlichen Beistand, der ihm im seligen Petrus verheißen ist, mit jener Unfehlbarkeit, mit der der göttliche Erlöser seine Kirche bei der Entscheidung einer Glaubens- oder Sittenlehre ausgestattet haben wollte. Und deshalb sind solche Entscheidungen des römischen Bischofs aus sich, nicht aber aufgrund der Zustimmung der Kirche, unabänderlich.» Und der letzte Satz des Unfehlbarkeitsdogmas von 1870 lautet: «Wenn sich jemand – was Gott verhüten möge – herausnehmen sollte, dieser unserer endgültigen Entscheidung zu widersprechen, so sei er ausgeschlossen.»[138]

EPILOG

Das Geheimnis von Sant'Ambrogio im Urteil der Geschichte

Pius IX. und die Inquisition verzichteten auf eine Publikation des Urteils im Fall Sant'Ambrogio. Das Geheimnis des Klosters sollte hinter den Mauern des Palazzo del Sant'Ufficio verborgen bleiben.

Dieses Konzept ging jedoch nicht vollständig auf. Denn die liberale italienische Presse bekam aller verordneten Geheimhaltung zum Trotz doch Wind von der Sache. Bereits 1861, als die Aufhebung von Sant'Ambrogio publik wurde, erschienen einige Artikel, die sich in allerlei Spekulationen über die Affäre ergingen und diese genüsslich dazu benutzten, die Rückständigkeit der kurialen Rechtsprechung zu kritisieren und die Legitimität eines Glaubensgerichts grundsätzlich infrage zu stellen. Diese Zeitungen waren aber lediglich über die Aufhebung des Klosters informiert, die sie auf die fortdauernde Verehrung der Firrao zurückführten. Die Namen der Hauptangeklagten und die anderen Delikte scheinen tatsächlich nicht öffentlich geworden zu sein. Für die liberalen Blätter wurde Sant'Ambrogio zur Steilvorlage für einen prinzipiellen Angriff auf die katholische Kirche und die weltliche Herrschaft des Papstes im Kirchenstaat, die der nationalen Einigung Italiens immer noch im Weg stand, auch wenn sich mit den Marken und Umbrien gerade Teile des päpstlichen Herrschaftsgebiets dem Risorgimento angeschlossen hatten.

Die *Civiltà Cattolica* druckte einen Bericht des *Giornale di Roma* vom 13. Mai 1861 ab, in dem die Berichterstattung der «schlimmen» Zeitungen kritisiert wurde. Die Redakteure wurden als «Menschen, die im Schlamm wühlen», verunglimpft. Die katholische *Civiltà* stellte im Gegenzug die Aufhebung des Klosters als angemessene Reaktion auf die angemaßte Heiligkeit und fortdauernde Verehrung der Agnese Firrao dar.[1] Zu einer großen, auch international sichtbaren Presseschlacht kam es allerdings nicht. Im Wesentlichen blieb vom Fall Sant'Ambrogio bis heute wirklich nur die Erinnerung an den Kult Agnese Firraos, wie zum Beispiel entsprechende Internetseiten über Rom und seine Sehenswürdigkeiten belegen.[2]

Dass das Thema wenig beachtet wurde, lag aber auch daran, dass andere kirchenpolitische Themen in den Vordergrund traten: 1863 die päpstliche Verurteilung der Münchener Gelehrtenversammlung,[3] 1864 der *Syllabus errorum*, mit dem Pius IX. in einem Rundumschlag die Moderne und ihre Werte wie Religions- und Gewissensfreiheit verdammte.[4] Schließlich warf das Erste Vatikanische Konzil seine Schatten voraus und absorbierte das gesamte öffentliche Interesse. Als Kleutgen zu den Vorarbeiten der beiden Konstitutionen hinzugezogen wurde, monierte Ignaz von Döllinger in seinen 1870 erschienenen *Römischen Briefen vom Concil*, die Personaldecke der Jesuiten müsse schon recht dünn sein, wenn sie auf einen Mann zurückgreifen müssten, der «vor einiger Zeit von dem Heiligen Offizium wegen einer anstößigen Klostergeschichte verurteilt» worden war.[5] Interessanterweise wurde dieser Hinweis Döllingers 1962 vom *Spiegel* in seinem Leitartikel zur Eröffnung des Zweiten Vatikanischen Konzils aufgegriffen. Jetzt war allerdings von sechs Jahren Haft Kleutgens die Rede.[6]

Die Sant'Ambrogio-Affäre tauchte erst im Frühjahr 1879 in der öffentlichen Diskussion wieder auf.[7] Der Münchener Kirchenhistoriker Johann Friedrich, der sich als Gegner des Unfehlbarkeitsdogmas profiliert hatte, deshalb 1871 exkommuniziert worden war und sich der altkatholischen Kirche angeschlossen hatte, erhob im *Deutschen Merkur* heftige Vorwürfe gegen Kleutgen. Den Hintergrund bildeten die scharfen Kontroversen zwischen den Altkatholiken, die als Protestbewegung gegen das neue Unfehlbarkeitsdogma im Gefolge des Ersten Vatikanischen Konzils entstanden waren,[8] und den von ihnen so genannten «Neukatholiken», die die 1870 definierte päpstliche Unfehlbarkeit verteidigten. Friedrich wollte den Jesuiten, den er als einen der wichtigsten Urheber des Dogmas ansah, öffentlich verunglimpfen. Er behauptete, Kleutgen sei wegen seiner Mitwirkung an einem Vergiftungsanschlag gegen eine Prinzessin Hohenzollern von der Inquisition zu sechs Jahren Gefängnis verurteilt, später aber vom Papst begnadigt worden.⁹

Die strengkirchliche *Neue Zeitung* widersprach dieser Behauptung scharf und bezichtigte Friedrich der dreisten Lüge. Der Altkatholik strengte daraufhin einen Verleumdungsprozess gegen das Blatt an. In dem folgenden Verfahren landete die Redaktion der *Neuen Zeitung* einen überraschenden Coup. Sie konnte dem Gericht ein Schriftstück aus der Kanzlei des Heiligen Offiziums präsentieren, in dem der Notar des Obersten Tribunals Giovenale Pelami[10] unter dem Datum des 7. März 1879 bestätigte, dass Kleutgen «niemals wegen Giftmords noch wegen Beteiligung an einem Giftmordversuch vor diesem Höchsten Tribunal angeklagt war, geschweige denn verhört oder gar verurteilt worden ist».[11] Dass er wegen der Giftanschläge auf Katharina von Hohenzollern nicht verurteilt worden war, traf auch tatsächlich zu. Falsch war hingegen die Aussage des obersten Glaubenstribunals, er sei wegen dieses Vorwurfes auch nicht verhört worden. Über andere Anklagepunkte und die tatsächliche Verurteilung Kleutgens durch die Inquisition schweigt sich der Notar des Heiligen Offiziums geflissentlich aus. Die *Neue Zeitung* vom 15. März 1879 argumentierte, an der ganzen Sache könne schon deshalb nichts dran sein, weil der Papst Kleutgen mit wichtigen Arbeiten zum Konzil beauftragt habe, und «es sei doch völlig undenkbar, dass der Papst einen wegen Giftmischerei Verurteilten auf eine solche Weise ausgezeichnet haben solle».[12] Einen verurteilten Häretiker konnte Pius IX. aber offenbar ohne Probleme für die Formulierung von Dogmen heranziehen. Kleutgen selbst mischte sich in den Streit jedenfalls nicht ein und hielt sich damit an eine Anweisung Leos XIII., der ihm striktes Stillschweigen auferlegt hatte.[13] Wenn der Jesuit den Fehdehandschuh aufgegriffen hätte, wäre die Diskussion wahrscheinlich erst richtig in Gang gekommen.

Die Devise der Kurie im Fall Sant'Ambrogio, zumindest zu Lebzeiten der Protagonisten, war klar: die ganze heikle Angelegenheit, solange es irgend geht, unter den Teppich kehren, jede Erinnerung an das Kloster und die Affäre möglichst nachhaltig unterdrücken, und wenn es gar nicht anders ging, die Sache so weit wie möglich herunterspielen und verharmlosen, wenn nötig auch nur die formale Wahrheit sagen, die eigentlich interessanten Fakten aber bewusst nicht ansprechen.

Eine ähnliche Tendenz lässt sich auch bei der historiographischen Bearbeitung des Falles beobachten. Die strengkirchliche, ultramontan orientierte Geschichtsschreibung, vor allem die jesuitisch inspirierte Historiographie, versuchte stets, die Brisanz der Affäre Sant'Ambrogio abzuschwächen oder ganz zu verschweigen. Für sie war es ein Fall angemaßter Heiligkeit unter vielen. Im Zweifelsfall trugen die falschen heiligen Frauen die Schuld, während die jesuitischen Beichtväter sich nur falschen Verleumdungen ausgesetzt sahen. Diese wurden nicht selten sogar als Prüfungen Gottes interpretiert, die Ordensmännern eben immer wieder auferlegt wurden.

Ein klassisches Beispiel dafür ist das Lebensbild zum hundertsten Geburtstag Kleutgens im Jahr 1911, das Johann Hertkens[14] und der Jesuit Ludwig Lercher[15] verfassten. Der Jesuit sei als außerordentlicher Beichtvater nur drei bis vier Mal im Jahr in Sant'Ambrogio gewesen, und außer an diesen Beichttagen habe er sich nicht mit den dortigen Schwestern abgegeben. Er hatte – das ist die Botschaft des Lebensbildes – mit der ganzen Affäre nichts zu tun. Deshalb sei es «leicht begreiflich, dass er über die schwebende Angelegenheit wenig wissen und sagen konnte». Kleutgen habe sich von den Schwestern im Hinblick auf die angemaßte Heiligkeit der Gründerin und die damit verbundenen Praktiken täuschen lassen, allerdings erst im Verlauf des Gerichtsverfahrens und «nicht während der Beichtpraxis» selbst. Dieser Halbsatz lässt aufhorchen; unausgesprochen steht der Vorwurf der Sollicitatio im Raum. Kleutgen habe sich vor der Inquisition entschieden gegen alle Vorwürfe verteidigt, sich dann aber, wie es sich für einen Mann der Kirche gehöre, dem Urteil der Suprema demütig unterworfen. Weitere Einzelheiten zu Anklagepunkten und Urteil erfährt man nicht, stattdessen wird resümiert: «Der Ausgang des Prozesses hat übrigens dem Rufe und dem Ansehen des Pater Kleutgen, wenn überhaupt, nur wenig geschadet.» Er blieb «nach wie vor für höhere und niedere Prälaten der Mann des Vertrauens, bei dem sie in den verwickeltsten Fragen Aufschluss fanden».[16] Kleutgens Ordensbrüder hätten in dem Prozess sogar «einen wunderbaren Zug der göttlichen Vorsehung» gesehen, die «prüft, wen sie liebt, und jedes Leid in wunderbarer Verkettung der Umstände zum Besten des Geprüften und zugleich zum Besten vieler anderer und der ganzen Kirche lenkt und wendet». Denn nur aufgrund seiner Verurteilung und der damit verbundenen Auszeit habe der Jesuit die Muße gefunden, seine monumentale *Theologie der Vorzeit* endlich abzuschließen.[17]

Der Jesuit Theodor Granderath[18] ging in seiner offiziösen Darstellung des Ersten Vatikanischen Konzils nur in einer Fußnote auf Sant'Ambrogio ein. Er versuchte zu erklären, warum Kleutgen, «obgleich als vorzüglicher Theologe bekannt, nicht zu den Vorbereitungsarbeiten berufen» wurde. Als außerordentlicher Beichtvater bei den «Benediktinerinnen» des «Klosters Sankt Ambrosius» in Rom sei er vom Heiligen Offizium «empfindlich bestraft» worden. Die Nonnen hätten nämlich «eine am Anfang des Jahrhunderts verstorbene Mitschwester, der man schon während ihres Lebens außerordentliche, übernatürliche Gaben zugeschrieben hatte, wie eine Heilige» verehrt, und die Beichtväter hätten es «an Klugheit in der Leitung der Nonnen ... fehlen lassen».[19] Immerhin werden die angemaßte Heiligkeit der Firrao und ihre fortdauernde Verehrung erwähnt. Die Franziskanerinnen wurden zu Benediktinerinnen. Alles andere bleibt im Unklaren. Warum Kleutgen «empfindlich» bestraft werden musste, erfahren die Leser nicht.

In dieser Tradition stand auch die 1933 erschienene Studie des Jesuiten Franz Lakner.[20] Er verschwieg seinen Lesern alle Details, sogar, dass Kleutgen überhaupt in die Sant'Ambrogio-Affäre verwickelt war, und berichtete – die ganze Angelegenheit banalisierend – lediglich von einer «merkwürdigen Verurteilung» Kleutgens durch das Heilige Offizium, die ihn 1862 gezwungen habe, Rom für einige Zeit zu verlassen. Die göttliche «Vorsehung» habe ihm dadurch aber «reichlich Muße und Ruhe» zur Abfassung seines theologischen Hauptwerkes verschafft.

Der Jesuit Ludwig Koch zeigte sich in seinem biographischen Artikel über Kleutgen im 1934 erschienenen *Jesuiten-Lexikon* völlig uninformiert.[21] Er berichtete nebulös, Kleutgen sei als außerordentlicher Beichtvater der Benediktinerinnen von Sankt Ambrosius «kurz vor 1870» in eine «Anklage wegen missbräuchlicher Andachten hineingezogen und suspendiert» worden. Unter missbräuchlichen Andachten konnten sich die Leser in der Tat alles oder nichts vorstellen. Der eigentliche Kern der Sant'Ambrogio-Affäre war gänzlich verschwunden. In den offiziösen Nachrufen im Blatt des jesuitischen Netzwerkes, dem Kleutgen angehört hatte, der Civiltà Cattolica von 1883[22] und 1911,[23] wurde die Causa ohnehin mit keinem Wort erwähnt.

Dass die jesuitische Historiographie die Verwicklung ihres Ordensbruders in die Affäre verharmloste oder gar verschwieg, ist verständlich. Es ging schließlich auch um den Schutz des eigenen Ordens und der Theologie, für die Kleutgen stand. Der Vater der Neuscholastik als Verbrecher und Verführer und die Jesuiten und ihre Anhänger in der Kurie als Gesellschaft von leichtgläubigen Frömmlern: Dieses Bild durfte in der Öffentlichkeit auf gar keinen Fall entstehen. Bei dieser Art von Geschichtsschreibung ging es selbstredend nicht um harte Fakten oder gar das Ideal der «objektiven» Wahrheit: Sie diente vielmehr, wie viele sich historisch gebende Werke, so gut wie ausschließlich dem Zweck der Apologie.

Aber auch die Geschichtsschreibung, die sich mit Katharina von Hohenzollern befasste, folgte der Tendenz, die Giftanschläge auf das Leben der Fürstin und den folgenden Inquisitionsprozess zu verschweigen: Diesem Muster entspricht vor allem der Text ihres offiziellen Biographen Karl Theodor Zingeler.[24] Über ihre Zeit in Sant'Ambrogio heißt es lapidar: «Im Dezember wurde die Fürstin schwer krank, man gab ihr die Sterbesakramente, und da man glaubte, ihre letzte Stunde sei gekommen, vollzog man an ihr die Zeremonie der Professablegung.» Katharina erholte sich wider Erwarten und blieb noch bis zum 26. Juli im Kloster. Dann habe sie Sant'Ambrogio, unterstützt von ihrem Cousin, Erzbischof Hohenlohe, verlassen.[25] Auf dessen Landsitz in Tivoli habe sie den deutsch-römischen Benediktinerpater Maurus Wolter getroffen, der dort ebenfalls zur Erholung weilte und umgehend ihr neuer Beichtvater wurde. Diese Begegnung wird dann zum Wendepunkt ihres Lebens stilisiert: Die Fürstin fand nach vielen Irrungen und Wirrungen durch die benediktinische Spiritualität Wolters ihre eigentliche Lebensaufgabe; sie wurde zur Gründerin Beurons.[26] Kein Wort über die Giftanschläge, nichts über die dramatischen Hilferufe «Rette, rette mich!», keine Silbe über die Anzeige bei der Inquisition auf ausdrückliche Weisung ihres Beichtvaters Wolter – und das, obwohl Zingeler darüber genau Bescheid gewusst haben muss, dankte er doch im Vorwort seines Werkes ausdrücklich «Fräulein Christiana Gmeiner, die so viele Jahre Vertraute der Fürstin war»[27] und die nach den Erzählungen Katharinas 1870 den ausführlichen Bericht über deren Erlebnisse in Sant'Ambrogio verfasst hatte.

Für das katholische Milieu und das Sigmaringer Fürstenhaus war um 1912, dem Erscheinungsjahr von Zingelers Biographie, die Verwicklung einer katholischen Hochadeligen in eine derartige Affäre offenbar nur schwer zu ertragen. Mitten in den heftigen Auseinandersetzungen der Modernismuskrise[28] verschwieg man das Ganze am besten. Außerdem passte Katharina als Giftopfer und Anklägerin in einem Inquisitionsprozess nicht in das Bild von der makellosen Klostergründerin, die in einer heroischen Tat Beuron als erstes Benediktinerkloster im deutschen Südwesten nach der Säkularisation ins Leben gerufen hatte.

Nach den Altkatholiken und ihren polemischen Angriffen auf Kleutgen und die Jesuiten nannte erst die benediktinische Geschichtsschreibung im Zusammenhang mit der Öffnung der katholischen Kirche während des Zweiten Vatikanums die Dinge beim Namen. Bis dahin hatte man auch hier das Geschehene verharmlost. So verschwieg Anselm Schott in seinem Lebensbild von Maurus Wolter die Sant'Ambrogio-Affäre ganz.[29] Nicht Hohenlohe, sondern der Papst selbst machte den Benediktiner zu Katharinas Beichtvater und öffnete ihm dadurch «die neue und höhere Bahn» zur Gründung Beurons. Erst Virgil Fiala ging 1963 in der Festschrift zum hundertjährigen Bestehen der Abtei Beuron direkt auf das Schicksal Katharinas in Sant'Ambrogio ein.[30] Er berichtete von der schweren, lebensgefährlichen Erkrankung der Fürstin im Dezember 1858, nannte aber auch deren Grund. Sie habe nämlich «ernste Verfehlungen der jungen und schönen Madre Vicaria» entdeckt, die durch «Schmeicheleien» versucht habe, Katharina auf ihre Seite zu bringen – ohne Erfolg. Deshalb «wurde jeglicher Versuch, darüber nach draußen zu berichten, unterbunden. Ja, man suchte der schwächlichen Gesundheit noch ‹nachzuhelfen›» – sprich: Katharina zu vergiften.

Fiala zitiert in seinem Beitrag auch aus einem Brief der Fürstin an Abt Maurus Wolter vom 11. Dezember 1878, den er im Beuroner Archiv gefunden hatte. Hier ging Katharina direkt auf die Giftanschläge ein: «Nun jährt es sich in diesen Tagen – 20 Jahre! dass ich in Sant'Ambrogio den Todestrank getrunken.» Nach ihrer Rettung sei sie Maurus Wolter begegnet, der die Fürstin mit dem heiligen Kreuzpartikel segnete, «worauf eine fast unmittelbare, wunderbare Genesung erfolgte». Der Weg zur Gründung Beurons konnte durch Gottes wunderbare Hilfe beginnen. In der Jubelschrift Beurons dienten die traumatischen Erfahrungen Katharinas im Dritten Orden des heiligen Franziskus mit ihren exaltierten krankhaften Frömmigkeitsformen als negative Folie für die gesunde benediktinische Spiritualität. Die wunderbare Heilung durch Pater Maurus geschah gerade nicht durch außergewöhnliche mystische Praktiken à la Sant'Ambrogio, sondern durch einen kirchlich approbierten, gängigen Segen. Splitter des Kreuzes Jesu, sogenannte Kreuzpartikel, gefasst in einer kleinen Monstranz, wurden häufig für Segnungen verwendet, namentlich für die Flursegnungen am Hochfest Christi Himmelfahrt.[31] Die böse Absicht der Oberen von Sant' Ambrogio hatte Gott durch die Begegnung mit Maurus Wolter zum Guten gewendet. Ohne die Giftanschläge kein Hilferuf, ohne Hilferuf keine Rettung, ohne Rettung keine Möglichkeit, Wolter zu treffen, ohne diese Begegnung keine Gründung Beurons – das ist die Botschaft, die der Benediktiner Virgil Fiala, ganz im Sinne Katharinas, hundert Jahre nach dem Inquisitionsprozess vermitteln wollte. Dazu musste er die Giftanschläge offen ansprechen.

Das blieb aber die Ausnahme, denn die Tendenz zum öffentlichen Beschweigen der Affäre setzte sich letztlich durch, wie bereits ein Blick in die drei Auflagen des *Lexikons für Theologie und Kirche* aus den dreißiger, sechziger und neunziger Jahren zeigt. Weder in den biographischen Artikeln zu Joseph Kleutgen[32] noch in denen zu Katharina von Hohenzollern[33] taucht Sant'Ambrogio überhaupt auf. Der Romaufenthalt Katharinas diente nur dazu, Maurus Wolter zu treffen, und Kleutgen war der bedeutende Neuscholastiker. Das ist das Bild, das den Katholiken über drei Auflagen im wichtigsten katholischen Nachschlagewerk vermittelt wurde. Die dunklen Seiten wurden dabei retuschiert beziehungsweise übermalt. Sant'Ambrogio passte schlicht nicht ins Bild.[34]

Immerhin wurde das Geheimnis, das die ganze Affäre umgab, 1976 in einer theologischen Dissertation über Kleutgen wenigstens zum Teil gelüftet. Konrad Deufel konnte sich in seiner Rekonstruktion der Vorfälle erstmals auf belastbare Quellen stützen, denn er fand den Bericht, den Katharina von Hohenzollern 1870 Christiane Gmeiner diktiert hatte, im Fürstlich Hohenzollernschen Haus- und Domänenarchiv in Sigmaringen.[35] Damit standen erstmals achtundsiebzig Seiten einer unmittelbar Beteiligten zur Verfügung, auch wenn sie aus der Retrospektive verfasst waren und man daher mit möglichen Einschränkungen des Aussagewerts dieser Erinnerungsquelle rechnen musste.[36] Auf knappen drei Druckseiten gab Deufel eine kurze Zusammenfassung der *Erlebnisse* Katharinas, die tatsächlich wesentliche Themen der Anklage und des Inquisitionsprozesses erkennen lassen. Aus Briefen Kleutgens und des späteren Jesuitenkardinals Andreas Steinhuber, die Deufel im Archiv der Niederdeutschen Jesuitenprovinz erstmals benutzen konnte, ging außerdem hervor, dass Kleutgen ordensintern behauptet hatte, er sei vom Heiligen Offizium «*ob formalem haeresim*» verurteilt worden. Worin sein Vergehen genau bestand, ließ der Jesuit bewusst im Dunkeln. Steinhuber spekulierte daher, Kleutgen scheine «bei dem Verhör einen Satz ausgesprochen zu haben, den die Richter für häretisch hielten».

Deufels Studie ist wegen mancher handwerklichen Mängel zum Teil scharf kritisiert worden.[37] So betrachtete Herman H. Schwedt in einer Rezension das von Deufel kurz skizzierte Inquisitionsverfahren als «modernisierten Hexenprozess», in dem auch Zeugen, gemeint ist Kleutgen, nicht selten «mitverurteilt» worden seien.[38] Außerdem kreidete er Deufel zu Unrecht an, er habe «den vielberedeten Giftmordversuch der Novizenmeisterin an Katharina von Hohenzollern als Tatsache» betrachtet, obwohl doch nie ein Urteil zu einem solchen Mordversuch verkündet worden und das Heilige Offizium für solche Fälle auch gar nicht zuständig gewesen sei.[39] Deufels erstmalige, halbwegs quellengestützte kurze Rekonstruktion der Sant'Ambrogio-Affäre hat im Wesentlichen jedoch Anerkennung gefunden und ist seither in einschlägigen Studien immer wieder zitiert worden. Giacomo Martina stützte sich in seiner großen Monographie über Pius IX.[40] genauso darauf wie Elke Pahud de Mortanges in ihrer Studie über Jakob Frohschammer[41] und nicht zuletzt Aidan Nichols in seiner *Conversation of Faith and Reason*, wo von «The Kleutgen Fiasco» die Rede ist.[42]

Die Behauptung Deufels, das Geheimnis, das die Causa bislang umgab, und insbesondere die Gründe für den Sturz Kleutgens hätten sich mithilfe des Quellenmaterials aus Sigmaringen «weitgehend erhellen lassen», römische Auskünfte würden deshalb «nur noch in formaler Hinsicht etwas Neues erbringen können», hat sich jedoch als unzutreffend erwiesen.[43] Denn die Öffnung des Archivs der Kongregation für die Glaubenslehre durch Johannes Paul II. 1998 machte die Akten der Heiligen Römischen Inquisition und der Indexkongregation erstmals für die Forschung zugänglich und brachte die seit anderthalb Jahrhunderten im geheimsten aller Kirchenarchive verborgenen Prozessunterlagen zum Fall Sant'Ambrogio ans Tageslicht. Endlich konnte das Geheimnis gelüftet werden. Und was nach hanebüchenen Phantastereien geklungen hat, erweist sich als wahre Geschichte.

Anhang

Dank

«Die Nonnen von Sant'Ambrogio» wären nicht geschrieben worden, wenn ich nicht von vielen Seiten Unterstützung erfahren hätte. Dafür gilt es, Dank zu sagen:
Dem Historischen Kolleg in München: Diese einmalige Einrichtung für Historikerinnen und Historiker hat mir optimale Arbeitsbedingungen geboten, sodass das eine Jahr Fellowship wie im Flug vergangen ist. Ich danke dem Kuratorium für das mir entgegengebrachte Vertrauen und der Fritz Thyssen Stiftung für die Finanzierung meines Kollegjahrs, dem Geschäftsführer Dr. Karl-Ulrich Gelberg für die professionelle Organisation von allem, Dr. Elisabeth Müller-Luckner für viele anregende Gespräche, Gabriele Roser und Elvira Jakovina dafür, dass sie den Alltag im Kolleg so liebevoll gestalten, den beiden Studentischen Hilfskräften Edith Ploethner und Franz Quirin Meyer für die vielen Bücher und Kopien, die sie mir besorgt haben, und für ihre guten Fragen. Ich danke auch meinen Mitstipendiaten für die vielen interessanten Einblicke in ihre Fächer und Forschungsvorhaben. Dr. Elisabeth Hüls hat durch ihre Organisation den Workshop «Wahre und falsche Heiligkeit» im Januar 2012 zu einem wunderbaren Forum werden lassen. Ihr Verdienst ist es auch, dass der Tagungsband «‹Wahre› und ‹falsche› Heiligkeit. Mystik, Macht und Geschlechterrollen im Katholizismus des 19. Jahrhunderts» in den Schriften des Historischen Kollegs, Kolloquien, Bd. 90, bereits im Frühjahr 2013 erscheinen wird. Viele Aspekte, die in den «Nonnen von Sant'Ambrogio» vorkommen, lassen sich dort aus unterschiedlichen Perspektiven weiter vertiefen. Allen Teilnehmerinnen und Teilnehmern sowie den Moderatoren danke ich dafür, dass sie sich auf

den Workshop eingelassen, ihre Ideen eingebracht und ihre Beiträge für den Tagungsband ausgearbeitet haben.

Den Stiftungen: Bereits im Jahr 1999 habe ich die Akten zum Fall Sant'Ambrogio im Archiv der Kongregation für die Glaubenslehre (ACDF) gefunden. Da damals kaum kopiert werden durfte, war es notwendig, die Akten erst einmal genau zu erfassen und teilweise abzuschreiben. Dies hat die Gerda Henkel Stiftung dankenswerterweise finanziert. Ohne die langjährige Unterstützung meiner Studien in diesem Archiv durch die Deutsche Forschungsgemeinschaft hätte ich diesen Fall aber nie heben, geschweige denn bearbeiten können.

Den Archiven: Auch nach inzwischen zwanzig Jahren als Professor für Kirchengeschichte ist meine Faszination für die Archivarbeit ungebrochen. Dass das so ist, liegt natürlich auch an den Archivaren, die für ein Archiv verantwortlich sind. Ich danke Monsignore Dr. Alejandro Cifres, dem Direktor des ACDF, und seinen Mitarbeitern Daniel Ponziani, Fabrizio De Sibi und Fabrizio Faccenda für die Bereitstellung der zentralen Bestände und die kompetente Beantwortung aller Fragen. Dr. Johan Ickx, lange Jahre im ACDF und jetzt Leiter des Historischen Archivs des Staatssekretariats, war mir stets ein wichtiger Ansprechpartner, zumal seine Frau, Elisabeth Ickx-Lemmens, die Abschrift von Teilen der für Sant'Ambrogio relevanten Bestände übernommen hat. Materialien aus vielen weiteren Archiven sind in diesem Buch ausgewertet worden. Stellvertretend danke ich Dr. Clemens Brodkorb aus dem Archiv der Deutschen Provinz der Jesuiten in München und Birgit Meyenberg aus dem Staatsarchiv Sigmaringen für die Bereitstellung von Akten und die gewissenhafte Erledigung aller Anfragen. Prof. Dr. Peter Walter hat mir aus seiner profunden Kenntnis der Theologiegeschichte des 19. Jahrhunderts nicht nur zur Datierung der Passaglia-Affäre wichtige Hinweise gegeben. Einen Nachmittag der ganz besonderen Art schenkte mir Prof. Dr. Christa Habrich, die mir in unnachahmlicher Weise die Welt der Gifte erschloss. Sollte ich jemals in die Verlegenheit kommen, einen perfekten Mord begehen zu müssen, würde ich mich vertrauensvoll wieder an sie wenden. Ich danke ihr und mit ihr allen, die in ihrer Funktion als Archivar oder Bibliothekar, als Kollege oder Privatperson Teile zum großen Puzzle Sant'Ambrogio geliefert haben.

Dem Seminar für Mittlere und Neuere Kirchengeschichte: Mein Jahr «Münchner Freiheit» wäre ohne mein Münsteraner Team nicht möglich gewesen. Alle Mitarbeiterinnen und Mitarbeiter, besonders aber mein Geschäftsführer, PD Dr. Thomas Bauer, und mein Lehrstuhlvertreter, Prof. Dr. Klaus Unterburger, haben mir den Rücken frei gehalten. Für die Arbeit am Manuskript konnte ich auf Übersetzungen zurückgreifen, die unter anderem Alex Piccin und Elisabeth-Marie Richter angefertigt haben. Bei der Redaktion des Manuskripts und schwierigen Recherchen konnte ich mich wie immer auf den ausgezeichneten Sachverstand und die große Erfahrung meiner Mitarbeiterinnen und Mitarbeiter der Wissenschaftskommunikation verlassen. Die Gespräche in diesem Kreis haben – nicht nur dem Manuskript – sehr gut getan. Dafür danke ich Dr. Holger Arning, Sarah Brands und Katharina Schmidt. Judith Schepers und Birgit Reiß aus meinem Seminar sowie Sabine Höllmann gebührt Dank für ihr gründliches Korrekturlesen. Ohne eine Verneigung vor zwei Mitarbeiterinnen wäre dieser Dank aber nicht vollständig: Dr. Maria Pia Lorenz-Filograno, meiner «Signora di Sant'Ambrogio», die übersetzt, recherchiert, kontrolliert und motiviert hat, und Dr. Barbara Schüler, die kritisiert, redigiert, gefeilt und einfach alles organisiert hat.

Den Testlesern: Neugierig, wie die «Wahre Geschichte» ankommt und wie verschiedene Menschen darauf reagieren, haben wir das Manuskript historisch interessierten, aber fachfremden Lesern gegeben. Für ihre differenzierten Meinungen und Anregungen in allen Stadien danke ich deshalb unter anderem Michael Pfister, Christiane Richter, Christa Schütte und Heribert Woestmann.

Dem Verlag C. H. Beck: Als Autor fühle ich mich hier und insbesondere bei meinem langjährigen Lektor Dr. Ulrich Nolte bestens aufgehoben und betreut. Es ist für mich eine große Ehre, dass mein Buch im Jubiläumsjahr dieses großartigen Verlages erscheinen darf.

München, im September 2012 *Hubert Wolf*

Anmerkungen

Die Quellen aus den römischen Archiven sind überwiegend in italienischer und lateinischer Sprache abgefasst. Im Text wird hier jeweils eine vom Verfasser verantwortete deutsche Übersetzung geboten, die eine möglichst große Nähe zum Original mit Verständlichkeit verbindet. In den Fußnoten werden, soweit vorhanden, die italienischen Bezeichnungen der Schriftstücke verwendet, wie sie sich in den Archiven selbst finden; Seitenangaben sind nicht in allen Fällen möglich. Alle Hervorhebungen in den Zitaten stammen aus dem Original und sind kursiv gesetzt, unabhängig davon, ob sie in der Quelle unterstrichen oder anderweitig kenntlich gemacht worden sind. Auch die Schreibweise und Interpunktion zeitgenössischer deutscher Quellen und Literatur wurden der neuen Rechtschreibung angeglichen. Alle im Text vorkommenden Personen mit Ausnahme der Päpste und Persönlichkeiten der Weltgeschichte erhalten einen biographischen Nachweis; konnte eine Person nicht nachgewiesen werden, wird dies nicht eigens erwähnt. Die in den Anmerkungen verwendeten Archivbezeichnungen und Kurztitel sind nach dem Quellen- und Literaturverzeichnis aufzulösen.

PROLOG

«*Rette, rette mich!*»

1 Fogli manoscritti consegnati in atti dalla Principessa Caterina de Hohenzollern il 15. Settembre 1859. Sommario della Relazione informativa Nr. XXII; ACDF SO St. St. B 7 c.
2 Christiane Gmeiner trat im März 1870 als Gouvernante in den Dienst der Fürstin Rosa zu Hohenlohe-Bartenstein, geborene Gräfin von Sternberg, die sie nach Prag begleitete. Katharina hatte ihre Vertraute offenbar für diese Aufgabe empfohlen. HZA Archiv Bartenstein Bü 130, Nachträge 56.
3 Erlebnisse von S. Ambrogio, von Fräulein Ch. Gmeiner notiert im Jahr 1870; StA Sigmaringen, Dep 39 HS 1 Rubr 53 Nr. 14 UF 9m, S. 76.

ERSTES KAPITEL

«Solche Schändlichkeiten»
Katharina von Hohenzollern erstattet Anzeige bei der Inquisition

1 Vgl. Stefanie Kraemer / Peter Gendolla (Hg.), Italien. Eine Bibliographie zu Italienreisen in der deutschen Literatur. Unter Mitarbeit von Nadine Buderath, Frankfurt a. M. u. a. 2003; eine umfassende Bibliographie auch online: http://www.lektueren.de/Lehrveranstaltungen/Bibliographie%20Italienreisen.pdf (18.05.2012).
2 Zum Folgenden vgl. Weitlauff (Hg.), Kirche; Wolf, Kirchengeschichte, S. 114–121; Zovatto (Hg.), Storia, S. 508–515; immer noch lesenswert die einschlägigen Abschnitte im Handbuch der Kirchengeschichte Bd. 6/1 und Schmidlin, Papstgeschichte Bd. 1. Zur Aufhebung der Jesuiten vgl. Hartmann, Jesuiten, S. 84–90; Martina, Storia. Die im Folgenden für theologische und kirchenpolitische Richtungen verwendeten Begriffe wie «aufgeklärt», «intransigent», «liberal», «modern», «staatskirchlich» und «ultramontan» sind nicht unproblematisch, weil sie in der Zeit selbst Gegenstand heftiger polemischer Kontroversen waren, im nichtkirchlichen Kontext eine andere Bedeutung haben und je nach Standort ganz unterschiedliche Wertungen beinhalten.
3 Ercole Consalvi, geboren 1757, war von 1800 bis 1806 und erneut von 1814 bis 1823 Kardinalstaatssekretär. Er starb 1824. Über ihn Wolf (Hg.), Prosopographie, S. 340–346.
4 Zum Folgenden vgl. Giacomo Martina, Art. Gregorio XVI, in: DBI 59 (2003), online: http://www.treccani.it/enciclopedia/papa-gregorio-xvi_(Dizionario-Biografico)/ (22.05.2012); Reinermann, Metternich, S. 524–548; Georg Schwaiger, Art. Gregor XVI., in: LThK³ 4 (1995), Sp. 1023 f.; Wolf, Index, S. 105–116.
5 Mauro Capellari, Il trionfo della Santa Sede e della Chiesa contro gli assalti dei Novatori, Venedig 1799.
6 Zum Folgenden vgl. Hasler, Pius IX.; Ickx, Santa Sede, S. 293–568; Lill, Ultramontanismus, S. 76–91; Martina, Pio IX, 3 Bde.; Weber, Kardinäle, 2 Bde.; Wenzel, Freundeskreis, S. 190–355; Wolf, Index; Wolf, Kirchengeschichte, S. 137–152.
7 Vgl. Seibt, Rom, S. 111–189.
8 Vgl. Franz Hülskamp / Wilhelm Molitor, Piusbuch. Papst Pius IX. in seinem Leben und Wirken, Münster ³1877, S. 7.
9 Tagebucheintrag vom 10. November 1852; Gregorovius, Tagebücher, S. 45.
10 Zum Folgenden vgl. Descrizione topografica, S. 201–208; Hergenröther, Kirchenstaat; Kruft / Völkel, Einführung, in: Gregorovius, Tagebücher, S. 21–30; Sombart, Campagna; Stefani, Dizionario corografico; Weber, Kardinäle Bd. 1, S. 1–183. Zur Entwicklung Roms seit 1870 bis heute vgl. Seronde-Babonaux, Rome.
11 Die Biographie Katharinas von Hohenzollern stützt sich vor allem auf die – allerdings recht hagiographische – Lebensbeschreibung von Zingeler, Katharina; ferner auf Deufel, Kirche, S. 56–67; Fiala, Jahrhundert, S. 47–52; Gustav Hebeisen, Art. Hohenzollern, Katharina, in: LThK¹ 5 (1933), Sp. 106 (hier die Datierung der Romreise und die Begegnung mit Reisach); Wenzel, Freundeskreis, S. 359–381.

Anmerkungen Erstes Kapitel 451

12 Zum Haus Hohenlohe und seinen unterschiedlichen Linien vgl. Adelslexikon Bd. 5, S. 302–307; Taddey, Unterwerfung, S. 883–892; Zingeler, Katharina, S. 3.
13 Fiala, Jahrhundert, S. 48; Zingeler, Katharina, S. 4.
14 Über ihn Garhammer, Regierung, S. 75–81; Garhammer, Seminaridee, S. 11–74; Anton Zeis, Art. Reisach, in: Gatz (Hg.), Bischöfe, S. 603–606.
15 Hofbauer, geboren 1751, war der erste deutsche Redemptorist. Er starb 1820. Über ihn Werner Welzig, Art. Hofbauer, in: NDB 9 (1972), S. 376 f.
16 Adam Müller, geboren 1779, studierte in Göttingen und Berlin, wo er in den literarischen Kreisen der Romantik verkehrte. 1815 trat er eine Stelle im österreichischen Staatsdienst an und wurde 1826 als Ritter von Nitterdorf in den Adelsstand erhoben. Er starb 1829. Über ihn Silvia Dethlefs, Art. Müller Ritter von Nitterdorf, in: NDB 18 (1997), S. 338–341.
17 Das Collegio Romano wurde 1551 als zentrale Ausbildungsstätte der Jesuiten von Ignatius von Loyola in Rom gegründet. 1773 ging es nach der Aufhebung der Gesellschaft Jesu in die Hände von Weltpriestern über. 1824 wurde es von Leo XII. wieder den Jesuiten übergeben. Mitte des 19. Jahrhunderts lag die Jesuitenschule an der gleichnamigen Piazza del Collegio Romano, quer an der Hauptstraße Via del Corso. Seit 1873 führt das ehemalige Collegio Romano den Titel «Päpstliche Universität Gregoriana». Seit diesem Zeitpunkt ist die Gregoriana in der Via del Seminario, zwischen der Piazza Venezia und dem Trevibrunnen angesiedelt. Vgl. Ricardo García-Villoslada, Storia del Collegio Romano, Rom 1954; Benedetto Vetere/Alessandro Ippoliti (Hg.), Il Collegio Romano. Storia di una costruzione, Rom 2001. Zur Geschichte der Gregoriana vgl. Robert Leiber/Ricardo García-Villoslada, Art. Gregoriana, in: LThK² 4 (1960), Sp. 1195 f.; Steinhuber, Geschichte, 2 Bde. Das Collegium Germanicum ist ein von Jesuiten geführtes Priesterseminar, das 1552 von Papst Julius III. gegründet wurde. 1580 wurde das Collegium Germanicum mit dem Collegium Hungaricum zusammengelegt, seither trägt es den offiziellen Namen «Pontificium Collegium Germanicum et Hungaricum de Urbe». Das Seminar liegt in der Via Leonida Bissolati im Rione Sant'Eustachio. Vgl. Schmidt, Collegium.
18 Garhammer, Regierung, S. 79. Das Collegio Urbano de Propaganda Fide liegt in der Rione Borgo in der Via Urbano VIII, nahe am Lungotevere Vaticano, und heißt heute Pontificio Collegio Urbano. Zur Kongregation vgl. Nikolaus Kowalsky, Art. Propaganda-Kongregation, in: LThK² 8 (1963), Sp. 793 f.
19 Vgl. Wenzel, Freundeskreis, S. 360.
20 Marie zu Hohenlohe-Waldenburg-Schillingsfürst, geboren 1855 in Venedig, heiratete 1875 den Prinzen Alexander Johann von Thurn und Taxis (1851–1939). Sie verbrachte einen Großteil ihrer Jugendzeit in Italien und starb 1934 auf Schloss Lautschein. Über sie Hans Friedrich von Ehrenkrook (Bearb.), Genealogisches Handbuch der Fürstlichen Häuser, Bd. 1, Glücksburg 1951, S. 432 f.
21 Thurn und Taxis-Hohenlohe, Jugenderinnerungen, S. 76.
22 Franz Erwin von Ingelheim, geboren 1812, war der vierte Sohn des kaiserlich österreichischen und königlich bayerischen Geheimrates Friedrich Karl Joseph von Ingelheim. Er starb 1845. Über ihn Harald Kohtz, Von Ingelheim. Ritter – Freiherren – Grafen, in: François Lachenal/Harald T. Weise (Hg.), Ingelheim am Rhein 774–1974. Geschichte und Gegenwart, Ingelheim am Rhein 1974,

S. 299–312 (Stammbaum S. 308 f.); Joseph Meyer (Hg.), Das große Conversations-Lexikon für die gebildeten Stände 15 (1850), S. 1019.
23 Zum Haus Hohenzollern-Sigmaringen und zu Fürst Karl vgl. Platte, Hohenzollern-Sigmaringen, S. 10 f. und S. 17 (Stammtafel); Gustav Schilling, Geschichte des Hauses Hohenzollern in genealogisch fortlaufenden Biographien aller seiner Regenten von den ältesten bis auf die neuesten Zeiten, nach Urkunden und andern authentischen Quellen, Leipzig 1843, S. 300–306.
24 Vertrag zwischen Katharina von Hohenzollern und Fürst Karl Anton von Hohenzollern-Sigmaringen, 5. Februar 1854; HZA Archiv Waldenburg Wa 270, kleinere Nachlässe 206.
25 Vgl. Alfred Hillengass, Die Gesellschaft vom heiligen Herzen Jesu (Société du Sacré-Cœur de Jésus). Eine kirchenrechtliche Untersuchung (Kirchenrechtliche Abhandlungen 89), Stuttgart 1917; Provinzial-Correspondenz 22 (1873), online: http://zefys.staatsbibliothek-berlin.de/amtspresse/ansicht/issue/9838247/1856/4/ (27.06.2012).
26 Zitiert nach Zingeler, Katharina, S. 68.
27 Ebd., S. 70.
28 Zitiert nach ebd., S. 69. Zur Kardinalserhebung Reisachs vgl. Garhammer, Erhebung, S. 80–101.
29 Katharinas Aufenthalt in der Stadt des Papstes schlug sich sogar in der «Augsburger Allgemeinen Zeitung» nieder. Das Blatt berichtete von ihrer Anwesenheit in Rom; sie sei von «Seiner Heiligkeit im Vatikan mit vieler Auszeichnung empfangen» worden. Vgl. Augsburger Allgemeine Zeitung Nr. 197 vom 24. Oktober 1857, S. 4743. Der Verfasser war der Philologe Albert Dressel in Rom, eruiert nach dem Redaktionsexemplar in DLA. Mit dem «Palazzo alle Quattro Fontane» ist wahrscheinlich der Palazzo Albani del Drago gemeint, der an der Kreuzung zwischen der Via delle Quattro Fontane und der Via XX Settembre liegt.
30 Über ihn Schlemmer, Gustav, S. 373–415; Weber, Kardinäle Bd. 1, S. 306–328 und passim; Wolf, Eminenzen, S. 110–136; Wolf, Gustav, S. 350–375. Der Vater von Katharina war Karl Albrecht, der dritte Fürst zu Hohenlohe-Waldenburg-Schillingsfürst (1776–1843), der Vater von Gustav Adolf war Franz Joseph zu Hohenlohe-Schillingsfürst (1787–1841). Franz Joseph und Karl Albrecht waren Cousins, ihre Väter Brüder. Gustav Adolf und Katharina waren demnach Cousin und Cousine zweiten Grades. Vgl. Genealogisch-historisch-statistischer Almanach 17 (1840), S. 432–440.
31 Chlodwig zu Hohenlohe-Schillingsfürst, geboren 1819, wurde 1866 zum bayerischen Minister ernannt und war bis 1870 bayerischer Ministerratsvorsitzender. 1871 wurde er Reichstagsabgeordneter, 1874 bis 1885 war er Deutscher Botschafter in Paris und 1894 bis 1900 Deutscher Reichskanzler. Er starb 1901. Über ihn Stalmann, Fürst Chlodwig.
32 Diepenbrock wurde 1798 geboren, erhielt 1823 die Priesterweihe und wurde 1845 Fürstbischof von Breslau. 1850 zum Kardinal ernannt, starb er 1853. Über ihn Erwin Gatz, Art. Diepenbrock, in: Gatz (Hg.), Bischöfe, S. 686–692.
33 Döllinger wurde 1799 geboren. Nach der Priesterweihe 1822 wurde er Professor für Kirchenrecht und Kirchengeschichte, erst in Aschaffenburg, dann in München. 1871 wurde er exkommuniziert, nachdem er sich gegen die Unfehlbarkeit des Papstes ausgesprochen und die Gründung der altkatholischen Kirche betrieben hatte. Er starb 1890. Über ihn Bischof, Theologie.

Anmerkungen Erstes Kapitel

34 Schulte, Lebenserinnerungen Bd. 1, S. 49.
35 Zingeler, Katharina, S. 70.
36 Thurn und Taxis-Hohenlohe, Jugenderinnerungen, S. 75 f.
37 Vgl. Zingeler, Katharina, S. 73. Bei dieser Gemeinschaft handelte es sich um Salesianerinnen vom «Orden der Heimsuchung Mariä», dem «Ordo Visitationis Beatae Mariae Virginis». Von diesem lateinischen Ordensnamen leitete sich auch die eher populäre Bezeichnung Visitantinnen für die Schwestern ab. Vgl. Angelomichele De Spirito/Giancarlo Rocca, Art. Visitandine (Ordine della Visitazione), in: DIP 10 (2003), Sp. 160 f. Die Visitantinnen in Rom wohnten zunächst im Kloster dell'Umiltà beim Quirinal, bevor sie 1857 die Villa Palatina auf dem gleichnamigen Hügel erwarben. Vgl. Art. Visitazione della Madonna o Salesiane, in: Moroni, Dizionario 101 (1851), S. 145–160, hier S. 158; Antonio Nibby, Itinerario di Roma e delle sue vicinanze, Rom [7]1861, S. 136.
38 Busch, Frömmigkeit, S. 307. Vgl. auch Menozzi, Sacro Cuore, S. 7–106.
39 Lempl, Herz Jesu, S. 1.
40 Thurn und Taxis-Hohenlohe, Jugenderinnerungen, S. 77.
41 Das Postulat (postulatio) meint im katholischen Ordensrecht eine dem Noviziat vorausgehende Probezeit im Kloster. Vgl. Albert Gauthier, Art. Postulatio, in: DIP 7 (1983), Sp. 138–141; Dominikus Meier, Art. Postulat II, in: LThK[3] 8 (1999), Sp. 458.
42 Erlebnisse von S. Ambrogio; StA Sigmaringen, Dep 39 HS 1 Rubr 53 Nr. 14 UF 9m, S. 1–4.
43 Ebd., S. 4 f. Besonders in Frauenklöstern war die Klausur sehr streng. Nonnen durften die Klausur nur in den dringendsten Fällen und nur mit schriftlicher Erlaubnis des Bischofs verlassen, andernfalls verfielen sie der Exkommunikation. Die gleiche Strafe traf alle Personen, die ohne Erlaubnis des Bischofs die Klausur betraten, ausgenommen der Bischof selbst oder Ordensprälaten zum Zweck der Visitation, der Beichtvater, der Arzt oder Handwerker. Vgl. Raymond Hostie, Art. Clausura, in: DIP 2 (1975), Sp. 1166–1183; Sägmüller, Kirchenrecht, S. 742 f.
44 Erlebnisse von S. Ambrogio; StA Sigmaringen, Dep 39 HS 1 Rubr 53 Nr. 14 UF 9m, S. 6.
45 Zu den Frömmigkeitsformen in Italien im 19. Jahrhundert vgl. Zovatto (Hg.), Storia, S. 478–532.
46 Die Zahnbürste kam Ende des 17. Jahrhunderts auf. Es waren besonders die höheren Stände, die sich einer Zahnbürste bedienten. Erst Anfang des 18. Jahrhunderts erkannten die Zahnärzte ihren Wert, dennoch fand sie keinen breiten Zuspruch. Vgl. Rudolf Hintze, Beiträge zur Geschichte der Zahnbürste und anderer Mittel zur Mund- und Zahnpflege, Berlin 1930, hier S. 32–53.
47 Zu Beginn der Neuzeit war Deutschland in der Verarbeitung von Baumwolle führend. Im Zuge der Industrialisierung übernahm England die Vorreiterrolle in der Baumwollverarbeitung in Europa. Dass römische Nonnen in der Mitte des 19. Jahrhunderts keine Kenntnis von der Herkunft von Baumwolle hatten, hängt wahrscheinlich damit zusammen, dass der Baumwollanbau im Laufe des 18. Jahrhunderts in Italien immer mehr zurückging. Zum Ende des amerikanischen Bürgerkriegs war er in Italien fast vollständig verschwunden. Vgl. Alwin Oppel, Die Baumwolle. Nach Geschichte, Anbau, Verarbeitung und Handel, sowie nach ihrer Stellung im Volksleben und in der Staatswirtschaft, Leipzig 1902.

48 Erlebnisse von S. Ambrogio; StA Sigmaringen, Dep 39 HS 1 Rubr 53 Nr. 14 UF 9m, S. 7 mit Anm. 1.
49 Ebd., S. 1.
50 Ebd., S. 17. Einkleidung meint die feierliche Übergabe des Ordenskleides, die in der Regel am Beginn des Noviziats erfolgt. Vgl. Matías Augé Benet u. a., Art. Vestizione, in: DIP 9 (1997), Sp. 1951–1959; Evelyne Menges, Art. Einkleidung, in: LThK³ 3 (1993), Sp. 553.
51 Augsburger Allgemeine Zeitung Nr. 282 vom 9. Oktober 1858, S. 4560. Der Verfasser war wiederum der Philologe Albert Dressel in Rom, eruiert nach dem Redaktionsexemplar in DLA.
52 Als Noviziat wird die Zeit der Einübung in das Klosterleben vor Ablegung der Profess bezeichnet. Auch ohne Gelübde sind die Novizinnen bereits zur Befolgung der Regel verpflichtet. Vgl. Raymond Hostie, Art. Noviziato, in: DIP 6 (1980), Sp. 442–463.
53 Vgl. die Übersichten in ACDF SO St. St. B 6 n und B 7 c sowie den Bestand ACS, Collegio di Sant'Ambrogio.
54 Vgl. Erlebnisse von S. Ambrogio; StA Sigmaringen, Dep 39 HS 1 Rubr 53 Nr. 14 UF 9m, S. 76.
55 Ebd., S. 75.
56 Vgl. ebd., S. 76.
57 Vgl. Sägmüller, Kirchenrecht, S. 743. In diesem Zusammenhang verdient eine Notiz in der «Kölnischen Zeitung» besonderes Interesse, in der vom Austritt Katharinas aus Sant'Ambrogio und der Reaktion des Papstes darauf berichtet wurde. Das Blatt hob hervor, «wie wenig der Heilige Vater selbst durch diesen Entschluss der Fürstin sich unangenehm berührt findet». Kölnische Zeitung Nr. 323 vom 21. November 1859.
58 Erlebnisse von S. Ambrogio; StA Sigmaringen, Dep 39 HS 1 Rubr 53 Nr. 14 UF 9m, S. 76.
59 Vgl. Hohenlohe an Pappalettere, 1. August 1859; zitiert nach Wenzel, Freundeskreis, S. 361 f.
60 Über ihn Norbert M. Borengässer, Art. Wolter, in: BBKL 14 (1998), S. 55–62; Hermann Arthur Lier, Art. Wolter, in: ADB 44 (1898), S. 170–172; Suso Mayer, Zur Einführung. Der Verfasser und sein Werk, in: Maurus Wolter OSB: Elementa. Die Grundlagen des Benediktinischen Mönchtums, Beuron 1955, S. 5–33; Petzolt, Wolter, S. 335–343. Zur Tätigkeit von Maurus Wolter 1858/59 bis zu seinem Aufenthalt in Tivoli vgl. Lapponi, Diario, S. 152–179.
61 Ernst Wolter wurde 1828 geboren. 1851 zum Priester geweiht, wurde er 1856 Konventuale der Abtei Sankt Paul vor den Mauern und nahm den Namen Placidus an. Als Mitbegründer Beurons wurde er 1890 deren zweiter Erzabt. Er starb 1908. Über ihn Virgil Fiala, Art. Wolter, Placidus, in: DIP 10 (2003), Sp. 619.
62 Pappalettere, geboren 1815, legte 1836 die Profess ab und war zunächst Dozent für Philosophie und Abt in Subiaco. 1853 wurde er Kustos der Abtei Sankt Paul vor den Mauern und 1855 Konsultor der Indexkongregation. 1858 bis 1863 war er Abt von Montecassino, wurde jedoch wegen seiner Sympathien für Italien von Pius IX. amtsenthoben. 1875 wurde er Prior der Pfalz-Basilika San Nicola in Bari. Hier starb er 1883. Über ihn Wolf (Hg.), Prosopographie, S. 1122–1124.
63 Vgl. Wenzel, Freundeskreis, S. 125–357. Die Abtei Sankt Paul liegt an der Via

Anmerkungen Erstes Kapitel 455

Ostiense, etwa zwei Kilometer von den Aurelianischen Stadtmauern entfernt. In unmittelbarer Nähe zum Kloster befindet sich auch die Basilika Sankt Paul vor den Mauern, eine der vier päpstlichen Basiliken Roms, die über dem vermeintlichen Grab des Apostels Paulus errichtet wurde und heute eine von sieben Pilgerkirchen in Rom ist.

64 Thurn und Taxis-Hohenlohe, Jugenderinnerungen, S. 82.
65 Katharina von Hohenzollern-Sigmaringen an Angelo Pescetelli, 14. August 1859; zitiert nach Wenzel, Freundeskreis, S. 362.
66 Katharina von Hohenzollern-Sigmaringen an die deutschen Väter zu Sankt Paul, 14. September 1859; zitiert nach Wenzel, Freundeskreis, S. 362–364, hier S. 362.
67 Erlebnisse von S. Ambrogio; StA Sigmaringen, Dep 39 HS 1 Rubr 53 Nr. 14 UF 9m, S. 78.
68 Denunzia della Principessa Hohenzollern, 23. August 1859; ACDF SO St. St. B 6 a, fol. 2r–51r. Danach das Folgende. Katharina von Hohenzollern beließ es nicht bei einer mündlichen Anzeige. Sie belegte ihre Anklage vielmehr schriftlich und brauchte mehrere Tage, um die Anklageschrift zu verfassen, weshalb die einzelnen Teile verschiedene Datierungen aufweisen. Der Teil zum Geheimnis von Sant'Ambrogio datiert auf den 7. August, der zum Americano auf den 12. August, der zur falschen Heiligkeit Maria Luisas auf den 14. August und schließlich der zur Vergiftung auf den 1. September 1859.
69 Im klassischen Sprachgebrauch der Inquisition wurde der in diesem Fall wertneutrale Begriff «Denunziant» für den Ankläger verwendet. Vgl. als Beispiel die «Relazione informativa con Sommario», in der Katharina am Beginn des «Elenco delle persone e testimoni esaminati in questa causa» als «Denunziante» bezeichnet wird; ACDF SO St. St. B 7 c.
70 Diderots zunächst unveröffentlichter Roman entstand 1760 und erschien erst nach seinem Tod unter dem Titel «La religieuse» 1796 in Paris. Vgl. Denis Diderot, Die Nonne, Frankfurt a. M. 1966. Manzonis «La Monaca di Monza» als Teilstück von «Fermo e Lucia» entstand 1823 und wurde posthum 1954 veröffentlicht. Vgl. Alessandro Manzoni, Die Nonne von Monza, übersetzt von Heinz Riedt, München 1966. Als weitere einschlägige Titel sind anzuführen: Enrichetta Caracciolo, I misteri del chiostro napoletano. Memorie, Florenz 1864. Deutsche Ausgabe: Mysterien der Klöster von Neapel. Authentische Memoiren der Frau Enrichetta Caracciolo. Ins Deutsche übertragen von B. v. Geldern, Stuttgart 1865; Maria Monk, Maria Monk, die schwarze Nonne. Darstellung ihrer Leiden und Enthüllung der Sittenlosigkeiten, Ausschweifungen, Verbrechen und Abwege des Klosterlebens, deren Augenzeuge und Opfer sie während ihres Aufenthaltes als Novize und Nonne im Kloster zu Montreal in den Jahren 1829 bis 1836 war. Mit authentischen Aktenstücken und der Abbildung der Verfasserin in ganzer Figur. Nach dem Englischen von L. v. Alvensleben, Weimar 1852. Originalausgabe: Maria Monk, Awful disclosures of Maria Monk or The hidden secrets of a nun's life in a convent, Paisley 1836. In diesem Buch geht es um Priester, die Nonnen sexuell missbrauchen. Später wurde festgestellt, dass die Fakten in dem stark antikatholisch geprägten Buch erfunden sind. Eine weitere Erzählung ist: Vincenzo Petra, Le lusinghe monacali, in: Novelle, Neapel 1862, S. 9–21. Ein weiteres Manuskript über Zwänge im Kloster wurde erst 1990 veröffentlicht, stammt aber aus dem 17. Jahrhundert: Arcangela Tarabotti / Francesca Medioli (Hg.), L'Inferno monacale, Turin 1990.

71 Erlebnisse von S. Ambrogio; StA Sigmaringen, Dep 39 HS 1 Rubr 53 Nr. 14 UF 9m, S. 12.
72 Katharina von Hohenzollern, Relazione riguardante Sr. M. Agnese fondatrice del monastero di S. Ambrogio, 7. August 1859; ACDF SO St. St. B 6 a, fol. 4r–6v. Danach, wenn nicht anders angegeben, das Folgende.
73 Erlebnisse von S. Ambrogio; StA Sigmaringen, Dep 39 HS 1 Rubr 53 Nr. 14 UF 9m, S. 7 f.
74 Vgl. Weiß, Redemptoristen, passim (Reg.); Weiß, Weisungen, S. 161 f. und passim.
75 Erlebnisse von S. Ambrogio; StA Sigmaringen, Dep 39 HS 1 Rubr 53 Nr. 14 UF 9m, S. 10.
76 Ebd., S. 12.
77 Katharina von Hohenzollern, Relazione sopra l'Indemoniato, 12. August 1859; ACDF SO St. St. B 6 a, fol. 7r–10r. Danach das Folgende.
78 Katharina von Hohenzollern, Relazione sopra Sr. M[ari]a Luisa di S. Francesco Saverio Madre Vicaria in S. Ambrogio, 14. August 1859; ACDF SO St. St. B 6 a, fol. 11r–19v (handschriftliches Original). Eine gedruckte Abschrift findet sich in: Sommario del Ristretto Informativo Nr. IV, Januar 1861; ebd., B 7 c. Danach das Folgende.
79 Walkowitz, Formen, S. 443.
80 Bei der Rota handelt es sich um eine drehbare Durchreiche in der Wand neben der Klosterpforte, durch die Gegenstände in ein Klausurkloster hinein- und hinausgeschafft werden konnten. Vgl. Pierer's Universal-Lexikon, Bd. 14, Altenburg 1862, S. 385.
81 Katharina von Hohenzollern, Tutto il seguente sono notizie che precedono la malattia, 1. September 1859; ACDF SO St. St. B 6 a, fol. 36r–39r.
82 Katharina von Hohenzollern, Esposizione di alcuni fatti della mia vita, 23. August 1859; ACDF SO St. St. B 6 a, fol. 20r–31r. Danach das Folgende.
83 Vgl. Roger Aubert, Die Römische Frage, in: Handbuch der Kirchengeschichte Bd. 6 / 1, S. 696–705; Gall, Europa, S. 46–56, hier S. 46–48.
84 Fogli manoscritti consegnati in atti dalla Principessa Caterina di Hohenzollern il 15. Settembre 1859. Sommario della Relazione informativa Nr. XXII; ACDF SO St. St. B 7 c. Danach das Folgende.
85 Stephanie von Hohenzollern-Sigmaringen, geboren 1837, war die älteste Tochter des Fürsten Karl Anton von Hohenzollern-Sigmaringen. 1858 heiratete sie König Pedro V. von Portugal, starb jedoch bereits 1859, ohne einen Thronfolger geboren zu haben. Über sie Deutsches Staats-Wörterbuch, hg. von Johann Caspar Bluntschli und Karl Ludwig Brater, Bd. 8, Stuttgart / Leipzig 1864, S. 168 (im Eintrag Portugal); Platte, Hohenzollern-Sigmaringen, S. 23 (Bild von Stephanie).
86 Denunzia della Principessa Hohenzollern, Domande e risposte; ACDF SO St. St. B 6 a, fol. 40r–43v.
87 Esame di Msgr. Hohenlohe, 18. und 19. April 1860; ACDF SO St. St. B 6 m, fol. 1–10. Danach, wenn nicht anders angegeben, das Folgende.
88 Costituto di Katharina von Hohenzollern, 21. August 1859; ACDF SO St. St. B 6 a, fol. 76bis.
89 Il Gesù ist die Mutterkirche des Jesuitenordens und liegt am heutigen Corso Vittorio Emanuele II. Mit der Kirche ist das Klostergebäude beziehungsweise Professhaus der Jesuiten direkt verbunden. Hier saß auch der General der Jesuiten. Heute heißt es «Collegio internazionale del Gesù». Vgl. Ernst Platner / Carl

Ludwig von Urlichs, Beschreibung Roms. Ein Auszug aus der Beschreibung der Stadt Rom, Stuttgart / Tübingen 1845, S. 557 f.

90 Im Original steht hier «in visceribus Christi», womit auf eine lateinische Redensart angespielt wurde. Beten «in visceribus Christi» bedeutet, im Herzensgrund Jesus Christus anzuflehen. Möglich ist auch eine Anspielung auf den liturgischen Gesang «per viscera misericordiae Dei nostri». Vgl. Art. in visceribus, in: Dizionario etimologico, online: http://www.etimo.it (16.05.2012). Zur ausführlichen Erklärung des Wortes «viscera», das ursprünglich Eingeweide bedeutet, aber oft im Sinn vom Innersten eines Menschen gebraucht wird und für das Herz und metaphorisch die Liebe steht, vgl. Bardo Weiß, Die deutschen Mystikerinnen und ihr Gottesbild. Das Gottesbild der deutschen Mystikerinnen auf dem Hintergrund der Mönchstheologie, Bd. 3, Paderborn 2004, S. 2039.

91 Vgl. die Liste der Möbel und Kultgegenstände des aufgelösten Klosters von Sant'Ambrogio, von denen 32 Stücke als «aus der Mitgift der Fürstin Hohenzollern stammend» bezeichnet werden; ASV, Archivio Particolare di Pio IX, Oggetti vari 1733 (S. Ambrogio Monastero Inventario).

ZWEITES KAPITEL

«Die delicatezza der Angelegenheit als solcher»

Außergerichtliche Voruntersuchungen

1 Sallua wurde 1877 dann zum Titularerzbischof von Chalzedon ernannt, 1896 starb er in Rom. Über ihn Wolf (Hg.), Prosopographie, S. 1299–1303. Santa Sabina ist eine frühchristliche Basilika im Rione Ripa an dem gleichnamigen Platz, nahe dem Lungotevere Aventino.

2 Enrico Ferrari trat 1830 in den Dominikanerorden in Faenza ein. Nach seiner Promotion in Bologna zum Dr. theol. wurde er zunächst Lektor, 1851 Zweiter Socius des Kommissars des Heiligen Offiziums, 1870 Erster Socius, 1877 Konsultor der Kongregation für die Bischöfe und Orden. Ferrari starb 1886 in Rom. Über ihn ebd., S. 570–572.

3 De Ferrari starb 1874 in Rom. Über ihn ebd., S. 396–415.

4 Vgl. ebd., S. 1606–1608 (Ämterlisten).

5 Monaco La Valletta wurde 1866 Konsultor der theologisch-dogmatischen Kommission zur Vorbereitung des Ersten Vatikanischen Konzils, 1868 Kardinal. Er starb 1896. Über ihn ebd., S. 1016–1019.

6 Esame della Principessa Hohenzollern, 15. September 1859, Nota Bene Salluas; ACDF SO St. St. B 6 a, fol. 48v.

7 Relazione Salluas für die Congregazione Segreta am 16. November 1859; ACDF SO St. St. B 6 b, fol. 1r–9r. Danach das Folgende.

8 Vgl. Art. Congregazioni Cardinalizie attuali, in: Moroni, Dizionario Bd. 14, S. 151–299, hier S. 235. Vgl. auch Pianciani, Rome Bd. 2, S. 38.

9 Relazione sommaria degli atti principali nella causa contro le Monache Riformate in S. Ambrogio, Nr. I: Denunzia della Principessa Hohenzollern. Saggie providenze ordinate da Sua Santità; ACDF SO St. St. B 6 e I.

10 Vgl. Wilhelm Koch / Josef Krieg, Art. Häresie, in: LThK¹ 4 (1932), Sp. 823–825.
11 Ristretto informativo con Sommario. Il Santo Padre prende cognizione della denunzia e manifesta il Suo oracolo; ACDF SO St. St. B 7 c.
12 Zu dem Vikariat von Rom, dem Kardinalvikar, dem Vicegerente und dem Vikariatsgericht vgl. Boutry, Souverain, S. 210–213 (mit umfangreicher Bibliographie).
13 Über ihn Wolf (Hg.), Prosopographie, S. 1134–1137.
14 Vgl. Weber, Kardinäle Bd. 1, S. 299–303 und Bd. 2, S. 716.
15 Erlebnisse von S. Ambrogio; StA Sigmaringen, Dep 39 HS 1 Rubr 53 Nr. 14 UF 9m, S. 1. Die einschlägigen Bestimmungen für die Wahlen zu den Klosterämtern finden sich in der Regola della Riforma delle Monache del Terz'Ordine di S. Francesco, 24. Januar 1806, Cap. XII: Del Protettore; ACDF SO St. St. B 6 r 1.
16 Relazione informativa con Sommario, Il Card. Vicario ordina alcuni esami; ACDF SO St. St. B 7 c. Danach das Folgende.
17 Zu San Pasquale in der Via Anicia vgl. Art. Conservatorii di Roma, in: Moroni, Dizionario 17 (1842), S. 9–42, hier S. 23–25; Luigi Grifi, Breve Ragguaglio delle Opere Pie di Carità e Beneficenza ospizi e luoghi d'istruzione della città di Roma, Rom 1862, S. 21. Hier war auch ein Konservatorium untergebracht, das als Exerzitienhaus für Frauen genutzt wurde.
18 Zur Lokalinquisition von Gubbio vgl. Menichetti, Storia Bd. 2, S. 70–72; Adriano Prosperi, Art. Gubbio, in: DSI 2 (2011), S. 741.
19 Zum Konvent San Marziale in Gubbio und der dem heiligen Andreas geweihten Kirche vgl. Menichetti, Storia Bd. 2, S. 49.
20 Lettere e scritti del P. Leziroli Gesuita Consegnati dall'Em[inentissim]o Cardinal Vicario, hier Brief der Äbtissin M. Metilde an Patrizi, o. D. [1854], in dem sie sich über die Respektlosigkeiten Maria Elettas gegenüber Leziroli beklagt; ACDF SO St. St. B 6 a, fol. 4r–92r, hier fol. 90rv.
21 Esame della Priora di San Pasquale, 17. Oktober 1859; ACDF SO St. St. B 6 a, fol. 52r–55r.
22 Esame di Sr. Agnese Eletta, 18. Oktober 1859; ACDF SO St. St. B 6 a, fol. 55r–59r.
23 Schreiben der Oberin von San Pasquale Maria Luisa di Gesù an Sallua, 19. Oktober 1859; ACDF SO St. St. B 6 a, fol. 58r.
24 Esame di Sr. Agnese Eletta, 21. Oktober 1859; ACDF SO St. St. B 6 a, fol. 59r–62v. Danach das Folgende.
25 Das Verbot von Freundschaften unter Ordensfrauen zielte auf die Aufrechterhaltung des Keuschheitsgelübdes. Nonnen hatten sich deshalb von ihren Mitschwestern körperlich und emotional fernzuhalten. Diese Vorschrift wurde mit der Ausschließlichkeit der Hingabe der Nonne als Braut Christi erklärt. Vgl. Brown, Leidenschaften, S. 12 f.; Hüwelmeier, Närrinnen, S. 187–196 (zum Tabu der «Partikularfreundschaft»); Schneider, Zelle, S. 140–153.
26 Karte der Oberin von San Pasquale Maria Luisa di Gesù an Sallua, 30. Oktober 1859; ACDF SO St. St. B 6 a, fol. 64r.
27 Esame di Sr. Agnese Eletta, 3. November 1859; ACDF SO St. St. B 6 a, fol. 63r.
28 Foglio manoscritto consegnato dalla Sr. Agnese Eletta, o. D. [vor dem 3. November 1859]; ACDF SO St. St. B 6 a, fol. 65r, 67v, 86rv. Danach das Folgende. Vgl. auch die gedruckte Fassung im «Sommario del ristretto informativo» Nr. XII, was die Bedeutung dieses Dokuments zumindest in den Augen Salluas unterstreicht; ebd., B 7 c.

29 Vgl. Gousset, Moraltheologie Bd. 1, S. 120–124 und S. 278–296.
30 Ebd., S. 280.
31 Vgl. Riegler, Moral, S. 531–534.
32 Vgl. Reinhard, Lebensformen, S. 61–67.
33 Vgl. Gousset, Moraltheologie Bd. 1, S. 288 f. Der Begriff «il pessimo» taucht im Fall Sant'Ambrogio bezeichnenderweise für weibliche gleichgeschlechtliche Handlungen auf: Relazione sommaria degli atti principali assunti nella causa contro le monache riformate in S. Ambrogio, Titolo VI: Complicità, massime e insinuazioni erronee dei PP. Confessori Leziroli e Peters; ACDF SO St. St. B 6 e 1: «N. B. L'Inquisita nei suoi costituti grava specialmente la madre Maria Maddalena di enormi turpezze commesse con essa lei nell'età di 15 anni, e Maria Crocifissa come sua istitutrice in *rebus pessimis* facendo l'una e l'altra derivare cotali azioni e massime quali doni ed insegnamenti della beata Fondatrice.»
34 Walkowitz, Formen, S. 444.
35 Der Begriff «lesbisch» wird hier verwendet, obwohl damit heute vor allem eine Identitätskategorie bezeichnet wird, die erst Ende des 19. Jahrhunderts entstand. Vgl. Judith M. Bennett, «Lesbian-Like» and the Social History of Lesbianisms, in: Journal of the History of Sexuality 9 (2000), S. 1–24, hier vor allem S. 10–17; Gertrud Lehnert, Art. Lesbianismus/Lesbischer Feminismus/Lesbian Studies, in: Kroll (Hg.), Gender Studies, S. 230–232; Rich, Zwangsheterosexualität, S. 139–168; Christine Steiniger, Art. Lesbische Liebe, in: Lissner u. a. (Hg.), Frauenlexikon, S. 632–638.
36 Die christliche Sexualmoral des 19. Jahrhunderts verbot, «unbedingt und unter Androhung der ewigen Verwerfung, jede außerordentliche Befriedigung der Geschlechtsneigung, und weiß für diejenigen, die nicht enthaltsam sind, keinen anderen Rat, als dass sie heiraten». Vgl. Stapf, Moral, S. 421. Als Grundlage dient 1 Kor 6,9, wonach weder Huren noch Götzendiener, noch Ehebrecher, noch Weichlinge, noch Knabenschänder das Reich Gottes besitzen werden. Jegliche Unzucht außerhalb der Ehe galt als «große Versündigung wider den Vater», weshalb die Kirche und ihre Gesetzgebung das unbedingte Verbot aller außerehelichen Geschlechtsbefriedigung stets im Bewusstsein gehalten habe, gemäß 1 Kor 7,9, wonach diejenigen, die nicht enthaltsam leben können, besser heiraten sollten. Vgl. ebd., S. 422; Riegler, Moral, S. 528–531. Zur Einordnung der katholischen Position in einen größeren historischen Kontext vgl. Reinhard, Lebensformen, S. 67–86.
37 Vgl. Cattaneo, Vitio, S. 55–77; Pierroberto Scaramella, Art. Sodomia, in: DSI 3 (2010), S. 1445–1450.
38 Vgl. Louis Crompton, The Myth of Lesbian Impunity. Capital Laws from 1270 to 1791, in: Journal of Homosexuality 6 (1980/81), S. 11–25.
39 Reinhard, Lebensformen, S. 87. Vgl. auch Brooten, Love; Rich, Zwangsheterosexualität, S. 138–202.
40 Thomas von Aquin, Summa theologiae II–II, Quaestio 144, Art. 11.
41 So der italienische Jurist Prospero Farinacci (1554–1618); zitiert nach Brown, Leidenschaften, S. 20.
42 Vgl. Gousset, Moraltheologie Bd. 1, S. 292.
43 So der italienische Geistliche Ludovico Maria Sinistrari gegen Ende des 17. Jahrhunderts; zitiert nach Brown, Leidenschaften, S. 23 f.

44 Esame di Sr. Agnese Eletta, 3. November 1859; ACDF SO St. St. B 6 b, fol. 63r, 65r, 67v, 68rv (Originalakten). Danach das Folgende. Eine gedruckte Fassung des Verhörs findet sich in «Sommario del ristretto informativo» Nr. XII; ebd., B 7 c.

45 Nicola Benedetti, geboren 1807, trat 1826 in die Gesellschaft Jesu ein. 1843 übernahm er das Amt des Spirituals. Er starb 1866. Über ihn Mendizábal, Catalogus, S. 62.

46 Memorie di tutte le cose più rimarchevoli occorse in questo nostro S. Istituto nelle diverse epoche incominciando dal principio della fondazione; ACDF SO St. St. B 6 s 1, fol. 576.

47 Annuario Pontificio 1860, S. 32.

48 Relazione sommaria degli atti principali, Titolo VI: Complicità dei PP. Confessori; ACDF SO St. St. B 6 e 1.

49 Maurus Wolter an Sallua, 17. September 1859; ACDF SO St. St. B 6 a, ohne fol. [nach fol. 47v].

50 Es handelt sich um Theodor Caspar Heinrich Wegener aus Coesfeld. Er wurde 1831 geboren und 1855 zum Priester geweiht. Der «Stud. theol.» hielt sich 1859 zu Studienzwecken in Rom auf. Vgl. Schematismus der Diözese Münster 1860 (Januar), Münster 1860, S. 131. Dort gelangte er «wohl in den Kreis jener Emmerickverehrer, die 1858 ihr Grabmal auf dem Dülmener Friedhof gestiftet haben». Vgl. Franz Flaskamp, Theodor Wegener, in: Heimatblätter der Glocke Nr. 135 vom 16. Mai 1963, Beilage, S. 537. Wegener dürfte 1861 in seine Heimatdiözese Münster zurückgekehrt sein, denn am 19. Juni 1861 wurde er in die Kongregation der Schmerzhaften Gottesmutter von Kevelaer aufgenommen. Vgl. Schematismus der Diözese Münster 1864 (August), Münster 1864, S. 10 und S. 96. Im März 1866 wurde er schließlich nach Haltern versetzt. Vgl. Schematismus der Diözese Münster 1872 (Januar), Münster 1872, S. 38 und S. 139. In Haltern stiftete er 1875 einen Kreuzweg auf den Annaberg und verfasste das Gebetbuch «Annabüchlein oder Andacht zur heiligen Anna» (zwei Auflagen 1884 und 1890). 1885 trat er als Pater Thomas Villanova in den Augustiner-Orden ein und widmete sich künftig der Forschung über und dem Seligsprechungsprozess von Anna Katharina Emmerick. Vgl. Chronik Annaberg, online: http://eservice2.gkd-re.de/bsointer160/DokumentServlet?dokumentenname=16013776.pdf (13.07.2012). Wegener starb 1917.

51 Zum Campo Santo im 19. Jahrhundert vgl. Erwin Gatz, Anton de Waal und der Campo Santo Teutonico (Römische Quartalschrift Supplementheft 38), Rom u. a. 1980, S. 8–35.

52 Die Kirche San Nicola in Carcere liegt in der Via del Teatro di Marcello an einer Stelle, wo sich im Mittelalter ein Kerker befand. Vgl. Armellini, Chiese, S. 475–482.

53 Brief des Pfarrers von San Nicola in Carcere an Sallua, 11. Oktober 1859; ACDF SO St. St. B 6 a, fol. 50rv.

54 Der Kunsthistoriker Ludwig Pollak erinnert sich daran, dass in der Via di Monte Tarpeo die meisten Anwohner Zimmer vermieteten. «Ich wohnte im Winter 1893/94 in dem höchstgelegenen Hause dieser schmalen Straße Nr. 61 (?) im obersten Stockwerke und zahlte für ein freilich sehr kärglich möbliertes unheizbares Zimmer 30 Lire im Monat.» Ludwig Pollak, Römische Memoiren: Künstler, Kunstliebhaber und Gelehrte 1893–1943, hg. von Margarete Merkel Guldan, Rom 1994, S. 93 f. «Die Via di Monte Tarpeo steigt neben der Vorder-

Anmerkungen Zweites Kapitel 461

seite der Kirche der Consolazion mit Stufen herauf, und wendet sich jetzt rechts, um der südwestlichen Spitze des Tabulariums gegenüber wieder herabzusteigen. Diese nach dem Campo Vaccino herabgehende Straße ist erst unter Gregor XIII. geöffnet worden, wie die bei der Scheide der Abhänge angebrachte Inschrift zeigt, wo zugleich die berühmten Verse der Aeneide mit Hinblick auf die damaligen neuen Gebäude des Capitols gegeben sind.» Vgl. Ernst Platner, Beschreibung der Stadt Rom. 3. Bd.: Die sieben Hügel, der Pincio, das Marsfeld und Trastevere, Stuttgart / Tübingen 1837, S. 26.

55 Notiz Salluas, 5. November 1859; ACDF SO St. St. B 6 a, fol. 69rv.
56 Sallua spricht von «una denunzia assai grave e corredata di molti argomenti di verità». Ristretto informativo con Sommario; ACDF SO St. St. B 7 c. Er spricht ebenfalls von einer «denunzia assai gravante e circostanziata». Notizen für die Kongregation der Kardinäle, 16. November 1859; ebd., B 6 b.
57 Es ist schwer zu sagen, ob Sallua «more solito» als spezifischen Rechtsbegriff oder nur als Redewendung verwendete. Zum Rechtsbegriff vgl. Gerhard Dilcher, Das mittelalterliche Stadtrecht als Forschungsproblem, in: Jörg Wolff (Hg.), Kultur- und rechtshistorische Wurzeln Europas, Mönchengladbach 2006, S. 227–242, hier S. 237, der das überlieferte Gewohnheitsrecht als «more solito, more maiorum, secundum antiquam consuetudinem» bezeichnet. Vgl. auch Simon Teuscher, Erzähltes Recht: lokale Herrschaft, Verschriftlichung und Traditionsbildung im Spätmittelalter (Historische Studien 44), Frankfurt a. M. 2007, S. 178, der erklärt, «more solito» oder auch «more consueto» bedeute eine durch die Gewohnheit verbürgte Weise. Als Redewendung bedeutet es übersetzt «wie üblich»: «more solito ‹secondo il solito costume›, in base alla solita consuetudine, come di consueto»; Paride Bertozzi, Dizionario dei brocardi e dei latinismi giuridici, Assago ^{6}2009, S. 123.
58 Vgl. Friedrich Münter, Gemischte Beyträge zur Kirchengeschichte, Kopenhagen 1798, S. 155: «Alle, die in die Kongregation treten, sowohl Kardinäle als Konsultoren, müssen einen Eid der Verschwiegenheit ablegen, von dem sie nur dispensiert sind, wenn sie Sachen erfahren, die der Inquisition zum Schaden und Verderben gereichen oder den Gang der Geschäfte selbst hindern können. Auch nach Endigung der Prozesse währt die Verbindlichkeit zur Verschwiegenheit fort. Auf Verletzung des Stillschweigens ist die Excommunicatio latae sententiae gesetzt, von welcher der Papst allein lösen kann: außerdem wird dieses Vergehen aber auch als eine persönliche Beleidigung des Papstes angesehen und bestraft.» Vgl. auch Maria Pia Fantini, Art. Segreto, in: DSI 3 (2011), S. 1490 f. Die Formel des Eids befindet sich u. a. in ACDF SO St. St. Q 2 c, fol. 15r–16r: «Ego N de N &c. constitutus coram vobis Rev.mo P. Sac. Theologiae Mag.o F. N de N Inquisitore N tactis per me Sacrosanctis Dei Evangeliis coram me propositis, iuro ac promitto fideliter exercere munus, & officium Vicarii, vel, Consultori – Sanctae Inquisitionis huius civitatis N., & non revelare, nec loqui, aut tractare – verbo, vel scriptis, aut alias quovis modo de iis, quae concernent causas Sancti Officii, nisi cum dominis Consultatoribus aliisque Officialibus dicti S. Officii, sub poena periurii, & excommunicationis latae sententiae, a qua non nisi ab Eminentissimis, & Reverendissimis Dominus Cardinalibus Inquisitoribus generalibus absolvi possim. Sic me Deus adiuvet, & haec sancta illius Evangelia, quae propriis manibus tango.»

59 Fogli consegnati dal Sig. Cardinale Vicario Patrizi al P. Sallua, 5. November 1859; ACDF SO St. St. B 6 a, fol. 73r–92r. Im Einzelnen: fol. 74r–75v, Nr. 1, Brief der Äbtissin Maria Agnese Celeste della Croce an Kardinalvikar Patrizi, 6. Oktober 1848; fol. 76r–77v, Nr. 2, Brief der Äbtissin Maria Agnese Celeste della Croce an Kardinalvikar Patrizi, 30. Dezember 1848; fol. 78r–79r, Nr. 3, Brief der Äbtissin Maria Agnese Celeste della Croce an Kardinalvikar Patrizi, 30. März 1849; fol. 80r–81v, Nr. 4, Schrift von Beichtvater Leziroli an Kardinalvikar Patrizi, o. D.; fol. 82r–83r, Nr. 5, Brief Lezirolis an Kardinalvikar Patrizi, 9. Juli 1849; fol. 83v, Antwort des Beichtvaters Leziroli an Kardinalvikar Patrizi bezüglich des Schreibens Nr. 4, 9. Juli 1849; fol. 84rv, Nr. 6, Brief von Maria Metilde de' dolori di Maria SS. an Kardinalvikar Patrizi, o. D.; fol. 85r–87v, ohne Nr., vermutlich von Leziroli an Kardinalvikar Patrizi, o. D., ohne Unterschrift; fol. 88r, ohne Nr., Brief von Beichtvater Leziroli an Kardinalvikar Patrizi, vom 29. Juli 1849; fol. 90rv, ohne Nr., Brief von Schwester Maria Metilde de' dolori di Maria SS.a an Kardinalvikar Patrizi, 11. [ohne Monatsangabe] 1854; fol. 91rv, ohne Nr., Brief von Agnese Eletta von der Heiligen Familie an Kardinalvikar Patrizi, o. D.; fol. 92r, ohne Nr., Brief der Schwester Maria Metilde de' dolori di Maria SS.a an Kardinalvikar Patrizi, 21. [ohne Monatsangabe] 1854.
60 Vita della Serva di Dio. La M. Maria Agnese di Gesù. Fondatrice delle Monache Riformate del Terz'Ordine del Padre San Francesco; ACDF SO St. St. B 6 q 1. Kunigunde Anna Helena Maria Josepha, Gräfin von Lausitz, Prinzessin von Sachsen, geboren 1774, heiratete Giovanni Patrizi-Naro Marchese Montoro. Sie starb 1828. Vgl. Diario di Roma Nr. 85 von 1828.
61 Mitteilung Salluas an den Kardinalvikar, o. D.; ACDF SO St. St. B 6 a, fol. 105r–106r.
62 Notiz Salluas, 5. November 1859; ACDF SO St. St. B 6 a, fol. 69r. Über die Congregazione segreta vgl. Prattica del S. Tribunale del S. Offizio nel formare i Processi diversa da quella di tutti gli altri Tribunali Ecclesiastici e Secolari; ebd., Q 2 m, fasc. 3a, ohne fol.
63 Relazione informativa Salluas für die Congregazione segreta vom 16. November 1859; ACDF SO St. St. B 6 b, fol. 1r–9r.
64 Fascicolo dei Decreti, Decretum Feria IV., 16. November 1859; ACDF SO St. St. B 6 w f. In diesem Faszikel, der zu den Prozessakten von Sant'Ambrogio gehört, befindet sich eine Abschrift aller einschlägigen Entscheidungen beziehungsweise Beschlussvorschläge der Konsultoren, Kardinäle und des Papstes. Die Originale befinden sich in der Serie ACDF SO Decreta 1859–1862.
65 Vgl. Art. Congregazioni Cardinalizie attuali, in: Moroni, Dizionario 14 (1842), S. 234.
66 Nach der Absicht, nach der Meinung. Diese lateinische Redewendung wird in den Dokumenten der Römischen Kurie verwendet, um eine Entscheidung zu klären, zu beschränken oder zu ändern, indem man sich auf die ursprüngliche Absicht der Entscheidung bezieht. Vgl. http://www.treccani.it/vocabolario/ad-mentem/ (17.05.2012).
67 Antonio Ligi-Bussi, geboren 1799, Franziskaner-Minorit, 1851 Titularerzbischof von Konya, Vicegerente. Über ihn Notizie per l'anno 1857, S. 217.
68 Fascicolo dei Decreti, Decretum Feria IV., 16. November 1859; ACDF SO St. St. B 6 w f.
69 Fascicolo dei Decreti, Decretum Feria III. loco IV., 6. Dezember 1859; ACDF SO St. St. B 6 w f.

70 Brevissimi cenni delli atti nella causa di S. Ambrogio, o. D. [wohl 8. Dezember 1859]; ACDF SO St. St. B 6 n 1, ohne fol.
71 Audienz Salluas beim Papst am 8. Dezember 1859 und Entscheidung des Papstes am 11. Dezember 1859; ACDF SO St. St. B 6 w f.
72 Relazione informativa, Elenco delle persone e testimoni esaminati in questa causa, Januar 1861; ACDF SO St. St. B 7 c.
73 Vita della serva di Dio. La Maria Agnese Firrao di Gesù; ACDF SO St. St. B 6 q 1.
74 Vgl. Wolf, Inquisition, S. 547–560.
75 Vgl. Schwerhoff, Inquisition.
76 Vgl. Claus Arnold, Die Römische Zensur der Werke Cajetans und Contarinis (1558–1601). Grenzen der theologischen Konfessionalisierung (Römische Inquisition und Indexkongregation 10), Paderborn u. a. 2008, S. 171–332; Klaus Ganzer, Aspekte der katholischen Reformbewegungen im 16. Jahrhundert, in: Ders., Kirche auf dem Weg durch die Zeit. Institutionelles Werden und theologisches Ringen. Ausgewählte Aufsätze und Vorträge, hg. von Heribert Smolinsky und Johannes Meier (Reformationsgeschichtliche Studien und Texte. Supplementband 4), Münster 1997, S. 181–211, hier S. 187–191.
77 Vgl. Del Col, Inquisizione, S. 509–698; Tedeschi, Prosecution.
78 Vgl. Angenendt, Toleranz, S. 263 f.; Trusen, Inquisitionsprozeß, S. 168–230, hier S. 168.
79 Während der vier Jahrhunderte von 1542 bis 1966, in denen die Römische Inquisition als oberstes Tribunal der katholischen Kirche bestand, änderten sich einzelne Elemente ihres Verfahrens. Über den inquisitorischen Strafprozess, seine möglichen Varianten und historischen Entwicklungen ist bislang nur relativ wenig bekannt. Das liegt daran, dass die Archive der Römischen Inquisition erst 1998 der Forschung zugänglich wurden. Vgl. die einschlägigen Beiträge in den Sammelbänden «L'Apertura», «L'Inquisizione», «L'Inquisizione e gli storici» und «A dieci anni». Für das Procedere bei der Buchzensur und der Beteiligung der Inquisition an der Erstellung des «Index der verbotenen Bücher» gab es allerdings seit 1752 mit «Sollicita ac Provida» eine vom Papst in Kraft gesetzte Verfahrensordnung. Vgl. Wolf, Index, S. 46–58; Edition und Einleitung bei Wolf/Schmidt (Hg.), Benedikt XIV. Es steht keine normative Vorgabe zur Verfügung, an der sich der idealtypische Verlauf eines Gerichtsverfahrens vor dem Heiligen Offizium ablesen ließe. Daher bleibt nur der mühsame historisch-analytische Weg über die deskriptiven Quellen, das heißt, man muss aus zahlreichen Einzelprozessen, die im Lauf der Jahrhunderte vor der Suprema geführt wurden, die Grundstrukturen eines solchen Tribunals herausdestillieren. Freilich ist ausgerechnet über Inquisitionsprozesse des 19. Jahrhunderts und damit über das unmittelbare Umfeld der Causa Sant'Ambrogio bislang kaum gearbeitet worden. Ferner wurden die Kompetenzen der zahlreichen Gerichte und Tribunale in Kirche und Kirchenstaat nie präzise voneinander abgegrenzt und ein offizielles kuriales Gerichtsgesetz nie erlassen. Vgl. Agostino Borromeo, Art. Congregazione del Sant'Uffizio, in: DSI 1 (2011), S. 389–391, hier S. 390: «Conosciamo poco e male l'azione svolta dalla Congregazione nel XIX e nel XX secolo.» Ähnlich Adriano Prosperi, Art. Inquisizione romana, in: DSI 2 (2011), S. 826: «La storia della Congregazione è storia della sua composizione, dei suoi poteri e delle sue funzioni nel loro modificarsi attraverso i tempi e i luoghi, ma è anche, naturalmente, storia di come e dove e a carico di chi quei

poteri e quelle funzioni sono stati esercitati. Se si tiene conto di questi aspetti ... appare tanto più singolare la mancanza di ricerche storiche adeguate fino a tempi recenti.»

80 Norme per procedere nelle cause del S. Officio (inizio XIX secolo); ACDF SO St. St. D 2 i, ohne fol. [jedoch nach fol. 105v]. Hier werden vor allem die Delikte aufgezählt, die nach Meinung der Inquisitoren selbst in die Zuständigkeit des Inquisitionstribunals fallen, wie etwa Häresie, Verführung im Beichtstuhl, Polygamie oder ganz allgemein das Thema Juden.

81 Eine Folge war das Verfassen von Handbüchern seitens bewanderter und erfahrener Inquisitoren. Vgl. Andrea Errera, Art. Manuali per inquisitori, in: DSI 2 (2011), S. 821; Angelo Turchini, Il modello ideale dell'inquisitore. La *Pratica* del cardinale Desiderio Scaglia, in: Del Col / Paolin (Hg.), Inquisizione, S. 187–198.

82 Der Kardinalsekretär übte die formelle Leitung der Geschäfte aus. Vgl. Hinschius, Kirchenrecht Bd. 1, S. 451. Ausführlich Schwedt, Kongregationen, S. 49–61, hier S. 54 f.: «Der unter den Kardinälen ranghöchste und geschäftsführende Kardinal besaß in den letzten 200 Jahren den Titel ‹Sekretär› der Kongregation. Im 16. Jahrhundert bezeichnete sich der jeweils ranghöchste Kardinal des S. Officium als der Unterzeichner von Schreiben und Ähnlichem als *unus ex Inquisitionibus Generalibus*, und es scheint, dass diese Rangstellung schon in den ersten Jahrzehnten des 17. Jahrhunderts festgeschrieben wurde, also nicht mehr abhängig von Rangveränderungen im Kardinalskollegium (etwa durch Beförderung von einer Kardinalpriester-Titelkirche zu einem Kardinalepiskopat). In dieser Zeit darf man also von einem (von Rangveränderung unabhängigen) festen Kurienamt eines Sekretärs S. Officii sprechen. Es dauerte noch bis ins 18. Jahrhundert, bis dieser Terminus offiziell in die römischen Listen Eingang fand.»

83 Zur Kongregation der Kardinäle vgl. Art. Congregazioni Cardinalizie attuali, in: Moroni, Dizionario 14 (1842), S. 233 f.; Agostino Borromeo, Art. Congregazione del Sant'Uffizio, in: DSI 1 (2011), S. 389–391; Pratica della Curia Romana, che comprende la giurisdizione dei tribunali di Roma, Bd. 2, Rom 1815, S. 94; Wolf, Einleitung, S. 36 f. Zur Zusammensetzung Annuario Pontificio 1860, S. 267–269 und Notizie per l'anno 1861, S. 279–281.

84 Vgl. Blouin, Archives, S. 7; Wolf, Einleitung, S. 41.

85 Vgl. Wolf, Einleitung, S. 36. Zum Verlauf der Konsultorenversammlung Luigi De Sanctis, Roma papale, Florenz 1865, S. 274: «Ecco come si tengono le congregazioni del S. Uffizio. Ogni lunedì mattina alle 8 le carrozze papali, chiamate volgarmente frulloni, vanno a prendere i consultori, e li conducono al palazzo dell'Inquisizione. Là preseduti dal P. Commissario, e seduti intorno alla tavola ellittica, discutono sulle cause, e dànno i loro voti. Il voto de' consultori è soltanto consultivo.» Vgl. auch Art. Congregazioni Cardinalizie attuali, in: Moroni, Dizionario 14 (1842), S. 233: «La prima [Congregazione] si tiene nel lunedì mattina nel palazzo del tribunale, coll'intervento de' consultori, di monsignor assessore, del p. commissario, del primo compagno di questo, del fiscale ecc., all'effetto di leggere i processi, e le lettere degl'inquisitori *de partibus*; prendonsi le opportune provvidenze, e si preparano le materie per la congregazione de' Cardinali.» Zur Zusammensetzung der Konsultorenversammlung in den Jahren 1860/61 vgl. Annuario Pontificio 1860, S. 267–269 und Notizie per l'anno 1861, S. 279–281.

Anmerkungen Zweites Kapitel   465

86 Das Amt des Assessors entstand 1553 und war von dem des Kommissars abhängig. Erst später erhielt er spezifische Funktionen, vor allem als Bindeglied zwischen der Kongregation der Kardinäle und dem Instruktionsgericht, indem er den Kardinälen die zu entscheidenden Causae vorlegte, die Entscheidungen des ersten Teils der Sitzungen – an denen der Notar nicht teilnahm – notierte und dann dem Notar zur Erfassung übermittelte, in den Plenarsitzungen referierte und ein Sommario für die Kardinäle und den Papst für die Entscheidungen bereitstellte. Vgl. Art. Congregazioni Cardinalizie attuali, in: Moroni, Dizionario 14 (1842), S. 233; Agostino Borromeo, Art. Congregazione del Sant'Uffizio, in: DSI 1 (2011), S. 389–391, hier S. 390; Andrea Del Col, Art. Assessore, in: DSI 1 (2011), S. 107; Hinschius, Kirchenrecht Bd. 1, S. 451.
87 Die Audienz des Assessors beim Papst ersetzte die Sitzung am Donnerstag *Coram Sanctissimo*, Feria quinta genannt; Art. Congregazioni Cardinalizie attuali, in: Moroni, Dizionario 14 (1842), S. 233 f. Vgl. auch Bangen, Curie, S. 122: «Von den konkreten Fällen gehören nur die wichtigsten hierher [dem *Coram Sanctissimo*]; die übrigen werden etwa nach der Sitzung der Kardinäle durch den Assessor dem Papst referiert und von ihm bestätigt.» Hinschius, Kirchenrecht Bd. 1, S. 448 Anm. 5: Zu «den Beschlüssen, welche in Sitzungen in plano (d. h. in Abwesenheit des Papstes) gefasst sind, wird seine Zustimmung eingeholt, außer in den minder wichtigen, der Kongregation allein zur Entscheidung übertragenen Fällen oder dem de stilo, d. h. nach einer festen konstanten Praxis, zu erledigenden Sachen.»
88 Vgl. Carl Joseph Anton Mittermaier, Das deutsche Strafverfahren in der Fortbildung durch Gerichts-Gebrauch und Partikular-Gesetzbücher, Heidelberg 1827, S. 322 f.
89 Die heutige römische Curie. Ihre Behörden und ihr Geschäftsgang, in: Zeitschrift für das Recht und die Politik der Kirche, Bd. 2, Tauchnitz 1847, S. 195–250, hier S. 216.
90 Hinschius, Kirchenrecht Bd. 1, S. 451.
91 Der Kommissar war stets Dominikaner und hatte die Funktion eines ordentlichen Richters, der Chef des Instruktionsgerichts war und die Prozesse führte. Er strengte den Prozess an, verteilte die Arbeit unter den Konsultoren und führte den Vorsitz in deren Versammlungen. Vgl. Art. Congregazioni Cardinalizie attuali, in: Moroni, Dizionario 14 (1842), S. 233; Luigi De Sanctis, Roma papale, Florenz 1865; Andrea Del Col, Art. Commissario, in: DSI 1 (2011), S. 351 f.; Hinschius, Kirchenrecht Bd. 1, S. 451; Pianciani, Rome Bd. 2, S. 38. Vgl. auch P. Commissario e impiegati del S. O.; ACDF SO St. St. Q 2 d (1), Nr. 4, ohne fol.
92 Auch Primo und Secondo Compagno genannt. Nach Hinschius, Kirchenrecht Bd. 1, S. 451 Anm. 1, bildeten neben dem Commissarius Sancti Officii noch zwei Beisitzer, gleichfalls Dominikaner, das Instruktionsgericht. Eine grobe Auflistung der spezifischen Aufgaben dieser Beamten befindet sich in einer Notiz «P. Commissario e impiegati del S. O.»; ACDF SO St. St. Q 2 d (1), Nr. 4, ohne fol.: «Fare Processi, ricevere denunzie, e fare esami, che i Ristretti di Roma, overo quando gli atti siano denunzie, siano esami superiori al numero di tre. Materie da disbrigarsi da tutti i sostituti in generale, ed in particolare dipendentemente dal Cappo Notaro. In generale. Ricevere tutti gli atti che occorrono; fare ristretti delle denunzie, stendere i Ristretti facendo le incombenze prescritesi,

fare i Biglietti per le distribuzioni, e pieghi, e riassumere se vi siano altri privilegii contro le Persone di cui devono fare il Ristretto; e quello che riceve le denunzie deve farne anche il Ristretto.» Vgl. auch Art. Congregazioni Cardinalizie attuali, in: Moroni, Dizionario 14 (1842), S. 225.
93 Vgl. Andrea Del Col, Art. Notaio, in: DSI 2 (2011), S. 1118.
94 Die Erforschung der Rolle des Fiskals, auch Advocatus oder Procurator fiscalis genannt, der dem heutigen Staatsanwalt entspricht, steht immer noch am Anfang. Vgl. Beretta, Galilée, S. 56 f.; Lucia Piccinno, Art. Fiscale, in: DSI 2 (2011), S. 607.
95 Vgl. Vincenzo Lavenia, Art. Processo, in: DSI 3 (2011), S. 1257–1263, hier S. 1262.
96 Wolf (Hg.), Prosopographie, S. 1247.
97 Ebd., S. 1136.
98 Riflessione e chiarimenti sull'elezione del Card[inal]e Segretario del S. Offizio; ACDF SO St. St. Q 2 d (1).
99 Vgl. Blouin, Archives, S. 3–11; L'Apertura (verschiedene einschlägige Beiträge); Schwedt, Archiv, S. 267–280. Benutzungsordnung: Congregazione per la Dottrina della Fede, Archivio. Regolamento per gli Studiosi, Vatikanstadt 2003.
100 Vgl. Malena, Inquisizione, S. 289–306, hier v. a. S. 291 f. mit Anm. 8–17; Ponziani, Fonti, S. 59–66; Ders., Misticismo, S. 323–349.
101 Zur Stanza Storica vgl. Blouin, Archives, S. 10 f.; eine Datenbank mit einem Inventar ist seit kurzem im ACDF zugänglich.
102 Die Bandi traten als Publikationsform für die Urteile nach und nach in den Hintergrund, als im Jahr 1865 die «Acta Sanctae Sedis» im Verlag Editio Stereotypa in Rom beziehungsweise seit dem 1. Januar 1909 die «Acta Apostolicae Sedis» im Verlag Typis Poliglottis Vaticanis in Rom erschienen. Die AAS sind bis heute das offizielle Gesetzblatt des Heiligen Stuhls, in dem auch wichtige Entscheidungen des Heiligen Offiziums publiziert wurden.
103 Zu den Voraussetzungen, die eine Denunzia erfüllen musste, vgl. ACDF SO St. St. Q 2 m (trasferito a Q d c) 3a, ohne fol.; Battistella, S. Officio, S. 57 f.; Elena Brambilla, Art. Denunzia, in: DSI 1 (2011), S. 467–469; Masini, Arsenale, S. 13 f.
104 Vgl. ACDF SO St. St. Q 2 m; Masini, Arsenale, S. 25.
105 Denunzia della Principessa Hohenzollern, 23. August 1859; ACDF SO St. St. B 6 a, fol. 2rv: «Sponte personaliter comparuit coram Rmo P. M.o Vincentio Leone Sallua Ord. Praed: Socio Rmi P. Commi. S. Off: sistente in Domo Illmi a Rmi DD. Archichiespicopi Edesseni, sdenusina in Ssmi D.i Nostri Pii Pape IX. In neique Illma Princeps Femina Catharina Filia quindam Principis Cordi Alberti Hohenlohe Vilua Principis Hohenzollern, nunc Soror Aloysia Maria a S. Joseph dopos Roma, aetatis suae annorum 42, qui potiit audiai, eique data facultate, et jurata de veritate dicenda tactis SS. Dei Evangeliis exposuit ut infra. Per obbligo di coscienza impostomi dall'attuale mio Confessore mi presento a questo S. Tribunale per deporre quanto appresso. Previa la facoltà del Sommo Pontefice sono uscita per motivo di salute del monastero di S. Ambrogio di Roma dove avervi vestito l'Abito delle Riformate del Terzo Ordine del P. S. Francesco il giorno 29 Settembre 1858. Dopo uscita dal suddetto Monastero mi sono portata in Tivoli per respirare aria migliore prendendo stanza presso le Sorelle della Carità. Quivi ho preso a mio Padre Spirituale, e Confessore il Monaco Cassinese D. Mauro Wolter per essere più intesa facilmente nella mia lingua naturale tedesca.»
106 «Suor Luisa Maria di S. Giuseppe (Catharina Principessa de Hohenzollern).» Ebd.

Anmerkungen Zweites Kapitel 467

107 Vgl. als Beispiel Esame di Msgr. Hohenlohe, 18. April 1860; ACDF SO St. St. B 6 m, fol. 1.
108 Esame di Sr. Agnese Eletta, 18. Oktober 1859; ACDF SO St. St. B 6 a, fol. 55.
109 Esame di Msgr. Hohenlohe, 18. April 1860; ACDF SO St. St. B 6 m, fol. 1.
110 Über die Differenzierung in Informativ- und Akkusations- oder Offensivprozess herrscht in der Forschung keine Einigkeit. Einige Forscher unterscheiden zwei Phasen des Prozesses: die informative einerseits und die offensive und defensive andererseits. Vgl. Battistella, S. Officio, S. 57. Andere Wissenschaftler, z. B. Vincenzo Lavenia, Art. Processo, in: DSI 3 (2011), S. 1257–1263, hier S. 1262, betrachten die erste Phase als von zwei Momenten charakterisiert, einem offensiven und einem informativen. Zur zweiten Phase gehöre die repetitio testium, daher könne man diese Phase als Defensivprozess betrachten. Offenbar sprachen die Mitarbeiter des Heiligen Offiziums von einem processo informativo und von einem processo costitutivo, wenn sie zwischen Informativ- und Offensivprozess (costitutivo, weil diese Phase aus costituti, d. h. Verhören, besteht) unterschieden. Dies lässt sich ableiten aus ACDF SO St. St. Q 2 d, Nr. 10, zitiert in: Garuti, Inquisizione, S. 381–417, hier S. 403 Anm. 112.
111 Dieser wurde Sommista genannt. Seine Funktion und Aufgaben sind nicht völlig klar. Eine Erklärung befindet sich in Charles-Louis Richard/Jean Joseph Giraud, Biblioteca sacra ovvero Dizionario universale delle scienze ecclesiastiche … per la prima volta … tradotta ed ampliata da una società di ecclesiastici, 29 Bde., hier Bd. 18, Mailand 1837, S. 170: «Sommista, così chiamasi nella cancelleria romana l'ufficiale il quale ha l'incarico di fare le minute, e di far apporre ad esse il suggello. Il sommista ammette nelle bolle delle clausole che non è permesso agli abbreviatori di ricevere, giusta le regole della cancelleria.» Vgl. auch Andrea Del Col, Art. Assessore, in: DSI 1 (2011), S. 107, der erklärt, wie der Assessor 1621 aufgefordert wurde, «a procurarsi un uomo fidato che potesse preparare i sommari (sommista), in modo da concludere le cause più celermente».
112 Vgl. Carmignani, Elementi, S. 239: «Nel processo inquisitorio, siccome il giudice esamina i testimonj insciente il reo … e siccome la publicazione degli atti si fa per via della loro comunicazione ai difensori del reo …; la difesa nel *fatto* si pratica per via del *processo difensivo*, e la difesa nel *diritto* per via di allegazioni scritte. Il processo difensivo o sottomette ad *articoli interrogatorj* i testimonj già prodotti dal querelante, il che si denomina *processo rispettivo*; o produce nuovi testimonj per via di *capitoli*, detti perciò *a repulsa*.» Vgl. auch Giuseppe Giuliani, Istituzioni di diritto criminale, Bd. 1, Macerata ³1856, S. 635: «Il complesso degli esami fatti ai testimonj fiscali sugli articoli proposti dal reo chiamavasi processo *ripetitivo*: il complesso poi dei nuovi atti a difesa appellavasi processo *difensivo*.»

DRITTES KAPITEL

«Ich bin der kleine Löwe meiner reformierten Schwestern»
Der Informativprozess und die Verehrer der Mutter Gründerin

1 Inventario del Monastero di S. Ambrogio della Massima 1710; ASV, Visita Apostolica 97, Nr. 21, Kap. 9. Die 1592 gegründete «Sacra Congregazione della Visita Apostolica» hatte den geistlichen und materiellen Zustand der römischen Klöster regelmäßig zu kontrollieren und dem Papst darüber Bericht zu erstatten. Zur Arbeitsweise der Kongregation und der Inventarisierung ihrer Bestände vgl. Pagano, Visite, S. 317–464. Mit «Pescheria» wird hier entweder auf die Kirche Sant'Angelo della Pescheria oder auf die gleichnamige Straße Via di Sant'Angelo della Pescheria verwiesen. Diese Straße, die an den einst hier abgehaltenen Fischmarkt erinnert, führte östlich des Klosters Sant'Ambrogio entlang.
2 Vgl. ACS, Collegio di Sant'Ambrogio. Einige katholische Ordensgemeinschaften besetzen das Amt eines Generalprokurators, der als vom Orden bevollmächtigter Vertreter beim Heiligen Stuhl fungiert und zumeist in der Generalkurie des jeweiligen Ordens beheimatet ist. Die Cassinenser Kongregation von der ursprünglichen Observanz, auch Sublazenser Kongregation oder Kongregation von Subiaco genannt, wurde von Pietro Casaretto (1810–1878) in der ersten Hälfte des 19. Jahrhunderts gegründet. Wichtige Kennzeichen von Casarettos Reform waren die Vita communis, strenge Askese und missionarische Aktivität. Schon 1856 hatte Casaretto den Papst darum gebeten, ein eigenes Kollegium in Rom zu erhalten. Nach vielem Suchen erfuhr er im April 1861 von der bevorstehenden Aufhebung der Franziskanerinnen von Sant'Ambrogio. Am 14. Mai 1861 erhielt er das Kloster vom Papst übertragen. Vgl. Art. Casaretto, in: Biographia Benedictina, online: http://www.benediktinerlexikon.de/wiki/Casaretto,_Pietro (11.10.2011); G. Paolo Carosi, Art. Subiaco, in: DIP 9 (1997), Sp. 538–541; Pietro Casaretto e gli inizi della Congregazione Sublacense (1810–1880). Saggio storico nel I Centenario della Congregazione (1871–1972), in: Studia monastica 14 (1972), S. 349–525. Zu den Klöstern der Sublazenzer Kongregation vgl. die Statistik in: DIP 1 (1974), Sp. 1331.
3 Vgl. Bianchi, Notizie; Cutrì, Scuola; Gurisatti/Picchi, S. Ambrogio, S. 49–60; Lombardi, Roma, S. 235–240; Pietrangeli, Rione XI, S. 56 f. und S. 90.
4 Vgl. Dreuille, S. Ambrogio, S. 21.
5 Die offiziöse Chronik der Päpste nennt in einem Eintrag für das Jahr 803 ein «monasterio sanctae Mariae quae appellatur Ambrosii», also ein Marienkloster, das «zum Ambrosius» genannt wurde. Louis Duchesne, Le Liber Pontificalis. Texte, Introduction et commentaire, Bd. 2, Paris 1892, S. 23. In verschiedenen frühmittelalterlichen Quellen wird unmittelbar neben der Marienkirche eine weitere kleine Kirche erwähnt, Santo Stefano, deren Existenz inzwischen auch archäologisch belegt werden konnte.
6 Dreuille, S. Ambrogio, S. 29 f.
7 Ebd., S. 32.
8 Die Visitation von 1710 hatte den Neubau des Noviziatstrakts angeregt, der in den folgenden Jahren errichtet wurde. Inventario del Monastero di S. Ambro-

Anmerkungen Drittes Kapitel 469

gio della Massima 1710; ASV, Visita Apostolica 97, Nr. 21. Sant'Ambrogio genügte seitdem den baulichen Ansprüchen eines strengen Klausurklosters vollauf. Vgl. grundlegend Dreuille, S. Ambrogio, S. 49-74. Auch Armellini, Chiese, S. 110 f.; Lombardi, Roma, S. 240.

9 Vgl. Dreuille, S. Ambrogio, S. 77.

10 Das «Conservatorio di Sant'Eufemia» war von «Zitelle» (Jungfern) bewohnt und wurde 1812 von französischen Truppen zerstört. 1814 ließ Pius VII. die Zitelle von Sant'Eufemia in Sant'Ambrogio della Massima unterbringen. 1828 ließ Leo XII. sie umquartieren, damit sich die Franziskanerinnen der Reform dort niederlassen konnten. Vgl. Dreuille, S. Ambrogio, S. 77 f.; Art. Francescano, Ordine religioso, in: Moroni, Dizionario 26 (1844), S. 48-199, hier S. 195; Giancarlo Rocca, Art. Zitelle, in: DIP 10 (2003), Sp. 682.

11 Vgl. die entsprechenden Artikel in: DIP 4 (1977), Sp. 446-511 und Sp. 823-911; Gieben (Hg.), Francesco; Heimbucher, Orden Bd. 2, S. 9-53; Edith Pásztor, Art. Franziskaner, in: LexMA 4 (1999), Sp. 800-807.

12 Zu den verschiedenen Spielarten des Dritten Ordens vgl. Degler-Spengler, Terziarinnen, S. 609-662 mit ausführlicher Bibliographie; Giovanni Parisi / Raffaele Pazzelli, Art. Terz'ordine regolare di San Francesco, in: DIP 9 (1997), Sp. 1077 f.; Pazzelli, San Francesco; Pazzelli, Terz'Ordine. Zur Grundlage der Regel vgl. die «Regola del Terz'Ordine claustrale di san Francesco d'Assisi», Rom 1898.

13 Der Forschungsstand über diese regulierten Drittordensschwestern ist äußerst bescheiden, was nicht zuletzt an den «allzu verschiedenen Existenzformen» liegen dürfte, die sich für die einzelnen Terziarinnenklöster «von Anfang an» herausgebildet hatten. «Jedes Haus befolgte neben der Drittordensregel eigene Statuten oder Konstitutionen, die ihm seine Gründer oder geistlichen Oberen auferlegt hatten.» Degler-Spengler, Terziarinnen, S. 610. Zur Ordenstracht vgl. Sales Doyé, Trachten, besonders die Tafeln S. 133-135 und S. 137.

14 Gelegentlich wurden auch die Nonnen von Sant'Ambrogio in der Literatur fälschlicherweise als «Klarissen» bezeichnet. Vgl. etwa Pietrangeli, Rione XI, S. 56.

15 Vgl. die Bestimmungen der Regel von 1806: Regola della Riforma delle Monache del Terz'Ordine di S. Francesco; ACDF SO St. St. B 6 r 1. Zum Tagesablauf, dem Chorgebet, den Ämtern sowie zu den Stufen von Probandin, Novizin und Professschwester vgl. die einschlägigen Artikel in DIP.

16 Costituto Sr. Maria Luisa, 11. Juni 1860; ACDF SO St. St. B 6 n, fol. 1-4.

17 Die Biographie von Agnese Firrao stützt sich v. a. auf die Bestände «Copia dell'antico piccolo ristretto per il P. Priori» und «Vita della Serva di Dio. La M. Maria Agnese di Gesù»; ACDF SO St. St. B 6 e 1 und B 6 q 1.

18 Carlo Odescalchi, geboren 1785, stammte aus dem berühmten norditalienischen Fürstenhaus. 1808 zum Priester geweiht, wollte er bereits 1814 in den Jesuitenorden eintreten, was seine Familie verhinderte. 1838 legte er alle seine Kurienämter und sein Kardinalat nieder, um in Verona Jesuit zu werden. Nach nur kurzer Zeit als Seelsorger und Volksmissionar in Norditalien starb er 1841. Über ihn Wolf (Hg.), Prosopographie, S. 1064-1066.

19 Appendice al Ristretto informativo; ACDF SO St. St. B 7 f. Die Kirche und das Kloster Santa Apollonia wurden 1582 auf dem Anwesen der römischen Edelfrau Paluzza Pierleoni gegründet und 1585 geweiht. Vgl. Roma antica Bd. 1, S. 181 f.

20 Notizie per l'anno 1789, S. 25. Zu Santa Chiara an der gleichnamigen Piazza im Rione della Pigna vgl. Armellini, Chiese, S. 187 f.
21 Vgl. Diario ordinario di Roma Nr. 2200 vom 30. Januar 1796, S. 12 f.
22 Ebd., Nr. 2226 vom 30. April 1796, S. 16–19.
23 Eine Überprüfung der wenigen erhaltenen «Atti della Segreteria del tribunale del Vicariato» im ASVR erbrachte keine Hinweise auf diese Untersuchung.
24 Diario ordinario di Roma Nr. 2270 vom 1. Oktober 1796, S. 23 f.
25 Nähere biographische Informationen über Salvadori/Salvatori sind nicht bekannt. Giuseppe Loreto Marconi gibt an, mit «Signor Don Domenico Salvatori», Beichtvater am Seminario Romano, über die Wunder im Seligsprechungsverfahren von Benedikt Labre gesprochen zu haben. Vgl. Beatificationis et canonizationis V. S. D. Benedicti Josephi Labre: summarium super dubio ... de virtutibus theologalibus ... positio super virtutibus ..., Rom 1828, S. 785.
26 Copia dell'antico ristretto per il Rmo P. Priori; ACDF SO St. St. B 6 e 1.
27 Albani, geboren 1750, 1801 Kardinal, war von 1829 bis 1831 Kardinalstaatssekretär. Er starb 1834. Über ihn DBI 1 (1960), online: http://www.treccani.it/enciclopedia/giuseppe-andrea-albani_(Dizionario_Biografico)/ (22.05.2012).
28 In den «Notizie per l'anno» von 1786, S. 35 bis 1788, S. 35 wird Marconi unter den Lektoren in «Teologia morale» im Collegio Romano geführt. In den späteren «Notizie per l'anno» ab 1789, S. 35, bis 1808, S. 109, taucht Abt Marconi als Lektor in «Sagra Scrittura» ebenda auf. Er erscheint auch im Zusammenhang der Gründung des Conservatorio Borromeo. Vgl. Art. Conservatorii di Roma, in: Moroni, Dizionario 17 (1842), S. 9–42, hier S. 33. Erstaunlicherweise gibt es kaum Hinweise in der Sekundärliteratur auf Leben und Werk Marconis, also keine Biographie über ihn, obwohl er zahlreiche, auch im Ausland verbreitete Bücher schrieb, darunter die ins Deutsche, Englische, Französische, Niederländische, Polnische und Spanische übersetzte Vita des Benedikt Joseph Labre «Ragguaglio della vita del servo di Dio Benedetto Giuseppe Labre», Rom 1783. Marconi war Labres Beichtvater, wie auch der von Karl Emanuel, König von Sardinien, und Spiritual von dessen Frau Marie Clotilde, die am 10. April 1808 zur Ehrwürdigen Dienerin Gottes erklärt wurde. Vgl. Art. Maria Clotilde di Francia, in: Moroni, Dizionario 42 (1847), S. 316–318; Luigi Bottiglia, Erbauliche Lebensgeschichte der Dienerin Gottes Marie Clotilde von Frankreich, Königin von Sardinien. Aus dem Französischen übersetzt, 3 Bde., Augsburg 1819. Außer der Lebensgeschichte der Firrao soll er auch die Lebensgeschichte einer gewissen Margherita Muzi, «vergine di specchiata virtù», geschrieben haben. Vgl. Qualifica del volume manoscritto sulle memorie della vita di Suor Maria Agnese di Gesù del Rmo P. Maestro Girolamo Priori Priore Generale de' Carmelitani Calzati Consultore del S. Offizio; ACDF SO St. St. B 7 f.
29 Pignatelli wurde 1737 geboren und trat 1753 in die Gesellschaft Jesu ein. Nach dem Noviziat in Tarragona studierte er Philosophie und Theologie und wurde 1762 zum Priester geweiht. 1803 ernannte ihn der russische Obere (in Russland waren die Jesuiten nicht verboten) zum Provinzial von Italien. Nachdem 1804 napoleonische Truppen Parma eingenommen hatten, mussten die Jesuiten die Stadt verlassen und nach Neapel ziehen. Dort hatte Pius VII. im Juli 1804 durch Spezialerlass die Gesellschaft Jesu für das Königreich beider Sizilien erneut zugelassen. In den folgenden zwei Jahren kehrten viele Jesuiten, die 1773 Weltpriester geworden waren, in den Orden zurück. In Sankt Pantaleon bei Rom

Anmerkungen Drittes Kapitel 471

gründeten sie eine Kommunität, bald gab es weitere Niederlassungen in Tivoli und ein Noviziat in Orvieto. Während seiner letzten beiden Lebensjahre litt Pignatelli unter Magenblutungen. Er starb 1811 und wurde von Papst Pius XI. 1933 selig- und von Pius XII. 1954 heiliggesprochen. Über ihn Giuseppe Boero, Istoria della vita del Ven. Padre Giuseppe M. Pignatelli della Compagnia di Gesù, Rom 1856 und Monza 1859; José Antonio Ferrer Benimeli, José Pignatelli S.J. 1737–1811. La cara humana de un santo, Bilbao 2011; Johannes Hellings, De heilige schakel: de zelige Joseph Pignatelli S.J., 's-Hertgenbosch 1935; Konstantin Kempf, Joseph Pignatelli. Der neue Selige der Gesellschaft Jesu, Einsiedeln 1933; José M. March, El restaurador de la Compañía de Jesus Beato José Pignatelli y su tiempo, 5 Bde., Barcelona 1935; Agostino Monçon, Vita del servo di Dio P. Giuseppe M. Pignatelli della Compagnia di Gesù, Rom 1833; Robert Nash, Saint of the displaced. St. Joseph Pignatelli, Dublin 1955; Sommervogel, Bibliothèque Bd. 9, Sp. 770. Vgl. auch Qualifica del volume manoscritto sulle memorie della vita di Suor Maria Agnese di Gesù del Rmo P. Maestro Girolamo Priori Priore Generale de' Carmelitani Calzati, Consultore del S. Offizio; ACDF SO St. St. B 7 f. Die Inquisition recherchierte infolge des Firrao-Falls zu Pignatelli und nahm seinen Seligsprechungsprozess unter die Lupe. Die Akten befinden sich unter S. Cong.ne de' Riti per la causa del Pignatelli P. Giuseppe della Comp. di Gesù 1845–1846; ACDF SO St. St. B 6 u 1.
30 Vermutlich handelt es sich um das Conservatorio Borromeo, das von Marconi mit Unterstützung des Kardinals Vitaliano Borromeo gegründet und geleitet wurde. Vgl. Art. Conservatorii di Roma, in: Moroni, Dizionario 27 (1848), S. 9–42, hier S. 33 f.: «Il sacerdote d. Giuseppe Marconi, ... vedendo alcune fanciulle di tenera età oppresse dalla miseria e dall'infirmità ... caritatevolmente le riunì in un locale terreno sul colle Esquilino presso via Graziosa, ... e fu detta *la casa delle povere figliuole della scuola della divina carità*.» Kardinal Borromeo «acquistò le case contigue al suddetto luogo, che ridusse in forma di conservatorio, gli assegnò rendite, e lo dichiarò erede dei suoi beni liberi, meno alcuni legati. Per questo motivo il conservatorio prese il nome di *Borromeo*, e le alunne furono chiamate *Borromee* ... Il medesimo ne affidò la cura allo stesso Giuseppe Marconi.» Die Via Graziosa liegt am Abhang des Esquilin im Rione Monti. Sie erstreckte sich von der Piazza della Suburra (an der Ecke zwischen Via Urbana und Via Leonina) bis zur Via Panisperna. Heute ist sie Teil der Via Cavour.
31 Approbation der Regel und des Zeremonials im Breve Pius' VII. «Nuper dilectae in Christo filiae» vom 26. Januar 1806; ACDF SO St. St. B 6 r 1, ohne fol. Vgl. auch Erasmo Pistolesi, Vita del sommo pontefice Pio VII, Bd. 2, Rom 1824, S. 24.
32 Vgl. Mk 6,35–44; Mk 8,1–10.
33 Angela Merici, geboren zwischen 1470 und 1475, 1535/36 Gründerin und Verfasserin der Regel der Gesellschaft der heiligen Ursula, gestorben 1540. Über sie Karl Suso Frank, Art. Merici, Angela, in: LThK[3] 1 (1993), Sp. 647. Vgl. auch Käthe Seibel-Royer, Die heilige Angela Merici. Gründerin des ersten weiblichen Säkularinstitutes, Graz 1966.
34 Mary Ward, geboren 1585, 1609 Gründerin der «Congregatio Jesu», eines Frauenordens zur Mädchenbildung mit jesuitischer Regel, gestorben 1645. Über sie Imolata Wetter, Art. Ward, Mary, in: DIP 10 (2003), Sp. 583–586, zum Einschreiten der Inquisition v. a. Sp. 584; Dies., Ward; Gabriela Zarri, Art. Ward, Mary, in: DSI 3 (2011), S. 1707.

35 Merenda, geboren um 1752, Dominikaner, war seit 1801 Kommissar des Sanctum Officium, konnte von Juli 1814 bis August 1815 sein Amt jedoch nicht ausüben. Er starb 1820. Über ihn Wolf (Hg.), Prosopographie, S. 991–993.
36 Vita della Serva di Dio. La M. Maria Agnese di Gesù; ACDF SO St. St. B 6 q 1.
37 Napoleon hatte außerdem das gesamte Archiv der Inquisition nach Paris verfrachtet, das erst nach 1815 – allerdings relativ unvollständig – nach Rom zurückkam. Vgl. Andrea Del Col, Art. Archivi e serie documentarie: Vaticano, in: DSI 1 (2011), S. 89–91, hier S. 90; Wolf, Einleitung, S. 38. Die entsprechenden Serien im Vatikanischen Geheimarchiv tragen bezeichnenderweise den Titel «Epoca Napoleonica». Vgl. Karl August Fink, Das Vatikanische Archiv. Einführung in die Bestände und ihre Erforschung unter besonderer Berücksichtigung der deutschen Geschichte (Bibliothek des Deutschen Historischen Instituts in Rom 20), Rom ²1951, S. 87 f.
38 Relazione informativa con Sommario, Cenni storici sull'antica causa, e relativa condanna della Fondatrice Sr. Maria Agnese Firrao, e di altre religiose; ACDF SO St. St. B 7 c. Danach das Folgende.
39 Eine Überprüfung im ACDF, insbesondere im Bestand SO Decreta, erbrachte keine Ergebnisse.
40 Über Pietro Marchetti ist nur wenig bekannt. Im «Appendice al Ristretto informativo, Sommario Nr. II» wird von der Entscheidung der Kardinäle vom 15. Mai 1816 in Bezug auf ihn berichtet: «Insuper addiderunt, quod scribatur Episcopo Tudertino, ut sub alio praetextu removeat in sua Dioecesi sacerdotem Petrum Marchetti ab audiendis confessionibus sacramentalibus, et a quacumque directione animarum»; ACDF SO St. St. B 7 f. Demnach gehörte er zur Diözese von Todi in Umbrien. In der «Relazione sommaria degli atti principali assunti nella causa contro le monache riformate in S. Ambrogio» heißt es «Pietro Marchetti di Rieti Cameriere Dogmatico di Nostro Signore», und an einer anderen Stelle «D. Pietro Marchetti di Rieti Cameriere Segreto di Nostro Signore»; ebd., B 6 e 1. Aus den Notizie per l'anno 1819, S. 141, 1820, S. 132 und 1821, S. 146, geht hervor, dass er zu den Camerieri segreti soprannumerari des Papstes zählte, was drei Jahre nach seiner Verurteilung überrascht.
41 Relazione informativa con Sommario, Cenni storici sull'antica causa; ACDF SO St. St. B 7 c. Marconis Heiligenvita entspricht im Wesentlichen einer «Propositio», die die Kongregation für die Heiligsprechung in oft jahrzehntelanger Arbeit und meist lange nach dem Tod einer «Dienerin Gottes» zusammenstellte, um die fama sanctitatis mit ihren Tugenden und Wundern nachzuweisen und möglichst minutiös zu dokumentieren. Vgl. Gotor, Chiesa; Samerski, Himmel, S. 81–83.
42 Vgl. Adelisa Malena, Art. Quietismo, in: DSI 3 (2011), S. 1288–1294; Anthony Meredith, Art. Quietismus, in: TRE 28 (1997), S. 41–45; Modica, Dottrina; Petrocchi, Quietismo; Schwedt, Quietisten, S. 579–605. Zur Vermischung von Quietismus und Satanismus vgl. Orlandi, Fede.
43 Louis Cognet, Art. Quietismus, in: LThK² 8 (1963), Sp. 939–941, hier Sp. 939.
44 Vgl. Art. Conservatorii di Roma, in: Moroni, Dizionario 17 (1842), S. 9–42, hier S. 40 f.
45 Das «Venerabile Arcispedale di Santo Spirito in Sassia» war mit 645 Betten und gut 30 Medizinern die größte Klinik Roms. Das Spital für innere Krankheiten lag unterhalb der Engelsbrücke auf der vatikanischen Seite und erstreckte sich

Anmerkungen Drittes Kapitel

über mehrere große Gebäude. Vgl. L. Tutschek, Aerztliche Mittheilungen aus Rom, in: Aerztliches Intelligenz-Blatt Nr. 12 vom 19. März 1865, S. 163 f.
46 Vgl. Wolf, Einleitung, S. 21 und S. 46–64.
47 Notificazione di affettata santità, 14. Februar 1816; ACDF SO St. St. B 7 a (Abschrift). Ein Exemplar des Bandos befindet sich in der Biblioteca Casanatense, Per. est. 18 / 115, Nr. 82. Danach das Folgende.
48 Santa Maria del Rifugio, genannt Sant'Onofrio, liegt in Trastevere an der gleichnamigen Straße Salita di S. Onofrio. Vgl. Armellini, Chiese, S. 493 f. Die Geschichte des Instituts «reicht auf 1703 zurück und verdankt ihren Ursprung dem frommen Priester Alexander Bussi. ... Auf breiteren Grundlagen als die übrigen Asyle errichtet, nimmt dieses Konservatorium die jungen Mädchen von 13 bis 20 Jahren auf, wenn sie Waisen und ohne Stütze sind. Der allgemeine Gebrauch, die Zöglinge jünger aufzunehmen, ist gewiss sehr lobenswürdig; allein es ist auch sehr nützlich, dass es einen Ort gibt, wie der ist, den wir in diesem Augenblick besuchen, um die älteren Personen allen Gefahren zu entnehmen. Man zählt gegen 50, welche fromm, arbeitsam und an die häuslichen Geschäfte gewöhnt erzogen werden. Sie kaufen sich ihre Uniform selbst von dem Erlös ihrer Arbeiten, die in Weißzeug, Stickerei und Ornamenten für Priester besteht.» Vgl. Jean Joseph Gaume, Rom in seinen drei Gestalten, oder das alte, das neue und das unterirdische Rom, Bd. 2, Regensburg 1848, S. 284 f.
49 Vgl. Andreas Heinz, Der Rosenkranz. Das immerwährende Jesus-Gebet des Westens, in: Liturgisches Jahrbuch 55 (2005) H 4, S. 235–247.
50 Sitzung der Konsultoren des Heiligen Offiziums, 22. Januar 1816; ACDF SO St. St. B 7 a.
51 Zu Molinos und dem Molinosismus vgl. Gotor, Chiesa, S. 115–120; Heppe, Geschichte, S. 110–135 und S. 272–282; Adelisa Malena, Art. Molinos, Miguel de, in: DSI 2 (2011), S. 1059 f.; Modica, Dottrina, S. 17–42 und S. 117–136 («Santità finta e atti sessuali illeciti»); Romeo, Inquisizione, S. 87–94 (v. a. zur Rolle der Beichtväter bei falschen heiligen Frauen); Schwedt, Quietisten, S. 579–605.
52 Vgl. Jacobson Schutte, Saints, S. 201–221.
53 Vgl. Hans-Wolf Jäger, Mönchskritik und Klostersatire in der deutschen Spätaufklärung, in: Harm Klueting u. a. (Hg.), Katholische Aufklärung – Aufklärung im katholischen Deutschland (Studien zum achtzehnten Jahrhundert 15), Hamburg 1993, S. 192–207; Franz Quarthal, Aufklärung und Säkularisation, in: Nicole Priesching / Wolfgang Zimmermann (Hg.), Württembergisches Klosterbuch. Klöster, Stifte und Ordensgemeinschaften von den Anfängen bis in die Gegenwart, Ostfildern 2003, S. 125–138.
54 Sommario del Ristretto contro il P. Leziroli, Nr. I: Cenni storici delle vicende di Sr. Maria Agnese Firrao, e del Monastero di S. Ambrogio estratti dagli Annali manoscritti, che comprendono la Storia dell'Istituto dall'anno 1804 fino a tutto il 1857 divisi in 26 fascicoli e pagine 628 in foglio; ACDF SO St. St. B 7 e. Die als Komplizinnen der Firrao und Mitschuldige namhaft gemachten Schwestern Maria Maddalena Ragazzoni, Teresa Maddalena della Vergine dei Dolori, Maria Crocifissa Pantanelli und Agnese Celeste Rabuer wurden auf verschiedene Klöster verteilt. Vgl. Copia dell'antico piccolo ristretto per il Rmo P. Priori; ebd., B 6 e 1; Vita della Serva di Dio. La M. Maria Agnese di Gesù; ebd., B 6 q 1.

55 Das im 17. Jahrhundert erbaute Kloster im Rione Castro Pretorio und die danebenliegende Kirche Santa Maria della Concezione ai Monti gibt es heute nicht mehr. Sie wurden abgerissen, um die Via Cavour verlängern zu können. Vgl. Armellini, Chiese, S. 404 f.; Ottorino Montenovesi, Il monastero della Concezione ai Monti, in: Archivi d'Italia e rassegna internazionale degli archivi: periodico della Bibliothèque des annales institutorum 26 (1959), S. 313–341.

56 Relazione informativa con Sommario, Cenni storici sull'antica causa; ACDF SO St. St. B 7 c. Interessanterweise scheint Agnese Firrao sich aber gegen den Vorwurf des Molinosismus heftig gewehrt zu haben. Vgl. Copia dell'antico piccolo ristretto per il P. Priori; ebd., B 6 e 1.

57 Sommario del Ristretto contro il P. Leziroli, Nr. I: Cenni storici; ACDF SO St. St. B 7 e. Vor allem in England kam es zu einer intensiven Verehrung von Agnese Firrao. Der Franziskaner Peter Bernardine Collingridge pflegte einen regen Briefwechsel mit ihr und besuchte sie in Rom mehrfach gemeinsam mit Bischof John Milner. Eine Abschrift von Marconis Heiligenvita fand so auch ihren Weg ins Diözesanarchiv Clifton. Das einzige erhaltene Porträt der Firrao dürfte auch von einem ihrer englischen Verehrer in Auftrag gegeben worden sein. Collingridge beschreibt nämlich, dass ihn ein gewisser Charles Butler anflehte, ihm eine «miniature of Sister Agnes» zu besorgen. Vgl. John Berchmans Dockery, Collingridge. A Franciscan Contribution to Catholic Emancipation, Newport 1954, S. 285–287; Bernard Ward, The Eve of Catholic Emancipation. Being the History of the English Catholics during the first thirty years of the Nineteenth Century. Bd. 2: 1812–1820, London 1911, S. 113–116.

58 Es berichteten zum Beispiel: The Orthodox Journal and Catholic Monthly Intelligencer Nr. 40 vom September 1816, S. 370 f.; Gazzetta di Milano Nr. 56 vom 25. Februar 1816, S. 216; Österreichischer Beobachter Nr. 62 vom 2. März 1816, S. 339; Baireuther Zeitung Nr. 58 vom 2. März 1816, S. 214; Lemberger Zeitung Nr. 31 vom 11. März 1816, S. 141 f.; Real-Zeitung Nr. 21 vom 12. März 1816, S. 88 f.; Journal de la Province de Limbourg Nr. 75 vom 28. März 1816, S. 1.

59 Sie starb 1824. Über sie Clemens Engling, Anna Katharina Emmerick. Mystikerin der Nächstenliebe, Kevelaer 2011; Anna von Krane, Anna Katharina Emmerick. Leben und Wirken der Seherin von Dülmen, Leipzig 2008; Weiß, Seherinnen, S. 48–56.

60 Vgl. Winfried Hümpfner (Hg.), Tagebuch des Dr. med. Franz Wilhelm Wesener über die Augustinerin Anna Katharina Emmerick unter Beifügung anderer auf sie bezüglicher Briefe und Akten, Würzburg 1926, S. 198.

61 Vgl. Peter Groth, Die stigmatisierte Nonne Anna Katharina Emmerick – Eine Krankengeschichte im Zeitalter der Romantik – zwischen preußischer Staatsraison und «katholischer Erneuerung», S. 110, online: http://www.in-output.de/AKE/akekrank2.html (17.05.2012).

62 Journal de la Province de Limbourg Nr. 75 vom 28. März 1816, S. 1.

63 Es handelt sich vermutlich um die Ehefrau des Marchese Luigi Costaguti, der zur adeligen päpstlichen Garde gehörte. Vgl. Notizie per l'anno 1828, S. 216; Art. Vessillifero di Santa Romana Chiesa, in: Moroni, Dizionario 94 (1859), S. 98–130, hier S. 109.

64 Vermutlich handelt es sich um die erste Kammerfrau der Baronin Piccolomini. Vgl. Diario di Roma Nr. 71 von 1828, S. 4. Eine Faustina Ricci erscheint auch unter den «Signore della carità» (Damen der Barmherzigkeit) Roms, verant-

wortlich für die Vierte Präfektur von Santa Maria in Trastevere. Vgl. Piano dell'istituto generale della carità e sua appendice, Rom 1816, S. 48. Zu einer Faustina Paracciani aus Montepulciano, die einen Ricci heiratete und nach Rom ging, vgl. Archivio di Stato di Firenze, Fondo Raccolta Ceramelli Papiani, Fasz. 6748 (Famiglia Ricci), online: http://www.archiviodistato.firenze.it/ceramellipapiani2/index.php?page=Famiglia&id=6339 (10.07.2012).

65 Mattei, geboren 1744, wurde 1777 zum Erzbischof von Ferrara und 1779 zum Kardinal in petto (publiziert 1782) ernannt, 1815 Präfekt der Zeremonialkongregation, 1817 Präfekt der Kongregation für die Bauhütte von Sankt Peter, gestorben 1820. Über ihn Wolf (Hg.), Prosopographie, S. 963–967.

66 Vita della Serva di Dio. La M. Maria Agnese di Gesù; ACDF SO St. St. B 6 q 1.

67 Karl Emanuel, geboren 1751, seit 1775 verheiratet mit Marie Clotilde von Frankreich, ab 1796 König von Sardinien und Herzog von Savoyen, 1802 Abdankung. Er überließ den Thron von Sardinien seinem Bruder Viktor Emanuel I., behielt aber das Herzogtum Savoyen, 1815 Eintritt in die Gesellschaft Jesu, 1819 Tod. Über ihn Giuseppe Locorotondo, Art. Carlo Emanuele IV di Savoia, re di Sardegna, in: DBI 20 (1977), online: http://www.treccani.it/enciclopedia/carlo-emanuele-iv-di-savoia-re-di-sardegna_%28Dizionario-Biografico%29/ (05.07.2012).

68 Marie Clotilde von Frankreich, geboren 1759, seit 1775 verheiratet mit Kronprinz Karl Emanuel IV. von Sardinien, 1796 Königin von Sardinien, Tod 1802. Über sie Luigi Bottiglia, Erbauliche Lebensgeschichte der Dienerin Gottes Marie Clotilde von Frankreich, Königin von Sardinien. Aus dem Französischen übersetzt, 3 Bde., Augsburg 1819; Pietro Cavedoni, Biografia della Venerabile Maria Clotilde di Borbone, Regina di Sardegna, in: Continuazione delle Memorie di religione, di morale e di letteratura, Bd. 2, Modena 1833, S. 93–159; Art. Maria Clotilde di Francia, in: Moroni, Dizionario 42 (1847), S. 316–318.

69 Sommario del Ristretto contro il P. Leziroli, Nr. I: Cenni storici; ACDF SO St. St. B 7 e.

70 Fast alle Jesuiten, die mit der Firrao zu tun hatten, waren 1816 schon verstorben. Francesco Antonio Spaziani, der Zeremonienmeister supra numerum der päpstlichen Kapelle (Notizie per l'anno 1784, S. 34 bis 1792, S. 162) und Lektor für Moraltheologie in der Propaganda Fide (ebd., 1786, S. 37 bis 1801, S. 146) war, starb 1810, Marconi und Pignatelli 1811 und José Doz 1813. Als Pignatelli sein Ende nahen sah, übergab er seine Funktion als Seelenführer der Firrao dem Jesuitenpater Agustín Monzon. Vgl. Sommario del Ristretto contro il P. Leziroli, Nr. I: Cenni storici; ACDF SO St. St. B 7 e.

71 Lorenzo Litta, geboren 1756, 1793 Titularerzbischof von Theben, im gleichen Jahr Nuntius von Polen, 1797 Apostolischer Delegat und Botschafter in Sankt Petersburg, 1801 Kardinal, 1803 bis 1816 Präfekt der Indexkongregation, 1818 Kardinalvikar in Rom, 1820 Tod. Über ihn Wolf (Hg.), Prosopographie, S. 873–877.

72 Vita della Serva di Dio. La M. Maria Agnese di Gesù; ACDF SO St. St. B 6 q 1.

73 Sommario del Ristretto contro il P. Leziroli, Nr. I: Cenni storici; ACDF SO St. St. B 7 e.

74 Della Genga, 1794 Titularerzbischof von Tyrus, im gleichen Jahr Nuntius in Köln, 1814 Außerordentlicher Nuntius in Paris, 1816 Kardinal, 1820 Kardinalvikar in Rom, 1823 Wahl zum Papst, 1829 Tod. Über ihn Notizie per l'anno 1820, S. 25; Wolf (Hg.), Prosopographie, S. 464–466.

75 Della Genga war 1822 Protektor des Collegio Umbro-Fuccioli. Im Collegio Fuccioli im Borgo Sant'Agata befand sich das Kloster der Reformierten vor der Verurteilung der Firrao 1816. Vgl. Notizie per l'anno 1822, S. 27. Das Breve Pius' VII. vom 24. Januar 1806 regelt die Zuständigkeiten; Regola della Riforma delle Monache del Terz'Ordine di S. Francesco, Cap. XII. Del Protettore e Visitatore; ACDF SO St. St. B 6 r 1.

76 Ristretto con Sommario dei Costituti sostenuti dall'inquisita Abbadessa Sr. Maria Veronica Milza; ACDF SO St. St. B 7 d.

77 Appendice al Ristretto informativo: Sr. Maria Luisa riferisce della Relazione e premura, che aveva Leone XII per il monastero di S. Ambrogio; ACDF SO St. St. B 7 f.

78 In Sant'Ambrogio scheint es mehrere Gnadenbilder gegeben zu haben. Ein Bild der Gottesmutter wurde bereits im 18. Jahrhundert verehrt. Vgl. ACDF SO St. St. B 6 s; Bianchi, Notizie; Dreuille, S. Ambrogio, S. 30 und S. 78; Ragguaglio storico intorno alla sacra Immagine della SS. Vergine Consolatrice venerata nella chiesa di Sant'Ambrogio delle Monache riformate del terz'Ordine di S. Francesco. Das hier genannte Gnadenbild stammte aus dem Nachlass des 1801 verstorbenen Kardinals Francesco Saverio de Zelada. Über ihn Wolf (Hg.), Prosopographie (1701–1813), S. 1324 f. Es war vom Vater der Äbtissin Maria Maddalena, Alessandro Ragazzoni, käuflich erworben worden. Diese brachte das Bild offenbar mit ins Kloster.

79 Ragguaglio storico; ACDF SO St. St. B 6 s. Auch andere hohe geistliche und weltliche Würdenträger, wie der Erzbischof von Neapel, Luigi Kardinal Ruffo-Scilla, oder König Karl Emanuel IV. von Sardinien, erwiesen dem wundertätigen Bild mehrfach ihre Verehrung. Über Ersteren Ekkart Sauser, Art. Ruffo-Scilla, in: BBKL 17 (2000), S. 1172 f.

80 Clarelli Paracciani, geboren 1799, 1821 Konsultor der Konzilskongregation, 1844 Kardinal, 1860 Präfekt der Kongregation für die Bischöfe und Orden, 1870 Präfekt der Kongregation für die Bauhütte von Sankt Peter, 1872 Tod. Über ihn Wolf (Hg.), Prosopographie, S. 337 f.

81 Sommario del Ristretto contro il P. Leziroli, Nr. I: Cenni storici; ACDF SO St. St. B 7 e.

82 Appendice al Ristretto informativo: Sr. Maria Luisa riferisce della Relazione e premura, che aveva Leone XII per il monastero di S. Ambrogio; ACDF SO St. St. B 7 f.

83 Wiseman, Recollections, S. 261–263, hier S. 262.

84 Vgl. H. W. van Os, Art. Krönung Mariens, in: LCI 2 (1970), S. 671–676; Heinrich Schauerte / Torsten Gebhard, Art. Corona, in: Marienlexikon 2 (1989), S. 96 f. Die Krönungsinschrift auf dem Kupferstich des Gnadenbildes bei Dreuille, S. Ambrogio, Abb. 40.

85 «Seine ganz besondere Obsorge und Hilfe aber wandte der Papst der von seinem Vorgänger wiederhergestellten Gesellschaft Jesu zu»; Schmidlin, Papstgeschichte Bd. 1, S. 460. Vgl. auch Martina, Pio IX Bd. 1, S. 243.

86 ASV, Monasteri femminili soppressi, S. Ambrogio Busta 1 Vol. 3 Visitatio Apostolica 1824.

87 Ristretto con Sommario dei Costituti del P. Leziroli, In nota, Oktober 1861; ACDF SO St. St. B 7 e.

88 «Leone Papa XII. per la futura memoria del fatto.» Breve Leos XII., 30. Januar 1829; ACDF SO St. St. B 6 r 1.

Anmerkungen Drittes Kapitel 477

89 Cinotti gehörte als Monsignore den Camerieri Segreti Soprannumerari an und war Autor mehrerer bedeutender Werke. Über ihn Notizie per l'anno 1861, S. 377.
90 Perrone, geboren 1794, 1815 Eintritt in die Gesellschaft Jesu, 1823 Professor am Collegio Romano, 1830 Professor am Jesuiten-Kolleg in Ferrara, seit 1850 Rektor des Kollegs, 1876 Tod. Über ihn Erich Naab, Art. Perrone, in: BBKL 7 (1994), S. 227–229.
91 Sommario del Ristretto contro il P. Leziroli, Nr. I: Cenni storici; ACDF SO St. St. B 7 e.
92 «Dopo aver narrato molte altre di queste particolarità dice, che anche il Card. della Genga stando in Roma andava spesso a visitare e conferire coll'Abbadessa Maria Maddalena. Più dice di aver letto molte lettere, che il Cardinale le scriveva da Ferrara dove era Vescovo, e che essa lo dirigesse, come era pur noto alle vecchie etc.» Appendice al Ristretto informativo: Sr. Maria Luisa riferisce della Relazione e premura, che aveva Leone XII per il monastero di S. Ambrogio; ACDF SO St. St. B 7 f. Gabriele della Genga, geboren 1801, war seit 1852 Präfekt der Kongregation für die Bischöfe und Orden sowie Mitglied des Heiligen Offiziums, seit 1856 Präfekt der Kongregation für die Disziplin der Ordensleute. Er starb 1861. Vgl. Weber, Kardinäle Bd. 1, S. 456; Wolf (Hg.), Prosopographie, S. 467 f.
93 Ristretto con Sommario dei Costituti sostenuti dall'inquisita Abbadessa Sr. Maria Veronica Milza; ACDF SO St. St. B 7 d.
94 «Stato Pontificio. Roma 21 settembre. Domenica 15 del corrente, giorno sacro al glorioso nome della Vergine SS.ma, l'Em. Cardinal Pacca, vescovo ostiense e decano del S. Collegio, si portò con treno nella chiesa di Sant'Ambrogio, detta volgarmente *alla Massima*, ove consecrò il nuovo arcivescovo di Berito monsignor Gabriele della Genga Sermattei canonico della basilica patriarcale Lateranense. L'Em. S. fu assistita nell'augusta ceremonia dai monsignori Genovesi, arcivescovo di Mitilene, e Mazenod, vescovo d'Iconia. Il sacro rito fu amministrato con dignità e decoro.» Gazzetta Privilegiata di Milano Nr. 272 vom 21. September 1833, S. 1193.
95 Vgl. Schmidt, Konfessionalisierung, S. 131–151.
96 Vgl. Wolf, Ketzer, S. 141–190 und S. 379–382.
97 Die folgende Darstellung zur angemaßten Heiligkeit stützt sich vor allem auf Bottoni, Scritture; Del Col, Inquisizione, S. 659–680; Gotor, Chiesa, v. a. S. 139–141 (umfangreiche Bibliographie); Anne Jacobson Schutte, Art. Finzione di santità, in: DSI 2 (2011), S. 601–605; Dies., Saints; Modica, Dottrina; Prosperi, Tribunali, S. 430–464; und insbesondere den hervorragenden Sammelband von Zarri (Hg.), Finzione.
98 Zarri, Santità, S. 14.
99 Vgl. grundlegend Gotor, Chiesa; Samerski, Himmel, S. 61–92.
100 Vgl. Miguel Gotor, Art. Canonizzazione dei santi, in: DSI 1 (2011), S. 257–260.
101 Zarri, Santità, S. 15.
102 Vgl. Samerski, Himmel, S. 492–499.
103 Vgl. Del Col, Inquisizione, S. 660.
104 Vgl. Miguel Gotor, Art. Canonizzazione dei santi, in: DSI 1 (2011), S. 258; Ders., Chiesa, S. 110–120.
105 Vgl. Overbeck / Niemann, Stigmata. Therese Neumann, geboren 1898, lebte im bayerischen Dorf Konnersreuth. Bei dem Versuch, einen Brand auf dem Nach-

barhof zu löschen, wurde sie am Rückgrat verletzt und bettlägrig. Sie litt unter Sehstörungen, epilepsieartigen Anfällen, Lähmungserscheinungen und Taubheit. Am Tag der Seligsprechung von Therese von Lisieux im April 1923 konnte sie plötzlich wieder sehen, bei der Heiligsprechung im Jahr 1925 verschwanden ihre Lähmungserscheinungen. Seit 1926 zeigten sich bei der vom Volk bereits als Heilige verehrten Frau die Wundmale Christi. Sie starb 1962. Über sie Armin Strohmeyr, Glaubenszeugen der Moderne. Die Heiligen und Seligen des 20. und 21. Jahrhunderts, Düsseldorf 2010, S. 135–138. Vgl. ferner Paola Giovetti, Teresa Neumann di Konnersreuth. Biografia di una grande mistica del nostro tempo, Mailand ³1990. Padre Pio wurde 1887 geboren und bekam 1918 die Wundmale. Daraufhin setzte eine große Verehrungswelle ein. 1968 gestorben, wurde er 2002 heiliggesprochen. Über ihn Del Col, Inquisizione, S. 815 f.; Turi, Stigmate, S. 84 f. Sehr kritisch über die Stigmata Padre Pios Luzzatto, Padre Pio, S. 54–96.

106 Zarri, Santità, S. 15.
107 Das Konzept der Konfessionalisierung geht zurück auf Heinz Schilling und Wolfgang Reinhard, die Ende der siebziger und Anfang der achtziger Jahre Ernst Walther Zeedens Thesen zur «Konfessionsbildung» mit dem Konzept einer «Sozialdisziplinierung» anreicherten und so den Prozess der Konfessionsbildung «von einem Vorgang der Kirchengeschichte zu einem sozialgeschichtlichen Fundamentalprozess der Frühneuzeit» erhoben. Vgl. Reinhard, Konfessionalisierung, S. 419–452, hier S. 420; ferner Ders., Konfession, S. 107–124.
108 Vgl. Reinhard, Konfessionalisierung, S. 427.
109 Zarri, Santità, S. 20.
110 Del Col, Inquisizione, S. 661. Vgl. auch Gennari, Misticismo.
111 Zahlen nach Weiß, Seherinnen, S. 44 Anm. 6.
112 Vgl. Blackbourn, Marienerscheinungen, S. 54–63.
113 Da die Archive der Römischen Inquisition, die als Stadtinquisition für Rom und als Zentrale für die zahlreichen lokalen Inquisitionen insbesondere in Italien fungierte, bis 1998 der Forschung nicht zugänglich waren, konzentrierte sich die wissenschaftliche Untersuchung des Phänomens der angemaßten Heiligkeit zunächst auf die Fälle, die bei den Lokalinquisitionen anhängig geworden waren. Eine Liste der Fälle mit Literaturangaben bei Malena, Inquisizione, S. 289 f. Anm. 3. Dabei lag ein eindeutiger Schwerpunkt auf dem 17. und der ersten Hälfte des 18. Jahrhunderts, weil das Konzept der «affettata, falsa, finta, pretesa, simulata santità» eng mit der Phase der strikten Konfessionalisierung zusammenhing. Jacobson Schutte, Saints, S. XII. Vgl. auch Malena, Inquisizione, S. 289–306. Das 19. Jahrhundert als Zeitalter der zweiten Konfessionalisierung kam dabei überraschenderweise bislang kaum in den Blick. Vgl. Blaschke, 19. Jahrhundert, S. 38–75. Auch im Archiv der römischen Kongregation für die Glaubenslehre dominieren eindeutig die Causae aus der frühen Neuzeit. Processi del Santo Officio per affettata santità (1617–1771); ACDF SO St. St. B 4 p. Venerazione di persone non canonizzate o beatificate (1615–1783); ebd., B 4 b 1. Vgl. auch Del Col, Inquisizione, S. 814–816.
114 Vgl. Wietse de Boer, Art. Sollecitazione in confessionale, in: DSI 3 (2011), S. 1451–1455; Georg Holzherr, Art. Sollizitation, in: LThK² 9 (1964), Sp. 868; Julius Krieg, Art. Sollicitatio ad turpia, in: LThK¹ 9 (1937), Sp. 656 f.; Adriano Prosperi, Art. Sessualità, in: DSI 3 (2011), S. 1417–1420.

Anmerkungen Drittes Kapitel 479

115 Congregazione per la Dottrina della Fede, Archivio. Regolamento per gli Studiosi, Vatikanstadt 2003, S. 3 (Nr. 12); Schwedt, Archiv, S. 267–280.
116 Esami di Franceschetti, 22. Dezember 1859 und 7. Januar 1860; ACDF SO St. St. B 6 b, fol. 18r–28r.
117 Die Paulusstelle findet sich in 1 Kor 15,42, die Psalmenstelle in Psalm 16,10. Vgl. Angenendt, Corpus incorruptum, S. 320–348; Ders., Heilige, S. 149–152 u. ö.
118 Relazione informativa vom Januar 1861, Titolo I, zusammenfassender Kommentar Salluas; ACDF SO St. St. B 7 c.
119 Esami di Maria Veronica, 13. und 16. Januar 1860; ACDF SO St. St. B 6 c. Danach das Folgende.
120 Man übertrug in Sant'Ambrogio eine für die Heiligenverehrung typische Form auf die Firrao. In Ermangelung von Reliquien stand das Heiligenbild nicht selten für die «Präsenz» der Heiligen; insbesondere im Zusammenhang der Mystik wurde im Verlauf der Kirchengeschichte oft von Visionen vor solchen Bildern berichtet. «Nicht nur, dass sich die Himmlischen zumeist in Gestalt und Aussehen ihrer Bilder zeigten, obendrein identifizierten sie sich mit ihren Darstellungen und verlebendigten sie.» Angenendt, Heilige, S. 188. Vgl. auch Anton Legner, Vom Glanz und von der Präsenz des Heiltums – Bilder und Texte, in: Ders./Louis-Ferdinand Peters, Reliquien. Verehrung und Verklärung. Skizzen und Noten zur Thematik und Katalog zur Ausstellung der Kölner Sammlung Louis Peters im Schnütgen-Museum, Köln 1989, S. 33–147.
121 Der Begriff Litanei bezeichnet einen besonderen Gebetstyp; nach jeder Anrufung eines Heiligen erfolgt eine gleichbleibende Antwort des Volkes. Vgl. Balthasar Fischer, Art. Litanei, in: LThK³ 6 (1997), Sp. 954 f. In der Allerheiligenlitanei werden nach der üblichen Einleitung mit dem Kyrie eleison die Heiligen aller Klassen, einige mit Namen, die übrigen im Allgemeinen um ihre Fürbitte angefleht. Dabei wird eine Rangordnung eingehalten: «Zuerst wird die seligste Jungfrau Maria angerufen, dann folgen der Reihe nach die heiligen Engel, die Patriarchen und Propheten, die heiligen Apostel und Evangelisten, die heiligen Märtyrer, die heiligen Bischöfe, Bekenner und Kirchenlehrer, die heiligen Priester und Leviten, die heiligen Mönche und Einsiedler und endlich die heiligen Jungfrauen und Witwen. Dann folgt die Aufzählung der Übel, deren Abwendung besonders wichtig ist, dann die Aufzählung der Beweggründe, um derentwillen wir auf Erhörung hoffen.» Carl Kammer, Die Litanei von allen Heiligen, Innsbruck 1962, S. 7.
122 Relazione informativa con Sommario, Titolo I, Zitat Salluas aus dem Verhör der Äbtissin vom 13. Januar 1860; ACDF SO St. St. B 7 c.
123 Esami di Maria Caterina, Maria Gertrude und Maria Colomba, Ende Januar/Anfang Februar 1860; ACDF SO St. St. B 6 c.
124 Relazione informativa con Sommario, Titolo I: La condannata Sr. Agnese Firrao è sempre stata in venerazione di Santa in vita e dopo morte presso le monache di S. Ambrogio; ACDF SO St. St. B 7 c.
125 Zum Prozess der Heiligsprechung, seiner Geschichte und dem eigenen Prozess über die Wunder vgl. Angenendt, Heilige, S. 74–80 und passim; Sieger, Heiligsprechung.
126 Relazione informativa con Sommario, Sommario Nr. II: Esame di Suor Maria Caterina di S. Agnese vom 31. Januar 1860; ACDF SO St. St. B 7 c.

127 Sein Name wird in den italienischen Quellen meist falsch als «Mosferzon» geschrieben. Paul Macpherson, geboren 1756, 1779 Priesterweihe, nach verschiedenen Einsatzorten 1792 Prokurator in Edinburgh, 1793 Agent in Rom, 1798 von den Franzosen in Rom ausgewiesen, deshalb Rückkehr nach Schottland, 1800 wieder in Rom, 1818 bis 1826 und 1834 bis 1846 Rektor des Schottischen Kollegs zu Rom. Er starb 1846. Über ihn Edinburgh Review, Bd. 119, Januar–April, New York 1864, S. 98; Journal and appendix to Scotichronicon and Monasticon, Glasgow 1869, S. 595; David McRoberts, Abbé Paul MacPherson 1756–1846, Glasgow 1946.

128 Placido Zurla, geboren 1769, Kamaldulenser, 1795 Dozent für Theologie in San Michele, 1817 Professor für Moraltheologie am Patriarchalseminar von Venedig, 1822 Konsultor der Indexkongregation, 1823 Kardinal, 1824 Kardinalvikar des Bistums Rom, 1824 Präfekt der Kongregation für die Residenzpflicht der Bischöfe, 1834 gestorben. Über ihn Wolf (Hg.), Prosopographie, S. 1596–1600. Giacomo Filippo Fransoni, geboren 1775, 1822 Nuntius in Portugal, 1822 Titularerzbischof von Nazianz, 1826 Kardinal, 1830 Präfekt der Kongregation für die kirchliche Immunität, 1834 Präfekt der Kongregation für die Glaubensverbreitung, 1851 Mitglied der Kommission zur Vorbereitung des Dogmas der Immaculata, gestorben 1856. Über ihn ebd., S. 614–616.

129 Zitiert von Sallua in seiner Zusammenfassung: Relazione informativa con Sommario, Titolo I; ACDF SO St. St. B 7 c.

130 Relazione informativa con Sommario, Titolo II: Relazione continuata per oltre 40 anni, e direzione temporale e spirituale della Firrao verso le Monache di S. Ambrogio, e la totale dipendenza di queste da quella fino alla sua morte; ACDF SO St. St. B 7 c. Danach das Folgende.

131 Handschriftliche Notiz Salluas, dass er am 29. November 1859 dem Inquisitor von Gubbio geschrieben hat; ACDF SO St. St. B 6 a, fol. 49r.

132 Bruno Brunelli muss zwischen 1805 und 1810 geboren worden sein, da er 1830 ins Subdiakonat der Diözese Gubbio eintrat und 1832 zum Priester geweiht wurde. Er starb 1878. Freundliche Auskunft des Archivs der Diözese Gubbio.

133 Der Faszikel bietet ab Folio 37 die Verhöre, die der Lokalinquisitor in Gubbio durchgeführt hat; ACDF SO St. St. B 6 b.

134 Vgl. Nikolaus Gihr, Die heiligen Sacramente der katholischen Kirche. Bd. 2: Die Buße, die letzte Ölung, das Weihesacrament und das Ehesacrament, Freiburg i. Br. ²1903.

135 Vgl. Jeffrey Burton Russel, Biographie des Teufels. Das radikale Böse und die Macht des Guten in der Welt, Wien 2000, S. 114.

136 Damit hätte man eine Reliquientranslation vorgenommen. Vgl. Hans-Jakob Achermann, Translationen heiliger Leiber als barockes Phänomen, in: Jahrbuch für Volkskunde 4 (1981), S. 101–111; Martin Heinzelmann, Art. Translation (von Reliquien), in: LexMA 8 (1999), Sp. 947–949. Zu den Heiligengräbern vgl. Angenendt, Heilige, S. 460 (Register).

137 Vgl. Angenendt, Heilige, S. 149–189.

138 Berührungsreliquien gelten als «Sekundärreliquien». Es handelt sich dabei um Gegenstände oder Kleidungsstücke, mit denen der Heilige zu Lebzeiten in Berührung gekommen ist. Vgl. Arnold Angenendt, Art. Reliquien / Reliquienverehrung II: Im Christentum, in: TRE 29 (1998), S. 69–74.

139 Zur Hagiographie als Darstellung des Lebens von Heiligen wie auch als deren

Anmerkungen Drittes Kapitel 481

wissenschaftliche Erforschung, vgl. René Aigrain, L'hagiographie. Ses sources, ses méthodes, son histoire, Paris 1953. Eine besondere Gattung der Heiligenleben wird als «Vita» bezeichnet. Viten stammen von Verfassern, die den Heiligen selbst kannten beziehungsweise das Heiligenleben mithilfe von Informationen von Augen- oder Ohrenzeugen niedergeschrieben haben. Davon zu unterscheiden sind die «Legenden», Heiligenbiographien, die auf zeitlich ferne Autoren zurückgehen und eine geringe bis gar keine Historizität besitzen. Vgl. Peter Dinzelbacher, Der Kampf der Heiligen mit den Dämonen, in: Santi e demoni nell'alto medioevo occidentale (secoli V–XI) (Settimane di studio del centro italiano di studi sull'alto medioevo 36), Bd. 2, Spoleto 1989, S. 647–695, hier S. 653.

140 Relazione informativa con Sommario, Titolo III: Scritti ed altri oggetti conservati nel monastero di S. Ambrogio nonostante la proibizione. Perquisizione dei medesimi; ACDF SO St. St. B 7 c. Danach, wenn nicht anders angegeben, das Folgende.
141 Esame di Sr. Maria Veronica, 13. Januar 1860; ACDF SO St. St. B 6 c.
142 Ein Teil dieser Dokumente befindet sich in ACDF SO St. St. B 6 w a bis B 6 w e.
143 Relazione informativa con Sommario, Titolo IV: Brevi riflessi sù di alcuni scritti interessanti al merito della causa; ACDF SO St. St. B 7 c. Danach das Folgende.
144 Vgl. die Aussagen verschiedener Schwestern. Maria Nazarena sagte aus: «Die Gründerin schrieb uns, dass der Herr ihr seinen Willen geoffenbart habe und dass wir den Weg der Perfektion in unserem Institut durchlaufen. Ihre Mitteilungen wurden weisungsgemäß öffentlich verlesen. Ich zweifle nicht, dass sie uns diese Texte aus Inspiration des Herrn schrieb.» Esame di Sr. Maria Nazarena, 9. Februar 1860; ACDF SO St. St. B 6 d. Und Schwester Maria Gertrude, eine langjährige Weggefährtin der Gründerin, erzählte von deren vielen Wundern und außerordentlichen Gaben und sagte: «Wir alle hatten eine hohe Meinung von der Heiligkeit der Gründerin; obwohl sie selbst keine Bücher las, bekam sie alles, was sie schrieb, unmittelbar durch Inspiration von Gott eingegeben.» Esame di Sr. Maria Gertrude, 12. April 1860; ACDF SO St. St. B 6 g.
145 Vgl. Helmut Gabel, Art. Inspiration III, in: LThK³ 5 (1996), Sp. 535–538.
146 Zeremoniale von Sant'Ambrogio; ACDF SO St. St. B 6 h 1, fol. 9.
147 Gabriel Ghislain, Art. Capitolo delle Colpe, in: DIP 2 (1975), Sp. 176–179; Hans-Jürgen Becker, Art. Schuldkapitel, in: LexMA 7 (1999), Sp. 1581 f.
148 Ristretto informativo con Sommario, Titolo IV; ACDF SO St. St. B 7 c.
149 Vgl. Bernard-D. Marliangeas, Clés pour une théologie du ministère. In persona Christi, in persona Ecclesiae (Théologie Historique 51), Paris 1978; Egidio Miragoli (Hg.), Il sacramento della penitenza. Il ministero del confessore: indicazioni canoniche e pastorali, Mailand 1999, S. 25–40.
150 Engelbert Krebs, Art. Laienbeichte, in: LThK¹ 6 (1934), Sp. 340 f., hier Sp. 341.
151 Relazione informativa con Sommario, Titolo V: Quale parte e responsabilità risulti a carico dei PP. Confessori Leziroli e Peters circa i titoli suddetti; ACDF SO St. St. B 7 c. Danach, wenn nicht anders angegeben, das Folgende.
152 Relazione informativa con Sommario, Salluas Resümee von Titolo V; ACDF SO St. St. B 7 c. Lezirolis Werk «Sulle memorie della vita di Suor Maria Agnese di Gesù» liegt ebd., B 7 f.

VIERTES KAPITEL

«Wasch mich gut, denn der Pater soll kommen»
Die angemaßte Heiligkeit der Madre Vicaria

1   Relazione informativa con Sommario, Titolo VI: Affettata Santità della M. Vicaria Sr. Maria Luisa di S. Francesco Saverio Maestra delle Novizie; ACDF SO St. St. B 7 c. Danach das Folgende, auch die Zitate aus einzelnen Verhören.
2   Zu Visionen und übernatürlichen Erscheinungen vgl. Dinzelbacher, Vorbedingungen, S. 57–86; Zahn, Einführung, S. 462–575.
3   Vgl. Busch, Frömmigkeit, S. 132–142.
4   Regola della Riforma delle Monache del Terz'Ordine di S. Francesco, Cap. IX: Degli Uffizj; ACDF SO St. St. B 6 r 1.
5   Leziroli an Patrizi, o. D.; ACDF SO St. St. B 6 a, fol. 102rv. Memorie di tutte le cose più rimarchevoli occorse in questo nostro S. Istituto nelle diverse epoche incominciando dal principio della fondazione; ebd., B 6 s 1, fol. 62 r.
6   Sommario della Relazione informativa, Nr. V: Esame di Sr. Maria Crocifissa, 25. April 1860; ACDF SO St. St. B 7 c.
7   Joh 20,22.
8   Vgl. Lk 22,14–20 und 1 Kor 11,23–25.
9   Dieses Fest wird nach dem liturgischen Kalender am 15. August begangen. Vgl. Adolf Adam, Das Hochfest «Aufnahme Marias in den Himmel», in: Klerusblatt 64 (1984) H 8, S. 201–204.
10 Vgl. die zweite Strophe des Marienlieds «Die schönste von allen»; Gotteslob. Ausgabe des Bistums Rottenburg, Ostfildern 1975, Nr. 895.
11 Ein Skapulier ist ein Teil der Ordenstracht, der als Überwurf über der Tunika getragen wurde. Vgl. Giancarlo Rocca, Art. Scapolare, in: DIP 8 (1988), Sp. 1015–1018.
12 Zu diesen endzeitlichen Orten vgl. Auffahrt, Himmel, S. 515–523; Lang, Himmel, S. 524–533. Zur Läuterungszeit, dem Partikulargericht und der Interzessio, also der Fürsprache der Heiligen bei Gott für Verstorbene vgl. Angenendt, Heilige, S. 106–108.
13 Vgl. Speyer, Verehrung, S. 50.
14 Nicht selten wurde gemutmaßt, die Mystiker verwendeten regelmäßig Rauschmittel, um überhaupt in einen mystischen Zustand zu gelangen. Vgl. Peter Gerlitz, Art. Mystik I, in: TRE 23 (1994), S. 533–547, hier S. 543 f.
15 Vgl. Wolfgang Beinert u. a. (Hg.), Das kirchliche Amt in apostolischer Nachfolge. Grundlagen und Grundfragen, 3 Bde., Freiburg i. Br. u. a. 2004–2008; Max Seckler, Der Begriff der Offenbarung, in: Handbuch der Fundamentaltheologie, hg. von Walter Kern, Hermann Josef Pottmeyer und Max Seckler. Bd. 2: Traktat Offenbarung, Freiburg i. Br. u. a. 1985, S. 60–83.
16 Zur Mystik allgemein vgl. Bürke, Mythos; Leppin, Mystik; McGinn, Mystik; Wehr, Mystik; Zahn, Einführung. Zur Mystik in den franziskanischen Orden vgl. Freyer, Mystik.
17 Helga Unger, Art. Mystik, in: Lissner u. a. (Hg.), Frauenlexikon, S. 795–805, hier S. 795.

18 Christoph Weber beschreibt Visionen und Ekstasen als Mittel zu einer «obskuren weiblichen Rückeroberung von Wort und Macht in der katholischen Kirche». Weber, Ultramontanismus, S. 31.
19 Vgl. Dinzelbacher, Frauenmystik, S. 251–284; Alois Stöger, Art. Erscheinungen, in: Marienlexikon 2 (1989), S. 395–398, hier S. 398; Helga Unger, Art. Mystik, in: Lissner u. a. (Hg.), Frauenlexikon, S. 804. Zur Problematisierung «echte» und/oder «falsche» Mystik vgl. Lhermitte, Mystiker. Zur Unterscheidung von Revelatio privata und Revelatio publica vgl. Georg Essen, Art. Privatoffenbarung, in: LThK^3 8 (1999), Sp. 603 f.
20 Vgl. Dinzelbacher, Frauenmystik; Schmökel, Hochzeit; Weiß, Ekstase.
21 Bereits im 2. Jahrhundert trug die Märtyrerin Agnes von Rom einen himmlischen Ring, der ihre Vermählung mit Christus anzeigte. Vgl. Marianne Heimbach-Steins, Art. Brautsymbolik II: Brautmystik, in: LThK^3 2 (1994), Sp. 665 f. Zu hoher Blüte gelangte die Tradition der Vermählung einer Mystikerin mit dem göttlichen Bräutigam in ihrer sinnlich-erotischen Dimension im Hochmittelalter bei Mechthild von Magdeburg. Vgl. Gisela Vollmann-Profe, Mystische Hohelied-Erfahrungen. Zur Brautmystik Mechthilds von Magdeburg, in: Das Hohelied. Liebeslyrik als Kultur(en) erschließendes Medium? Bern 2007, S. 57–68; Weiß, Ekstase, S. 462–468. Zur kulturgeschichtlichen und liturgischen Bedeutung des Ringes im Allgemeinen vgl. Rupert Berger/Michael Schmauder, Art. Ring, in: LThK^3 8 (1999), Sp. 1192–1194.
22 Vgl. Craveri, Sante, S. 65–85; Dinzelbacher, Mystik, S. 356–364; Doornik, Katharina, S. 37–46; Poppenburg, Leben.
23 Raimund von Capua, geboren um 1330, Dominikaner, seit 1347 Beichtvater von Katharina von Siena, 1379 Provinzial der Lombardei, 1380 bis 1399 Generalmeister der römischen Obedienz des Dominikanerordens, gestorben 1399, 1899 seliggesprochen. Über ihn Walter Senner, Art. Capua, in: BBKL 7 (1994), S. 1279–1281.
24 Raimund von Capua, Leben, S. 90–94, hier S. 91 f.
25 Dies betonte auch die «Legenda minor»: «Nach dieser deutlichen Vision sah Katharina ständig den Ring am Finger, auch wenn er für uns unsichtbar blieb.» Caffarini, Caterina, S. 90. Der unsichtbare Himmelsring sollte Katharina helfen, ihre schwierigen Aufgaben in der Welt allen Anfeindungen und Verfolgungen zum Trotz zu erfüllen. Er wurde so zum Legitimationszeichen für ihre nicht ungefährliche kirchenpolitische Mission. Ebd., S. 92. Vgl. auch Malan, Geschichte, S. 232 f.
26 Vgl. Wilhelm Horkel, Spiritismus. Geheimnisse des Jenseits, Stuttgart 1987; Felizitas Küble, Voodoo, Spiritismus, magische Kulte. Ritual aus der Finsternis, in: Theologisches 42 (2012) H 1/2, S. 27–44; Sawicki, Leben.
27 Vgl. Nils Freytag/Diethard Sawicki, Verzauberte Moderne. Kulturgeschichtliche Perspektiven auf das 19. und 20. Jahrhundert, in: Dies., Wunderwelten. Religiöse Ekstase und Magie in der Moderne, München 2006, S. 7–24; Weiß, Redemptoristen, S. 31–38.
28 Zu Brentanos Begeisterung für mystische Phänomene und vor allem für Anna Katharina Emmerick vgl. Wolfgang Frühwald, Das Spätwerk Clemens Brentanos (1815–1842). Romantik im Zeitalter der Metternich'schen Restauration, Tübingen 1977; Gerd-Klaus Kaltenbrunner, Die Seherin von Dülmen und ihr Dichter-Chronist. Clemens Brentano, Anna Katharina Emmerich und die Folgen

einer seltsamen Seelen-Symbiose, Gersau 1992; Thomas a Villanova Wegener, Anna Katharina Emmerich und Clemens Brentano. Zur Orientierung einer viel besprochenen Frage, Dülmen 1900, online: http://sammlungen.ulb.uni-muenster.de/hd/content/pageview/827203 (26.06.2012), hier auch ein Abschnitt über Clemens Brentanos Biographie.
29 Vgl. Dussler, Feneberg.
30 2 Bde., Stuttgart 1829. Friederike Hauffe wurde 1801 geboren und starb 1829 in Löwenstein. Ihre stark an mystische Phänomene erinnernden «Gaben» wurden in ihrem Fall freilich als Krankheitssymptome des Somnambulismus angesehen und sogar mit Okkultismus in Verbindung gebracht.
31 Vgl. Görres, Mystik. Vgl. dazu Naab, Auflösung, S. 53–74; Weiß, Ort, S. 79–130.
32 Weiß, Ort, S. 94.
33 Ebd., S. 95. Der wundersame Wohlgeruch war in der kirchlichen Tradition eines der klassischen Attribute für wahre Heiligkeit. Vgl. Angenendt, Heilige, S. 10, S. 119–122 und passim.
34 Weiß, Ort, S. 119.
35 Vgl. Thurston, Begleiterscheinungen; Weiß, Seherinnen, S. 43–48.
36 Weiß, Ort, S. 120.
37 Karl, Glauben, S. 7.
38 Ebd., S. 6.
39 Ebd., S. 9.
40 Ebd., S. 24.
41 Relazione informativa con Sommario, Titolo VI: Affettata Santità della M. Vicaria Sr. Maria Luisa; ACDF SO St. St. B 7 c. Danach, wenn nicht ausdrücklich anders angegeben, das Folgende.
42 Leziroli an Patrizi, o. D.; ACDF SO St. St. B 6 a, fol. 101rv.
43 Die Annalen tragen den Titel: Memorie di tutte le cose più rimarchevoli occorse in questo nostro S. Istituto nelle diverse epoche incominciando dal principio della fondazione (3. Januar 1857), 628 S.; ACDF SO St. St. B 6 s 1.
44 Zu den Rosen als Blumen der Gottesmutter und zum Rosenduft vgl. Angenendt, Heilige, S. 119–122; Art. Rose, in: Forstner/Becker (Hg.), Lexikon, S. 280–282. Zu den Lilien vgl. Margarete Pfister-Burkhalter, Art. Lilien, in: LCI 3 (1971), Sp. 101–103.
45 Franceschetti machte in seinen Vernehmungen vom 7. und 22. Dezember 1859 sowie vom 7. Januar, 9. Mai und 19. Juni 1860 für das Heilige Gericht äußerst wichtige Angaben. Sommario della Relazione informativa, Nr. VII: Esami di Franceschetti; ACDF SO St. St. B 7 c.
46 Der Paolo war eine römische Silbermünze mit einem Gewicht von vier Gramm. Sie wurde von Paul III. als Ersatz für den Giulio eingeführt. Zum Wert der Münze in Rom vgl. Johann Jacob Volkmann, Historisch-kritische Nachrichten von Italien: welche eine genaue Beschreibung dieses Landes, der Sitten und Gebräuche, der Regierungsform, Handlung, Oekonomie, des Zustandes der Wissenschaften, und insonderheit der Werke der Kunst ... enthalten, Bd. 2, Leipzig 1771, S. 764 f.: «Die Geldrechnung ist in Rom sehr bequem, weil alles nach Dezimalzahlen geht, und folglich wenig Brüche macht. Alle Rechnungen werden nach Scudi und Baiocchi geführt. Ein Scudo hält zehn Paoli, und ein Paolo zehn Baiocchi. Ein Baiocco hat fünf Quattrini, eine Kupfermünze, die nur bei den armen Leuten im Gange ist. Die Dezimalzahlen sind

ungemein geschickt zur Rechnung.» Vgl. auch ausführlich Art. Monete pontificie, in: Moroni, Dizionario 46 (1847), S. 104–125.

47 Der Baiocco war eine Münze im Kirchenstaat, zwölf Gramm schwer, ein Hundertstel eines Scudo und ein Zehntel eines Paolo. Vgl. Meyers Großes Konversations-Lexikon 2 (1905), S. 284.

48 Relazione informativa con Sommario, Titolo VI: Affettata Santità della M. Vicaria Sr. Maria Luisa: Perquisizione delli anelli nei luoghi comodi del Noviziato; ACDF SO St. St. B 7 c.

49 Relazione informativa con Sommario, Titolo VI: Affettata Santità della M. Vicaria Sr. Maria Luisa; ACDF SO St. St. B 7 c. Danach, wenn nicht anders angegeben, das Folgende.

50 Der General «wird durch die Generalversammlung, die jeweils nach dem Tode eines Generals zusammentreten muss, auf Lebenszeit gewählt. Der General ist ... selbstverständlich durch die Ordensverfassung und das kirchliche Recht, insbesondere durch den Gehorsam dem Papst gegenüber gebunden und kann seine Gewalt nur im Rahmen der Konstitutionen ausüben. Doch kann er im einzelnen Fall unter Umständen auch von diesen und den Beschlüssen von Generalkongregationen dispensieren und besitzt verfassungsgemäß ... die ganze und unmittelbare Vollmacht der Regierung. Insofern kann man die höchste Exekutive der Gesellschaft Jesu eine monarchische nennen. Sie ist aber nicht absolut, sondern ... konstitutionell.» Art. General (Praepositus generalis), in: Koch, Jesuiten-Lexikon Bd. 1, Sp. 656–659, hier Sp. 656. Zur Organisation der Gesellschaft Jesu vgl. Hartmann, Jesuiten, S. 19–29; Martina, Storia; Sommavilla, Compagnia.

51 Beckx starb 1887. Über ihn A. R. P. Petrus Beckx †, in: Stimmen aus Maria Laach 32 (1887), S. 265 f.; Koch, Jesuiten-Lexikon Bd. 1, Sp. 170–172; Schoeters, Beckx; Sommervogel, Bibliothèque Bd. 1, Sp. 1118–1125.

52 Appendice al Ristretto infomativo, Esame di Beckx, März 1860; ACDF SO St. St. B 7 f.

53 Esame di Sr. Maria Veronica, 15. Februar 1860; ACDF SO St. St. B 6 d, fol. 48 f.

54 Appendice al Ristretto informativo, Esame di Beckx, März 1860; ACDF SO St. St. B 7 f.

55 Lettera della Vergine Maria al Preposito Generale della Compagnia di Gesù; ACDF SO St. St. B 6 z, fol. 4rv (Originalbrief); Appendice al Ristretto informativo, Sommario Nr. I; ACDF SO St. St. B 7 f (Druckversion).

56 So berichtet etwa Prinz Kraft zu Hohenlohe-Ingelfingen, dass Pius IX. bei den Audienzen ganz selbstverständlich Französisch sprach; Aus meinem Leben. Bd. 2: 1856–1863, Berlin 1905, S. 160.

57 Vgl. Carlin, Ecclesiologia, S. 29–34, hier S. 30.

58 Passaglia starb 1887. Über ihn ebd., S. 11–52; Martina, Storia, S. 145–164; Peter Walter, Art. Passaglia, in: LThK^3 7 (1998), Sp. 1414; Walter, Passaglia, S. 165–182, hier S. 165–171.

59 Schrader starb 1875. Über ihn Schauf, Schrader, S. 368–385; Peter Walter, Art. Schrader, in: LThK^3 9 (2000), Sp. 248.

60 Vgl. Wolf (Hg.), Repertorium Indexkongregation, S. 406.

61 Vgl. Giovagnoli, Teologia, S. 107–109.

62 Appendice al Ristretto informativo, Sommario Nr. II: Lettera consegnata dal P. Leziroli, 5. August 1857; ACDF SO St. St. B 7 f.

63 Vgl. Schneider, Feminisierung, S. 123–147. Vgl. auch Duby, Modell, S. 187–220.
64 Borutta, Antikatholizismus, S. 218 und auch S. 366–389.
65 Vgl. Horst, Dogma, S. 95–114.
66 Bulle Pius' IX. «Ineffabilis Deus» vom 8. Dezember 1854; lateinisch-deutscher Text in: Denzinger/Hünermann, Enchiridion, Nr. 2800–2804. Zur Stellung der römischen Schule zum neuen Mariendogma vgl. Schumacher, Konzept, S. 207–226.
67 Das Dogma und die Civilisation, in: Augsburger Postzeitung Nr. 210 vom 2. August 1855, S. 694 f. und Nr. 211 vom 3. August 1855, S. 698 f., hier S. 698. Der Artikel erschien ursprünglich in der deutschen Ausgabe der Civiltà Cattolica 1855, S. 204–229. Die Augsburger Postzeitung nennt interessanterweise als Verfasser Giuseppe Calvetti, einen Freund Joseph Kleutgens, der 1855 im Alter von nur 38 Jahren starb. Vgl. Schäfer, Kontroverse, S. 66.
68 Schwedt, Döllinger, S. 133.
69 Alois Stöger, Art. Erscheinungen, in: Marienlexikon 2 (1989), S. 395–398. Vgl. auch Bernhard Schneider, Ein deutsches Lourdes? Der «Fall» Marpingen (1876 und 1999) und die Elemente eines kirchlichen Prüfungsverfahrens, in: Ders. (Hg.), Maria und Lourdes. Wunder und Marienerscheinungen in theologischer und kulturwissenschaftlicher Perspektive, Münster 2008, S. 178–197.
70 Blackbourn, Marienerscheinungen, S. 84 f.
71 Vgl. Cavarzere, Suppliche, S. 145–168, hier S. 160; Schreiner, Maria als Symbolgestalt, S. 122 f.; Schreiner, Maria. Jungfrau, S. 132 f. Text des Briefes: Epistolae B. Virginis Mariae ad Messanenses veritas vindicate ac plurimis gravissimorum scriptorium testimoniis et rationibus erudite illustrate, Viterbo ^{2}1632. Zu diesem Genre gehören auch ein lateinisch verfasstes Schreiben an die Stadt Florenz und ein Brief Mariens an Ignatius von Antiochien.
72 Zum Folgenden vgl. grundlegend Blackbourn, Marienerscheinungen, S. 39–103; Ludwig Boer, Art. Briefe, in: Marienlexikon 1 (1988), S. 584–589; Stübe, Himmelsbrief. Zum Zusammenhang von mystischen Erfahrungen und Himmelsbriefen vgl. Spamer, Himmelsbriefe, S. 184–192.
73 Text des Briefes: Camille Fraysse, Les Lettres d'origine céleste aux pays de Baugé, in: Revue de Folklore Français 5 (1933/34), S. 119–122, hier S. 120. Ludwig Boer behauptet, dass das Werk von Pierre Bizet «Lettre de la S. Vierge trouvée dans la Chapelle provisoire de Notre-Dame d'Afrique» (Algier ^{2}1860), das die Echtheit eines in Algier aufbewahrten angeblichen marianischen Himmelsbriefes verteidigte, 1862 auf den «Index der verbotenen Bücher» gesetzt wurde. Vgl. Ludwig Boer, Art. Briefe, in: Marienlexikon 1 (1988), S. 588. Dies konnte durch die Münsteraner Forschungen zur Buchzensur jedoch nicht bestätigt werden.
74 Relazione informativa con Sommario, Titolo VII: Sr. M. Luisa per più anni sostiene la vantata sua Santità presso il suo confessore P. Giuseppe Peters col mezzo di scritti, e lettere pretese sopranaturali; ACDF SO St. St. B 7 c.
75 Esame di Sr. Maria Francesca, 18. Februar 1860; ACDF SO St. St. B 6 d, fol. 25r–29r. Danach das Folgende.
76 Vgl. Bittner, Himmel; Graf, Himmel, S. 10–23; Riedel, Kirchenrechtsquellen, S. 166–175. Zu den apokryphen Christusbriefen vgl. die Übersicht bei Johann Michl, Art. Briefe, apokryhe, in: LThK^2 2 (1958), Sp. 688–693, hier v. a. Sp. 688 f.
77 Der Titel «rosa mystica» ist eine Chiffre für die Gottesmutter. Unter anderem wird sie in der Lauretanischen Litanei als solche angerufen. Vgl. Walter Dürig,

Anmerkungen Viertes Kapitel 487

Die Lauretanische Litanei. Entstehung, Verfasser, Aufbau und mariologischer Inhalt, St. Ottilien 1990.
78 Im christologischen Hymnus des Kolosserbriefes des Apostels Paulus (Kol 1,15–20) wird Christus als der «Erstgeborene der ganzen Schöpfung» bezeichnet. In den unterschiedlichen Glaubensbekenntnissen der ersten vier Jahrhunderte bekannte man den «einen Herrn Jesus Christus, Gottes einzig geborenen Sohn, aus dem Vater gezeugt vor allen Zeiten». Vgl. Denzinger/Hünermann, Enchiridion, Nr. 42.
79 Esame di Sr. Maria Francesca, 20. Februar 1860; ACDF SO St. St. B 6 d, fol. 30v–34r.
80 Seit 1856 spitzte sich die Situation im Kirchenstaat immer mehr zu, da die Beteiligung Piemonts am Krimkrieg auf der Seite Frankreichs dem sich formierenden italienischen Nationalstaat die Möglichkeit gab, gegen die päpstliche Herrschaft zunehmend Front zu machen. Anfang Juni 1859 kam es zu einem Aufstand in Bologna, der sich rasch auf zahlreiche andere Städte des Kirchenstaats ausdehnte. Vgl. Schmidlin, Papstgeschichte Bd. 2, S. 66–80.
81 Gemeint ist die heilige Agathe von Catania, die während der Christenverfolgung durch Kaiser Decius das Martyrium erlitt. Weil sie sich weigerte, eine Ehe mit dem Stadtpräfekten Quintianus einzugehen und dem christlichen Glauben abzuschwören, wurden ihr zur Strafe die Brüste abgeschnitten. Vgl. Maria-Barbara von Stritzky, Art. Agathe von Catania, in: Steimer (Hg.), Lexikon, S. 24 f.
82 Es wird aus dem Kontext nicht klar, ob Gertrud von Nivelles oder Gertrud von Helfta, die auch Gertrud die Große genannt wird, gemeint ist. Vgl. Matthias Werner, Art. Gertrud von Nivelles, in: Steimer (Hg.), Lexikon, S. 109 f.; Margot Schmidt, Art. Gertrud von Helfta, in: ebd., S. 108 f.
83 Esame di Sr. Maria Francesca, 21. Februar 1860; ACDF SO St. St. B 6 d, fol. 34r–40r.
84 Esame di Sr. Maria Francesca, 22. Februar 1860; ACDF SO St. St. B 6 d, fol. 40r–45r.
85 Sommario della Relazione informativa, Nr. VII: Esami di Franceschetti, 22. Dezember 1859, 7. Januar und 9. Mai 1860; ACDF SO St. St. B 7 c.
86 Dazu zusammenfassend Relazione informativa con Sommario, Titolo VII: Sr. M. Luisa per più anni sostiene la vantata sua Santità presso il suo confessore P. Giuseppe Peters col mezzo di scritti, e lettere pretese sopranaturali; ACDF SO St. St. B 7 c. Danach das Folgende, ergänzt durch Aussagen aus einzelnen Verhörprotokollen.
87 Sommario della Relazione informativa, Nr. X: Esame di Sr. Agnese Celeste, 29. März 1860; ACDF SO St. St. B 7 c.
88 Sommario della Relazione informativa, Nr. X: Esame di Sr. Giuseppa Maria, 31. März 1860; ACDF SO St. St. B 7 c. Danach das Folgende.
89 Sommario della Relazione informativa, Nr. X: Esame di Sr. Maria Fortunata, 7. Mai 1860; ACDF SO St. St. B 7 c.
90 Sommario della Relazione informativa, Nr. X: Esame di Sr. Maria Fortunata, 14. Mai 1860; ACDF SO St. St. B 7 c.
91 Sommario della Relazione informativa, Nr. X: Esame di Sr. Maria Veronica, 23. Mai 1860; ACDF SO St. St. B 7 c.
92 Relazione informativa con Sommario, Titolo IX: Disonestà con false massime praticate da Sr. M. Luisa con alcune religiose; ACDF SO St. St. B 7 c. Danach das Folgende.

93 Schreiben Maria Giacintas, das am 24. März 1860 in ihrer Vernehmung zu den Akten genommen wurde; ACDF SO St. St. B 6 e, fol. 77r–79v.
94 Vgl. Scala, Exorzismus, S. 357–386.
95 Sommario della Relazione informativa, Nr. XIV: Esame di Sr. Giuseppa Maria, 2. April 1860; ACDF SO St. St. B 7 c.
96 Sommario della Relazione informativa, Nr. XIV: Esame di Sr. Maria Francesca, 22. Februar 1860; ACDF SO St. St. B 7 c.
97 Sommario della Relazione informativa, Nr. XIV: Esame di Sr. Agnese Celeste, 27. März 1860; ACDF SO St. St. B 7 c.
98 Sommario della Relazione informativa, Nr. XIV: Esame di Sr. Maria Fortunata, 7. Mai 1860; ACDF SO St. St. B 7 c.
99 Relazione informativa con Sommario, Titolo IX: Disonestà con false massime praticate da Sr. M. Luisa con alcune religiose; ACDF SO St. St. B 7 c.
100 Esame di Franceschetti, 12. September 1860; ACDF SO St. St. B 6 m.
101 Relazione informativa con Sommario, Titolo X: Massime erronee e pratiche perniciose; ACDF SO St. St. B 7 c. Danach das Folgende.
102 Regola della Riforma delle Monache del Terz'Ordine di S. Francesco, Cap. V: Del Confessore, e dei Sagramenti della Confessione, e Comunione; ACDF SO St. St. B 6 r 1. Vgl. auch Cornelius M. Rechenauer, Seelenleitung, Beichte und Kommunionempfang in Frauenklöstern und den übrigen religiösen Genossenschaften mit Laienoberen, Regensburg 1909, S. 9–18.
103 Regola della Riforma delle Monache del Terz'Ordine di S. Francesco, Cap. VI: Del cibo, e dell'astinenza; ACDF SO St. St. B 6 r 1.
104 Relazione informativa con Sommario, Titolo VIII: Perquisizione degli oggetti; ACDF SO St. St. B 7 c.
105 Relazione informativa con Sommario, Titolo X: Massime erronee e pratiche perniciose, Salluas Schlussbewertung; ACDF SO St. St. B 7 c.
106 Esame di Sr. Giuseppa Maria, 18. Februar 1860; ACDF SO St. St. B 6 h, fol. 104 f. Giuseppa Maria gab, wie sie betonte, die Ansprache Maria Luisas im Wortlaut wieder.
107 Sommario della Relazione informativa, Nr. XV: Esame di Sr. Maria Veronica, 19. Mai 1860; ACDF SO St. St. B 7 c.
108 Relazione informativa con Sommario, Titolo X: Massime erronee e pratiche perniciose; ACDF SO St. St. B 7 c.
109 Relazione informativa con Sommario, Titolo VI: Affettata Santità della M. Vicaria Sr. Maria Luisa, Einführung Salluas; ACDF SO St. St. B 7 c.

FÜNFTES KAPITEL

«*Eine Tat in göttlicher Herrlichkeit*»

Mord auf Befehl der Gottesmutter

1 Ristretto con Sommario dei Costituti Sr. Maria Veronica Milza, Sommario VI: Estratto dagli Esami di Sr. Maria Ignazia; ACDF SO St. St. B 7 d.
2 Relazione informativa con Sommario, Titolo XI: Avvelenamento, Einleitung Salluas; ACDF SO St. St. B 7 c.

Anmerkungen Fünftes Kapitel 489

3 Sallua verwendete darauf einen eigenen, wenn auch kurzen Anklagepunkt «Relazione sospetta di Sr. M. Luisa con un tal Dottore di medicina Mario Kreisburg», der freilich in den größeren Kontext des Titolo XI gehört. Relazione informativa con Sommario, Titolo XII; ADCF SO St. St. B 7 c. Danach, wenn nicht anders angegeben, das Folgende.
4 Vgl. Art. Teufel, in: Gerlach, Lexikon, S. 200–203; Dinzelbacher, Realität, S. 151–175; Schwerhoff, Hexerei, S. 325–353, und die entsprechenden Artikel in: LThK² 10 (1965), Sp. 1–5.
5 Vgl. Marshman, Exorcism, S. 265–281; William Nagel, Art. Exorzismus III, in: TRE 10 (1982), S. 751–756; Rituale Romanum Pauli V Pontificis Maximi iussu editum, Rom 1614, Tit. VIII; Adolf Rodewyk, Art. Exorzismus, in: LThK² 3 (1959), Sp. 1314 f.; Scala, Exorzismus, S. 350–436.
6 Gemeint ist das Kolleg Spiritus Sanctus in Brig, das 1662 von Jesuiten gegründet wurde. 1773 wurde es im Zuge des Verbots des Jesuitenordens aufgehoben. Nach der Wiederzulassung absolvierten viele bekannte Persönlichkeiten das Jesuiteninternat, bis die Schule schließlich 1834 verstaatlicht wurde. Vgl. 300 Jahre Kollegium Brig. 1662/63–1962/63. Festschrift zur Jubiläumsfeier der kantonalen Mittelschule des Oberwallis, Brig 1963; Strobel (Hg.), Regularklerus, S. 384–407. Die noch verfügbaren Schülerlisten enthalten nur die Namen der Studenten, die einen Preis für ihren Abschluss erlangten. Ein Kollegbesuch Kreuzburgs war deshalb nicht archivalisch nachzuweisen.
7 Vgl. Michael Rosenberger, Art. Levitation, in: LThK³ 6 (1997), Sp. 864.
8 Vgl. Relazione di Luigi Franceschetti al Santo Uffizio intorno a cose intese o vedute di una persona creduta indemoniata, 19. Juni 1860; ACDF SO St. St. B 6 m, fol. 52r–65v.
9 Die folgende Biographie Kreuzburgs stützt sich auf verschiedene Quellen: Census 1850 und Census 1860; NARA Washington. Passanträge von Peter Kreuzburg und seinen Kindern; ebd. Todesregister der Stadt Pau für das Jahr 1889; Archives de la Communauté d'agglomération Pau-Pyrénées, online: http://archives.agglo-pau.fr/ (02.05.2012).
10 Relazione informativa con Sommario, Titolo XI: Avvelenamento; ACDF SO St. St. B 7 c.
11 Das Hochfest der Immaculata Conceptio (Unbefleckte Empfängnis Mariens) wird am 8. Dezember gefeiert. Vgl. Theodor Maas-Ewerd, Art. Marienfeste, in: LThK³ 6 (1997), Sp. 1370–1374, hier Sp. 1371; Franz Courth, Art. Unbefleckte Empfängnis Marias, in: LThK³ 10 (2001), Sp. 376–379.
12 Sommario della Relazione informativa, Nr. XXIII: Esame di Sr. Giuseppa Maria, 2. April 1860; ACDF SO St. St. B 7 c.
13 Sommario della Relazione informativa, Nr. XXVI: Esame di Sr. Maria Giacinta, 17. März 1860; ACDF SO St. St. B 7 c.
14 In der Literatur gibt es immer wieder Hinweise auf dieses Ritual zum Zeichen der Pönitenz, etwa bei den Barnabiten. Vgl. Wilhelm David Fuhrmann, Handwörterbuch der christlichen Religions- und Kirchengeschichte, Bd. 1, Halle 1826, S. 208; Pierre Hélyot, P. Hippolyt Hélyots ausführliche Geschichte aller geistlichen und weltlichen Kloster- und Ritterorden führ beyderley Geschlecht, Bd. 4, Leipzig 1754, S. 129. Das Ritual fand auch bei den Benediktinerinnen von der ewigen Anbetung Anwendung. Vgl. Joseph Huguet, Die Andacht zum allerheiligsten Herzen Jesu in Beispielen. Oder die Vortrefflichkeit der Gebete

und Andachtsübungen zu Ehren des allerheiligsten Herzens Jesu, nachgewiesen durch viele Beispiele und Wunder aus dem Leben der Heiligen unserer Zeit, Regensburg 1863, S. 164–166.

15 Vgl. Paolo Regio, La miracolosa vita di S. Francesco di Paola, Neapel 1581, S. 91; Giuseppe Maria Perrimezzi, La Vita di San Francesco di Paola, fondatore dell'ordine de' Minimi, Venedig / Mailand 1764, S. 279.

16 Sommario della Relazione informativa, Nr. XXV: Esame di Sr. Maria Francesca, 21. Februar 1860; ACDF SO St. St. B 7 c (Druckfassung). Ebd., B 6 d, fol. 34r–40r (Original).

17 Sommario della Relazione informativa, Nr. XXV: Esame di Sr. Maria Francesca, 22. Februar 1860; ACDF SO St. St. B 7 c. Ebd., B 6 d, fol. 40r–45r (Original).

18 Relazione informativa con Sommario, Titolo XI: Avvelenamento; ACDF SO St. St. B 7 c.

19 Esame di Sr. Agnese Celeste, 27. März 1860; ACDF SO St. St. B 6 e, fol. 52–54. Vgl. auch Sommario della Relazione informativa, Nr. XXVII; ebd., B 7 c.

20 Zu den einzelnen verwendeten Giften vgl. die entsprechenden Einträge in den verschiedenen Bänden von Hagers Handbuch; zur Verwendung von Quecksilber und Atropin Eikermann, Frauen, hier auch besonders die allgemeinen Ausführungen zum Thema Giftmorde.

21 Die Aussagen der Zeuginnen waren zwar im Hinblick auf die verwendeten Gifte, ihre Zubereitung und die Orte, an denen die Giftmischerei oder die Suche nach entsprechenden Ingredienzien stattfand, recht verlässlich und bis in Details übereinstimmend. Was jedoch die Datierung der einzelnen Akte der Tragödie und damit die Chronologie angeht, weichen die Zeugenaussagen nicht unwesentlich voneinander ab. Wochentage wurden verwechselt, Abläufe vertauscht, Datumsangaben durcheinandergeworfen. Dies geschah jedoch keineswegs absichtlich, sondern ist ganz typisch für Zeugenaussagen während polizeilicher Ermittlungen beziehungsweise vor Gericht. Die neuere Hirnforschung hat nicht umsonst darauf aufmerksam gemacht, dass dies wesentlich mit der Organisation des menschlichen Erinnerungsvermögens zusammenhängt. Orte und Sachen werden häufig präzise erinnert, Daten indessen leicht durcheinandergebracht. Hier kommt es nicht selten bei ähnlichen Sachverhalten zu Überschreibungen. In der historischen Forschung werden deshalb in neuerer Zeit auf Erinnerung beruhende Quellen wie autobiographische Texte und Zeugenaussagen hinsichtlich ihres chronologischen Quellenwerts eher skeptisch beurteilt. Vgl. Fried, Schleier, S. 49–56 und passim.

22 Sommario della Relazione informativa, Nr. XVI: Esame di Sr. Maria Giuseppa, 2. April 1860; ACDF SO St. St. B 7 c.

23 Sommario della Relazione informativa, Nr. XXVI: Esame di Sr. Maria Giacinta, 21. März 1861; ACDF SO St. St. B 7 c.

24 Sommario del Ristretto dei Costituti Sr. Maria Veronica Milza, Nr. VI: Estratto dagli esami di Sr. Maria Ignazia; ACDF SO St. St. B 7 d.

25 Sommario della Relazione informativa, Nr. XXVII: Esame di Sr. Agnese Celeste, 27. März 1860; ACDF SO St. St. B 7 c.

26 Sommario della Relazione informativa, Nr. XXVII: Esame di Sr. Maria Giuseppa, 9. März 1860; ACDF SO St. St. B 7 c.

27 Sommario della Relazione informativa, Nr. XXVI: Esame di Sr. Maria Giacinta, 21. März 1861; ACDF SO St. St. B 7 c.

28 Faiola und die umliegenden Berge waren als Sitz von Räuberbanden in Italien berühmt-berüchtigt. Vgl. Hermann Reuchlin, Das italienische Brigantentum, in: Unsere Zeit. Deutsche Revue der Gegenwart. Monatsschrift zum Conversationslexikon NF 6 (1870), S. 145–166; Heinrich Wilhelm Thiersch, Friedrich Thiersch's Leben. Bd. 1: 1784–1830, Leipzig 1866, S. 247.

29 Sommario della Relazione informativa, Nr. XXVII: Esame di Sr. Agnese Celeste, 28. März 1860; ACDF SO St. St. B 7 c.

30 Sommario della Relazione informativa, Nr. XXVII: Esame di Sr. Maria Giuseppa, 9. März 1860; ACDF SO St. St. B 7 c.

31 Sommario del Ristretto dei Costituti relativi a Sr. Maria Veronica Milza, Nr. VI: Estratto dagli esami di Sr. Maria Ignazia; ACDF SO St. St. B 7 d.

32 Relazione informativa con Sommario, Titolo XI: Avvelenamento; ACDF SO St. St. B 7 c. Danach das Folgende.

33 Sommario del Ristretto dei Costituti relativi a Sr. Maria Veronica Milza, Nr. VI: Estratto dagli esami di Sr. Maria Ignazia; ACDF SO St. St. B 7 d.

34 Relazione informativa con Sommario, Titolo XI: Avvelenamento; ACDF SO St. St. B 7 c.

35 Sommario della Relazione informativa, Nr. XVII: Esame di Sr. Agnese Celeste, 28. März 1860; ACDF SO St. St. B 7 c.

36 Vgl. Jdt 13,8. Judith enthauptete den Feldherrn Holofernes, um das belagerte Volk der Israeliten zu retten.

37 Katharina wurde Opium in zwei unterschiedlichen Aggregatzuständen verabreicht. Einerseits gab man ihr Opiumtinktur, andererseits Rohopium, das zu Kügelchen – in den Quellen Opiumpillen genannt – geformt war. Opium schmeckt in beiden Darreichungsformen bitter bis ekelerregend. Die zwei Unzen, also 60 Gramm Rohopium, die Franceschetti besorgen sollte, sind eine gewaltige Menge, angesichts der Tatsache, dass die Tagesdosis höchstens 500 Milligramm betragen darf und jede höhere Dosierung absolut tödlich ist. Das Opium unter die Kassia zu mischen, war eine erfolgversprechende Idee, weil das Mus aus dem Fruchtfleisch der Hülsen von Cassia fistula nicht nur sehr gut schmeckt, sondern auch dieselbe Farbe wie Rohopium hat. Weil Katharina aufgrund ihrer Verdauungsprobleme mehrfach Kassia als stuhlförderndes Mittel verordnet bekam, bot sich die Kassia als Trägersubstanz für Opium geradezu an, das man in dieser Mischung nicht herausschmecken konnte, zumal wenn es zusätzlich mit Tamarinde vermischt wurde. Diese «Sauerdattel» galt als «liebliche Schwester» der Kassia und wirkte ebenfalls abführend.

38 Sommario del Ristretto dei Costituti relativi a Sr. Maria Veronica Milza, Nr. VI: Estratto dagli esami di Sr. Maria Ignazia; ACDF SO St. St. B 7 d. Danach, wenn nicht anders angegeben, das Folgende.

39 Relazione informativa con Sommario, Titolo XI: Avvelenamento; ACDF SO St. St. B 7 c.

40 Esami del Dr. Marchi, 3. und 5. Dezember 1860; ACDF SO St. St. B 6 m, fol. 81–87.

41 Esame del Dr. Riccardi, 5. Dezember 1860; ACDF SO St. St. B 6 m, fol. 85.

42 Im 19. Jahrhundert wurden Krankheiten wie Neuralgie und Nervenschwäche, die zum physischen und psychischen Zusammenbruch führen konnten, zunehmend mit starken Aufputsch- oder Beruhigungsmitteln behandelt. Chloroform, 1847 erstmals zur Narkose verwendet, kam dabei genauso zur Anwendung wie in der Frauenheilkunde, wo es häufig zur Linderung von

Regelschmerzen eingesetzt wurde. Vielfach entstanden aus diesen medizinischen Indikationen Abhängigkeiten, wie zum Beispiel im Fall Georg Trakl, der in Phasen nervlicher Anstrengung in den Chloroform-Rausch flüchtete. Vgl. Mike Jay, High Society. Eine Kulturgeschichte der Drogen, Darmstadt 2011; Untersuchungen über die Wirkung des Chloroform (The Lancet Juli 1864), in: Medizinisch-Chirurgische Rundschau. Monatsschrift für die gesammte praktische Heilkunde 5 (1864) H 3, S. 28–33.

43 Relazione informativa con Sommario, Titolo XI: Avvelenamento; ACDF SO St. St. B 7 c. Danach das Folgende.
44 Vgl. Joh 13,1–17; Thomas Schäfer, Art. Fußwaschung, in: LThK^2 4 (1960), Sp. 476–478.
45 Relazione informativa con Sommario, Titolo XI, Einführung Salluas zu diesem Anklagepunkt; ACDF SO St. St. B 7 c.
46 Sommario della Relazione informativa, Nr. XXVIII: Esame di Sr. Maria Ignazia, 2. März 1860; ACDF SO St. St. B 7 c. Danach das Folgende.
47 Veronica Giuliani lebte von 1660 bis 1727 und hatte 1696 die Wundmale erhalten. Erst nach großen Schwierigkeiten auch mit der Römischen Inquisition wurde die Kapuzinerin 1804 selig- und 1839 sogar heiliggesprochen. Damit stellte Maria Luisa eine Parallelität zu einer Mystikerin her, die erst nach langen Kämpfen die kirchliche Anerkennung erhalten hatte. Über sie Ekkart Sauser, Art. Giuliani, in: BBKL 12 (1997), S. 1277.
48 Das Leben der heiligen Jungfrau Veronika Giuliani (Juliani) ... Aus dem Italienischen des Philipp Maria Salvatori von Michael Sintzel, Köln 1841, S. 108–110.
49 Relazione informativa con Sommario, Titolo XI: Avvelenamento; ACDF SO St. St. B 7 c.
50 Sommario della Relazione informativa, Nr. XXIX: Esame di Sr. Maria Ignazia, 7. März 1860; ACDF SO St. St. B 7 c.
51 Relazione informativa con Sommario, Titolo XI, ab dem Zwischentitel: Sr. M. Luisa tenta con veleni ed in altre maniere procura ed influisce nella infermità e morte di altre religiose; ACDF SO St. St. B 7 c. Danach das Folgende.
52 Wahrscheinlich handelt es sich um Vincenzo Stocchi, der 1820 in Sinalunga geboren wurde, ins Noviziat der Jesuiten eintrat und 1851 zum Priester geweiht wurde. Stocchi unterrichtete drei Jahre Rhetorik in Senigallia, wurde später in der praktischen Seelsorge eingesetzt und starb 1881. Vgl. Sommervogel, Bibliothèque Bd. 7, Sp. 1582 f.
53 Sommario della Relazione informativa, Nr. XXVII: Esame di Sr. Maria Giuseppa, 10. März 1860; ACDF SO St. St. B 7 c.
54 Sommario della Relazione informativa, Nr. XXIX: Esame di Sr. Maria Ignazia, 5. März 1860; ACDF SO St. St. B 7 c.
55 Relazione informativa con Sommario, Titolo XI: Avvelenamento; ACDF SO St. St. B 7 c.
56 Sommario della Relazione informativa, Nr. XXX: Esame di Sr. Giuseppa Maria, 3. April 1860; ACDF SO St. St. B 7 c.
57 Relazione informativa con Sommario, Titolo XI: Avvelenamento; ACDF SO St. St. B 7 c. Danach das Folgende.
58 Relazione informativa con Sommario, Titolo XIII: Sr. Maria Luisa più volte ha fatto comparire somme di denaro ricevute miracolosamente dal Cielo; ACDF SO St. St. B 7 c. Danach das Folgende.

Anmerkungen Sechstes Kapitel 493

59 Ein Scudino ist eine herzoglich modenesische Goldmünze im Wert von zwei Dritteln des römischen Scudo. Vgl. Oskar Ludwig Bernhard Wolff, Neues elegantestes Conversations-Lexikon für Gebildete aus allen Ständen, Bd. 5, Leipzig 1842, S. 369.
60 Sommario della Relazione informativa, Nr. XXXI: Esame di Franceschetti, 12. September 1860; ACDF SO St. St. B 7 c.
61 Relazione informativa con Sommario, Titolo XIV: I Padri Confessori Leziroli e Peters risultano fautori, complici e conniventi; ACDF SO St. St. B 7 c. Danach das Folgende. Zur Rolle der Jesuiten als Beichtväter von Klosterfrauen vgl. Moos, Disziplinierung, S. 82–86.
62 Relazione informativa con Sommario, Titolo XI: Avvelenamento; ACDF SO St. St. B 7 c.
63 Relazione informativa con Sommario; ACDF SO St. St. B 7 c. Danach das Folgende.
64 Beschluss der Kardinalsplenaria, Feria IV., 27. Februar 1861; ACDF SO St. St. B 6 w f.
65 Vgl. ACDF SO St. St. B 6 z, fol. 1. Bambozzi, geboren um 1795, war seit 1856 Generaldirektor aller Gefängnisse in Rom und starb 1863. Über ihn Wolf (Hg.), Prosopographie, S. 103 f. und S. 1609.
66 Privataudienz des Assessors und Entscheidung des Papstes, Feria IV., 27. Februar 1861; ACDF SO St. St. B 6 w f.
67 Beschluss der Kardinäle, Feria IV., 6. März 1861; ACDF SO St. St. B 6 w f.

SECHSTES KAPITEL

«*Das ist ein himmlischer Liquor*»

Der Akkusationsprozess und das Verhör der Madre Vicaria

1 Beschluss des Papstes, 6. Dezember 1859; ACDF SO St. St. B 6 w f. Fascicolo dei Decreti, Decretum Feria III. Loco IV., 6. Dezember 1859; ebd., B 6 w f. Relazione sommaria degli atti principali, Sua Santità ordina che Sr. M. Luisa sia traslocata in altro monastero; ebd., B 6 e 1. Das Kloster der Purificazione war ein ehemaliges Frauenkloster mit Kirche. Bereits 1589 hatte der römische Adelige Mario Ferro Orsini das Grundstück von den Kartäusermönchen von Santa Maria degli Angeli alle Terme erworben und Kirche und Kloster bauen lassen, in das 1600 die Ordensschwestern der heiligen Klara von Assisi einzogen. Vgl. Art. Purificazione della B. V. Maria. Congregazione di monache, in: Moroni, Dizionario 56 (1852), S. 99 f.
2 Ristretto dei Costituti di Sr. Maria Luisa con Sommario, Parte I: Atti spontanei emessi da Sr. M. Luisa durante la sua dimora nell monastero della Purificazione; ACDF SO St. St. B 6 u. Vgl. auch Esami di Sr. Maria Luisa, 20. und 26. März 1860; ebd., B 6 f. Danach, wenn nicht anders angegeben, das Folgende.
3 Costituto di Sr. Maria Luisa, 11. Juni 1860; ACDF SO St. St. B 6 n, fol. 1–4.
4 Vgl. ACDF SO St. St. B 6 w l.
5 Um welches Fest der Madonna es sich hier gehandelt hat, wird aus den Quellen

nicht deutlich. Folgende Marienfeste bieten sich an: Hochfest der heiligen Gottesmutter Maria (1. Januar); Verkündigung des Herrn, also Maria Annunziata (25. März); Aufnahme Mariens in den Himmel (15. August); Mariä Namen (heute 12. September, damals 8. September); Unbefleckte Empfängnis Mariä (8. Dezember). Die erste der erwähnten Kirchen, San Silvestro, befindet sich auf dem Quirinal und wurde zuletzt unter Gregor XIII. erneuert. San Quirico befindet sich in der Via di Tor de' Conti 31 und ist dem dreijährigen Quiricus und seiner Mutter Julitta gewidmet, die unter Kaiser Diokletian den Märtyrertod erlitten. Vgl. Alfred von Reumont, Römische Briefe von einem Florentiner. Bd. 3: Neue Römische Briefe 1837–1838, Erster Teil, Leipzig 1844, S. 386 f.

6 Vgl. Morichini, Istituti Bd. 2, S. 88 f.; http://pallottinespirit.org/charism/congregational-history/ (02.05.2012).

7 «Si dotano 3 zitelle povere ogni anno, una dalla collegiata, l'altra dalla confraternita del ss. Rosario, la 3a dalla confraternita della SS. Annunziata e del Carmine.» Art. Viterbo, in: Moroni, Dizionario 102 (1861), S. 3–421, hier S. 65.

8 Erzpriester Pastacaldi war Sekretär von Kardinal Vincenzo Macchi. Vgl. Giornale arcadico di scienze, lettere ed arti, Bd. 68, Rom 1836, S. 366.

9 Die Basilika liegt an der gleichnamigen Straße im Rione Celio, auf halber Strecke zwischen Kolosseum und Piazza San Giovanni in Laterano. Zum Gebäude gehört auch ein Kloster, das seit 1560 von Augustiner-Chorfrauen bewohnt wird. Bekannt sind Kirche und Kloster durch die eindrucksvollen Fresken der Silvesterlegende. Vgl. Maria Giulia Barberini, I Santi Quattro Coronati a Roma, Rom 1989.

10 Ristretto dei Costituti di Sr. Maria Luisa, Parte I, Zusammenfassung des eigenhändig geschriebenen Berichts Maria Luisas; ACDF SO St. St. B 6 u. Danach das Folgende.

11 Vgl. Feldbauer, Geschichte, S. 30–36; Traniello/Sofri, Weg.

12 Vgl. Behringer, Hexen; Schwaiger (Hg.), Teufelsglaube.

13 Zur Unreinheit durch die Menstruation vgl. Angenendt, Pollutio, S. 52–93.

14 Vgl. Müller, Dogmatik, S. 680–713.

15 Fascicolo dei Decreti, Decretum Feria IV., 2. Mai 1860; ACDF SO St. St. B 6 w f. Buon Pastore lag an der Lungara, war die Stiftung eines Barfüßigen Karmeliters aus der ersten Hälfte des 17. Jahrhunderts und wurde La Scalette genannt. 1838 wurde die Verwaltung dieser Besserungsanstalt für Frauen den Nonnen vom guten Hirten (Religieuses de la Congrégation de Notre-Dame-de-charité du bon pasteur d'Angers) übertragen. Aufgenommen wurde, wer freiwillig eintrat und den Willen zeigte, sich zu bessern. Frauen, die auf den Wunsch ihrer Männer eingesperrt werden sollten, wozu der Kardinalvikar seine Zustimmung erteilen musste, fanden sich in La Scalette wieder. Die Einrichtung diente aber auch als Untersuchungsgefängnis für Frauen. «Der Aufenthalt in diesem Hause soll Wunder wirken und der Gute Hirt viele verirrte Schäflein auf die rechte Bahn zurückführen. Man erzählt sich davon in Rom rührende Geschichten. Außer diesen Frauen, welche hingesandt werden, nimmt man solche auf, welche freiwillig in sich gehen und zurückgezogen zu leben wünschen. Die Einen wie die Andern werden entlassen, wo es, in Folge ihres guten Betragens, zweckmäßig erscheint. Die Lebensweise ist halb klösterlich: geistliche Übungen, Gebet und Gesang, Arbeit, deren Ertrag ihnen bleibt, während des Mittag- und Abendessens Vorlesung. Nur in den Erholungsstunden ist zu reden erlaubt.

Anmerkungen Sechstes Kapitel 495

Besuche werden nur von den Vätern, Müttern, Vormündern oder Gatten angenommen. Die Meisten zahlen Pension, die nach den Verhältnissen verschieden ist. Die Nonnen sind sämtlich Französinnen: Italienerinnen würden schwerlich so gut passen. Die Zahl derselben ist zwölf; auf siebzig beläuft sich die der Pönitenten. Es heißt, dass den Nonnen von Notre Dame de Charité die Leitung der übrigen weiblichen Straf- und Besserungsanstalten übertragen werden soll: nach den bisherigen Erfolgen in beschränktem Kreise zu urteilen, wird eine solche Maßregel nur Gutes wirken.» Alfred von Reumont, Römische Briefe von einem Florentiner. Bd. 3: Neue Römische Briefe 1837–1838, Erster Teil, Leipzig 1844, S. 188 f. Vgl. auch Art. Conservatorio di S. Croce della Penitenza alla Longara detto del Buon Pastore, in: Moroni, Dizionario 17 (1842), S. 20 f.

16 Costituto di Sr. Maria Luisa, 11. Juni 1860; ACDF SO St. St. B 6 n.
17 Paolo Mignardi, geboren 1790 in Macerata, legte nach seinem Eintritt in den Jesuitenorden 1842 die Profess ab. Er starb 1860. Über ihn Mendizábal, Catalogus, S. 46.
18 Costituto di Sr. Maria Luisa, 12. Juni 1860; ACDF SO St. St. B 6 n.
19 Costituto di Sr. Maria Luisa, 13. Juni 1860; ACDF SO St. St. B 6 n.
20 Costituto di Sr. Maria Luisa, 14. Juni 1860; ACDF SO St. St. B 6 n. Danach das Folgende.
21 Louise Beck, geboren 1822, hatte nach ihren eigenen Aussagen schon als Kind Erscheinungen von Heiligen, Armen Seelen und ihrem Schutzengel. Seit der Karwoche 1846 stigmatisiert, suchte sie Hilfe beim Redemptoristenprovinzial Franz von Bruchmann, der ihr Seelenführer wurde. Sie starb 1879. Über sie Weiß, Redemptoristen, S. 522–577, S. 649–652 und S. 668–671.
22 Franz Ritter von Bruchmann, geboren 1798, trat im Juli 1831 bei den Redemptoristen ein, nachdem seine Frau Juliane nach nur kurzer Ehe im Oktober 1830 gestorben war. Bruchmann war von 1841 bis 1865 Provinzial der bayerischen Redemptoristen und starb 1867. Zum Ganzen vgl. Weiß, Redemptoristen, S. 573–575.
23 Ristretto dei Costituti di Sr. Maria Luisa, Parte II: Si riportano i detti e i fatti deposti ex se dall'Inquisita durante i costituti; ACDF SO St. St. B 6 u.
24 Ristretto dei Costituti di Sr. Maria Luisa, Parte II, Schlussresümee; ACDF SO St. St. B 6 u.
25 Ristretto dei Costituti di Sr. Maria Luisa, Parte IV: Risposte; ACDF SO St. St. B 6 u. Danach, wenn nicht anders angegeben, das Folgende.
26 Ristretto con Sommario, Sommario dei Costituti di Sr. Maria Luisa, Nr. III: Costituto di Sr. Maria Luisa, 24. Juni 1860; ACDF SO St. St. B 6 u.
27 Ristretto con Sommario, Sommario dei Costituti di Sr. Maria Luisa, Nr. X: Costituto di Sr. Maria Luisa, 22. August 1860; ACDF SO St. St. B 6 u.
28 Ristretto con Sommario, Sommario dei Costituti di Sr. Maria Luisa, Nr. II: Costituto di Sr. Maria Luisa, 21. Juni 1860; ACDF SO St. St. B 6 u.
29 2 Kön 4,32–37.
30 Ristretto con Sommario, Sommario dei Costituti di Sr. Maria Luisa, Nr. VI: Costituto di Sr. Maria Luisa, 20. Juli 1860; ACDF SO St. St. B 6 u.
31 Vgl. Peter Morsbach, Art. Lactatio, in: Marienlexikon 3 (1991), S. 702 f.; Schreiner, Maria. Jungfrau, S. 78–213.
32 Vgl. als Beispiel Otto von Corvin, Der Pfaffenspiegel. Historische Denkmale des Fanatismus in der römisch-katholischen Kirche, Leipzig 1845. Zum Thema Manuel Borutta, Antikatholizismus. Deutschland und Italien im Zeitalter der europäischen Kulturkämpfe, Göttingen ²2011, S. 155–218.

33 Vgl. Wipplinger/Amann, Missbrauch, S. 29 f. In der aktuellen Debatte war es statistisch nicht zu belegen, dass sexueller Missbrauch in Institutionen der katholischen Kirche häufiger vorkommt als in der restlichen Gesellschaft. Vgl. Christian Pfeiffer, Drei Promille aller Täter. Eine Außenansicht, in: Süddeutsche Zeitung vom 15. März 2010.
34 Vgl. Klemm, Mißbrauch, S. 12–23, hier S. 18.
35 Kriterien laut Wipplinger/Amann, Missbrauch, S. 32.
36 Vgl. Klemm, Mißbrauch, S. 30; Richter-Appelt, Folgen, S. 230.
37 Vgl. Richard Utz, «Total Institutions», «Greedy Institutions». Verhaltensstruktur und Situation des sexuellen Missbrauchs, in: Marion Baldus/Richard Utz (Hg.), Sexueller Missbrauch in pädagogischen Kontexten. Faktoren. Interventionen. Perspektiven, Wiesbaden 2011, S. 51–76. Vgl. auch die Beiträge in Ammicht Quinn u. a. (Hg.), Verrat.
38 Ristretto con Sommario, Sommario dei Costituti di Sr. Maria Luisa, Nr. I: Costituto di Sr. Maria Luisa, 26. Juni 1860, und Ristretto dei Costituti di Sr. Maria Luisa, Parte II; ACDF SO St. St. B 6 u.
39 José Doz, geboren 1738 in Tarazona (Spanien), Eintritt in die Gesellschaft Jesu 1752. Doz wurde bei der Vertreibung der Jesuiten aus Spanien nach Italien deportiert, wo er 1813 starb. Über ihn Sommervogel, Bibliothèque Bd. 9, Sp. 242.
40 Luigi Santinelli, geboren 1760 in Sant'Angelo in Vado (Pesaro), Eintritt in die Gesellschaft Jesu und Profess 1824, gestorben in Rom 1842. Über ihn Mendizábal, Catalogus, S. 22.
41 Ristretto dei Costituti di Sr. Maria Luisa, Parte IV; ACDF SO St. St. B 6 u.
42 Ristretto con Sommario, Sommario dei Costituti di Sr. Maria Luisa, Nr. I: Costituto di Sr. Maria Luisa, 26. Juni 1860; ACDF SO St. St. B 6 u.
43 Augustín Monzon (auch geschrieben Monzón, Monton oder Monçon), geboren 1750, begann 1765 in Spanien sein Noviziat bei den Jesuiten und wurde nach Aufhebung des Ordens nach Italien ausgewiesen. Dort legte er 1814 seine Profess ab. Er verfasste die «Vita del servo Dio P. Giuseppe M. Pignatelli», die erst 1833 in Rom nach seinem Tod 1824 erschien. Über ihn Sommervogel, Bibliothèque Bd. 5, Sp. 1203 f.
44 Brunelli dürfte ein Exjesuit gewesen sein, der nach dem Verbot der Gesellschaft Jesu als Weltgeistlicher lebte. Dass es sich bei ihm um den Kanoniker Giovanni Brunelli handelte, der von 1755 bis 1786 als Archivar im Ospedale di Santo Spirito tätig war, ist eher unwahrscheinlich. Vgl. Giuseppe Flajani, Methodo di medicare alcune malattie, Roma 1786, S. 31. Auch Francesco Brunelli, der 1822 als Pfarrer von Santa Maria del Carmine und San Giuseppe amtierte, kommt kaum infrage, weil er sich nach der Wiederzulassung des Ordens 1814 wahrscheinlich wieder seinem Orden angeschlossen hätte. Vgl. Notizie per l'anno 1822, S. 195.
45 Ristretto con Sommario, Sommario dei Costituti di Sr. Maria Luisa, Nr. I: Costituto di Sr. Maria Luisa, 26. Juni 1860; ACDF SO St. St. B 6 u.
46 Ristretto con Sommario, Sommario dei Costituti di Sr. Maria Luisa, Nr. VIII: Costituto di Sr. Maria Luisa, 28. Juli 1860; ACDF SO St. St. B 6 u.
47 Ristretto con Sommario, Sommario dei Costituti di Sr. Maria Luisa, Nr. VIII: Costituto di Sr. Maria Luisa, 28. Juli 1860, Fogli manoscritti consegnati in sudetto costituto; ACDF SO St. St. B 6 u.
48 Im italienischen Original steht für Klitoris «membro», also «Glied».

Anmerkungen Siebtes Kapitel 497

49 Im italienischen Original steht für Scheide ebenfalls «membro».
50 Ristretto con Sommario, Sommario dei Costituti di Sr. Maria Luisa, Nr. VIII: Costituto di Sr. Maria Luisa, 24. Juli 1860; ACDF SO St. St. B 6 u.
51 Ristretto dei Costituti di Sr. Maria Luisa, Parte IV; ACDF SO St. St. B 6 u.
52 Ristretto con Sommario, Sommario dei Costituti di Sr. Maria Luisa, Nr. VII: Costituto di Sr. Maria Luisa, 24. Juli 1860; ACDF SO St. St. B 6 u.
53 Ristretto con Sommario, Sommario dei Costituti di Sr. Maria Luisa, Nr. VIII: Costituto di Sr. Maria Luisa, 28. Juli 1860, Fogli manoscritti consegnati in sudetto costituto; ACDF SO St. St. B 6 u.
54 Ristretto con Sommario, Sommario dei Costituti di Sr. Maria Luisa, Nr. IX: Costituto di Sr. Maria Luisa, 14. August 1860, Fogli manoscritti consegnati in sudetto costituto; ACDF SO St. St. B 6 u.
55 Costituti di Sr. Maria Luisa, 18. September 1860; ACDF SO St. St. B 6 o, fol. 116.
56 Ristretto dei Costituti di Sr. Maria Luisa, Parte IV; ACDF SO St. St. B 6 u. Ristretto con Sommario, Sommario dei Costituti di Sr. Maria Luisa, Nr. IV: Costituto di Sr. Maria Luisa, 3. Juli 1860, und Nr. V: Costituto di Sr. Maria Luisa, 6. Juli 1860; ebd., B 6 u. Danach das Folgende.
57 Ciprani wurde 1812 geboren und 1838 zum Priester geweiht. Er war seit 1843 Advocatus reorum. Über ihn Boutry, Souverain, S. 680; Wolf (Hg.), Prosopographie, S. 330 f.

SIEBTES KAPITEL

«Jener gute Pater hat das Werk Gottes verdorben»
Die Verhöre von Beichtvater und Äbtissin

1 Beschluss der Kardinäle, Feria IV., 27. Februar 1861; ACDF SO St. St. B 6 w f.
2 Über ihn Ristretto dei Costituti del P. Giuseppe Leziroli, Parte I: Sulla veneratione e culto della fondatrice Sr. Maria Agnese Firrao; ACDF SO St. St. B 7 e. Prov. Rom. Summ. Vitae 1846–1889, S. 559; ARSI. Vgl. auch Catalogus Provinciae Romanae Societatis Jesu …, Rom 1844–1875; Mendizábal, Catalogus, S. 88; Sommervogel, Bibliothèque Bd. 4, Sp. 1771.
3 Ristretto con Sommario dei Costituti del P. Giuseppe Leziroli, Oktober 1861; ACDF SO St. St. B 7 e. Danach das Folgende.
4 Der heilige Stanislaus Kostka, geboren 1550, floh als Sechzehnjähriger vor seiner Familie nach Wien, um in den Jesuitenorden einzutreten. Im Noviziat fiel er durch seine Fröhlichkeit, Frömmigkeit und sein Streben nach Vollkommenheit auf. Er starb bereits 1568, wohl an den Folgen der Strapazen seiner Flucht. 1670 wurde er selig- und 1726 heiliggesprochen. Dieser Jesuitenheilige war den Nonnen wahrscheinlich von Leziroli besonders anempfohlen worden. Vgl. Bernhard Stasiewski, Art. Stanislaus Kostka, in: LThK^2 9 (1964), Sp. 1017 f.
5 Ristretto dei Costituti del P. Giuseppe Leziroli, Parte I: Sulla veneratione e culto della fondatrice Sr. Maria Agnese Firrao; ACDF SO St. St. B 7 e. Danach das Folgende.

6 Appendice al Ristretto informativo, Esami di Beckx, durchgeführt von Monaco La Valletta, 1., 5., 8. und 14. März 1861; ACDF SO St. St. B 7 f und Costituti Peters ebd., B 6 z, fol. 2r–9v.

7 Appendice al Ristretto informativo, Qualifica del Volume manoscritto «Sulle memorie della Vita di Sr. Maria Agnese di Gesù» del Rmo Maestro Girolamo Priori, 20. Oktober 1861; ACDF SO St. St. B 7 f.

8 Girolamo Priori lebte von 1810 bis 1883. Über ihn Boutry, Souverain, S. 737 f.; Wolf (Hg.), Prosopographie, S. 1220–1222.

9 Kardinal Giuseppe Pecci, geboren 1776, stammte aus Gubbio, wo er seit 1800 Kanoniker, seit 1821 Generalvikar und seit 1839 Administrator des Bistums war. Pecci, der nicht mit Kardinal Gioacchino Pecci, dem späteren Papst Leo XIII., verwandt ist, war während der ganzen Zeit der Verbannung der Firrao in Gubbio und dort in wichtigen kirchlichen Ämtern tätig. Er starb 1855. Über ihn Weber, Kardinäle Bd. 2, S. 503 und passim.

10 Entsprechende Interventionen bei Kardinal Giuseppe Pecci, dem Bischof von Gubbio, Kardinal Gabriele della Genga, dem Neffen Leos XII., und Kardinalvikar Patrizi blieben allerdings erfolglos.

11 Vgl. Anderson, Piety, S. 702.

12 Ristretto dei Costituti del P. Giuseppe Leziroli, Parte II: Circa l'affettata santità di Sr. M. Luisa, massime erronee ed altri addebiti; ACDF SO St. St. B 7 e. Danach das Folgende.

13 Sommario del Ristretto di P. Leziroli, Nr. IV: Costituto di P. Leziroli, 13. Juni 1861; ACDF SO St. St. B 7 e.

14 Vgl. Elke Bayer, Art. Sieben Schmerzen Mariens, in: Marienlexikon 6 (1994), S. 157 f.

15 Vgl. Schreiner, Maria. Jungfrau, S. 95–100; Karl Woschitz, Art. Schmerzensmutter, in: Marienlexikon 6 (1994), S. 28 f.

16 Sommario del Ristretto di P. Leziroli, Nr. V: Costituto di P. Leziroli, 14. und 15. Juni 1861; ACDF SO St. St. B 7 e.

17 Ristretto dei Costituti del P. Leziroli, Parte III: Attentato avvelenamento; ACDF SO St. St. B 7 e.

18 Ristretto dei Costituti del P. Leziroli, Schluss: Il P. Leziroli si rende a pieno confesso su tutti i punti delle conclusioni fiscali e domanda perdono; ACDF SO St. St. B 7 e. Danach das Folgende.

19 «Un mostro d'iniquità». Relazione informativa con Sommario, Titolo VI: Affettata santità, Salluas Einführung; ACDF SO St. St. B 7 c.

20 Ristretto con Sommario dei Costituti sostenuti dall'Inquisita Abbadessa Sr. Maria Veronica Milza, September 1861; ACDF SO St. St. B 7 d.

21 Sonnino ist eine Stadt in der Provinz Latina in Latium, in deren Umgebung Räuber ihr Unwesen trieben, unter ihnen auch der berühmte Gasparone aus Sonnino, der ein Onkel des Staatssekretärs Pius' IX., Kardinal Giacomo Antonelli, war. Vgl. Aurelio Bianchi-Giovini, Il Diario di Burcardo. Quadro dei costumi della Corte di Roma. Aggiuntavi la Storia del Legno della Croce. Una biografia del cardinale Antonelli ed altri documenti analoghi, Florenz 1861, S. 76; Hermann Reuchlin, Das italienische Brigantentum, in: Unsere Zeit. Deutsche Revue der Gegenwart. Monatsschrift zum Conversationslexikon NF 6 (1870), S. 145–166.

22 In der Nähe von Santa Maria Maggiore, in der heutigen Via Urbana, der ehemaligen Via di S. Pudenziana, befindet sich die Kirche Santa Pudenziana. Das

Anmerkungen Achtes Kapitel 499

nebenstehende Kloster gehörte zu den Zisterziensern und später den Augustiner-Chorfrauen B. M. V. (Canonichesse regolari di S. Agostino). An dem Ort befand sich das Haus von S. Pudente, einem römischen Senator, der der Überlieferung zufolge vom heiligen Petrus bekehrt wurde. Im Jahr 164 wurde das Haus von Pius I. zuerst zu einem Oratorium und dann zu einer Kirche umgebaut. Erst im Jahr 1598 erhielt sie das heutige Aussehen. Vgl. [Anonym], Corografia di Roma, ovvero descrizione: e cenni istorici de suoi monumenti colla guida ai medesimi mercé di linee stradali, corredata di elenchi, Rom 1846, S. 28; Armellini, Chiese, S. 565–569.
23 Ristretto dei Costituti di Sr. Maria Veronica, Parte I: Sulla veneratione e culto della fondatrice Sr. Maria Agnese Firrao; ACDF SO St. St. B 7 d. Danach das Folgende.
24 Giustiniani, geboren 1769, 1817 Titularbischof von Tyrus, 1826 Bischof von Imola, im gleichen Jahr Ernennung zum Kardinal, gestorben 1843. Über ihn Boutry, Souverain, S. 393–395; Wolf (Hg.), Prosopographie, S. 701–705.
25 Sommario del Ristretto della Abbadessa, Nr. I: Documenti sull'espressa proibizione fatta alla Firrao di mai più avere comunicazione colle pretese sue figlie. Documenti che mostrano non essere mai stata né revocata questa proibizione, né tollerata alcuna corrispondenza; ACDF SO St. St. B 7 d.
26 Ristretto dei Costituti di Sr. Maria Veronica, Parte II: Sull'affettata santità e doni straordinari di Sr. Maria Luisa Ridolfi; ACDF SO St. St. B 7 d. Danach das Folgende.
27 Esame della Priora di San Pasquale, 17. Oktober 1859; ACDF SO St. St. B 6 a, fol. 52r.
28 Esame di Msgr. Hohenlohe, 19. April 1860; ACDF SO St. St. B 6 m, fol. 7 f.
29 Sommario del Ristretto della Abbadessa, Nr. IV: Risposte sull'ingresso del P. Peters in clausura, o. D.; ACDF SO St. St. B 7 d. Danach das Folgende.
30 Sommario del Ristretto della Abbadessa, Nr. V: Risposta sulla storia dei pretesi veleni attribuiti ad illusioni diaboliche, o. D.; ACDF SO St. St. B 7 d. Danach das Folgende.
31 Ristretto dei Costituti relativi a Sr. Maria Veronica, Parte II, Schluss; ACDF SO St. St. B 7 d. Danach, wenn nicht anders angegeben, das Folgende.
32 Sommario del Ristretto della Abbadessa, Nr. VII: Risposta ad una contestazione fiscale sul segreto imposto dai PP. Confessori; ACDF SO St. St. B 7 d.

ACHTES KAPITEL

«*Während dieser Taten das innere Gebet niemals eingestellt*»

Das Verhör von Giuseppe Peters

1 Costituti del P. Peters; ACDF SO St. St. B 6 y und B 6 z.
2 Ristretto con Sommario relativo ai Costituti del P. Giuseppe Peters, Parte I: Sulla veneratione e culto della fondatrice Sr. Maria Agnese Firrao; ACDF SO St. St. B 6 i.
3 Zu Netzwerken an der Kurie vgl. Wolfgang Reinhard, Freunde und Kreaturen. Verflechtung als Konzept zur Erforschung historischer Führungsgruppen. Römische Oligarchie um 1600, München 1979.

4 Eine moderne, historischen wie theologischen Ansprüchen genügende Biographie Kleutgens existiert nicht. Die 1976 erschienene Studie von Deufel, Kirche, bringt zahlreiche wichtige Informationen, sie ist aber ob ihrer Fehler zum Teil heftig kritisiert worden. Vgl. v. a. Walter, Zu einem neuen Buch, S. 318–356 und Schwedt, Rez. zu Deufel, S. 264–269. Mit den insbesondere von Peter Walter angebrachten Korrekturen kann das Werk aber durchaus verwendet werden. Vgl. auch Belz, Michelis, S. 46–53; Finkenzeller, Kleutgen, S. 318–344; Lakner, Kleutgen, S. 183–202 (immer noch lesenswert); Langhorst, Jugendleben (zur Jugend Kleutgens); Schäfer, Kontroverse, S. 37–53; Walter, Philosophie, S. 145–175 (grundlegend); Wolf (Hg.), Prosopographie, S. 806–817. In Bezug auf Kleutgens Geburtsdatum gibt es verschiedene Versionen, wahrscheinlich auch deshalb, weil auf seinem Grabstein der 11. September 1811 steht. Nach den Kirchenbüchern des ehemaligen Dominikanerklosters Dortmund ist Joseph Wilhelm am 9. April 1811 als Sohn des Händlers Wilhelm Kleutgen geboren. Nach Joseph Wilhelm ist nachträglich «Carl» eingefügt; Erzbistumsarchiv Paderborn Matrikelbestand der Dortmunder Propsteipfarrei St. Johannes Baptist I/5. Ein Bild von Kleutgen konnte trotz intensiver Recherchen bislang nicht gefunden werden.

5 Vgl. Blaschke, 19. Jahrhundert, S. 38–75; Lill, Ultramontanismus, S. 76–94; Wolf, Kirchengeschichte, S. 92–121. Danach das Folgende.

6 Johann Sebastian Drey, geboren 1777, war Professor für Apologetik, Dogmatik und Dogmengeschichte an der nur wenige Jahre bestehenden Katholischen Landes-Universität Ellwangen, bevor diese 1817 in die Universität Tübingen integriert wurde. Drey war 1819 Mitbegründer der Tübinger Theologischen Quartalschrift. Er starb 1853. Über ihn Abraham P. Kustermann, Art. Drey, in: LThK[3] 3 (1995), Sp. 373 f.

7 Hermes, geboren 1775, 1807 Professor für Dogmatik in Münster, 1820 Wechsel nach Bonn, 1831 Tod. Über ihn Hubert Wolf, Art. Hermes, Georg, in: RGG[4] 3 (2000), S. 1664 f. Zum Hermesianismus vgl. Nichols, Conversation, S. 23–41 (mit der bezeichnenden Überschrift «A Kantian Beginning: Georg Hermes»); Hubert Wolf, Art. Hermesianismus, in: RGG[4] 3 (2000), S. 1667 f. Zur Indizierung Hermes' vgl. Schwedt, Urteil.

8 Zur Datierung Walter, Philosophie, S. 146 f.

9 Kleutgen, Memorandum, S. 5–11, hier S. 7 f.

10 Kleutgen, Schulen, S. 193; Kleutgen, Theologie Bd. 1, S. 18 f. Zur Rolle Kleutgens innerhalb der aufkommenden Neuscholastik vgl. Marschler, Scheeben, S. 459–484; Steck, Kleutgen, S. 288–305; Walter, Philosophie; Weiß, Moral.

11 Vgl. Lakner, Kleutgen, S. 200.

12 Vgl. Finkenzeller, Kleutgen, S. 322.

13 Vgl. Wolf (Hg.), Prosopographie, S. 806–817 (Liste der Gutachten).

14 Vgl. Lakner, Kleutgen, S. 192.

15 Walter, Zu einem neuen Buch, S. 320.

16 Kleutgen an Franz Hülskamp, 16. Mai 1868; zitiert nach Deufel, Kirche, S. 92 f.

17 Vgl. Deufel, Kirche, S. 182 Anm. 22, auch S. 91–93. Diese «psychologisierende» Sicht hat damals die Kritik Walters auf sich gezogen, der die Zeitumstände stärker berücksichtigen sehen wollte. Vgl. Walter, Zu einem neuen Buch, S. 319 f.

18 Zum neuscholastischen Wunderverständnis vgl. Albert Lang, Fundamentaltheologie, 2 Bde., München [3]1962, hier v. a. Bd. 1: Die Sendung Christi, II. Haupt-

Anmerkungen Achtes Kapitel 501

stück: Das Problem der übernatürlichen Offenbarung, 3. Kapitel: Das Wunder als das entscheidende Offenbarungskriterium, S. 111–131. Zur Bedeutung der Mariologie in Kleutgens Theologie vgl. Haacke, Maria, S. 97–110.

19 Vgl. Burkhard Peter, On the history of dissociative identity disorders in Germany: The Doctor Justinus Kerner and the Girl From Orlach, or Possession as an «Exchange of the Self», in: Journal of Clinical and Experimental Hypnosis 59 (2011), S. 82–102.
20 Vgl. etwa die ätzende Kritik, die Blaise Pascal am Probabilismus und Laxismus der Jesuitenmoral in seinen «Lettres provinciales» von 1656 übt.
21 Costituto di P. Kleutgen, 11. März 1861; ACDF SO St. St. B 6 z.
22 Sommario del Ristretto di P. Peters, Nr. II: Fogli originali consegnati nel Costituto, 18. März 1861; ACDF SO St. St. B 6 g 1. Die gedruckte Version ebd., B 6 i. Danach das Folgende.
23 Sommario del Ristretto di P. Peters, Nr. III: Fogli originali consegnati nel Costituto, 26. März 1861; ACDF SO St. St. B 6 i. Danach das Folgende.
24 Das «Ehrwürdige Haus von Tor de' Specchi» ist Sitz der von Franziska von Rom gegründeten Oblatenkongregation. Vgl. Art. Oblate di S. Francesca Romana dette di Tor de' Specchi, in: Moroni, Dizionario 30 (1845), S. 196–203; Friedrich Wilhelm Bautz, Art. Franziska von Rom, in: BBKL 2 (1990), Sp. 113 f.; http://www.tordespecchi.it/ (05.07.2012).
25 Die Theresianerinnen, auch Barfüßerinnen genannt, waren ein Nonnenorden nach den Regeln der Karmeliter, den die Teresa von Avila 1562 in Spanien gegründet hatte. Vgl. Pierer's Universal-Lexikon, Bd. 17, Altenburg 1863, S. 494.
26 Van Everbroeck, geboren 1784, 1825 Professor für Kirchenrecht, Liturgie und Kaldäisch, später auch Kirchengeschichte am Collegio Romano, 1856 Theologe der Apostolischen Pönitentiarie, gestorben 1863. Über ihn Wolf (Hg.), Prosopographie, S. 534–536.
27 Camillo Tarquini, geboren 1810, 1852 bis 1869 und erneut 1871 bis 1873 Professor für Kirchenrecht am Collegio Romano, 1873 Kardinal, gestorben 1874. Über ihn ebd., S. 1443–1446.
28 Ludwig I., der Sohn von Maximilian I. Joseph und der Prinzessin Auguste Wilhelmine Maria von Hessen-Darmstadt, wurde 1786 geboren und 1825 als bayerischer König inthronisiert. Er starb 1868. Über ihn Andreas Kraus, Art. Ludwig I., in: NDB 15 (1987), S. 367–374.
29 Prinzessin Karoline Friederike Wilhelmine war die zweite Frau von Maximilian I. Joseph und wurde 1806, nachdem Bayern zum Königreich erhoben worden war, die erste Königin Bayerns. Aus der Ehe gingen acht Kinder hervor. Durch einen Ehevertrag war geregelt worden, dass Karoline ihre evangelische Konfession nicht aufgeben musste und sie einen eigenen evangelischen Prediger bekam. Sie starb 1841 und wurde an der Seite ihres Gemahls in der Münchener Theatinerkirche beigesetzt. Die Proteste gegen ihre würdelose Beerdigung – der gesamte katholische Klerus war in weltlicher Kleidung erschienen – brachten ihren Stiefsohn Ludwig I. schließlich zu einem gewissen Einlenken gegenüber der evangelischen Kirche in Bayern. Über sie Manfred Berger, Art. Karoline Friederike Wilhelmine von Baden, in: BBKL 23 (2004), S. 199–207.
30 Vgl. Garhammer, Regierung, S. 84–90.
31 Vgl. Deufel, Kirche, S. 259 f.

32 Ristretto con Sommario relativo ai Costituti del P. Giuseppe Peters, Parte I: Sulla veneratione e culto della fondatrice Sr. Maria Agnese Firrao; ACDF SO St. St. B 6 i.
33 Costituto di P. Peters, 28. März 1861; ACDF SO St. St. B 6 z.
34 Sommario del Ristretto di P. Peters, Nr. V: Fogli consegnati nel Costituto, 16. April 1861; ACDF SO St. St. B 6 i. Danach das Folgende.
35 Zur scholastischen Disputation vgl. Uwe Gerber, Art. Disputatio, in: TRE 9 (1982), S. 13–15; Hanspeter Marti, Art. Disputatio, in: Gert Ueding (Hg.), Historisches Wörterbuch der Rhetorik, Bd. 2, Tübingen 1994, S. 866–880.
36 Ristretto con Sommario relativo ai Costituti del P. Giuseppe Peters, Parte I: Sulla veneratione e culto della fondatrice Sr. Maria Agnese Firrao; ACDF SO St. St. B 6 i. Danach das Folgende.
37 Ristretto con Sommario relativo ai Costituti del P. Giuseppe Peters, Parte II: Risposte sulla santità affettata di M. Luisa e sugli altri addebiti relativi; ACDF SO St. St. B 6 i. Danach das Folgende.
38 Sommario del Ristretto di P. Peters, Nr. I: Fogli consegnati dall'Inquisito P. Peters nel Costituto, 12. März 1861; ACDF SO St. St. B 6 i.
39 Über den innertrinitarischen Hervorgang der göttlichen Personen vgl. den Traktat über die Trinität, in: Perrone, Praelectiones Theologicae. Bd. 4: De Deo uno et trino, S. 209–360.
40 Über die Eigenschaften Gottes, seine Einheit, sein Wissen und Wollen sowie seine Liebe und sein Ziel und den Zusammenhang dieser Eigenschaften, vgl. den «Tractatus de deo eiusque attributis», in: Perrone, Praelectiones Theologicae. Bd. 4: De Deo uno et trino, S. 5–208.
41 Die Schöpfungstheologie reflektiert die Frage, wie das Bekenntnis, das schon im Symbol Nicäno-Konstantinopolitanum Gott als den «Schöpfer des Himmels und der Erde» bekennt, verstanden werden kann. Vgl. Perrone, Praelectiones Theologicae. Bd. 5: De Deo creatore.
42 Soteriologie ist die Lehre von der Erlösung der Menschen durch das Heilswirken Jesu Christi. Ursprünglich bildete die Lehre von Christi Person und Werk im biblischen und patristischen Verständnis eine Einheit. In der Spätscholastik traten im Aufbau der Dogmatik die Christologie, also die Lehre von der Person Jesu Christi, und die Soteriologie auseinander. Vgl. Müller, Dogmatik, S. 372. Giovanni Perrone widmet der Soteriologie keinen eigenen Traktat, sondern berührt die Frage lediglich in seinem Christologietraktat «de incarnatione», wenn er in apologetischer Auseinandersetzung «adversus hebraeos» Jesus Christus als wahren Messias darstellt. Vgl. Perrone, Praelectiones Theologicae. Bd. 6: De incarnatione et cultu sanctorum, S. 5–104.
43 Das Wirken Gottes in der Seele wird in der neuscholastischen Dogmatik vordringlich in der Gnadenlehre behandelt unter der Frage, wie Gottes Gnade im Menschen wirkt. Vgl. Perrone, Praelectiones Theologicae. Bd. 7: De gratia christi.
44 Sommario del Ristretto di P. Peters, Nr. VI: Fogli consegnati nel Costituto, 22. April 1861; ACDF SO St. St. B 6 i. Danach das Folgende.
45 Näheres zu Alessandra Carli ist nicht bekannt; Archivio della Cattedrale di Comacchio, Stato d'anime della città di Comacchio del 1826–27, fol. 41. Zur Tätigkeit des Vaters vgl. Notizie per l'anno 1835, S. 263; Notizie per l'anno 1845, S. 355.

46 Costituti di P. Peters, Nr. N: Fogli consegnati nel Costituto, 23. April 1861; ACDF SO St. St. B 6 z.
47 Vgl. Denzler, Lust.
48 Vgl. Götz von Olenhusen, Klerus, S. 236 f. und passim; Klee, Grundriß, S. 90–94, hier S. 92.
49 Vgl. dazu die einschlägigen Ausführungen im «Tractatus IX: De sexto praecepto Decalogi» von Alphons von Liguori, Homo Apostolicus instructus in sua vocatione ad audiendas confessiones sive praxis et instructio confessariorum, Turin 1870, S. 178. Zu Alphons von Liguori und seiner Rezeption vgl. besonders Weiß, Moral.
50 Thomas von Aquin, Summa theologiae IIa-IIae, Quaestio 154, Art. 4.
51 Ristretto con Sommario relativo ai Costituti del P. Giuseppe Peters, Parte II; ACDF SO St. St. B 6 i.
52 Die Verehrung des Herzens der Gottesmutter steht mit der Herz-Jesu-Verehrung in engem Zusammenhang. Der Oratorianer Johannes Eudes feierte mit seiner Ordensgemeinschaft seit 1646 neben dem Herz-Jesu-Fest auch ein Herz-Mariä-Fest. Pius VII. approbierte es zu Beginn des 19. Jahrhunderts und legte den 22. August, den Oktavtag von Mariä Himmelfahrt, als Gedenktag fest. Vgl. Karl-Heinrich Bieritz, Das Kirchenjahr. Feste, Gedenk- und Feiertage in Geschichte und Gegenwart, München 1991, S. 150. Zur Zeit Sant'Ambrogios gab es eine 1805 von Rom offiziell anerkannte liturgische Herz-Mariä-Verehrung. Diese war überall da gestattet, wo man um diese gebeten hatte. Vgl. Theodor Maas-Ewerd, Herz Mariä. I. Verehrung, in: LThK^3 5 (1996), Sp. 60 f., hier Sp. 60. Zur Weihe an das unbefleckte Herz Mariens vgl. auch Franz Courth, Marianische Gebetsformen. Die Herz-Mariä-Weihe, in: Wolfgang Beinert/Heinrich Petri (Hg.), Handbuch der Marienkunde, Bd. 1, Regensburg ^{2}1997, S. 550–552.
53 Die These vom Zusammenhang von Religion und Sexualität vertritt u. a. die Psychologin und evangelische Theologin Christina Bachmann. Vgl. Christina Bachmann, Religion und Sexualität. Die Sehnsucht nach Transzendenz, Stuttgart u. a. 1994, hier S. 118 und S. 226. Zum Verhältnis von Religion, Sexualität und Ekstase vgl. Klaus Peter Köpping, Ekstase, in: Christoph Wulf (Hg.), Vom Menschen. Handbuch Historische Anthropologie, Weinheim/Basel 1997, S. 548–568; Wunibald Müller, Ekstase. Sexualität und Spiritualität, Mainz 1992.
54 Costituto di P. Peters, 28. Mai 1861; ACDF SO St. St. B 6 z.
55 Costituto di P. Peters, 1. Juni 1861; ACDF SO St. St. B 6 z.
56 Pierre Dens, Theologia moralis et dogmatica, Bd. 4, Dublin 1832, Nr. 297 I. Vgl. auch Art. Baiser, in: Abbé Migne, Encyclopédie Théologique, Bd. 31, Paris 1849, Sp. 293 f.: «Küsse ... an ungewöhnlichen Stellen des Körpers, zum Beispiel an der Brust, an den Busen oder more columbarum [nach der Art von Tauben], indem man die Zunge in den Mund einführt, sind zu zensieren und gelten als mit der Absicht der Lust gemacht worden oder führen zumindest zu einer ernsten Gefahr der Lust, und daher kann man sich von der Todsünde nicht retten.»
57 Otto Best, Art. Zungenkuss, in: Ders., Lexikon, S. 254; Elberfeld, Geschichte.
58 Costituti di P. Peters, 28. Mai, 1. und 4. Juni 1861; ACDF SO St. St. B 6 z.
59 Ristretto con Sommario relativo ai Costituti del P. Giuseppe Peters, Parte II: Risposte sulla santità affettata di M. Luisa e sugli altri addebiti relativi; ACDF SO St. St. B 6 i.

60 Karl, Glauben, S. 9.
61 Ebd., S. 14.
62 Ebd., S. 28.
63 Ebd., S. 30.
64 Ebd., S. 37.
65 Ebd., S. 31.
66 Ristretto con Sommario relativo ai Costituti del P. Giuseppe Peters, Parte IV: Sulle asserite predizioni, rivelazioni ed operazioni del Demonio relative alla malattia ed avvelenamento della novizia Principessa; ACDF SO St. St. B 6 i. Danach das Folgende.
67 Ristretto con Sommario relativo ai Costituti del P. Giuseppe Peters, Parte III: Sul segreto imposto alle monache circa le cose straordinarie e sù di altri addebiti; ACDF SO St. St. B 6 i. Danach, wenn nicht anders angegeben, das Folgende.
68 Sommario del Ristretto di P. Peters, Nr. X: Fogli consegnati nel Costituto, 1. Juli 1861; ACDF SO St. St. B 6 i.
69 Ristretto con Sommario relativo ai Costituti del P. Giuseppe Peters, Parte V: Istanze e contestazioni Fiscali; ACDF SO St. St. B 6 i.
70 Costituti di P. Kleutgen; ACDF SO St. St. B 6 y, fol. 189–195. Danach das Folgende.
71 Ristretto con Sommario relativo ai Costituti del P. Giuseppe Peters già confessore delle Monache Riformate in Sant'Ambrogio, Oktober 1861; ACDF SO St. St. B 6 g (handschriftlich) und ebd., B 6 i (gedruckte Fassung).
72 Hohenlohe an Pappalettere, 1. August 1859; zitiert nach Wenzel, Freundeskreis, S. 361 f.
73 Gangauf an Postelmayr, 25. November 1853; zitiert nach ebd., S. 161.
74 Baltzer, geboren 1803, 1829 Priester und Repetent am Katholisch-Theologischen Konvikt in Bonn, 1830 außerordentlicher und 1831 ordentlicher Professor für Dogmatik in Breslau, 1846 Domkapitular in Breslau, seit 1860 Verfolgung durch den Breslauer Fürstbischof Heinrich Foerster, Amtsenthebung und Gehaltssperre, 1870 Beitritt zur altkatholischen Bewegung, gestorben 1871. Über ihn Friedrich Wilhelm Bautz, Art. Baltzer, in: BBKL 1 (1975), S. 361; Ernst Melzer, Art. Baltzer, in: ADB 2 (1875), S. 33 f.
75 Knoodt, geboren 1811, 1845 außerordentlicher, 1847 ordentlicher Professor in Bonn, 1878 Generalvikar des Katholischen Bistums der Altkatholiken, 1889 gestorben. Über ihn Herman H. Schwedt, Art. Knoodt, in: BBKL 4 (1992), S. 163–165; Paul Wenzel, Art. Knoodt, in: NDB 12 (1979), S. 211.
76 Baltzer an Knoodt, 21. November 1853; zitiert nach Wenzel, Freundeskreis, S. 161.
77 Vgl. Wolf, Ketzer, S. 52–58.
78 Reikerstorfer, Günther, S. 266.
79 So treffend Pritz, Glauben, S. 373.
80 Vgl. ebd., S. 348–375; Schäfer, Kontroverse, S. 28–36.
81 Lydia. Philosophisches Jahrbuch von Dr. A. Günther und Dr. J. E. Veith 4 (1854), S. 603.
82 Wenzel, Anliegen, S. 204.
83 Ebd., S. 206.
84 Zitiert nach ebd., S. 211 Anm. 445.
85 Zitiert nach ebd., S. 213 und S. 216.

Anmerkungen Achtes Kapitel 505

86 Geissel, geboren 1796, seit 1837 Bischof von Speyer, 1841 Koadjutor, 1845 Erzbischof von Köln, 1850 Kardinal, gestorben 1864. Über ihn Eduard Hegel, in: Gatz (Hg.), Bischöfe, S. 239–244.
87 Rauscher, 1797 geboren, war seit 1849 Erzbischof von Seckau, seit 1853 Fürsterzbischof von Wien, 1855 Kardinal. Er starb 1875. Über ihn Erwin Gatz, in: ebd., S. 596–601.
88 Die Darstellung des Verfahrens gegen Günther in Rom stützt sich auf die ausgezeichnete Studie von Herman H. Schwedt, ergänzt durch die seit 1998 im ACDF neu zugänglichen Quellen; Schwedt, Verurteilung, S. 301–343. Vgl. auch Schoeters, Beckx, S. 146–151. Zur theologischen Auseinandersetzung zwischen Kleutgen und Günther vgl. Schäfer, Kontroverse.
89 Vgl. Wolf (Hg.), Prosopographie, S. 806–817, hier S. 807.
90 Vgl. ACDF Index Causes célèbres 4, Günther.
91 Schwarzenberg, geboren 1809, 1836 Fürsterzbischof von Salzburg, 1842 Kardinal und 1850 Fürsterzbischof von Prag. Er starb 1885. Über ihn Erwin Gatz, in: Gatz (Hg.), Bischöfe, S. 686–692.
92 Brignole, geboren 1797, 1834 zum Kardinal ernannt, war von 1851 bis 1853 Präfekt der Indexkongregation und starb 1853. Über ihn Weber, Kardinäle Bd. 2, S. 443 f. und passim.
93 Lambruschini, geboren 1776, wurde 1831 Kardinal und war von 1836 bis 1846 Kardinalstaatssekretär. Er starb 1854. Über ihn ebd., S. 475 f. und passim.
94 Schwedt, Verurteilung, S. 309.
95 D'Andrea, geboren 1812, 1841 Titularerzbischof von Mèlitene, 1841 Nuntius in der Schweiz, 1852 Kardinal, 1853 bis 1861 Präfekt der Indexkongregation, 1866 Suspendierung vom Bischofsamt, 1867 Suspendierung von der Kardinalswürde unter Verlust aller Bezüge, 1868 Rehabilitation und Tod. Über ihn Wolf (Hg.), Prosopographie, S. 379–383.
96 Vgl. Ickx, Santa Sede, S. 593 f. (Register); Wolf, Index, S. 173 f.
97 Allokution Pius' IX. vom 9. Dezember 1854; Die Encyclica Seiner Heiligkeit des Papstes Pius IX. vom 8. December 1864 und der Syllabus (die Zusammenstellung der 80 hauptsächlichsten Irrtümer unserer Zeit) sowie die wichtigsten darin angeführten Actenstücke, Köln 1865, S. 83–102, hier S. 88 f. und S. 100 f.
98 ACDF Index Prot. 121, Nr. 18 und Nr. 19 (Lydia); ebd., Causes célèbres 4.
99 Flir, geboren 1805, 1835 Professor für Philologie und Ästhetik in Innsbruck, 1856 Konsultor der Indexkongregation, 1858 Ernennung zum Auditor der Rota Romana, er starb vor seinem Amtsantritt 1859. Über ihn Wolf (Hg.), Prosopographie, S. 591–593. Zum Verhältnis Hohenlohe-Flir-Günther vgl. Rapp (Hg.), Briefe, S. 28.
100 Vgl. Wolf (Hg.), Bücherverbote, S. 248–250; Ders. (Hg.), Repertorium Indexkongregation, S. 361–364.
101 «Ingenue, religiose, ac laudabiliter se subjecit»; Bando vom 8. Januar 1857; Wolf (Hg.), Bücherverbote, S. 249.
102 Vgl. etwa das Bando vom 12. Juni 1856; ebd., S. 245 f. Hier unterwarf sich Louis-Hilaire Caron. Im Dekret stand die Formel «Auctor laudabiliter se subjecit et opus reprobavit».
103 Kleutgen an Schlüter, 10. Januar 1857; zitiert nach Deufel, Kirche, S. 245.
104 ASS 8 (1874), S. 445–448.
105 Wenzel, Anliegen, S. 211 Anm. 445.

NEUNTES KAPITEL

«*Betrübt und reuevoll*»
Das Urteil und seine Folgen

1 Fascicolo dei Decreti, Feria II., 27. Januar 1862, Votum DD. Consultorum; ACDF SO St. St. B 6 w f. Danach das Folgende. Ein Inventar der Gegenstände und eine Beschreibung der Räumlichkeiten wurde nach der Aufhebung des Klosters Sant'Ambrogio erstellt. Inventario degli oggetti sacri e mobiliari rimasti nel soppresso monastero delle Riformate in S. Ambrogio con succinta descrizione dei locali che lo compongono; ebd., B 6 i 1.
2 Vgl. Annuario Pontificio 1862, S. 261–263. Konsultoren des Heiligen Offiziums waren: Ignazio Alberghini, Antonio Bambozzi (Fiskal), Gaetano Bedini, Giuseppe Berardi, Andrea Bizzarri, Annibale Capalti, Luigi-Maria Cardelli, Giuseppe Ciprani (Advocatus Reorum), Luigi Ferrari, Giacinto De Ferrari (Kommissar), Girolamo Gigli, Pietro Silvestro Glauda, Camillo Guardi, Vincenzo Jandel, Luigi Jannoni, Antonio Ligi-Bussi, Paolo Micallef, Raffaele Monaco La Valletta (Assessor), Bonfiglio Mura, Salvatore de Ozieri, Giuseppe Papardo del Parco, Girolamo Priori, Antonio Maria da Rignano, Giovanni Battista Rosani, Vincenzo Leone Sallua (Erster Socius), Camillo Tarquini, Augustin Theiner, Luigi Tomassetti und Cornelis van Everbroeck. An der Kongregation vom 27. Januar 1862 nahmen neben dem Assessor und dem Kommissar, dem Fiskal Giuseppe Primavera (anstelle Bambozzis) und dem Advocatus Reorum folgende Konsultoren teil: Cardelli, Glauda, Guardi, Jandel, Jannoni, Micallef, de Ozieri, Papardo, Priori, da Rignano, Tarquini und van Everbroeck; ACDF SO Acta Congregationis 1861–1862, Consulta habita Feria II. die 27. Januarii 1862.
3 Bei der Abschwörung wurden von Theologen und Kanonisten vier Typen unterschieden: Die Abschwörung «de formali» wurde dann auferlegt, wenn die Häresie des Angeklagten mit Sicherheit festgestellt wurde; die Abschwörung «de vehementi» wurde auf Katholiken angewandt, bei denen man «stark» vermutete, sie seien Häretiker; die Abschwörung «de levi» war für Katholiken, von denen man «leicht» vermutet hatte, sie seien Häretiker; schließlich die Abschwörung «violenta suspicione haeresis» für diejenigen, die in den Verdacht einer Häresie geraten waren, indem sie etwas gesagt oder getan hatten, das den Richter dazu veranlassen konnte, ihn für einen Ketzer zu halten. Vgl. Art. Abiura, in: Moroni, Dizionario 1 (1840), S. 32 f.; Elena Brambilla, Art. Abiura, in: DSI 1 (2011), S. 5 f.
4 Vgl. Maria Messana, Art. Carcere, in: DSI 1 (2011), S. 269–271.
5 Im Dekalog lautet das sechste Gebot lediglich «Du sollst nicht die Ehe brechen» (Ex 20,14). In der katholischen Moraltheologie wurde dieses Gebot immer weiter ausgedehnt und umfasste schließlich einen ganzen Katalog sexueller Vergehen einschließlich der Hurerei. Unter dieser Sünde wurde jede «tierische Lust» gefasst, die durch «außereheliche Geschlechtsvermischung» hervorgerufen wird. Hurerei wird im Christentum auf der Grundlage von 1 Kor 6,9 f. und Eph 5,5 f. verurteilt. Vgl. Stapf, Moral, S. 445.
6 Die Pia Casa di Penitenza in Corneto war das Korrektionshaus für verurteilte Geistliche und lag etwa 60 Kilometer von Rom entfernt. Das Haus wurde von

Anmerkungen Neuntes Kapitel 507

Urban VIII. errichtet und später von Pius VI. vergrößert. Hier konnten bis zu 38 Verurteilte beherbergt werden. Das Haus galt als sicheres, sauberes und ordentliches Gefängnis. Vgl. Art. Carceri ecclesiastiche, in: Moroni, Dizionario 9 (1841), S. 261–263, hier S. 262; Carlo Luigi Morichini, Degli istituti di carità per la sussistenza e l'educazione dei poveri e dei prigionieri in Roma. Libri tre. Edizione novissima, Rom 1870, S. 738 Anm. 1; Jean Joseph François Poujoulat, Toscana e Roma. Lettere, 2 Bde., Mailand 1840, hier Bd. 2, S. 161 f.

7 Weiter heißt es: «Dieses Verbrechen soll an dem schuldigen Priester ohne Unterschied der Würde, des Amtes, besonderer Vorrechte, Privilegien und Exemptionen je nach der Größe des Frevels und den erschwerenden Umständen, mit Suspension, Verlust der aktiven und passiven Wahlfähigkeit, mit Privation oder Absetzung ... gestraft werden. Dagegen soll aber auch derjenige, Geistliche oder Laie, der einen Priester eines solchen Verbrechens fälschlich denunziert, von keinem Priester oder auch Bischofe (außer in articulo mortis), sondern nur vom päpstlichen Stuhle die Lossprechung erhalten können.» Als gesetzliche Quellen werden drei Konstitutionen angeführt, «Universi Dominici» von Gregor XV. (30. August 1622), «Sacramentum poenitentiae» von Benedikt XIV. (1. Juni 1741) und «Apostolici muneris» ebenfalls von Benedikt XIV. (8. Februar 1745). Vgl. Art. Sollicitatio ad turpia, in: Heinrich Josef Wetzer / Benedikt Welte (Hg.), Kirchen-Lexikon oder Encyklopädie der katholischen Theologie und ihrer Hilfswissenschaften, Bd. 10, Freiburg i. Br. 1853, S. 241.

8 Vgl. Luigi De Sanctis, Roma papale. Descritta in una serie di lettere con note, Florenz 1865, S. 373. De Sanctis beschreibt weiter die Praxis des Tribunals: Nach Aufnahme der Anzeige ermittelt das Tribunal den Ruf der Frau; falls diese keinen guten Ruf genießt, hält man die Anzeige für verleumderisch. Erst nach drei Anzeigen von ehrenhaften Frauen wird der Fall vor der Kongregation diskutiert. Ist der Angezeigte eine angesehene Person, wird er heimlich aufgefordert, vor der Inquisition zu erscheinen und spontan seine Sünde zu gestehen. Das Heilige Offizium nimmt sein Geständnis an, und – urteilt De Sanctis kritisch – «tutto è finito», alles wird wieder gut. Im ACDF finden sich zwar zahlreiche Anzeigen wegen Sollicitatio, aber nur sehr wenige Urteile gegen Beichtväter.

9 Fascicolo dei Decreti, Kardinalsplenaria Feria IV., 5. Februar 1862; ACDF SO St. St. B 6 w f. An der Sitzung nahmen sieben Kardinäle teil: Fabio Maria Asquini, Alessandro Barnabò, Anton Maria Cagiano, Prospero Caterini, Anton Maria Panebianco, Patrizi und Reisach; ACDF SO Decreta 1862, Feria IV., 5. Februar 1862. Mitglieder der Kongregation waren nach dem Annuario Pontificio 1862, S. 261: Filippo de Angelis, Giacomo Antonelli, Fabio Maria Asquini, Alessandro Barnabò, Anton Maria Cagiano, Prospero Caterini, Clarelli Paracciani, Domenico Lucciardi, Anton Maria Panebianco, Patrizi (Sekretär), Rauscher und Reisach.

10 Fascicolo dei Decreti, Audienz des Assessors bei Pius IX., 5. Februar 1862; ACDF SO St. St. B 6 w f.

11 Fascicolo dei Decreti, Kardinalsplenaria Feria IV., 12. Februar 1862, und Privataudienz des Assessors bei Pius IX. vom selben Tag; ACDF SO St. St. B 6 w f.

12 Vgl. Maria Sofia Messana, Art. Autodafé, Spagna, in: DSI 1 (2011), S. 124–126.

13 Bertolt Brecht, Das Leben des Galilei, in: Gesammelte Werke, Bd. 3, Frankfurt a. M. 1967, S. 1229–1354, hier S. 1328 f. Zum Galileo-Prozess vgl. Beretta, Galilée; Beretta (Hg.), Galilée en procès; Wolf, Kontrolle, S. 1017–1019 und S. 1024–1027.

14 Costituti di P. Peters; ACDF SO St. St. B 6 y, fol. 195–203.
15 Pacifico Gasparri war seit Januar 1851 Skriptor des Heiligen Offiziums. Über ihn Wolf (Hg.), Prosopographie, S. 650.
16 Giacomo Vagaggini, aus der Toskana stammend, 1848 Sekretär des Assessors der Kongregation des Heiligen Offiziums, 1851 Substitut des Notars des Heiligen Offiziums, gestorben 1885. Über ihn Wolf (Hg.), Prosopographie, S. 1517.
17 Costituti di P. Peters, Abjuratio, 18. Februar 1862; ACDF SO St. St. B 6 y, fol. 197.
18 Costituti di P. Leziroli, Abjuratio, 17. Februar 1862; ACDF SO St. St. B 6 s, fol. 98–105.
19 Costituti di Sr. Maria Luisa, Abjuratio, 14. Februar 1862; ACDF SO St. St. B 6 o, fol. 76–78; Abjuratio der Äbtissin, 14. Februar 1862; ebd., B 6 r, fol. 77–81.
20 Vgl. Norbert Lüdecke, Kidnapping aus Heilssorge? Der lange Schatten des Edgardo Mortara, in: Reinhold Boschki / Albert Gerhards (Hg.), Erinnerungskultur in der pluralen Gesellschaft. Neue Perspektiven für den jüdisch-christlichen Dialog (Studien zum Judentum und Christentum), Paderborn u. a. 2010, S. 303–320.
21 Die Kirche mit angeschlossenem Exerzitienhaus befindet sich auf dem Esquilin an der Via Napoleone III, dort, wo sich die Via Napoleone III mit der Piazza Vittorio Emanuele II kreuzt. Es wurde von den Jesuiten bis 1870 geleitet. Vgl. [Anonym], Le case di esercizi spirituali stabilite a norma di ciò che prescrive s. Ignazio di Lojola e si pratica nella Casa di S. Eusebio in Roma, Rom 1855; Augustin Theiner, Geschichte der geistlichen Bildungsanstalten. Mit einem Vorworte, enthaltend Acht Tage im Seminar zu St. Euseb in Rom, Mainz / Wien 1835.
22 Die Rundkirche und ein damit verbundenes Noviziatsgebäude für die Jesuiten ließ ein Neffe Innozenz' X., Camillo Panfili, 1678 nach Plänen Berninis erbauen. Vgl. Armellini, Chiese, S. 185.
23 Zitiert nach Galletti, Memorie Bd. 2, S. 455.
24 Sommervogel, Bibliothèque Bd. 4, Sp. 1771.
25 Das Kloster mit der angeschlossenen Kirche Santa Maria della Visitazione und San Francesco di Sales befindet sich in Trastevere in der Via della Lungara und wurde um 1669 von Clemens IX. für die Nonnen des Ordens der Heimsuchung Mariens errichtet, die dort von 1673 bis 1793 blieben. Nach dem Umzug der Nonnen ins Kloster Santa Maria dell'Umiltà beim Quirinal wurde der Komplex 1794 von dem Seidenkaufmann Vincenzo Masturzi aus Sorrent gekauft und einer frommen Frauengemeinschaft übergeben, die von dessen Tochter geleitet wurde. Sieben Jahre später wurde der Gemeinschaft erlaubt, ein neues Kloster der Dienerinnen Mariä zu gründen. 1873 wurde das Kloster von der italienischen Regierung enteignet und später in ein Frauengefängnis umgestaltet. Vgl. Armellini, Chiese, S. 655; Art. Serve di Maria SS. Addolorata o Servite, in: Moroni, Dizionario 64 (1853), S. 191–199; Gregor Zinkl, Art. Serviten, in: LThK[1] 9 (1937), Sp. 499–501.
26 Fascicolo dei Decreti, Kardinalsplenaria Feria IV., 14. Juni 1865; ACDF SO St. St. B 6 w f.
27 Thurn und Taxis-Hohenlohe, Jugenderinnerungen, S. 77.
28 Vgl. ebd., S. 77–79.
29 Erlebnisse von S. Ambrogio; StA Sigmaringen, Dep 39 HS 1 Rubr 53 Nr. 14 UF 9m, S. 49 f.

Anmerkungen Neuntes Kapitel

30 Deutscher Merkur. Organ für katholische Reformbewegung Nr. 12 vom 22. März 1879, S. 95 f. Vgl. auch Deufel, Kirche, S. 62.
31 Abschrift eines Schreibens der Fürstin Katharina von Hohenzollern an Pater Kleutgen, 23. März 1879; ADPSJ Abt. 47 Nr. 541.
32 Thurn und Taxis-Hohenlohe, Jugenderinnerungen, S. 80; Zingeler, Katharina, S. 83.
33 Johann Peter Anselm Nickes wurde 1825 geboren und studierte in Bonn. Nach der Promotion zum Doktor der Theologie und Philosophie trat er 1854 in das Benediktinerkloster Sankt Paul in Rom ein, wo er Moral und Griechisch lehrte. Er starb 1866. Über ihn Kosch, Deutschland Bd. 2, Sp. 3247.
34 Zingeler, Katharina, S. 79 und S. 82.
35 Virgil Fiala, Art. Wolter, Maurus, in: DIP 10 (2003), Sp. 617–619; hier Sp. 617. Vgl. auch Kölnische Zeitung Nr. 297 vom 25. Oktober 1860: «Die verwitwete Fürstin Katharina von Hohenzollern-Sigmaringen, welcher der Heilige Vater seit ihrer Rückkehr aus Neapel ein Apartment in der Residenz des Quirinals als Wohnung eingeräumt hatte, ist nach Deutschland abgereist. Ihr folgte Monsignore Hohenlohe, Geheimer Kammerherr Seiner Heiligkeit.»
36 Zingeler, Katharina, S. 82–93.
37 Thurn und Taxis-Hohenlohe, Jugenderinnerungen, S. 81 f.
38 Vgl. Virgil Fiala, Art. Beuron, in: DIP 1 (1974), Sp. 1427–1430; Fiala, Bemühungen, S. 718–733; Fiala, Beuron, S. 135–144; Fiala, Jahrhundert; Kopf, Klösterliches Leben, S. 28 f.; Petzolt, Gründungs- und Entwicklungsgeschichte; Reinhardt, Bemühungen, S. 734–744. Karl Anton von Hohenzollern-Sigmaringen wurde 1811 geboren und war zwischen 1858 und 1862 amtierender preußischer Ministerpräsident. Er starb 1885.
39 Katharina von Hohenzollern an Fürst Leopold, 14. Februar 1890; zitiert nach Zingeler, Katharina, S. 199–201.
40 Thurn und Taxis-Hohenlohe, Jugenderinnerungen, S. 83 f.
41 Vgl. Zingeler, Katharina, S. 201–204.
42 Ebd., S. 210.
43 Vgl. Fiala, Jahrhundert; Wenzel, Freundeskreis; Zingeler, Katharina. Der Untertitel von Zingelers Biographie lautet bezeichnenderweise: «Die Stifterin von Beuron». Zur Beuroner Benediktinerkongregation vgl. Beuron 1863–1963; Petzolt, Gründungs- und Entwicklungsgeschichte; Schöntag (Hg.), 250 Jahre. Zur Beuroner Kunstschule vgl. Siebenmorgen, Anfänge.
44 Vgl. Zingeler, Katharina, S. 207 f.
45 Vgl. Thurn und Taxis-Hohenlohe, Jugenderinnerungen, S. 84.
46 «Es ist ja doch die wunderbare Führung der göttlichen Vorsehung selbst gewesen, die es an dieselben anwies, und durch besondere Fügung das innerste Erleben und Erleiden der jüngsten Vergangenheit, offenkundig vor Ihren väterlichen Blicken ausbreitet.» Katharina von Hohenzollern-Sigmaringen an die deutschen Väter zu Sankt Paul, 14. September 1859; zitiert nach Wenzel, Freundeskreis, S. 362–364, hier S. 362.
47 Fink, Tagebücher, S. 474. Zum Folgenden vgl. Fink, Kardinal, S. 164–172; Kraus, Hohenlohe, S. 165–175; Schlemmer, Gustav, S. 373–415; Wolf, Gustav, S. 350–375.
48 Zitiert nach Wolf, Gustav, S. 359. Zur Besetzung des Freiburger Erzbischofsstuhls vgl. Josef Becker, Zum Ringen um die Nachfolge Erzbischofs Hermann

von Vicaris 1868. Die Voten der Domkapitulare Orbin, Schmidt, Haitz und Kössing, in: Freiburger Diözesanarchiv 88 (1968), S. 380–427.
49 Gustav an Chlodwig zu Hohenlohe-Schillingsfürst, 17. März 1870; zitiert nach Curtius (Hg.), Denkwürdigkeiten Bd. 2, S. 1 f.
50 Gustav an Chlodwig zu Hohenlohe-Schillingsfürst, 26. November 1869; zitiert nach ebd., Bd. 1, S. 404.
51 Gustav zu Hohenlohe-Schillingsfürst an Kardinal Schwarzenberg, 18. Juli 1870; zitiert nach ebd., S. 365.
52 Kraus, Hohenlohe, S. 175.
53 Katharina von Hohenzollern an Pius IX., o. D. [April 1873]; zitiert nach Zingeler, Katharina, S. 169 Anm. 1.
54 Vgl. Duhr, Jesuiten-Fabeln, S. 425–453, der Fall Kleutgen S. 451–453. Den Antijesuitismus teilte Gustav zu Hohenlohe-Schillingsfürst übrigens mit seinem Bruder Chlodwig. Vgl. Pfülf, Hohenlohe, S. 1–22.
55 Friedrich, geboren 1836, wurde 1871 aufgrund seiner Weigerung, das Dogma der Infallibilität anzuerkennen, exkommuniziert. Er war maßgeblich beteiligt an der Errichtung der altkatholischen Fakultät in Bern 1874. 1875 kehrte er nach München zurück. Er starb 1917. Über ihn Kessler, Friedrich.
56 Steinhuber an Langenhorst, Mai 1883; ADPSJ Abt. 47 Nr. 541.
57 Thurn und Taxis-Hohenlohe, Jugenderinnerungen, S. 91. Vgl. auch S. 79: Er war ein Mann, «der sowieso überall Gift witterte». Zum Vergiftungstrauma Hohenlohes vgl. Schlemmer, Gustav, S. 388–390; Weber, Quellen, S. 140 f.
58 Vgl. Bülow, Denkwürdigkeiten Bd. 1, S. 11; Weber, Quellen, S. 141 Anm. 203. Zu Gustavo Nobile gibt es keine weiteren Informationen.
59 Zum Konklave von 1878 vgl. Schmidlin, Papstgeschichte Bd. 2, S. 338–346. Franchi, geboren 1819, 1867 Konsultor der politisch-kirchlichen Vorbereitungskommission des Konzils, 1868 Nuntius in Spanien, 1874 Präfekt der Kongregation für die Glaubensverbreitung, März 1878 Kardinalstaatssekretär, gestorben 1878. Über ihn Weber, Kardinäle Bd. 2, S. 466; Weber, Quellen, S. 137–142; Wolf (Hg.), Prosopographie, S. 609–611.
60 Vgl. Lill, Akten, S. 95 Anm. 2; Wolf, Gustav, S. 368.
61 Gustav zu Hohenlohe-Schillingsfürst an Hermann zu Hohenlohe-Langenburg, 13. Mai 1895; zitiert nach Schlemmer, Gustav, S. 383.
62 Georg Kopp, geboren 1837, war von 1872 bis 1881 Generalvikar in Hildesheim, von 1881 bis 1887 Bischof von Fulda und seit 1887 Fürstbischof von Breslau. 1893 zum Kardinal ernannt, starb er 1914. Über ihn Gatz (Hg.), Bischöfe, S. 400–404.
63 Zitiert nach Kraus, Tagebücher, S. 657.
64 Das Grabdenkmal ist eine Relieftafel mit Inschrift, Porträt und Wappen. Vgl. Albrecht Weiland, Der Campo Santo Teutonico in Rom und seine Grabdenkmäler (Römische Quartalschrift Supplementheft 43), Rom u. a. ²1988, S. 555–557 mit Abb. 85.
65 Zitiert nach Kraus, Tagebücher, S. 575.
66 Vgl. Weber, Quellen, S. 19–21.
67 Vgl. Anton Zeis, in: Gatz (Hg.), Bischöfe, S. 603–606, hier S. 606. Die Kirche liegt im Rione Campitelli am gleichnamigen Platz, nicht weit entfernt von der Bocca della Verità.
68 Vgl. Weber, Kardinäle Bd. 1, S. 299 f. und S. 500 f.

69 Vgl. Aubert, Pontificat, S. 285. Das Zitat stammt von Diomede Pantaleoni (1810–1885), der während des Pontifikats von Pius IX. zu den Liberalen gezählt wurde.
70 Louis Teste, Preface au Conclave, Paris 1877, S. 80 f.; zitiert nach Aubert, Pontificat, S. 285.
71 Vgl. Weber, Quellen, S. 265 Anm. 137.
72 Tribunale civile e correzionale di Roma, Abschrift einer Akte zu einer gerichtlichen Auseinandersetzung zwischen dem Heiligen Offizium und Maria Ridolfi vor dem Tribunale civile e correzionale di Roma vom 23. Oktober 1871. Dabei gibt Rechtsanwalt Severino Tirelli als Vertreter des Heiligen Offiziums einen Rückblick auf Maria Luisas Geschick; ACDF SO St. St. B 6 w 1.
73 Gißibl, Zeichen, S. 109.
74 Maria von Mörl, geboren 1812, war schon als Kind oft kränklich. 1832 traten bei ihr erste Ekstasen auf. Mit 24 Jahren bekam sie an den Händen und Füßen Wundmale und wurde zum Anziehungspunkt für viele Besucher, Pilger und Schaulustige. Sie starb 1868 in einem Terziarinnenkloster in Kaltern, in dem sie seit dem Tod ihres Vaters 1840 lebte. Vgl. Priesching, Mörl, S. 16.
75 Gißibl, Zeichen, S. 110. Vgl. auch Priesching, Mörl, S. 105–107.
76 Zur Erklärung dieser Phänomene sind vor allem auch die Ergebnisse der Gender-Forschung hilfreich. Vgl. Braun/Stephan (Hg.), Gender-Studien; Opitz, Um-Ordnungen; Weiß, Weisungen, S. 243–246.
77 Vgl. als Beispiel Huguet, Geist, S. 385–422, hier das Kapitel «Übernatürliche Begebenheiten im Leben Pius IX.» Zur Verehrung des Papstes und den Wundern, die ihm von Zeitgenossen zugeschrieben wurden, vgl. grundsätzlich Zinnhobler, Pius IX., S. 386–432.
78 Grundlage des Strafrechts in Mitteleuropa bis ins 19. Jahrhundert hinein bildete die «Constitutio Criminalis Carolina», die Gerichtsordnung Kaiser Karls V. und des Heiligen Römischen Reiches. Für unterschiedliche Verbrechen gab es auch unterschiedliche Hinrichtungsarten; Brandstifter, Zauberer, Hexen, Sodomiter und Kirchenräuber wurden verbrannt, Verräter geviertelt und Mörder gerädert oder enthauptet. Bis zum Ende des 18. Jahrhunderts nahm die Todesstrafe breiten Raum im Justizsystem ein. Der erste grundsätzliche Bekämpfer der Todesstrafe war der italienische Jurist Cesare Beccaria mit seinem 1764 in Neapel erschienenen Werk «Dei delitti e delle pene». Im Laufe des 19. Jahrhunderts wurde in vielen Ländern die Todesstrafe abgeschafft und durch eine lebenslange Freiheitsstrafe ersetzt. Jedoch wurde sie besonders während der Nationalkriege in den europäischen Nationalstaaten oft vollstreckt, um Machtinteressen zu sichern. Vgl. Karl Hilgenreiner, Art. Todesstrafe, in: LThK[1] 10 (1938), Sp. 194 f.; Oliver Michael Timothy O'Donovan, Art. Todesstrafe, in: TRE 33 (2002), S. 639–646. Welche Strafen Geistliche allgemein zu erwarten hatten, findet sich bei Hinschius, System.
79 Vgl. Gregor XVI., Regolamento sui delitti e sulle pene, 20. September 1832, in: Sergio Vinciguerra (Hg.), I regolamenti penali di Papa Gregorio XVI per lo Stato Pontificio (1832), Padua 2000, S. 83–121, hier S. 88 und S. 111.
80 Das Privilegium fori wurde durch die Ablegung der Profess erworben. Vgl. Sägmüller, Kirchenrecht, S. 740 und allgemein S. 188–190. Vgl. auch Richard Puza, Art. Privilegium fori, in: LexMA 7 (1999), Sp. 228 f. Zur Rechtssituation im Kirchenstaat Raffaele Ala, Il foro criminale Bd. 8, Rom 1826, S. 131–134.

81 Tribunale civile e correzionale di Roma, Comparsa conclusionale (Schlussschriftsatz) von Severino Tirelli, 23. Oktober 1871; ACDF SO St. St. B 6 w l. Danach das Folgende.
82 Das Gefängnis befand sich in einem Gebäude in der Nähe der Diokletiansthermen, das Clemens XI. 1705 ursprünglich für das Ernährungsamt hatte bauen lassen. Die «Casa di detenzione alle Terme diocleziane» wurde 1834 eröffnet und beherbergte sowohl Männer als auch Frauen, die zu einer Freiheitsstrafe zwischen einem und drei Jahren verurteilt worden waren. Die Frauenabteilung wurde ab 1854 von den Schwestern der Göttlichen Vorsehung und Unbefleckten Empfängnis geleitet. Vgl. Monica Calzolari, La Casa di detenzione alle Terme diocleziane di Roma (1831–1891), in: Livio Antonielli (Hg.), Carceri, carcerieri, carcerati. Dall'antico regime all'Ottocento, Soveria Mannelli 2006, S. 49–78; Carlo Luigi Morichini, Degli istituti di carità per la sussistenza e l'educazione dei poveri e dei prigionieri in Roma, Bd. 3, Rom 1870, S. 702–710.
83 Tribunale civile e correzionale di Roma, Comparsa conclusionale von Severino Tirelli, Pro secreta Em.orum, o. D. [vermutlich 25. Juli 1868]; ACDF SO St. St. B 6 w l.
84 Tribunale civile e correzionale di Roma, Comparsa conclusionale von Severino Tirelli, Attestazione del Dr. Caetani, 14. Januar 1869; ACDF SO St. St. B 6 w l. Vermutlich handelt es sich bei Doktor Caetani um den aus Alatri stammenden Placido Gaetani, der als Arzt im Erzhospital von San Gallicano tätig war. Vgl. Annibale Taddei, Manuale di notizie risguardanti le scienze, arti, e mestieri della città di Roma per l'anno 1839, Roma 1838, S. 62.
85 Nach einem Bericht des deutschen Arztes Karl Finkelnburg um das Jahr 1866 bestand die Irrenanstalt, die offiziell «Manicomio Santa Maria della Pietà» hieß, am rechten Tiberufer seit 1728 und wurde unter Pius IX. um das Areal am Gianicolo einschließlich der Villa Barberini bedeutend vergrößert. «Erweitert und völlig im Innern umgeschaffen wurde auch das alte Hauptgebäude, welches mit seiner düsteren altersgeschwärzten Eingangsfront in der Straße Sankt Michele den Besucher sehr unfreundlich empfängt. Beide streng gesonderten Geschlechts-Abteilungen sind jetzt in vier verschiedene Quartiere geteilt nach dem Charakter ihrer Bewohner als Tranquilli, Suicidi (Unreinliche), Agitati und Furiosi. ... Die ärztliche Leitung der Anstalt ist seit 1860 in den Händen des päpstlichen Leibarztes Dr. Viale ... Mit der obersten Verwaltung ist natürlich ein Prälat betraut, mit dem Hausdienst einschließlich der Oberwartung über die Kranken eine kleine Zahl von Ordensbrüdern und Schwestern. ... Die ärztliche Behandlung der Seelengestörten leitet Viale im Ganzen nach den Grundsätzen der französischen Schule – doch zeichnet sich sein ‹Traitement moral› durch große Milde, Verwerfung jedes körperlichen Zwanges und sinnreiches Streben nach Hebung des sittlichen Selbstgefühls der Kranken aus.» Allgemeine Zeitschrift für Psychiatrie und psychisch-gerichtliche Medicin, herausgegeben von Deutschlands Irrenärzten 23 (1866), S. 398–401.
86 Tirelli stammte aus Cerreto Guidi (Toskana) und war nach dem Bakkalaureat 1835, dem Diplom in Facultatis Juris Utriusque 1838 und dem Hochschulabschluss in Rechtswissenschaft 1850 Rechtsanwalt im Kirchenstaat. Vgl. Annuario Ecclesiastico, Rom 1898, S. 101; Annuaire pontifical catholique, Paris 1899, S. 376 und S. 458; La gerarchia cattolica la cappella e la famiglia pontificie

Anmerkungen Neuntes Kapitel 513

per l'anno 1888 con appendice di altre notizie riguardanti la Santa Sede, Rom 1888, S. 636; http://www.prometheos.net/immagini/cataloghi/.../udite.pdf (01.08.2012).
87 Vgl. Zingeler, Katharina, S. 167 f.
88 Thurn und Taxis-Hohenlohe, Jugenderinnerungen, S. 83.
89 Jedenfalls stellte Kleutgen es in der Retrospektive so dar. Kleutgen an den damaligen Rektor des Germanicums Steinhuber, Mai 1883; ADPSJ Abt. 47 Nr. 541, fol. 8.
90 Das Sanktuarium Santa Maria di Galloro wurde zwischen 1624 und 1633, das angeschlossene Kloster zwischen 1632 und 1634 erbaut und bis 1798 von den Vallombrosanern geleitet, die 1801 nach der Zeit der Römischen Republik zurückkehrten und bis 1809 blieben. 1816 ging das Kloster in den Besitz der Jesuiten über. Nach einer vorübergehenden Wiederkehr der Vallombrosaner wurde das Kloster 1824 erneut den Jesuiten übergeben, die es heute noch bewohnen und als Exerzitienhaus nutzen. Vgl. Giuseppe Boero, Istoria del santuario della beatissima Vergine di Galloro, Rom 1842, ²1852, ³1863; Girolamo Pecchiai, Il santuario di Galloro e la miracolosa immagine di Maria Santissima che in esso si venera. Cenni storico-descrittivi, Rom 1910; Francesco Petrucci, Il Cavalier Gianlorenzo Bernini e il santuario di Galloro, in: Documenta Albana (Serie II) 10 (1988), S. 59–73; Schäfer, Kontroverse, S. 66 Anm. 53.
91 Patrizi an Pius IX., o. D., der sich auf eine entsprechende Bitte von Beckx vom 16. Oktober 1863 bezieht; ACDF SO St. St. B 7 a, Faszikel über Kleutgen. Auch Peter Walter konnte nachweisen, dass Kleutgen 1863 bereits wieder in Rom war; Walter, Zu einem neuen Buch, S. 323. Deufel, Kirche, S. 63 geht von einem zweijährigen Aufenthalt Kleutgens in Galloro aus. Briefe aus Galloro von Kleutgen sind für den Zeitraum vom 4. September 1862 bis zum 8. Mai 1863 bekannt. Vgl. Schäfer, Kontroverse. Vgl. auch Imkamp, Studienjahre, S. 178 Anm. 28; Lakner, Kleutgen, S. 196 Anm. 59; Walter, Kleutgen, S. 146.
92 Steinhuber an Langenhorst, Mai 1883; ADPSJ Abt. 47 Nr. 541. Steinhuber zitiert hier aus Mitteilungen, die ihm Kleutgen machte. Das Lebensbild, das Langenhorst über Kleutgen verfassen wollte und dem die von Steinhuber gelieferten Informationen dienen sollten, ist nie erschienen.
93 Zum Folgenden vgl. Wolf, Erfindung, S. 236–259.
94 So richtig Bischof, Theologie, S. 95–105.
95 Döllinger, Rede, S. 25–59, hier S. 42 und S. 47 f.
96 Vgl. Congar, Bref historique, S. 108; Congar, Tradition, S. 218 f.
97 Unterburger, Lehramt, S. 136.
98 Döllinger, Rede, S. 58.
99 Breve Pius' IX. «Tuas libenter» vom 21. Dezember 1863; vollständiger lateinischer Text in: ASS 8 (1874), S. 436–442; Auszüge mit deutscher Übersetzung in: Denzinger/Hünermann, Enchiridion, Nr. 2875–2880, hier Nr. 2876.
100 Jakob Frohschammer, geboren 1821, 1847 Priesterweihe, 1855 Ordinarius für Philosophie in München, 1863 suspendiert, gestorben 1893. Über ihn Pahud de Mortanges, Philosophie.
101 Gregor von Scherr, 1804 geboren, 1829 zum Priester geweiht, legte 1833 die Profess im Benediktinerkloster Metten ab und wurde bereits 1838 Prior und 1840 Abt. Von 1856 bis zu seinem Tod 1877 amtierte er als Erzbischof von München und Freising. Über ihn Anton Zeis, in: Gatz (Hg.), Bischöfe, S. 654–656.
102 Jakob Frohschammer, Ueber den Ursprung der menschlichen Seelen. Rechtfertigung des Generatianismus, München 1854.

103 Kleutgen, Gutachten zu Frohschammer, Ueber den Ursprung ..., 19. November 1855; ACDF Index Prot. 119 (1854–1857), fol. 443r–446v.
104 Zum ganzen Verfahren Pahud de Mortanges, Philosophie, S. 33–69. Danach das Folgende.
105 Angelo Trullet, geboren 1813, war Franziskaner und seit 1854 Konsultor der Indexkongregation. Er starb 1879. Über ihn Wolf (Hg.), Prosopographie, S. 1505–1508.
106 Bernard Smith, geboren 1812, war Benediktiner und seit 1852 Konsultor der Indexkongregation. Er starb 1892. Über ihn ebd., S. 1390–1398.
107 Johann Baptist Hirscher, geboren 1788, 1810 Priester der Diözese Rottenburg, 1817 Professor für Moraltheologie in Tübingen, seit 1839 in Freiburg, 1839 zugleich Domkapitular. Hirscher war in zahlreiche Indizierungsverfahren verwickelt und wurde von den Neuscholastikern als Aufklärer und Liberaler verfolgt. Er starb 1865. Über ihn Köster, Hirscher.
108 Kleutgen, Zweites Gutachten zu Frohschammer, Ueber den Ursprung ..., 7. Februar 1856; ACDF Index Prot. 119 (1854–1857), fol. 758r–794v. Danach das Folgende.
109 Trullet, Gutachten zu Frohschammer, Ueber den Ursprung ..., 26. August 1856; ACDF Index Prot. 119 (1854–1857), eingebunden nach fol. 799r ohne Paginierung, 222 S. im Geheimdruck.
110 1858 erschien Frohschammers Schrift «Einleitung in die Philosophie und Grundriss der Metaphysik. Zur Reform der Philosophie»; 1861 dann «Ueber die Freiheit der Wissenschaft». Zu beiden Schriften Pahud de Mortanges, Philosophie, S. 72–140. Vgl. auch Frohschammers «Autobiographie», in: Adolf Hinrichsen (Hg.), Deutsche Denker und ihre Geistesschöpfungen, Berlin o. J. [1888], S. 35–45.
111 Piotr Adolf Konstanty Semenenko, geboren 1814, gehörte der Kongregation der Resurrektionisten an und war seit 1857 Konsultor der Indexkongregation, seit 1873 Konsultor beim Heiligen Offizium. Er starb 1886. Über ihn Wolf (Hg.), Prosopographie, S. 1361–1365.
112 Semenenko, Gutachten zu Frohschammer, Ueber die Freiheit ..., 29. November 1861; ACDF Index Prot. 122 (1862–1864) o. Nr., 36 S. Druck, v. a. fol. 3 f. Vgl. Pahud de Mortanges, Philosophie, S. 206–219.
113 Ebd., S. 263–291. Breve Pius' IX. «Gravissimas Inter» vom 11. Dezember 1862; vollständiger lateinischer Text in: ASS 8 (1874), S. 429–435; wenig aussagekräftige Auszüge mit deutscher Übersetzung in: Denzinger / Hünermann, Enchiridion, Nr. 2850–2861.
114 So treffend Walter, Kleutgen, S. 146.
115 Vgl. Deufel, Kirche, S. 63 Anm. 246. Vgl. auch Kleutgens Briefe aus Rom, die seit den 1860er Jahren eine gewisse Distanzierung zur Stadt erkennen lassen; Kleutgen, Briefe.
116 Kleutgen an Steinhuber, 29. August 1869; zitiert nach Deufel, Kirche, S. 286–288, hier S. 286.
117 Ebd., S. 63 Anm. 246.
118 Walter Steins wurde 1810 geboren. Er trat 1832 in Nijvel sein Noviziat in der Gesellschaft Jesu an und wurde 1842 zum Priester geweiht. 1852 ging er in die Mission nach Indien, wo er 1867 zum Bischof von Kalkutta ernannt wurde. Steins starb 1881. Über ihn Biografisch Archiv van de Benelux, Steene-Stekke, Fiche 646, S. 444–446.
119 Vgl. Mai, Bischof, S. 126; Mansi 53, Sp. 286–331; Schatz, Vaticanum I Bd. 2, S. 313–355; Walter, Zu einem neuen Buch, S. 325 f.

120 Vaticanum I, Dogmatische Konstitution «Dei filius» über den katholischen Glauben vom 24. April 1870, lateinisch-deutscher Text in: Denzinger/Hünermann, Enchiridion, Nr. 3000–3045, hier Nr. 3011. Vgl. Pottmeyer, Glaube.
121 Andreas Steinhuber, 1825 geboren, wurde 1851 zum Priester geweiht und trat 1857 in die Gesellschaft Jesu ein. Nach einer Zeit als Professor für Dogmatik in Innsbruck und als Rektor des Collegium Germanicum machte er eine klassische kuriale Karriere, bevor er 1907 starb. Über ihn Wolf (Hg.), Prosopographie, S. 1415–1418.
122 Steinhuber an Langenhorst, April 1883; ADPSJ Abt. 47 Nr. 541, fol. 10 f. Vgl. auch Eduard Winter, Art. Kleutgen, in: LThK^1 6 (1934), Sp. 46: Die endgültige Umarbeitung der Konstitution stamme von Kleutgen.
123 Mansi 53, Sp. 313 A.
124 Beumer, Konstitution, S. 354 Anm. 60. Vgl. auch [Kleutgen], Lehrgewalt.
125 Kleutgen an Steinhuber, 7. Januar 1871; zitiert nach Deufel, Kirche, S. 69.
126 Kleutgen an Steinhuber, 24. Februar 1872; zitiert nach ebd., S. 71.
127 Itinerar Kleutgens ebd., S. 78 f.
128 Pfarrer Glatz an Pater Felchlin, 6. März 1883; zitiert nach ebd., S. 72.
129 Vgl. Deufel, Kirche, S. 74.
130 Enzyklika Leos XIII. «Aeterni Patris» vom 4. August 1879; vollständiger lateinischer Text in: ASS 12 (1879/80), S. 436–442; Auszüge mit deutscher Übersetzung in: Denzinger/Hünermann, Enchiridion, Nr. 3135–3140.
131 Steinhuber behauptete sogar, Kleutgen habe den «Entwurf» dazu verfasst. Steinhuber an Langenhorst, April 1883; ADPSJ Abt. 47 Nr. 541. Winter konstatiert, von Kleutgen stamme «wahrscheinlich der 1. Entwurf»; Eduard Winter, Art. Kleutgen, in: LThK^1 6 (1934), Sp. 46. Walter urteilt dagegen, es sei eher «ungewiß», ob er an den Vorbereitungen beteiligt war; Peter Walter, Art. Kleutgen, in: LThK^3 6 (1997), Sp. 135.
132 Kleutgen an Steinhuber, 12. September 1879; zitiert nach Deufel, Kirche, S. 75 f.
133 An diese Aussage Kleutgens erinnerte sich Pfarrer Glatz von Lengmoos in der Retrospektive von 1883; ebd., S. 76.
134 Kleutgen an Schneemann, 16. Juli 1881; zitiert nach ebd., S. 77.
135 Vgl. Finkenzeller, Kleutgen, S. 324.
136 Text der lateinischen Grabinschrift bei Hertkens, Kleutgen, S. 90; Lakner, Kleutgen, S. 200.
137 Lakner, Kleutgen, S. 200.
138 Erste Dogmatische Konstitution über die Kirche Christi «Pastor aeternus» vom 18. Juli 1870; lateinisch-deutscher Text in COD, S. 811–816, hier S. 816.

EPILOG

Das Geheimnis von Sant'Ambrogio im Urteil der Geschichte

1 Vgl. Civiltà Cattolica vom 25. Mai 1861, S. 621–623.
2 Vgl. die Seiten «Roma turismo» und «Romafelix», online: http://www.viavenetoroma.it/it/chiese/DettaChiese.asp?id=226 und http://romafelix.com/sambrmass.htm (25.05.2012).

3 Vgl. Bischof, Theologie, S. 62–105.
4 Vgl. Wolf, Syllabus, S. 115–139.
5 Vgl. Quirinus [Ignaz von Döllinger], Römische Briefe vom Concil, München 1870, S. 286. Die «Römischen Briefe» erschienen zunächst als Beiträge in der Augsburger Allgemeinen Zeitung und wurden von Döllinger später in Buchform publiziert.
6 Vgl. Gottes eigenes Konzil. Zweitausend Jahre Apostel, Päpste und Politik im Namen Christi, in: Der Spiegel Nr. 43 vom 24. Oktober 1962.
7 Eine Sammlung entsprechender Artikel befindet sich ADPSJ, Abt. 47 Nr. 541.
8 Zum Altkatholizismus vgl. Conzemius, Katholizismus; Schulte, Altkatholizismus.
9 Deutscher Merkur. Organ für katholische Reformbewegung Nr. 12 vom 22. März 1879, S. 95 f. Vgl. auch Hertkens, Kleutgen, S. 81 f.
10 Giovenale Pelami, geboren 1819, war seit 1844 Substitut des Notars und von 1870 bis 1886 Chefnotar des Heiligen Offiziums. Er starb 1888. Über ihn Wolf (Hg.), Prosopographie, S. 1151.
11 Neue Zeitung für das katholische Deutschland Nr. 63 vom 14. März 1879. Vgl. auch Deufel, Kirche, S. 62. Lateinischer Text bei [Dr.] Liesen, P. Joseph Kleutgen, in: Der Katholik 63 (1883) Erste Hälfte, S. 523–543, hier S. 529; ferner Hertkens, Kleutgen, S. 82.
12 Neue Zeitung für das katholische Deutschland Nr. 64 vom 15. März 1879.
13 Vgl. Deufel, Kirche, S. 62.
14 Johann Hertkens, geboren 1843, war Oberpfarrer, Homiletiker und Biograph. Er starb 1909. Über ihn Herrmann A. L. Degener (Hg.), Wer ist's? Zeitgenossenlexikon enthaltend Biographien nebst Bibliographien, Leipzig [4]1909, S. 573; Biographisches Jahrbuch und deutscher Nekrolog, Bd. 14, Berlin 1909, S. 36*.
15 Ludwig Lercher, geboren 1864, trat 1891 in die Gesellschaft Jesu ein und war Dogmatikprofessor an der Universität Innsbruck. Er starb 1937. Über ihn Franz Daxecker, Art. Lercher, in: BBKL (nur online); Koch, Jesuiten-Lexikon Bd. 2, Sp. 1098.
16 Vgl. Hertkens, Kleutgen, S. 77–80.
17 Ebd., S. 81.
18 Theodor Granderath, geboren 1839, trat 1860 in die Gesellschaft Jesu ein und war Professor für Dogmatik an der Gregoriana und im Ignatiuskolleg in Valkenburg. Er starb 1902. Über ihn Koch, Jesuiten-Lexikon Bd. 1, Sp. 723.
19 Granderath, Geschichte Bd. 2, S. 363 f. Anm. 6. Die Position Granderaths übernahm noch 1961 Schäfer, Kontroverse, S. 47 Anm. 90.
20 Lakner, Kleutgen, S. 195 f. Franz Lakner wurde 1900 geboren, trat 1922 in die Gesellschaft Jesu ein und empfing 1929 die Priesterweihe. Der Professor für Dogmatik in Innsbruck starb 1974. Über ihn Klaus Schatz, Art. Lakner, in: NDB 13 (1982), S. 424.
21 Koch, Jesuiten-Lexikon, Sp. 998. Ludwig Koch wurde 1878 geboren und trat 1897 in die Gesellschaft Jesu ein. Der Schriftsteller war Schriftleiter des Sonntagsblattes «Leo» und der «Sonntagsstimmen» sowie Mitarbeiter der «Stimmen der Zeit». Er starb 1936. Über ihn Paul Duclos, Art. Koch, in: BBKL 4 (1992), Sp. 220 f.
22 Cronaca Contemporanea, in: Civiltà Cattolica Serie XII 1 (1883), S. 633–636.
23 Un Ristoratore della Filosofia scolastica. Giuseppe Kleutgen S.J. (9 aprile 1811–13 gennaio 1883), in: Civiltà Cattolica 62 (1911), S. 34–45.

Anmerkungen Epilog

24 Zingeler, geboren 1845, legte als Externer am Bonner Gymnasium die Reifeprüfung ab und studierte danach Philosophie. Erbprinz Leopold von Hohenzollern verpflichtete ihn 1871 als Erzieher seiner beiden ältesten Söhne und holte ihn nach Sigmaringen. Später übernahm er die Leitung des fürstlichen Archivs. In dieser Funktion legte er mehrere Arbeiten über das Haus Hohenzollern vor. Er starb 1923. Über ihn Chr. Zingeler, Karl Theodor Zingeler, 1845–1923, in: Zollerheimat 2 (1933), S. 40–42.
25 Zingeler, Katharina, S. 75.
26 Ebd., S. 77; ähnlich Zingeler, Karl Anton, S. 159 f. Auch der Kustos des Rottenburger Diözesanmuseums Anton Pfeffer (1879–1961) folgte der Darstellung Zingelers. Vgl. Pfeffer, Gründerin, S. 9–14.
27 Zingeler, Katharina, S. V (Vorrede).
28 Vgl. Arnold, Geschichte; Loome, Catholicism; Wolf/Schepers (Hg.), Jagd.
29 Schott, Leben, S. 17 f. Anselm Schott, geboren 1843, erhielt 1867 die Priesterweihe und trat 1868 in die Benediktinerabtei Beuron ein, wo er 1870 seine Profess ablegte. Bekannt wurde er als Herausgeber des weit verbreiteten «Messbuchs für Laien», kurz «Schott» genannt. Er starb 1896. Über ihn Angelus Häussling, Art. Schott, in: LThK^3 9 (2000), Sp. 242 f.
30 Fiala, Jahrhundert, S. 51 f. Fiala wurde 1911 geboren. Nach der Promotion in Wien 1937 legte er 1938 die zeitliche Profess und 1949 die ewige Profess ab und wurde im selben Jahr zum Priester geweiht. Er war als Dozent der Theologie in Beuron und ab 1960 als Mitarbeiter in der Württembergischen Landesbibliothek Stuttgart tätig, bevor er 1978 starb. Über ihn Aegidius Kolb (Hg.), Bibliographie der deutschsprachigen Benediktiner 1880–1980, Bd. 2, Sankt Ottilien 1987, S. 575 f. Im Kontext von Fialas Beitrag in der Festschrift für Beuron steht auch der Artikel «Die Errettung einer ‹Lebend Begrabenen›» von Wilhelm Freiherr Koenig von und zu Warthausen (1912–1972), in: Schwäbische Zeitung Nr. 162 vom 17. Juli 1965.
31 Vgl. Damianus Schaefers, Art. Kreuz IX: Geschichte der Kreuzreliquien, in: LThK^2 6 (1961), Sp. 614 f.
32 Eduard Winter, Art. Kleutgen, in: LThK^1 6 (1934), Sp. 45 f. Der Prager Universitätsprofessor Winter resümiert, dass Kleutgen «hochverdient um die Neubelebung der scholastischen Theologie und Philosophie in Deutschland durch klare und nüchterne Beweisführung auf Grund der Tradition» ist. Leonhard Gilen, Art. Kleutgen, in: LThK^2 6 (1961), Sp. 340. Der Jesuit Gilen erkennt Kleutgen die «wissenschaftliche Überwindung des Hermesianismus» zu, Kleutgens Anliegen sei aber «der quellenmäßige und positive Aufbau aus dem Gedankengut der Scholastik und Patristik» gewesen. Peter Walter, Art. Kleutgen, in: LThK^3 6 (1997), Sp. 135.
33 Gustav Hebeisen, Art. Hohenzollern, Katharina, in: LThK^1 5 (1933), Sp. 106. Der damalige Sigmaringer Archivdirektor charakterisierte sie als «eigenartig veranlagte, von Schicksalsschlägen heimgesuchte Fürstin», die nicht immer leicht verstanden wurde. Hebeisen schrieb überdies, Katharinas dreimal geplanter Ordenseintritt sei auf Abraten Reisachs und wegen Erkrankungen nicht zustande gekommen. Eberhard Gönner, Art. Hohenzollern, Katharina, in: LThK^2 5 (1960), Sp. 435. Peter Thaddäus Lang, Art. Hohenzollern, Katharina, in: LThK^3 5 (1996), Sp. 217. Lang führt das Scheitern Katharinas als Klosterfrau auf ihre «schlechte Konstitution» zurück.

34 Die Einsicht der neueren Enzyklopädieforschung, dass Lexika nie nur neutrale Informationsaggregatoren waren, sondern immer auch «Verhandlungsort dessen, was eine Gemeinschaft für wissenswert hält», hat sich auch hier als zutreffend erwiesen. Vgl. Ines Prodöhl, Die Politik des Wissens. Allgemeine deutsche Enzyklopädien zwischen 1928 und 1956, Berlin 2011, S. 1.
35 Vgl. Deufel, Kirche, S. 56–63.
36 Vgl. Fried, Schleier, S. 13–46.
37 Vgl. Walter, Zu einem neuen Buch, S. 318–356.
38 Vgl. Schwedt, Rez. zu Deufel, S. 264–269, hier S. 267 f.
39 Beide Einwände stechen nicht. Einerseits sind zahlreiche Fälle aus der Praxis der Römischen Inquisition und Indexkongregation bekannt, in denen ein Urteil gefällt, dieses aber aus welchen Gründen auch immer nicht publiziert wurde. So wurde beispielsweise das Werk von John Zahm, Evolution and Dogma, 1898 zwar verboten, das Verbot jedoch nicht veröffentlicht. Vgl. Mariano Artigas u. a., Negotiating Darwin. The Vatican confronts Evolution 1877–1902, Baltimore 2006, S. 124–202. Zudem konnte an einem frühneuzeitlichen Hof, der die Römische Kurie auch im 19. Jahrhundert immer noch war, nicht von einer objektiven Kompetenzabgrenzung die Rede sein. Der absolute Fürst, in diesem Fall der Papst, konnte selbstverständlich eine Behörde oder ein Büro für alles und jeden als zuständig erklären, was Pius IX. in dieser Causa auch tatsächlich tat.
40 Martina, Pio IX Bd. 2, S. 243.
41 Pahud de Mortanges, Philosophie, S. 254.
42 Nichols, Conversation, S. 117–119.
43 Deufel, Kirche, S. 17 f.

Quellen und Literatur

Quellen

München, Archiv der Deutschen Provinz der Jesuiten (ADPSJ)
  Abt. 47 Nr. 541

Neuenstein, Hohenlohe-Zentralarchiv (HZA)
  Archiv Bartenstein Bü 130, Nachträge 56
  Archiv Waldenburg Wa 270, kleinere Nachlässe 206

Sigmaringen, Staatsarchiv (StA)
  Dep 39 HS 1 Rubr 53 Nr. 14 UF 9m — Erlebnisse von S. Ambrogio, von Fräulein Ch. Gmeiner notiert im Jahr 1870, Darstellung des in S. Ambrogio Erlebten von März 1858 bis 26. Juli 1859
  FAS HS 1–80 T 13 Nr. 70 — Tod der Fürstin Katharina von Hohenzollern
  Sa T 2 Fo 167 — Katharina von Hohenzollern

Rom, Archivum Congregationis Sublacensis (ACS)
  Collegio di Sant'Ambrogio
  Scatola Piante

Rom, Archiv der Jesuiten (ARSI)
  Catalogus Provinciae Austriae Societatis Iesu ineunte anno ..., Rom 1844–1878
  Catalogus Provinciae Romanae Societatis Iesu ineunte anno ..., Rom 1844–1878
  Glossario gesuitico. Guida all'intelligenza dei documenti, Rom 1992
  Provinciae Romanae Summ. Vitae 1846–1889
  Schedario unificato. Schede della Antica e Nuova Compagnia

Vatikanstadt, Archiv der Kongregation für die Glaubenslehre (ACDF)
  Indexkongregation (Index)
    Causes célèbres 4, Günther
    Protocolli (Prot.)
      119 (1854–1857); 121 Nr. 18 und Nr. 19; 122 (1862–1864)

Sanctum Officium (SO)
   Acta Congregationis 1861–1862
   Decreta 1859–1862
   Stanza Storica (St. St.)
   B 4 b 1   Venerazione di persone non canonizzate o
                     beatificate (1615–1783)
   B 4 p   Processi del S. Offizio per affettata
                     santità (1617–1771)
   B 6 a bis B 6 z   ⎫
   B 6 a 1 bis B 6 z 1   ⎪ Causa contra le Monache e Direttori del Monastero
   B 6 w a bis B 6 w n   ⎬ di S. Ambrogio in Roma
   B 6 w 1   ⎪
   B 7 a bis B 7 f   ⎭
   D 2 i   Norme per procedere nelle cause del S. Offizio
                     (inizio XIX secolo)
   Q 2 c und Q 2 m   Prattica del Sagro Tribunale del S. Offizio nel
                     formare i Processi diversa da quella di tutti gli altri
                     Tribunali Ecclesiastici e Secolari
   Q 2 d   Istruzione per Monsignore Assessore del S. Offizio

Vatikanstadt, Vatikanisches Geheimarchiv (ASV)
   Archivio Particolare di Pio IX
      Oggetti vari 1733: S. Ambrogio Monastero Inventario
   Monasteri femminili romani soppressi
      S. Ambrogio Busta 1–6
   Visita Apostolica
      97 Nr. 21 Inventario del Monastero di Sant'Ambrogio della Massima 1710

Auskünfte aus Archiven, Bibliotheken und von Privatpersonen
   Archives de l'Etat de Fribourg / Staatsarchiv Freiburg in der Schweiz
   Archivio della Cattedrale di Comacchio
   Archivio della Curia Vescovile di Gubbio
   Archivio Storico del Vicariato di Roma (ASVR)
   Biblioteca Casanatense Rom
   Deutsches Historisches Institut Rom, Bibliothek, Dr. Thomas Hofmann
   Deutsches Literaturarchiv Marbach (DLA)
   Erzbischöfliches Archiv München
   Erzbistumsarchiv Paderborn
   Herb Depke, Cary / North Carolina
   Kollegium Spiritus Sanctus, Brig
   Mediathek Wallis, Sitten
   Medizinhistorisches Museum, Ingolstadt, Prof. Dr. Christa Habrich
   National Archives and Records Administration (NARA), Washington D. C.
   Staatsarchiv Wallis
   Stadtarchiv Dortmund
   Università La Sapienza Rom, Osservatorio sul moderno, Prof. Dr. Gaia Remiddi
      und Maria Teresa Cutrì

Literatur

Acta Sanctae Sedis [ASS], Rom 1865–1908.
A dieci anni dall'apertura dell'Archivio della Congregazione per la Dottrina della Fede: Storia e Archivi dell'Inquisizione (Roma, 21–23 febbraio 2008) (Atti dei Convegni Lincei 260), Rom 2011.
Adelslexikon, hg. vom Deutschen Adelsarchiv. Bd. 5: Has-I, bearb. von Walter von Hueck, Limburg 1847.
Allgemeine Deutsche Biographie [ADB], hg. von der Historischen Commission bei der Königlichen Akademie der Wissenschaften, Bd. 1–56, Leipzig 1875–1910. Online: http://www.deutsche-biographie.de/index.html.
Ammicht Quinn, Regina/Haker, Hille/Junker-Kenny, Maureen (Hg.), Struktureller Verrat. Sexueller Missbrauch in der Kirche (Concilium. Internationale Zeitschrift für Theologie 40,3), Mainz 2004.
Anderson, Margaret L., Piety and Politics. Recent Work on German Catholicism, in: The Journal of Modern History 63 (1991), S. 681–716.
Angenendt, Arnold, Corpus incorruptum. Eine Leitidee der mittelalterlichen Reliquienverehrung, in: Saeculum 42 (1991), S. 320–348.
Angenendt, Arnold, Heilige und Reliquien. Die Geschichte ihres Kultes vom frühen Christentum bis zur Gegenwart, München 1994, ²1997.
Angenendt, Arnold, Pollutio. Die «kultische Reinheit» in Religion und Liturgie, in: Archiv für Liturgiewissenschaft 52 (2010) H 1/2, S. 52–93.
Angenendt, Arnold, Toleranz und Gewalt. Das Christentum zwischen Bibel und Schwert, Münster 2006.
Annuario Pontificio, Rom 1860 ff.
Armellini, Mariano, Le Chiese di Roma. Dalle loro origini sino al secolo XVI, Rom 1887.
Arnold, Claus, Kleine Geschichte des Modernismus, Freiburg i. Br. 2007.
Aubert, Roger, Le Pontificat de Pie IX (1846–1878) (Histoire de L'Église 21), Paris 1952.
Auffahrt, Christoph, Himmel – Hölle – Fegefeuer I, in: Markschies/Wolf (Hg.), Erinnerungsorte, S. 515–523.

Bangen, Johann Heinrich, Die römische Curie, ihre gegenwärtige Zusammensetzung und ihr Geschäftsgang. Mit einer Sammlung von Belegstücken und Formularen, Münster 1854.
Battistella, Antonio, Il S. Officio e la riforma religiosa in Bologna, Bologna 1905.
Behringer, Wolfgang, Hexen. Glaube, Verfolgung, Vermarktung, München ⁴2005.
Belz, Willi, Friedrich Michelis und seine Bestreitung der Neuscholastik in der Polemik gegen Joseph Kleutgen (Studien zur Problemgeschichte der antiken und mittelalterlichen Philosophie 9), Leiden 1978.
Beretta, Francesco (Hg.), Galilée en procès, Galilée réhabilité, Saint-Maurice 2005.
Beretta, Francesco, Galilée devant le Tribunal de l'Inquisition. Une relecture des sources, Freiburg in der Schweiz 1998.
Best, Otto F., Vom Küssen. Ein sinnliches Lexikon (Reclam Bibliothek 20056), Leipzig 2003.

Beumer, Johannes, Die dogmatische Konstitution «Pastor aeternus» und ihr Rückgriff auf die Theologie der Vorzeit, in: Estudios Eclesiásticos 45 (1970), S. 339–358.
Beuron 1863–1963. Festschrift zum hundertjährigen Bestehen der Erzabtei St. Martin, Beuron 1963.
Bianchi, Giovanni A., Notizie dell'origine, e dell'antichità del ven. monastero di S. Ambrogio detto della Massima e della sagra immagine di Maria Vergine che nella chiesa dello stesso monastero conservasi, Rom 1755.
Biographisch-Bibliographisches Kirchenlexikon [BBKL], begr. und hg. von Friedrich Wilhelm Bautz. Fortgeführt von Traugott Bautz, Herzberg u. a. 1990 ff. Online: http://www.bautz.de/bbkl/.
Bischof, Franz Xaver, Theologie und Geschichte. Ignaz von Döllinger (1799–1890) in der zweiten Hälfte seines Lebens (Münchener Kirchenhistorische Studien 9), Stuttgart u. a. 1997.
Bittner, Maximilian, Der vom Himmel gefallene Brief Christi in seinen morgenländischen Versionen und Rezensionen, Wien 1905.
Blackbourn, David, Wenn ihr sie wieder seht, fragt wer sie sei. Marienerscheinungen in Marpingen – Aufstieg und Niedergang des deutschen Lourdes, Reinbek bei Hamburg 1997.
Blaschke, Olaf, Das 19. Jahrhundert: Ein Zweites Konfessionelles Zeitalter? In: Geschichte und Gesellschaft 26 (2000), S. 38–75.
Blouin, Francis X., Vatican Archives. An Inventory and Guide to historical documents of the Holy See. Supplement 1: The Archives of the Congregation for the Doctrine of the Faith, including the Archives of the former Congregation of the Holy Office and the Archives of the former Congregation for Forbidden Books, Ann Arbor 2003.
Borutta, Manuel, Antikatholizismus. Deutschland und Italien im Zeitalter der europäischen Kulturkämpfe, Göttingen ²2011.
Bottoni, Elena, Scritture dell'anime. Esperienze religiose femminili nella Toscana del Settecento (Temi e Testi 76), Rom 2009.
Boutry, Philippe, Souverain et pontife. Recherches prosopographiques sur la Curie romaine à l'âge de la restauration (1814–1846) (Collection de l'Ecole française de Rome 300), Rom 2002.
Braun, Christina von / Stephan, Inge (Hg.), Gender-Studien. Eine Einführung, Stuttgart / Weimar ²2006.
Brooten, Bernadette J., Love between women. Early Christian responses to female homoeroticism, Chicago 1996.
Brown, Judith C., Schändliche Leidenschaften. Das Leben einer lesbischen Nonne in Italien zur Zeit der Renaissance, Stuttgart 1988.
Buhlmann, Nicolaus U. / Styra, Peter (Hg.), Signum in Bonum. Festschrift für Wilhelm Imkamp zum 60. Geburtstag (Thurn und Taxis Studien – Neue Folge), Regensburg 2011.
Bülow, Bernhard Fürst von, Denkwürdigkeiten, 4 Bde., hg. von Franz von Stockhammern, Berlin 1930–1931.
Bürke, Georg, Vom Mythos zur Mystik. Joseph Görres' mystische Lehre und die romantische Naturphilosophie, Einsiedeln 1958.
Busch, Norbert, Katholische Frömmigkeit und Moderne. Die Sozial- und Mentalitätsgeschichte des Herz-Jesu-Kultes in Deutschland zwischen Kulturkampf und Erstem Weltkrieg (Religiöse Kulturen der Moderne 6), Gütersloh 1997.

Caffarini, Tommaso, Caterina von Siena. Erinnerungen eines Zeitzeugen. Die Legenda Minor, hg. von Werner Schmid, Passau 2001.
Carlin, Gianluca, L'ecclesiologia di Carlo Passaglia (1812–1887). Mit einer deutschen Zusammenfassung (Dogma und Geschichte 2), Münster 2000.
Carmignani, Giovanni, Elementi di diritto criminale, Mailand 1863.
Cattaneo, Massimo, «Vitio nefando» e Inquisizione romana, in: Marina Formica / Alberto Postigliola (Hg.), Diversità e minoranze nel Settecento. Atti del Seminario di Santa Margherita Ligure 2–4 giugno 2003 (Biblioteca del XVIII secolo 4), Roma 2006, S. 55–77.
Cavarzere, Marco, Suppliche di denuncia e censura ecclesiastica alla metà del Seicento (1620–1650), in: Archivio italiano per la storia della pietà 20 (2007), S. 145–168.
Conciliorum Oecumenicorum Decreta [COD] / Dekrete der Ökumenischen Konzilien, hg. von Giuseppe Alberigo u. a., Bd. 3, Paderborn u. a. [3]1973.
Congar, Yves, Bref historique des formes des «magistère» et de ses relations avec les docteurs, in: Revue des sciences philosophiques et théologiques 60 (1976), S. 99–112.
Congar, Yves, Die Tradition und die Traditionen, Mainz 1965.
Conzemius, Victor, Katholizismus ohne Rom, Zürich 1969.
Coreth, Emerich / Neidl, Walter M. / Pfligersdorffer, Georg, Christliche Philosophie im katholischen Denken des 19. und 20. Jahrhunderts, 3 Bde., Graz u. a. 1987–1990.
Craveri, Marcello, Sante e streghe. Biografie e documenti dal XIV al XVII secolo, Mailand 1980.
Curtius, Friedrich (Hg.), Denkwürdigkeiten des Fürsten Chlodwig zu Hohenlohe-Schillingsfürst, 2 Bde., Stuttgart / Leipzig 1907.
Cutrì, Maria Teresa, Ex scuola in via Sant'Ambrogio 4. Online: http: / / w3.uniroma1.it / archiscuole / SCUOLE%20WEB / SCUOLE%20PDF / SCUOLE%20I%20PDF / 27 %20-%20ex%20scuola%20in%20via%20Sant%20Ambrogio,%204%20%20%28MTC%29.pdf.

De Giorgio, Michela, Das katholische Modell, in: Duby / Perrot (Hg.), Geschichte Bd. 4, S. 187–220.
Degler-Spengler, Brigitte, Die Regulierten Terziarinnen in der Schweiz, in: Helvetia Sacra Abteilung V: Der Franziskusorden. Bd. 1: Die Franziskaner, die Klarissen und die regulierten Franziskanerterziarinnen in der Schweiz. Die Minimen in der Schweiz, Bern 1978, S. 609–662.
Del Col, Andrea, L'Inquisizione in Friuli. Mostra storica (Inquisizione e società. Strumenti 1), Triest 2000.
Del Col, Andrea, L'Inquisizione in Italia. Dal XII al XXI secolo, Mailand 2006.
Del Col, Andrea / Paolin, Giovanna (Hg.), L'Inquisizione romana. Metodologia delle fonti e storia istituzionale. Atti del seminario internazionale, Montereale Valcellina, 23 e 24 settembre 1999, Triest 2000.
Denzinger, Heinrich / Hünermann, Peter, Enchiridion Symbolorum Definitionum et Declarationum de rebus fidei et morum, Freiburg i. Br. [43]2010.
Denzler, Georg, Die verbotene Lust. 2000 Jahre christliche Sexualmoral, München [3]1991.
Descrizione topografica di Roma e Comarca. Loro monumenti commercio industria, agricoltura, istituti di pubblica beneficenza, santuarii acque potabili e minerali, popolazione uomini illustri nelle scienze lettere ed arti, Rom 1864.

Deufel, Konrad, Kirche und Tradition. Ein Beitrag zur Geschichte der theologischen Wende im 19. Jahrhundert am Beispiel des kirchlich-theologischen Kampfprogramms P. Joseph Kleutgens S. J. Darstellung und neue Quellen (Beiträge zur Katholizismusforschung. B: Abhandlungen), München u. a. 1976.

Dinzelbacher, Peter, Christliche Mystik im Abendland. Ihre Geschichte von den Anfängen bis zum Ende des Mittelalters, Paderborn u. a. 1994.

Dinzelbacher, Peter, Die Realität des Teufels im Mittelalter, in: Peter Segl (Hg.), Der Hexenhammer. Entstehung und Umfeld des Malleus maleficarum von 1847, Köln/Wien 1988, S. 151–175.

Dinzelbacher, Peter, Körperliche und seelische Vorbedingungen religiöser Träume und Visionen, in: Tullio Gregory (Hg.), I sogni nel medioevo. Seminario internazionale Roma 2–4 ottobre 1983 (Lessico Intellettuale Europeo 35), Rom 1985, S. 57–86.

Dinzelbacher, Peter, Mittelalterliche Frauenmystik, Paderborn u. a. 1993.

Dizionario biografico degli Italiani [DBI], hg. vom Istituto della Enciclopedia Italiana, Rom 1960 ff. Online: http://www.treccani.it/biografie/.

Dizionario degli Istituti di Perfezione [DIP], hg. von Guerrino Pelliccia und Giancarlo Rocca, 10 Bde., Rom 1974–2003.

Dizionario Storico dell'Inquisizione [DSI], hg. von Adriano Prosperi unter Mitarbeit von Vincenzo Lavenia und John Tedeschi, 3 Bde. und 1 Bd. Apparati, Pisa 2010.

Döllinger, Ignaz von, Rede über Vergangenheit und Gegenwart der katholischen Theologie, in: Verhandlungen der Versammlung katholischer Gelehrter in München vom 28. September bis 1. Oktober 1863, hg. von Pius Gams, Regensburg 1863, S. 25–59.

Doornik, Nicolaas G. M. van, Katharina von Siena. Eine Frau, die in der Kirche nicht schwieg, Freiburg i. Br. u. a. 1980.

Dreuille, Mayeul de, S. Ambrogio della Massima. Maison paternelle de St. Ambroise. XXII siècles d'histoire. La plus ancienne maison religieuse de Rome, Parma 1996.

Duby, Georges/Perrot, Michelle (Hg.), Geschichte der Frauen. Bd. 4: 19. Jahrhundert, hg. von Geneviève Fraisse und Michelle Perrot, Frankfurt a. M. 1997, Reprint Berlin 2012.

Duhr, Bernhard, Jesuiten-Fabeln. Ein Beitrag zur Culturgeschichte, Freiburg i. Br. ²1891.

Dussler, Hildebrand, Johann Michael Feneberg und die Allgäuer Erweckungsbewegung. Ein kirchengeschichtlicher Beitrag aus den Quellen zur Heimatkunde des Allgäus, Nürnberg/Kempten 1959.

Eikermann, Erika, Heilkundige Frauen und Giftmischerinnen – eine pharmaziehistorische Studie aus forensisch-toxikologischer Sicht. Darlegung einzelner Giftmordfälle aus dem 19. und 20. Jahrhundert, Beschreibung der verwendeten Gifte und ihrer Geschichte [Dissertation Universität Bonn], Bonn 2004.

Elberfeld, Ingelore, Küss mich – eine unterhaltsame Geschichte der wollüstigen Küsse, Königstein im Taunus 2001.

Feldbauer, Gerhard, Geschichte Italiens. Vom Risorgimento bis heute, Köln 2008.

Fiala, Virgil, Beuron, in: Quarthal u. a. (Bearb.), Benediktinerklöster, S. 135–144.

Quellen und Literatur

Fiala, Virgil, Die Bemühungen um Wiederzulassung der Benediktiner in Baden und Hohenzollern während des 19. Jahrhunderts, in: Quarthal u. a. (Bearb.), Benediktinerklöster, S. 718–733.

Fiala, Virgil, Ein Jahrhundert Beuroner Geschichte, in: Beuron 1863–1963, S. 39–230.

Fink, Karl August, Kardinal Hohenlohe und das römische Milieu in der zweiten Hälfte des 19. Jahrhunderts, in: Martin Schmidt / Georg Schwaiger (Hg.), Kirchen und Liberalismus im 19. Jahrhundert (Studien zur Theologie und Geistesgeschichte des neunzehnten Jahrhunderts 19), Göttingen 1976, S. 164–172.

Fink, Karl August, Zu den Tagebüchern von Franz Xaver Kraus, in: Theologische Quartalschrift 138 (1958), S. 471–480.

Finkenzeller, Josef, Joseph Kleutgen (1811–1883), in: Fries / Schwaiger (Hg.), Theologen Bd. 2, S. 318–344.

Forstner, Dorothea / Becker, Renate (Hg.), Neues Lexikon christlicher Symbole, Innsbruck 1991.

Freyer, Johannes-B. (Hg.), Mystik in den franziskanischen Orden (Veröffentlichungen der Johannes-Duns-Skotus-Akademie für franziskanische Geistesgeschichte und Spiritualität 3), Kevelaer 1993.

Fried, Johannes, Der Schleier der Erinnerung. Grundzüge einer historischen Memorik, München 2004.

Fries, Heinrich / Schwaiger, Georg (Hg.), Katholische Theologen Deutschlands im 19. Jahrhundert, 3 Bde., München 1975.

Gall, Lothar, Europa auf dem Weg in die Moderne 1850–1890 (Oldenbourg Grundriss der Geschichte 14), München ³1997.

Galletti, Pietro, Memorie storiche intorno alla Provincia romana della Compagnia di Gesù dall'anno 1814 all'anno 1870. Bd. 2: 1849–1870, Rom 1939.

Garhammer, Erich, Die Erhebung von Erzbischof Reisach zum Kardinal. Gründe, Hintergründe, Konsequenzen, in: Römische Quartalschrift 81 (1986), S. 80–101.

Garhammer, Erich, Die Regierung des Erzbischofs Karl August Grafen von Reisach (1846–1856), in: Georg Schwaiger (Hg.), Das Erzbistum München und Freising im 19. und 20. Jahrhundert, München 1989, S. 75–124.

Garhammer, Erich, Seminaridee und Klerusbildung bei Karl August Graf von Reisach. Eine pastoralgeschichtliche Studie zum Ultramontanismus des 19. Jahrhunderts (Münchener kirchenhistorische Studien 5), Stuttgart u. a. 1990.

Garuti, Adriano, La Santa Romana e Universale Inquisizione: strutture e procedure, in: L'Inquisizione. Atti del Simposio internazionale, S. 381–417.

Gatz, Erwin (Hg.), Die Bischöfe der deutschsprachigen Länder 1785 / 1803 bis 1945. Ein biographisches Lexikon, Berlin 1983.

Gennari, Casimiro, Del falso misticismo, Rom 1907.

Gerlach, Walter, Das neue Lexikon des Aberglaubens, Frankfurt a. M. 1998.

Gieben, Servus (Hg.), Francesco d'Assisi nella storia. Secoli XVI–XIX, Rom 1983.

Giovagnoli, Agostino, Dalla teologia alla politica. L'itinerario di Carlo Passaglia negli anni di Pio IX e Cavour (Biblioteca di storia contemporanea), Brescia 1984.

Gißibl, Bernhard, Zeichen der Zeit? Wunderheilungen, Visionen und ekstatische Frömmigkeit im bayerischen Vormärz, in: Nils Freytag / Diethard Sawicki (Hg.), Wunderwelten. Religiöse Ekstase und Magie in der Moderne, München 2006, S. 83–114.

Görres, Joseph von, Mystik, Magie und Dämonie. «Die christliche Mystik» in Auswahl, hg. von Joseph Bernhart, München/Berlin 1927.
Gotor, Miguel, Chiesa e santità nell'Italia moderna (Storia moderna), Rom/Bari 2004.
Götz von Olenhusen, Irmtraud, Klerus und abweichendes Verhalten. Zur Sozialgeschichte katholischer Priester im 19. Jahrhundert: Die Erzdiözese Freiburg (Kritische Studien zur Geschichtswissenschaft 106), Göttingen 1994.
Gousset, Thomas M. J., Moraltheologie zum Gebrauche der Pfarrer und Beichtväter. Bd. 1: Enthaltend die Abhandlungen über die menschlichen Handlungen, über das Gewissen, über die Gesetze, über die Sünden, über die Tugenden und über die zehn Gebote Gottes, Aachen 1851.
Graf, Georg, Der vom Himmel gefallene Brief Christi, in: Zeitschrift für Semitistik und verwandte Gebiete 6 (1928), S. 10–23.
Granderath, Theodor, Geschichte des Vatikanischen Konzils. Von seiner ersten Ankündigung bis zu seiner Vertagung. Bd. 2: Von der Eröffnung des Konzils bis zum Schlusse der dritten öffentlichen Sitzung, Freiburg i. Br. 1903.
Gregorovius, Ferdinand, Römische Tagebücher 1852–1889, hg. und kommentiert von Hanno-Walter Kruft und Markus Völkel, München 1991.
Greschat, Martin (Hg.), Gestalten der Kirchengeschichte, 14 Bde., Stuttgart 1993.
Gurisatti, Giulia/Picchi, Domenico, S. Ambrogio della Massima, in: Quaderni dell'Istituto di storia dell'architettura 27 (1982), S. 49–60.

Haacke, Rhabanus, Maria in der neuscholastischen Theologie am Beispiel Joseph Kleutgens, in: Ders., Beiträge zur Marienkunde (Siegburger Studien 21), Siegburg 1988, S. 97–110.
Hagers Handbuch der pharmazeutischen Praxis für Apotheker, Arzneimittelhersteller, Drogisten, Ärzte und Medizinalbeamte, 2 Bde., Berlin ²1938, 1 Ergänzungsbd., Berlin 1949, 2 Ergänzungsbde., Berlin 1958.
Handbuch der Kirchengeschichte, hg. von Hubert Jedin. Bd. 6/1: Die Kirche zwischen Revolution und Restauration, hg. von Roger Aubert u. a., Freiburg u. a. 1971.
Hartmann, Peter C., Die Jesuiten, München 2001.
Hasler, August Bernhard, Pius IX. (1846–1878), päpstliche Unfehlbarkeit und 1. Vatikanisches Konzil. Dogmatisierung und Durchsetzung einer Ideologie (Päpste und Papsttum 12), 2 Bde., Stuttgart 1977.
Heimbucher, Max, Die Orden und Kongregationen der katholischen Kirche, 2 Bde., München u. a. ³1965.
Heppe, Heinrich, Geschichte der quietistischen Mystik in der katholischen Kirche, Berlin 1875.
Hergenröther, Joseph, Der Kirchenstaat seit der Französischen Revolution. Historisch-statistische Studien und Skizzen, Freiburg i. Br. 1860.
Hertkens, Johann, P. Joseph Kleutgen S. J. Sein Leben und seine literarische Wirksamkeit. Zum Säkulargedächtnis seiner Geburt (1811–1911), bearb. und hg. von P. Ludwig Lercher, Regensburg 1910.
Hinschius, Paul, Das Kirchenrecht der Katholiken und Protestanten in Deutschland, 5 Bde. und ein Halbband, Berlin 1869–1897.
Hinschius, Paul, System des katholischen Kirchenrechts mit besonderer Rücksicht auf Deutschland. Bd. 5, Erste Abteilung (Das Kirchenrecht der Katholiken und Protestanten in Deutschland), Berlin 1893.

Horst, Ulrich, Das Dogma von der Unbefleckten Empfängnis Marias (1854). Vorgeschichte und Folgen, in: Weitlauff (Hg.), Kirche, S. 95–114.
Huguet, Paul / Thalhaus, Franz, Der Geist Pius IX. oder die schönsten Züge aus dem Leben dieses großen Papstes. Deutsch bearbeitet, mit Anmerkungen und Zusätzen und mit einer historisch-politischen Skizze: der Papst-König, Wien 1866.
Hüwelmeier, Gertrud, Närrinnen Gottes. Lebenswelten von Ordensfrauen, Münster 2004.

Ickx, Johan, La Santa Sede tra Lamennais e San Tommaso d'Aquino. La condanna di Gerard Casimir Ubaghs e della dottrina dell'Università Cattolica di Lovanio (1834–1870) (Collectanea Archivi Vaticani 56), Vatikanstadt 2005.
Imkamp, Wilhelm, «Fervens ad laborandum …!» Die römischen Studienjahre des Dr. Carl Sonnenschein, in: Römische Quartalschrift 71 (1976), S. 175–198.

Jacobson Schutte, Anne, Aspiring Saints. Pretense of Holiness, Inquisition and Gender in the Republic of Venice 1618–1750, Baltimore / London 2001.

Kessler, Ewald, Johann Friedrich (1836–1917). Ein Beitrag zur Geschichte des Altkatholizismus (Miscellanea Bavarica Monacensia 55), München 1975.
Klee, Heinrich, Grundriß der katholischen Moral, hg. von Heinrich Himioben, Mainz 1843.
Klemm, Hans-Jürgen, Was ist sexueller Mißbrauch? Aktuelle Diskussion und Definitionsfragen, in: Ders. / Heidrun Gaßmann (Hg.), Sexueller Mißbrauch bei Menschen in Abhängigkeitsverhältnissen. Tabu und Wirklichkeit, Bielefeld 1996, S. 12–23.
[Kleutgen, Joseph, unter dem Pseudonym:] J. W. Karl, Ueber den Glauben an das Wunderbare, Münster 1846.
[Kleutgen, Joseph], Die oberste Lehrgewalt des Römischen Bischofs. Von einem römischen Theologen, Trier 1870.
Kleutgen, Joseph, Die Philosophie der Vorzeit, 2 Bde., Münster 1860–1863, ²1878.
Kleutgen, Joseph, Die Theologie der Vorzeit, Münster 1853–1870, ²1867–1874.
Kleutgen, Joseph, Kleinere Werke. Bd. 2: Briefe aus Rom, Münster 1869.
Kleutgen, Joseph, Memorandum, in: Ders., Zu meiner Rechtfertigung, Münster 1868, S. 5–11.
Kleutgen, Joseph, Ueber die alten und die neuen Schulen, Mainz 1846.
Koch, Ludwig, Jesuiten-Lexikon. Die Gesellschaft Jesu einst und jetzt, 2 Bde., Löwen-Heverlee 1962.
Kopf, Paul, Klösterliches Leben in Baden-Württemberg von 1803–2003 und dessen Positionierung in die Zukunft, in: Freiburger Diözesanarchiv 123 (2003), S. 25–45.
Kosch, Wilhelm, Das Katholische Deutschland. Biographisch-Bibliographisches Lexikon, 2 Bde., Augsburg 1937.
Köster, Norbert, Der Fall Hirscher. Ein «Spätaufklärer» im Konflikt mit Rom? (Römische Inquisition und Indexkongregation 8), Paderborn u. a. 2007.
Kraus, Franz Xaver, Hohenlohe (1897), in: Ders., Essays Bd. 2, Berlin 1901, S. 165–175.
Kraus, Franz Xaver, Tagebücher, hg. von Hubert Schiel, Köln 1957.
Kroll, Renate (Hg.), Metzler Lexikon Gender Studies – Geschlechterforschung: Ansätze, Personen, Grundbegriffe, Stuttgart 2002.

L'Apertura degli Archivi del Sant'Uffizio Romano (Roma, 22 gennaio 1998) (Atti dei Convegni Lincei 142), Rom 1998.
L'Inquisizione. Atti del Simposio internazionale (Città del Vaticano, 29–31 ottobre 1998), hg. vom Comitato del Grande Giubileo dell'Anno 2000, Vatikanstadt 2003.
L'Inquisizione e gli storici: un cantiere aperto. Tavola rotonda nell'ambito della conferenza annuale della ricerca (Roma, 24–25 giugno 1999) (Atti dei Convegni Lincei 162), Rom 2000.
Lakner, Franz, Kleutgen und die kirchliche Wissenschaft Deutschlands im 19. Jahrhundert, in: Zeitschrift für katholische Theologie 57 (1933), S. 161–214.
Lang, Bernhard, Himmel – Hölle – Fegefeuer II, in: Markschies / Wolf (Hg.), Erinnerungsorte, S. 524–533.
Langhorst, August, Aus dem Jugendleben des P. Joseph Kleutgen, in: Stimmen aus Maria Laach 25 (1883), S. 105–124, S. 393–403 und S. 489–510.
Lapponi, Massimo, Il diario di D. Mauro Wolter monaco di S. Paolo, in: Benedictina 47 (2000), S. 151–179.
Lempl, Thomas, Das Herz Jesu. Eine Studie über die verschiedenen Bedeutungen des Wortes «Herz» und über den Gegenstand der kirchlichen Herz-Jesu-Andacht, Brixen 1909.
Leppin, Volker, Die christliche Mystik, München 2007.
Lexikon der Christlichen Ikonographie [LCI], begr. von Engelbert Kirschbaum und hg. von Wolfgang Braunfels, 8 Bde., Freiburg i. Br. u. a. 1968–1976; Sonderausgabe, Freiburg i. Br. 1990.
Lexikon des Mittelalters [LexMA], 9 Bde., Stuttgart / Weimar 1999.
Lexikon für Theologie und Kirche [LThK]. 1. Auflage hg. von Michael Buchberger, 10 Bde., Freiburg i. Br. 1930–1938. 2. Auflage hg. von Josef Höfer und Karl Rahner, 10 Bde. und ein Registerband, Freiburg i. Br. 1957–1967. 3. Auflage hg. von Walter Kasper u. a., 10 Bde., Freiburg i. Br. 1993–2001.
Lhermitte, Jean, Echte und falsche Mystiker, Luzern 1953.
Lill, Rudolf (Bearb.), Vatikanische Akten zur Geschichte des deutschen Kulturkampfes. Leo XIII. 1. Teil: 1878–1880, Tübingen 1970.
Lill, Rudolf, Der Ultramontanismus. Die Ausrichtung der gesamten Kirchen auf den Papst, in: Weitlauff (Hg.), Kirche, S. 76–94.
Lissner, Anneliese / Süssmuth, Rita / Walter, Karin (Hg.), Frauenlexikon. Tradition, Fakten, Perspektiven, Freiburg i. Br. u. a. 1988.
Lombardi, Ferruccio, Roma. Chiese, Conventi, Chiostri. Progetto per un inventario 312–1925, Rom 1993.
Loome, Thomas Michael, Liberal Catholicism. Reform Catholicism. Modernism. A Contribution to a new Orientation in Modernist Research, Mainz 1979.
Luzzatto, Sergio, Padre Pio. Miracoli e politica nell'Italia del Novecento, Turin 2007.

Mai, Paul, Bischof Ignatius von Senestréy als Mitglied der Deputation für Glaubensfragen auf dem I. Vatikanum, in: Verhandlungen des Historischen Vereins für Oberpfalz und Regensburg 109 (1969), S. 115–143.
Malan, Emil Chavin von, Geschichte der heiligen Katharina von Siena (1347–1380), Regensburg ^{2}1874.
Malena, Adelisa, Inquisizione, «Finte Sante», «Nuovi Mistici». Ricerche sul Seicento, in: L'Inquisizione e gli storici, S. 289–328.

Mansi, Joannes Dominicus, Sacrorum Conciliorum Nova et Amplissima Collectio, Bd. 53, Graz 1961.
Marienlexikon, hg. im Auftrag des Institutum Marianum Regensburg e. V. von Remigius Bäumer und Leo Scheffczyk, 6 Bde., St. Ottilien 1988–1994.
Markschies, Christoph / Wolf, Hubert (Hg.), Erinnerungsorte des Christentums, München 2010.
Marschler, Thomas, Scheeben und Kleutgen – ihr Verhältnis im Spiegel zweier unveröffentlichter Briefdokumente, in: Buhlmann / Styra (Hg.), Signum, S. 459–484.
Marshman, Michelle, Exorcism as Empowerment: A new Idiom, in: The Journal of Religious History 23 (1999) H 3, S. 265–281.
Martina, Giacomo, Pio IX (1846–1878), 3 Bde., Rom 1986–1990.
Martina, Giacomo, Storia della Compagnia di Gesù in Italia (1814–1983), Brescia 2003.
Masini, Eliseo, Sacro Arsenale ovvero pratica dell'uffizio della Santa Inquisizione; coll'inserzione di alcune regole fatte dal P. Inquisitore Tommaso Menghini Domenicano, e di diverse annotazioni del dottore Gio. Pasqualone ... in questa quarta impressione aggiuntavi la settima denunzia fatta dal suddetto padre per li sponte Comparenti, impressa in Ferrara 1687 ..., Rom 1730.
McGinn, Bernhard, Die Mystik im Abendland, 4 Bde., Freiburg i. Br. 2010.
Mendizábal, Rufo, Catalogus Defunctorum in renata Societate Iesu ab a. 1814 ad a. 1970, Rom 1972.
Menichetti, Piero Luigi, Storia di Gubbio. Dalle origini all'Unità d'Italia, Città di Castello 1987.
Menozzi, Daniele, Sacro Cuore. Un culto tra devozione interiore e restaurazione cristiana della società (Sacro sancto. Nuova serie 5), Rom 2001.
Modica, Marilena, Infetta dottrina. Inquisizione e quietismo nel Seicento (Sacro sancto. Nuova serie 13), Rom 2009.
Moos, Peter von, Kirchliche Disziplinierung zwischen Mittelalter und Moderne. Adriano Prosperis «Tribunali della coscienza» aus mediävistischer Sicht, in: Zeitschrift für Historische Forschung 27 (2000), S. 75–90.
Morichini, Carlo Luigi, Degl'istituti di pubblica carità ed istruzione primaria e delle prigioni in Roma, Bd. 2, Rom 1842.
Moroni, Gaetano, Dizionario di erudizione storico-ecclesiastica da S. Pietro sino ai nostri giorni, 103 Bde., Venedig 1840–1861. Online: http: / / www.cortedeirossi. it / libro / biblio / moroni.htm.
Müller, Gerhard Ludwig, Katholische Dogmatik. Für Studium und Praxis der Theologie, Freiburg i. Br. u. a. ²1994.

Naab, Erich, Die Auflösung der «mystischen Theologie» und «Die christliche Mystik» von Görres, in: Revista Española de Teología 65 (2005), S. 53–74.
Neue Deutsche Biographie [NDB], hg. von der Historischen Kommission bei der Bayerischen Akademie der Wissenschaften, bisher 24 Bde., Berlin 1953 ff. Online: http: / / www.deutsche-biographie.de / index.html.
Nichols, Aidan, Conversation of Faith and Reason. Modern Catholic Thought from Hermes to Benedict XVI, Chicago 2011.
Notizie per l'anno 1716–1859, Rom 1716–1859.

Opitz, Claudia, Um-Ordnungen der Geschlechter. Einführung in die Geschlechtergeschichte (Historische Einführungen 10), Tübingen 2005.

Orlandi, Giuseppe, La fede al vaglio. Quietismo satanismo e massoneria nel Ducato di Modena tra Sette e Ottocento (Deputazione di storia patria per la antiche province modenesi 101), Modena 1988.

Overbeck, Gerd / Niemann, Ulrich, Stigmata. Geschichte und Psychosomatik eines religiösen Phänomens, Darmstadt 2012.

Pagano, Sergio, Le visite apostoliche a Roma nei secoli XVI–XIX. Repertorio delle fonti, in: Ricerche per la storia religiosa di Roma 4 (1980), S. 317–464.

Pahud de Mortanges, Elke, Philosophie und kirchliche Autorität. Der Fall Jakob Frohschammer vor der römischen Indexkongregation (1855–1864) (Römische Inquisition und Indexkongregation 4), Paderborn u. a. 2005.

Pazzelli, Raffaele, Il Terz'Ordine Regolare di S. Francesco attraverso i secoli. Rielaborazione critica e sviluppo dell'opera storica di Raniero Luconi, Rom 1958.

Pazzelli, Raffaele, San Francesco e il Terz'Ordine. Il movimento penitenziale prefrancescano e francescano, Padua 1982.

Perrone, Giovanni, Praelectiones Theologicae, 9 Bde., Regensburg 1854.

Petrocchi, Massimo, Il quietismo italiano del Seicento, Rom 1948.

Petzolt, Stephan, Die Gründungs- und Entwicklungsgeschichte der Abtei Beuron im Spiegel ihrer Liturgie (1863–1908), Würzburg 1990.

Petzolt, Stephan, Maurus Wolter – ein Leben im Geist der Liturgie, in: Erbe und Auftrag 66 (1990), S. 335–343.

Pfeffer, Anton, Die Gründerin der Erzabtei Beuron. Fügung und Führung in einem Frauenleben (Aus Schwabens Vergangenheit 2), Stuttgart 1932.

Pfülf, Otto, Hohenlohe als Ankläger des Jesuitenordens, in: Stimmen aus Maria Laach 72 (1907), S. 1–22.

Pianciani, Luigi, La Rome des papes. Son origine, ses phases successives, ses moeurs intimes, 3 Bde., London 1859.

Pietrangeli, Carlo, Rione XI – S. Angelo, Guide Rionali di Roma, Palombi 1984.

Platte, Helmut, Das fürstliche Haus Hohenzollern-Sigmaringen (Deutsche Fürstentümer 9), Werl 2003.

Ponziani, Daniel, Fonti per una storia dei misticismi nel XX secolo. La serie «Devotiones variae» dell'Archivio del Sant'Ufficio (1912–1938), in: Ricerche di storia sociale e religiosa. Nuova Serie 79 (2011), S. 59–66.

Ponziani, Daniel, Misticismo, santità e devozione nel «secolo dei lumi». Percorsi di ricerca nell'Archivio della Congregazione per la Dottrina della Fede, in: Hubert Wolf (Hg.), Inquisition und Buchzensur im Zeitalter der Aufklärung (Römische Inquisition und Indexkongregation 16), Paderborn u. a. 2011, S. 323–349.

Poppenburg, Annette, Das Leben der heiligen Katharina von Siena. Untersuchung und Edition der mittelniederdeutschen Legendenhandschrift (Westfälische Beiträge zur niederdeutschen Philologie 9), Bielefeld 1999.

Pottmeyer, Hermann J., Der Glaube vor dem Anspruch der Wissenschaft. Die Konstitution über den katholischen Glauben «Dei Filius» des 1. Vatikanischen Konzils und die unveröffentlichten theologischen Voten der vorbereitenden Kommission (Freiburger theologische Studien 87), Freiburg i. Br. u. a. 1968.

Priesching, Nicole, Maria von Mörl (1812–1868). Leben und Bedeutung einer «stig-

matisierten Jungfrau» aus Tirol im Kontext ultramontaner Frömmigkeit, Brixen 2004.
Pritz, Joseph, Glauben und Wissen bei Anton Günther. Eine Einführung in sein Leben und Werk mit einer Auswahl aus seinen Schriften, Wien 1963.
Prosperi, Adriano, Tribunali della coscienza. Inquisitori, confessori, missionari (Biblioteca di cultura storica 214), Turin 1996.

Quarthal, Franz u. a. (Bearb.), Die Benediktinerklöster in Baden-Württemberg (Germania Benedictina V), Augsburg 1975.

Raimund von Capua, Das Leben der heiligen Katharina von Siena (Legenda maior), hg., eingeleitet und übersetzt von Adrian Schenker, Düsseldorf 1965.
Rapp, Ludwig (Hg.), Briefe aus Rom von Dr. Alois Flir, Innsbruck 1864.
Reikerstorfer, Johann, Anton Günther (1783–1863) und seine Schule, in: Coreth u. a. (Hg.), Philosophie Bd. 1, S. 266–284.
Reinermann, Alan J., Metternich and Reform. The Case of the Papal State 1814–1848, in: The Journal of Modern History 43 (1979), S. 524–548.
Reinhard, Wolfgang, Konfession und Konfessionalisierung. «Die Zeit der Konfessionen» (1530–1620/30) in einer neuen Gesamtdarstellung, in: Historisches Jahrbuch 114 (1994) H 1, S. 107–124.
Reinhard, Wolfgang, Lebensformen Europas. Eine historische Kulturanthropologie, München ²2006.
Reinhard, Wolfgang, Was ist katholische Konfessionalisierung? In: Ders./Heinz Schilling (Hg.), Die katholische Konfessionalisierung (Schriften des Vereins für Reformationsgeschichte 198), Gütersloh 1995, S. 419–452.
Reinhardt, Rudolf, Die Bemühungen um Wiederzulassung der Benediktiner in Württemberg während des 19. Jahrhunderts, in: Quarthal u. a. (Bearb.), Benediktinerklöster, S. 734–744.
Religion in Geschichte und Gegenwart [RGG]. Handwörterbuch für Theologie und Religionswissenschaft. 4. Auflage, hg. von Hans Dieter Betz u. a., 8 Bde. und ein Registerband, Tübingen 1998–2007.
Rich, Adrienne, Zwangsheterosexualität und lesbische Identität, in: Audre Lorde/Adrienne Rich, Macht und Sinnlichkeit. Ausgewählte Texte, hg. von Dagmar Schultz, Berlin ⁴1993, S. 139–168.
Richter-Appelt, Hertha, Differentielle Folgen von sexuellem Missbrauch und körperlicher Misshandlung und die Bedeutung von Replikationsstudien, in: Wipplinger/Amann (Hg.), Missbrauch, S. 229–249.
Riedel, Wilhelm, Die Kirchenrechtsquellen des Patriarchats von Alexandrien, Leipzig 1900.
Riegler, Georg, Christliche Moral. Nach der Grundlage der Ethik des Maurus von Schenkl, 2 Teile in 3 Bänden, Augsburg 1825–1826. 2. Teil Bd. 1: Allgemeine Pflichtenlehre, Augsburg 1826.
Roma antica, e moderna o sia Nuova descrizione di tutti gl'edificj antichi, e moderni, tanto sagri, quanto profani della città di Roma formata con l'autorità del cardinal Baronio, ... Abbellita con duecento, e più figure di rame, e con curiose notizie istoriche ... Distinta in 14. rioni ... Divisa in tre tomi ... Tomo primo [-terzo], Rom 1750.
Romeo, Giovanni, L'Inquisizione nell'Italia moderna (Storia moderna), Rom/Bari 2002.

Sägmüller, Johann Baptist, Lehrbuch des katholischen Kirchenrechts, Freiburg i. Br. 1930.

Sales Doyé, Franz von, Die alten Trachten der männlichen und weiblichen Orden sowie der geistlichen Mitglieder der ritterlichen Orden, Leipzig 1930, Reprint Darmstadt 2012.

Samerski, Stefan, «Wie im Himmel so auf Erden»? Selig- und Heiligsprechung in der Katholischen Kirche 1740 bis 1870 (Münchener Kirchenhistorische Studien 10), Stuttgart u. a. 2002.

Sawicki, Diethard, Leben mit den Toten. Geisterglauben und die Entstehung des Spiritismus in Deutschland 1770–1900, Paderborn u. a. 2002.

Scala, Monika, Der Exorzismus in der Katholischen Kirche. Ein liturgisches Ritual zwischen Film, Mythos und Realität, Regensburg 2012.

Schäfer, Theo, Die erkenntnistheoretische Kontroverse Kleutgen-Günther. Ein Beitrag zur Entstehungsgeschichte der Neuscholastik, Paderborn 1961.

Schatz, Klaus, Vaticanum I, 3 Bde., Paderborn u. a. 1992–1994.

Schauf, Heribert, Clemens Schrader (1820–1875), in: Fries/Schwaiger (Hg.), Theologen Bd. 2, S. 368–385.

Schlemmer, Martin, Gustav Adolf zu Hohenlohe-Schillingsfürst. Schlaglichter aus dem Hohenlohe-Zentralarchiv Neuenstein, in: Kirche und Gesellschaft im Wandel der Zeiten. Festschrift für Gabriel Adriányi zum 75. Geburtstag, hg. von Hermann-Josef Scheidgen, Sabine Prorok und Helmut Rönz, Nordhausen 2012, S. 373–415.

Schmidlin, Joseph, Papstgeschichte der neuesten Zeit. Bd. 1: Papsttum und Päpste im Zeitalter der Restauration (1800–1846), München ^{3}1933. Bd. 2: Papsttum und Päpste gegenüber den modernen Strömungen. Pius IX. und Leo XIII. (1846–1903), München 1934.

Schmidt, Peter, Das Collegium Germanicum in Rom und die Germaniker. Zur Funktion eines römischen Ausländerseminars (1552–1914), Tübingen 1984.

Schmidt, Peter, *Et si conservi sana* ... – Konfessionalisierung und Sprache in den Briefen der römischen Inquisition, in: Historische Anstöße. Festschrift für Wolfgang Reinhard zum 65. Geburtstag, hg. von Peter Burschel u. a., Berlin 2002, S. 131–151.

Schmökel, Hartmut, Heilige Hochzeit und Hoheslied, Wiesbaden 1956.

Schneider, Bernhard, Feminisierung der Religion im 19. Jahrhundert. Perspektiven einer These im Kontext des deutschen Katholizismus, in: Trierer Theologische Zeitschrift 111 (2002), S. 123–147.

Schneider, Michael, Die Zelle im monastischen Leben, in: Erbe und Auftrag 86 (2010), S. 140–153.

Schoeters, Carolus, P.-J. Beckx S. J. (1795–1887) en de «Jezuieten-Politiek» van zijn Tijd, Antwerpen 1965.

Schöntag, Wilfried (Hg.), 250 Jahre Abteikirche Beuron. Geschichte, geistliches Leben, Kunst, Beuron 1988.

Schott, Anselm, Leben und Wirken des hochwürdigsten Herrn Dr. Maurus Wolter, Erzabtes von Beuron, Stuttgart 1891.

Schreiner, Klaus, Die lesende und schreibende Maria als Symbolgestalt religiöser Frauenbildung, in: Gabriela Signori (Hg.), Die lesende Frau (Wolfenbütteler Forschungen 121), Wolfenbüttel 2009, S. 113–154.

Schreiner, Klaus, Maria. Jungfrau, Mutter, Herrscherin, Wien 1994.

Schulte, Johann Friedrich von, Der Altkatholizismus, Gießen 1887, Reprint Aalen 1965.
Schulte, Johann Friedrich von, Lebenserinnerungen, 3 Bde., Gießen 1908–1909.
Schumacher, Joseph, Das mariologische Konzept in der Theologie der Römischen Schule, in: Trierer Theologische Zeitschrift 98 (1989) H 3, S. 207–226.
Schwaiger, Georg (Hg.), Teufelsglaube und Hexenprozesse, München 1987.
Schwedt, Herman H., Das Archiv der römischen Inquisition und des Index, in: Römische Quartalschrift 93 (1998), S. 267–280.
Schwedt, Herman H., Das römische Urteil über Georg Hermes (1775–1831). Ein Beitrag zur Geschichte der Inquisition im 19. Jahrhundert (Römische Quartalschrift 37. Supplementheft), Rom u. a. 1980.
Schwedt, Herman H., Die römischen Kongregationen der Inquisition und des Index: die Personen (16.–20. Jahrhundert), in: Tobias Lagatz / Sabine Schratz (Hg.), Censor Censorum. Gesammelte Aufsätze von Herman H. Schwedt (Römische Inquisition und Indexkongregation 7), Paderborn u. a. 2006, S. 49–61.
Schwedt, Herman H., Die Verurteilung der Werke Anton Günthers (1857) und seiner Schüler, in: Zeitschrift für Kirchengeschichte 101 (1990) H 2–3, S. 301–343.
Schwedt, Herman H., Quietisten und ein verbotenes Buch des Inquisitors R. Grillenzoni (1688), in: Buhlmann / Styra (Hg.), Signum, S. 579–605.
Schwedt, Herman H., Rezension zu Konrad Deufel: Kirche und Tradition, in: Römische Quartalschrift 72 (1977), S. 264–269.
Schwedt, Herman H., Vom ultramontanen zum liberalen Döllinger, in: Georg Denzler / Ernst Ludwig Grasmück (Hg.), Geschichtlichkeit und Glaube. Gedenkschrift zum 100. Todestag Ignaz von Döllingers, München 1990, S. 107–197.
Schwerhoff, Gerd, Die Inquisition. Ketzerverfolgung in Mittelalter und Neuzeit, München ³2009.
Schwerhoff, Gerd, Hexerei, Geschlecht und Regionalgeschichte. Überlegungen zur Erklärung des scheinbar Selbstverständlichen, in: Gisela Wilbertz / Gerd Schwerhoff / Jürgen Scheffler (Hg.), Hexenverfolgung und Regionalgeschichte. Die Grafschaft Lippe im Vergleich (Studien zur Regionalgeschichte 4 / Beiträge zur Geschichte der Stadt Lemgo 4), Bielefeld 1994, S. 325–353.
Seibt, Gustav, Rom oder Tod. Der Kampf um die italienische Hauptstadt, Berlin 2001.
Seronde-Babonaux, Anne-Marie, Rome, croissance d'une capitale: de l'urbs à la ville, Aix en Provence / Paris 1980.
Siebenmorgen, Harald, Die Anfänge der Beuroner Kunstschule, Sigmaringen 1983.
Sieger, Marcus, Die Heiligsprechung. Geschichte und heutige Rechtslage (Forschungen zur Kirchenrechtswissenschaft 23), Würzburg 1995.
Sombart, Werner, Die römische Campagna. Eine sozial-ökonomische Studie, Leipzig 1888.
Sommavilla, Guido, La Compagnia di Gesù, Mailand 1985.
Sommervogel, Carlos, Bibliothèque de la Compagnie de Jésus. Première Partie: Bibliographie, 9 Bde.; Seconde Partie: Histoire, 3 Bde., Brüssel / Paris 1890–1900.
Spamer, Adolf, Himmelsbriefe der deutschen Mystik, in: Volkskundliche Ernte. Hugo Hepding dargebracht am 7. September 1938 von seinen Freunden (Gießener Beiträge zur deutschen Philologie 60), Gießen 1938, S. 184–192.

Speyer, Wolfgang, Die Verehrung der Heroen, des göttlichen Menschen und des christlichen Heiligen. Analogien und Kontinuitäten, in: Peter Dinzelbacher/ Dieter R. Bauer (Hg.), Heiligenverehrung in Geschichte und Gegenwart, Ostfildern 1990, S. 48–66.

Stalmann, Volker, Fürst Chlodwig zu Hohenlohe-Schillingsfürst 1819–1901. Ein deutscher Reichskanzler, Paderborn u. a. 2009.

Stapf, Joseph Ambrosius, Die christliche Moral als Antwort auf die Frage: Was wir thun müssen, um in das Reich Gottes einzugehen, Bd. 2, Innsbruck 1841.

Steck, Karl Gerhard, Joseph Kleutgen und die Neuscholastik, in: Erich Fries (Hg.), Festschrift für Joseph Klein zum 70. Geburtstag, Göttingen 1967, S. 288–305.

Stefani, Guglielmo, Dizionario corografico dello Stato Pontificio, Rom 1856.

Steimer, Bruno (Hg.), Herders Lexikon der Heiligen, Freiburg i. Br. u. a. 2003.

Steinhuber, Andreas, Geschichte des Collegium Germanicum Hungaricum in Rom, 2 Bde., Freiburg i. Br. 1895.

Strobel, Ferdinand (Hg.), Der Regularklerus. Die Gesellschaft Jesu in der Schweiz (Helvetia Sacra 7), Bern 1976.

Stübe, Rudolf, Der Himmelsbrief. Ein Beitrag zur allgemeinen Religionsgeschichte, Tübingen 1918.

Taddey, Gerhard, Unsere unglückliche Unterwerfung unter die württembergische Despotie betreffend. Die Mediatisierung der hohenlohischen Fürstentümer, in: Alte Klöster – Neue Herren. Die Säkularisation im deutschen Südwesten 1803. Bd. 2: Aufsätze Teil 1: Vorgeschichte und Verlauf der Säkularisation, hg. von Hans Ulrich Rudolf, Ostfildern 2003, S. 883–892.

Tedeschi, John, The Prosecution of Heresy. Collected Studies on the Inquisition in Early Modern Italy (Medieval & Renaissance. Texts & Studies 78), Binghamton 1991.

Theologische Realenzyklopädie [TRE], 36 Bde., Berlin/New York 1977–2004.

Thurn und Taxis-Hohenlohe, Marie von, Jugenderinnerungen (1855–1875), Wien 1936.

Thurston, Herbert, Die körperlichen Begleiterscheinungen der Mystik (Grenzfragen der Psychologie 2), Luzern 1956.

Traniello, Francesco/Sofri, Gianni, Der lange Weg zur Nation. Das italienische Risorgimento, Stuttgart 2012.

Trusen, Winfried, Der Inquisitionsprozeß. Seine historischen Grundlagen und frühen Formen, in: Zeitschrift der Savigny-Stiftung für Rechtsgeschichte. Kanonistische Abteilung 74 (1988), S. 168–230.

Turi, Anna Maria, Stigmate e stigmatizzati, Rom 1990.

Unterburger, Klaus, Vom Lehramt der Theologen zum Lehramt der Päpste? Pius XI., die Apostolische Konstitution «Deus scientiarum Dominus» und die Reform der Universitätstheologie, Freiburg i. Br. 2010.

Walkowitz, Judith R., Gefährliche Formen der Sexualität, in: Duby/Perrot (Hg.), Geschichte Bd. 4, S. 417–449.

Walter, Peter, Carlo Passaglia. Auf dem Weg zur Communio-Ekklesiologie, in: Peter Neuner/Gunther Wenz (Hg.), Theologen des 19. Jahrhunderts. Eine Einführung, Darmstadt 2002, S. 165–182.

Walter, Peter, Die neuscholastische Philosophie im deutschsprachigen Raum, in: Coreth u. a. (Hg.), Philosophie Bd. 2, S. 131–194.
Walter, Peter, Zu einem neuen Buch über Joseph Kleutgen SJ. Fragen, Berichtigungen, Ergänzungen, in: Zeitschrift für katholische Theologie 100 (1978), S. 318–356.
Weber, Christoph, Kardinäle und Prälaten in den letzten Jahrzehnten des Kirchenstaates. Elite-Rekrutierung, Karriere-Muster und soziale Zusammensetzung der kurialen Führungsschicht zur Zeit Pius' IX. (1846–1878), 2 Bde. (Päpste und Papsttum 13, I und II), Stuttgart 1978.
Weber, Christoph, Ultramontanismus als katholischer Fundamentalismus, in: Wilfried Loth (Hg.), Deutscher Katholizismus im Umbruch zur Moderne (Konfession und Gesellschaft 3), Stuttgart 1991, S. 30–45.
Weber, Christoph, Quellen und Studien zur Kurie und zur vatikanischen Politik unter Leo XIII. Mit Berücksichtigung der Beziehungen des Hl. Stuhles zu den Dreibundmächten, Tübingen 1973.
Wehr, Gerhard, Die deutsche Mystik. Leben und Inspiration gottentflammter Menschen in Mittelalter und Neuzeit, Köln 2011.
Weiß, Bardo, Ekstase und Liebe. Die Unio mystica bei den deutschen Mystikerinnen des 12. und 13. Jahrhunderts, Paderborn u. a. ²2006.
Weiß, Otto, Der Ort der «christlichen Mystik» im Gesamtwerk von Görres und im Denken seiner Zeit, in: Ders., Kulturen, Mentalitäten, Mythen. Zur Theologie- und Kulturgeschichte des 19. und 20. Jahrhunderts, hg. von Manfred Weitlauff, Hubert Wolf und Claus Arnold, Paderborn u. a. 2004, S. 79–130.
Weiß, Otto, Deutsche oder römische Moral? Oder: Der Streit um Alfons von Liguori. Ein Beitrag zur Auseinandersetzung zwischen Romanismus und Germanismus im 19. Jahrhundert, Regensburg 2001.
Weiß, Otto, Die Redemptoristen in Bayern (1790–1909). Ein Beitrag zur Geschichte des Ultramontanismus (Münchener theologische Studien. I. Historische Abteilung 22), St. Ottilien 1983.
Weiß, Otto, Seherinnen und Stigmatisierte, in: Weiß, Kulturen, S. 43–77.
Weiß, Otto, Weisungen aus dem Jenseits? Der Einfluss mystizistischer Phänomene auf Ordens- und Kirchenleitungen im 19. Jahrhundert, Regensburg 2011.
Weitlauff, Manfred (Hg.), Kirche im 19. Jahrhundert, Regensburg 1998.
Wenzel, Paul, Das wissenschaftliche Anliegen des Güntherianismus. Ein Beitrag zur Theologiegeschichte des 19. Jahrhunderts, Essen 1961.
Wenzel, Paul, Der Freundeskreis um Anton Günther und die Gründung Beurons. Ein Beitrag zur Geschichte des deutschen Katholizismus im 19. Jahrhundert, Essen 1965.
Wetter, Immolata, Maria Ward unter dem Schatten der Inquisition, München 2003.
Wipplinger, Rudolf/Amann, Gabriele (Hg.), Sexueller Missbrauch. Überblick zu Forschung, Beratung und Therapie. Ein Handbuch, Tübingen ³2005.
Wipplinger, Rudolf/Amann, Gabriele, Sexueller Missbrauch: Begriffe und Definitionen, in: Dies. (Hg.), Missbrauch, S. 17–44.
Wiseman, Nicholas Patrick, Recollections of the last four Popes and of Rome in their times, London 1858.
Wolf, Hubert (Hg.), Prosopographie von Römischer Inquisition und Indexkongregation 1701–1813. Bd. 1: A-K; Bd. 2: L-Z. Von Herman H. Schwedt unter Mitarbeit von Jyri Hasecker, Dominik Höink und Judith Schepers (Römische Inquisition und Indexkongregation. Grundlagenforschung III: 1701–1813), Paderborn u. a. 2010.

Wolf, Hubert (Hg.), Prosopographie von Römischer Inquisition und Indexkongregation 1814–1917. Bd. 1: A–K; Bd. 2: L–Z. Von Herman H. Schwedt unter Mitarbeit von Tobias Lagatz (Römische Inquisition und Indexkongregation. Grundlagenforschung III: 1814–1917), Paderborn u. a. 2005.

Wolf, Hubert (Hg.), Römische Bücherverbote. Edition der Bandi von Inquisition und Indexkongregation 1814–1917. Auf der Basis von Vorarbeiten von Herman H. Schwedt bearbeitet von Judith Schepers und Dominik Burkard (Römische Inquisition und Indexkongregation. Grundlagenforschung I: 1814–1917), Paderborn u. a. 2005.

Wolf, Hubert (Hg.), Systematisches Repertorium zur Buchzensur 1814–1917. Bd. 1: Indexkongregation; Bd. 2: Inquisition. Bearbeitet von Sabine Schratz, Jan Dirk Busemann und Andreas Pietsch (Römische Inquisition und Indexkongregation. Grundlagenforschung II: 1814–1917), Paderborn u. a. 2005.

Wolf, Hubert, Der «Syllabus errorum» (1864). Oder: Sind katholische Kirche und Moderne unvereinbar? In: Weitlauff (Hg.), Kirche, S. 115–139.

Wolf, Hubert, «Die liebenswürdigste aller Eminenzen». Kardinal Gustav Adolf von Hohenlohe-Schillingsfürst, in: Römische Quartalschrift 90 (1995), S. 110–136.

Wolf, Hubert, Einleitung 1814–1917. In vier Sprachen (Deutsch, Italienisch, Englisch, Spanisch) (Römische Inquisition und Indexkongregation. Grundlagenforschung: 1814–1917), Paderborn u. a. 2005.

Wolf, Hubert, Gustav Adolf zu Hohenlohe-Schillingsfürst. Kurienkardinal, Freiburger Erzbischofskandidat und Mäzen 1823–1896, in: Lebensbilder aus Baden-Württemberg 18, Stuttgart 1994, S. 350–375.

Wolf, Hubert, Index. Der Vatikan und die verbotenen Bücher, München 2006, ²2007.

Wolf, Hubert, Inquisition, in: Markschies / Wolf (Hg.), Erinnerungsorte, S. 547–560.

Wolf, Hubert, Katholische Kirchengeschichte im «langen» 19. Jahrhundert von 1789 bis 1918, in: Ökumenische Kirchengeschichte. Bd. 3: Von der Französischen Revolution bis 1989, hg. von Thomas Kaufmann u. a., Darmstadt 2007, S. 91–177.

Wolf, Hubert, Ketzer oder Kirchenlehrer? Der Tübinger Theologe Johannes Evangelist Kuhn (1806–1887) in den kirchenpolitischen Auseinandersetzungen seiner Zeit (Veröffentlichungen der Kommission für Zeitgeschichte B 58), Mainz 1992.

Wolf, Hubert, Kontrolle des Wissens? Kirche im Spannungsfeld zwischen Forschung und Zensur, in: Heinz Finger / Reimund Haas / Hermann-Josef Scheidgen (Hg.), Ortskirche und Weltkirche in der Geschichte. Kölnische Kirchengeschichte zwischen Mittelalter und Zweitem Vatikanum. Festgabe für Norbert Trippen zum 75. Geburtstag (Bonner Beiträge zur Kirchengeschichte 28), S. 1017–1037.

Wolf, Hubert, «Wahr ist, was gelehrt wird» statt «Gelehrt wird, was wahr ist»? Zur Erfindung des «ordentlichen» Lehramts, in: Thomas Schmeller / Martin Ebner / Rudolf Hoppe (Hg.), Neutestamentliche Ämtermodelle im Kontext (Quaestiones disputatae 239), Freiburg i. Br. u. a. 2010, S. 236–259.

Wolf, Hubert / Schepers, Judith (Hg.), «In wilder zügelloser Jagd nach Neuem». 100 Jahre Modernismus und Antimodernismus in der katholischen Kirche (Römische Inquisition und Indexkongregation 12), Paderborn u. a. 2009.

Wolf, Hubert / Schmidt, Bernward (Hg.), Benedikt XIV. und die Reform des Buchzensurverfahrens. Zur Geschichte und Rezeption von «Sollicita ac provida» (Römische Inquisition und Indexkongregation 13), Paderborn u. a. 2010.

Quellen und Literatur 537

Zahn, Josef, Einführung in die christliche Mystik (Wissenschaftliche Handbibliothek. Erste Reihe: Theologische Lehrbücher 28), Paderborn 1908.

Zarri, Gabriella (Hg.), Finzione e santità tra medioevo ed età moderna, Turin 1991.

Zarri, Gabriella, «Vera» santità, «simulata» santità: ipotesi e riscontri, in: Dies. (Hg.), Finzione, S. 9–36.

Zingeler, Karl Theodor, Karl Anton von Hohenzollern und Fürstin Katharina von Hohenzollern (Prinzessin von Hohenlohe). Die Erzabtei Beuron, in: Deutsche Revue. Eine Monatsschrift 36 (1911) H 1, S. 156–168.

Zingeler, Karl Theodor, Katharina von Hohenzollern, geb. Prinzessin Hohenlohe. Die Stifterin von Beuron, Kempten / München 1912.

Zinnhobler, Rudolf, Pius IX. in der katholischen Literatur seiner Zeit. Ein Baustein zur Geschichte des Triumphalismus, in: Georg Schwaiger (Hg.), Konzil und Papst. Historische Beiträge zur Frage der höchsten Gewalt in der Kirche. Festgabe für Hermann Tüchle, Paderborn u. a. 1975.

Zovatto, Pietro (Hg.), Storia della spiritualità italiana, Rom 2002.

Bildnachweis

Vorsatz: Giovanni Battista Falda, Nuova pianta e alzata della città di Roma, 1676 [Nachdruck in 12 Blättern: Roma: Danesi, 1931]. Verkleinerte Reproduktion von Blatt 9 des Nachdrucks. Nach dem Exemplar des Deutschen Historischen Instituts in Rom/Historische Bibliothek, Signatur: Lb 937 (5,2-2°), Photographie von Claudio Cassaro

Seite 23: Aus: Beuron 1863-1963. Festschrift zum hundertjährigen Bestehen der Erzabtei St. Martin, Beuron 1963, nach S. 48

Seite 57: Aus: Marie von Thurn und Taxis-Hohenlohe, Jugenderinnerungen (1855-1875), Wien 1936, Bildtafel XI

Seite 87: © Raccolte Museali Fratelli Alinari (RMFA), Florenz

Seite 94 und 101: Katharina Schmidt

Seite 110/111: Zeichnung von Peter Palm, Berlin, nach Abbildungen aus: Mayeul de Dreuille, S. Ambrogio della Massima. Maison paternelle de St. Ambroise. XXII siècles d'histoire. La plus ancienne maison religieuse de Rome, Parma 1996

Seite 115: ACDF SO St. St. B 6 q 1

Seite 122: Biblioteca Casanatense Per. est. 18/115, Nr. 82, gedruckt mit Erlaubnis des Ministero per i Beni e le Attività Culturali, Photographie von Mario Setter

Seite 127: Aus: Mayeul de Dreuille, S. Ambrogio della Massima. Maison paternelle de St. Ambroise. XXII siècles d'histoire. La plus ancienne maison religieuse de Rome, Parma 1996, Bildtafel 30

Seite 174/175: ACDF SO St. St. B 6 z, fol. 4rv

Seite 271: © SZ Photo/SZ-Photo/picturedesk.com

Seite 401: Aus: Marie von Thurn und Taxis-Hohenlohe, Jugenderinnerungen (1855-1875), Wien 1936, Bildtafel X

Seite 423: © Raccolte Museali Fratelli Alinari (RMFA) – collezione Palazzoli, Florenz

Personenregister

Agathe von Catania, Märtyrerin 187, 487
Agnes von Rom, Märtyrerin 483
Agnese Celeste della Croce (Rabuer), zweite Äbtissin von Sant'Ambrogio 154 f., 268, 337, 391, 473
Agnese Celeste, Schwester in Sant'Ambrogio 10, 190, 192, 201, 213 f., 216, 218–224, 226–230, 232, 237, 256, 318, 337
Agnese Eletta, Schwester in Sant'Ambrogio 9, 68–79, 81–85, 102, 156, 191, 197, 249, 264 f., 267 f., 275, 277, 283, 315, 319, 323 f., 458
Albani, Giuseppe 116, 470
Alberghini, Ignazio 506
Alessandra N., s. Carli, Alessandra
Ambrosius, heiliger 105 f., 266, 468
Americano, Pietro, s. Kreuzburg, Peter
Angelis, Filippo de 507
Anna, Schwester in Sant'Ambrogio 282
Antonelli, Giacomo 498, 507
Asquini, Fabio Maria 507

Baltzer, Johann Baptist 378, 504
Bambozzi, Antonio 256, 319, 328, 393, 493, 506
Barelli (Apotheker) 227
Barnabò, Alessandro 507
Bartolini, Pietro 267
Beccaria, Cesare 511
Beck, Louise 270 f., 350, 411, 495
Beckx, Petrus Johann 90, 172–178, 183–185, 256, 269, 307, 334, 360 f., 388 f., 394, 422, 430, 485, 513
Bedini, Gaetano 506
Benedetti, Nicola 83, 172 f., 267, 269, 289, 460

Benedikt XIV., Papst 131, 507
Berardi, Giuseppe 506
Bismarck, Otto von 408
Bizzarri, Andrea 506
Bonci, Matilde, Äbtissin von Gubbio 140, 142
Borromeo, Vitaliano 471
Brecht, Bertolt 392
Brentano, Clemens von 162, 483
Brignole, Giacomo Luigi 380, 505
Bruchmann, Franz Ritter von 270, 495
Bruchmann, Juliane 270, 495
Brunelli (Jesuit) 289, 496
Brunelli, Bruno 141, 480
Brunelli, Francesco 496
Brunelli, Giovanni 496
Butler, Charles 474

Cagiano, Anton Maria 507
Calvetti, Giuseppe 486
Capalti, Annibale 506
Cappellari, Mauro, s. auch Gregor XVI. 24
Cardelli, Luigi-Maria 506
Carli, Alessandra 196 f., 290–294, 297 f., 340, 361–363, 502
Carli, Carlo Buonafede 361
Carli, Domenico 361
Caron, Louis-Hilaire 505
Casaretto, Pietro 468
Caterini, Prospero 507
Cavazzi, Anna 169
Cinotti, Pietro 129, 477
Cioli, Teresa 259
Ciprani, Giuseppe 303, 319, 328, 497, 506
Clarelli Paracciani, Nicola 127, 357, 476, 507

Clemens IX., Papst 508
Clemens XI., Papst 512
Clemens XIV., Papst 17
Clemens von Alexandrien 186
Colarietti (Goldschmied in Rom) 168
Collingridge, Peter Bernardine 474
Consalvi, Ercole 18, 126, 450
Corradini, Agnese, s. Agnese Eletta, Schwester in Sant'Ambrogio
Costaguti, Luigi 474
Costaguti (Marchesa / Ehefrau von Luigi Costaguti) 125, 474

D'Andrea, Girolamo 381 f., 505
De Ferrari, Giacinto Maria Giuseppe 63 f., 457, 506
Decius, römischer Kaiser 487
Del Col, Andrea 133
Descartes, René 331, 378
Deufel, Konrad 443 f., 500
Diderot, Denis 38, 455
Diepenbrock, Melchior von 27, 380, 452
Diokletian, römischer Kaiser 494
Döllinger, Ignaz von 27, 350, 424 f., 436, 452, 516
Doz, José 287, 289, 475, 496
Dressel, Albert 452, 454
Drey, Johann Sebastian 331, 500

Elischa, Gestalt der Bibel 276, 278
Emmerick, Anna Katharina 124 f., 132, 162, 415, 460, 474, 483
Eudes, Johannes 503
Everbroeck, Cornelis van 348 f., 501, 506

Farinacci, Prospero 459
Farnese, Kardinalsfamilie 407
Felletti, Isabella 361
Ferrari, Enrico 63, 102 f., 392, 457
Ferrari, Luigi 506
Ferro Orsini, Mario 493
Fiala, Virgil 441 f., 517
Finkelnburg, Karl 512
Fiocchi, Orlando 419
Firrao, Giuseppe 113
Firrao, Maria Agnese, Gründerin von Sant'Ambrogio 9, 37, 40 f., 67, 69–72, 83, 87–91, 107, 113–129, 134–151, 154 f., 157, 171, 202, 204, 207, 250, 254 f., 260, 268, 272, 274, 277, 283, 286, 290, 307–312, 318, 321 f., 327 f., 338, 352–358, 366, 368, 373, 385–387, 389–391, 393, 396, 412, 416, 435 f., 473–476, 479, 498
Firrao (eine Schwester) 116
Firrao, Natale 113
Flir, Alois 382, 505
Foerster, Heinrich 504
Franceschetti, Maria Giacinta, s. Maria Giacinta, Schwester in Sant'Ambrogio
Franceschetti, Luigi 9 f., 90, 136 f., 150 f., 167–169, 184, 191, 202, 209 f., 220, 226 f., 234, 237, 244, 250 f., 253, 263, 307, 338, 342, 348, 491
Franchi, Alessandro 409 f., 510
Fransoni, Giacomo Filippo 139, 480
Franz von Paola 214
Franziska von Rom, heilige 501
Franziskus von Assisi, heiliger 13, 32, 69, 107, 113 f., 120, 128, 134, 138, 164, 263, 277, 309, 320, 404, 411, 442
Friedrich, Johann 400, 408 f., 436 f., 510
Frohschammer, Jakob 425–429, 444, 513 f.
Fürstenberg, Leopoldine zu 22

Galilei, Galileo 392
Garzia (Klosterbediensteter) 56
Gasparri, Pacifico 392, 508
Geissel, Johannes von 379 f., 382, 505
Genga, Annibale della, s. auch Leo XII. 126 f., 475 f.
Genga, Gabriele della 129, 356 f., 477
Genovesi, Domenico 477
Gertrud von Helfta, heilige 164, 187, 487
Gertrud von Nivelles, heilige 187, 487
Gigli, Girolamo 506
Giuliani, Veronica 239, 241, 492
Giuseppa Maria, Schwester in Sant'Ambrogio 192–195, 200, 204, 213 f., 217, 224–226, 245, 247 f., 256, 347, 488
Giustiniani, Giacomo 321, 499
Glauda, Pietro Silvestro 506
Gmeiner, Christiane 14, 398, 441, 443, 449
Goethe, Johann Wolfgang von 17
Granderath, Theodor 439, 516
Gregor XI., Papst 115
Gregor XIII., Papst 461, 494
Gregor XV., Papst 507
Gregor XVI., Papst 19 f., 24, 332
Gregorovius, Ferdinand 21
Guardi, Camillo 506

Personenregister

Günther, Anton 35, 331, 378–383, 399, 402, 405, 429, 505

Hauffe, Friederike 162, 484
Hebeisen, Gustav 517
Hermes, Georg 331 f., 500
Hertkens, Johann 438, 516
Hessen-Darmstadt, Auguste Wilhelmine Maria von 501
Hildegard von Bingen, heilige 160
Hirscher, Johann Baptist 331, 427, 514
Hofbauer, Clemens Maria 23, 451
Hohenlohe-Bartenstein, Rosa zu 449
Hohenlohe-Ingelfingen, Kraft zu 485
Hohenlohe-Langenburg, Constanze zu 27
Hohenlohe-Schillingsfürst, Chlodwig zu 27, 406, 410, 452, 510
Hohenlohe-Schillingsfürst, Franz Joseph zu 27, 452
Hohenlohe-Schillingsfürst, Gustav Adolf zu 9, 13 f., 27 f., 30, 33–36, 38, 52–62, 102, 208, 238, 272, 302, 325, 350, 378, 380, 382 f., 399, 405–411, 440 f., 509 f.
Hohenlohe-Waldenburg-Schillingsfürst, Karl Albrecht III. zu 22, 452, 466
Hohenzollern, Leopold von 517
Hohenzollern-Sigmaringen, Karl Anton von 403, 456, 509
Hohenzollern-Sigmaringen, Karl von 25
Hohenzollern-Sigmaringen, Katharina von *passim*
Hohenzollern-Sigmaringen, Stephanie von 54, 272, 456

Ignatius von Antiochien, Märtyrer 486
Ignatius von Loyola, heiliger 42, 172, 451
Ingelheim, Erwin von 25, 451
Ingelheim, Friedrich Karl Joseph von 451
Innozenz III., Papst 149
Innozenz X., Papst 508

Jandel, Vincenzo 506
Jannoni, Luigi 506
Jesus von Nazareth 30, 114, 126, 136, 138, 146, 156 f., 160 f., 164, 180, 185–187, 197, 214, 238, 271, 303, 305, 314, 393, 457, 487, 502
Johannes der Täufer 127

Johannes Paul II., Papst 98, 423, 444
Joseph, heiliger 13, 203, 310, 466
Judas, Gestalt der Bibel 214, 238
Judith, Gestalt der Bibel 227, 491
Julitta, Märtyrerin 494

Karl V., Kaiser 511
Karl Emanuel IV., König von Sardinien 125, 470, 475 f.
Karl, J. W., s. auch Kleutgen, Joseph 163, 367 f.
Karoline Friederike Wilhelmine, Königin von Bayern 349, 501
Katharina von Siena, heilige 46, 115–117, 160 f., 164, 187, 483
Kerner, Justinus 162
Klara, heilige 107, 113 f., 138, 404, 493
Kleutgen, Anna Catharina 330
Kleutgen, Joseph, s. auch Karl, J. W. und Peters, Giuseppe 86, 329–383, 385, 388–394, 397, 399–401, 405, 408 f., 411, 414, 421–433, 436–444, 486, 500 f., 505, 513–515, 517
Kleutgen, Wilhelm 330
Knoodt, Franz Peter 378 f., 504
Koch, Ludwig 439, 516
Koenig von und zu Warthausen, Wilhelm 517
Kopp, Georg 410, 510
Kostka, Stanislaus, heiliger 306, 497
Kreusberg, Giuseppe 86
Kreusberg, Pietro Maria, s. Kreuzburg, Peter
Kreuzburg, Angela 211 f.
Kreuzburg, Cesaria 211 f.
Kreuzburg, Gertrude 211
Kreuzburg, Joseph 211
Kreuzburg, Maria 211
Kreuzburg, Mary 211
Kreuzburg, Peter 10, 41, 48, 62, 67, 85 f., 91, 207–212, 215, 238, 244, 269, 275, 301, 316, 336, 345, 369, 376, 414, 455, 489

Labre, Benedikt Joseph 470
Lakner, Franz 439, 516
Lambruschini, Luigi 380, 505
Leo XII., Papst 18, 24, 127–129, 135 f., 151, 290, 309, 354–358, 367, 451, 469, 476 f., 498
Leo XIII., Papst 409, 432 f., 437, 498, 515
Lercher, Ludwig 438, 516

Leziroli, Giuseppe 10, 31, 46, 58, 71 f.,
74–77, 82–85, 88–91, 141, 144, 149–151,
154 f., 157, 164–166, 173, 178, 186, 189,
191, 194, 202, 204, 212, 217 f., 242–244,
252–256, 267 f., 272, 274, 282, 305–319,
322–324, 328 f., 343, 377, 385–388, 390 f.,
395, 397 f., 412, 458, 497
Ligi-Bussi, Antonio 90, 462, 506
Liszt, Franz 407
Litta, Lorenzo 126, 475
Lucciardi, Domenico 507
Ludwig I., König von Bayern 349, 501
Luisa Maria, Schwester in Sant'Ambrogio, s. Hohenzollern-Sigmaringen, Katharina von

Macchi, Vincenzo 494
Macpherson, Paul 139, 480
Manzoni, Alessandro 38, 455
Marchetti, Pietro 118, 120, 123, 472
Marchi, Luigi Giovanni 51, 228, 233, 248 f., 370
Marconi, Giuseppe Loreto 116, 118–120, 126, 128, 143, 287, 289, 322, 470–472, 474
Maria Agnese, Gründerin von Sant'Ambrogio, s. Firrao, Maria Agnese
Maria Agostina, Schwester in Sant'Ambrogio 172, 189, 246–248, 265, 267, 269, 302, 318, 324
Maria Caterina, Schwester in Sant'Ambrogio 73, 138 f., 255, 276, 309
Maria Colomba, Schwester in Sant'Ambrogio 138 f., 250, 255, 321
Maria Costanza, Schwester in Sant'Ambrogio 249, 302, 323
Maria Crocifissa (Pantanelli), Schwester in Sant'Ambrogio 44, 126, 156, 276, 280, 282, 287, 459, 473
Maria Felice, Schwester in Sant'Ambrogio 10, 50, 55, 216–219, 221, 229–231, 235, 242 f., 248–250
Maria Fortunata, Schwester in Sant'Ambrogio 192, 195, 201, 253
Maria Francesca, Schwester in Sant'Ambrogio 10, 73, 184–192, 201, 215, 217, 219, 243, 245, 256, 287, 341
Maria Gertrude, Schwester in Sant'Ambrogio 138, 144 f., 255, 276, 481
Maria Gesualda, Schwester in Sant'Ambrogio 154, 192, 256

Maria Giacinta, Schwester in Sant'Ambrogio 10, 73, 82, 169, 190 f., 194, 197, 199–201, 210, 213 f., 217, 219–224, 242, 244–246, 250, 255, 277, 279, 302, 315, 347, 367
Maria Giuseppa, Schwester in Sant'Ambrogio 10, 53, 150, 166, 213, 217, 219 f., 222, 225 f., 228, 235 f., 244, 246, 267, 276, 279, 313, 347, 371
Maria Ignazia, Schwester in Sant'Ambrogio 10, 50, 53, 150, 169, 192, 205, 216–219, 221–226, 228–237, 239–244, 247, 300, 302, 326, 347
Maria Luisa von Jesus, Priorin in San Pasquale 68, 70, 324
Maria Luisa, Schwester in Sant'Ambrogio *passim*
Maria Maddalena (Ragazzoni), Schwester in Sant'Ambrogio 144 f., 164, 255, 473
Maria Maddalena, erste Äbtissin von Sant'Ambrogio 74 f., 124, 126 f., 129, 141, 154, 159, 276–283, 287, 306, 311, 313, 337, 391, 459, 476 f.
Maria Metilde, Schwester in Sant'Ambrogio 141, 282, 458
Maria Nazarena, Schwester in Sant'Ambrogio 225, 481
Maria Saveria, Schwester in Sant'Ambrogio 220, 298 f.
Maria Veronica, dritte Äbtissin von Sant'Ambrogio 9, 31, 137, 142–144, 153–155, 202, 255 f., 285, 305, 320–328, 387, 390, 398
Maria, Gottesmutter 11, 21, 106, 126 f., 130, 155, 158, 161, 164–167, 171–191, 196, 203, 215–218, 238, 245 f., 249 f., 270, 279, 284 f., 292, 297, 310, 314, 324 f., 336 f., 340, 360 f., 363, 414–416, 420, 433, 476, 484, 486, 493 f., 503
Marie Clotilde, Königin von Sardinien 125, 470, 475
Martina, Giacomo 444
Mastai-Ferretti, Giovanni Maria, *s. auch* Pius IX. 20
Masturzi, Vincenzo 508
Mattei, Alessandro 125, 139, 475
Maximilian I. Joseph, König von Bayern 501
Maximilian II., König von Bayern 349
Mazenod, Eugène-Charles-Joseph de 477

Personenregister

Mechthild von Magdeburg, Mystikerin 483
Meister Eckhart 132
Merenda, Angelo Maria 117, 120, 139, 472
Merici, Angela 117, 471
Metternich, Clemens Wenzel von 332
Micallef, Paolo 506
Mignardi, Paolo 267, 495
Milner, John 474
Milza, Adelaide, s. Maria Veronica, dritte Äbtissin von Sant'Ambrogio
Milza, Giuseppe 320
Molinos, Miguel de 123
Monacelli, Filomena 140 f.
Monaco La Valletta, Raffaele 64, 89, 103, 173, 256, 390, 457, 498, 506
Monzon, Agustín 289, 475, 496
Mörl, Maria von 415, 511
Müller, Adam 24, 451
Mura, Bonfiglio 506
Murat, Antoinette 25

Napoleon I., Kaiser von Frankreich 17 f., 25, 106, 115, 119, 472
Neumann, Therese 132, 477 f.
Nichols, Aidan 444
Nickes, Johann Peter Anselm 402, 509
Nobile, Gustavo 409, 510
Nurre, Gertrud 211
Nurre, Joseph 211

Odescalchi, Carlo 113, 469
Ozieri, Salvatore de 506

Pacca, Bartolomeo 477
Padre Pio 132, 134, 159, 478
Pahud de Mortanges, Elke 444
Palazzi, Francesca 260
Pallotti, Vincenzo 260
Panebianco, Anton Maria 507
Pantaleoni, Diomede 511
Papardo del Parco, Giuseppe 506
Pappalettere, Simplicio 35, 378, 380, 382 f., 454
Passaglia, Carlo 174–178, 184 f., 360, 433, 485
Pastacaldi (Monsignore) 261, 494
Patrizi, Costantino 11, 32, 55, 59, 62, 65–68, 84, 86–88, 90, 96 f., 155 f., 164, 268, 285, 290, 306, 312 f., 323, 326, 346, 350, 377, 397, 405, 411–414, 458, 498, 507

Patrizi, Kunigunde 88, 462
Patrizi, Saverio 66
Patrizi-Naro Montoro, Giovanni 462
Paul III., Papst 484
Paulus, Apostel 19, 136, 339, 455, 487
Pecci, Gioacchino, s. auch Leo XIII. 409, 498
Pecci, Giuseppe 309, 311, 498
Pedro V., König von Portugal 456
Pelami, Giovenale 437, 516
Perrone, Giovanni 129, 383, 477, 502
Peters, Giuseppe, s. auch Kleutgen, Joseph 10, 30, 40 f., 43, 47, 49 f., 54, 59–62, 89–91, 149–151, 166, 171–173, 184–197, 200, 203–205, 208–212, 215–218, 221–223, 228, 235, 238, 241–256, 265, 267 f., 274, 286–302, 306 f., 310, 313–315, 317 f., 323, 325–327, 329 f., 334, 336, 342, 349, 357 f., 367 f., 376, 392–395, 423
Petrus, Apostel 19, 139, 434, 499
Pfeffer, Anton 517
Piazzoli (Arzt) 167
Piccolomini (Baronin) 474
Pignatelli, Giuseppe 116, 144, 272, 286, 289, 308, 470 f., 475, 496
Pius I., Papst 499
Pius V., Papst 132
Pius VI., Papst 115, 507
Pius VII., Papst 17, 106, 115 f., 118 f., 121, 123, 126–128, 138, 309, 367, 469 f., 476, 503
Pius IX., Papst 9, 11, 20 f., 27–29, 34, 58, 64–67, 86–91, 96 f., 132, 135, 153, 159, 177, 179–181, 187, 257, 263, 290, 348–350, 377, 380–383, 390, 397–399, 402, 406–409, 411–414, 418, 422 f., 429–431, 435–437, 444, 454, 471, 485, 498, 511 f., 518
Pius XII., Papst 289, 471
Pollak, Ludwig 460
Priori, Girolamo 307 f., 398, 498, 506

Quintianus, römischer Stadtpräfekt 487
Quiricus, Märtyrer 494

Ragazzoni, Alessandro 476
Raimund von Capua 161, 483
Rauscher, Othmar von 379–381, 505, 507
Rebecca, Gestalt der Bibel 379
Reinhard, Wolfgang 478
Reisach, Karl August Graf von 10, 23 f., 26, 28–30, 32, 34 f., 39 f., 54–56, 60–62,

65, 96 f., 218, 269–271, 290, 317, 324 f., 330, 345 f., 349–351, 377, 380–382, 390, 397, 405, 408, 411 f., 416, 422 f., 425, 429, 450, 452, 507, 517
Riccardi, Gregorio Bernardo 51, 233 f.
Ricci, Faustina 125, 474
Ricci (Ehemann von Faustina) 475
Ridolfi, Domenico 259, 418 f.
Ridolfi, Maria, s. Maria Luisa, Schwester in Sant'Ambrogio
Rignano, Antonio Maria da 506
Rosani, Giovanni Battista 506
Ruffo-Scilla, Luigi 476

Sallua, Vincenzo Leone 11, 36, 38, 48, 56, 63–71, 73 f., 78 f., 81, 85–90, 102 f., 117 f., 120, 123 f., 135 f., 139 f., 142–145, 149–151, 153, 155, 164–168, 170–173, 178, 183–185, 191 f., 196 f., 203, 205, 207–210, 213 f., 218 f., 227, 239, 249–257, 259, 262, 265 f., 270, 273, 277, 291 f., 296, 298–300, 306, 308, 310 f., 320, 327, 348, 351, 356 f., 359–361, 372, 375 f., 391 f., 413, 457 f., 461, 489, 506
Salvadori, Domenico 114, 134, 470
Salvati, Giacomo 260
Salvati, Maddalena 260 f.
Salvi, Teresa Serafina, Priorin von San Marziale 140
Santinelli, Luigi 287, 496
Scalzo, Andrea 74
Scherr, Gregor von 425, 513
Schilling, Heinz 478
Schott, Anselm 441, 517
Schrader, Clemens 176–178, 185, 360, 485
Schwarzenberg, Friedrich Fürst zu 380, 505
Schwedt, Herman H. 443, 505
Semenenko, Piotr Adolf Konstanty 428, 514
Sinistrari, Ludovico Maria 459
Smith, Bernard 427 f., 514
Spaziani, Francesco Antonio 475
Steinhuber, Andreas 431, 443, 513, 515
Steins, Walter 430, 514
Stephanus, Märtyrer 106
Stocchi, Vincenzo 246, 492

Tarquini, Camillo 349, 501, 506
Teresa Maddalena, Schwester in Sant'Ambrogio 164, 287, 473
Teresa von Avila, heilige 132, 160, 164, 501
Theiner, Augustin 506
Therese von Lisieux 478
Thurn und Taxis, Alexander Johann von 451
Thurn und Taxis-Hohenlohe, Marie von 25, 28, 30, 399, 402, 409, 420 f., 451
Tirelli, Severino 419 f., 511 f.
Tofanelli (Goldschmied in Rom) 168
Tomassetti, Luigi 506
Torres, Ludovico de 106
Torres, Olympia 106
Trullet, Angelo 427 f., 514

Urban VIII., Papst 507

Vagaggini, Giacomo 392, 508 ⁞
Viktor Emanuel I., König von Sardinien 475
Vitelli, Teresa 113
Volpiani, Angelica, s. Maria Agostina, Schwester in Sant'Ambrogio

Walter, Peter 500, 513, 515
Ward, Mary 117, 471
Wegener, Theodor Caspar Heinrich (Pater Thomas Villanova) 85, 460
Wilhelm I., König von Preußen 15, 28, 406
Winckelmann, Johann Joachim 17
Winter, Eduard 515, 517
Wiseman, Nicholas Patrick 128
Wolter, Maurus (Rudolf) 11, 35 f., 38, 85 f., 350, 376, 378, 383, 399, 402–404, 440–442, 454, 466
Wolter, Placidus (Ernst) 35, 402–404, 454

Zahm, John 518
Zeeden, Ernst Walther 478
Zelada, Francesco Saverio de 476
Zingeler, Karl Theodor 26, 404, 440 f., 450, 517
Zurla, Placido 139, 480